LES
GRANDS ÉCRIVAINS
DE LA FRANCE

NOUVELLES ÉDITIONS

PUBLIÉES SOUS LA DIRECTION

DE M. AD. REGNIER

Membre de l'Institut

ABBKS
DE

J. RACINE

TOME I

IMPRIMERIE GÉNÉRALE DE CH. LAHURE
Rue de Fleurus, 9, à Paris

OEUVRES

DE

J. RACINE

NOUVELLE EDITION

REVUE SUR LES PLUS ANCIENNES IMPRESSIONS
ET LES AUTOGRAPHES

ET AUGMENTÉE

de morceaux inédits, des variantes, de notices, de notes, d'un lexique des mots
et locutions remarquables, d'un portrait, de fac-simile, etc.

PAR M. PAUL MESNARD

TOME PREMIER

PARIS

LIBRAIRIE DE L. HACHETTE ET Cie

BOULEVARD SAINT-GERMAIN, N° 77

1865

AVERTISSEMENT.

On est peut-être généralement disposé à croire que Racine est parmi nos grands écrivains celui dont les œuvres pouvaient le mieux se passer d'une nouvelle édition. Dans ses pièces de théâtre, c'est-à-dire dans la partie de ces œuvres qui réclame avant toutes les autres une pureté scrupuleuse du texte, le style, n'ayant point vieilli, n'a dû presque jamais donner la tentation des rajeunissements et des retouches. Les variantes qui émanent du poëte lui-même, et qui ne sont assez nombreuses que dans ses premières tragédies, ont commencé de bonne heure à être recueillies. D'Olivet, qui avait bien compris tout l'intérêt qu'elles offrent, les a données le premier; son travail était incomplet; mais des éditeurs plus récents n'ont-ils pas réparé ses omissions?

Si dans la constitution du texte des tragédies on s'imagine volontiers que rien ne restait à faire, après les soins qu'y avaient déjà donnés plusieurs de nos devanciers, dont l'exactitude inspirait confiance, il y a sans doute peu de personnes qui ne soient dans la même sécurité sur l'irréprochable fidélité avec laquelle les œuvres de prose ont dans les derniers temps été publiées. Tout le monde sait que ce qui en avait été d'abord le plus altéré, c'était la correspondance, dans laquelle toutes les mutilations et tous les changements sont un vrai dommage littéraire, sans compter ce que doit y perdre de vérité la biographie du grand poëte. Mais on croit souvent que Louis Racine a seul pris avec les lettres de son père des libertés qui chez lui peuvent s'expliquer, et dont quelques-unes, non pas toutes assurément, étaient dans les droits d'un fils; depuis l'édition qu'il en avait le premier publiée, et qui laissait tant à désirer, il y avait lieu de penser que le texte avait été rétabli dans son intégrité : on n'avait eu qu'à consulter les manuscrits autographes déposés par Louis Racine lui-même en 1756 à la bibliothèque du Roi. L'éditeur de 1807[1], dans un de ses *avertissements*, annonçait qu'il publiait la correspondance de Racine « dans sa pureté originale. » Il est vrai que ceux qui sont venus après lui, s'étant aperçus qu'il n'avait pas assez tenu ses promesses, ont été obligés de répéter, dans les mêmes termes, les assurances qui, en 1807, avaient été données en vain; cette fois du moins la nouvelle affirmation, si formellement réitérée, d'une minutieuse exactitude a dû paraître sérieuse; on pouvait se

---

1. Il y a eu deux éditions nouvelles, publiées, à quelques mois de distance, en 1807 : la première par Petitot (Paris, à la librairie stéréotype de H. Nicolle, et chez Renouard); la seconde avec commentaires de la Harpe (Paris, chez Agasse). Celle-ci étant la plus importante, c'est toujours d'elle que nous parlons lorsque, sans autre désignation, et pour abréger, nous nommons l'édition de 1807. Germain Garnier, qui a gardé l'anonyme, en est l'éditeur.

demander si désormais toute confrontation avec les manuscrits n'était pas superflue; on n'en devait tout au plus attendre que des résultats assez insignifiants.

Le texte des œuvres de Racine, soit en prose, soit en vers, passant donc pour ne pas demander de soin nouveau qui en valût la peine, y avait-il, d'un autre côté, l'espérance qu'il aurait échappé jusqu'ici aux recherches quelque poésie inédite, quelque fragment de prose? N'avait-on pas déjà publié tout ce que pouvaient désirer les plus exigeants? On n'avait pas négligé les premiers vers mêmes de la jeunesse du poëte. Parmi ses écrits en prose on avait donné jusqu'à ses brouillons d'écolier, et, sous le titre de *Fragments historiques*, les notes qu'il prenait, les passages qu'il ne faisait que transcrire en lisant divers historiens.

Nous n'avons pu nous dissimuler que beaucoup de lecteurs de cette nouvelle édition ne l'ouvriraient pas sans être préoccupés de quelques réflexions semblables. Nous avons cependant la confiance qu'après examen ils ne croiront pas que notre travail ait été peine perdue. Nous voudrions donner ici quelque idée de son utilité, de sa nécessité, sans mériter le reproche de chercher à déprécier celui des éditions qui ont précédé la nôtre. Il faut toujours s'avouer redevable à ceux qui nous ont frayé la voie. Les bonnes éditions se font peu à peu et par des efforts successifs. Un éditeur nouveau profite de ce qu'ont fait ses devanciers; ceux-ci ont quelquefois puisé à des sources qu'il trouve fermées; ils ont eu des moyens d'information qu'il n'a plus. Mais en les recueillant chez eux, c'est à lui de faire usage en même temps de ceux qui peuvent se découvrir encore. Il doit aussi contrôler, vérifier les travaux antérieurs. Ce devoir, nous l'avons rempli ; et nous n'avons pas trouvé qu'il ne restât plus qu'à certifier une exactitude déjà parfaite. Plus nous avons avancé dans notre tâche, plus nous avons été convaincu que les œuvres de Racine attendaient encore, comme toutes nos grandes œuvres classiques, le soin consciencieux et sévère dont la loi, sagement réglée par de plus habiles que nous, est celle de toute cette collection. Souvent, sans doute, en repassant par les mêmes routes que les précédents éditeurs, nous nous sommes retrouvé tout juste sur leurs traces ; mais il s'en faut de beaucoup qu'il en ait toujours été ainsi.

Dans les éditions récentes des pièces de théâtre de Racine, dans les plus accréditées, on n'a pas exactement suivi le texte de 1697, qui étant le dernier imprimé du vivant de l'auteur, doit être regardé comme le texte définitif. M. Aimé-Martin (nous le citons de préférence, parce que nulle édition n'a trouvé plus de faveur que les siennes, et n'a aujourd'hui encore plus d'autorité), M. Aimé-Martin, dans l'*Avertissement* de ses dernières éditions, annonce « une révision complète du texte sur l'édition de 1697. » Il ne semble pas d'abord que cela veuille simplement dire qu'il ait attentivement comparé ce texte avec le sien, pour y recueillir des variantes, mais plutôt qu'il l'ait adopté, renonçant ainsi au système assez singulier d'éclectisme que révèle, si nous ne nous trompons, la préface de sa première édition, où il s'exprime ainsi : « Nous avons pris le texte de l'édition de Geoffroy pour base de la nôtre, mais après l'avoir collationnée sur les éditions première et seconde, publiées sous les yeux de Racine. Deux autres éditions, celles de 1676 et 1687, faites durant la vie de l'auteur, et qu'on croit avoir été revues par Boileau, ont été également lues avec soin. Nous les avons comparées avec l'édition donnée immédiatement après la mort de Racine (*celle de* 1702), et avec celle d'Amsterdam de 1743, qu'on attribue à d'Olivet. » Comme M. Aimé-Martin ajoutait non-seulement que ce travail lui avait donné plus de soixante variantes inconnues de ses devanciers, mais aussi « qu'il avait servi à rectifier douze ou quinze passages du texte » qui avaient été altérés, il paraît bien que par là il déclarait avoir, sans autre règle que son propre choix et son goût, composé un texte avec celui des premières éditions séparées[1] et des éditions de 1676, 1687, 1697, 1702 et 1743. S'il en était ainsi, il eût évidemment bien fait d'abandonner plus tard ce texte si arbitrairement établi, pour revenir à celui de 1697. Mais nous ne voyons nullement qu'il y soit décidément revenu. Laissant de côté les avertissements et les préfaces, il faut examiner plutôt ce que l'éditeur a fait que ce qu'il a annoncé : équitable loi que nous ne déclinons pas pour nous-même. A bien y regarder, ce que l'on trouve même dans les dernières éditions de M. Aimé-Martin, c'est ce que nous nommions tout à l'heure un système d'éclectisme. Encore eût-il été heureux que le choix n'eût été fait que dans les anciennes éditions.

Prenons nos exemples dans une seule pièce, celle d'*An-*

---

1. Il ne s'en trouve pas deux pour chacune des pièces, comme il le donnerait à entendre, mais pour quelques-unes seulement.

AVERTISSEMENT.

dromaque. Au vers 995 de cette tragédie (acte III, scène VIII) :

Dois-je oublier son père à mes pieds renversé...?

M. Aimé-Martin, qui prétend à tort que c'est là le texte des premières éditions seulement, a remplacé « son père » par « mon père; » il s'agit pourtant de Priam, et non pas d'Éétion. Le vers 1399 (acte V, scène 1) se lit ainsi dans l'édition de 1697 :

L'ai-je vu se troubler et me plaindre un moment?

Geoffroy ayant déclaré magistralement qu'il préférait la leçon de 1687 :

L'ai-je vu s'attendrir, se troubler un moment?

M. Aimé-Martin s'est soumis à sa décision. Aux vers 1591 et 1592 (acte V, scène v) il a remplacé le texte de 1697 :

Commande qu'on le venge, et peut-être sur nous
Veut venger Troie encore et son premier époux,

par cette variante :

Commande qu'on le venge, et peut-être qu'encor
Elle poursuit sur nous la vengeance d'Hector,

qui est le texte de 1668 à 1687, et celui aussi de 1736. Cette édition de 1736 a, pour la tragédie d'*Andromaque*, donné quelques vers d'après un exemplaire des comédiens, que les éditeurs disent avoir eu sous les yeux, par exemple celui-ci :

Traître, qu'elle ait produit un monstre tel que toi,

au lieu de :

Traître, qu'elle ait produit un monstre comme toi;
(Acte V, scène III, vers 1564.)

et celui-ci :

Elle a trouvé Pyrrhus porté par des soldats,

au lieu de :

Elle a trouvé Pyrrhus porté sur des soldats.
(Acte V, scène v, vers 1607.)

Comme ces variantes ne se trouvent dans aucune des anciennes éditions, il est permis de croire que si elles ont été tirées d'un exemplaire des comédiens, ceux-ci avaient refait les vers de Racine. Pourquoi M. Aimé-Martin a-t-il introduit dans son texte des leçons si suspectes, et n'a-t-il pas même, pour le dernier de ces deux vers, indiqué dans ses variantes l'ancienne leçon ? On ne peut se l'expliquer qu'ainsi : Geoffroy avait, avant lui, adopté ces changements dans le texte de Racine, et M. Aimé-Martin nous a avertis qu'il avait pris l'édition de Geoffroy pour base de la sienne : on ne s'en aperçoit que trop bien.

Il faut dire que pour ces leçons, les unes arbitrairement choisies dans tel ou tel des anciens textes, les autres fautives, on remonterait plus haut que Geoffroy; elles se trouvent déjà presque toutes dans les éditions de 1768 et de 1807, où d'ailleurs on ne fait pas plus connaître que dans celle de Geoffroy quelle règle on a suivie dans la constitution du texte. Mais, d'après la déclaration même de M. Aimé-Martin, nous avons dû croire que c'est à Geoffroy qu'il les a directement empruntées.

C'est sans doute aussi de l'édition de Geoffroy, induite elle-même en erreur par celle de 1768, qu'a passé dans celle de M. Aimé-Martin cette faute évidente que nous trouvons dans le texte de la même tragédie :

Nous fûmes sans amour attachés l'un à l'autre,

au lieu de :

Nous fûmes sans amour engagés l'un à l'autre.
(Acte IV, scène v, vers 1286.)

Vétilles! dira-t-on. Mais quand il s'agit d'un poëte tel que Racine, elles ont leur importance :

. . . . *Hæ nugæ seria ducent*
In mala....

C'est par de telles vétilles, quand on ne les corrige pas à temps, quand on les laisse peu à peu se multiplier, que les textes des grands écrivains finissent par se corrompre.

Après la constitution du texte, le travail sur les variantes est celui qui réclame d'un éditeur le plus d'attention, puisqu'il est destiné à mettre sous les yeux du lecteur toutes les éditions données successivement par l'auteur. Nous avons dû le refaire tout entier, pour présenter les variantes dans leur ordre chronologique, le seul qui leur donne tout leur intérêt. Les rechercher patiemment, comme si elles n'avaient jamais été recueillies, et sans se fier aux travaux des devanciers, était d'ailleurs l'unique moyen de s'assurer que rien n'avait été omis. Nous devons dire que si nous avons rencontré quelques omissions, elles n'étaient ni très-nombreuses, ni très-importantes : il y en avait toutefois quelques-unes à réparer ; et surtout il y avait à exclure de prétendues variantes, qui, par leur date, ne devaient être regardées que comme des altérations du texte.

Depuis longtemps les premières préfaces des tragédies et les épîtres dédicatoires, qui du vivant de l'auteur n'avaient paru que dans les éditions séparées antérieures aux recueils, sont données par tous les éditeurs de Racine ; en faisant comme eux nous n'avons donc aucun mérite nouveau. On nous avait du moins laissé quelque chose à faire de ce côté aussi pour l'exactitude.

Pour quelques-unes des préfaces en effet, nos devanciers, se copiant les uns les autres, n'avaient pas assez consulté les anciens textes. On avait, depuis l'édition donnée en 1768 par Luneau de Boisjermain, arbitrairement retranché le commencement de la première préface d'*Andromaque*, reproduit, il est vrai, dans la seconde. Les deux préfaces d'*Alexandre le Grand* avaient été bien autrement maltraitées. La première avait été abrégée au moins d'un tiers, et les différences assez grandes qu'on trouve dans cette même préface, en comparant les éditions de 1666 et de 1672, n'avaient pas été signalées. Dans la seconde on avait négligé un passage de quelque étendue qui ne se trouve que dans les éditions de 1681 et de 1689. En l'y découvrant nous avons pu constater qu'il est bon de consulter toutes les anciennes impressions, même celles qui, comme celles-ci, sembleraient ne pouvoir rien offrir qui leur fût propre, puisqu'elles portent sur leur titre qu'elles ont été faites *sur l'imprimé*.

Voici pour le texte et pour les variantes des pièces de théâtre la règle que nous avons suivie. Nous avons reproduit fidèlement l'édition de 1697, sauf dans ses erreurs évidentes; et nous avons soin de les signaler. Nous savons qu'on a contesté la valeur de cette édition, la dernière qui ait, comme nous l'avons dit, été publiée du vivant de l'auteur. Dans l'*Avertissement* de 1736, il est dit que Racine ayant cessé, après la représentation de *Phèdre* en 1677, de travailler pour le théâtre, n'a pu avoir aucune part à l'impression de 1697, d'autant plus, ajoute-t-on, qu'elle renferme des fautes qui ne sont point dans les premières éditions. L'éditeur de 1736 pense « qu'il seroit juste de regarder plus favorablement celle de 1676, par Jean Ribou. » Mais comment attacher quelque importance à son opinion? Ne prétend-il pas avoir trouvé cette édition de 1676 « seule conforme au texte des premières, » tout en reconnaissant un peu plus bas que plusieurs vers n'y sont plus qui étaient dans *la Thébaïde* et dans d'autres tragédies? Dans une note du même avertissement il dit un mot de l'édition de 1687 publiée chez Thierry, mais il semble que ce soit pour la supposer identique avec celle de 1676, sauf l'addition des tragédies de date postérieure. Telle est la critique de cet éditeur. Dans le *Discours préliminaire* dont Louis Racine a fait précéder ses *Remarques* sur les tragédies de son père[1], esquissant le *plan d'une édition des OEuvres de Racine*, qu'il ne croyait pas pouvoir donner lui-même, il disait aussi que certainement l'auteur n'avait eu aucune part à l'édition de 1687 ni aux éditions postérieures, parce que « il n'y a nulle apparence que tant d'années après avoir renoncé au théâtre.... il ait fait un nouveau travail sur ses tragédies. » Mais on voit facilement que Louis Racine avait très-peu étudié les diverses éditions des *OEuvres* du poëte. Il paraît n'avoir pas connu le recueil de 1676, puisqu'il dit que le premier recueil complet fut fait en Hollande en 1678. » Il affirme que l'édition de 1687 est *en tout conforme* à ce recueil de 1678, qui n'est cependant qu'une copie, à peu près fidèle, de l'édition de 1676. Parlant ensuite de l'édition de 1702, il la juge « la plus exacte de toutes celles faites auparavant et depuis; » et il n'a pas pris garde qu'elle reproduit, au moins dans ce qu'elle a de plus essentiel et de plus caractéristique, et sauf de très-légères différences, cette édition de 1697 dont il ne parle pas, mais qui se trouve nécessairement enveloppée dans les défiances qu'il exprime au sujet de tous les recueils imprimés du vivant de Racine après qu'il eut cessé de travailler pour la scène profane. De telles observations, écrites avec si peu de connaissance des choses, ne pouvaient donc, pas plus que celles de l'éditeur de 1736, nous détourner du choix que nous avons fait pour notre texte.

---

1. *OEuvres de Louis Racine* (édition de 1808, tome V, p. 255-290).

Il faut remarquer d'ailleurs que, dans le même *Discours préliminaire*, Louis Racine concède sans hésitation que « les changements qui se trouvent dans les éditions de Racine postérieures à celle de 1687 ont été faits par lui. » Il ne nous en faut pas davantage. Les derniers changements faits par l'auteur lui-même n'étant que dans l'édition de 1697, cela suffit; et bien que Racine les ait, peut-être, comme le dit son fils, abandonnés au libraire, sans consentir à surveiller lui-même l'impression, c'est l'édition de 1697 que nous avons dû reproduire.

Nous avons collationné avec soin pour les variantes des pièces de théâtre les autres éditions publiées du vivant de Racine. Elles sont peu nombreuses. Il y a d'abord les pièces publiées à part, puis les recueils, celui de 1676[1] et celui de 1687. On a rarement à tenir compte des réimpressions, telles que celles de 1680, de 1681 et de 1689. Nous avons déjà dit cependant pourquoi il ne fallait pas entièrement les négliger; on les trouvera citées quelquefois. Les réimpressions de Hollande (nous n'avons à parler que de celles du même temps) ne peuvent, quoi qu'on en ait dit, avoir d'autorité; sans leur en reconnaître aucune, nous aurons quelquefois à les mentionner; car celles de 1678 et de 1690, recherchées aujourd'hui encore, ont une assez grande notoriété.

Quant aux éditions qui ont été données après la mort de l'auteur, il est évident qu'elles ne pouvaient plus légitimement changer le texte. Mais quand elles s'en

---

1. Au sujet de certains exemplaires de cette édition qui portent sur le titre le millésime de 1675, voyez la *Notice bibliographique*.

écartent autrement que par des fautes typographiques, il est bon de le constater, pour les plus accréditées du moins, dont les leçons ont plus ou moins fait loi. Ces éditions ont quelquefois d'ailleurs des indications de jeux de scène qui ne se trouvent que là, et qui peuvent être intéressantes, soit qu'elles aient été recueillies dans quelque ancienne copie des comédiens, soit qu'on y soupçonne quelque trace des vieilles traditions du théâtre. On verra donc, dans plusieurs de nos notes, que nous avons consulté l'édition de 1702 (à Paris, par la compagnie des libraires), que Boileau a pu surveiller, que Titon du Tillet recommande particulièrement dans sa *Description du Parnasse*, et qu'à son exemple Louis Racine avait en si grande estime; celles de 1713 (à Paris, par la compagnie des libraires), au texte de laquelle d'Olivet a rapporté toutes les variantes recueillies par lui; de 1722 (Amsterdam, chez Bernard), plus complète que les précédentes; de 1728 (Paris, par la compagnie des libraires), qui n'est pas tout à fait, comme le croyait Niceron, une reproduction de la précédente; de 1736, donnée par Joly (Paris, chez la veuve de Laulne), que Louis Racine a particulièrement accusée d'inexactitude, qui n'en a pas moins été souvent suivie, et où l'on trouve pour la première fois des indications de jeux de scène assez généralement adoptées depuis; de 1743 ou 1750[1] (Amsterdam), à la-

---

1. Quand nous la citons, c'est sous le nom d'*édition de 1750*, parce que telle est la date de l'exemplaire que nous avons eu sous les yeux. Du reste, avec un titre différent, 1743 (Amsterdam, chez Bernard) et 1750 (Amsterdam, chez Arkstée) ne sont, au témoignage de Brunet, dans le *Manuel du libraire*, qu'une seule et même édition.

quelle d'Olivet passe pour avoir donné ses soins; de 1768, publiée par Luneau de Boisjermain, avec ses commentaires; de 1807, avec commentaires de la Harpe, et dont l'éditeur anonyme est Germain Garnier; de 1808, avec commentaires de Geoffroy; enfin de 1844, cinquième des éditions publiées par M. Aimé-Martin. Si nous n'avons pas eu à citer le texte de celle de 1824 (Paris, chez Dupont), c'est que l'éditeur, M. Aignan, n'a fait, comme on le sait, que reproduire les deux éditions de M. Aimé-Martin qui avaient précédé la sienne. Dans la *Notice bibliographique*, que nous réservons pour nos derniers volumes, il sera parlé avec plus de détail des éditions de Racine; nous avons seulement voulu ici nommer celles qui, dans les notes, ont dû, à divers titres, être parfois mentionnées, pour les différences qu'elles offrent avec le texte ou avec ses véritables variantes.

Nous n'avons encore parlé que du théâtre de Racine. Pour le reste de ses œuvres, nous devions prendre le même soin de collationner soit les anciennes éditions, soit les manuscrits, afin d'établir le texte dans toute son exactitude, et de recueillir les variantes; et là nous avons souvent trouvé qu'il restait plus encore à faire. Prenons pour exemple la première ode imprimée du poëte, *la Nymphe de la Seine*. Les éditions des *OEuvres de Racine*, depuis celle de 1722, qui a été la première à la recueillir, nous la donnent seulement telle qu'elle se trouve dans le *Recueil de poésies diverses, par M. de la Fontaine*, publié en 1671. Elle existe cependant dans un tout autre état : d'abord en pièce détachée, dans l'édition originale de 1660; puis dans le *Recueil des Éloges de Mazarin*, qui est de 1666, et que l'on connaît sous le nom de *Recueil de Vitré*. Voilà donc trois éditions très-différentes les unes des autres. Les deux premières, qu'on avait laissées de côté, renferment, sans parler des variantes, plusieurs stances qui manquent dans celle de 1671.

D'anciennes copies conservées dans la famille de Racine, et qu'on a eu la bonté de nous communiquer, nous ont permis de donner plus exactement quelques vers de la jeunesse du poëte : ceux que de Port-Royal il adressait à Vitart, et que L. Racine a cités inexactement dans ses *Mémoires*, et la pièce latine du même temps qui a pour titre *ad Christum*. Grâce aux mêmes communications bienveillantes, nous pouvons ajouter à ce qui avait été déjà publié des premiers essais de la muse de Racine plusieurs petites pièces françaises et latines, dont nous ne nous exagérons pas le prix, mais qui ont du moins une certaine valeur historique; et, ce qui a plus d'intérêt, une soixantaine de vers retranchés d'une des lettres à la Fontaine, qui a été fort mutilée dans toutes les éditions.

Il ne faudrait pas croire que cette lettre fît exception, et que la correspondance ait été d'ailleurs fidèlement publiée. Malgré l'affirmation très-souvent répétée, comme nous l'avons dit, qu'on avait, à l'aide des autographes, corrigé toutes les altérations, comblé toutes les lacunes du texte donné par Louis Racine, qu'on reproduisait enfin les lettres sans rien en retrancher, sans en changer une seule syllabe, nous devons dire qu'on s'était contenté de rétablir quelques passages; mais que, du reste, l'infidélité était presque la même, sans la même excuse des scrupules du respect filial. A l'exception de la correspondance avec Boileau, qui n'a jamais été aussi maltraitée, et que M. Berriat-Saint-Prix surtout, dans ses *OEuvres de Boileau*, a donnée avec le soin consciencieux dont il ne s'écartait jamais, toutes ces lettres de Racine ont toujours été défigurées, celles principalement de sa jeunesse. Rien ne nous a été plus facile (car un peu d'attention suffisait, avec la volonté d'être exact) que de les copier fidèlement sur les originaux déposés par Louis Racine à la bibliothèque du Roi. Nous avons en outre rétabli le texte de deux lettres à le Vasseur, qui manquent à cette bibliothèque, mais pour l'une desquelles nous avions l'autographe donné par Germain Garnier à la bibliothèque du Louvre ; pour l'autre, une copie qui appartient à M. Auguste de Naurois. On n'avait pas pris garde que trois lettres de Racine avaient été publiées en 1773 à la fin d'un petit volume qui contient une lettre et quelques vers de le Franc de Pompignan. Deux de ces lettres n'avaient pas été réunies jusqu'ici aux *OEuvres de Racine*. Parmi les lettres adressées à Racine, il y en a que nous rectifierons ou que nous donnerons pour la première fois (par exemple une lettre de Nicole) d'après les copies que nous devons à l'obligeance de M. Auguste de Naurois.

On sait qu'en 1862 un certain nombre de lettres inédites de Racine ont été publiées par M. l'abbé Adrien de la Roque. Nous sommes autorisé à en enrichir notre édition.

Sans énumérer complétement ici ce que cette édition offrira de nouveau, nous croyons en avoir dit assez pour ébranler l'opinion que les précédents éditeurs avaient fait tout ce qui se pouvait faire. Nous répétons cependant qu'il est très-loin de notre pensée de rabaisser leur travail. Luneau de Boisjermain, Petitot, Germain Garnier, Geoffroy, M. Aimé-Martin, ont chacun, quoique dans une mesure différente, rendu la tâche plus facile à ceux qui les ont suivis, et ajouté quelque chose à ce qui avait été publié par leurs devanciers. Il nous paraît incontestable que de tous ces éditeurs, le plus laborieux, le mieux informé, celui surtout dont on ne pourrait, sans être injuste, méconnaître les services, a été Germain Garnier. Nous laissons à part la constitution du texte, pour laquelle il n'a pas suivi plus que les autres les règles d'une bonne critique; mais son annotation, les renseignements qu'il avait recueillis, et qu'il a donnés le premier, ont toujours été utiles aux éditeurs plus récents. Ceux-ci trop souvent ont profité, sans le dire, de son travail, de ses *avertissements*, de ses notes, ou se sont contentés de les attribuer à un *anonyme*, au lieu de déclarer tout au moins, puisque Germain Garnier avait voulu taire son nom, qu'on avait fait ces emprunts à l'édition de 1807 avec commentaires de la Harpe.

Nous ne contesterons aucun des mérites divers de l'édition qui depuis longtemps est le plus en faveur, de celle de M. Aimé-Martin; mais il nous semble que de ces mérites celui qui l'a le plus recommandée a été le choix que l'éditeur a fait des principaux commentaires, pour en enrichir son annotation. Il a ainsi donné, comme il l'a dit, le premier exemple d'un *Variorum* français. De ce côté nous ne pouvions tenter de marcher sur ses traces. La collection à laquelle cette édition appartient exclut ce genre de commentaires, qui n'est certainement plus dans les goûts du public. Si nous avons cité quelquefois des remarques littéraires de quelques critiques, ç'a été seulement lorsqu'elles nous ont paru offrir un intérêt historique. A ces rares exceptions près, nous nous sommes borné, dans les notes sur les pièces de théâtre, aux éclaircissements tout à fait nécessaires et aux rapprochements qui nous ont été fournis par les écrivains de l'antiquité ou des temps modernes que Racine a pu imiter, ou qu'il a semblé utile de lui comparer.

Pour l'annotation des œuvres de prose, où les éclaircissements à donner sont bien plus nombreux, particulièrement dans les lettres, nous devons beaucoup à nos devanciers : ils nous ont souvent guidé. Mais notre devoir était de ne jamais les suivre aveuglément et sans vérifier l'exactitude de leur travail. Non-seulement ils nous avaient laissé des omissions à réparer; mais nous avons pu relever chez eux un certain nombre d'erreurs. S'il en échappe toujours aux plus attentifs, il ne faut pas du moins en multiplier les chances en se copiant les uns les autres; et cependant c'est ce qu'on a fait généralement depuis l'édition de 1807[1]. Nous en voulons donner un seul exemple, qu'entre plusieurs autres son importance toute particulière nous fait choisir. Parmi les écrits attribués à Racine est la harangue que l'abbé Colbert prononça en 1685, lorsque l'assemblée générale

---

1. Geoffroy n'a pas toujours suivi pour guide l'édition de 1807; mais il a trop souvent remplacé par des notes très-inexactes celles qui, dans cette édition, ne laissaient rien à désirer.

du clergé de France prit congé du Roi. L'insertion de ce discours à la suite des *Mémoires* de Louis Racine, et la parfaite élégance du style ne permettent guère de douter que Racine n'en soit en effet l'auteur. Voici la note par laquelle l'éditeur de 1807 explique dans quelles circonstances l'orateur du clergé parla : « Le principal objet de ce discours était de remercier Louis XIV de l'édit du 22 octobre 1685, portant révocation de celui de Nantes. » On a partout répété cette note ; M. Aimé-Martin, qui l'adopte, la fait suivre de ces réflexions : « Ce discours est-il vraiment de Jean Racine ? Ce grand homme a-t-il eu la faiblesse de louer, sous un autre nom, une action funeste à la prospérité de la France et à la gloire de Louis XIV?... Nous aimons mieux croire que Louis Racine s'est trompé que de croire le plus grand poëte de la France capable d'une pensée si étroite ou d'une action déplorable. » Il eût été assez simple, avant de s'émouvoir ainsi, d'abord de lire avec quelque attention le discours, où dominent les sentiments les plus honorables de tolérance, qui paraissent d'ailleurs avoir toujours été ceux de l'abbé Colbert ; puis de ne pas s'en rapporter sans examen à la note de Germain Garnier, mais de consulter l'édition originale de la harangue, ou d'ouvrir le *Recueil des actes, titres et mémoires concernant les affaires du clergé*, où elle est insérée. On y aurait vu qu'elle fut prononcée à Versailles le 21 juillet 1685, trois mois avant l'édit de révocation. Accepter de confiance une note est, on le voit, dangereux, et nous nous sommes efforcé de ne pas l'oublier.

Nous faisons précéder chaque pièce du théâtre de Racine, chaque partie de ses œuvres, d'une *Notice* ayant pour objet d'exposer tout ce qui se rattache historiquement à sa composition, à sa publication, à son succès.

En tête du premier volume, nous donnons une *Notice biographique* sur Racine. Par là nous nous conformons au plan de toute la collection. Mais ce n'est pas seulement pour échapper au reproche d'être infidèle à ce plan, que cette notice nous a paru nécessaire; peu de personnes auraient admis que les *Mémoires* de Louis Racine pussent nous dispenser de la donner. Nous nous sommes cependant gardé de laisser de côté ces *Mémoires;* ils sont devenus inséparables de toute édition des *OEuvres* de Racine. Petitot, dans l'édition publiée par lui la même année que celle de Germain Garnier, en 1807, eut le premier la pensée fort juste de les mettre à la place des *Vies* de Racine, souvent très-inexactes, toujours très-incomplètes, qu'on avait jusque-là insérées dans les *OEuvres* du poëte. Depuis, son exemple a été suivi par M. Aimé-Martin, et nous ne pouvions songer à nous en écarter. Les *Mémoires* de Louis Racine sont, comme l'a dit M. Villemain, un monument de famille. On peut bien, pour les compléter, quelquefois pour les rectifier, essayer d'y joindre, mais non d'y substituer un travail entrepris très-loin des vivantes traditions domestiques qui les ont inspirés, et n'ayant d'autre autorité que celle de patientes recherches. Dans cette biographie écrite par un fils, il y a un accent du cœur qui ne s'imite pas, quelque chose de l'âme de Racine lui-même, qu'un écrivain de son sang y a naturellement fait passer; et par suite, une vérité, sinon toujours plus exacte, du moins, en un certain sens, d'un ordre supérieur à celle qu'une critique plus libre et une curiosité entourée de plus de froids documents peuvent espérer d'atteindre. C'était donc assez que d'oser, tout en conservant ce témoignage ancien et respectable, affronter son voisinage. Mais une nouvelle biographie de Racine semblait, nous le répétons, nécessaire. On a trop souvent reproché à Louis Racine des inexactitudes et des erreurs dans un ouvrage écrit un demi-siècle après la mort d'un père dont il avait plus entendu parler qu'il n'avait lui-même pu le connaître; on l'a soupçonné de trop de réticences, pour qu'en réimprimant ses *Mémoires* la tâche d'un éditeur dût paraître suffisamment remplie. Il est devenu indispensable de les contrôler, et d'y ajouter quelque chose en remontant aux autres sources. Peu de temps après les avoir achevés, Louis Racine écrivait à sa femme : « On dira tout ce qu'on voudra, je suis historien très-fidèle : cet ouvrage me fera estimer des honnêtes gens [1]. » Ses droits à l'estime ne sont pas douteux; mais sa fidélité d'historien a été fort contestée, un peu plus même qu'il n'était juste. Dans la préface qui est en tête de son édition de 1807, Germain Garnier a dit [2] : « Nous avons consulté des actes authentiques, les papiers de la famille, et les notes manuscrites de Jean-Baptiste Racine, fils aîné du grand Racine. Toutes ces pièces nous ont mis à portée de nous convaincre, non-seulement que Louis Racine était mal instruit sur sa propre famille, mais encore qu'il

---

1. *Lettres inédites de Jean Racine et de Louis Racine*, publiées par l'abbé Adrien de la Roque, p. 441.
2. Page 10, à la note.

a rédigé ses *Mémoires* avec une extrême inattention, et sans étudier même les pièces qui étaient sous ses yeux. » L'accusation est sévère ; pour l'expliquer en partie, il est bon de remarquer que la *Vie de Racine* à l'occasion de laquelle l'éditeur de 1807 parle ainsi, avait été composée par la Harpe sur la première édition des *Mémoires*, sur celle de 1747, où il y a sur la famille de Racine quelques grosses erreurs corrigées dans l'édition suivante. Mais cette première édition elle-même ne méritait pas, ce nous semble, un jugement si rigoureux. Un examen attentif ne nous a pas fait trouver le biographe aussi souvent en faute qu'on le dit. Toutefois il est certainement tombé dans quelques erreurs; en plus d'un point il a négligé cette précision de détails qu'on demande aujourd'hui. Sa véracité a quelquefois trouvé sa limite dans le sentiment d'un autre devoir : la même piété filiale, qui lui a fait corriger bien des passages du premier recueil des lettres de Racine, a voulu jeter un voile sur tout ce qu'on doit ignorer d'un père. On dira peut-être qu'il eût suffi de quelques notes pour relever un petit nombre d'erreurs, et, au besoin, combler les lacunes. Il nous a semblé que dans ce système il serait impossible de ne pas surcharger le texte des *Mémoires* de notes trop nombreuses et trop étendues. On en pourra juger par celles qui nous sont en-encore restées à faire, après avoir écrit nous-même une autre biographie. Comme le témoignage des *Mémoires* de Louis Racine était un des plus importants sur lesquels nous pussions nous appuyer, ce n'était pas la moindre difficulté de notre travail que de ne point nous en passer, sans trop répéter cependant ce que nos lecteurs avaient d'autre part sous les yeux. Une autre difficulté du même genre nous était créée par les notices placées en tête des divers ouvrages de notre auteur. Tout le détail des faits développés dans ces notices a dû être retranché de la biographie, qui se trouve sans doute par là simplifiée et comme allégée, mais un peu écourtée aussi, l'histoire d'un écrivain étant avant tout celle de ses œuvres.

N'avait-on jamais rien écrit sur la vie de Racine, depuis les *Mémoires* de son fils, qui en corrigeât les inexactitudes, qui en complétât la vérité (car plusieurs traits de l'image qu'ils avaient à retracer y restent voilés), en un mot qui satisfît mieux aux exigences de cette critique à laquelle de notre temps on est habitué? Pour le dire, et nous attribuer ainsi le mérite d'une tentative nouvelle, il faudrait n'avoir pas lu, dans le *Port-Royal* de M. Sainte-Beuve, les dixième et onzième chapitres du livre sixième. La biographie du grand poëte y est esquissée de main de maître. On peut y apprécier la sûreté des informations, quand on a, comme nous, passé bien du temps à chercher les renseignements les plus minutieux. Une belle étude littéraire du génie du poëte, intimement mêlée dans ces chapitres à la biographie de l'homme, la complète et l'éclaire. Mais, outre que nous n'avions pas le droit de nous approprier ce travail, il a été particulièrement conçu et traité dans ses rapports avec le grand ouvrage dont il fait partie. Tout n'a pas dû y être également développé. Ne pouvant, on le croira sans peine, faire aussi bien, nous avions cependant à faire plus. Il fallait nous contenter d'envier cette vivacité d'un récit qui ne s'embarrasse pas dans trop de détails. Sur les moindres faits de la vie de Racine, sur sa famille et sa parenté, on attendait de nous tous les éclaircissements qui sont le devoir des éditeurs.

Nous n'avons, pour remplir ce devoir, épargné aucun effort. Les *Pièces justificatives*, que nous donnons à la suite de la *Notice biographique*, pourront faire juger de nos recherches. C'est une partie de notre travail sur l'utilité de laquelle il ne saurait, nous le croyons, y avoir de doute. Pour rassembler un grand nombre d'entre ces pièces, nous avons voulu aller nous-même à la Ferté-Milon, où toutes les communications que nous avons demandées nous ont été faites avec une obligeance dont nous sommes très-reconnaissant. Nous y avons recueilli beaucoup plus d'actes encore que nous n'en publions. Les ramifications de la famille de Racine s'étendaient fort loin ; et tout, à un moment donné, peut être utile au biographe dans son travail. Mais tout ne serait pas également intéressant pour le lecteur ; et il y a des pièces de l'échafaudage qui ne doivent pas être conservées.

Nous avons traité le texte des *Mémoires* de Louis Racine comme celui des *OEuvres* de notre auteur, quoiqu'il ne parût pas d'abord que nous eussions de ce côté les mêmes obligations. Mais, au seul point de vue de la biographie de Racine, nous avons pensé qu'il était intéressant de noter les variantes de ces *Mémoires*. Il est bon de savoir quand Louis Racine a corrigé une erreur, est revenu sur une assertion, a modifié ou complété quelque passage. Non-seulement nous avons comparé l'édition de 1747, qui est la première, et celle de 1750, fort améliorée par l'auteur, mais nous avons recueilli, sur un exemplaire de l'édition de 1747, qui est à la Bibliothèque impériale, les corrections manuscrites que Louis Racine y a faites. Il les destinait évidemment à une édition nouvelle qu'il préparait. Plusieurs de ces changements ne sont pas sans importance.

En beaucoup de passages les *Mémoires* de Louis Racine réclamaient des notes, bien qu'il y en eût un certain nombre que rendît superflues la *Notice biographique*, ou qu'elle permît d'abréger. Celles que l'on avait données jusqu'ici, dans les éditions de Jean Racine, étaient insuffisantes. Nous nous sommes efforcé de n'omettre aucun éclaircissement utile.

Quoique, dans cette édition des *OEuvres de Racine*, nous ayons reproduit exactement le texte, tantôt des autographes, tantôt des anciennes impressions, il est superflu de dire (car la règle suivie dans toute la *Collection* est déjà connue) que nous n'en avons pas adopté l'orthographe, dont nous nous contenterons de signaler quelques particularités. Dans les autographes mêmes on ne la trouverait pas absolument constante; dans les anciennes impressions elle doit souvent appartenir plutôt aux imprimeurs qu'à l'auteur. Nous pouvons faire une semblable remarque sur la ponctuation, pour laquelle nous nous sommes rapproché de l'usage d'aujourd'hui, toutes les fois du moins que le sens n'en était pas affecté Il fallait être attentif à cette dernière réserve. Qu'on ne s'étonne donc pas si parfois, dans les préfaces des pièces de théâtre par exemple, et dans les épîtres dédicatoires, nous avons gardé le point, où de notre temps on mettrait une simple virgule, comme, dans certains cas, avant les locutions : *c'est à dire*, *excepté*, auxquelles on donnait alors un sens plus marqué et plus indépendant que celui qu'elles ont pris. Mais ce n'est pas ici le lieu d'insister sur les remarques de cette nature : elles trouveront leur place dans le *Lexique* que nous réservons pour notre dernier volume, et où la langue de Racine sera étudiée.

Ce *Lexique* était une des parties les plus délicates de notre tâche. Le lecteur sera certainement rassuré lorsque nous lui dirons que nous l'avons confiée à un critique plus exercé que nous dans ce genre de travail et qui y a fait ses preuves. C'est M. Marty-Laveaux, éditeur des *OEuvres de Corneille* dans la *Collection des grands écrivains*, qui a bien voulu s'en charger. Il y était préparé par son *Lexique de la langue de Corneille*, que l'Académie française a couronné, et qui depuis a encore été pour lui l'objet de nouvelles études. Un travail, en quelque sorte parallèle, sur la langue de nos deux grands poëtes tragiques, remis dans les mains d'une même personne, et en de si bonnes mains, nous a paru offrir des garanties toutes particulières.

On a mis à notre disposition, avec la plus grande bienveillance, dans nos bibliothèques publiques et dans plusieurs bibliothèques particulières, tous les instruments de travail qui nous étaient nécessaires, et très-souvent aussi les conseils d'une savante expérience. Nous devons tous nos remercîments à M. l'administrateur de la Bibliothèque impériale; à MM. Rathery, Schmit et Pauly, de la même bibliothèque; à M. Barbier, administrateur de la bibliothèque du Louvre; à M. Paul Lacroix, de la bibliothèque de l'Arsenal, qui, sans parler de ses connaissances bibliographiques si variées, met au service de tous ceux qui le consultent la plus infatigable obligeance; à M. Amédée Tardieu, sous-bibliothécaire à l'Institut; à M. Rochebilière, qui n'a pas seulement facilité nos recherches à la bibliothèque Sainte-Geneviève, mais a mis si amicalement à notre disposition sa propre bibliothèque.

Les riches collections de M. Cousin et de M. le comte de Lurde nous ont été ouvertes avec une libéralité dont nous leur exprimons notre reconnaissance. Nous aurions aussi, pour acquitter, autant que nous le pouvons, une partie de nos dettes, à parler des intéressantes communications qui nous ont été faites par plusieurs personnes qui possèdent de précieux autographes; mais nous n'oublierons pas leurs noms, toutes les fois que nous aurons à citer les pièces dont elles ont bien voulu nous permettre de faire notre profit.

En nous chargeant d'une tâche dont nous avions tant de raisons d'ailleurs de craindre la responsabilité, nous avons beaucoup compté, et notre confiance était bien juste, sur les conseils et sur la direction de M. Regnier. Ce serait déjà beaucoup que de pouvoir se faire indiquer la route par un guide si éclairé et si sûr; mais M. Regnier, même en mettant à part ce qu'il ne refuse pas à une ancienne amitié, entend et pratique les devoirs de sa direction, comme il est bien rare de le faire. Il ne faut pas seulement parler de direction, mais, sur bien des points, d'une véritable collaboration, et d'un vigilant contrôle sur toutes les parties de notre travail.

Paul Mesnard.

NOTICE BIOGRAPHIQUE
SUR JEAN RACINE.

Dans l'été de l'année 1638, une honnête et pieuse famille de la Ferté-Milon donnait asile à quelques hommes qui fuyaient la persécution. Les hôtes qu'elle avait recueillis dans sa maison firent dans la petite ville de la Ferté un séjour d'un peu plus d'un an. Ils la quittèrent au mois d'août 1639, un peu trop tôt pour y avoir vu naître, dans la famille de leurs charitables amis, l'enfant qui devait être le grand poëte Jean Racine. Mais, comme des Génies de sa destinée, ils avaient apparu bien près de son berceau. Leur influence fut grande sur presque tout le cours de cette vie au seuil de laquelle nous les rencontrons. L'éducation littéraire qu'ils donnèrent à Racine, et qui contribua tant au développement de son génie, l'éducation religieuse et morale, dont, après les jours de la légère jeunesse, les traces profondes se firent reconnaître dans son âme, les scrupules qui, l'arrêtant au milieu de sa brillante carrière, nous ont sans doute privés de plus d'un chef-d'œuvre semblable à son *Andromaque* et à sa *Phèdre*, et, comme pour compenser cette inappréciable perte, la pieuse inspiration à laquelle nous devons *Esther* et *Athalie*, tout cela peut se rattacher au séjour des solitaires à la Ferté-Milon, à cette hospitalité des Vitart, qui étendit et noua avec plus de force des liens déjà formés avant cette époque entre Port-Royal et les parents de Racine. Dire quelques mots de cette hospitalité ne sera donc pas une oiseuse digression. Nous trouverions d'ailleurs difficilement une occasion plus naturelle d'introduire le lecteur au milieu de la famille de notre poëte.

Le 14 juillet 1638, deux mois après l'arrestation de Saint-Cyran et son emprisonnement à Vincennes, les solitaires de Port-Royal des Champs étaient chassés de leur pieuse retraite. Lancelot se rendit alors à la Ferté-Milon, avec un jeune enfant de cette ville dont l'éducation lui avait été confiée. Il allait s'établir au logis du père de son élève, pour y continuer ses leçons. Nicolas Vitart était le nom du jeune écolier de Port-Royal. Il était alors âgé de près de quatorze ans [1]. Son père était Nicolas Vitart, contrôleur au grenier à sel de la Ferté-Milon, et sa mère Claude des Moulins. C'est du côté de Claude des Moulins que la famille des Vitart se trouvait alliée à celle des Racine. Une des sœurs de Claude était Marie des Moulins, femme de Jean Racine, aïeul du poëte; une autre sœur, du nom de Suzanne, étant devenue veuve, s'était retirée à Port-Royal, où elle avait fait profession en 1625. Au temps dont nous parlons, elle y était cellérière [2]; et c'était elle sans doute qui avait fait admettre son neveu Vitart dans les petites écoles.

1. Voyez aux *Pièces justificatives* de la notice (n° I) son acte de baptême.
2. « Mme Suzanne-Julienne de Saint-Paul des Moulins, morte en la maison de Paris le 30 juillet 1647. Elle exerça pendant plus de seize ans l'office de cellérière. » (*Nécrologe de l'abbaye de Port-Royal des Champs*, Amsterdam, 1723, p. 281.) Dans un *factum pour Robert Passart contre maître Jean Racine et consorts*, qui est à la Bibliothèque impériale, nous apprenons que Suzanne des Moulins, née vers 1592, avait épousé le 15 janvier 1609 Guillaume Passart, marchand teinturier à la Ferté-Milon, qu'elle était restée veuve en 1614, et qu'en 1625 elle avait fait profession à Port-Royal. Louis Racine, dans ses *Mémoires*, dit que sa bisaïeule Marie des Moulins eut à Port-Royal deux sœurs religieuses. Nous ne trouvons que Suzanne; mais il est vrai que Claude des Moulins (Mme Vitart) se dévoua pendant plusieurs années au service de Port-Royal. En outre, une belle-sœur de Suzanne des Moulins, Marie Barillon, veuve de Claude Passart, après avoir été aux Filles du Saint-Sacrement, devint tourière à Port-Royal, où elle mourut en 1640. Enfin le *Nécrologe* (p. 349) considère comme faisant partie de la maison de Port-Royal Anne Passart, veuve d'Antoine Desseaux, bourgeois de la Ferté-Milon, laquelle pendant vingt-cinq ans s'occupa du ménage des deux monastères de la ville et des champs, mais n'y fut point religieuse. Morte en 1651, elle dut arriver à Port-Royal vers le même temps que Suzanne des

Lancelot et son élève étaient depuis quelques jours seulement à la Ferté-Milon, lorsqu'ils y furent rejoints par d'autres exilés : M. Antoine le Maître, qui fut plus tard, avec Lancelot, un des maîtres de Racine, et M. de Séricourt, son frère, tous deux amenés par M. Singlin. Ils avaient en vain demandé un refuge aux chartreux de Paris, à ceux de Bourg-Fontaine, et aux religieux de Saint-Germain des Prés. Ne trouvant partout que des amis craintifs, on leur conseilla d'aller chercher un asile chez les Vitart, « parce que, dit Fontaine dans ses *Mémoires*, on étoit entièrement assuré de ces bonnes gens [1]. » La maison était bien étroite pour y loger tant de monde ; mais la charité sut y trouver place pour les proscrits. Lancelot, avec son élève, prenait ses repas à la table de famille, MM. le Maître et de Séricourt vivaient en ermites dans leur petite chambre. Longtemps ils ne sortirent que pour aller, les jours de fête, entendre la messe à l'abbaye de Saint-Lazare, maison de bernardins réformés, située dans ce faubourg de la ville qu'on appelle la Chaussée. Ce fut seulement dans l'été de 1639 qu'ils sortirent quelquefois après leur souper. Ils allaient alors dans le bois voisin et sur la montagne, où ils s'entretenaient des choses du ciel. Vers neuf heures ils revenaient, marchant l'un derrière l'autre, en disant leur chapelet ; et les habitants de la ville qui étaient sur leurs portes se levaient par respect et faisaient grand silence pendant qu'ils passaient [2]. Enfin au mois d'août de cette même année, comme nous l'avons déjà dit, l'orage soulevé contre eux paraissant s'apaiser un peu, ils retournèrent à Port-Royal. « Ce fut, dit Fontaine, un deuil dans toute la ville, quand le bruit se répandit que ces Messieurs s'en alloient. Les dames de piété qui les avoient retirés chez elles, furent frappées jusqu'au fond du cœur lorsqu'elles se virent sur le

Moulins, dont son nom de Passart fait conjecturer qu'elle était la parente par alliance, peut-être la belle-sœur. Son fils, le jeune Desseaux, était élevé dans les petites écoles, en même temps que Nicolas Vitart.

1. *Mémoires pour servir à l'histoire de Port-Royal* (à Utrecht, M.DCC.XXXVI, 2 vol. in-8º), tome I, p. 86.
2. *Mémoires* de Fontaine, déjà cités, tome I, p. 86-100 ; et *Mémoires touchant la vie de M. de Saint-Cyran* par M. Lancelot (à Cologne, M.DCC.XXXVIII, 2 vol. in-12), tome I, p. 118-125.

point de perdre de tels hôtes.... J'admire ici la conduite de Dieu et la force si attirante de la bonne odeur qui sortoit de ces solitaires. Car qui ne fut pas attiré à Dieu par leurs bons exemples ? Et que de personnes ont pris alors la résolution de le servir ! Il m'en revient maintenant presque une vingtaine dans la mémoire ; mais, sans parler d'eux en particulier, l'admirable abbesse, qui gouverne aujourd'hui avec tant de vigilance, ne vient-elle pas de là, comme de sa première source ? » Cette sainte mère, qui fut abbesse, pendant dix ans, du 2 février 1690 jusqu'à sa mort (19 mai 1700), est Agnès Racine, Agnès de Sainte-Thècle. Fontaine doit avoir été ici bien informé : c'est du séjour des solitaires à la Ferté-Milon que date la vocation très-précoce de la tante de Racine. Elle avait alors douze ans, étant née au mois d'août 1626 [1]. Le *Nécrologe*, il est vrai, la fait entrer au monastère à l'âge de neuf ans : ce serait bien avant l'arrivée des solitaires ; mais les indications du *Nécrologe* sont assez souvent inexactes ; et nous avons une preuve authentique de la présence d'Agnès Racine à la Ferté-Milon, pendant le séjour des hôtes de la famille Vitart. Cette preuve se trouve dans un acte de baptême, très-intéressant d'ailleurs à faire connaître ici, et qui complète l'histoire des relations si affectueuses établies en ce moment entre les parents de Racine et Port-Royal. Il n'y avait pas tout à fait trois mois que la maison hospitalière s'était ouverte aux exilés, lorsqu'un enfant y naquit, un frère du jeune élève de Lancelot. Le 12 octobre 1638, un fils de Nicolas Vitart et de Claude des Moulins fut baptisé dans l'église de Saint-Vaast ; on le nomma Antoine Vitart. « Il fut tenu sur les fonts, dit l'acte de baptême, par M. Pierre Sconin, président et grènetier à la gabelle, et par Agnès Racine, pour et au nom de damoiselle Catherine Arnauld, femme de noble

---

1. Son épitaphe par M. Tronchai la fait naître en 1627 ; mais cette date est contredite par l'acte de baptême que nous donnons aux *Pièces justificatives* (n° II). — D'après le *Nécrologe*, elle fit profession à Port-Royal en 1648, fut plus de vingt ans cellérière, quinze ans prieure, et douze ans abbesse. Il faut dire : six ans prieure, dix ans abbesse. Son élection comme abbesse est du 2 février 1690, suivant le *Gallia christiana*, tome VII, p. 922 ; mais en général, dans les Mémoires, Nécrologes et Histoires de Port-Royal, on la fait remonter plus haut, au 6 août 1689.

homme Isaac le Maître, ci-devant conseiller du Roi et maître ordinaire en sa chambre des comptes[1]. » Catherine Arnauld était, comme l'on sait, la mère de MM. Antoine le Maître et de Séricourt, les deux hôtes des Vitart. Cette bonne mère, qui, avec tant de sollicitude, « avoit cherché, dit Fontaine, un asile à ses enfants exilés, qu'elle eût voulu cacher dans son cœur, » payait sa dette de reconnaissance aux *bonnes gens* de la Ferté-Milon ; et la jeune tante de Racine avait l'honneur de la représenter au baptême de son cousin germain. Voilà sous quels auspices Agnès Racine entra à Port-Royal, dont elle fut un des plus chers enfants, et où l'on n'oublia jamais qu'elle avait souvent reçu la bénédiction de Saint-Cyran, sorti de captivité.

Agnès Racine, qui, nous le verrons, fut, quelques années après, rejointe à Port-Royal par sa mère Marie des Moulins, y fut sans doute conduite alors par Claude des Moulins sa tante. Mme Vitart, qui avait résolu de vivre près des pieux solitaires, emmena aussi avec elle ses trois filles et deux fils[2], dont l'un venait de naître. On leur donna à Port-Royal des Champs, dit Fontaine, « un petit logis qui étoit sur la porte. » M. Vitart abandonna lui-même la Ferté-Milon, et vint prendre soin, en qualité de receveur, de tout le ménage du monastère. C'était là qu'il devait bientôt mourir, le 11 août 1641[3], « après s'être acquitté de son office, dit le *Nécrologe*, avec une affection toute chrétienne. »

Mais nous n'avons fait qu'entrevoir la famille de Racine du côté de ses relations avec Port-Royal. Il faut aborder directement la généalogie de notre poëte.

Un vieux manuscrit, conservé à la Ferté-Milon, fait mention d'un Jean Racine, notaire en cette ville au commencement du seizième siècle[4]. Il est probable que ce Racine est le trisaïeul du nôtre. Toutefois, nous ne remontons avec certitude que jusqu'au bisaïeul, Jean Racine, receveur pour le Roi et la Reine du domaine et duché de Valois, et des greniers à sel de

1. Registres de la paroisse Saint-Vaast à la Ferté-Milon.
2. *Mémoires* de Fontaine, tome II, p. 217.
3. C'est la date donnée par le *Nécrologe*. Lancelot (*Mémoires*, tome I, p. 125) dit qu'il mourut au mois d'août 1642.
4. Ce manuscrit relate un acte passé par-devant ce maître Jean Racine, le 18 décembre 1508.

la Ferté-Milon et de Crespy en Valois. Il était marié à Anne Gosset. Il mourut en 1593. Voilà ce que Louis Racine avait appris sur lui d'après l'inscription tumulaire qu'il nous a conservée dans ses *Mémoires*, et qu'on ne retrouve plus aujourd'hui dans l'ancienne église de Notre-Dame et Saint-Vaast[1]. Anne Gosset survécut longtemps à son mari. Nous trouvons son nom jusqu'en 1625, dans des actes de baptême où elle fut marraine. Il paraît que les emplois qu'avait le bisaïeul de Racine étaient assez importants pour lui avoir fait obtenir l'anoblissement, et qu'il fut le premier de cette famille à qui furent données des armoiries devenues célèbres. Malgré cet anoblissement et ces armoiries, qui ne rappelaient alors que des fonctions très-modestes, son illustre descendant avait bien raison, si, comme Brossette l'avait entendu dire à Boileau[2], « il ne faisoit pas façon de dire qu'il n'étoit pas d'une grande naissance. »

Un des enfants assez nombreux nés de Jean Racine et d'Anne Gosset, fut un nouveau Jean Racine, qui devint contrôleur du grenier à sel de la Ferté-Milon. Il épousa Marie des Moulins, sœur, comme nous l'avons vu, de la cellérière de Port-Royal et de cette dame Vitart qui donna l'hospitalité aux solitaires. On connaît bien aujourd'hui encore la maison qu'il avait fait bâtir rue de la Pescherie (actuellement rue Saint-Vaast, n° 14) et qu'il vendit deux mille trois cents livres en 1640, à M. de la Clef. Cette maison est devenue historique, parce que Racine en parle dans une de ses lettres écrite le 16 janvier 1697 à son beau-frère M. Rivière. Nous apprenons par cette même lettre que les armes des Racine étaient peintes sur les vitres de cette maison. Racine se souvenait d'avoir entendu conter que son grand-père avait fait un procès au peintre, qui, dans ces

---

1. On nous a fait remarquer, à la Ferté-Milon, que Louis Racine avait sans doute mal lu dans l'inscription la date de 1593, au lieu de celle de 1595, puisque, d'après un acte de vente, conservé dans cette ville, le bisaïeul de Racine acheta une maison le 9 décembre 1594.

2. *Recueil des Mémoires touchant la vie et les ouvrages de Boileau Despréaux* (par Brossette), manuscrit de la Bibliothèque impériale, p. 42. Il a été publié par M. Laverdet, en *Appendice* à sa *Correspondance entre Boileau Despréaux et Brossette*, Paris, Techener, 1858.

armes, avait métamorphosé le rat en sanglier. L'artiste, à qui sans doute ce rat avait paru faire mauvaise figure dans un blason, n'aurait probablement pas trouvé notre poëte aussi sévère que son aïeul. Nous voyons du moins qu'à son tour Racine, sans se faire scrupule de détruire le rébus héraldique, en usa librement avec les armes parlantes de sa famille, le rat et le cygne, ou le *cyne,* comme on prononçait en ce temps. Le *vilain rat* grimpant sur un chevron le choquait beaucoup, et lorsqu'en 1697 ses armoiries furent enregistrées[1], il n'y resta que le cygne, emblème vraiment prédestiné de son doux et harmonieux génie, un cygne frère du cygne de Mantoue.

Du mariage de Jean Racine et de Marie des Moulins naquirent huit enfants. Deux nous intéressent particulièrement : Agnès Racine, dont nous avons déjà parlé (c'est la mère Agnès de Sainte-Thècle), et Jean Racine, plus âgé qu'elle de onze ans ; il était né en 1615[2]. Ce père du grand poëte fut élevé dans le régiment des gardes en qualité de cadet, d'après l'auteur du Supplément au *Moréri*[3]. Il s'établit ensuite à la Ferté-Milon, où le même biographe et Louis Racine s'accordent à dire qu'il posséda la même charge que son père, celle de contrôleur au grenier à sel. Toutefois dans l'acte de son mariage, comme dans l'acte de baptême de son fils, il est qualifié procureur, et, dans un acte notarié de 1643, procureur au bailliage. Mais laissons-lui les honneurs de la gabelle, auxquels il peut avoir été élevé plus tard[4]. Le 13 septembre 1638, il épousa Jeanne

---

1. « Jean Racine, écuyer, gentilhomme ordinaire et conseiller secrétaire du Roi, maison et couronne de France.... porte d'azur au cygne d'argent becqué et membré de sable, accolé d'azur au pal d'argent, chargé de trois chevrons de sable et accosté de deux lions affrontés d'or, armés et lampassés de gueule. » (*Armorial général de France, Généralité de Paris*, tome II, p. 795, nos 592 et 593.)

2. Voyez son acte de baptême aux *Pièces justificatives* (no III).

3. Voyez l'article *Racine* au tome II du *Supplément au Grand dictionnaire historique de Moréri* (par l'abbé Goujet), à Paris, M.DCC.XXXV. — Nous pouvions citer également ici Nicéron, mais il fait moins autorité dans ces détails sur la famille de Racine.

4. Dans son acte d'inhumation, on lui donne le titre de *greffier*. Tout cela est de peu d'importance.

Sconin[1]. Il entrait dans l'alliance d'une famille très-considérée à la Ferté-Milon, et qui mérite de nous arrêter un moment. C'était, ce semble, une race d'une séve assez vigoureuse. L'aïeul maternel de Racine, Pierre Sconin, fut d'abord procureur du Roi des eaux et forêts de la forêt de Retz, puis commissaire enquêteur et examinateur, garde du sceau de la Ferté-Milon, et président au grenier à sel. Il est l'auteur d'une *Vie de saint Vulgis*, écrite d'un bon style qui fait vraiment honneur à sa plume[2]. Marié deux fois, d'abord à Marguerite Chéron, grand'mère de Racine, puis à Claude Jolly, il eut une lignée de patriarche, fils et filles. Trois de ses fils (Antoine, Charles et Jacques) furent religieux de Sainte-Geneviève. Un d'eux, Antoine, y fut abbé et supérieur général de la congrégation de France. Nous aurons occasion de reparler de ce grand dignitaire de l'Église, qui dirigea pendant deux ans la jeunesse de Racine. Qu'il nous suffise de dire ici que dans l'article qui lui est consacré par le *Gallia christiana*[3], on parle de lui comme d'un homme doué de grands talents[4]. Racine le jugeait « fort sage et fort habile homme, peu moine et grand théologien[5]. » Son frère Charles, génovéfain aussi, fut prieur de Beaugency[6].

1. Voyez l'acte de mariage aux *Pièces justificatives* (n° IV).

2. *Vie de saint Vulgis, prêtre et confesseur, patron de la Ferté-Milon* (sans autre titre, sans indication de lieu ni d'imprimeur), 29 pages in-8°. Elle est précédée d'une épître de l'auteur à l'évêque de Soissons, signée P. Sconin. Cet évêque, à qui le livre est dédié, au nom de tous les habitants de la Ferté, est Charles de Bourlon, qui monta sur le siége épiscopal le 31 octobre 1656. — Pierre Sconin avait un fils qui portait le même prénom que lui; mais dans des *Essais historiques* (manuscrits) sur la ville de la Ferté-Milon, il est dit que la *Vie de saint Vulgis* est de P. Sconin, procureur et subdélégué, titres qui ne paraissent convenir qu'au père.

3. Tome VII, p. 794-796.

4. *Magnis a natura dotibus ornatus brevi præluxit.*

5. *Lettre à M. Vitart*, 30 mai 1662.

6. Il fut présent, en cette qualité, au chapitre qui se tint pour l'élection de son frère comme abbé de Sainte-Geneviève, en 1650, et à celui qui se tint en 1653, pour l'élection du successeur de ce frère (*Actes touchant la réformation de plusieurs monastères des chanoines réguliers de la congrégation de France*. Manuscrit in-4° de la bibliothèque Sainte-Geneviève, tome XXIII, fol. 339 et 353, et tome XXIV,

Parmi cette nombreuse tribu des Sconin, il y eut même un poëte, nous pourrions ajouter, un poëte tragique, qui peut-être était, lui aussi, un des oncles de Racine, sans aucun doute de sa famille. Malheureusement ni les poésies latines, ni l'*Hector*, tragédie française de ce Sconin, qui était principal du collége de Soissons, ne sont dignes d'un parent de Racine[1]. Tenons-lui du moins quelque compte de son ambition littéraire. A tout prendre, cette nombreuse famille, revêtue de dignités ecclésiastiques ou pourvue d'honorables emplois, avait certainement quelque distinction. Mais il faut tout dire, son trait particulier n'était point l'amabilité du caractère, si Racine ne l'a pas jugée trop sévèrement. Dans une lettre du 6 juin 1662, écrite, il est vrai, *ab irato*, et que jusqu'ici tous ses éditeurs avaient bien altérée, il drape ainsi les Sconin, ne faisant grâce qu'à son oncle Antoine, l'ancien abbé de Sainte-Geneviève : « Il est tout à fait bon, je vous assure, et je crois que c'est le seul de sa famille qui a l'âme tendre et généreuse; car ce sont tous de francs rustres, ôtez le père qui en tient pourtant sa part[2]. »

fol. 214). Dans un acte du 6 octobre 1654, il est encore qualifié prieur claustral de l'abbaye de Notre-Dame de Beaugency. — Quant à l'autre frère, religieux aussi de Sainte-Geneviève, Jacques Sconin, né le 15 septembre 1615, nous trouvons son nom, avec la date de 1641, dans un petit livre manuscrit de la bibliothèque Sainte-Geneviève, qui a pour titre . « Ici sont écrits les noms des religieux de céans. »

1. Nous avons lu de lui : 1º une élégie latine, avec la traduction en vers français : *Soissons à la France (Suessio Galliæ)*, à Soissons, chez Nicolas Asseline, M.DC.LXVIII. Cette pièce de poésie est signée Sconin. A la suite sont deux autres petites pièces : « *Monseigneur le Roi au Dauphin* » et « *Le Roi à Monseigneur le Dauphin*, » signées : *Sconin, principal du collége de Soissons*; — 2º *Hector*, tragédie, à Soissons, chez Louis Mauroy, M.DC.LXXV. C'est une pièce en cinq actes et en vers. La dédicace au cardinal d'Estrées, où l'auteur lui rappelle les obligations particulières que lui a sa famille, est signée *A. Sconin, principal du collége de Soissons*.

2. Dans le texte donné par Louis Racine et suivi par les précédents éditeurs, tout a été, par égard pour la famille, rejeté charitablement sur *la communauté* (des chanoines de Sainte-Geneviève sans doute): « Il est tout à fait bon, et je crois que c'est le seul de sa communauté qui ait l'âme tendre et généreuse. » La suite de la phrase est supprimée.

Il y avait quinze mois que Jean Racine, le procureur au bailliage, et la fille de Pierre Sconin étaient mariés, lorsqu'un fils leur naquit. Ce fils reçut, comme son père, son aïeul et son bisaïeul, le nom de Jean. Il fut tenu sur les fonts, le 22 décembre 1639, par son grand-père maternel, Pierre Sconin, et par son aïeule paternelle, Marie des Moulins[1]. On voit aujourd'hui à la Ferté-Milon, rue Saint-Vaast, n° 3 (ancienne rue de la Pescherie), une maison où, si l'on en croit l'inscription placée au-dessus de la porte, est né cet enfant destiné à tant de gloire. Ce que l'on sait avec certitude, c'est que cette maison appartenait à Pierre Sconin, qui y mourut. Il se peut que la tradition ne mente pas, et que cette maison, habitée aussi par la fille et le gendre de Pierre Sconin, ait vu naître Jean Racine et sa sœur.

On ne doit pas dire sans doute que le jeune Racine fut un de ces enfants « à qui ni leur père ni leur mère n'ont souri; » ceux-là étaient aux yeux de Virgile les disgraciés des Dieux. Mais ce doux sourire des parents ne put rester dans sa mémoire; et leur tendresse manqua à l'enfance du plus tendre des poëtes. Au mois de janvier 1641, Jeanne Sconin avait donné le jour à un second enfant, à une fille, dont la naissance lui coûta la vie. La jeune Marie Racine fut baptisée le 24 janvier[2]; quatre jours après, le 28 du même mois, sa mère était morte. Jeanne Sconin n'avait pas encore vingt-neuf ans[3]. Un peu moins de deux

---

1. Voyez l'acte de baptême aux *Pièces justificatives* (n° V).
2. Voyez aux *Pièces justificatives* (n° VI). — Le *Supplément au Nécrologe de Port-Royal* (M.DCC.XXXV), p. 634, parle d'une autre sœur de Racine : évidente erreur, puisqu'il n'y a point place pour sa naissance : « Le trente et unième jour de mai 1687 mourut à Port-Royal la sœur Marie de Sainte-Geneviève Racine, religieuse professe de ce monastère. Elle étoit nièce de la mère Agnès de Sainte-Thècle Racine, et sœur de l'illustre poëte de ce nom. » Il eût fallu dire : nièce de la mère Agnès de Sainte-Thècle, et cousine germaine du poëte; car il s'agit de Marie-Geneviève Racine, fille de Claude Racine, qui était frère d'Agnès de Sainte-Thècle. Un ancien tableau généalogique, conservé dans la famille de Racine, dit qu'elle fut religieuse à Port-Royal.
3. Voyez aux *Pièces justificatives* (n°s VII et VIII) son acte de baptême et son acte d'inhumation.

ans après la mort de sa femme, le père de Racine se remaria. Le 4 novembre 1642 il épousa une jeune femme de vingt-trois ans, Madeleine Vol, fille de Jean Vol, notaire à la Ferté-Milon[1]. Il devait survivre bien peu de temps à ce second mariage, trois mois seulement : il mourut le 6 février 1643[2], âgé de vingt-huit ans. Racine avait donc treize mois quand il perdit sa mère, un peu plus de trois ans à la mort de son père. Ce père ne laissa point d'héritage à ses deux jeunes enfants. Sa charge de procureur fut vendue trois cent cinquante livres à son beau-père Jean Vol. C'était toute la succession ; et une si faible somme ne suffisait pas à couvrir les dettes. La veuve de Jean Racine, Madeleine Vol, renonça à son douaire et à la communauté[3]. Dans les lettres de Racine il n'est jamais question d'elle. Il semble qu'après la mort du père, elle soit devenue une étrangère pour les deux orphelins. Louis Racine, dans ses *Mémoires*, ne parle même pas du second mariage de son aïeul. Mais il restait au jeune Racine une autre mère, celle à qui il donna toujours ce nom, Marie des Moulins, son aïeule. On tient de lui-même un témoignage des soins que son enfance reçut d'elle. « Il faudroit, disait-il dans une lettre à sa sœur[4], que je fusse le plus ingrat du monde, si je n'aimois une mère qui m'a été si bonne, et qui a eu plus de soin de moi que de ses propres enfants. » Il ajoutait : « Elle n'a pas eu moins d'amitié pour vous, quoiqu'elle n'ait pas eu l'occasion de vous la témoigner. » Et dans une autre lettre[5] : « Je vous assure qu'elle vous aimoit tendrement, et qu'elle vous auroit traitée comme ses propres enfants, si elle avoit pu faire quelque chose pour vous. » On peut

---

1. Voyez aux *Pièces justificatives* (n⁰ˢ IX et X) l'acte de baptême de Madeleine Vol et son acte de mariage.
2. Voyez aux *Pièces justificatives* (n⁰ XI) son acte d'inhumation.
3. Nous tenons ces détails de M. Médéric Lecomte, membre de la Société historique de Soissons, auteur d'une *Notice généalogique sur la famille de Racine*, insérée dans le dixième volume des *Mémoires de la Société académique de Laon*. M. Lecomte a tiré ces renseignements d'actes déposés chez un notaire de la Ferté-Milon. Nous devons à son obligeance beaucoup d'autres éclaircissements sur la famille de Racine, qui nous ont été fort utiles pour cette biographie.
4. *Lettre* du 23 juillet 1663.
5. *Lettre à Marie Racine*, 13 août 1663.

bien induire de là que des deux orphelins, l'un (c'était Racine) fut recueilli dans la maison de Jean Racine, son aïeul, et confié surtout à la tendresse de sa « bonne mère » Marie des Moulins, tandis que Pierre Sconin se chargea de l'autre. Les lettres écrites par Racine, dans sa jeunesse, à sa sœur Marie, lui sont adressées *chez M. le Commissaire*, c'est-à-dire chez Pierre Sconin. Il est vrai qu'alors Marie des Moulins n'était plus à la Ferté. Mais on voit par les citations que nous avons faites des lettres de Racine, que même avant ce temps elle n'avait pas eu l'occasion de faire pour Marie Racine ce qu'elle faisait pour son frère.

Ce fut donc sous le toit de Jean Racine[1], son grand-père, que Racine passa la plus grande partie de son enfance. Il perdit ce grand-père en septembre 1649[2]. Très-peu de temps sans doute après cette mort, Marie des Moulins, devenue veuve, alla rejoindre à Port-Royal sa fille Agnès, et le jeune Racine fut envoyé au collége de Beauvais. Cette séparation de la famille ne peut en tout cas avoir eu lieu plus tard qu'au commencement de 1652 ; car, au mois de mai de cette année, Marie des Moulins était au monastère des Champs : c'est à cette date que la mère Angélique Arnauld, dans une lettre à M. le Maître[3], disait : « La pauvre Mme Racine m'écrit que vous lui avez fait la charité de lui parler, dont elle est très-consolée.... C'est une très-bonne femme, vous le verrez. » Et, d'un autre côté, nul doute que dans le même temps Racine ne fût déjà au collége de Beauvais ; car ce ne peut être plus tard que cette année, pendant la seconde guerre de la Fronde, que le jeune enfant, prenant sa petite part aux discordes civiles, reçut, dans une bataille d'écoliers, les uns frondeurs, les autres *mazarins*, cette glorieuse blessure enregistrée par Louis Racine dans ses *Mémoires*.

Le collége de Beauvais où Racine fut envoyé par ses parents,

---

1. La maison qu'habitait alors l'aïeul paternel de Racine était dans la Grande-Rue, aujourd'hui rue de Reims, en face de la ruelle du Four banal.

2. Non en 1650, comme l'a dit Louis Racine, et comme on l'a répété après lui. Voyez aux *Pièces justificatives* (n° XII).

3. Citée par M. Sainte-Beuve, dans son *Port-Royal* (2ᵉ édition), tome V, p. 440.

et demeura jusqu'en 1655, ne doit pas être confondu avec le célèbre établissement qui, à Paris, portait le même nom, ou encore le nom de Dormans-Beauvais, qui compta Boileau parmi ses écoliers, et où étudia aussi Louis Racine, sous la direction de Rollin. L'honneur d'avoir donné les premières leçons à notre poëte appartient au collége établi dans la ville de Beauvais. C'était une maison florissante, et qui, d'après d'anciens documents, paraît avoir eu dans ce temps-là une population d'écoliers égale à celle de nos meilleurs lycées d'aujourd'hui. Le célèbre docteur Godefroy Hermant, si étroitement lié avec Port-Royal, y avait été régent de seconde, puis de rhétorique, de 1636 à 1639. Lorsque Racine y entra, Choart de Buzanval, encore un ami des solitaires, y avait, comme évêque de Beauvais, une part d'autorité. Ce collége devait donc, ce nous semble, être en bonne renommée à Port-Royal. Il se peut que les parents de Racine aient reçu de ce côté-là, d'Antoine le Maître, par exemple, grand ami de M. Hermant, ou de M. de Beaupuis, ancien élève de Beauvais, le conseil de choisir pour leur enfant cette maison d'éducation. Remarquons qu'au sortir de Beauvais, Racine entra aux écoles de Port-Royal, à un âge où l'on n'avait pas coutume d'y recevoir des élèves, et que, pour avoir dérogé à leur règle, il fallait que ses nouveaux maîtres eussent quelque confiance dans les premiers enseignements qu'il avait reçus. On aimerait à savoir le nom de ses régents à Beauvais. Tout ce qu'il nous a été possible d'apprendre, c'est qu'au temps où il y étudiait, le principal était un prêtre nommé Nicolas Dessuslefour.

Louis Racine dit que son père sortit de ce collége le 1er octobre 1655. Il allait avoir seize ans. Avec un esprit si heureusement doué, il devait, à cet âge, être fort avancé dans ses études, et se trouver en état, pour les achever, de mettre à profit les meilleures leçons de Port-Royal, où il fut alors admis à l'école des Granges que dirigeaient Nicole et Lancelot. Ici nous rejoignons le récit que nous avons fait en commençant, des relations qui s'étaient établies à la Ferté-Milon entre les solitaires exilés et la famille de Racine. Ce furent sa bonne aïeule Marie des Moulins, sa tante Agnès de Sainte-Thècle, sa grand'tante Vitart, qui l'attirèrent vers la sainte maison, où l'attendaient leurs anciens hôtes, Lancelot et le Maître. Il est très-vraisemblable qu'il fut, comme on l'a dit[1], au nombre des enfants qui n'y payaient point de pension ; car « ses facultés étoient fort médiocres, » suivant l'expression de Louis Racine.

Dans un passage de son *Abrégé de l'histoire de Port-Royal*, Racine a rendu cet hommage à ceux dont les leçons formèrent sa jeunesse : « Ces maîtres n'étoient pas des hommes ordinaires. Il suffit de dire que l'un d'entre eux étoit le célèbre M. Nicole. Un autre étoit ce même M. Lancelot à qui on doit les *Nouvelles méthodes* grecque et latine, si connues sous le nom de *Méthodes de Port-Royal*. »

Lancelot était chargé de l'enseignement de la langue grecque; il y était consommé, et vraiment le chef de ce que les Jésuites ont appelé « la secte des Hellénistes de Port-Royal. » Si de tous nos poëtes, Racine est, avec André Chénier, celui qui a puisé le plus directement aux sources vives de la Grèce, il le dut surtout à Lancelot. Pour le diriger dans les autres parties des humanités, il avait Nicole, esprit judicieux, méthodique, exact, et très-bon latiniste. Ce ne furent point cependant ses seuls guides. Il recevait aussi des leçons d'Antoine le Maître et de M. Hamon. Un des *Nécrologes* de Port-Royal, celui qui a fait de Racine un solitaire[2], dit que « M. le Maître, et après lui M. Hamon, prirent un soin tout particulier du jeune Racine, dans l'intention de le pousser au barreau. » Le Maître surtout put bien (et Louis Racine le dit aussi) avoir cette ambition pour un élève qu'il aimait, lui qui se souvenait toujours de sa première profession, jusqu'à revoir ses plaidoyers même après le temps de sa conversion. Le jeune orphelin était traité par lui en fils ; il lui donnait ce nom de fils dans l'intéressant billet qu'on a conservé, et dans lequel Racine nous paraît comme son Éliacin. « Aimez toujours, lui écrivait-il, votre papa comme il vous aime. » Racine trouvait donc près de le Maître et l'affection paternelle et un enseignement

---

1. *Port-Royal*, par C. A. Sainte-Beuve, tome III, p. 425, à la note.

2. *Nécrologe des plus célèbres défenseurs et confesseurs de la vérité*, M.DCC.LXI (sans nom de lieu ni d'imprimeur. Il est de l'abbé Cerveau), 7 vol. in-12. Voyez le tome III, p. 310.

très-animé, où il y avait un feu et un enthousiasme littéraire qui manquaient aux autres instituteurs. On se représente facilement le Maître, tel avec ses écoliers qu'un autre de ses élèves, Thomas du Fossé, nous l'a dépeint, commentant dans un enseignement plein de chaleur et d'éloquence les beautés des orateurs et des poëtes, et, avec sa belle voix et son savant débit, donnant pour la récitation des discours et des pièces de poésie, d'excellentes leçons, qu'il ne destinait certes pas à être un jour répétées à la Champmeslé. Il y eut un moment où ses élèves furent séparés de lui ; ce fut au mois de mars 1656, lorsqu'on dispersa les écoliers et leurs précepteurs, et que le Maître se réfugia à la chartreuse de Bourg-Fontaine. Racine demeura aux Champs, où il avait sa famille. Alors seulement, suivant toute vraisemblance, en l'absence de ses autres maîtres, il passa aux mains de M. Hamon. Placer le temps des leçons de celui-ci après la mort d'Antoine le Maître, comme l'a fait Louis Racine, n'est pas possible : quand M. le Maître mourut, Racine n'était plus à Port-Royal. Il semble que M. Hamon

> Tout brillant de savoir, d'esprit et d'éloquence [1],

mais surtout vrai chrétien, plein d'aimable candeur, de pieuse sensibilité et de charité admirable, ait su mieux que tout autre toucher le cœur de Racine, puisque le jour où celui-ci se mit à songer à la tombe, ce fut aux pieds de l'humble et savant médecin de Port-Royal qu'il demanda à reposer.

C'est à ce même temps de la persécution de 1656 et de la dispersion des solitaires qu'il faut rapporter (Louis Racine est de cet avis [2]) la composition de l'élégie latine *ad Christum*, où, comme les jeunes Israélites de ses chœurs d'*Esther* et d'*Athalie*, Racine gémit sur un Israël ruiné par les méchants. Ceci n'est point, dans notre esprit, un vain rapprochement : il y a un rapport frappant, non d'expression sans doute, ni de force ou de charme poétique, mais de sentiments, entre ces

---

1. Boileau, *Vers pour mettre au bas du portrait de M. Hamon.*
2. Dans une note de l'exemplaire de ses *Mémoires* corrigés par lui. On la trouvera plus loin en son lieu.

premiers bégaiements de la muse enfantine du poëte, et les dernières, les plus magnifiques inspirations de son génie :

> *Quem dabis æterno finem, Rex magne, labori?*
> *Quis dabitur bellis invidiæque modus?*
>
> « Combien de temps, Seigneur, combien de temps encore
> Verrons-nous contre toi les méchants s'élever [1] ? »

Cet enfant, « élevé, comme le lui disait Boileau, dans le sanctuaire de la piété, » en un temps de cruelles épreuves pour ses maîtres, au milieu des Joads tonnants et des colombes gémissantes de Port-Royal, amassait là dans son âme des souvenirs et des impressions qu'il devait fondre plus tard avec la grande poésie de la Bible. Quels qu'aient été, bientôt après, son oubli et son infidélité, on peut croire que, tant qu'il respira l'air de la pieuse solitude, il ressentit assez vivement les douleurs qui la frappèrent. Nous l'avons déjà comparé à un jeune Joas nourri dans le temple, « sous l'aile du Seigneur. » Ses vers *au Christ*, où il parle des ennemis de ses maîtres avec une singulière ardeur d'indignation, nous transportent au milieu de ces lévites zélés qui *cultivaient déjà la haine* des enfants :

> Sa mémoire est fidèle, et dans tout ce qu'il dit,
> De vous et de Joad je reconnois l'esprit.

Il ne se contentait pas, à Port-Royal, de composer des vers latins. Il s'essayait aussi à la poésie française. Dans ces « saintes demeures du silence, » il composa les sept odes sur Port-Royal, où sans doute il s'égare beaucoup en de faibles lieux communs, mais dont on peut citer des vers qui laissent entrevoir et l'abondance facile d'une source vive, et quelques douces flammes de ce foyer de tendresse religieuse qu'il portait en lui. On a parfaitement dit[2], et il nous reste seulement à le répéter, que dans ces strophes : « Je vois ce cloître vénérable, » et « Sacrés palais de l'innocence, » il y a déjà de l'accent des chœurs d'*Esther*. Rien, dans ces vers de sa jeunesse, ne l'a aussi heureusement inspiré que ces chastes vierges du cloître qu'il appelle des « anges mortels, » et qui dans leurs retraites, derrière ces murs

---

1. *Athalie*, vers 810 et 811.
2. *Port-Royal*, tome V, p. 443.

au pied desquels il errait en rêvant, lui apparaissaient comme une céleste vision « en un trône de lis. » Ineffaçable impression des premières années, qui put former dès lors dans son imagination l'idéal des suaves peintures que Saint-Cyr devait un jour admirer.

D'autres poésies, infiniment supérieures, rappellent aussi ces années des études de Racine à Port-Royal, mais ne sauraient avoir ici pour nous le même intérêt historique. Que *les Hymnes du Bréviaire romain* aient été non-seulement retouchées, mais refaites par Racine dans la maturité de son talent, cela ne fait pas question pour qui les compare aux *Odes* sur Port-Royal. Il reste seulement ce fait pour l'époque dont nous parlons, qu'il y eut alors une première ébauche de ces hymnes tentée par le jeune poëte [1].

A côté de ces essais d'une muse encore bien novice sans doute, mais dans lesquels se révélait l'instinct poétique, on trouve vers la même date quelques petits vers écrits en badinant. Ces enfantillages devraient être passés sous silence, s'ils n'étaient des signes de caractère, et d'assez curieux indices, au milieu d'une éducation si sévère, d'un tour d'esprit dont les maîtres de Racine auraient pu déjà s'effrayer. C'étaient des échappées frivoles qui, malgré leur innocence, faisaient pressentir l'heure prochaine de l'émancipation. De la sainte et studieuse retraite où il ne faudrait pas croire le jeune Racine trop enseveli, il trouvait moyen de porter au dehors des regards curieux. Son imagination si vive était attirée dès ce temps par le peu qu'il entrevoyait du monde : il prêtait l'oreille à ses bruits. Tandis qu'on le tenait sous la discipline des petites écoles, un de ses parents, cet Antoine Vitart qui avait eu pour marraine, nous l'avons dit, Catherine Arnauld, et était d'un an plus âgé que lui, suivait à Paris les cours de philosophie du collége d'Harcourt. Les deux jeunes gens étaient en correspondance. Ils échangeaient des pièces de vers latins, dont quelques-unes ont été conservées. Racine, dans ce commerce poétique, ne se contentait pas toujours de la docte langue : il envoyait aussi à son ami quelques rimes françaises. Un jour, comme Antoine

1. Voir pour plus de détails la *Notice* qui précède la traduction des Hymnes du Bréviaire romain.

Vitart le négligeait depuis trop longtemps, il lui écrivait pour gourmander sa paresse. Citons ses vers, moins parce qu'ils sont inédits, que parce qu'il s'y peint assez bien, ce nous semble, tout prêt à se dissiper, et s'y montre moins disposé peut-être que dans ses vers latins *au Christ*, à prendre au tragique les malheurs « des pauvres Augustiniens. »

>Quoi donc! cher cousin, ce silence,
>Ces froideurs, cette négligence
>Ne pourront point avoir de fin?
>Soit en françois, soit en latin,
>Soit en poésie ou en prose,
>Tout au moins j'écris quelque chose.
>Pouvez-vous manquer de sujets
>En lieu plein de tant d'objets,
>Où tous les jours mille merveilles
>Frappent les yeux et les oreilles?
>Quand vous n'iriez de vos fauxbour
>Que jusqu'au collége d'Harcour,
>Ce qui se fait, ce qui se passe
>En ce grand et ce long espace,
>Ne pourroit-il pas vous fournir
>Assez de quoi m'entretenir?
>Là l'on voit crier les gazettes
>Des victoires et des défaites,
>Les combats du roi Polonois
>Contre le prince Suédois;
>Ici l'on entend la censure,
>La honte et la déconfiture
>Des pauvres Augustiniens
>Sous le nom de Janséniens;
>D'autre part on crie au contraire
>La sentence du grand vicaire,
>L'hymne, l'histoire et le journal
>Des miracles de Port-Royal.
>Enfin l'on ne voit que nouvelles
>Que livres, qu'écrits, que libelles.
>En tous quartiers, de tous côtés
>On ne trouve que raretés.
>Comment peux-tu donc, cher Antoine,
>Sinon par mépris, ou par haine,
>Vivre comme un silencieux
>Dans le règne des curieux?

Les nouvelles que la voix des crieurs faisait à ce moment retentir dans les rues donnent la date de cette lettre rimée. Elle doit être de la fin de 1656[1]. Ne trouve-t-on pas que l'élève des solitaires avait une curiosité fort éveillée?

Louis Racine a donné, dans ses *Mémoires*, un fragment d'une autre de ces lettres en vers écrites à Antoine Vitart, qui commence ainsi :

> Lisez cette pièce ignorante ;

mais il l'a arrangé et défiguré. Il le dit du temps où Racine étudiait en logique au collége d'Harcourt; cela n'est point : c'était Vitart qui était alors le jeune philosophe. Racine lui disait :

> Je crains même que cette lettre
> Ne soit trop longue pour paroître
> Devant des yeux tant occupés,
> En d'autres soins enveloppés ;
> Car quel temps peut être de reste
> Dans une philosophe teste
> Qui ne respire qu'arguments,
> Qui doit passer toutes les heures
> Aux majeures et aux mineures
> Par où les subtils logiciens
> Sont craints comme des magiciens[2] ?

On voit que cela est très-différent, même pour le sens, de la citation plus qu'inexacte de Louis Racine :

> Je ne respire qu'arguments, etc.

Ce qui pourrait, plus que ces petites gaietés d'écolier, faire croire à une certaine dissipation de Racine dès ce temps, ce seraient, s'ils avaient été écrits aussi de Port-Royal, quelques madrigaux et vers galants, qu'à vrai dire l'inexpérience poé-

---

1. La victoire de Charles-Gustave sur les Polonais en juillet 1656, la censure de la Sorbonne du commencement de cette même année, la sentence de M. de Hodencq, grand vicaire, rendue le 22 octobre 1656, le miracle de la Sainte Épine, tout cela fixe à peu près le moment où Racine écrivait.

2. Il n'est pas douteux que ces vers n'aient été écrits à Port-Royal, et ils sont peut-être d'une date antérieure à ceux que nous avons cités les premiers. L'inexpérience du versificateur y est plus visible

tique qui s'y montre, et des fautes de prosodie nous induiraient à rapporter à ce temps; mais il n'y a pas entière certitude. Si même les madrigaux sont écartés, le jeune homme semblait par ses petits vers s'annoncer dès lors tel que nous le verrons bientôt. Il y avait en lui quelque légèreté dont ses austères instituteurs n'avaient pas raison; mais cette légèreté était beaucoup à la surface : le fond ne manquait pas de sérieux; ou plutôt, dans cette nature si riche et si variée, tout s'alliait, les penchants du bel esprit agréable et railleur, et des instincts plus sévères et plus graves, l'amour des solides études, le goût du vrai beau, la faculté de le sentir dans les plus grandes œuvres de l'antiquité. Boileau, dans la grande lettre qu'il écrivait en 1700 à Perrault, disait : « Ce sont Sophocle et Euripide qui ont formé M. Racine. » Qui n'a présente à l'esprit cette poétique image que Valincour nous a laissée de Racine, les tragédies grecques à la main, s'enfonçant dans les bois qui entouraient l'étang de Port-Royal? Dans ses studieuses promenades il passait les journées à lire et à apprendre par cœur les chefs-d'œuvre de ces grands tragiques, bientôt après ses modèles. Souvent aussi il y relisait à la dérobée, dans le texte grec (péché dont nul écolier ne voudrait se rendre coupable aujourd'hui), ce roman des *Amours de Théagène et de Chariclee*, qui le charmait par ses belles aventures, et qu'il finit, dit-on, par confier tout entier à sa mémoire, de peur que Lancelot ne le lui brûlât encore.

Naturellement, à Port-Royal, on était sévère dans le choix

encore, et il y aurait quelque raison de les croire de 1655, à en juger par les lectures qui amusaient alors Racine. Il disait en effet :

> J'ai aussi le manche agréable
> D'une étrille qui sent l'étable
> Où le baudet de Molina
> A reçu ce qu'il mérita.

On avait publié en 1654 une satire en vers intitulée *l'Étrille du Pégase janséniste. Aux rimailleurs du Port-Royal*. Si, comme il semble bien, *l'Étrille* ou *le Manche de l'Étrille* dont parle Racine est une réponse à cette satire, elle ne doit pas avoir été faite très-longtemps après. — Nous donnerons dans cette édition les petites pièces inédites de la jeunesse de Racine.

des livres d'étude. Toutefois on y aimait trop les belles-lettres et les chefs-d'œuvre de l'antiquité pour ne pas tomber en quelque inconséquence. Dans cette austère maison où Saint-Cyran avait un jour averti les enfants que Virgile s'était damné en faisant tous ses beaux vers, on nourrissait de ces mêmes vers de Virgile et de ceux des tragiques grecs un jeune esprit qu'on prétendait détourner de la poésie. On y poussait la hardiesse naïve jusqu'à traduire Térence, ce que Racine, aux jours de sa révolte, ne manqua pas de reprocher ironiquement à ses maîtres. Ceux-ci voulaient cultiver l'esprit, admettre même, dans cette culture, ce qui aurait dû à leurs yeux en être le luxe inutile, et en même temps enchaîner l'âme à leurs mortifications. C'était trop tenter. Malgré eux, les fleurs qu'ils avaient semées, croyant que la terre du saint désert les désarmerait de leurs poisons, portèrent chez leur plus illustre élève leurs fruits naturels. Racine fit bientôt, dans le monde, plus d'honneur à leurs écoles qu'ils n'eussent voulu; et sa gloire profane leur parut comme un serpent qu'ils avaient réchauffé dans leur sein.

En tête de plusieurs petits écrits qui nous sont restés comme un témoignage des sérieuses études de la jeunesse de Racine, et dont son fils Louis, en 1756, a légué le manuscrit à la Bibliothèque royale, on lit: *Brouillons et extraits faits presque à la sortie du collége*, avec cette date: *de 1655 à 1658*. Ce sont les années de Port-Royal. Il est très vraisemblable en effet que ce fut alors que Racine fit ces traductions de Diogène Laërce, de Philon et d'Eusèbe, par lesquelles il s'exerçait à la fois à l'étude de la langue grecque et à celle de la langue française. Les corrections dont les manuscrits de ces versions sont chargés nous attestent les efforts qu'il faisait pour assouplir sa plume. Il ne se fiait pas trop à sa facilité naturelle, et, docile à la sévère discipline de ses maîtres, apprenait laborieusement son métier d'écrivain.

Avant de quitter les écoles de Port-Royal, disons que leur enseignement serait loin de pouvoir expliquer Racine tout entier. Port-Royal était bien sévère, bien dédaigneux de l'éclat et souvent de l'élégance, bien ami du style lent et diffus, pour avoir le droit de tout revendiquer dans un talent qui a eu au suprême degré la grâce, le charme, la perfection des formes; mais du moins par sa solidité, par sa gravité, par son excellence morale, cet enseignement a laissé sur le génie qui s'en est nourri une empreinte impossible à méconnaître.

Au mois d'octobre 1658, Racine sortit de Port-Royal, deux ans avant la destruction des petites écoles. Il avait dix-neuf ans. On l'envoya faire son cours de logique à ce collége d'Harcourt [1] où son ami Antoine Vitart l'avait précédé. Le collége d'Harcourt était aux mains de très-doctes théologiens et professeurs en philosophie. Pierre Padet était alors proviseur, Thomas Fortin principal. On sait que ce fut par les soins de M. Fortin qu'en 1656 plusieurs des *Lettres provinciales* furent, dit-on, secrètement imprimées dans le collège. C'était donc une maison où Port-Royal pouvait, sans trop d'inquiétude, voir entrer un de ses élèves. Les renseignements nous manquent sur la manière dont se passa pour Racine cette année d'études plus libres, où il dut faire le premier essai de son indépendance, et apprendre à connaître ce monde qui du fond des pieuses solitudes lui paraissait tout plein de « mille merveilles. » On n'a retrouvé jusqu'ici aucune des lettres qu'il écrivit sans doute en ce temps [2]. Il n'est pas probable qu'on l'eût abandonné seul à Paris. Dès lors, sans doute, son oncle [3] Nicolas Vitart, frère d'Antoine, et

---

1. Nous avons vu plus haut que lorsque Racine écrivait ses lettres rimées, ce n'était pas lui, mais Antoine Vitart qui était écolier à Harcourt. La confusion que L. Racine a faite à ce sujet pourrait inspirer des doutes sur son témoignage, lorsqu'il nous dit que son père étudia dans ce collége. Mais ce témoignage n'est pas le seul, ni le plus ancien que nous ayons. Dans la *Vie de Racine*, qui est en tête de ses *Œuvres*, édition de 1722, il est dit (p. 1) : « Ce fut là (à Port-Royal) que M. Racine fit ses humanités, après quoi il revint à Paris et étudia la philosophie au collége de Harcourt. » Le *Supplément au Grand dictionnaire de Moréri* (1735) dit également : « En sortant de Port-Royal, il vint à Paris, et fit sa logique au collége de Harcourt. »

2. Parmi celles qu'a publiées M. l'abbé de la Roque (*Lettres inédites de Jean Racine*, Paris, Louis Hachette, 1862, 1 vol. in-8º), il y en a une qu'on avait cru pouvoir dater de 1658 ou 1659. Mais elle est du commencement de 1660. La naissance prochaine de Marie-Charlotte Vitart donne la date.

3. Les deux frères Vitart étaient cousins germains du père de Racine. L. Racine ne s'est donc pas trompé, comme on l'a cru, quand il a parlé de Nicolas Vitart comme de l'oncle de son père, l'oncle à la

intendant du duc de Luynes, s'était chargé de le surveiller ; mais ce n'était pas un Mentor trop sévère. Le neveu et l'oncle ne paraissent pas avoir d'abord vécu sous le même toit ; car, dans les premiers mois de 1660, lorsque Vitart logeait rue Git-le-Cœur, à l'hôtel de Luynes, Racine écrivait à sa sœur de lui adresser ses lettres à l'image Saint-Louis, près de Sainte-Geneviève. Plus tard, dans une lettre à la Fontaine, il rappelle ce temps où du quartier de Sainte-Geneviève il courait à la rue Galande, c'est-à-dire chez son ami le Vasseur, que nous allons bientôt rencontrer[1]. Il était donc lié déjà avec le galant abbé, peut-être même avec la Fontaine, qui eût difficilement compris son allusion, s'ils n'eussent été en relation dès ce temps. Avec de tels compagnons l'élève de Port-Royal devait beaucoup apprendre et beaucoup désapprendre.

Les lettres que nous avons de la jeunesse de Racine vont beaucoup nous guider pour cette partie de sa vie où nous sommes arrivé. Peu de temps après qu'il eut achevé ses études au collége d'Harcourt, et dès l'année 1660, nous le trouvons établi à l'hôtel de Luynes, près de Vitart. L'hôtel de Luynes fait d'abord penser à quelque Thébaïde au milieu de Paris et du monde, ayant, autant que le permettaient les grandeurs du rang, gardé la physionomie des cloîtres du désert. On se remet en mémoire une autre demeure du duc de Luynes, le château de Vaumurier, dont le solitaire du Fossé nous a laissé la sévère image : « La vie qu'on y menoit étoit presque aussi régulière que celle d'une communauté. Tout le monde mangeoit en commun dans une salle avec le duc même. Chacun lisoit à son tour quelques bons livres, et les autres gardoient le silence pendant le repas. On y entendoit la messe, et on y faisoit sa prière régulièrement dans la chapelle[2]. » Mais les lettres de Racine ne nous permettent pas de nous former de

mode de Bretagne. Racine cependant donnait aux Vitart le nom de *cousins*, qui convient aussi à ce degré de parenté, et qui est, pour l'exprimer, assez d'usage dans les familles.

1. Les lettres de Racine à l'abbé le Vasseur sont adressées rue Galande.

2. *Mémoires pour servir à l'histoire de Port-Royal*, par M. du Fossé ; à Utrecht, M.DCC.XXXIX, 1 vol. in-12 : voyez aux p. 113 et 114.

l'hôtel de Luynes, à Paris, un tableau tout à fait semblable. Port-Royal est bien loin. Pour tout souvenir de l'austère abbaye, Racine ne peut rencontrer là « qu'une vieille servante, janséniste comme son maître. » Du reste, on passe le temps gaiement, on se moque des gens graves, on parle vers et comédies, on lit l'Arioste plus que les saints Pères, on rime des madrigaux pour de jeunes dames à qui de petits abbés font la cour; c'est un M. d'Hoüy qui boit à s'enivrer, c'est le Vasseur qui vient conter fleurette, ou chercher les essais dramatiques de Racine pour les porter à des comédiennes. Vitart, entre deux baux à faire ou deux comptes à régler, sourit aux premiers-nés de la muse de son jeune parent, et se charge de leur faire faire leur chemin dans le monde; sa bourse est ouverte à Racine, qui s'endette envers lui. C'est à qui aidera l'élève émancipé de Port-Royal à secouer le joug de sa première éducation et à suivre la pente qui l'entraîne vers la liberté d'une vie dissipée et dans tous ces amusements poétiques ou autres que M. Tronchai, dans l'épitaphe de Racine, a appelés « les ensorcellements des niaiseries du monde, *fascinatio nugacitatis sæculi*. »

Ce ne sera pas là, si l'on veut, l'hôtel de Luynes : le maître est absent, il est à Vaumurier ou à Chevreuse ; mais ce sera la maison Vitart. L'oncle Vitart et le jeune abbé le Vasseur, avec qui Racine passe alors presque tout son temps, et à qui sont écrites les lettres de sa jeunesse, sont pour nous, à ce moment de sa vie, des personnages intéressants. Nous dirons d'eux ce que nos recherches nous en ont appris.

Nicolas Vitart est cet élève de Lancelot que nous avons vu au commencement de cette biographie, arriver avec son maître à la Ferté-Milon, pendant l'exil des solitaires. Il était né, nous l'avons dit, en 1624, et par conséquent de quinze ans plus âgé que Racine, dont il n'avait nullement pu être le condisciple, mais qu'il avait de longtemps précédé aux écoles de Port-Royal. Cette différence d'âge lui permettait, quand Racine sortit du collège, d'être pour lui une espèce de tuteur : tuteur, nous le savons déjà, fort peu gênant. Le *Nécrologe de Port-Royal* nous apprend que son père, qui s'appelait Nicolas comme lui, quitta, pour administrer les affaires du monastère, « le service d'une personne de condition : » ce qui pourrait faire penser qu'il avait été quelque temps lui-même employé dans la maison de la duchesse de Chevreuse. Dans des actes de 1657, nous trouvons déjà le fils qualifié secrétaire du duc de Luynes, et aussi « intendant de Mme la duchesse de Chevreuse et de Monseigneur le duc de Luynes, son fils. » La charge qu'il exerça dans cette maison doit même remonter plus haut. Charles Perrault, dans ses *Mémoires*, parle de lui comme demeurant à Port-Royal, près de M. de Luynes, dont il administrait les biens dès l'année 1656, lorsqu'il prit quelque petite part à la naissance des *Lettres provinciales*, confident, et, ce semble même, un des inspirateurs de la première pensée dont elles sortirent. Son éducation à Port-Royal l'avait naturellement mis en faveur chez le duc de Luynes, et, par lui, toute sa famille. C'est ainsi que Racine, introduit dans cette maison, y fut lui-même quelque peu intendant en sous-ordre, pour s'y rendre utile à quelque chose; et qu'Antoine Vitart, sieur de Breteuil, le même sans doute que l'écolier d'Harcourt, eut à son tour un moment, en 1671, le titre de secrétaire du duc de Luynes [1].

Nicolas Vitart paraît avoir été sur un très-bon pied et traité avec distinction dans la noble famille qu'il servait. Ses deux premiers enfants eurent pour parrain et marraine, l'un le duc de Luynes et la duchesse de Chevreuse, l'autre le jeune marquis de Luynes (depuis duc de Chevreuse) et Anne de Rohan qui allait devenir duchesse de Luynes [2]. La considération dont il jouissait dans son emploi de confiance rejaillissait sur le jeune Racine, qui, dans ses lettres, parle de ses longs et familiers entretiens avec le marquis de Luynes et des grands témoignages d'amitié qu'il recevait de lui. Bien des choses rapprochaient d'ailleurs ceux entre qui le rang met-

---

1. Saint-Simon parle d'un Sconin (les Sconin étaient alliés aux Vitart) qui plus tard fut intendant du duc de Chevreuse, fils du duc de Luynes, et qui se mit par la suite « à choses à lui plus utiles. » (*Mémoires*, tome X, p. 273.) Ce pourrait être un Antoine Sconin, avocat au Parlement, que nous trouvons dans l'*Armorial de France*, *Généralité de Paris*, tome II, p. 1272.

2. Voyez aux *Pièces justificatives* (nos XIII et XIV) les actes de baptême des enfants de Vitart.

tait tant de distance. L'ancien maître de Vitart et de Racine, Lancelot, était en ce temps-là précepteur du jeune marquis : on était donc presque condisciple : ce qui comptait à Port-Royal surtout, pays de respect, mais en même temps d'égalité chrétienne. On voit que si Vitart était à l'hôtel de Luynes un serviteur, il y était autant peut-être un ami. Tout en continuant à administrer les biens du duc, dont, bien des années après, nous le trouvons encore intendant, il devint lui-même un petit seigneur, qualifié de *noble homme* dans plusieurs actes. Il possédait en 1659 le fief de Brunières au hameau de Saint-Vulgis près de la Ferté-Milon, qu'il avait acheté d'Antoine Poignant[1]. En 1667, il fit encore l'acquisition de plusieurs seigneuries[2], entre autres de celle de Passy (en Valois), qui lui furent vendues au prix de cent soixante-dix mille livres. Cela suppose en ce temps une assez belle fortune. Depuis lors, il porta toujours les titres de seigneur de Brunières et de seigneur de Passy. Il avait pris femme dans une famille qui possédait d'honorables charges. Marguerite le Mazier, qu'il avait épousée au commencement de 1658[3], était fille d'un procureur au Parlement, et sœur d'un avocat général au Châtelet de Paris, conseiller du Roi en ses conseils. On trouve aussi parmi les plus proches parents de Mlle Vitart un greffier en chef des requêtes ordinaires de l'hôtel, et un avocat général de Monsieur, duc d'Orléans, tous deux conseillers du Roi[4].

En un mot l'idée que nous nous faisons de Vitart est celle d'un homme bien établi dans le monde, à qui sa fortune et l'administration des biens d'une très-noble maison donnaient

---

1. Cela résulte d'un acte passé le 29 septembre 1659, par-devant maître Saint-Vaast, notaire à Paris (aujourd'hui étude de M. Defresne).
2. Nous en trouvons la mention dans des actes passés le 14 et le 15 septembre 1667, en l'étude de Noël le Maistre, notaire à Paris (aujourd'hui étude de M. Defresne).
3. Voyez l'acte de mariage aux *Pièces justificatives* (n° XV).
4. Un de ces le Mazier est nommé deux fois, et nullement à sa gloire, dans les vers de Boileau (*Satire* I, vers 123, et *Épître* II, vers 36) : ce qui étonne un peu, Racine étant lié si intimement avec cette famille. Un passage de Brossette, dans son manuscrit sur *Boileau* (p. 41), ne permet pas de douter que l'avocat le Mazier en butte aux traits du satirique ne fût un des parents de Mlle Vitart.

un certain poids, d'un galant homme aussi et assez mondain, ou, comme on disait alors, d'un honnête homme, resté sans doute en de bons termes avec Port-Royal, ainsi qu'il appartenait à l'intendant du duc de Luynes et au fils de la pieuse Claude des Moulins; mais n'ayant pas tout retenu de l'éducation qu'il y avait reçue, et n'étant aucunement dévot: apparemment Racine savait à qui il parlait, et ne craignait pas de le scandaliser, quand il lui expliquait avec tant de franchise pourquoi il négligeait un peu le saint monastère, ne voulant pas « écrire des lettres où il ne faut parler que de dévotion et ne faire autre chose que de se recommander aux prières [1]. » Les plus grandes familiarités de Racine, dans sa correspondance, ne sont point pour Vitart, ni ses plus grands épanchements littéraires non plus; cependant il lui écrit aussi avec une libre confiance, comme à un ami, et s'il l'entretient volontiers de ses chances d'obtenir des bénéfices, c'est-à-dire quelque bon revenu, s'il a soin de lui marquer que le drap d'Espagne, à Uzès, coûte vingt-trois livres, que le blé est enchéri et vaut vingt et une livres la salmée, il ne renonce pas toujours pour cela à orner les lettres qu'il lui envoie de quelque badinage rimé ou d'une citation latine. Vitart n'était pas seulement homme d'affaires : ce n'était pas pour rien qu'il avait étudié à Port-Royal. On pouvait lui parler comme à quelqu'un qui n'ignorait pas les belles-lettres; on pouvait lui montrer ses poésies et ses pièces de théâtre; mais il aimait mieux les recommander et les colporter, comme il faisait autrefois *les Provinciales*, que de les juger, d'indiquer les corrections à y faire, surtout de les lire plus d'une fois; car un homme si affairé « étoit rarement capable de donner son attention à quelque chose [2]. »

La longue lacune qui, après 1663, est restée dans la correspondance de Racine, nous aurait fait perdre toute trace de ses relations avec Vitart, si quelques actes, dont les mentions sommaires sont cependant significatives, ne nous avaient remis sur la voie. Ils nous ont servi à constater que les liens de cette ancienne amitié, presque fraternelle, ne s'étaient jamais rompus. Et d'abord nous avons reconnu que, dans leurs changements

---

1. *Lettre écrite d'Uzès*, le 16 mai 1662.
2. *Lettre de Racine à le Vasseur*, 13 septembre 1660.

d'habitation, l'oncle et le neveu se logeaient constamment dans le voisinage l'un de l'autre, quand ce n'était pas sous le même toit, jusqu'au temps du mariage de Racine[1]. Dans l'acte de ce mariage, Vitart, comme nous aurons à le dire, fut avec Boileau le témoin de Racine; et il doit avoir préparé cette union contractée avec une parente des le Mazier. Enfin il tint sur les fonts la seconde fille de Racine, et ce fut deux mois tout juste avant sa mort. Racine perdit cet ami de sa première jeunesse le 8 juillet 1683[2].

L'autre correspondant, l'autre ami du jeune Racine était, nous l'avons dit, l'abbé le Vasseur : celui-là lié, sinon plus étroitement, du moins plus familièrement avec lui, le confident le

[1]. Lorsque Vitart quitta l'hôtel de la rue Gît-le-Cœur, il s'établit d'abord rue du Bac, où était, en 1661, la demeure du duc de Luynes; puis, en 1662, au nouvel hôtel de Luynes, rue de la Butte (ancien nom de la rue Saint-Guillaume). Un peu plus tard l'hôtel de Luynes, où Vitart logeait toujours, était la magnifique demeure bâtie par le Muet rue Saint-Dominique, en face des Jacobins. C'est là que, dans plusieurs actes, nous avons trouvé l'oncle de Racine depuis 1667 jusqu'en 1672. D'un autre côté, en 1671 et 1672, c'est la même rue Saint-Dominique que Racine habite, d'après des actes notariés passés à Paris. Un acte passé à la Ferté-Milon, le 26 octobre 1667, désigne, il est vrai, son domicile à Paris, comme étant alors rue de Grenelle-Saint-Germain; mais c'est du moins dans le voisinage de Vitart. En 1675 et 1676, Vitart demeurait sur la paroisse Saint-Landry, à l'hôtel des Ursins, qu'on avait alors divisé en un grand nombre d'habitations particulières. Un acte passé à Paris, en 1677, indique la demeure de Racine sur la paroisse Saint-Landry; et une procuration du 12 juin 1674, rappelée dans un acte passé à la Ferté-Milon le 10 décembre suivant, nous apprend qu'il était alors logé à l'hôtel des Ursins. Valincour dit qu'il y était au temps des premières représentations des *Plaideurs*, c'est-à-dire en 1668; mais ne confond-il pas les époques? Un acte de baptême de la paroisse d'Auteuil, que nous aurons plus loin à citer, et qui est du mois de mai de cette même année 1668, constate que Racine demeurait alors sur la paroisse Saint-Eustache. Même après le mariage de Racine, il semble que les deux amis aient encore cherché à être l'un près de l'autre. De 1680 à 1684, Racine est logé rue du Cimetière-Saint-André-des-Arcs; en 1681 et 1683, Vitart est rue Saint-André-des-Arcs.

[2]. Voyez aux *Pièces justificatives* (n° XVI) l'acte d'inhumation de Vitart.

plus intime de toutes ses pensées, de toutes ses productions poétiques; celui à qui, dans une lettre, il appliquait ces paroles si vives et si cordiales par lesquelles Cicéron déclare à son cher Atticus que, loin de lui, il est seul et ne trouve plus une oreille, un cœur où verser ses secrets. Louis Racine, dans ses *Mémoires*, nomme en passant « le jeune abbé le Vasseur, qui n'avoit pas, dit-il, plus de vocation que Racine pour l'état ecclésiastique, dont il quitta l'habit dans la suite. » Nous lisons de plus dans une de ses notes sur les lettres de son père : « Ce M. le Vasseur, si intime ami alors de mon père, et environ du même âge, étoit un parent de M. Vitart : » à quoi Germain Garnier ajoute que le Vasseur était ami de collége de Racine, ayant eu, comme celui-ci, Lancelot pour maître dans les écoles qui se tenaient aux Granges. Un renseignement donné par G. Garnier, éditeur consciencieux et généralement bien instruit, n'est jamais à dédaigner : il avait sous les yeux des notes manuscrites du fils aîné de Racine sur la vie de son père, que nous ne retrouvons plus aujourd'hui; mais il ne doit pas échapper pour cela à toute critique, non plus que Louis Racine lui-même. Que l'abbé le Vasseur ait été parent des Vitart, cela est probable, puisqu'ils le disent, quoique nous n'ayons pas rencontré la preuve de cette parenté. Nous avons seulement trouvé sur les registres de Saint-Vaast à la Ferté-Milon, un le Vasseur (nom d'ailleurs très-commun) qui avait épousé une Gconin. Si le nôtre est de cette famille, il était par là parent non-seulement des Vitart, mais aussi de Racine. Nous voulons bien croire aussi qu'il avait été élevé par Lancelot à l'école des Granges; le fait peut être exact, sans qu'il y ait à s'étonner qu'il ne soit pas question de lui dans les divers passages des Mémoires de Port-Royal où l'on parle des écoliers : le Vasseur n'était pas de ceux que leur fidélité aux principes d'une éducation austère engage à nommer. Mais qu'il ait été ami de collége de Racine, qu'il ait étudié dans le même temps que lui, cela ne se peut admettre. Il nous est tombé sous les yeux un acte du 7 septembre 1658[1], par lequel nous avons

---

1. Passé par-devant maître Saint-Vaast, notaire à Paris. Cet acte est une transaction entre le Vasseur et un sieur de Baudretan, au profit duquel le Vasseur abandonne les provisions qu'il tenait du

appris que le 15 avril précédent, M. François le Vasseur, bachelier en théologie, demeurant à Paris, rue Galande (c'est bien notre abbé), avait été pourvu par Monseigneur le duc de Luynes du régime et administration de l'hôpital Saint-Jean-des-Ponts de la ville de Tours. On n'avait point ce grade de bachelier sans avoir fait deux ans de philosophie et trois de théologie dans une université. Le Vasseur ne pouvait donc être encore à Port-Royal lorsque Racine y entra; et il était certainement plus âgé que lui de quelques années. Ce même acte, en attestant la faveur avec laquelle le duc de Luynes traitait le Vasseur, ajoute quelque probabilité à ce qui a été dit sur la parenté du jeune abbé avec les Vitart. Son intimité dans leur maison était grande, et il abusait des priviléges qu'elle lui donnait. D'un caractère fort aimable, mais des plus légers, c'était un de ces jeunes abbés sans vocation qui de leur état n'avaient que le petit collet, et tels que souvent on s'imagine à tort n'en rencontrer qu'au dix-huitième siècle, à la toilette des dames. Boileau sera plus tard pour Racine le véritable et solide ami des années plus graves, l'Aristarque sévère très-utilement consulté pour les grandes œuvres; le Vasseur est le camarade frivole de la première jeunesse, l'admirateur complaisant des petits vers. Il ne laissait pas d'être d'un assez dangereux exemple. Racine l'accusait ou plutôt le louait d'avoir « le cœur très-tendre et très-disposé à recevoir les douces impressions de l'amour. » Le fait est qu'à Paris, comme aux bains de Bourbon, le Vasseur avait toujours quelque belle passion. C'était tantôt une demoiselle Lucrèce, dont il est si souvent question dans la correspondance des amis, tantôt une *toute jeune mignonne*, ou quelque chambrière, que dans leur langue poétique ils appelaient *Cypassis*, ou la femme même de Vitart, sur laquelle une lettre de Racine a un passage bien compromettant et bien étrange, qu'on avait fort atténué. Il est clair qu'on ne doit pas se former de la sagesse et des mœurs de le Vasseur une aussi bonne opinion que de son esprit. L'agrément de cet esprit ne nous semble pas douteux, bien que les lettres de le Vasseur lui-même nous manquent. Mais Racine les goûtait beaucoup; il demandait à en recevoir

---

duc de Luynes, moyennant une pension viagère de deux cents livres tournois sur l'hôtel de ville.

souvent, lorsqu'il était loin de Paris, pour ne pas oublier le bon français. « Vos lettres, disait-il à le Vasseur, me tiendront lieu de livres et d'académie; » et il les faisait courir de main en main à Uzès, où chacun voulait les lire. A l'imitation de son jeune ami, le Vasseur tournait quelques vers galants; il était poëte un peu novice, et Racine ne louait pas sans réserve ses premiers essais; toutefois il y trouvait du naturel. Il fallait qu'il lui reconnût du goût, pour que ce fût à lui le premier qu'il aimât à communiquer ses sonnets, madrigaux, odes et comédies, et pour qu'il réclamât de lui des conseils. Les *Bains de Vénus*, qui paraissent avoir été la principale des petites pièces galantes composées par Racine en ce temps, et que par malheur nous n'avons plus, avaient été écrits pour l'abbé le Vasseur. Cet abbé était donc tout à fait un bel esprit; il recevait chez lui, Racine nous l'apprend, beaucoup de beaux esprits. Il continua sans nul doute à cultiver les lettres, et il y a lieu de penser que plus tard ce fut plus sérieusement. Assez longtemps après les années de cette correspondance qui nous le fait surtout connaître, nous avons rencontré de lui quelque trace; et ce n'a pas été sans plaisir que nous avons pu retrouver au jeune ami de Racine un titre littéraire fort honorable. Dans l'*Histoire de l'Académie de Soissons* par Julien d'Héricourt[1], nous lisons qu'en 1681 M. le Vasseur, prieur d'Ouchies, fut nommé membre de cette académie[2]. Quand ce passage du livre de d'Héricourt nous est tombé sous les yeux, nous avions pu déjà constater, avec une certitude presque entière, que l'abbé le Vasseur avait été prieur d'Ouchies. Il est dit, en effet, dans une histoire de l'abbaye de Saint-Jean-des-Vignes, qu'en 1671 M. François le Vasseur fut pourvu du bénéfice d'Auchy-le-Château[3]. Nous avons reconnu notre abbé à son prénom, et aussi à d'autres

---

1. *De Academia Suessionensi, cum epistolis ad familiares Juliani Hericurtii....* (Montalbani, apud Samuelem Dubois, M.DC.LXXXVIII, 1 vol. in-8°), p. 118.

2. « Sequente anno (1681) Academia aucta est N. Vassorio, Ulchiensi coenobiarcha. » Et en marge du texte latin : *M. le Vasseur, prieur d'Ouchies.*

3. *Histoire de l'abbaye royale de Saint-Jean-des-Vignes de Soissons*, par M. Charles Antoine de Louen (à Paris, chez Jean de Nully, M.DCC.X, 1 vol. in-12), p. 196.

indices. Racine parle beaucoup dans ses lettres de ce prieuré qu'il nomme Ouchies, comme le fait d'Héricourt, et qu'on appelle plus ordinairement Oulchy ou Auchy-le-Château ; il est dans le Soissonnais[1]. Quelque temps Racine espéra lui-même l'obtenir, promettant à ses amis d'en partager les avantages avec eux, particulièrement avec le Vasseur. « Vous y serez, disait-il à celui-ci, Monsieur l'abbé ou Monsieur le prieur[2]. » Quand, après cela, on voit un abbé François le Vasseur prieur d'Ouchies comment croire que la prédiction ne s'est pas accomplie, et qu'il s'agit de quelque autre que l'ami de Racine? Dès que l'on reconnaît dans le possesseur du bénéfice d'Oulchy-le-Château notre galant abbé, c'est bien lui aussi, resté bel esprit, qui est l'académicien de Soissons. Être admis dans cette académie qui se faisait gloire d'être fille de l'Académie française, doit paraître la preuve d'un mérite réel. Elle ne se composait alors que de vingt membres ; et lorsque le Vasseur y entra, il n'y avait pas longtemps qu'elle était régulièrement établie par lettres patentes du mois de juin 1674.

Si les vraisemblances les plus fortes ne nous ont pas fourvoyé dans une confusion de personne, Louis Racine a été plus charitable qu'exact, quand il n'a pas voulu qu'un abbé si mondain ait gardé l'habit ecclésiastique. Au contraire, de 1671 à 1700, année de sa mort[3], l'abbé le Vasseur ne quitta pas cet habit, l'habit blanc de Saint-Jean-des-Vignes. Son prieuré 'Oulchy n'était pas un de ces prieurés simples qui n'avaient pas charge d'âmes, mais bien un prieuré-cure ; et pendant de longues années il y a signé, comme prieur-curé, les actes de baptême et de mariage.

Louis Racine, avec les illusions de la piété filiale, a vu dans les lettres de son père à le Vasseur bien des choses qu'il nous est plus difficile d'y trouver : le meilleur moyen d'abord, ce sont ses expressions, « pour détromper ceux qui s'imaginent que celui qui a si bien peint l'amour dans ses vers, en

---

1. Les annotateurs des lettres de Racine disent qu'Ouchies était un prieuré en Anjou ; c'est une erreur.
2. *Lettre à le Vasseur*, 30 avril 1662.
3. Le Vasseur fut inhumé dans l'église d'Oulchy le 22 mai 1700, d'après les registres de cette église.

étoit toujours occupé; » il y a vu aussi un badinage d'une grande innocence, l'enjouement d'un jeune homme qui « paroissoit content de n'être plus sous la sévère discipline de Port-Royal, mais conservoit toujours néanmoins des sentiments de piété dans le cœur, qui fuyoit le monde et les plaisirs pour se livrer à l'étude[1]. » Naïve prévention d'un bon fils, ou plutôt respectueux aveuglement, quelque peu volontaire. Louis Racine se félicite de n'avoir jamais été obligé à la suppression d'une seule lettre, parmi ces *juvenilia*; mais il se garde de dire que s'il ne supprime pas les lettres, souvent il supprime les phrases; et dans son texte même, quoique fort altéré, ce qui subsiste ne présente pas très-naturellement le sens qu'il y a découvert. Ce que nous y voyons pour nous, n'est sans doute pas fort criminel, mais sans être tout à fait édifiant. Rien assurément n'y révèle ni la moindre corruption du cœur, ni le désordre de la vie. La passion littéraire domine; et s'il y a quelque libertinage, c'est un libertinage d'esprit. Cependant si l'on se met à songer au bon Lancelot et à M. Hamon, comme toute leur peine et leurs soins paternels pour former cette âme semblaient perdus! Quel oubli de la direction austère donnée par eux aux études de Racine, de leurs recommandations de fuir les piéges du monde et sa dissipation, et de la piété qu'ils avaient enseignée! Au point de vue de la religion et de la sévère morale, l'égarement, quelque passager qu'il fût, était déplorable. Au point de vue littéraire, le dommage était-il aussi grand ? Voilà bien des petits vers frivoles, des lectures peu solides, de la recherche d'esprit, au mépris de si graves leçons. Après la sérieuse éducation de Port-Royal, digne de former un grand génie, il semble que nous n'ayons plus maintenant sous les yeux que les exercices d'un agréable bel esprit; mais il y a, à cette heure, comme une mue un peu ingrate, après laquelle nous trouverons, dans sa pleine croissance, un admirable talent auquel alors la grâce ne manquera pas plus que la force. Tout se sera mêlé harmonieusement, le génie sérieux et plein d'élévation, l'esprit aimable et délicatement orné, les sentiments profonds qui ne s'apprennent guère au milieu des futilités du monde, dans le commerce des le Vasseur, les sentiments ten-

---

1. *Avertissement* en tête du premier recueil des lettres.

drement galants, la science des faiblesses du cœur, l'élégance ingénieuse et charmante, ce *molle atque facetum* qui ne s'apprennent pas dans les cloîtres. Le grand monde et la cour ajouteront beaucoup à cette seconde éducation de Racine sitôt commencée après sa sortie de Port-Royal, et pas plus que les années de l'hôtel de Luynes et d'Uzès, ne détruiront jamais le fonds inébranlable de la première éducation.

Il ne faudrait pas, dans un autre sens que Louis Racine, s'éloigner du vrai, à propos de ces écarts, très-modérés après tout, de la jeunesse de notre poëte. Dans les badinages de ses lettres, où les paroles vont quelquefois un peu loin, il y a visiblement beaucoup de concessions faites au bel air de la jeunesse et à la mode littéraire. On entrevoit que, sous cette légèreté qui lui semblait séante et en quelque sorte de *style* entre jeunes gens, il gardait beaucoup de raison. Faisons attention aussi que le monde où il vivait avait sa langue, qu'on peut mal interpréter en la prenant trop à la lettre. Dans les galanteries qui s'y débitaient, il y avait beaucoup de licences poétiques. Toute dame était une Amarante ou une Parthénice, pour qui l'on eût été mal appris de ne pas brûler. On était familier avec elles, mais non sans un mélange de respectueuse courtoisie : tel est le ton des lettres de Racine à Mlle Vitart.

En général, le respect de soi-même et des autres est bien marqué dans cette correspondance du jeune Racine. Vitart y était traité en ami, mais avec une évidente déférence. Avec le Vasseur même, l'habitude de Port-Royal « de se prévenir d'honneur » en se donnant le nom de *Monsieur*, y était observée. Tout cela, si différent de nos mœurs d'aujourd'hui, avait des avantages moraux, qu'il ne faut pas contester, sans les exagérer.

Au milieu de la vie dissipée que Racine menait à l'hôtel de Luynes, sa vocation poétique se prononçait de plus en plus. Quoiqu'on l'envoyât de temps en temps au château de Chevreuse, commander à des maçons et à des menuisiers, et qu'il se vantât d'aller, dans l'intervalle de ces occupations peu littéraires, deux ou trois fois le jour au cabaret, il donnait aux vers presque tous ses moments. Il en faisait beaucoup qui avaient les défauts des petits vers du temps; il écrivait lestement sonnets, madrigaux, où ne manquaient pas les faux brillants et les pointes; cela ne nuisait point à sa réputation littéraire : tout au contraire. C'était ainsi qu'on prenait rang parmi les beaux esprits. Beaucoup d'hommes d'un vrai et sérieux mérite, Pellisson, par exemple, ont alors débuté de même. Les lettres familières, émaillées de vers faciles et cavaliers, et où, pour chercher l'esprit, on s'écartait souvent du naturel, étaient aussi fort à la mode. Celles de Racine avaient un grand succès, et étaient certainement des meilleures ; car dans ce genre de correspondance, qui sent trop son auteur, il est rare de trouver aussi peu d'affectation. Elles sont agréables et fines, et l'on voit que celui qui les écrivait savait déjà bien sa langue, et était curieux de la parler purement.

La première production qui le mit en vue hors du cercle de ses amis fut son ode *la Nymphe de la Seine*, composée à l'occasion du mariage du Roi et imprimée en 1660. Avant cette ode, il avait déjà célébré la paix des Pyrénées par un sonnet au cardinal Mazarin. La Fontaine, à l'occasion des mêmes événements publics, écrivait aussi des ballades, des madrigaux et des odes. On n'eût pas été poëte, si l'on ne fût entré dans ce concours. Chapelain et Perrault furent les premiers consultés sur l'ode de Racine par l'obligeant Vitart, qui les connaissait comme des amis de Port-Royal. Tous deux, ayant la confiance de Colbert, étaient pour un jeune poëte d'utiles protecteurs; ils avaient aussi alors, parmi les beaux esprits, une grande autorité d'hommes de goût. Le morceau lyrique de Racine n'était point un chef-d'œuvre, tel surtout qu'on le trouve dans la première édition, avant les nombreuses retouches qui l'ont amélioré ; mais il y avait déjà des vers heureux, et, dans plusieurs strophes, de la facilité et de l'élégance; et généralement on le jugea supérieur à tous ceux que le même événement avait inspirés. Les deux connaisseurs à qui Vitart le présenta le goûtèrent beaucoup, et l'honorèrent de leurs remarques, demandant au jeune auteur quelques corrections. Plus tard, Perrault, quand il écrivit ses *Hommes illustres*, n'oublia pas, dans son article sur Racine, cette ode qui avait eu autrefois son approbation : il en parla comme d'une poésie très-belle, « d'un épithalame très-fin et très-ingénieux [1]. »

---

1. *Les Hommes illustres qui ont paru en France pendant ce siècle*, par

Chapelain, l'oracle alors, non pas seulement de M. Vitart, mais de tout le Parnasse, Chapelain, le *rimeur tutélaire*, qui était en possession de distribuer la renommée et tenait la feuille des pensions littéraires, fut si satisfait, qu'il voulut qu'on lui présentât l'auteur. Aujourd'hui nous trouvons piquant de voir les débuts de Racine se faire sous de tels auspices, et l'auteur de la *Pucelle* si bon prince avec celui qui sera bientôt l'auteur d'*Andromaque*, et voulant bien lui enseigner les secrets du métier.

Racine, à ce moment, tenta d'autres essais, qui ne parvinrent pas de même aux honneurs de la publicité, mais qui le mettaient plus près de la voie où il devait s'illustrer. Il commençait à avoir l'ambition du théâtre. Il fit en 1660 une pièce intitulée *l'Amasie*, dont le sujet ne nous est pas connu, et qu'il destinait aux comédiens du Marais. Ceux-ci d'abord l'avaient bien accueillie, puis se ravisèrent. Racine se résigna à la condamnation de *l'Amasie*, sans y souscrire, persuadé que ses juges auraient été moins sévères pour son ouvrage, s'ils y avaient trouvé le galimatias qu'ils aimaient tant. L'année suivante, ayant l'espoir d'être plus heureux à l'Hôtel de Bourgogne, il entreprit une nouvelle pièce, dont le sujet était *les Amours d'Ovide*. Il recevait les encouragements de Mlle de Beauchâteau, comme il avait reçu pour *l'Amasie* ceux d'une comédienne du Marais, Mlle Roste. La Beauchâteau lui donnait pour son plan des idées qu'il suivait, et il la remerciait galamment en l'appelant « la seconde Julie d'Ovide. » Le voilà déjà en commerce avec les comédiennes. Nous ne savons s'il acheva jamais cette pièce ; dans la lettre où il en parle, il dit qu'il en avait arrêté le dessein, et commencé quelques vers. Qu'il l'ait abandonnée ou continuée, elle ne vit pas le jour. On reconnaît, au sujet qui l'avait séduit, l'instinct de son talent qui le portait à la peinture de l'amour, et, au guide qu'il avait choisi parmi les anciens poëtes, les lectures qu'il préférait, depuis qu'il se délassait de plus graves études. Mais ce qui est plus digne de remarque, c'est le soin qu'il paraît avoir

M. Perrault de l'Académie française (à Paris, chez Antoine Dezallier, 2 vol. in-folio), tome II, p. 81 (ce IIe tome est de M.D.CC).

mis *à faire et refaire* son plan, et surtout « à lire et à marquer tous les ouvrages d'Ovide, » avant de se mettre à l'œuvre. C'est un des traits de Racine, qui déjà se révèle.

Il entrait donc fort décidément dans la carrière poétique ; et parmi ceux qui étaient informés des nouvelles du Parnasse on commençait à bien connaître ce jeune bel esprit. Il devait être recherché des beaux esprits et des poëtes comme lui, et les rechercher lui-même. Il y avait alors un homme presque du même pays que lui, ayant avec lui des amis communs, aussi jeune ou même plus jeune, quoiqu'il eût dix-huit ans de plus, qui cherchait également sa voie dans les sentiers poétiques, et, tout autant que lui, marqué du sceau du génie. Il quittait souvent sa ville de Château-Thierry pour venir loger sur le quai des Augustins, à deux pas de l'hôtel de Luynes, chez son oncle Jannart[1], dans la bourse duquel il avait toujours besoin de puiser, comme Racine dans celle de l'oncle Vitart. Un si agréable voisin devait être bientôt lié avec notre jeune poëte. Parmi les concurrents si nombreux avec qui Racine rivalisa pour célébrer Mazarin et la nouvelle reine Marie-Thérèse, nous avons déjà nommé la Fontaine. Dans ce poëte de Château-Thierry, rare génie, *chose légère*, toujours jeune ou plutôt toujours enfant, « mangeant son fonds avec son revenu, » on vient de le reconnaître. Les relations entre lui et Racine se nouèrent facilement, et nous avons déjà dit que probablement elles étaient formées dès le temps où Racine habitait encore le quartier de Sainte-Geneviève. La Fontaine était bien connu à la Ferté-Milon, où il faisait de fréquents voyages. Il avait épousé la fille du lieutenant au bailliage de cette ville. Pintrel, son ami et son parent, était d'une famille de la Ferté-Milon, alliée aux Racine. Un autre de ses amis, Antoine Poignant, fils de Jeanne Chéron, belle-sœur de Pierre Sconin, était, au même degré que Vitart, parent de Racine, qu'il aimait beaucoup et qu'il choisit pour son héritier. Mais plus que tout le reste, le même amour de la poésie rapprochait la Fontaine et Racine. Nous apprenons par une lettre de celui-ci qu'avant le départ pour Uzès, les deux

---

1. Des actes du 12 juin et des 21 et 23 décembre 1658, passés par-devant maître Saint-Vaast, notaire à Paris, nous apprennent qu'en cette année la Fontaine avait là son logement.

amis se voyaient tous les jours[1]. Poignant, si lié avec l'un et l'autre, fit aussi une connaissance très-intime avec l'abbé le Vasseur[2]. Ils étaient faits pour s'entendre : Poignant était un ancien capitaine de dragons, qui passait volontiers la plus grande partie de son temps au cabaret[3]. Dans cette compagnie d'amis du plaisir, parmi lesquels il était le plus jeune, Racine eût difficilement échappé à la dissipation. Il suivait de son mieux les bons exemples, et lorsqu'il rappelait ce temps à la Fontaine, il lui disait : « J'ai été loup avec vous et avec les autres loups vos compères[4]. »

On ne pouvait, à Port-Royal, ignorer les entraînements auxquels cédait un jeune homme dont on avait conçu d'autres espérances. Aussi le gémissement des pieuses femmes qui l'y aimaient si tendrement était-il profond. Mais elles n'avaient plus beaucoup de pouvoir sur lui. Il leur avait échappé; et, jusqu'à un certain point, elles auraient pu s'en accuser elles-mêmes : dans l'excès de leurs scrupules, elles exigeaient trop pour ne pas amener la révolte. Dès les premiers pas que fit Racine dans la carrière où l'appelaient ses instincts poétiques, elles voulurent l'arrêter. Avant même son ode sur le mariage royal, le sonnet à la gloire de Mazarin, libertinage d'esprit assurément très-véniel, lui avait attiré « lettres sur lettres, ou, pour mieux dire, excommunications sur excommunications[5]. » Nous pouvons nous faire une idée de ces terribles admonitions de Port-Royal par une lettre qui nous reste de la sœur Agnès de Sainte-Thècle. Si elle paraît avoir été écrite quelques années plus tard, il y en avait certainement eu déjà de semblables; car depuis longtemps Racine avait mérité les reproches qu'elle contient, et donné à sa tante d'autres sujets de larmes que ses vers. Nous l'avons vu dès 1660, s'émancipant bien au delà du péché de son *triste sonnet*, fréquenter ces comédiens dont la

---

1. *Lettre à la Fontaine*, 11 novembre 1661.
2. *Lettre de Racine à le Vasseur*, 16 mai 1662.
3. *Histoire de la vie et des ouvrages de Jean la Fontaine*, par Walckenaer, 3ᵉ édition (Paris, chez Nepveu et de Bure, 1824), p. 13.
4. *Lettre à la Fontaine*, 11 novembre 1661.
5. *Lettre de Racine à le Vasseur*, 13 septembre 1660.

sœur de Sainte-Thècle lui reproche le commerce comme abominable. Ici même, le rigorisme de ces religieuses, ignorantes du monde, effraye notre imperfection. Par crainte du commerce des comédiens, fermer le théâtre à Racine nous semble impossible. Tant de chefs-d'œuvre qu'il eût été barbare d'étouffer dans leur germe, plaident pour lui et protestent contre une sévérité monacale si outrée et si peu judicieuse. Le sacrifice que demandait Port-Royal ne s'est accompli que trop tôt. Mais si cette tendresse alarmée de ses pieuses parentes, touchante jusque dans son injustice, était plutôt faite pour déchirer le cœur de Racine que pour être obéie, elle méritait tout au moins son respect; et l'on doit trouver qu'il se laissa emporter bien loin par l'ardeur de son âge et par cette impatience de contradiction qui fut si longtemps un des traits de son caractère. On le voit avec peine, presque dès le début de sa nouvelle vie mondaine, ne pas se contenter de résister à Port-Royal, mais, avec son tour d'esprit si facilement moqueur, le railler jusque dans ses plus douloureuses épreuves, et faire tomber ses plaisanteries cruelles sur la mère de Vitart, sur la bonne Claude des Moulins. Dans le temps même où cette veuve charitable donnait asile aux persécutés dans sa petite maison du faubourg Saint-Marceau[1] (mais alors Racine ne le savait sans doute pas), il s'égayait sur ces proscrits, tombés du *trône de saint Augustin;* et l'on ne reconnaît plus l'élève de Port-Royal qu'à cette citation qu'il y avait apprise, et qui dans sa bouche devenait ironique : « Je frapperai le pasteur, et le troupeau sera dispersé; » singulière rencontre avec Fontaine, qui racontant les mêmes événements, s'est, dans un tout autre esprit, souvenu des mêmes paroles des livres saints.

Le grand éclat que fit quelques années plus tard la querelle, dont nous aurons bientôt à parler, de Racine avec Nicole, ne pourra plus nous surprendre, après que nous l'avons vu, dans son irritation, décocher les traits acérés de ses épigrammes contre sa pauvre grand'tante. Il n'est pas probable cependant qu'elle fût des plus ardentes à le persécuter. Au besoin, son fils Vitart eût sans doute modéré son zèle. Elle n'était d'ailleurs point cloîtrée et étrangère au monde, comme sa sœur Mme Ra-

1. *Mémoires* de Fontaine, tome II, p. 196.

cine et sa nièce Agnès de Sainte-Thècle. C'était à Port-Royal comme une religieuse du dehors, tout occupée de bonnes œuvres. On a dit qu'elle exerçait la profession de sage-femme, profession bien modeste pour une femme qui était, dit Fontaine, considérée dans son pays, pour la mère du seigneur de Passy et de ces demoiselles Vitart dont une avait épousé Louis Ellies, sieur du Pin, et une autre un de Sacy. Peut-être ne s'est-on fondé que sur quelques passages des lettres de Racine; mais là nous trouvons que les jeunes femmes assistées par elle dans leurs couches étaient sa belle-fille, Mlle Vitart, et sa propre fille Agnès Vitart, femme du bailli de Chevreuse, M. Sellyer. Du reste on était si humble à Port-Royal que, sans en faire un métier dont elle n'avait pas besoin, il se peut qu'elle eût choisi les accouchements comme un ministère de charité. Comme nous n'aurons plus occasion de la rencontrer dans cette biographie, disons qu'elle mourut en 1668 à la Ferté-Milon[1].

Racine, pendant les années que nous venons de raconter, n'était point resté sans relation avec sa ville natale. Les parents qu'il avait à Paris, Vitart, du Chesne, de Sacy, faisaient de fréquents voyages à la Ferté-Milon, et lui en rapportaient des nouvelles. Lui-même, en ce temps-là, y alla plusieurs fois. Mais il paraît que chacune de ses visites à son grand-père Sconin avait pour effet de le mettre un peu moins dans les bonnes grâces du vieillard. Pierre Sconin était d'humeur assez difficile, et n'avait jamais témoigné à son petit-fils beaucoup de tendresse. De son côté Racine le négligeait un peu. Pendant ses courts séjours à la Ferté on ne le voyait pas assez dans sa famille : il trouvait moyen là aussi de courir le monde et de se dissiper. Sa sœur elle-même lui faisait ce reproche; et cependant c'était surtout pour cette sœur qu'il faisait le voyage : il l'aimait tendrement, et ne voyait personne à la Ferté-Milon avec autant de plaisir. Il est facile de s'apercevoir que Marie Racine profitait de la confiance de son frère pour lui adresser de temps en temps quelques douces réprimandes. Elle devait recevoir de Port-Royal des nouvelles de lui, dont elle s'alarmait. « Je vous manderai, lui écrivait-il, tout ce que je ferai. Ne croyez rien de moi que je ne vous le mande. » Du reste il ne lui parlait

1. Voyez aux *Pièces justificatives*, n° XVII.

point, dans ses lettres, de ses vers ni de ses pièces de théâtre. On ne reconnaît plus le correspondant de le Vasseur et de la Fontaine. Pas un mot qui sente le bel esprit. Tout cela, dans la maison de Pierre Sconin, eût sans doute fait froncer les sourcils.

Évidemment on était inquiet à la Ferté-Milon, comme à Port-Royal, de la route où s'engageait le jeune poëte. Il était temps de le tirer de ce qu'on appelait son oisiveté, d'autant plus qu'il était sans fortune. Lui-même, plus raisonnable qu'on ne se l'imaginait, sentait bien qu'il ne fallait pas tout sacrifier à ses goûts, et qu'il serait sage de prendre quelque parti sérieux, qui, en attendant la gloire, lui assurât des avantages solides et lui permît d'abord de payer les dettes qu'il avait contractées envers Vitart. Ce fut alors que son oncle Sconin l'appela en Languedoc près de lui, pour lui faire étudier la théologie sous ses yeux, et, à la première occasion, lui procurer un bon bénéfice.

Cet oncle qui voulait pourvoir à son avenir était vicaire général à Uzès, et prieur des chanoines réformés de l'église cathédrale. Il était le bras droit de l'évêque, Jacques Adhémar de Monteil de Grignan[1], dont il avait chaudement épousé la cause au milieu de graves embarras et de différends très-vifs avec les chanoines, et qui, reconnaissant d'un concours si zélé, l'avait nommé official et vicaire général, et l'avait pourvu du prieuré de Saint-Maximin. Un tel protecteur, qui, soit par lui-même, soit par son évêque, devait avoir des bénéfices à sa disposition, ne semblait pas à dédaigner, et Racine, comme adopté par lui, faisait des jaloux dans sa famille : on le voyait déjà sur le chemin de la fortune et des plus fructueuses dignités de l'Église ; car de loin il paraissait que son oncle pourrait tout ce qu'il voudrait. Il y avait là quelque illusion.

Antoine Sconin avait été depuis longtemps élevé à de très-hauts honneurs ecclésiastiques. Il avait porté la crosse et la mitre. Né à la Ferté-Milon le 27 septembre 1608, il était entré,

---

1. Lorsque Antoine Sconin vint à Uzès, l'évêque était Nicolas de Grillet. Jacques Adhémar de Grignan lui succéda en 1660, après avoir été son coadjuteur depuis 1657. (*Gallia christiana*, tome VI, p. 645 et 646.)

à l'âge de vingt ans, dans la congrégation de Sainte-Geneviève[1]. S'étant bientôt distingué par ses talents, il fut élu supérieur général et abbé triennal dans le chapitre général du 14 septembre 1650. Dans une gravure du temps, qui représente *la magnifique procession de la châsse de sainte Geneviève de Paris, faite l'XI juin 1652 pour la paix*[2], nous l'avons vu dans toute la splendeur de ses habits de cérémonie, aux côtés de l'archevêque de Paris, contre lequel il soutint, en cette circonstance, très-fermement et avec succès, les droits de sa dignité méconnus dans une question de rang. Ses trois ans de gouvernement accomplis, il ne fut point réélu; et immédiatement après l'élection du nouvel abbé, en 1653, la congrégation l'envoya à Uzès. Elle était alors dans de grandes contestations avec l'évêque, qui, entre autres griefs, avait beaucoup à se plaindre du prieur des chanoines. Le chapitre général adressa, le 24 septembre, une lettre au prélat, pour lui exprimer le désir de lui donner contentement, et lui annoncer qu'on retirait le prieur qui lui avait déplu et auquel on faisait succéder le R. P. Antoine Sconin ; grande marque du désir de vivre avec lui dans une parfaite union, puisque l'on faisait choix d'un prieur de cette prudence[3]. Sous de si honorables apparences, c'était pour le P. Sconin un exil déguisé. Sa fermeté lui avait fait des ennemis, et, pour se défaire de lui, on le reléguait dans un pays où il ne devait pas cesser d'avoir à lutter contre toutes sortes de tracasseries monacales, qui, au temps même où il fit venir Racine près de lui, entravèrent tout son bon vouloir pour son neveu.

---

1. « Frère Antoine Sconin, vêtu le 29 septembre, et profès le 18 octobre 1628. » (Tiré du manuscrit déjà cité, qui a pour titre : *Ici sont écrits les noms des religieux de céans*, p. 21.) — Suivant le *Gallia christiana*, il fit profession le 9 octobre 1628. Nous donnons aux *Pièces justificatives* (n° XVIII) l'article du *Gallia christiana* sur Antoine Sconin. Il contient des détails intéressants sur lesquels nous nous appuyons dans notre récit; le séjour de Racine à Uzès n'y est point oublié.

2. Au folio 285 du tome XXIV des *Actes touchant la réformation de plusieurs monastères des chanoines réguliers de la congrégation de France*.

3. *Actes touchant la réformation*, etc., tome XXV, fol. 255-259.

Il était à Uzès depuis huit ans lorsque le futur bénéficier y arriva, dans les premiers jours de novembre 1661. Le R. P. Sconin reçut son neveu avec beaucoup de tendresse, et le charma par sa bonté toute paternelle. Quoique Racine fût très-disposé à lui complaire et à se laisser docilement guider par lui, on s'étonnerait que cette docilité eût pu aller jusqu'à le faire renoncer à la poésie, ou même seulement au théâtre, pour lequel il travailla encore à Uzès. Un moment cependant, nous allons le voir, il parut au moins hésiter s'il ne prendrait pas de tels engagements que la carrière poétique lui eût été à peu près fermée; mais ce sacrifice, rien n'indique que son oncle l'ait jamais exigé; et s'il eût été bien aise de voir le jeune Racine entrer dans la prêtrise, il ne semble pas qu'il fût homme à contraindre sa vocation. Au surplus, Racine n'était pas encore dans l'âge requis : il n'avait que vingt-deux ans. Pour le moment, il ne s'agissait que de lui faire prendre la tonsure, ce qui, dès son arrivée à Uzès, n'eût souffert aucun retard, s'il eût été muni du dimissoire dont il avait besoin, étant hors de son diocèse. Mais il ne l'avait pas apporté avec lui, et longtemps on le réclama en vain à Soissons. Lorsqu'enfin le dimissoire arriva au bout de six mois, nous ne savons si l'on en fit usage[1] : rien ne se déci-

---

1. On devrait le croire, s'il était vrai que Racine eût alors porté le titre d'abbé. M. Jules de Saint-Félix, dans un article intitulé *Racine à Uzès*, qui a paru dans la *Décentralisation littéraire*, janvier 1864 (p. 121, à la note), dit avoir vu « dans la bibliothèque d'un amateur de Paris un livre sur la garde duquel est écrit : *J'appartiens à l'abbé J. Racine.* » Mais il faudrait être assuré qu'il n'a pu y avoir erreur sur l'initiale du prénom. Le catalogue de la bibliothèque de M. de Soleinne (tome V, *livres doubles*, n° 240) a cette note : « Le savant M. Villenave nous a assuré avoir possédé un exemplaire de *la Thébaïde* où le privilége donnait à Racine le titre d'abbé. » Tout ce que nous pouvons dire, c'est que nous n'avons rencontré aucun exemplaire semblable. L'extrait du privilége de *la Thébaïde*, que nous n'avons trouvé que dans l'édition publiée par Gabriel Quinet, donne seulement le nom du libraire Claude Barbin, sans aucune mention de Racine; il en est de même de l'extrait qui nous a été conservé par les registres de la Chambre syndicale. Dans le catalogue des livres de M. Hebelink de Lille (Paris, Techener, 1856), p. 116, on fait remarquer que sur les plats d'un Quintilien, dont la reliure est

dait pour l'établissement de Racine ; toutes les bonnes intentions du P. Sconin étaient paralysées.

On ne suit pas toujours facilement dans les lettres de Racine, au milieu de renseignements incomplets, cette longue histoire de déceptions sans cesse renaissantes. Ce que l'on voit bien, c'est qu'il y avait là beaucoup de misérables conflits d'intérêts et qu'on s'y disputait les bénéfices avec une singulière avidité. L'évêque était obsédé de gens affamés, et, ne sachant pas résister à leurs sollicitations insatiables, ne trouvait plus à disposer de rien en faveur du protégé de son cher vicaire général. Fatigué de ses querelles avec la congrégation de Sainte-Geneviève, il cherchait à les faire cesser en abandonnant aux terribles Pères la nomination aux bénéfices vacants dans le chapitre d'Uzès, à laquelle le P. Sconin avait des droits, ainsi que lui-même : de telle sorte que Racine ne se voyait bientôt plus en perspective que quelque pauvre chapelle de vingt à vingt-cinq écus. Son oncle, désolé de ne rien faire pour lui, songeait à lui résigner son propre bénéfice de Saint-Maximin, près d'Uzès. Mais il eût fallu que Racine consentît à être prêtre ; ou qu'il obtînt une dispense, matière à procès avec des moines très-redoutables. Racine voyait d'ailleurs dans quel guêpier il se jetterait. Il ne se souciait pas d'hériter des embarras du P. Sconin, qui se tuait pour payer les dettes de ses moines, et ne rencontrait en récompense qu'ingratitude et mauvais procédés. Ce pauvre vicaire général était le plus malheureux des hommes, le plus accablé d'inquiétudes. Au milieu de toutes ses peines, sa sollicitude pour son jeune neveu était touchante : il épuisait en sa faveur toutes les combinaisons. Toujours prêt à résigner le bénéfice de Saint-Maximin, il cherchait quelqu'un qui voulût le prendre en échange d'un bénéfice séculier dont Racine eût bien fait son affaire.

ancienne, on lit ces mots : *l'abbé Racine ;* mais ce Quintilien est celui qui a été publié à Leyde et à Rotterdam en 1665. Si jamais Racine a eu le titre d'abbé, pouvait-il le porter encore en ce temps-là ? Malgré *l'ancienneté de la reliure*, ce livre peut bien avoir appartenu à l'abbé Racine (Bonaventure). M. Éd. Fournier dans une note de la comédie de *Racine à Uzès* (Paris, 1865), p. 74, a cité le témoignage des deux catalogues : il lui paraît probant ; nous croyons qu'on peut conserver des doutes.

Mais, dans l'état où se trouvaient les choses, cet échange ne tentait personne.

Dans les moments où il désespérait de rien obtenir à Uzès, Racine tournait ses vues d'un autre côté. Il songeait à se faire donner, par les soins de Vitart, le prieuré d'Oulchy, sauf les droits de son ami le Vasseur, qu'il consentait de bon cœur qu'on préférât aux siens. Nous avons déjà parlé de ce bénéfice, que l'abbé le Vasseur obtint quelques années après ; et l'on se souvient que le prieur y était curé. On y portait l'habit blanc, ce qui avait longtemps inquiété Racine, comme il en faisait l'aveu. Mais il en prenait son parti. Se résignait-il donc alors à embrasser sérieusement l'état ecclésiastique ? On le croirait. Il pouvait, avec d'autant plus d'espérances, prétendre à ce prieuré, qu'il le voyait, si nous interprétons bien une de ses lettres, entre les mains d'un de ses oncles, qu'il appelle son oncle d'Oulchy[1]. Vitart s'occupait de la négociation et faisait des voyages à Oulchy. Rien ne réussissait. Une autre tentative était faite pour un bénéfice en Anjou, et déjà le P. Sconin avait obtenu des provisions pour Racine ; mais le prieuré était disputé par la famille de Bernay, qui avait eu des provisions en cour de Rome ; et quoique ces compétiteurs ne parussent avoir aucun droit, ils soulevaient des chicanes. Pour comble de malheur, le P. Sconin avait confié l'affaire aux soins d'un de ses frères qui semblait prendre plaisir à desservir Racine et à faire échouer tout ce qu'on entreprenait pour lui. Cet homme si désobligeant est appelé dom Cosme dans les lettres de Racine. Était-il bénédictin, comme l'ont dit les annotateurs de ces lettres ? Le

---

1. M. A. de Vertus, dans son *Histoire de Coincy, Fère, Oulchy....* (1 vol. in-8°, à Laon, imprimerie de H. de Coquet et G. Stenger, 1864), p. 379 et 380, dit que cet oncle de Racine était M. Thomas. Nous pensons que c'était Antoine de la Haye, alors prieur d'Oulchy. M. Thomas, dont il est parlé dans une lettre de Racine, n'était que sous-prieur. Nous n'avons pas trouvé, il est vrai, comment s'établissait la parenté de Racine et des de la Haye ; mais il est plusieurs fois question dans ses lettres de son jeune cousin de la Haye. Les de la Haye, comme on peut le voir dans l'*Histoire de Saint-Jean des Vignes*, p. 162, étaient depuis longtemps en possession du prieuré d'Oulchy.

titre de *dom*, suivi non pas du nom de famille, mais d'un nom de religion, ne conviendrait-il pas mieux à un feuillant? Quoi qu'il en soit, ce personnage nous échappe. Des recherches persévérantes n'ont rien pu nous découvrir sur son compte; car, bien qu'il fût à Soissons, ou près de là, lorsque par sa négligence il laissa Racine si longtemps privé de son dimissoire, nous ne pensons pas qu'il soit possible de le confondre avec le Sconin qui était principal du collége de Soissons et faisait de méchants vers; et nous en restons sur lui à ce que Racine nous en apprend[1]. D. Cosme était vraiment sa bête noire : il lui attribue tout son guignon, et parle de lui comme d'un traître; tous les mirages de bénéfices s'évanouissaient à son souffle. Chargé de l'affaire d'Anjou, il ne voulait pas s'en dessaisir pour en remettre la direction à Vitart, et il la conduisait fort mal, tout prêt à abandonner, sous de mauvais prétextes, le titre du prieuré à la partie adverse. Du côté de ce même bénéfice, il y avait encore d'autres obstacles. L'aumônier de l'évêque d'Uzès le convoitait, et le P. Sconin conseillait à Racine de traiter avec lui, afin d'en recevoir en échange un prieuré simple de cent écus : maigre dédommagement qui fut jugé inacceptable.

La patience de Racine finit par se lasser. Cet aumônier, ce D. Cosme, ces moines suscitaient trop de difficultés à son excellent oncle. Il fallut quitter la place à tant de petites in-

---

1. Étonné de ne pouvoir retrouver aucune trace de ce moine parmi les fils du vieux Pierre Sconin, que nous croyons cependant connaître tous par les actes de l'état civil, et par d'anciens tableaux généalogiques, nous en sommes venu à douter de son existence. Il est remarquable que Racine l'appelle tantôt dom Cosme, tantôt M. Sconin, dans les *Lettres à Vitart*, du 15 juin 1661 et du 25 juillet 1662. D. Cosme y paraît comme le chargé d'affaires d'Antoine Sconin, soit en Anjou, soit à Paris, dans tout ce qui regardait les bénéfices. D'autre part nous allons voir que Pierre Sconin, frère aîné d'Antoine, le représenta à Paris, en 1661, dans une transaction relative au prieuré de l'Épinay. On pourrait donc soupçonner que *dom Cosme* n'aurait été qu'un sobriquet donné par ces malins jeunes gens à Pierre Sconin, par allusion peut-être à quelque ressemblance ou relation quelconque qu'il aurait eue avec le feuillant D. Cosme, célèbre prédicateur de ce temps, ou à toute autre circonstance qui nous est inconnue.

trigues, et revenir, les mains vides, de cette malheureuse chasse aux bénéfices.

On ne sait pas au juste à quel moment Racine s'éloigna d'Uzès. La dernière lettre écrite de cette ville, que nous ayons de lui, est du 25 juillet 1662 ; mais sa correspondance ne nous le fait retrouver à Paris qu'un an après. D'après le témoignage des savants auteurs du *Gallia christiana*, son oncle, qu'il ne perdit qu'au commencement de 1689[1], le suivit d'un regard bienveillant dans la carrière de gloire qu'il parcourut bientôt, et applaudit à ses succès. Quant à l'autre carrière moins brillante, celle des bénéfices, où Racine avait débuté si malheureusement à Uzès, elle ne lui fut pas entièrement fermée. C'est un fait bien connu, qu'en 1667 il était prieur de l'Épinay; et le privilége d'*Andromaque*, donné le 28 décembre de cette année, le constate. Sa nomination à ce bénéfice remonte plus haut. Dans un acte notarié du 3 mai 1666, passé à la Ferté-Milon, il est déjà qualifié prieur de Sainte-Madeleine de l'Épinay[2]. Le prieuré, ou chapelle régulière de l'Épinay, était un bénéfice simple du diocèse d'Angers. C'était l'abbé de Saint-Georges-sur-Loire, ordre de Saint-Augustin[3], qui en avait la

---

1. S'agit-il du chagrin que Racine ressentit de cette perte dans une lettre qui lui fut écrite vers le même temps par la supérieure de Saint-Cyr, et qui commence ainsi : « Je n'ai pas osé vous prier de venir ici, Monsieur ; je respecte la croix que vous portez, et je voudrois de tout mon cœur en soulager le poids. Je ne le puis qu'en priant pour vous, et qu'en vous exhortant à ne pas vous abandonner à de tristes et inutiles réflexions; il faut faire diversion à votre peine.... » ? Ce serait une très-grande preuve de l'attachement reconnaissant de Racine pour le P. Sconin. Mais le vieillard était mort plein de jours à quatre-vingts ans passés; il y avait plus de vingt-cinq ans que son neveu s'était séparé de lui. Les termes de la condoléance sembleraient bien forts.

2. La même qualité lui est donnée dans divers actes, conservés également à la Ferté-Milon, du 2 juillet, du 2 août et du 26 octobre 1667. Il est seulement à noter que dans les actes de 1667 on ne nomme plus le prieuré de Sainte-Madeleine, mais celui de Sainte-Pétronille de l'Épinay. Nous ignorons quelle est la différence. Les pouillés ne parlent que d'un prieuré de l'Épinay.

3. *Pouillé général, contenant les bénéfices de l'archevêché de Tours* (Paris, chez Gervais Alliot, M.DC.XXXXVIII, in-4º), p. 229.

collation. A cette époque cet abbé était Jacques Adhémar de Grignan, l'évêque d'Uzès[1]. Il est facile de voir que Racine devait ce bénéfice à son oncle, plus heureux enfin, mais pour un moment, dans ses bienveillants efforts. Il importe d'autant plus de remarquer combien cela est vraisemblable, que l'année 1666 étant précisément celle où notre poëte eut avec Nicole la querelle dont nous aurons à parler, et le bruit, suivant Louis Racine, ayant alors couru que les ennemis de Port-Royal l'avaient encouragé à continuer les hostilités, avec promesse d'un bénéfice pour récompense, il ne faudrait pas croire que le bénéfice de l'Épinay ait été le prix, honteusement accepté, d'une odieuse complaisance. Du reste, Louis Racine n'a pas rapporté assez exactement ce que lui avaient appris les notes manuscrites de son frère aîné, telles que nous les trouvons citées par Germain Garnier[2]. Jean-Baptiste Racine avait entendu dire que ce fut l'archevêque de Paris, Hardouin de Péréfixe, « qui fit solliciter son père d'écrire contre Port-Royal, et qui lui fit même offrir pour cela un canonicat. » Or, le prieuré de l'Épinay n'était pas un canonicat.

Non-seulement ce prieuré était à la collation de l'évêque d'Uzès; mais le P. Sconin le possédait, en 1661, comme nous l'avons pu constater dans un acte passé à Paris[3] cette même année, le 21 juillet. On le lui disputait alors, ce qui l'avait engagé dans un procès aux requêtes du Palais. Il est clair que

---

1. Il fut abbé de Saint-Georges de 1654 à 1674. (*Gallia christiana*, tome XIV, p. 716.)

2. *Avertissement des éditeurs* (de 1807) en tête de la *première lettre à l'auteur des Visionnaires*.

3. Par-devant maître Saint-Vaast. Cet acte a rapport à un arbitrage pour terminer à l'amiable le procès pendant aux requêtes du Palais, « en raison du prieuré de Sainte-Pétronille de l'Espinay, entre Antoine Sconin, prieur de l'église cathédrale d'Uzès, et Valeran-François le Féron, clerc tonsuré du diocèse du Mans. » Celui-ci était représenté par son père, messire François le Féron; Antoine Sconin l'était par son frère, Pierre Sconin, avocat au Parlement, procureur du Roi aux eaux et forêts du duché de Valois, et grènetier à la Ferté-Milon. Les arbitres choisis par les partis étaient « Monseigneur l'illustrissime évêque d'Uzès, et Monseigneur le procureur général du grand conseil » (alors M. Renaudin).

c'est là ce même bénéfice d'Anjou dont Racine parle dans deux de ses lettres à Vitart, et pour lequel, nous l'avons dit, la famille de Bernay sollicitait contre son oncle et contre lui.

Racine, en possession du bénéfice, eut-il affaire aux mêmes concurrents, avec qui l'on n'avait pu conclure un accommodement? Est-il certain, comme on l'a cru, que ces concurrents aient eu gain de cause, à la suite d'un procès fort embrouillé, qui semblerait, d'après une lettre de Racine à Vitart, avoir roulé en grande partie sur l'omission du mot *signatis* après ceux-ci : *testibus nominatis*[1] ? Un acte de baptême signé *Jean Racine de l'Espinay*[2] nous fait voir que Racine possédait encore son prieuré le 12 mai 1668; mais lorsque *les Plaideurs* furent joués peu de temps après, dans les derniers mois de la même année, d'Olivet et après lui Louis Racine prétendent qu'un arrêt l'avait déjà dépouillé de ce bénéfice, ou qu'il y avait, de guerre lasse, renoncé volontairement. Ils expliquent ainsi ce que, dans la préface de sa comédie, il dit d'un procès qui lui avait appris les termes de la chicane; et ils veulent même qu'il n'ait écrit sa pièce qu'à l'occasion de ce procès et pour s'en consoler. Nous n'affirmons pas qu'ils aient été bien informés[3]. En tout cas, il n'y aurait pas à regretter la perte du plus riche prieuré, si c'était elle qui nous eût valu une si excellente comédie contre les juges et les avocats. Ajoutons que plus tard Racine, s'il fut vraiment dépossédé à ce moment, prit sa revanche et son dédommagement autrement encore que par

1. Voyez la *lettre* du 6 juin 1662.
2. C'est l'acte de baptême de la paroisse d'Auteuil dont nous avons déjà fait mention à la note 1 de la page 28, et que nous citerons en son lieu aux *Pièces justificatives* (n° XXII).
3. Voici ce qui jette quelque doute sur le récit de d'Olivet et de L. Racine. M. Éd. Fournier, dans une note de *Racine à Uzès*, p. 75, nous apprend qu'il a vu une quittance où Racine, le 11 décembre 1669, signait encore comme prieur de l'Espinay, laquelle quittance fut vendue à une vente d'*autographes*, faite les 12 et 13 mars 1855. Si l'authenticité de l'autographe est à l'abri de tout soupçon, et qu'on y ait bien lu la date, voilà une tradition très-accréditée à laquelle il faut renoncer. On devrait surtout la rejeter, s'il était certain que Racine eût conçu l'idée de sa comédie dès l'année 1667; mais rien n'est moins établi. Voyez la *Notice* sur *les Plaideurs*.

cette immortelle satire de la chicane. Jusqu'ici on n'avait jamais, que nous sachions, parlé d'autres prieurés ayant appartenu à Racine que celui de l'Épinay. Cependant des actes notariés du 10 juin 1671 et du 20 mai 1672[1] nous apprennent qu'il était alors prieur de Saint-Jacques de la Ferté, et un acte de baptême du 12 novembre 1673, relevé sur les registres de la Ferté-Milon, lui donne le titre de « prieur de Saint-Nicolas de Choisis[2]. » On pourra s'étonner qu'il ne se soit fait si longtemps aucun scrupule de posséder des biens d'Église, abus sans doute alors très-commun, mais qui n'en était pas moins condamnable, et n'ait pas suivi sur ce point l'exemple que lui donnait Boileau[3]. Il ne faut pas du moins, confondant les époques de sa vie, chercher entre cette facilité de conscience et sa dévotion, qui n'est point de ces années-là, une contradiction tout à fait imaginaire. Il se conduisait encore suivant les maximes du monde. N'oublions pas que dans le même temps un autre grand poëte, dont le caractère est très-respectable, sollicitait aussi des bénéfices. On connaît le placet de Corneille au Roi :

Plaise au Roi ne plus oublier
Qu'il m'a depuis quatre ans promis un bénéfice...,

et l'Épître qui se termine par ce vers :

Sire, un bon mot, de grâce, au Père de la Chaise[4].

1. Passés à l'étude de Noël le Maistre, notaire à Paris.
2. Voyez cet acte de baptême aux *Pièces justificatives*, n° XIX. Nous pensons qu'il s'agit du prieuré de Saint-Nicolas de Chézy, au diocèse de Poitiers. Il dépendait du monastère de Saint-Florent-lez-Saumur, diocèse d'Angers. — Dans la procuration du 12 juin 1674, déjà mentionnée à la note 1 de la page 28, on trouve encore Racine qualifié « prieur de Saint-Jacques de la Ferté. » Avait-il repris ce bénéfice, après l'avoir échangé, pour quelque temps, contre celui de Saint-Nicolas?
3. M. l'abbé de la Roque, dans sa *Vie de Racine*, en tête des *Lettres inédites*, dit que Racine abandonna tout ce que le prieuré de l'Épinay lui avait rapporté, et le fit distribuer aux pauvres; mais il a certainement confondu Racine avec Boileau, en lisant avec un peu de distraction le passage des *Mémoires* de Louis Racine sur cette affaire du prieuré.
4. Voyez le *Corneille* de M. Marty-Laveaux, tome X.

L'histoire de la poursuite, longtemps infructueuse, des bénéfices, que nous avons voulu présenter sans l'interrompre, et qui nous a mené jusqu'au retour de Racine à Paris, puis au delà, n'a pas épuisé ce qu'on peut aimer à savoir de son séjour en Languedoc. Il en reste des souvenirs plus intéressants. Racine, à Uzès, ne s'était pas consacré tout entier et avec un zèle trop jaloux à cet apprentissage de bénéficier, dont les devoirs sérieux le touchaient médiocrement. Il était arrivé poëte en Languedoc; il en revint aussi poëte que jamais. Pour complaire à son oncle, il s'était mis, dès son arrivée, à étudier un peu de théologie dans saint Thomas; il se plongeait dans les Pères grecs, dont il avait commencé la lecture à Port-Royal; mais il lisait aussi Virgile, et s'il faisait force extraits d'auteurs ecclésiastiques, il avoue qu'il en faisait quelques-uns de poésie. Dans les loisirs d'une vie beaucoup moins dissipée que celle de Paris, il dut se remettre à des études un peu négligées depuis quelque temps; et plusieurs de ces livres grecs que nous trouvons aujourd'hui encore annotés par lui avec tant de soin, paraissent l'avoir été à Uzès. Il y en a sans doute de toutes les époques de sa vie : ce temps néanmoins put être un des plus studieux; une note de Louis Racine nous fait connaître qu'il y faut rapporter les remarques sur l'*Odyssée* et sur les *Olympiques*. La bibliothèque de notre poëte avait alors, il est vrai, peu de livres, et, dit-il, pas un français. Mais, comme on savait son goût, bien des personnes lui en apportaient de toutes langues, et qui ne devaient pas être toujours théologiques. Sa grande crainte, dans ce *pays du galimatias*, où il lui semblait qu'on parlait une langue barbare, était d'oublier son français. Aussi voulait-il que ses amis de Paris, l'abbé le Vasseur, la Fontaine, l'entretinssent par leur correspondance dans l'habitude du beau langage. Il leur demandait des nouvelles du Parnasse. Les lettres qu'il leur écrivait, aussi peu graves de ton et aussi littéraires que celles d'autrefois, continuaient à être semées de vers. Il y avait des vers jusque dans celles qu'il adressait à Vitart. Mais ces rimes écrites au courant de la plume, si elles marquent son goût persistant, ne méritent pas vraiment le nom d'occupations poétiques; et ce n'était pas seulement ainsi qu'il se souvenait de son métier. On a pensé, non sans vraisemblance, que ce fut en ce temps qu'il composa ces charmantes *Stances à Parthénice*, un peu dans le goût du madrigal sans doute, mais si remplies d'une tendre mélancolie. Parthénice nous paraît bien être celle que l'abbé le Vasseur adorait sous ce nom, une certaine demoiselle Lucrèce; et il est douteux que Racine l'ait sérieusement chantée pour son propre compte; toutefois, si ces vers ne furent qu'un jeu d'esprit, le cœur de Racine et sa douce sensibilité s'y font deviner. Le petit poëme des *Bains de Vénus*, qui doit avoir eu quelque étendue, avait été achevé et retouché avant le départ pour Uzès; mais c'est de là qu'il l'envoya à ses amis, après l'avoir montré à plusieurs personnes de la ville, où il fut mis en circulation. Nous ne croyons pas en retrouver un fragment dans les couplets que la Fontaine, au commencement de sa *Psyché*, met dans la bouche d'Acante, c'est-à-dire de Racine :

> Jasmins, dont un air doux s'exhale,
> Fleurs que les vents n'ont pu ternir,
> Aminte en blancheur vous égale,
> Et vous m'en faites souvenir;

et tout le reste. Ces jolis vers sans doute sont de la Fontaine lui-même, bien qu'il dise que « les amis d'Acante se souvinrent de les avoir vus dans un ouvrage de sa façon. » Mais n'est-il pas permis, en pensant à ces *Bains de Vénus*, de rêver quelque chose d'à peu près semblable de ton, de nous imaginer que la Fontaine a voulu conserver au personnage mis en scène par lui sous une allusion transparente sa véritable physionomie poétique, et qu'il nous a rendu fidèlement l'impression tout au moins qui lui était restée du talent de son jeune ami à l'époque dont nous essayons de nous faire une idée? Il est vraisemblable que bien des petites pièces de poésie, du même genre que les *Stances à Parthénice*, furent faites à Uzès. Mais Racine ne s'en contentait pas. Le théâtre était toujours sa visée. « Je cherche quelque sujet de théâtre, et je serois assez disposé à y travailler, » écrivait-il à le Vasseur dans une lettre du 4 juillet 1662. Sans regarder comme une très-sûre autorité l'inscription qu'on lisait au-dessus de la porte du *Pavillon Racine* à Uzès : « Dans ce lieu Racine a composé *la Thébaïde*, » des témoignages, qui ont plus de poids, permettent de penser que cette tragédie fut commencée en Languedoc[1]. Ce serait là aussi, d'après les *Mémoires* de Louis Racine, que le jeune poëte aurait entrepris une pièce de *Théagène et Chariclée*, tirée de ce roman d'Héliodore dont il faisait ses délices à Port-Royal, et qu'au commencement du dix-septième siècle on avait déjà essayé plusieurs fois de réduire en poëmes dramatiques. Si cela est, il faut qu'il soit resté à Uzès assez longtemps au delà de ce mois de juillet 1662, où il n'en était encore qu'à la recherche d'un sujet. Quoi qu'on en ait dit, il n'est probablement revenu à Paris que l'année suivante.

Ses inclinations poétiques, malgré le temps qu'elles dérobaient aux études de théologie, n'étaient pas aussi contrariées, auprès de son oncle, qu'elles l'avaient été par les scrupules de Port-Royal. Il avait pu tout d'abord reconnaître qu'il n'était pas tombé au milieu d'un monde aussi rigoriste. Il n'était personne qui ne voulût avoir des exemplaires de sa *Nymphe de la Seine*: le chapitre tout entier, surtout le doyen, fort honnête homme, lui en faisait demander; son bon oncle, qui avait donné le sien à l'évêque, en réclamait chaque jour un autre pour le remplacer. Homme d'esprit lui-même, le P. Sconin n'était pas insensible à la réputation d'esprit de son neveu. Cette réputation avait précédé Racine à Uzès. Il y reçut bientôt force visites de gens qui venaient « le saluer comme auteur; » et ceux que l'amour rendait poëtes dans cette ville le prenaient pour juge de leurs vers. Tout cela, malgré la méchante poésie qu'il fallait essuyer, était fort encourageant. Racine cependant ne se plaisait pas dans ce lieu d'exil. Il avait, bien ou mal fondées, des préventions contre le caractère des habitants, et se tenait, tant qu'il pouvait, dans une solitude studieuse, fuyant les compagnies, qui le recherchaient beaucoup.

Pour un jeune homme, déjà fort émancipé, il y avait d'autres dangers que ces distractions des visites et des réunions mondaines auxquelles il échappait si volontiers. Ses débuts à Uzès pouvaient inquiéter. Dès les premiers jours qu'il y fut, et à peine avait-il eu le temps de jeter un regard autour de lui, il croyait être, suivant son expression, « dans un vrai pays de Cythère. » L'ajustement des femmes, leur éclatante beauté

---

1. Voyez la *Notice* sur *la Thébaïde*.

le séduisaient. « Il n'y a pas une villageoise, écrivait-il à la Fontaine[1], pas une savetière, qui ne disputât de beauté avec les Fouilloux et les Menneville; » et, quoique dans une maison de bénéficier, il ne promettait pas de fermer les yeux. Vers le même temps il faisait un voyage à Nîmes, où, à la lueur d'un feu d'artifice qu'il était venu voir, bien de charmants visages lui apparaissaient, qu'il regardait sous cape, étant sous la surveillance d'un chanoine d'humeur peu galante. On s'attend à quelque prochaine aventure; mais point : rien de semblable, du moins dans les lettres que nous avons. Un moment il crut qu'une demoiselle d'Uzès lui avait donné quelque commencement d'inquiétude, « assez approchant d'une inclination. » Le charme cependant n'avait pas agi avec beaucoup de puissance : il fallut peu de chose pour le rompre. Il pouvait écrire à le Vasseur[2] avec qui il n'avait rien à dissimuler : « Croyez que si j'avois reçu quelque blessure en ce pays, je vous la découvrirois naïvement.... Mais, Dieu merci, je suis libre encore, et si je quittois ce pays, je rapporterois mon cœur aussi sain et aussi entier que je l'ai apporté. » Il serait injuste de ne pas faire, dans cette conduite, une bonne part à la sagesse, à un grand empire sur soi-même, rare chez un aussi jeune homme. Il avait pris la résolution, dit-il lui-même, « de ne pas se laisser emporter à toutes sortes d'objets. » C'est du contraire exactement que la Fontaine se vantait, et il faisait ainsi qu'il disait. Deux caractères bien différents, quoique dans son langage de jeune homme Racine parût se mettre à l'unisson. Au fond, il avait déjà beaucoup de sérieux dans l'esprit; il était ardent à l'étude, et elle le défendait contre l'entraînement des plaisirs. Elle aurait pu cependant lui prêter moins de secours contre une faiblesse de cœur; mais on voit très-bien que le poëte des tendres sentiments n'était pas aussi vulnérable qu'on serait d'abord tenté de le supposer. Le croire froid de cœur, nous ne le pouvons; tout à fait scrupuleux, il ne l'était pas alors. C'était sans doute la muse jalouse qui le gardait pour son culte : l'idéal aussi est une flamme, une passion vraie et sincère, dont se nourrissent les âmes qui ont la poésie pour amante.

Lorsque Racine fut revenu à Paris, nous le retrouvons à

1. *Lettre* du 11 novembre 1661. — 2. *Lettre* du 30 avril 1662.

l'hôtel de Luynes, sans pouvoir fixer jusqu'à quelle date il y demeura. Il y reprit bientôt, avec une nouvelle et plus sérieuse ardeur, ses travaux poétiques; mais il fut d'abord éprouvé par une grande affliction. Dans la première en date des lettres que nous avons de lui depuis son retour, il parle de l'état désespéré où se trouve sa bonne aïeule Marie des Moulins, que dans sa maladie il allait souvent visiter. Peu de jours après, elle mourait à Port-Royal de Paris, le 12 août 1663 [1]. Le chagrin de Racine paraît avoir été très-vif, quelle qu'eût été dans ces dernières années la dissipation qui l'avait si fort éloigné de Port-Royal, et le lui avait rendu redoutable. Il écrivit en cette occasion une lettre touchante à sa sœur, lui disant qu'ils devaient maintenant s'aimer encore davantage l'un l'autre, « puisqu'ils n'avoient tantôt plus personne. » Il ne leur restait en effet que leur grand-père Sconin, à qui Racine, oubliant dans ce moment de deuil leurs relations souvent assez peu tendres, promettait « toute l'obéissance et toute l'affection qu'il auroit pu avoir pour son propre père. » Pierre Sconin était alors très-vieux, et ne pouvait lui-même être fort éloigné du terme de sa vie. Il mourut à la Ferté-Milon le 20 avril 1667, âgé de quatre-vingt-onze ans [2].

Peu de temps avant la mort de sa grand'mère, Racine avait composé et fait imprimer une ode *Sur la convalescence du Roi*, dont la vie au mois de juin 1663 avait été mise en danger par la rougeole [3] : ce qui nous rappelle qu'à Uzès, au moment de

1. D'après le *Nécrologe de Port-Royal*, p. 336, elle mourut le 12 août 1662. Mais on a une lettre de Racine écrite d'Uzès le 25 juillet 1662, tandis que la lettre dont nous parlions tout à l'heure, où Racine annonce à sa sœur la maladie de Marie des Moulins, est datée de Paris le 23 juillet, et suppose nécessairement qu'il y était revenu depuis quelque temps déjà. Ses deux lettres de la fin de 1663 à le Vasseur ont des cachets noirs. Une note de Louis Racine, dans ses *Mémoires*, dit que Marie des Moulins mourut en 1663. Il nous paraît évident qu'il a raison contre le *Nécrologe;* et nous datons, en conséquence, les lettres adressées par Racine à sa sœur le 23 juillet et le 13 août, non de 1662, comme on l'avait fait, abrégeant ainsi beaucoup le séjour à Uzès, mais de 1663.

2. Voyez son acte de décès aux *Pièces justificatives*, n° XX.

3. La maladie s'était déclarée à la fin de mai. On lit dans le

la naissance du Dauphin, il regrettait d'être éloigné de Paris, et de ne pouvoir joindre sa voix à celle de tant de poëtes. L'éloge un peu anticipé d'un nouveau-né lui paraissait cependant une matière assez ingrate. Mais, lorsqu'il devait craindre de voir les bénéfices lui échapper, une poésie de cour pouvait, en compensation, le mettre sur le chemin de quelque grâce, et lui valoir une libéralité royale. Il eut hâte à Paris de retrouver l'occasion perdue, et saisit celle que la guérison du Roi lui offrait. Ce fut sans doute cette ode sur la convalescence de Louis XIV qui lui mérita la promesse de pension dont il parle à sa sœur dans sa lettre du 23 juillet : « On vous aura dit peut-être que le Roi m'a fait promettre une pension; mais je voudrois bien qu'on n'en eût point parlé jusqu'à ce que je l'aie touchée. » Cette pension doit être celle qui se trouve sur la liste du 22 août 1664 insérée au *Registre des bâtiments du Roi*[1] : Racine y est porté pour une gratification de six cents livres, le plus modeste chiffre de cette liste, où Cotin a douze cents livres. Il y avait eu aussi, il est vrai, dès 1663, des gratifications aux gens de lettres. Parmi ces gratifications huit cents livres sont accordées à Racine, « poëte françois, » tandis que Chapelain, « le plus grand poëte françois qui ait jamais été et du plus solide jugement, » obtient trois mille livres. Mais cette liste ne saurait être celle qui répondit aux espérances exprimées dans la lettre de Racine, à une date postérieure. De la Place, qui donne la liste de 1663 dans ses *Pièces intéressantes*[2], comme extraite des manuscrits de Colbert (nous ne l'avons pas sur les *Registres des bâtiments*), avertit qu'elle est du commencement de l'année. Et en effet, dans le *Journal manuscrit des bienfaits du Roi*, c'est en janvier 1663 qu'il est

---

Journal des bienfaits du Roi : « 29 mai 1663, à *Versailles*. Le Roi eut la rougeole. » Ce journal est parmi les manuscrits de Colbert, à la Bibliothèque impériale. Voyez aussi le *Journal de la santé du roi Louis XIV*, publié par M. le Roi (p. 82-89); les remarques faites sur cette maladie par son premier médecin Vallot commencent au lundi 28 mai.

1. Tome I, folio 280. (*Manuscrits de Colbert* à la Bibliothèque impériale.)

2. *Pièces intéressantes et peu connues pour servir à l'histoire et à la littérature*, par M. D. L. P., à Bruxelles, 1785, in-12, tome I, p. 197.

dit : « Le Roi fait donner des pensions aux gens de lettres, tant dans le royaume que dans les pays étrangers. » On ne peut en conclure d'ailleurs que Racine ait été nécessairement à Paris au commencement de 1663. Rien ne s'oppose à ce qu'un bienfait du Roi ait été obtenu pour lui lorsqu'il était encore à Uzès. Vitart était là pour ne pas le laisser oublier par Chapelain, à qui, dit-on, Colbert laissait le soin de dresser ces listes. Ce ne serait pas, d'après les *Mémoires* de Louis Racine, la première faveur royale que Chapelain eût fait accorder à Racine. Grâce à sa protection, l'ode de *la Nymphe de la Seine* avait été en 1660 récompensée d'une gratification de cent louis[1]. Puisque nous avons commencé à parler de ces dons du Roi, parcourons tous ces registres des bâtiments, qui ne vont pas, en ce qui concerne les gratifications des gens de lettres, au delà de la fin de 1668. Sur la liste du 30 octobre 1665, Racine est inscrit pour six cents livres, moins heureux que Boileau qui y reçoit douze cents livres, surtout que bien d'autres qui n'étaient pas des Boileau[2]. En 1666 il n'est pas question de lui. La liste de 1667 (21 mai) contient cette mention : « Au sieur Racine, pour gratification, huit cents livres; » et celle du 18 décembre 1668 (*Andromaque* venait d'être jouée) : « Au sieur Racine, bien versé dans la poésie françoise, pour gratification, en considération de son mérite, huit cents livres[3]. » Pour les récompenses de 1663, on peut dire que, si elles mettaient Racine si fort au-dessous de Chapelain, ce que Racine avait fait alors était encore peu de chose. Mais en 1668 les bonnes intentions de Colbert étaient-elles fidèlement remplies, s'il avait recommandé, comme le dit d'Olivet, « que les bienfaits du Roi fussent non-seulement placés, mais mesurés? » Sans contester à Colbert le titre de Mécène, que lui décerne la reconnaissance de Racine dans une autre ode de 1663, qui suivit de près celle sur la convalescence du Roi, et dont nous

1. Le témoignage de Brossette, dans le Recueil manuscrit, déjà cité, de la Bibliothèque impériale, p. 43, s'accorde, pour la date, avec celui de Louis Racine : « M. Racine avoit fait en 1660 une ode françoise intitulée *la Nymphe de la Seine*.... Il en eut cinq cents francs par le moyen de M. Chapelain. »
2. Tome II, folios 153-156.
3. Tome IV, folios 214 et 215.

allons parler, on peut trouver que quelques-uns de ces encouragements échappaient au reproche de prodigalité, qu'il leur manquait au moins le mérite de mettre à sa place, au milieu de tant de beaux esprits bien rentés, un poëte déjà facile, ce semble, à distinguer de cette tourbe ; et qu'on n'y aurait pas soupçonné le présage de l'éclatante faveur qui attendait Racine à la cour. Mais un bon et sage administrateur, ayant même des vues élevées sur la protection que l'État doit aux lettres, est bien embarrassé pour estimer des travaux qui ne se toisent ni ne se taxent. Heureux les temps où les gens de lettres n'ont pas besoin de ces Mécènes incompétents !

L'ode où Racine célèbre la munificence du Roi, sans oublier l'*illustre Mécène près de cet Auguste*, a pour titre : *la Renommée aux Muses*. Elle lui valut un protecteur à la cour, le comte de Saint-Aignan, qui, se piquant de bel esprit lui-même, aimait à rendre service aux gens de lettres. Peut-être le jeune poëte lui avait-il été recommandé par le duc de Luynes. Ces deux grands seigneurs étaient, depuis la fin de 1661, camarades de promotion dans l'ordre du Saint-Esprit. On sait quelle fut un peu plus tard l'étroite union de leurs fils, le duc de Beauvilliers et le duc de Chevreuse, et leur alliance pareille avec a famille de Colbert : quelque liaison déjà entre les pères n'est pas invraisemblable. Quoi qu'il en soit, le comte de Saint-Aignan fut charmé de l'ode; il se fit présenter l'auteur, et voulut connaître ses autres ouvrages. Racine, sous ses auspices, commença à entrevoir la cour. Le voilà déjà, en novembre 1663, au lever du Roi. « Vous voyez, écrivait-il alors à le Vasseur, que je suis à demi courtisan, mais c'est à mon gré un métier assez ennuyant. » Il y allait cependant prendre goût, et semblait comme le prophétiser lui-même, quand il disait dans cette ode de *la Renommée* :

> Venez donc, puisqu'enfin vous ne sauriez élire
> Un plus charmant séjour
> Que d'être auprès d'un roi dont le mérite attire
> Tant de dieux à sa cour.

Cette cour élégante et brillante, pour laquelle d'ailleurs il était fait comme en vertu d'une harmonie préétablie, eut une bien grande influence sur son talent et sur toute sa destinée. Celui qui l'y introduisit reçut, peu de temps après, l'hommage de sa première pièce de théâtre.

La Renommée aux Muses valut à Racine une autre bonne fortune, et d'un plus grand prix sans doute que la protection d'un courtisan. Au moment où elle lui donnait accès dans cette région pompeuse où son génie allait recevoir le reflet des splendeurs royales, mais pouvait aisément s'énerver et s'affadir, elle devenait pour lui l'occasion de se lier avec le plus judicieux et le plus sévère des conseillers, avec le plus solide des amis : un esprit droit et ferme, chez qui le bon sens s'éleva presque à la hauteur du génie, un caractère mâle et franc, honnête s'il en fut jamais. C'est Boileau. Il se trouva entre les deux amis bien des affinités. Cependant les dons naturels étaient aussi très-différents; mais n'était-ce pas un charme et une force de plus dans cette liaison, où une nature de poëte si délicatement sensible et une imagination si vive s'appuyèrent sur une raison plus calme et sur une âme plus maîtresse d'elle-même?

L'abbé le Vasseur avait à Crône, près de Villeneuve-Saint-Georges, nous ne savons quelles affaires ou quelles relations de famille qui l'y retinrent assez longtemps pendant les mois de novembre et de décembre 1663. Boileau, qui avait peut-être conservé dans ce petit village la maison qu'y avait possédée son père, s'y trouvait en ce moment. Le Vasseur lui porta l'ode à *la Renommée*, sur laquelle le critique fit assez de remarques pour remplir « une belle et grande lettre, » que Racine reçut de son ami. L'Aristarque était trouvé. Notre jeune poëte fut frappé des observations de Boileau; elles lui inspirèrent sur-le-champ un sentiment d'estime qu'il exprima vivement; et, comme s'il avait le pressentiment de cette utile et fidèle amitié qui le suivit jusqu'à la mort : « Je ne sais, dit-il à le Vasseur dans sa réponse, s'il ne me sera point permis quelque jour de le connoître. » La correspondance avec le frivole abbé s'arrête pour nous à ces mots, tout à fait à point. Racine prend une autre main dans la sienne, sur le seuil de sa carrière dramatique, où il entre à cette heure même. Bientôt, en effet, son désir de connaître Boileau fut satisfait. Le Vasseur, suivant Louis Racine, les présenta l'un à l'autre. Il faut dire cependant que Brossette croit que ce fut la Fontaine qui mena Racine chez Boileau[1]. Il est aussi en désaccord avec Louis Racine sur un autre point. Ce ne serait pas, selon lui, sur l'ode de *la Renommée*, mais sur *la Thébaïde*, que Boileau, consulté par le Vasseur, aurait donné ses remarques. Il est vrai que la lettre de Racine ne s'explique pas à ce sujet d'une manière décisive.

Cette tragédie de *la Thébaïde* venait d'être achevée à la fin de 1663. Racine la destinait d'abord au théâtre de l'Hôtel de Bourgogne[2]; mais ce fut sur celui de Molière qu'elle fut jouée dans l'été de l'année suivante. On voit par les lettres de Racine qu'il connaissait l'illustre directeur de la troupe du Palais-Royal, avant de penser à lui confier son ouvrage. Les relations naturellement devinrent plus intimes quand on se fut entendu pour jouer la pièce. Écartons les anecdotes suspectes[3]. On a trop voulu immoler Racine à Molière. Le bon accueil fait par celui-ci à l'œuvre du jeune poëte n'est pas douteux; les bienfaits ne sont peut-être pas prouvés. Quant à faire remonter les torts reprochés à Racine au temps même où il n'avait pu avoir avec Molière aucun démêlé, cela ne se peut. On a supposé une odieuse calomnie dans la lettre de 1663 où Racine parle de la requête de Montfleury; mais cette calomnie ne s'y trouve point. Le texte est là, le texte autographe. Louis Racine seul a fait la faute, très-innocemment, et croyant seulement corriger un mot qui effarouchait ses scrupules.

Nous n'avons pas hâte de prévoir les nuages qui ne tardèrent pas à s'élever entre deux grands poëtes qu'on eût aimé à voir toujours unis. Ce fut un moment plein de charme que celui qui rapprocha dans une intime amitié ces quatre illustres, Racine, Molière, Boileau et la Fontaine. « Despréaux, dit l'auteur du *Parnasse françois*[4], loua pendant quelques années un appartement particulier à Paris, rue du Colombier[5], au faubourg Saint-Germain, où s'assembloient deux ou trois fois

1. Recueil manuscrit de la Bibliothèque impériale, p. 43.
2. *Lettre à le Vasseur*, décembre 1663.
3. Voyez la *Notice* sur *la Thébaïde*.
4. Voyez la *Description du Parnasse françois*, par Titon du Tillet, M.DCC.XXVII, 1 vol. in-12, p. 141.
5. Saint-Marc, dans les *Mémoires pour la Vie de Chapelle*, dit : « rue du Vieux-Colombier, » la même sans doute, quoiqu'il y ait eu aussi, depuis 1640, une rue *du Colombier*.

par semaine ces quatre excellents hommes. » Souvent aussi ils se réunissaient dans quelques-uns des cabarets qui avaient alors la célébrité, au *Mouton blanc*, sur la place du cimetière Saint-Jean ; ou chez le fameux Crenet, à la *Pomme du pin*, dans la rue de la Licorne ; ou encore à la *Croix de Lorraine*. Chapelle et d'autres hommes d'esprit, dont plusieurs étaient de la cour, tels que le duc de Vivonne et le chevalier de Nantouillet, étaient là leurs gais convives. N'est-ce pas à une de ces réunions que Racine fait allusion, lorsque, dans une de ses lettres à Boileau[1], il lui rappelle « l'auberge de M. Poignant, » où un jeune officier, M. d'Espagne, buvait avec eux avant son départ pour l'expédition de 1664 en Hongrie, et où Racine et Poignant « étoient si agréables avec M. de Bernage, » depuis évêque de Grasse ? Si l'*auberge de M. Poignant* n'était pas la maison même de cet ami, ce devait être quelque cabaret où il traitait nos poëtes. Il reste, dans diverses anecdotes sur la vie de Racine, plus d'un souvenir de ces cabarets qui ont leur place dans l'histoire littéraire, tout autant qu'au siècle suivant le café Procope, dont les réunions moins intimes et plus mêlées avaient un autre caractère. Sans parler des *Plaideurs*, qui, dit-on, sortirent du cabaret de la place Saint-Jean, quelques années plus tard, ce fut là que, d'après Brossette[2], on composa la parodie du *Chapelain décoiffé*, que nous n'avons plus que défigurée. Boileau, dans une de ses lettres[3], dit que cette parodie fut faite le verre à la main ; et il reconnaît qu'il y eut lui-même quelque part, ainsi que Racine. Encore un des péchés de notre poëte. Railler la perruque de Chapelain, qui avait fait porter le nom de Racine sur les listes de Colbert, et n'avait pas jugé sa première ode méprisable ! Mais entre amis, et, comme disait Boileau, *currente lagena*, les jeunes gens sont parfois légers. Furetière, un des hommes d'esprit de cette société, a fait presque tout le mal ; seulement le malin Racine ne put se tenir de lancer quelques traits. Et puis c'était à huis clos, et pas un mot de cette plaisanterie ne fut écrit par ses auteurs. On ne dit

1. *Lettre* du 24 mai 1687.
2. *OEuvres de Boileau*, Genève, M.DCC.XVI (2 vol. in-4°), tome I, p. 438, *note* sur le vers 12 de la seconde épigramme.
3. *Lettre à Brossette*, 10 décembre 1701.

pas que Molière fût présent ce jour-là ; mais c'était en 1664, et nous sommes du moins dans le temps où il venait s'asseoir dans cette joyeuse compagnie, apportant son écot à tant de spirituels impromptus et de saillies étincelantes, vers ou prose, qui se sont perdus derrière les portes fermées des cabarets. Molière put s'y trouver d'ailleurs plus d'une fois à côté de Racine, même après la brouillerie ; car il semble bien que le premier moment d'irritation passé, il y eut plutôt refroidissement dans leurs relations que rupture complète.

Nous avons un tableau bien intéressant des réunions dont nous venons de parler, non point cette fois au cabaret, mais, ce qui nous déroute moins dans l'idée que nous nous faisons volontiers de ces nobles figures, au milieu des jardins de Versailles. Ce tableau est d'un grand peintre, observateur excellent et naïf, et qui connaissait bien ce qu'il a représenté, puisqu'il était lui-même un des quatre personnages de la scène.

« Quatre amis, dit la Fontaine au début de sa *Psyché*[1], quatre amis dont la connoissance avoit commencé par le Parnasse, lièrent une espèce de société que j'appellerois académie, si leur nombre eût été plus grand, et qu'ils eussent autant regardé les Muses que le plaisir. La première chose qu'ils firent, ce fut de bannir d'entre eux les conversations réglées et tout ce qui sent sa conférence académique. Quand ils se trouvoient ensemble, et qu'ils avoient bien parlé de leurs divertissements, si le hasard les faisoit tomber sur quelque point de science ou de belles-lettres, ils profitoient de l'occasion : c'étoit toutefois sans s'arrêter trop longtemps à une même matière, voltigeant de propos en autre, comme des abeilles qui rencontreroient en leur chemin diverses sortes de fleurs. L'envie, la malignité ni la cabale n'avoient de voix parmi eux. Ils adoroient les ouvrages des anciens, ne refusoient point à ceux des modernes les louanges qui leur sont dues, parloient des leurs avec modestie, et se donnoient des avis sincères lorsque quelqu'un d'entre eux tomboit dans la maladie du siècle et faisoit un livre, ce qui arrivoit rarement. »

---

1 *Les Amours de Psiché et de Cupidon*, par M. de la Fontaine, à Paris, chez Claude Barbin, M.DC.LXIX, 1 vol. in-8°. L'Achevé d'imprimer pour la première fois est du dernier jour de janvier 1669.

Les noms sous lesquels la Fontaine désigne les quatre amis les font tout d'abord reconnaître. *Poliphile* est bien celui qui a dit :

> J'aime le jeu, l'amour, les livres, la musique,
> La ville et la campagne, enfin tout....

Ariste, le sage Boileau, « sérieux sans être incommode; » *Gélaste*, le poëte au franc rire, qui a corrigé, en les raillant, les travers des hommes. *Acante* paraît d'abord un pseudonyme plus banal et plus arbitrairement choisi ; cependant serait-il trop subtil de songer à la plante élégante et flexible, *mollis acanthus*, dont les formes sont les plus délicates et les plus ornées que la sculpture ait choisies pour modèle, à cette plante qui parfois aussi a ses épines et sait piquer, et de trouver que Racine n'est pas trop mal désigné ? Au reste le rôle et les traits de caractère que dans leurs entretiens la Fontaine donne à ses personnages, nomment assez clairement chacun d'eux.

Il ne faudrait sans doute pas chercher dans *Psyché* des indications biographiques très-exactes sur Racine. Il s'y trouve nécessairement beaucoup de fiction mêlée à la vérité; et la chronologie surtout y doit être quelque peu de fantaisie. Il serait peu sûr, par exemple, de s'appuyer sur une telle autorité pour prolonger jusqu'en 1668 les relations familières et amicales entre Molière et Racine. Outre les licences que se donne le narrateur, on pourrait objecter que, si le roman de *Psyché* ne fut achevé qu'à la fin de 1668, il avait été fort probablement commencé depuis plusieurs années, au temps même des plus fréquentes réunions des quatre amis, puisqu'à la fin du premier livre la Fontaine semble mentionner, comme assez récentes, les fameuses fêtes données à Versailles au mois de mai 1664. Et toutefois on ne peut s'empêcher de remarquer que dans la dispute de prééminence entre la tragédie et la comédie, où Gélaste soutient la même thèse que dans *la Critique de l'École des femmes*[1], et plaisante agréablement Acante, comme on fait un ami, il parle de l'*Andromaque*, qui est de 1667 : « Vous allez là pour vous réjouir, et vous y trouvez un homme qui pleure auprès d'un autre homme, et cet autre auprès d'un

---

1. Scène VI des anciennes éditions.

autre, et tous ensemble avec la comédienne qui représente Andromaque, et la comédienne avec le poëte[1]. » Si Racine et Molière étaient alors vraiment ennemis, la Fontaine n'était-il pas dans une de ses plus singulières distractions de l'oublier à ce point? Ce qui est étrange d'ailleurs, c'est que dans cette piquante discussion chacun des amis parle si bien suivant ses idées et dans son caractère, qu'on la prendrait pour un fidèle procès-verbal. Il dut y en avoir en effet une semblable : la placer avant 1665, lorsque Racine était à peine encore engagé dans la carrière tragique, semble difficile.

Mais, répétons-le, le terrain n'est pas assez solide pour nous y bien assurer. Nous aurons tout à l'heure à citer des faits qui donneraient à la Fontaine un démenti trop formel, si de son récit on se hasardait à conclure autre chose qu'un demi-rapprochement tout au plus entre Racine et Molière. Laissons donc cela, et contentons-nous de trouver dans *Psyché* l'image la plus vraie de cette charmante intimité des quatre grands poëtes, à une époque quelconque de leurs réunions. Recueillons-y en même temps quelques traits qui peignent Racine tel que la Fontaine le voyait à ce moment de sa jeunesse, dans les commencements de sa carrière poétique. M. Sainte-Beuve, qui peut-être ne pensait pas alors à *Psyché*, s'est, avec son coup d'œil pénétrant, formé cette idée de Racine à ce moment de sa jeunesse : « Bel esprit et rêveur, descendant de Pétrarque, sans le savoir..., tout épris des fleurs, de la rosée, des ombrages et des eaux..., laissant courir son vers fluide et un peu brillanté, mais ému[2]. » Le voici maintenant jugé par la Fontaine : « Acante aimoit extrêmement les jardins, les fleurs, les ombrages. Poliphile lui ressembloit en cela.... Ces passions, qui leur remplissoient le cœur d'une certaine tendresse, se répandoient jusqu'en leurs écrits, et en formoient le principal caractère. Ils penchoient tous deux vers le lyrique, avec cette différence qu'Acante avoit quelque chose de plus touchant, Poliphile de plus fleuri[3]. » La Fontaine, ne l'oublions pas, connaissait le tour d'esprit et les inclinations poétiques de Racine autrement

---

1. *Les Amours de Psiché*, p. 176.
2. *Port-Royal*, tome V, p. 444 et 445.
3. *Les Amours de Psiché*, p. 4.

que par ses ouvrages; et puis il eut la confidence de bien des vers du jeune poëte qui ne nous ont pas été conservés. Racine, poëte lyrique, s'est d'ailleurs retrouvé plus tard, et a reparu, avec quel éclat! dans les dernières œuvres de son génie. D'autres passages du roman de la Fontaine nous montrent Acante trouvant dans les larmes un de ses plus grands plaisirs : « Eh bien, dit Acante, nous pleurerons. Voilà un grand mal pour nous! Les héros de l'antiquité pleuroient bien…. Nous nous assoirons sur l'herbe menue, pour écouter Poliphile, et plaindrons les peines et les infortunes de son héroïne avec une tendresse d'autant plus grande que la présence de ces objets nous remplira l'âme d'une douce mélancolie[1]. » Cette fois nous n'avons pas de peine à reconnaître Racine, tel que nous nous sommes habitués à nous le représenter. Mais le charme qu'il goûte à pleurer tendrement n'empêche pas ce sensible Acante, qui avait aussi en lui une veine de poëte comique, d'être pour le rire plus tolérant que le sérieux Ariste : « Vous poussez la chose un peu trop loin, dit-il à celui-ci, qui s'est animé dans la défense de la tragédie; je ne tiens pas que le rire soit interdit aux honnêtes gens[2]. » C'est Acante aussi qui, plus que tous ses amis, ou du moins à l'égal de Poliphile, se plaît aux brillants spectacles de la nature. Il est le plus empressé à visiter les beaux jardins; et, le récit achevé, tandis que les autres dissertent sur les aventures qu'on vient de leur conter, il faut qu'on le laisse s'arrêter à considérer les dernières beautés du jour, « ce gris de lin, ce couleur d'aurore, cet oranger et surtout ce pourpre qui environnent le roi des astres. » C'est le trait poétique de Racine qu'il est le plus curieux peut-être de voir ici bien fixé, parce que lui-même, dans ses œuvres, n'a pas eu occasion de le marquer autant que les autres. Le temps lui a manqué pour faire tout ce qu'il aurait pu, et il a dû choisir entre tant de dons si divers. Le lyrique, l'épigramme acérée, la satire, la prose oratoire et grave, la prose légère, pleine de sarcasme et de finesse, la tragédie, la comédie, tout lui appartient, tout est dans son domaine. Il eût évidemment aussi, s'il avait suivi toute la

---

1. *Les Amours de Psiché*, p. 160 et 164.
2. *Ibidem*, p. 167.

pente de son génie, excellé dans la poésie descriptive ; mais, dans les années où il lui eût été possible d'y songer, le théâtre le réclama tout entier.

L'*Alexandre*, que Racine fit jouer à la fin de 1665 par les deux troupes du Palais-Royal et de l'Hôtel de Bourgogne, fut son premier grand succès sur la scène française. C'était un progrès très-sensible sur *la Thébaïde*, qui n'était pourtant pas sans beautés ; et ce progrès en présageait d'autres qui devaient un jour faire du jeune poëte un des maîtres de notre tragédie. Voilà ce que Corneille ne vit pas ; car nous ne voulons pas croire qu'il le vit trop. Il ne le vit pas, sans doute parce qu'il ne pouvait retrouver là, même en germe, ni son propre style, ni son idéal dramatique. Racine cependant, à ces débuts, l'avait pris évidemment pour modèle ; mais la différence entre les deux génies était déjà trop profonde pour que le maître pût reconnaître son disciple.

Cette tragédie d'*Alexandre*, dont Racine confia la représentation à une troupe rivale, dans le temps où Molière en était en possession, amena entre les deux amis ce pénible différend dont nous avons parlé. Nous en donnons le détail ailleurs[1]. Titon du Tillet prétend à tort que « le froid qu'il y eut entre eux fut causé par la jalousie du génie poétique[2]. » Quoique Racine, plus tard, ait mis un moment le pied sur les terres de Molière, leurs empires étaient trop distincts pour qu'un conflit d'ambition littéraire fût possible. Ce fut seulement une querelle d'auteur et de directeur de théâtre. Nous ne savons pas bien jusqu'à quel point, ni combien de temps ils furent brouillés. Saint-Marc, dans sa *Vie de Chapelle*[3], dit qu'en dépit de leur rupture, « ils ne cessèrent pas de s'estimer et de se rendre mutuellement une exacte justice. Leurs amis communs, ajoute-t-il, les réconcilièrent dans la suite ; mais ils n'eurent plus de liaison particulière. » Plusieurs faits, assez bien attestés, donnent assurément à penser que la réconciliation ne fut jamais complète. Il en est un plus certain que tous les autres. *La Folle querelle* de Subligny, cette parodie très-

---

1. Voyez la *Notice* sur *Alexandre le Grand*.
2. *Parnasse françois* (édition de 1732, 1 vol. in-fol.), p. 412.
3. Pages LXII et LXIII.

malveillante d'*Andromaque*, fut jouée sur le théâtre de Molière, et y resta assez longtemps, le succès ayant été grand. N'était-ce pas l'acte de l'hostilité la plus déclarée contre Racine? et, pour en juger ainsi, il n'est pas nécessaire d'admettre que Molière ait mis la main à cette pauvre pièce. On n'y trouve pas un trait qui soit digne de lui. Grimarest, dans sa *Vie de Molière*, avance sérieusement que Racine attribuait *la Folle querelle* à Molière, et « qu'il estimoit cet ouvrage comme un des meilleurs de l'auteur. » Si Racine avait jamais pu dire cela, c'eût été un trait un peu fort de sa malice et de sa vengeance. A peu près vers le même temps on joua *les Plaideurs*. Molière, dit Valincour dans sa lettre à l'abbé d'Olivet, était à la seconde représentation, qui ne fut pas mieux accueillie que la première; « mais il ne se laissa pas entraîner au jugement de la ville, et dit en sortant que ceux qui se moquoient de cette pièce méritoient qu'on se moquât d'eux : » ce qui fait grand honneur à la générosité de Molière; car Valincour ajoute « qu'il étoit alors brouillé avec Racine. » Ainsi jusque dans ce précieux témoignage d'estime donné à l'excellente comédie de Racine, et remarqué des contemporains, surtout à cause de l'honnêteté du procédé, nous trouvons une nouvelle preuve du refroidissement persistant entre les deux poëtes. Une autre anecdote, rapportée dans les mêmes termes par Cizeron-Rival et par le *Bolæana*[1], est également significative. Très-peu de temps avant *les Plaideurs*, *l'Avare* de Molière avait été joué. Boileau, malgré le peu de succès de cette comédie, était fort assidu aux représentations. « Je vous vis dernièrement, lui dit Racine, à la pièce de Molière, et vous riiez tout seul sur le théâtre. — Je vous estime trop, lui répondit Boileau, pour croire que vous n'y ayez pas ri, du moins intérieurement. » Avouons que, si l'anecdote est exactement contée, Racine ne semble pas avoir rendu, d'aussi bonne grâce que Molière, justice à un ancien ami. Peut-être la noble conduite de Molière, à

---

[1]. *Récréations littéraires* ou *Anecdotes et remarques sur différents sujets*, recueillies par M. C. R**, à savoir Cizeron-Rival (1 vol. in-12, à Lyon, chez Jacques-Marie Bessiat, M.DCC.LXV), p. 2 et 21. — *Bolæana* (Amsterdam, chez Lhonoré, M.DCC.XLII, 1 vol. in-12), p. 105.

l'occasion des *Plaideurs*[1], amena-t-elle cette demi-réconciliation dont, nous l'avons vu, il reste quelque trace.

Si nous ne pouvons oublier qu'en écrivant ici, nous sommes en quelque sorte chez Racine lui-même, et qu'il faut craindre de le trahir en présence de ses œuvres immortelles, si c'est notre devoir de repousser toutes les accusations injustes dont aujourd'hui encore on offense sa mémoire, nous nous garderons cependant toujours de fermer les yeux à la vérité. Ses défauts, à cette époque de sa vie, ne sauraient être dissimulés. Impatient de tout obstacle dans sa brillante carrière, il fit trop bon marché de l'amitié, quand il crut le succès de son *Alexandre* compromis par une faible exécution sur le théâtre de Molière. Dans la préface de cette même tragédie, il commença à montrer, ce que la suite ne démentit pas, qu'il était irascible comme un poëte. Il est vrai qu'une humeur plus calme aurait eu de la peine elle-même à ne pas sortir de sa modération. Les suffrages les plus flatteurs n'avaient pas manqué à Racine, celui du Roi lui-même, qui permit que l'*Alexandre* lui fût dédié, celui du grand Condé et bien d'autres; mais en même temps commençait le déchaînement de la sotte médiocrité et de l'envie. La meute qui s'est levée de si bonne heure sur les premières traces de la gloire du poëte, et qui ne l'a plus quitté jusqu'à ce qu'elle ait fatigué son courage, a été si acharnée et si nombreuse que l'on a pu faire un livre intéressant, et plein de faits, sur ce sujet que nous ne pouvons qu'effleurer : *les*

---

1. Il faudrait parler autrement, si l'on tenait compte d'un passage de *la Promenade de Saint-Cloud*, opuscule de Gabriel Gueret, l'auteur du *Parnasse réformé*. Gueret fait dire à l'un des interlocuteurs de son dialogue que Molière eût dû dénouer sa comédie de *Tartuffe* par quelque nullité de donation. « C'étoit son dessein, lui est-il répondu ; mais ce dénouement étoit un procès, et je lui ai ouï dire que *les Plaideurs ne valoient rien.* » Voilà comme, dans les recueils d'anecdotes, on trouve facilement le pour et le contre. Mais Gueret a sans doute fabriqué lui-même le jeu de mots qu'il prête à Molière contre la comédie de Racine, et nous croyons plus vraie l'anecdote de Valincour. — *La Promenade de Saint-Cloud* ou *Dialogue sur les auteurs* a été imprimée dans le deuxième volume des *Mémoires historiques, critiques et littéraires* de M. Bruys, 2 vol. in-12, Paris, 1751. Le passage que nous citons est à la page 211.

Ennemis de Racine[1]. Bon nombre attaquèrent en lui l'ami de Boileau, et il paya pour les satires; d'autres, irrités de succès auxquels ils ne pouvaient atteindre, vengèrent sur lui les humiliations de leur impuissance; quelques-uns, et ce sont les plus excusables quand ils ne se sont pas laissé emporter trop loin dans leur injustice, ne lui pardonnèrent pas d'avoir disputé la palme à l'objet de leurs vieilles admirations, au grand Corneille. Celui-ci céda trop lui-même à son irritation contre son jeune rival; on comprend, à la rigueur, qu'il l'eût méconnu dans l'*Alexandre*, qui n'était qu'un brillant essai : il continua de le méconnaître après les plus frappants chefs-d'œuvre. Un jour, en pleine académie, il alla jusqu'à déclarer digne de l'homme qui était pourtant son égal, le *Germanicus* de Boursault. Aux critiques dont on le harcelait, Racine répondit avec une singulière vivacité. Ses premières préfaces, que plus tard il supprima, depuis celle d'*Alexandre le Grand* jusqu'à celle de *Britannicus*, et la préface aussi de *Bérénice*, demeurée telle qu'elle fut d'abord écrite, sont pleines de ripostes hautaines et mordantes. Dans l'une d'elles Corneille est durement traité et sans respect pour sa vieille gloire. De telles représailles aigrissaient les haines, et ne guérissaient pas les blessures qu'il était trop facile de faire à l'âme sensible d'un poëte, mieux armé de railleries caustiques pour se venger, que d'un juste dédain pour se mettre au-dessus de traits ridicules, souvent partis de bien bas.

Ces querelles littéraires ne furent malheureusement pas la seule guerre où Racine se trouva engagé. Bien plus irritantes que les clabauderies d'une cabale envieuse, il entendit s'élever un jour contre lui les accusations sévères de ses anciens maîtres. Port-Royal l'importunait depuis longtemps, un peu comme un remords peut-être. Il lui avait fallu résister aux *excommunications* de sa sainte tante, sans être libre d'oublier par quel affectueux et tendre intérêt elles étaient dictées. Mais lorsque Nicole se mit de la partie, et que, non plus dans quelque lettre intime, mais dans un livre écrit pour tous, il traita les poëtes de théâtre « d'empoisonneurs publics, » paraissant désigner Racine, ce-

[1]. *Les Ennemis de Racine au dix-septième siècle*, par F. Deltour, à Paris, Didier et Durand, 1859, 1 vol. in-8°.

lui-ci ne put s'empêcher d'éclater, et trouva l'occasion bonne pour en finir avec tous ces anathèmes. Il saisit les armes mêmes que Pascal avait forgées pour la défense des vénérables Messieurs, et les tourna contre eux. Au mois de janvier 1666, Nicole, dans ses *Visionnaires*, avait fulminé contre la comédie. Racine répondit sur-le-champ et dans le même mois par une lettre fine, piquante et cruellement blessante comme une *provinciale*. Dans son impitoyable raillerie, il ne craignit pas de faire rire aux dépens même de celui qu'il avait autrefois appelé son *cher papa*, d'Antoine le Maître. Ce fut là surtout ce qu'on ne manqua pas de lui reprocher, ainsi que ses plaisanteries sur la mère Angélique Arnauld. La plus modérée des deux réponses qui lui furent faites, celle qu'on attribue à du Bois, devient vers la fin d'une grande violence sur ce point sensible : « Il n'y a personne qui n'ait horreur de voir que votre haine va déterrer les morts et outrager lâchement la mémoire de M. le Maître et de la mère Angélique. » Et lorsque Nicole, dans une nouvelle édition de ses *Imaginaires*, se résolut à dire aussi quelques mots du « jeune poëte, » il n'oublia pas le plus irrémissible des griefs : « Il a déchiré feu M. le Maître et la feue mère Angélique. » Remarquons du reste qu'on parlait d'outrage aux morts, non d'ingratitude, quoique de ce côté surtout on eût beau jeu; mais Port-Royal ne se souciait pas alors de reconnaître Racine pour un de ses élèves. Non-seulement il ne faisait pas, à leur point de vue, honneur à l'éducation qu'il avait reçue, ils devaient même le regarder comme un homme prêt, dans son dépit, à passer décidément aux ennemis. Il en était en effet venu à trouver dans Jansénius les fameuses propositions : « Nous sommes résolus, disait-il, d'en croire plutôt le pape et le clergé de France que vous. » On peut à ce sujet faire un rapprochement assez piquant entre sa lettre et l'épigramme qu'il avait improvisée en 1664 dans la chambre de Jacques Boileau, le docteur en Sorbonne. Si, comme nous le croyons, cette épigramme ne se borne pas aux quatre vers conservés par Jean-Baptiste Racine, si, dans toute son étendue, elle appartient à notre poëte, telle que nous la donnons dans cette édition, Jansénius était alors à ses yeux « un grand homme » calomnié. Il ne reconnut l'hérésie que depuis l'attaque de Nicole. Jusque-là, si, dans sa disposition d'esprit alors légère et mondaine, Racine ne s'intéressait pas vivement aux querelles théologiques, il paraît cependant que très-volontiers il fût resté tout au moins un des amis profanes.

En réponse aux deux vengeurs officieux de Port-Royal, Racine écrivit une seconde lettre aussi spirituelle et aussi méchante que la première. Quelques amis le détournèrent de la publier. Mais sa résolution changea, lorsque Nicole eut fait imprimer à Liége une nouvelle édition de ses *Imaginaires*, où se trouvaient reproduites les deux lettres de ses défenseurs. Le sage Boileau intervint cette fois encore : il fit entendre, comme toujours, à son jeune ami un conseil d'honnête homme, et ne lui laissa pas donner une preuve de son rare esprit, qui pouvait faire douter de la bonté de son cœur. Le petit chef-d'œuvre de polémique ne vit pas le jour et ne put être connu que beaucoup plus tard, et cela malgré les intentions de l'auteur et après sa mort[1]. Voilà un des plus mauvais moments de Racine, et où l'on ne peut entreprendre sa justification. Seulement il ne faut pas oublier que, s'il n'y avait pas à tenir compte avant tout des droits de la reconnaissance qu'il viola, au fond il avait raison de défendre son art. Jean-Baptiste Rousseau, dans une lettre à Riccoboni, rapporte que M. Arnauld, « quoique fort irrité contre Racine, ne put s'empêcher de convenir que M. Nicole avait pris le change, et que ce n'était point à l'art qu'il devait faire le procès, mais à l'ouvrier qui avait péché contre le but et l'intention de l'art. » Surtout, sans nier la faute, ne l'exagérons pas, et ne cherchons pas un cœur sec et méchant où il n'y avait réellement qu'un cœur irritable et sensible à l'excès, ce don si dangereux des vrais poëtes. Ses adversaires les plus courroucés en jugeaient sans doute ainsi eux-mêmes : « Il semble, lui disait un des deux champions de Port-Royal[2], qu'un homme aussi tendre et aussi sensible que vous l'êtes ne devroit songer qu'à vivre doucement et à éviter les rencontres fâcheuses. » On voit quelle opinion on s'était formée du tendre Racine dès ce temps

---

1. Pour plus de détails sur cette querelle avec Nicole, voir la *notice* sur les deux lettres de Racine, et sur celles qui sont attribuées à du Bois et Barbier d'Aucourt.

2. Barbier d'Aucourt, dans sa réponse à la *Première lettre*.

où sa manière d'écrire et le ton de ses ouvrages n'avaient pu encore faire conclure, par un préjugé souvent trompeur, du style du poëte au caractère de l'homme.

Au milieu de contrariétés si vivement ressenties, Racine ne s'arrêtait point dans sa marche. Sa réputation d'esprit était faite; il fallut bientôt reconnaître son génie. *Andromaque*, jouée en novembre 1667, dépassa toutes les espérances que ses deux premières tragédies avaient pu faire concevoir, et brilla tout à coup comme une merveille. Alors commence cette période de dix années, si féconde, si remplie de chefs-d'œuvre, où se succèdent à de courts intervalles *les Plaideurs* (1668), *Britannicus* (1669), *Bérénice* (1670), *Bajazet* (1672), *Mithridate* (1673), *Iphigénie* (1674), *Phèdre* enfin (1677). L'histoire de ces pièces est véritablement alors celle de la vie du poëte, et cependant nous ne pouvons la développer ici : elle appartient aux *notices* dont nous faisons précéder chaque tragédie. On voudrait sans doute, pendant tout ce temps-là, savoir autre chose encore; et sans la lacune si regrettable et si inopportune de la correspondance de Racine, il est certain qu'il resterait beaucoup à dire; mais il se trouve qu'au moment où par ses œuvres le poëte est le plus en vue, les détails de sa biographie se dérobent plus que jamais à nos recherches. Cependant nous ne pouvons franchir ce long espace, et arriver brusquement à la partie de la vie de Racine qui va se présenter à nous avec un caractère si différent de ce que nous avons vu jusqu'ici, sans avoir essayé de recueillir quelques indications propres à nous faire connaître, pendant ces brillantes années, l'homme à côté de l'écrivain.

Il y a d'ailleurs dans la vie de Racine un point délicat, auquel on ne peut se dispenser de toucher, et qui toujours attirera d'autant plus l'attention que, toute vaine curiosité à part, il s'y rattache une question littéraire. En 1672, au temps de *Bajazet*, Mme de Sévigné, forcée de reconnaître qu'il y avait, après tout, « des choses agréables » dans la nouvelle pièce de Racine, écrivait : « Si jamais il n'est plus jeune, et qu'il cesse d'être amoureux, ce ne sera plus la même chose[1]. » Et quand,

---

1. *Lettre à Mme de Grignan*, 16 mars 1672, tome II, p. 536 (édition de la *Collection des grands écrivains*).

plus tard, l'amour n'étant plus de saison, il fallut bien s'avouer, après *Esther*, que si ce n'était plus la même chose, c'était mieux encore : « Racine, disait-elle, s'est surpassé ; il aime Dieu comme il aimoit ses maîtresses[1]. » Mme de Sévigné répétait ce qui était dans la bouche de presque tout le monde. Ce Racine amoureux, et si tendre pour ses maîtresses, était-il une illusion des contemporains? Voulaient-ils à toute force, par pure prévention, et sans y être autorisés par la connaissance d'aucun fait, trouver dans les sentiments personnels du poëte l'explication de ses merveilleuses peintures de la passion? La première réflexion qui se présente, c'est que sur ce sujet ils en savaient plus long que nous. Et pourtant si nous croyons à quelques apparences qui devaient les porter à parler comme Mme de Sévigné, nous croyons aussi à quelque illusion et à quelque préjugé.

Voyons, en effet, quel roman nous pouvons trouver dans la vie de Racine. Serait-ce la faute de nos informations incomplètes? mais ce roman ne nous paraît pas aussi touchant ni aussi poétique que nous le voudrions. Pour bien dire, il n'y a pas de roman, il y a des amourettes de théâtre, qui peut-être bien, à la rigueur, pour un Tibulle ou pour un Ovide, satisferaient aux conditions exigées par Boileau :

> Pour peindre des amants la joie et la tristesse,
> C'est peu d'être poëte, il faut être amoureux[2] ;

mais qui n'expliquent pas assez, de la manière dont Mme de Sévigné l'entendait, ces pathétiques chefs-d'œuvre, sans pareils dans la science délicate et profonde du cœur.

Parmi les comédiennes que Racine, comme poëte de théâtre, dut fréquenter de bonne heure, la première avec qui, dit-on, il fut engagé dans un commerce de galanterie, fut Mlle du Parc. C'était une fort jolie femme, et très-courtisée. Molière avait été quelque temps épris d'elle, mais l'avait trouvée insensible. Elle était probablement entrée dans sa troupe à Lyon en 1653, qui fut l'année où elle épousa le comédien

---

1. *Lettre à M. et à Mme de Grignan*, 7 février 1689, tome VIII, p. 458.
2. *Art poétique*, chant II, vers 41 et 44.

René Berthelot, sieur du Parc[1]. On voit par là qu'elle ne pouvait plus être dans la première jeunesse lorsqu'elle fut aimée de Racine. Son âge d'ailleurs nous est donné, sinon d'une manière certaine et précise, au moins approximativement, par l'acte de son inhumation, qui se trouve sur les registres de la paroisse Saint-Roch[2]. Il y est dit qu'à la fin de 1668, elle avait environ trente-cinq ans. Dans sa tragédie d'*Alexandre*, notre poëte lui avait confié le rôle d'Axiane. Elle n'y fut peut-être pas grande actrice ; mais elle y obtint du moins beaucoup de succès par sa beauté et par ses grâces. On nous la représente paraissant sur le théâtre avec un port de reine[3]. Racine fut charmé, et dès ce temps sans doute, comme il rompait avec la troupe du Palais-Royal, il songea à en faire sortir la belle comédienne pour l'enrôler à l'Hôtel de Bourgogne. Mlle du Parc y fut reçue à la rentrée de Pâques en 1667. Ce fut un nouveau grief de Molière contre Racine, qui lui enlevait une de ses meilleures actrices. Du reste, les engagements que Racine fit rompre à Mlle du Parc, n'avaient jamais été des liens très-solides : elle avait déjà pendant quelque temps, en 1659, abandonné le théâtre de Molière pour celui du Marais. Lorsqu'elle entra à l'Hôtel de Bourgogne, ce fut pour y jouer le personnage d'Andromaque dans la tragédie de ce nom, qui allait être représentée. Il est vraisemblable qu'à ce moment elle avait déjà agréé les hommages du poëte, dont elle suivait ainsi la fortune. Elle était veuve alors depuis quelques années[4]. Il n'est resté que de légères traces de

---

1. *Histoire de la vie et des ouvrages de Molière*, par M. J. Taschereau (3e édition, Paris, Hetzel, 1844, 1 vol. in-12), p. 15, et p. 214, note 24. Le mariage de la du Parc le 23 février 1653 nous a été attesté par M. Eud. Soulié, notre collaborateur dans la *Collection des grands écrivains*. Il doit des renseignements authentiques sur la du Parc à l'obligeance de M. Brouchoud, avocat à la cour impériale de Lyon. C'est grâce à ces renseignements que nous avons appris aussi que Marie-Anne du Parc, qui tint, comme nous l'allons dire, un enfant sur les fonts avec Racine, n'était pas la comédienne, mais sa fille.

2. Voyez cet acte aux *Pièces justificatives*, n° XXI.

3. Lettre en vers de Robinet, 15 décembre 1668.

4. Le comédien du Parc était mort, d'après les registres de la Grange, le 4 novembre 1664.

la liaison de Racine avec Mlle du Parc. Qu'en 1668 Racine ait tenu avec la fille de cette comédienne un enfant sur les fonts[1], il n'y aurait certainement rien à en conclure, si ce n'est, comme on le savait déjà d'ailleurs, qu'il était avec les gens de théâtre dans d'assez étroites relations, qu'il ne craignait pas d'afficher. Mais voici qui est plus significatif. Un an seulement après avoir créé le rôle d'Andromaque, Mlle du Parc mourait, le 11 décembre 1668. Robinet, dans sa lettre en vers du 15 décembre suivant, raconte les funérailles de la comédienne. Parmi

> Les adorateurs de ses charmes
> Qui ne la suivoient pas sans larmes,

il n'oublie pas les poëtes du théâtre,

> Dont l'un, le plus intéressé,
> Étoit à demi trépassé.

A n'en pas douter, Racine est désigné. On dit que Mlle du Parc avait été, dans *Andromaque*, meilleure actrice que jamais. Mais quelque perte que le poëte fît par sa mort, pour la représentation de sa pièce, *le grand intérêt* que le gazetier lui suppose est évidemment d'une autre nature, et Racine, pour si peu, n'eût pas été à demi mort de douleur. Il y a dans *Psyché* un passage où le récit de Poliphile mettant en présence deux amants qui versent des larmes de tendresse, « Acante qui se souvint de quelque chose fit un soupir[2]. » Ce souvenir et ce soupir ne vont pas à l'adresse de la Champmeslé : la date du roman de la Fontaine s'y oppose ; mais c'est un peu avant la mort de Mlle du Parc que la fin du roman de *Psyché*, où se trouve ce passage, doit avoir été écrite. Nous soupçonnons donc une allusion aux amours de Racine et de cette comédienne ; la Fontaine avait sans doute reçu la confidence de quelques tendres larmes versées par le poëte. Citons encore un indice. Tout

---

1. Voyez aux *Pièces justificatives* (n° XXII) l'acte de baptême du 12 mai 1668, déjà cité par M. Eud. Soulié, dans ses *Recherches sur Molière*, p. 283, à la note. Nous avons nous-même copié cet acte sur les registres de Notre-Dame de Passy, paroisse d'Auteuil.
2. *Les Amours de Psiché*, p. 416.

le monde a lu, dans les notes de M. Monmerqué sur les lettres de Sévigné [1], cette absurde accusation d'empoisonnement dont la Voisin voulut noircir Racine, dans son interrogatoire du 17 février 1680. Elle déclara « qu'elle avoit connu la demoiselle du Parc comédienne, que sa belle-mère, nommée de Gorla, lui avoit dit que c'étoit Racine qui l'avoit empoisonnée. » On ne voudrait pas même mentionner ces diaboliques inventions d'une scélérate en démence, s'il n'était à présumer qu'elles ne lui étaient venues à l'idée, que parce qu'elle avait eu connaissance d'une intime amitié, peut-être de quelques scènes de jalousie entre Racine et la du Parc, ou parce qu'elle croyait au moins pouvoir appuyer ses calomnies sur le bruit public de cette liaison. Mais le plus précis et le moins douteux des témoignages est celui que nous fournit un manuscrit de Brossette, où l'on trouve une conversation de Boileau, qui fut recueillie le 12 décembre 1703 par Mathieu Marais [2]. Voici comment s'exprime celui qui connaissait le mieux toute la vie de Racine : « M. Racine étoit amoureux de la du Parc, qui étoit grande, bien faite, et qui n'étoit pas bonne actrice. Il fit *Andromaque* pour elle; il lui apprit ce rôle; il la faisoit répéter comme une écolière. Il la fit sortir de la troupe de Molière, et la mit dans celle de l'Hôtel de Bourgogne.... La du Parc mourut quelque temps après en couches; elle étoit veuve. » Ces paroles assez claires de Boileau rendraient superflues toutes les autres preuves. Il y a là seulement un mot qui demande explication. Voilà, comme dans les lettres de Mme de

1. Voyez tome VI, p. 278, à la note 13. — La belle-mère de Mlle du Parc y est nommée *de Gordo;* nous rectifions ce nom, d'après les renseignements donnés par M. Brouchoud et d'après l'acte d'inhumation mentionné ci-dessus. La du Parc était fille de Giacomo de Gorla ou de Gorle, qui avait épousé en secondes noces Benoîte Lamarre. La belle-mère qui, suivant la Voisin, aurait dénoncé Racine, est cette Benoîte Lamarre.

2. Ce manuscrit, intitulé : *Recueil des mémoires touchant la vie et les ouvrages de Boileau Despréaux,* appartient à M. Feuillet de Conches, qui a eu la bonté de nous le communiquer. Il forme, à ce qu'il paraît, la première partie de ces *mémoires,* dont le manuscrit de la Bibliothèque impériale, plusieurs fois cité par nous dans cette *Notice biographique,* n'est que la seconde partie incomplète.

Sévigné, Racine composant une de ses tragédies pour une comédienne. Mais, sans doute, tout ce que Boileau voulait dire, c'est que le poëte, au moment où il écrivait *Andromaque*, songeait à donner dans cette pièce un rôle à la du Parc. Il ne pouvait entendre qu'elle fût la Muse qui l'inspirait. Il est bon de remarquer que Racine ne fit pas jouer à cette actrice celui des rôles de sa tragédie où respire la passion de l'amour, et que, du reste, pour peindre la fidèle Andromaque, le veuvage, très-légèrement porté, de la du Parc ne lui servit pas apparemment de modèle. Qu'il s'agisse de la du Parc ou de la Champmeslé, Racine ne travaillant à ses nobles œuvres que pour ses maîtresses est un conte, dont Boileau pouvait moins que tout autre être dupe.

L'amour de Racine pour la Champmeslé est beaucoup plus connu que la première liaison dont nous venons de parler, a eu une durée moins courte, a laissé de plus longs souvenirs. Cet amour est né dans les *Mémoires* de Louis Racine, qui eût mieux fait de le passer tout simplement sous silence, puisque son respect filial en souffrait. Comment espérait-il que tout le monde fermerait les yeux aussi complaisamment que lui à tant de témoignages? De ses démentis à ce sujet le seul bien fondé sans doute est celui qu'il donne à l'éditeur des œuvres de son père, imprimées en 1722. Cet éditeur, Bruzen de la Martinière, avait dit dans sa *Vie de Racine*, et le P. Niceron l'a répété[1], que « de cette fameuse actrice qu'il aimoit tendrement, il avoit un fils naturel. » On ne voit pas où la Martinière a pris cette histoire, mais la liaison elle-même est très-bien attestée. Brossette, à la suite d'une conversation qu'il avait eue avec Boileau sur quelques faits de la vie de Racine, écrivait ceci : « Nous avons parlé de la Champmeslé. M. Racine, avant que d'être marié, en avoit été fort amoureux ; mais quand il épousa Mlle Romanet, il rompit entièrement avec sa maîtresse[2]. » Toute la page d'où ces quelques mots sont tirés, semble bien comme un écho fidèle des paroles mêmes de Boileau. Ajoutons qu'au temps de cet amour,

---

1. *Mémoires*, tome XVIII, p. 6.
2. Recueil manuscrit de la Bibliothèque impériale, p. 41.

Mme de Sévigné et la Fontaine, ainsi que nous le ferons voir, en parlaient comme du fait le plus constant.

Mlle de Champmeslé (ou *Chammelay*, c'est le plus ordinairement l'orthographe des contemporains), petite-fille de des Mares, président au parlement de Normandie, était née, suivant les auteurs de l'*Histoire du Théâtre françois*, en 1641[1]. Mais la date de 1644 est plus généralement adoptée. En nous y tenant, elle avait vingt-six ans lorsque Racine, à l'Hôtel de Bourgogne, la vit pour la première fois jouer dans une de ses pièces. C'était en 1670, à la rentrée de Pâques. La Champmeslé, qui n'était arrivée à Paris qu'au commencement de l'année précédente, avec l'acteur Champmeslé son mari, et qui s'était d'abord engagée dans la troupe du Marais, débuta chez les grands comédiens par le rôle d'Hermione. Racine, ne sachant comment elle jouerait dans un rôle si difficile, et craignant de le lui voir défigurer, ne voulait pas d'abord assister à ce début. Loin donc d'avoir pu lui donner jusque-là aucune leçon, il ne la connaissait même pas. Mais ce qui prouve bien les dons naturels de l'actrice, qui ne fut point, comme on l'a voulu dire, une écolière docile, répétant machinalement les tons du maître[2], si elle se montra faible dans les premiers actes, dans les derniers, où la passion éclate, son jeu fut admirable. Elle avait vaincu la des OEillets elle-même, par qui ce rôle d'Hermione avait été créé avec un art si consommé. Racine fut dans un tel ravissement, qu'après la représentation « il courut, disent les frères Parfait, à la loge de Mlle Champmeslé, et lui fit à genoux des compliments pour elle et des remerciements pour lui. » Il songea alors à lui confier le rôle de Bérénice dans la nouvelle pièce qu'il venait d'achever et qui fut représentée quelques mois après. Voilà donc, les dates le démontrent, une tragédie, et la plus tendre de toutes, pour laquelle il a su se passer d'être inspiré par elle, tout aussi bien que pour *Andromaque*. Lorsque Mme de Sévigné écrivait en 1672 qu'il ne

---

1. Tome XIV, p. 512.

2. Brossette aussi prétend « qu'avant que Racine lui eût appris à déclamer, c'étoit une actrice fort médiocre. » (Recueil manuscrit de la Bibliothèque impériale, p. 41.) Qu'elle fût sans expérience dans son art, cela est probable, et c'est tout ce qu'il eût fallu dire.

faisait pas des comédies pour les siècles à venir, mais pour la Champmeslé, qu'aurait-elle pu citer? *Bajazet* seulement. Mais quoique les vers de *Bérénice* n'eussent pas été écrits pour la Champmeslé, ils étaient dangereux à faire étudier à une actrice si habile à interpréter la passion éloquente et à donner la vie aux plus charmantes créations du poëte. Ce fut sans doute en lui apprenant ce rôle, dont il lui dictait les accents les plus touchants et tous les soupirs, qu'il s'éprit d'amour pour elle. Depuis il chargea la Champmeslé d'introduire sur la scène Roxane, Monime, Iphigénie et Phèdre. Elle fut admirable dans chacun de ces rôles, dont les leçons de Racine lui révélaient et lui commentaient toutes les beautés.

Voltaire, pour mieux exalter Mlle Clairon, a raillé la déclamation chantante de la Champmeslé, qu'il n'avait pas entendue, et « ses sons affétés,

Écho des fades airs que Lambert a notés[1]. »

Nous devons cependant nous faire une autre idée de cette récitation qui demandait sa règle au goût de Racine, une autre idée de cette Champmeslé dont Mme de Sévigné parle avec admiration dans maint passage de ses lettres. Tout le grand siècle lui a payé son tribut d'hommages. Un vers de Boileau, dans l'*Épître à Racine*, eût suffi pour l'immortaliser dans le rôle d'Iphigénie. Elle doit plus encore à la Fontaine, qui l'a chantée avec tant d'enthousiasme et tant de grâce. « Puissent mes derniers vers, lui dit-il[2],

> Aller si loin que notre los franchisse
> La nuit des temps : nous la saurons dompter
> Moi par écrire, et vous par réciter.
> Nos noms unis perceront l'ombre noire....
> Qui ne connoît l'inimitable actrice
> Représentant ou Phèdre ou Bérénice,
> Chimène en pleurs, ou Camille en fureur?
> Est-il quelqu'un que votre voix n'enchante?
> S'en trouve-t-il une autre aussi touchante,
> Une autre enfin allant si droit au cœur? »

1. *Épître en vers à Mlle Clairon.*
2. *Belphégor*, à Mlle de Chammelay.

La beauté de la Champmeslé paraît avoir été beaucoup moins
parfaite que son talent. « Elle est laide de près, dit Mme de
Sévigné; mais quand elle dit des vers, elle est adorable[1]. »
Laide, c'est peut-être difficile à croire, lorsqu'on lui voit tant
d'adorateurs. On se contente de dire dans l'*Histoire du Théâtre
françois*[2] que « sa peau n'étoit pas blanche, et qu'elle avoit les
yeux extrêmement petits et ronds; » mais on ajoute que l'ensemble des traits de son visage ne laissait pas de plaire, et
qu'elle était « d'une taille avantageuse, bien prise et noble. »
Une de ses plus grandes séductions était le son touchant de sa
voix. Ce que la Fontaine en dit dans ses vers est d'accord avec
ce passage d'un petit livre imprimé en 1680, sous le titre
d'*Entretiens galans* : « Elle sait conduire sa voix avec beaucoup d'art, et elle y donne à propos des inflexions si naturelles
qu'il semble qu'elle ait vraiment dans le cœur une passion qui
n'est que dans sa bouche[3]. »

On lui a beaucoup refusé l'esprit. Louis Racine « dit qu'elle
en avoit si peu qu'il falloit lui faire entendre les vers qu'elle
avoit à dire. » Les frères Parfait, qui engagèrent avec lui
une discussion au sujet de la Champmeslé, ne le contredirent
guère sur ce point[4]. Des anecdotes ont couru où l'on veut lui
faire jouer le personnage d'une sotte. Il en est une que Lemazurier raconte dans sa *Galerie historique des acteurs* : « La
Champmeslé demandoit à Racine d'où il avoit tiré *Athalie*. — De
l'Ancien Testament, répondit-il. — De l'Ancien Testament! répliqua l'actrice; eh mais! n'avois-je pas ouï dire qu'il y en
avoit un nouveau[5]? » C'est un conte fait à plaisir. Au temps
d'*Athalie*, Racine n'a jamais dû se rencontrer avec la Champmeslé. Au surplus, naïve ignorance serait autre chose que
bêtise. En vérité, nous aurions peine à croire à un manque
absolu d'esprit chez une si excellente interprète de ces chefs-

---

1. *Lettre à Mme de Grignan*, 15 janvier 1672, tome II, p. 469.
2. Tome XIV, p. 523.
3. *Entretiens galans* (à Paris, chez Barbin, 1680, 2 vol. in-12),
tome II, p. 90.
4. *Préface* du tome XIV de l'*Histoire du Théâtre françois*, p. v.
5. *Galerie historique des acteurs du théâtre français, depuis 1600 jusqu'à nos jours*, par P. D. Lemazurier (Paris, Chaumerot, M.DCCC.X,
2 vol. in-8º), tome II, p. 70 et 71.

d'œuvre, que jamais, ce nous semble, on ne rendra bien, sans avoir au moins de leurs beautés comme un instinct supérieur. Et puis qu'on lise les billets de la Fontaine à la Champmeslé : écrit-on ainsi à quelqu'un qui ne peut vous comprendre? Quant aux lettres qu'elle-même écrivait, nous ignorons ce qu'elles pouvaient être, quoi qu'en ait dit M. Walckenaer. A l'entendre, Charles de Sévigné en aurait reçu d'elle, qui surprirent sa mère « par cette chaleureuse et naturelle éloquence que la passion inspire aux plumes les plus inhabiles[1]. » Mais c'est là une distraction. Voici le passage de Mme de Sévigné auquel M. Walckenaer a voulu faire allusion : « Il me montra des lettres qu'il a retirées de cette comédienne; je n'en ai jamais vu de si chaudes ni de si passionnées : il pleuroit, il mouroit. Il croit tout cela quand il écrit[2]. » Manifestement ces lettres brûlantes sont celles, non de la Champmeslé, mais de Charles de Sévigné. On n'en saurait donc rien conclure, si ce n'est peut-être qu'un homme de tant d'esprit ne se serait pas à ce point mis en frais pour une idole sans intelligence.

Nous avons cru pouvoir faire remonter au temps de *Bérénice* les commencements de la passion de Racine. Dans la critique de cette tragédie, que l'abbé de Villars écrivit en novembre 1670, il prétend, contre toute vraisemblance, que le personnage d'Antiochus « ne fut introduit que pour donner un rôle ennuyeux et vide au mari de la Champmeslé. » Cette insinuation ridicule peut du moins servir à prouver que Racine, à cette date, passait déjà pour aimer la Champmeslé. C'est aussi de l'année 1670 que, dans le *Chansonnier Maurepas*, on date un *Alleluia* dont le dernier couplet, et la note qui l'explique, nous apprennent que Champmeslé, sur le point d'être chassé de l'Hôtel de Bourgogne, s'y maintint par le crédit de Racine, amoureux de sa femme[3] :

> Champmeslé, cet heureux mortel,
> Ne quittera jamais l'Hôtel :
> Sa femme a pris Racine là.
>   Alleluia.

---

1. *Mémoires sur Mme de Sévigné*, tome IV, p. 116.
2. *Lettre à Mme de Grignan*, 17 avril 1671, tome II, p. 174.
3. *Recueil* (manuscrit) *de chansons, vaudevilles*, etc., satiriques et

Racine eut dans cet amour bien des concurrents, et qui ne furent pas plus malheureux que lui. Ce fut dès les premiers temps qu'il dut s'y habituer; car les lettres où Mme de Sévigné raconte les aventures de son fils avec celle qu'elle appelait *la petite Chimène*, ou *la petite merveille*, ou même *sa belle-fille*, sont des mois de mars et avril 1671. Lorsque Ninon voulut se faire livrer les billets écrits par Charles de Sévigné à la Champmeslé, son dessein était de se venger en les envoyant, à qui? à Racine? Nullement; car elle voulait faire donner à sa rivale « quelques petits coups de baudrier[1]; » ce qui sent le porteur d'épée. Il s'agissait peut-être de Charles-Amédée de Broglie, comte de Revel, à qui Boileau écrivait beaucoup plus tard[2] : « Trouvez bon que je vous parle encore aujourd'hui sur ce ton familier auquel vous m'aviez autrefois accoutumé chez la fameuse Champmeslé. Vous étiez alors assez épris d'elle, et je doute que vous en fussiez rigoureusement traité. »

On se fait naturellement du cœur de Racine une telle idée qu'on ne pourrait comprendre comment il l'eût mis tout entier dans une pareille liaison, même en se sachant préféré. Il put bien y avoir de sa part, dans cette galanterie, une grande vivacité de passion, mais non un attachement sérieux. Tout ce que nous savons de ce temps de folie a un caractère de légèreté fort joyeuse: « Il y a, dit Mme de Sévigné, une petite comédienne, et les Despréaux et les Racine avec elle : ce sont des soupers délicieux, c'est-à-dire des diableries[3]. » Boileau, se souvenant de ces soupers, dont Racine paraît avoir été le véritable amphitryon, lui écrivait au temps de leurs sages an-

historiques, troisième volume, fol. 377-379. — Nous n'affirmons pas que les dates données aux chansons dans ce recueil soient toujours certaines. Cet *Alleluia*, par exemple, pourrait bien être de l'hiver de 1671-1672; car il y est question de l'amour du comte de Saint-Paul pour Mme de Brissac, sur lequel on peut voir la *lettre de Mme de Sévigné à Mme de Grignan*, du 13 janvier 1672, tome II, p. 467.

1. *Lettre de Mme de Sévigné à Mme de Grignan*, 22 avril 1671, tome II, p. 176.
2. *Lettre de Boileau au comte de Revel*, 17 avril 1702.
3. *Lettre de Mme de Sévigné à Mme de Grignan*, 1er avril 1671, tome II, p. 137.

nées : « Ce ne seroit pas une mauvaise pénitence (*il s'agissait de boire du vin de Pantin*) à proposer à M. de Champmeslé pour tant de bouteilles de vin de Champagne qu'il a bues chez lui, vous savez aux dépens de qui[1]. » A cette table, où s'asseyaient Racine, la Fontaine, Boileau, Sévigné, quelques-uns des plus brillants seigneurs de la cour, et au milieu d'eux le comédien Champmeslé, très-capable d'y dire son mot, ce n'était pas l'esprit qui manquait. Mais on trouvera que ce sont là de singuliers banquets de nos dieux classiques : qu'on nous pardonne de ne pas dissimuler leurs faiblesses[2]. Tous les convives de « ces diableries » n'y avaient pas un beau rôle, et le plus noble n'était pas pour Champmeslé, qui laissait complaisamment courtiser sa femme. Racine, dit-on, lui fit un jour une plaisanterie qu'il nous serait impossible de trouver délicate, et qui donnerait un singulier caractère à son amour pour la Champmeslé. Cette plaisanterie n'est que trop connue par l'épigramme de Boileau : « De six amants..., etc. » Cependant Brossette dit seulement ceci, que Despréaux la fit sur Champmeslé et dans un souper chez lui[3]. Lorsque le commentateur du satirique l'envoya à Jean-Baptiste Rousseau, celui-ci lui répondit qu'il la connaissait déjà : « On prétend, ajoute-t-il, que c'est un bon mot de M. Racine au comédien Champmeslé[4]. » Tout le monde le répète après Rousseau ; mais celui-ci n'affirme rien ; et il y a, pour ne pas dire plus, de fortes raisons de douter. Boileau, en dictant l'épigramme à Brossette, au milieu d'une conversation sur Racine, ne nomme pas son ami comme

1. *Lettre de Boileau à Racine*, 28 août 1687.
2. Nous ne sommes pas cependant de ceux qui se font un malin amusement de les surprendre en faute. Ceux-là seuls nous reprocheront peut-être de n'avoir pas été chercher dans Brossette, au commencement du Recueil manuscrit de la Bibliothèque impériale, une anecdote fort scabreuse, qui, même très-atténuée dans l'expression, ne pouvait, sous un vain prétexte de vérité, trouver place ici. Boileau, qui n'y eut d'autre rôle que celui d'un sage dont on veut rire, n'y est point compromis, mais Racine l'est beaucoup, au moins comme bien léger dans ses plaisanteries, et avec lui le chirurgien Félix, son ami. Il est vrai, dit Brossette, qu'ils étaient alors fort jeunes.
3. Recueil manuscrit de la Bibliothèque impériale, p. 41.
4. *Lettre de J. B. Rousseau à Brossette*, 15 octobre 1715.

l'auteur du bon mot. Ce qui paraît encore plus décisif, Mme de Sévigné, bien au courant, grâce à son fils, de tout ce qui se passait chez la Champmeslé, tenait de lui cette plaisanterie toute fraîche encore, comme ayant une autre origine, et dite par un comédien à son camarade[1]. »

1. Voyez la *lettre de Mme de Sévigné à Mme de Grignan*, 8 avril 1671, tome II, p. 150. — On a voulu que Racine fût l'auteur non-seulement du bon mot qui a inspiré l'épigramme, mais de l'épigramme elle-même. M. Édouard Fournier a dit dans une note de *Racine à Uzès*, p. 70 : « J. B. Rousseau nous apprend, dans une de ses lettres à Brossette, que le trait de l'épigramme *est un bon mot de Racine*.... Une note, qui doit être de L. Racine, comme la plupart de celles qui expliquent ces lettres, ajoute : *Cette épigramme fut faite dans une société de jeunes gens dont étoient Boileau et Racine, et fut l'ouvrage de la société*. Concluez qu'elle est de Racine. » — C'est conclure un peu vite. M. Fournier continue ainsi : « Moins discret en conversation que par écrit, L. Racine l'avoua lui-même à le Brun. Fayolle l'apprit de celui-ci, et fit à ce sujet une note dans son curieux recueil d'épigrammes, *l'Acanthologie*, 1817, in-12. » J. B. Rousseau s'est exprimé beaucoup moins affirmativement qu'on ne le dit ici. Il ne faut pas oublier les mots « on prétend », que nous avons conservés dans notre citation plus complète. Quant à la note sur la lettre de Boileau à Brossette (voyez les *Lettres de Rousseau sur différents sujets*, Genève, 1749, p. 38 de la deuxième partie du tome Ier), il est bien vrai qu'elle doit être de Louis Racine, comme toutes celles de cette édition, quoique dans une lettre adressée au *Mercure de France* (août 1749), il décline la responsabilité d'éditeur. Mais il fallait donner la note tout entière. En voici la fin : « Boileau n'eut jamais ce style, et il ne l'eût pas apprise à Brossette, s'il eût soupçonné qu'elle se trouveroit un jour dans le commentaire de son *Art poétique*. » Il nous semble évident que L. Racine eût dit à bien plus forte raison, s'il eût pensé qu'on voulût attribuer l'épigramme à Racine : « Mon père n'eut jamais ce style. » Que l'on récuse en cela son témoignage, nous le voulons bien, d'autant plus que Boileau paraît avoir réellement écrit l'épigramme. Mais, au contraire, on invoque ce témoignage, pour en tirer ce que le témoin n'a pu avoir l'intention d'y mettre. L'épigramme, suivant Louis Racine, aurait été composée chez la Champmeslé, et son père et Boileau faisaient partie de la société qui s'y réunissait. Voilà, ce semble, tout ce que la note fournit. Reste l'assertion de Fayolle. Dans son *Acanthologie*, p. 49, il donne l'épigramme, et à la page suivante il dit en note : « Cette épigramme, imprimée dans les *OEuvres* de Boileau,

A une date assez rapprochée de l'époque où tout changea dans la vie de Racine, nous avons dans une lettre de la Fontaine la preuve que l'amour de Racine pour la Champmeslé durait encore. Cette lettre n'est, dans l'autographe, datée que du *jeudi* 12 : par des raisons très-plausibles, tirées de son contexte, M. Walckenaer est d'avis qu'elle fut écrite en 1676. En adoptant ces raisons, nous la daterions plutôt de décembre 1675[1]; d'ailleurs la différence est peu considérable. Voici ce que la Fontaine écrivait de Château-Thierry à Mlle de Champmeslé : « M. Racine avoit promis de m'écrire. Pourquoi ne l'a-t-il pas fait? Il auroit sans doute parlé de vous, n'aimant rien tant que votre charmante personne.... Voudrez-vous engager M. Racine à m'écrire? vous ferez œuvre pie. J'espère qu'il me parlera de vos triomphes. »

Une liaison depuis si longtemps formée ne prit fin (les collecteurs d'anecdotes s'accordent à le dire) que lorsque le comte de Clermont-Tonnerre supplanta Racine dans les bonnes grâces de la comédienne. Qui ne connaît le burlesque quatrain qui fut composé à ce sujet?

> A la plus tendre amour elle fut destinée,
>   Qui prit longtemps Racine dans son cœur;
>   Mais, par un insigne malheur,
> Le Tonnerre est venu, qui l'a déRacinée.

était de Racine, qui l'avait faite contre la Champmeslé, sa maîtresse. Nous tenons cette anecdote de le Brun, qui la tenait de L. Racine. » Quand on sait comment les faits s'altèrent en passant par plusieurs bouches, on peut ne pas attacher une grande importance à la note de Fayolle. N'est-ce pas lui qui, dans le même recueil épigrammatique, p. 183, n'a pas craint de signer du nom de J. Racine l'épigramme grossièrement injurieuse contre Mme de Maintenon : *A voir cette prude...?*

1. La Fontaine parle dans cette lettre du dégoût que lui causent ses affaires, « compte, vente, arrérages. » Le 2 janvier 1676, il signait à Château-Thierry l'acte de vente de sa maison à Antoine Pintrel. Si l'on date la lettre du jeudi 12 mars 1676, il semble qu'il devait alors en avoir fini depuis quelque temps avec tous ses ennuis. C'est pour cela que le jeudi 12 décembre 1675 nous paraît plus probable. Les triomphes dont il est question dans la lettre doivent être ceux d'*Iphigénie*.

On a beaucoup dit non-seulement que Racine avait été trahi, mais que cette trahison lui avait causé une grande douleur; et parmi toutes les explications que l'on a cherchées de sa rupture avec le théâtre, l'infidélité de la Champmeslé n'a pas été oubliée[1]. Tout au plus cependant pourrait-on admettre que, joint à d'autres dégoûts, ce chagrin, qui ne semble pas avoir été un si violent désespoir, lui rendit moins difficile la résolution de réformer sa vie. Racine ne s'était pas montré jusque-là d'une jalousie très-tragique. On se demande même pourquoi le comte de Tonnerre lui donna plus d'ombrage que tant d'autres. Ce fut peut-être le nouveau rival qui fut jaloux, et qui exigea qu'on lui sacrifiât le poëte. Quoi qu'il en soit, il n'était pas trop tôt pour s'arracher à un attachement si peu digne d'un homme tel que Racine. Le partage avec le comte de Tonnerre eût d'ailleurs été particulièrement fâcheux, s'il faut juger ce personnage sur le portrait qu'en a fait Saint-Simon. Il était homme de beaucoup d'esprit, mais d'un esprit railleur et caustique, avec cela poltron et escroc, un autre chevalier de Gramont[2]. Ce qui nous ferait soupçonner une certaine vérité dans quelques-uns de ces traits, c'est une lettre de 1678, où le bonhomme la Fontaine, d'une tolérance beaucoup trop facile, et toujours prêt à s'accommoder d'un nouveau règne, demande à la Champmeslé si M. de Tonnerre se propose de continuer avec lui les brocards et les niches dont il l'honorait, « et s'il rapporte toujours au logis quelque petit gain. » Tout cela n'est pas très-beau pour la Champmeslé; et si elle ne laissa que peu de regrets à Racine, on le comprend sans peine.

Dans un temps où pour Racine ses folies de jeunesse n'étaient plus qu'un songe, et où il approchait lui-même de ses derniers jours, il sut que celle qu'il avait autrefois aimée se mourait à Auteuil, et il écrivait alors à son fils : « M. de Rost m'apprit avant-hier que la Chamellay étoit à l'extrémité, de quoi il me parut très-affligé; mais ce qui est le plus affligeant, c'est de quoi il ne se soucie guère apparemment, je veux dire l'obstination avec laquelle cette pauvre malheureuse refuse de

---

1. Voyez, par exemple, ce que dit à ce sujet l'*Histoire du Théâtre françois*, tome XIV, p. 518.
2. *Mémoires de Saint-Simon*, tome I, p. 220, et tome V, p. 68.

renoncer à la comédie¹. » Y avait-il dans cette sollicitude du chrétien comme un dernier reste de tendresse? Peut-être. Mais lorsque, désabusé sur ce qu'il avait entendu dire des dispositions de la mourante, il en informa son fils quelques jours plus tard, en lui annonçant la mort de la comédienne, nous ne pouvons trouver son accent très-ému : « Le pauvre M. Boyer est mort fort chrétiennement; sur quoi je vous dirai, en passant, que je dois réparation à la mémoire de la Chameslé², qui mourut aussi avec d'assez bons sentiments, après avoir renoncé à la comédie, très-repentante de sa vie passée, mais surtout fort affligée de mourir³. » *En passant* est un peu sec, à moins qu'on ne croie l'indifférence affectée; et l'oraison funèbre, tout entière, est médiocrement attendrissante. Ne faut-il pas que le cœur n'ait jamais été profondément touché pour que la mort même n'y remue pas sous la vieille cendre plus de souvenir du passé? Valincour cependant, qui avait bien connu Racine, est un de ceux qui expliquent la trop grande place donnée à l'amour dans ses tragédies par « son caractère qui étoit plein de passion. » Qui sait? Nous n'avons peut-être pas vu dans son vrai jour cette histoire de la Champmeslé; mais si dans ces secrets du cœur, dont il est si difficile d'être juge, nous ne nous sommes pas trompé, si l'on peut tout au moins dire de Racine que l'aliment a toujours manqué à la flamme qu'il portait en lui, n'éprouve-t-on pas à le constater quelque déception? Et n'est-il pas singulier qu'il y ait eu au dix-septième siècle un poète à qui l'amour inspira sa première pièce, dont les vers tragiques, à la fin de sa carrière, étaient encore échauffés par une passion de vieillard, un poète qui a pu dire :

> J'ai brûlé fort longtemps d'une amour assez grande,
> Et que jusqu'au tombeau je dois bien estimer,
> Puisque ce fut par là que j'appris à rimer....
> Et ce que j'ai de nom je le dois à l'amour;

et que ce poëte ne soit pas Racine, mais Corneille?

1. *Lettre* du 16 mai 1698. — Mlle de Champmeslé était morte la veille à Auteuil; Racine l'ignorait.
2. Cette singulière incertitude d'orthographe, tantôt *la Chamellay*, tantôt *la Chameslé*, se remarque dans les lettres autographes.
3. *Lettre* du 24 juillet 1698.

Nous avons peut-être parlé trop longuement de la Champmeslé, tandis que, ne voulant pas répéter ce que nous développons ailleurs, nous ne faisions que nommer tant de nobles œuvres dont ce même temps de la vie de Racine est rempli. Ne les perdons pas de vue cependant ; Racine assis aux soupers de la comédienne n'est pas la seule image que ces années de glorieux travaux nous doivent laisser de notre grand poëte. Sa renommée était alors dans tout son éclat. Quelle que fût l'ardeur des inimitiés, on n'osait plus que chicaner sa supériorité, non la nier. Le *Mercure galant* lui-même, toujours si malveillant pour lui, était contraint, pour ne pas paraître trop absurde, de donner à son ironie la forme d'un hommage. Dans sa lettre de janvier 1672, après un examen railleur de *Bajazet*, il parlait ainsi : « Je n'ai rien à vous dire du mérite de son auteur : il est si grand qu'on ne peut trouver de place sur le Parnasse aujourd'hui digne de lui être offerte; et ses amis le placent entre Sophocle et Euripide. » Racine avait d'ailleurs conquis de tels suffrages à la cour que sa gloire en était protégée, et ne pouvait plus guère être attaquée qu'obliquement. Henriette d'Angleterre, l'esprit le plus charmant de cette cour, avait eu les prémices d'*Andromaque*, et l'avait honorée de ses larmes; elle avait paru favoriser Racine contre Corneille en leur proposant à tous deux le sujet de *Bérénice*, où la victoire du tendre poëte était assurée. La faveur du grand Condé était déclarée pour Racine, qui lui récitait ses vers sous les ombrages de Chantilly. D'Effiat, Manicamp, Guilleragues, Nantouillet, les plus spirituels courtisans, le traitaient en ami. Parmi ses plus grands admirateurs il comptait les Mortemart, si renommés pour leur esprit : Vivonne, Mme de Thianges, Mme de Montespan. Colbert, à qui il dédia *Bérénice*, lui accordait toute sa protection, sans qu'il fût besoin davantage des bons offices de Chapelain : l'amitié du duc de Chevreuse entretenait les bonnes dispositions du ministre pour notre poëte. Enfin, ce qui était le plus décisif de tous les succès, Racine plaisait au Roi, qui avait reconnu en lui le vrai poëte d'un règne noble, pompeux et galant. C'était Louis XIV qui, en donnant à sa cour le signal des applaudissements, avait relevé *les Plaideurs*, mal jugés par la ville. Ce que l'on racontait de l'effet produit sur lui par un passage de *Britannicus*, ne fût-il pas tout à fait exact, malgré le témoignage de Boileau[1], prouverait tout au moins combien on le savait admirateur du poëte et touché par ses beaux vers. *Mithridate* avait été pour lui une pièce de prédilection. Il voulut que Versailles pût, avant Paris, admirer *Iphigénie*.

A une gloire devenue si incontestable aucune jalousie, on le comprend, n'eût été assez puissante pour fermer l'Académie française. Racine y entra, succédant à la Mothe le Vayer, le 12 juillet 1673, le même jour que Fléchier et l'abbé Gallois. Le *Mercure* rend ainsi compte de la triple réception : « MM. Gallois, Fléchier et Racine ont été reçus à l'Académie françoise, où M. Colbert s'est rendu pour entendre leurs harangues. Elles lui plurent beaucoup, et toute la compagnie en fut charmée. » C'est une banalité de pure forme, et sans doute écrite d'avance[2]. La harangue de Fléchier, qui parla le premier, eut un grand succès, mais non celle de Racine. Inexplicable bizarrerie! La journée ne fut pas heureuse pour le poëte, si bien doué cependant pour l'éloquence académique, comme pour tous les genres d'éloquence, et si bon récitateur. Mais il paraît qu'il s'était intimidé. Nous n'avons rien à ajouter à ce que d'Olivet et Louis Racine disent très-exactement sans doute sur ce petit échec; nous n'avons pas plus de détails qu'ils n'en donnent, et notre édition, comme les précédentes, est privée de ce discours académique, dont il ne s'est pas conservé le moindre vestige. Du reste, le mauvais succès d'un compliment était bien peu de chose; on put à peine y faire attention au milieu des triomphes de la tragédie de *Mithridate*, et nous ne voyons pas qu'on s'en soit alors occupé. C'était une consolation trop insignifiante pour l'envie aux abois. Car il ne faut pas que quelques injustices

1. *Lettre à de Losme de Monchesnay*, (septembre) 1707.
2. On ne cherchera pas plus d'exactitude dans un prétendu récit de cette séance académique qui se trouve au tome Ier des *Mémoires d'un homme de qualité*, p. 171 : « La salle étoit remplie de quantité de personnes de première distinction, que la réputation du nouvel académicien y avoit attirées. Il faut avouer que Racine charma tous ses auditeurs. Il étoit bel homme, il déclamoit bien ; son discours étoit bien composé. A peine put-il répondre à l'empressement de tous ceux qui venoient l'embrasser et le féliciter de son succès. » L'abbé Prévost est aussi romanesque ici que dans un autre passage du même ouvrage que L. Racine a cité dans la seconde partie de ses *Mémoires*.

d'une partie du public, auxquelles Racine fut trop sensible, nous fassent illusion. Dans ces dernières années de sa carrière théâtrale il avait forcé l'admiration, et régnait pleinement sur la scène. On en trouverait, au besoin, une preuve suffisante dans les vers que Corneille adressait au Roi pour le remercier des représentations de ses pièces à Versailles dans l'automne de 1676. Il se sentait vaincu dans l'opinion par les « modernes illustres; » et au malheur de ses tragédies, qui lui faisait dire :

Le peuple, je l'avoue, et la cour les dégradent,

il comparait avec chagrin « l'heureux brillant de *ses jeunes rivaux.* »

Quelles furent les raisons qui, à ce comble de sa renommée, et dans toute la force de son talent et de son âge (il n'avait que trente-sept ans), décidèrent Racine, après *Phèdre*, à renoncer au théâtre? On a dit que le découragement s'était emparé de son âme, que la scandaleuse cabale formée à l'hôtel de Bouillon contre la plus belle de ses tragédies, l'avait profondément affecté. Se taire pour toujours devant les applaudissements donnés à Pradon, applaudissements qui furent de très-courte durée, semble un étrange excès de sensibilité : quoique à vrai dire, plus le rival était indigne, plus se peut expliquer quelque dégoût d'une gloire ainsi prostituée, et un certain mépris pour ce public, qui après avoir eu si longtemps, pour former son goût, les leçons les plus parfaites du génie, en était encore là ! Oui, ce dégoût fut pour quelque chose dans la cruelle résolution de Racine. Comment ne pas le croire, en lisant la belle épître de Boileau : *Que tu sais bien, Racine,* etc. ? Elle peut servir à mesurer la douleur du poëte outragé. On ne dépense pas en pure perte, on ne trouve pas dans les inspirations de son cœur tant d'éloquence, pour relever un courage faiblement ébranlé. Toute cette admirable exhortation de la ferme raison et de l'amitié compatissante est évidemment une réponse à la parole qu'il nous semble entendre : « Je ne lutte plus contre l'envie et la sottise; je cesse de travailler pour des ingrats. » Racine faisait lui-même l'aveu du trouble où il se laissait jeter par les attaques de ses zoïles, lorsqu'il disait à l'aîné de ses fils : « Quoique les applaudissements que j'ai reçus m'aient beaucoup flatté, la moindre critique, quelque mauvaise qu'elle ai été, m'a toujours causé plus de chagrin que toutes les louanges ne m'ont fait de plaisir. » N'oublions pas non plus que Valincour dit, à propos de ces tracasseries de la rivalité des deux *Phèdres* : « Je vis Racine au désespoir. »

Mais en tenant compte de ce motif de retraite, on peut affirmer qu'il ne fut pas le seul. Il y en eut un autre, sur lequel on n'est pas non plus réduit aux conjectures, et dont il ne reste pas des traces moins évidentes. Dans la fameuse lettre de Racine à Mme de Maintenon un passage doit être remarqué. Parlant de sa tante, supérieure de Port-Royal : « C'est elle, dit-il, qui m'apprit à connoître Dieu dès mon enfance, et c'est elle aussi dont Dieu s'est servi pour me tirer de l'égarement et des misères où j'ai été engagé pendant quinze années. » La mère de Sainte-Thècle dut faire plus que Pradon pour lui enseigner la vanité des louanges des hommes. Elle trouva sans doute son âme préparée par les amertumes d'une passion dont il ne restait plus que la lie, et d'une gloire trop disputée, qu'il était prêt à rejeter, suivant l'expression du poëte,

> Comme une écorce vide
> Que les lèvres pressent en vain.

Il est certain d'ailleurs que dans cette âme il se faisait depuis quelque temps un travail, qui y réveillait toutes les impressions de sa première jeunesse, et lui rendait, comme un remords, la mémoire de cette éducation chrétienne, dont elle était déchue : *memor tandem unde exciderat*, dit M. Tronchai dans son épitaphe de Racine. La préface de *Phèdre* témoigne clairement de ce désir du retour. L'auteur s'y montre jaloux « de réconcilier la tragédie avec quantité de personnes célèbres par leur piété et leur doctrine, qui l'ont condamnée dans ces derniers temps : » disposition bien différente de celle qui avait dicté les deux malicieuses lettres de 1666. Un rapprochement avec Port-Royal était espéré et cherché. L'esprit dans lequel avait été conçue la pièce elle-même était un symptôme caractéristique, et antérieur aux ennuis que causèrent à Racine les méchancetés des protecteurs de Pradon. Non-seulement il y avait dans *Phèdre* l'intention, déclarée par le poëte, de mettre en jour la vertu ; mais jamais dans un sujet profane (celui-là semblait même le plus foncièrement païen qu'on pût choisir), jamais inspiration ne fut plus chrétienne. Boileau le sentit bien; et de concert peut-être avec Racine, qui par la phrase remarquée dans la préface, aurait voulu préparer les voies, il porta la pièce comme un gage de réconciliation au grand Arnauld, le plus ouvert après tout de ces esprits rigides. Il est possible aussi qu'il ait agi de son propre mouvement, et que témoin des scrupules dont était tourmenté son ami, il ait espéré de négocier, la *Phèdre* à la main, un traité de paix qui apaiserait ces scrupules, et en même temps sauverait la muse tragique. Dans le récit de Louis Racine, que nous n'avons pas ici assez de moyens de contrôler directement, tout ne s'accorderait pas avec ces conjectures. *Phèdre* n'aurait été portée à M. Arnauld qu'après le mariage de Racine, et le négociateur aurait commencé par déclarer que notre poëte abandonnait le théâtre. Mais c'était, ce nous semble, attendre bien longtemps pour présenter une pièce imprimée depuis quelques mois déjà, le 15 mars 1677; et si Boileau avait à donner la nouvelle de la rupture décidée de Racine avec le théâtre, qu'était-il besoin de faire absoudre sa dernière tragédie? Les bras étaient ouverts au pénitent, sans qu'il y eût à s'inquiéter d'un péché de plus à pardonner dans ce passé qu'on abjurait. On ne comprend pas beaucoup non plus Arnauld qui reconnaît l'innocence de la tragédie, quand Racine a fait l'effort suprême d'y renoncer. Il voulait donc l'y rattacher malgré lui? Au surplus, à quelque moment que la démarche ait été faite, le fond même du récit n'a pu être inventé. Arnauld comprit et reconnut le sens chrétien de la pièce, et n'y fit qu'une objection plus littéraire que morale[1].

1. Le *Furetiriana* (1 vol. in-12, Paris, chez Thomas Guillain, M.DC.LXXXVI) nous offre un témoignage bien plus ancien que les *Mémoires* de Louis Racine du jugement d'Arnauld sur *Phèdre*. Il est dit, p. 91 : « De toutes les pièces de théâtre de M. Racine, M. Arnauld n'avoit lu que sa *Phèdre;* après l'avoir lue, il dit : « Cela est « parfaitement beau, mais pourquoi faisoit-il Hippolyte amoureux? » C'est de là sans doute que Louis Racine a tiré cette partie de son récit où est rapportée la même parole. Nous croyons tout ce récit des *Mémoires* composé de diverses traditions recueillies çà et là. Il n'est pas de première main, et a pu être un peu arrangé dans l'ensemble, par conséquent inexact pour les dates.

La glace ainsi rompue, Boileau put lui amener le poëte pardonné, et l'on sait la touchante entrevue, que nous n'avons pas à raconter après les *Mémoires* de Louis Racine. Nous savons aussi par ces *Mémoires* que dans l'excessive violence de cette crise de repentir et de dégoût, Racine voulait se faire chartreux, et que son confesseur l'en détourna, le croyant plutôt fait pour rester dans le monde et pour y chercher dans un mariage chrétien, et dans les salutaires devoirs de la vie de famille, cette paix du cœur qu'il avait besoin de retrouver, et un asile assuré contre les tentations de rechute.

Voilà dans quelles dispositions d'esprit fut consommé le divorce de Racine avec les plus chères occupations de sa vie, avec une gloire dans tout son rayonnement et si pleine encore de promesses : un des plus grands sacrifices que l'homme puisse faire aux scrupules de sa conscience et à la pensée de Dieu. Il doit nous être permis de déplorer les pertes inappréciables que l'art fit en ce moment. La veine tragique de Racine, sa veine profane même, celle qui s'alimentait aux sources de l'antiquité, était loin d'être épuisée après *Phèdre* : « Il se faisoit quelquefois un plaisir, dit la Grange-Chancel[1], de m'entretenir des sujets qui lui avoient passé dans l'esprit. Il n'y en a presque point soit dans la fable, soit dans l'histoire, sur lesquels il n'eût promené ses idées et trouvé des situations intéressantes, dont il avoit la bonté de me faire part. » Une première esquisse d'*Iphigénie en Tauride* s'est retrouvée dans ses papiers. Il avait également songé à une *Alceste*; et même, si l'on en croit une tradition assez répandue, il ne s'était pas borné à y songer : il devait, sinon l'avoir achevée, au moins l'avoir avancée beaucoup plus que l'*Iphigénie en Tauride*. La Grange-Chancel, qui fit lui-même une *Alceste*, dit dans la préface de cette tragédie, que des amis de Racine affirmaient lui avoir entendu réciter des morceaux admirables de sa pièce; ce qui confirmerait ce que Louis Racine tenait de Longepierre, un des heureux confidents de ces vers restés inédits, et brûlés par l'auteur peu de temps avant sa mort. Si cela est, un chef-d'œuvre nous a été cruellement envié, dont on ne saurait se faire une trop haute idée. Quel sujet en effet plus noble, plus touchant, plus

---

[1]. Préface de ses *OEuvres* (édition de 1735), p. XXXII et XXXIII.

pur, convenait mieux au talent pathétique de Racine, à cette heure surtout où il devenait de plus en plus un Euripide chrétien? Comment ne pas regretter de tels trésors volontairement rejetés, et enfouis dans l'ombre? Non-seulement ces regrets sont légitimes; il nous est aussi permis de penser qu'aucune piété ne commandait une immolation si dure, que la lampe n'est pas faite pour être mise sous le boisseau, et que Racine pouvait faire un retour sincère à la religion sans porter sa loi, que lui-même a si bien nommée *aimable*, comme un joug des plus pesants. Mais en même temps on ne saurait s'empêcher d'être ému de respect devant une résolution, héroïque dans son excès, que le découragement put aider, mais que la foi seule put soutenir.

Pour se fixer dans la vie nouvelle qui l'arrachait à tout son passé, Racine suivit le conseil qui lui avait été donné : il se maria. Ce fut le 1er juin 1677 qu'il épousa Catherine de Romanet[1]. Le mariage fut célébré dans l'église Saint-Séverin. Mlle de Romanet habitait donc alors Paris. Mais elle était de Montdidier. Son père, Jean-André de Romanet, avait été en 1654 et 1655 maïeur (*maire*) de cette ville[2]. Il avait eu aussi la charge de trésorier de France en la généralité d'Amiens. La mère de Mlle de Romanet était fille d'un riche notaire de Paris, Nicolas Dournel. Depuis assez longtemps les Romanet étaient établis à Montdidier. C'était cependant une famille originaire du Languedoc, qui avait eu autrefois à Aiguèze, dans le voisinage de la ville de Pont-Saint-Esprit, une grande et noble existence, mais depuis avait beaucoup perdu de sa richesse et de sa splendeur seigneuriale. Dans sa fortune devenue plus modeste, elle ne laissait pas d'être fort considérée à Montdidier, où plusieurs de ses membres avaient occupé des charges importantes : ainsi l'alliance contractée par Racine était honorable. Lorsque Mlle de Romanet se maria, elle n'avait plus, dit Brossette[3], ni son père ni sa mère. Il ajoute qu'elle était nièce de l'avocat le Mazier, connu par les railleries de Boileau,

---

1. Voyez l'acte de mariage aux *Pièces justificatives*, n° XXIII.
2. *Histoire de la ville de Montdidier*, par Victor de Beauvillé, Paris, 1857, 3 vol. in-4°, tome II, p. 85.
3. Recueil manuscrit de la Bibliothèque impériale, p. 41.

et qu'elle se trouvait alors sous la tutelle d'un autre oncle, frère de ce même le Mazier. Ce tuteur était sans doute Louis le Mazier, conseiller et secrétaire du Roi et greffier en chef des requêtes de l'hôtel, un des témoins qui ont signé l'acte de mariage, et qui y est dit, non pas oncle, mais cousin de la mariée. Comme nous avons appris d'autre part, dans des actes notariés, que Louis le Mazier demeurait rue de la Harpe, sur la paroisse Saint-Séverin, c'était bien probablement sous son toit qu'habitait Catherine de Romanet. Ainsi nous est expliquée la célébration du mariage à Saint-Séverin. Ce qui nous intéresse le plus en tout ceci, c'est que ce le Mazier et sa femme Élisabeth de Coulanges étaient de vieilles connaissances de Racine, des amis déjà au temps de sa jeunesse, et qu'ils étaient parents de Mlle Vitart (Marguerite le Mazier). Ce fut donc vraisemblablement par l'entremise de Vitart que se forma cette union ; et ce sont là « les sages amis » dont parle, à cette occasion, Louis Racine. Nicolas Vitart fut, avec Boileau, un des témoins de notre poëte ; et il faut remarquer encore qu'une fille de ce même parent de Racine fut mariée à Claude de Romanet, beau-frère de notre poëte.

Le *Mercure galant*, dans sa lettre du 1er juillet 1677, annonce en ces termes le mariage de Racine : « M. Racine a épousé Mlle de Romanet. Elle a du bien, de l'esprit et de la naissance, et M. Racine méritoit bien de trouver tous ces avantages dans une aimable personne. » Nous savons l'âge de Mlle de Romanet : elle avait vingt-cinq ans, étant née en 1652[1]. De sa beauté personne ne nous parle ; mais ce n'était sans doute pas ce que Racine cherchait surtout. Pour son bien, que le *Mercure* semble dire au moins très-suffisant, Louis Racine ne nous en fait pas connaître le détail, quoiqu'il eût sous les yeux le contrat de mariage. Il se contente de dire qu'elle apportait un revenu égal à celui du mari, dont la fortune était alors fort modeste. Mlle de Romanet avait-elle de l'esprit ? ou ce que le *Mercure galant* en dit n'était-il qu'un compliment banal, une supposition bienveillante de sa galanterie ? Se prononcer absolument pourrait être téméraire. Voici toutefois ce qui

---

1. *Lettres inédites de Jean Racine*, publiées par M. l'abbé de la Roque, p. 177.

paraît. Qu'elle eût du bon sens, qu'elle fût de sage conseil, et, comme le dit son fils, d'un jugement excellent, aucune raison de ne pas le croire; mais les quelques lettres que nous avons d'elle semblent exclure l'idée d'un esprit brillant, et certainement, par leur orthographe plus qu'irrégulière, et insuffisante même pour ce temps où les femmes les plus distinguées et les plus spirituelles y attachaient peu d'importance, ces lettres attestent un esprit bien peu cultivé. Louis Racine nous apprend qu'elle se doutait à peine de ce que c'était qu'un vers, et qu'elle avait bien un peu entendu parler des tragédies de son mari, mais n'en lut jamais une seule. Nous n'aurions pas exigé que Racine eût épousé Mme de Sévigné; mais on a quelque peine, aujourd'hui surtout, à comprendre qu'avec la parfaite union des cœurs, il puisse exister une si infranchissable séparation des esprits. Cela nous semble même d'une grande tristesse. Se donne-t-on tout entier, quand on réserve ainsi une telle part de sa vie, et qu'à de si nobles travaux, à tant de gloire, on n'associe à aucun degré celle qui doit être un autre nous-même ? Nous croyons que sur ce point notre manière de sentir est seule tout à fait dans la nature et dans la vérité ; mais il ne faut pas oublier que Racine avait condamné sa gloire poétique, et résolu de l'ensevelir, avec ses œuvres, dans un linceul d'oubli. De tels efforts dépassent la mesure de l'homme, et le but n'est jamais atteint. Racine, quoi qu'il fît, ne put entièrement accomplir ce malheureux suicide. L'homme de lettres, après tout, se laissa séduire par plus d'un prétexte pour se retrouver. Et ne dut-il pas arriver alors qu'un ami, comme Boileau, eut dans le plus vif de l'âme du poëte une place absolument fermée à Mme Racine? Si c'était toujours là le mariage, ne faudrait-il pas donner raison à cette parole légère et fausse de la Rochefoucauld : « Il y a de bons mariages, mais il n'y en a point de délicieux? » C'est évidemment parmi les bons mariages qu'il faut classer celui de Racine. Des sentiments de piété complétement partagés, les mêmes vues pour l'éducation des enfants, de part et d'autre une égale tendresse pour eux, furent les liens d'une solide amitié conjugale. Le repos dont Racine avait souvent besoin, avec son cœur trop inquiet et habile à se tourmenter, il le trouva toujours dans son paisible intérieur, où sa femme, telle que nous la dépeint

Louis Racine, montrait une grande égalité d'âme, une tranquillité d'humeur inaltérable.

Parmi les vers satiriques, qu'on ne manqua pas de répandre contre Racine, à propos de sa résolution d'abjurer la poésie, et qui n'étaient sans doute pas l'œuvre de ceux que cette résolution chagrinait le plus, en voici que nous trouvons dans un ancien recueil[1] :

> Que ne suit-on les pas du modeste Racine
> Que le ciel aujourd'hui favorise, illumine?
> Plein des dons de la cour, sur le point de vieillir,
> *Il méprise un métier qui vient de l'anoblir,*
> Et détestant ses vers trop remplis de tendresse,
> Les prend pour des péchés commis dans sa jeunesse.

Cet anoblissement, dont parle le railleur, avait été en effet une des récompenses que lui avait values *son métier*. Il est antérieur à son mariage. Dans l'acte de ce mariage Racine est qualifié conseiller du Roi, et trésorier de France en la généralité de Moulins. La charge de trésorier de France conférait la noblesse transmissible aux enfants, et donnait les mêmes priviléges que ceux des commensaux du Roi. M. de Guilleragues, dans une lettre du 9 juin 1684, rappelle à Racine « qu'un trésorier général de France prend le titre de chevalier, et qu'il a la satisfaction honorable d'être enterré avec des éperons dorés. » Racine apparemment ne s'inquiétait pas beaucoup de cette glorieuse distinction, puisque M. de Guilleragues avait dû lui apprendre qu'elle était attachée à son office. Nous ne pensons pas non plus qu'elle le grandît beaucoup. Toutefois le blason du bisaïeul Jean Racine était rajeuni; et cet avantage n'était acheté par aucun devoir onéreux; car Racine n'allait jamais à Moulins, qui, disait Boileau[2], « s'honoroit d'avoir un magistrat de cette force, et qui lui étoit si peu à charge. » Racine devait cette honorable sinécure à Colbert, et l'on voit par le privilége d'*Iphigénie*, qui est du 28 janvier 1675, qu'à cette époque il la possédait déjà. Ce qui mérite surtout qu'on en parle, c'est qu'on trouve là une nouvelle preuve, non-seulement

---

1. *Diversités curieuses en plusieurs lettres*, Amsterdam, chez Hoogenhuysen, M.DC.XCIX, tome I, p. 222 et 223.
2. *Lettre à Racine*, 13 août 1687.

de la faveur de Colbert, mais aussi de cette faveur royale qui allait se marquer bien davantage encore l'année même du mariage de Racine, l'attacher à la cour, lui donner auprès du prince une place à part dans sa familiarité, et, comme dit Saint-Simon, lui acquérir des privances.

On a placé[1] au mois d'octobre 1677 la nomination de Racine et de Boileau aux fonctions d'historiographes du Roi. C'est en effet dans ses lettres de ce mois que le *Mercure galant* l'annonce en ces termes à ses lecteurs : « Le théâtre est menacé d'une grande perte. On tient (et c'est un bruit qui se confirme de toutes parts) qu'un de nos plus illustres auteurs y renonce pour s'appliquer entièrement à l'histoire.... Celui qui va écrire l'histoire (*de ce règne*) est capable d'en soutenir le mérite. La matière ne peut être plus belle ni le conducteur plus éclairé, et on a tout sujet de n'en rien attendre que de merveilleux. Heureux celui qui y doit travailler avec lui! et heureux en même temps les froids écrivains, les méchants poëtes et les ridicules dont ce redoutable et fameux auteur n'aura plus le temps d'attaquer les défauts dans ses charmantes satires! » Mme de Sévigné semble aussi donner la nouvelle comme toute fraîche dans sa lettre à Bussy du 13 octobre 1677 : « Vous savez bien que le Roi a donné deux mille écus de pension à Racine et à Despréaux, en leur commandant de tout quitter pour travailler à son histoire, dont il aura soin de leur donner des mémoires. » Il faudrait croire cependant que, si le choix des deux histo-

---

[1] M. Berriat-Saint-Prix, dans son *Essai*, au tome I des *OEuvres de Boileau* (édition de 1830), p. cvi. — Il s'appuie sur l'autorité de Brossette et de des Maiseaux. Brossette, au passage indiqué par M. Berriat-Saint-Prix, c'est-à-dire à la page 364 du *Boileau* de 1716, dit que Racine et Despréaux furent nommés historiographes en 1677, mais il ne parle pas du mois d'octobre. Quant à des Maiseaux, voici comment il s'exprime dans sa *Vie de Boileau* (Amsterdam, 1712), p. 116 et 117 : « (*Le Roi choisit M. Despréaux*) conjointement avec M. Racine pour travailler à son histoire ; et Sa Majesté ne se contenta pas de leur avoir fait assigner à chacun une pension pour l'emploi dont elle les avoit honorés : elle voulut encore leur faire toucher une gratification considérable. *Ce fut au mois d'octobre 1677 qu'ils reçurent cet honneur.* » *Cet honneur* est peut-être amphibologique ; mais il nous semble qu'il s'agit de la gratification.

riens ne fut déclaré publiquement et connu qu'à cette date, il était fait depuis quelque temps déjà, à moins qu'on ne regarde comme un conte l'anecdote dont Mme de Sévigné régalait son cousin le 3 novembre suivant, et que les *Mémoires* de Louis Racine confirment dans des termes peu différents : « Le Roi, écrit Mme de Sévigné[1], leur dit (*à Racine et à Despréaux*) : « Je « suis fâché que vous ne soyez venus à cette dernière campagne : « vous auriez vu la guerre, et votre voyage n'eût pas été long. » Racine lui répondit : « Sire, nous sommes deux bourgeois qui « n'avons que des habits de ville ; nous en commandâmes de « campagne ; mais les places que vous attaquiez furent plus tôt « prises que nos habits ne furent faits. » La campagne où les nouveaux historiographes auraient suivi le Roi aux siéges de Valenciennes et de Cambrai, si leurs tailleurs avaient fait plus de diligence, avait fini au mois de mai 1677, et commencé dans les premiers jours de mars[2]. Qu'on nous pardonne cette discussion chronologique ; mais ces dates méritent quelque attention. Car si Racine accepta avant le mois de mars 1677 la tâche d'écrire l'histoire du Roi, cela devient singulièrement proche du temps où il put songer, après *Phèdre*, à ne plus travailler pour le théâtre.

Y aurait-il donc à revenir sur ce que nous avons dit de la cause qui l'en éloigna ? Louis XIV se trouverait-il être le Dieu qui exigea le sacrifice ? Fut-il barbare et aveugle à ce point dans son égoïsme ? Et, s'il voulait être bien loué dans la postérité, comprit-il si peu qu'il l'eût été plus magnifiquement par les chefs-d'œuvre qu'il empêchait de naître que par tous les éloges de ses historiens d'office ? Il faut dire que l'on crut alors à cette volonté du Roi, sans toujours en paraître assez étonné. Nous avons entendu le *Mercure* annoncer que Racine renonçait au théâtre pour s'appliquer entièrement à l'histoire, et Mme de Sévigné dire que le Roi avait commandé à Racine et à Despréaux « de tout quitter. » Dans un parallèle de Corneille et de Racine que cite Baillet[3], on s'exprimait ainsi : « M. Racine

---

1. Tome V, p. 381.
2. Le Roi partit de Saint-Germain le 28 février 1677, pour aller commander ses troupes en Flandre. Il rentra à Versailles le 31 mai suivant. Voyez la *Gazette* de 1677.
3. *Jugemens des savants sur les principaux ouvrages des auteurs* (Pa-

a eu le plaisir de voir que la France, quelque amour qu'elle eût pour son roi, et quelque intérêt qu'elle prenne à sa gloire, n'a pu voir sans regret qu'on lui enlevât ses délices pour faire passer à la postérité les merveilles de son règne. » Mais ce qui doit frapper surtout, ce sont les paroles d'un des deux poëtes historiographes. Dans la préface des éditions de ses *OEuvres* publiées en 1683, 1685 et 1694, Boileau dit : « J'y ai joint (*à cette édition*) cinq épîtres nouvelles, que j'avois composées longtemps avant que d'être engagé dans le glorieux emploi qui m'a tiré du métier de la poésie. » Et il est certain que, depuis lors, il négligea bien le métier poétique. Malheureuse obéissance! et nous pourrions dire, surtout quand il s'agit de la gloire de Racine, triste marché de vendre une telle gloire de poëte pour un honneur de cour ! Mais non, ce marché, Racine ne le fit pas. Il est trop bien établi que librement, et de sa propre résolution, il fuyait alors la scène. Les contemporains purent d'abord ne pas tout savoir, et juger sur quelques apparences. Ses nouvelles occupations d'historiographe étaient un fait public; ses scrupules et sa pénitence, la révolution qui s'était faite dans son âme, n'étaient point de ces événements qui se crient sur les toits. Louis XIV n'échappe peut-être pas pour cela à tout reproche; mais Racine du moins n'eut pas réellement à choisir entre les séductions de la faveur et les devoirs qu'impose le génie. Quelques personnes cependant pourront penser que sur tout cela il y aurait à se faire une opinion moyenne, celle que paraît adopter d'Olivet : « Son mariage, dit-il, les remontrances de la mère Agnès, et l'honneur d'être nommé historiographe du Roi l'engagèrent à renoncer au théâtre[1]. » En n'oubliant pas le découragement, rien ne serait omis des divers motifs. Laissons du moins la plus grande part au plus puissant de tous, au seul qui explique le sacrifice entier, la résolution sans retour, et non pas seulement quelque ralentissement dans le travail.

---

ris, Antoine Dezallier, M.DC.LXXXVI, 9 vol. in-12), tome IV, p. 406.

1. *Histoire de l'Académie française*, par Pellisson et d'Olivet, tome II, p. 344 (édition de M. Livet, Paris, Didier, 1858, 2 vol. in-8°).

Les fonctions auxquelles Racine était appelé ne firent donc que l'aider à rompre plus définitivement les dernières attaches par lesquelles il pouvait tenir encore à la vie poétique ; et son fils doit être dans la vérité quand il dit : « Mon père, toujours attentif à son salut, regarda le choix de Sa Majesté comme une grâce de Dieu, qui lui procuroit cette importante occupation pour le détacher entièrement de la poésie[1]. » Seulement, puisqu'il s'agissait de salut et de grâce de Dieu, on ne peut se défendre d'une réflexion. La cour n'était pas, pour faire pénitence, le lieu le mieux choisi. La flatterie, qu'à un historiographe surtout il n'était pas facile d'éviter, était un écueil qui nous semble plus dangereux que l'art de Sophocle et d'Euripide ; et, quelque sincère que fût très-certainement la conversion de Racine, il s'exposait à ce qu'Arnauld pût dire de sa piété ce qu'il disait de celle de Bossuet : « Il y a un *verumtamen!* » Mais voilà les inconséquences de l'homme ! On s'était tellement habitué à faire alors de l'idolâtrie monarchique une vertu, que sur ce point les consciences étaient faussées.

Nous sommes persuadé, du reste, que Racine et Boileau se proposaient d'être des historiens honnêtes et intègres, et n'auraient pas trompé l'attente un peu malicieuse de Bayle, qui leur disait dans ces commencements de leur nouvelle charge : « Apparemment ceux qui travaillent d'office à l'histoire de Sa Majesté n'oublieront pas qu'il ne s'agit plus de représenter de grandes passions et de grands sentiments sur le théâtre, imaginés à plaisir, ni de chercher les idées satiriques du ridicule, mais qu'il s'agit de rapporter fidèlement des choses de fait[2]. » Boileau remarquait que si Pellisson écrivait bien, il n'avait

---

1. Cela peut être vrai dans plusieurs sens. Racine, le jour où il acceptait une tâche qui devait lui prendre tout son temps, brûlait ses vaisseaux ; mais, en outre (et nous reconnaissons que c'est une objection qu'on peut nous faire, lorsque nous nous étonnons qu'il n'ait pas fui la cour), ne pas refuser l'emploi offert par Louis XIV lui paraissait probablement le seul moyen de se passer des modestes ressources qu'il avait jusque-là tirées de ses travaux poétiques. Le refus ne l'eût-il pas obligé, surtout se mariant, à revenir un jour ou l'autre à ces travaux, pour faire vivre sa famille ?

2. *Lettre à M. L. A. D. C., docteur de Sorbonne,* [sur les comètes], p. 246 (à Cologne, chez Pierre Marteau, M.DC.LXXXII, 1 vol. in-12).

pas le style de l'histoire : « Ce qu'il a écrit de l'histoire du Roi, disait-il, est un perpétuel panégyrique ; il loue le Roi sur un buisson, sur un arbre, sur un rien. Quand on vouloit le remontrer là-dessus, il disoit qu'il vouloit louer le Roi[1]. » Faire cette critique, c'était prendre l'engagement de ne pas la mériter à son tour. Les deux historiens eussent sans doute tenu l'engagement de leur mieux, quoique nous n'en puissions juger, pièces en main, tout ce qu'ils avaient écrit ayant péri. Cependant leur sincérité n'aurait pu être absolue : eux-mêmes ne devaient pas croire avoir été choisis par le Roi pour dire sévèrement la vérité tout entière. Et, l'histoire à part, que d'occasions, dans cette vie de courtisans, d'encenser un prince si avide de louanges! Nous avons vu, dans la petite anecdote contée par Mme de Sévigné, Racine s'y prendre assez bien pour son début. L'année suivante, en 1678, lorsqu'en sa qualité de directeur de l'Académie il reçut l'abbé Colbert, avouons franchement qu'il oublia même le bon goût pour dire à propos du Dictionnaire : « Tous les mots de la langue, toutes les syllabes nous paroissent précieuses, parce que nous les regardons comme autant d'instruments qui doivent servir à la gloire de notre auguste protecteur. » Le discours, si beau d'ailleurs, qu'il prononça en 1685, à la réception de Thomas Corneille, finissait par ces fâcheuses hyperboles : « Heureux ceux qui ont le bonheur d'approcher de près ce grand prince.... et peuvent le contempler dans son particulier, et l'étudier dans les moindres actions de sa vie..., toujours tranquille, toujours maître de lui, sans inégalité, sans foiblesse, et enfin le plus sage et le plus parfait de tous les hommes! » Singulière illusion d'un vrai chrétien, qui ne s'apercevait pas que c'était là, suivant l'expression de Saint-Simon, *déifier* Louis XIV par la flatterie *dans le sein même du christianisme!* Racine, dans une lettre à Boileau[2], raillait finement Roze, le secrétaire du Roi, qui l'avait chargé de dire à Boileau qu'après Dieu le Roi était le plus grand médecin du monde; il soupçonnait qu'il pourrait être dans la dévotion, « ayant bien voulu mettre Dieu avant le Roi. » Mais il ne s'apercevait pas qu'il tombait lui-même, et

1. *Récréations littéraires* de Cizeron-Rival, p. 81.
2. Du 24 août 1687.

plus sérieusement, dans le péché de l'adulation idolâtrique, quand il écrivait à Mme de Maintenon : « Dieu m'a fait la grâce de ne rougir jamais du Roi ni de l'Évangile. » C'est ainsi que, sans se l'avouer, il ne s'était dégagé de quelques-uns des pièges du monde que pour succomber à une autre faiblesse, source plus tard d'un amer chagrin. Voltaire, dans des vers piquants, a relevé cette faiblesse et la contradiction qui nous choque entre le dévot austère et le courtisan :

> Les libres habitants des rives du Permesse
> Ont saisi quelquefois cette amorce traîtresse
> Platon va raisonner à la cour de Denis ;
> Racine janséniste est auprès de Louis[1].

Mais Voltaire philosophe, qui a écrit ces vers, n'a-t-il jamais été le flatteur de Mme de Pompadour?

Les *Mémoires* de Louis Racine disent que ce fut Mme de Maintenon qui proposa au Roi de confier à Racine et à Despréaux le soin d'écrire son histoire; ce qui n'est pas exact. Tout ce passage des *Mémoires* est peu net. Il ferait croire que Louis XIV ne songea à avoir des historiens de son règne que pour donner du développement à l'idée conçue d'abord dans la *petite Académie*, de mettre au bas de chacune de ses médailles un court récit de l'événement dont elle devait consacrer le souvenir. Racine, suivant son fils, aurait été comme le fondateur de cette académie des médailles[2]. Quoique Louis Racine, parlant des inscriptions fournies par son père et par Boileau, rapporte très-exactement ce travail au temps de Louvois, il semble donner à entendre, tant il y a là de confusion, que les deux historiographes ne furent choisis qu'après avoir fait leurs preuves dans la *petite Académie*, ce qui renverserait

---

1. *Quatrième discours en vers sur l'homme.*

2. Dans la *Vie de Jean Racine*, placée en tête de l'édition de 1808, Geoffroy, induit en erreur par les *Mémoires* de L. Racine, dit expressément (p. LVIII) : « Racine partagea avec Mme de Montespan l'honneur d'avoir fondé cette compagnie savante. » Dans une autre *Vie de Jean Racine*, insérée au *Journal des savants* de février 1749, il est dit aussi (p. 100) : « On lui attribue la fondation de l'Académie des médailles. »

toute chronologie. Ceux qui ont lu les *Mémoires* de Charles Perrault, ou l'*Histoire de l'Académie royale des Inscriptions et Belles-Lettres*, par de Boze, ne tomberont pas dans ces erreurs. Comment Racine aurait-il « donné la première idée de rassembler une compagnie » qui se réunit d'abord dans la bibliothèque de Colbert en 1663[1]? Ni lui ni Boileau ne firent partie de la *petite Académie* sous le ministère de Colbert, à cette première époque où elle était déjà constituée, mais composée seulement d'un très-petit nombre de membres. Ce ne fut qu'à la fin de 1683, après la mort de Colbert, que Boileau, Racine et le médecin Rainssant, savant numismate, furent adjoints par Louvois aux cinq membres qui y siégeaient à ce moment, et qui étaient Charpentier, Tallemant le jeune, Quinault, l'abbé Gallois et Félibien. Il se peut donc que Racine et Boileau soient entrés dans la compagnie, parce qu'ils étaient historiographes; ils ne devinrent pas historiographes, parce qu'ils y étaient déjà[2].

Louis XIV n'attendit pas, pour avoir des historiens, que les médailles de la *petite Académie* lui en suggérassent l'idée. Pellisson, avant Racine et Boileau, était chargé d'écrire son histoire, emploi qui lui valait six mille livres et ses entrées à la cour[3]. Une vengeance, dit-on, de Mme de Montespan, à qui il n'avait pas été favorable dans un procès dont il était rapporteur

---

1. La médaille qui fut frappée plus tard pour rappeler l'établissement de cette académie a pour exergue: *Academia regia inscriptionum et numismatum instituta M.DC.LXIII*, « L'Académie royale des inscriptions et médailles établie en 1663. »

2. Racine a travaillé à l'ouvrage qui fut publié après sa mort, en 1702, dans une édition magnifique, sous ce titre: *Médailles sur les principaux événements du règne de Louis le Grand, avec des explications historiques, par l'Académie royale des médailles et des inscriptions*, à Paris, de l'Imprimerie royale, in-4°. Mais il était alors historiographe depuis longtemps. Suivant Bayle (*Nouvelles de la république des lettres*, novembre 1702), « ce fut proprement depuis l'année 1694 que l'ouvrage dont il s'agit commença de prendre la forme où l'on le voit présentement. » Les collaborateurs de Racine étaient, sous la direction de l'abbé Bignon, MM. Charpentier, l'abbé Tallemant, Despréaux, Tourreil, l'abbé Renaudot et Dacier.

3. Préface de l'*Histoire de Louis XIV*, par Pellisson (1749), p. XII.

au conseil d'État, lui fit perdre son privilége d'historiographe, dont héritèrent alors nos deux poëtes. Est-il vraisemblable que l'influence qui avait amené la disgrâce de Pellisson, ait été étrangère au choix de ses successeurs? Louis Racine n'a peut-être substitué au nom de Mme de Montespan celui de Mme de Maintenon, que parce qu'une grâce venant de ce côté lui paraissait d'un meilleur effet. Charles Perrault dit expressément[1] que « MM. Racine et Despréaux furent chargés d'écrire l'histoire du Roi par Mme de Montespan. » Nous avons aussi le témoignage de Mme de Caylus. Dans ses *Souvenirs*[2], après avoir fait honneur à Mme de Montespan du choix de Montausier et de Bossuet pour l'éducation du Dauphin, elle ajoute : « Mme de Montespan, dans les mêmes vues de la gloire du Roi, fit choix de M. Racine et de M. Despréaux pour en écrire l'histoire. » C'est donc en vain qu'on a voulu renier ce patronage. Il est à remarquer d'ailleurs que Louis Racine ne refuse pas à Mme de Montespan l'honneur d'avoir songé la première à faire écrire l'histoire du Roi; et dans le passage des *Mémoires* où il retrace la scène très-piquante d'une lecture des historiographes, en présence du Roi et de Mme de Maintenon, il raconte que Mme de Montespan survint tout à coup, et que le Roi lui dit de s'asseoir, « n'étant pas juste qu'on lût sans elle un ouvrage qu'*elle-même avoit commandé.* »

Quoi qu'on puisse penser des allusions d'*Esther*, qui, sous le nom de l'*altière Vasthi*, semblent assez transparentes, il est certain que Racine avait eu beaucoup à se louer de Mme de Montespan, et avait été en faveur auprès d'elle. Ce seraient encore, au besoin, les *Mémoires* de Louis Racine qui en fourniraient des preuves. En 1681, du Trousset, connu depuis sous le nom de Valincour, entra dans la maison du jeune comte de Toulouse. « Je ne sais, dit Saint-Simon, quelle connoissance il avoit eue auprès de Mme de Montespan[3]. » Quelques-uns

---

1. *Mémoires de Charles Perrault, de l'Académie françoise...*, p. 42 (à Avignon, M.DCC.LIX, 1 vol. in-12).
2. *Les Souvenirs de Mme de Caylus*, p. 409, dans la *Collection des mémoires relatifs à l'histoire de France*, par MM. Petitot et Monmerqué, Paris, 1828, tome LXVI.
3. *Mémoires*, tome II, p. 273.

disent qu'il fut introduit par Bossuet[1]; mais Louis Racine nous apprend que ce fut son père qui, consulté par Mme de Montespan, décida ce choix. Nous savons aussi par lui que Racine et Boileau avaient leurs entrées chez elle, et y faisaient au Roi les lectures de leur histoire. La reconnaissance mena Racine un peu trop loin. Nous ne voulons pas parler de ces billets du Roi à la favorite que le poëte aurait mis en vers : ce serait à une date antérieure; on ne peut d'ailleurs admettre ce conte très-invraisemblable de la Beaumelle[2]. Nous pensons seulement à ce fait étrange d'un démenti très-prompt que Racine faillit donner, qu'il donna même, on peut le dire, par un commencement de faiblesse, à sa résolution de fuir la poésie, celle du théâtre surtout. Il est resté, parmi les œuvres de Boileau, la première scène du prologue d'un opéra de *Phaéton*, fragment d'une œuvre à laquelle Racine devait avoir la part principale. Dans l'*Avertissement au lecteur*, dont Boileau fit précéder cette scène, quand il la publia, il raconte comment il fut amené à cet essai lyrique. « Mme de Montespan, dit-il, et Mme de Thianges[3], sa sœur, lasses des opéra de M. Quinault, proposèrent au Roi d'en faire faire un par M. Racine, qui s'engagea assez légèrement à leur donner cette satisfaction.... Il commença dès lors en effet un opéra, dont le sujet étoit la chute de Phaéton. Il en fit même quelques vers, qu'il récita au Roi, qui en parut content. Mais comme M. Racine n'entreprenoit cet ouvrage qu'à regret, il me témoigna résolûment qu'il ne l'achèveroit point que je n'y travaillasse avec lui. » A quel moment Racine eut-il cette complaisance pour Mme de Montespan, et se mit-il à travailler à ce que Boileau appelle *des vers d'amourette?* La première pensée qui vient, c'est que ce fut sans doute avant 1677, avant le temps de pénitence. Cependant M. Berriat-Saint-Prix, dans sa table chronologique des

---

1. *Biographie universelle*, article *Valincour*.

2. *Mémoires pour servir à l'histoire de Mme de Maintenon...*, tome II, p. 37 (Hambourg, 1756, 5 vol. in-12).

3. Les noms (Montespan et Thianges) ont été mis par Brossette et d'autres éditeurs. Dans la première édition (1713) on ne lit que les initiales M** et T**. Voyez le *Boileau* de M. Berriat-Saint-Prix, tome II, p. 477.

OEuvres de Boileau[1], place la composition du *Prologue* vers 1680; et pour bien s'assurer qu'il ne se trompe pas, il suffit de lire avec un peu d'attention le passage de l'*Avertissement* de Boileau, où est raconté l'avortement de l'entreprise, traversée par les réclamations de Quinault au désespoir : « Nous retournâmes donc, M. Racine et moi, *à notre premier emploi* (ainsi ils étaient alors historiographes), et il ne fut plus mention de notre opéra, dont il ne resta que quelques vers de M. Racine, qu'on n'a point trouvés dans ses papiers après sa mort, et que vraisemblablement il avoit supprimés par délicatesse de conscience, à cause qu'il y étoit parlé d'amour. » N'eût-il pas autant et mieux valu faire encore des tragédies comme *Iphigénie* et *Phèdre ?* Voilà l'inconvénient qu'il y avait à mettre à l'abri son salut et sa conversion derrière un emploi de cour et si près de Mme de Montespan. Faibles poëtes ! combien leurs serments ont toujours été fragiles ! et qu'ils sont plus aisément encore trahis par leur faiblesse, quand ils ont l'imprudence de se faire courtisans !

Dans le même temps à peu près où Mme de Montespan demandait à Racine un opéra, l'abbesse de Fontevrauld mettait son érudition grecque à contribution. Ce fut « pour montrer qu'il avoit à cœur de lui obéir[2] » qu'il traduisit le *Banquet de Platon*. Il nommait cette obéissance *une corvée ;* mais le métier de courtisan a ses charges, et il était trop difficile à Racine de résister aux trois sœurs, alors si puissantes, qui l'aimaient et le protégeaient.

Dans cette nécessité, qui nous semble pénible, d'être agréable à Mme de Montespan, une autre corvée (quelques vers écrits en courant peuvent parfois prendre ce nom) avait été, un peu avant celles de l'*opéra* et du *Banquet*, imposée à sa complaisance. Au commencement de 1679, un petit livre ayant pour titre : *OEuvres diverses d'un auteur de sept ans*, avait été offert en étrennes à la mère du jeune auteur, lequel était le duc du Maine. La précocité d'esprit de l'enfant n'est pas ce qui surprend le plus dans ce livre ; l'éducation qu'il

---

1. Tome I, p. 37.
2. *Lettre de Racine à Boileau*, en lui envoyant le *Banquet de Platon*.

suppose, les leçons qui y sont répétées par le petit prince, sont bien plus étonnantes. Quels traits d'histoire on choisissait pour les faire raconter à un enfant! quelles lettres on lui apprenait à écrire! Et quel était donc l'air qu'on respirait dans cette cour de Saint-Germain, où Racine, père de famille si sage et si chrétien, n'était certes pas venu prendre exemple pour élever ses enfants? Mais il paraît que dans cet Olympe privilégié rien ne choquait. Quelques lignes de la plume de notre poëte ornèrent ce singulier livre : parmi les madrigaux, imprimés en tête des OEuvres diverses, il en est au moins un dont Racine est l'auteur. On lui attribue aussi, dans ce même volume, l'épître à Mme de Montespan, qu'il aurait, dit-on, écrite pour Mme de Maintenon, toute capable qu'elle était de se passer d'aide : premier indice des occasions qu'eut bientôt Racine de plaire à celle qui allait devenir sa nouvelle protectrice, et dont la faveur du moins pouvait plus hautement s'avouer.

Avec son esprit, si plein d'agrément et de délicatesse, sa parole élégante, sa physionomie noble et ouverte, rien ne manquait à Racine pour avoir des succès à la cour, dont les usages et le ton lui étaient déjà familiers avant le temps où ses fonctions l'y établirent. Nul doute qu'il n'y fût toujours à sa place. « Rien du poëte dans son commerce, dit Saint-Simon, et tout de l'honnête homme et de l'homme modeste[1]. » Le duc de Saint-Simon est un bien jeune témoin, il est vrai, des dernières années de Racine; il l'avait vu pourtant, et quand il donne ce nom d'*honnête homme* à un courtisan sans naissance, on peut s'en fier à lui. Dangeau, très-sobre de réflexions et de jugements, n'a pu s'empêcher de dire de Racine dans son *Journal*[2]: « Je n'ai jamais connu d'homme qui eût autant d'esprit que celui-là. » Il est évident qu'il n'entend point parler de l'esprit que le poëte avait montré dans ses ouvrages, mais de celui que, dans le commerce ordinaire de la vie, tout le monde lui reconnaissait à la cour. Joignons à ces témoignages celui d'un autre contemporain, de Spanheim, qui fut longtemps à Paris l'envoyé de l'électeur de Brandebourg. «.... Pour un homme venu de rien, dit-il dans ses *Mémoires*, M. Racine a pris aisé-

---

1. *Mémoires*, tome II, p. 271.
2. Sous la date du 20 avril 1699.

ment les manières de cour[1]. » Le mot de Louis XIV, rapporté par Louis Racine, pourrait donc étonner : « Cavoie

[1]. Voici le passage tout entier des *Mémoires* de Spanheim, où il est question de Racine. Il est assez curieux, malgré son injuste malignité, pour être mis sous les yeux du lecteur. Spanheim n'y représente pas seulement Racine comme un agréable et élégant homme de cour, mais aussi comme un dévot intrigant. Il avait prêté l'oreille à la calomnie : Racine n'intrigua jamais que pour défendre Port-Royal contre l'oppression. « M. de Racine a passé du théâtre à la cour, où il est devenu habile courtisan, dévot même. Le mérite de ses pièces dramatiques n'égale pas celui qu'il a eu de se former en ce pays-là, où il fait toutes sortes de personnages, où il complimente avec la foule, où il blâme et crie dans le tête-à-tête, où il s'accommode à toutes les intrigues dont on veut le mettre ; mais celle de la dévotion domine chez lui ; il tâche toujours de tenir ceux qui en sont le chef. Le jansénisme en France n'est plus à la mode ; mais pour paroître plus honnête homme et pour passer pour spirituel, il n'est pas fâché qu'on le croie janséniste. On s'en est aperçu, et cela lui a fait tort. Il débite la science avec beaucoup de gravité ; il donne ses décisions avec une modestie suffisante, qui impose. Il est bon grec, bon latin ; son françois est le plus pur, quelquefois élevé, quelquefois médiocre, et presque toujours rempli de nouveauté. Je ne sais si M. de Racine s'acquerra autant de réputation dans l'histoire que dans la poésie, mais je doute qu'il soit fidèle historien. Il voudroit bien qu'on le crût propre à rendre service, mais il n'a ni la volonté ni le pouvoir de le faire ; c'est encore beaucoup pour lui que de se soutenir. Pour un homme venu de rien, il a pris aisément les manières de la cour. Les comédiens lui en avoient donné un faux air, il l'a rectifié, et il est de mise partout, jusqu'au chevet du lit du Roi, où il a l'honneur de lire quelquefois : ce qu'il fait mieux qu'un autre. S'il étoit prédicateur ou comédien, il surpasseroit tout en l'un et l'autre genre. C'est le savant de la cour. La duchesse de Bourgogne est ravie de l'avoir à sa table, ou après son repas, pour l'interroger sur plusieurs choses qu'elle ignore : c'est là qu'il triomphe. »
Ce fragment des *Mémoires inédits d'Ézéchiel Spanheim sur la cour de Louis XIV et l'état de la France à la fin du dix-septième siècle*, a été cité dans l'*Athenæum français* (année 1856, p. 566) par M. Gaullieur de Genève, qui était alors possesseur du manuscrit autographe, et en préparait la publication. On dit que, depuis sa mort, le manuscrit a passé dans quelque bibliothèque d'Allemagne. M. Gaullieur pensait que la page de Spanheim sur Racine devait avoir été écrite vers 1680. Mais évidemment elle ne l'a été

avec Racine se croit bel esprit; Racine avec Cavoie se croit courtisan. » Soit pour Cavoie, qui avait besoin « qu'un long usage de la cour et du grand monde lui tînt lieu d'esprit et de lumière[1]; » mais en quoi la finesse et l'élégance du courtisan pouvaient-elles manquer à Racine? Il devait y avoir là quelque prévention entretenue par la malignité des jaloux.

La jalousie était en effet inévitable; et la raillerie était l'arme dont elle ne pouvait manquer de se servir. Des poëtes, c'est-à-dire des gens de rien, dans l'intimité royale! des poëtes à l'armée! Quel texte aux mauvaises plaisanteries! A peine nommés à leur nouvel emploi, on voulut les tourner en ridicule. L'envieux Bussy, dans sa retraite forcée, fut un des premiers à rire et à s'indigner. Il est vrai qu'ils usurpaient sur son domaine: la louange du Roi. Écrire l'histoire du héros n'appartenait pas « à ces bourgeois-là, » mais seulement à des gens d'épée et « à des hommes de qualité. » On est vraiment tenté de croire que Mme de Sévigné, lorsqu'elle parlait elle-même ainsi[2], se moquait de son vaniteux cousin. Pour lui, il prenait la chose au sérieux. Son dépit était d'autant plus amer, que depuis l'année 1670 il sollicitait l'honneur d'être l'historien de Louis XIV; on sait même que, sans mission, il se mit à l'œuvre : lui seul aurait su louer « sans dégoûter le lecteur par ses louanges[3]; » aussi avait-il peur que Racine et Despréaux « toujours poëtes en prose » n'exagérassent la flatterie. Du reste Bussy disgracié ne pouvait raisonnablement prétendre à faire agréer ses services; mais d'autres plumes nobles, à défaut de la sienne, n'auraient pas manqué. Le duc de Gramont, fils du maréchal, se proposa, nous ne savons au juste à quelle date, pour écrire l'histoire du règne. « Un écrivain si marqué, dit Saint-Simon, plut au Roi;... (cela) lui procura des particuliers pour le consulter sur des faits, et lui montrer quel-

---

qu'en 1697 ou 1698, pendant la seconde ambassade de Spanheim. Ce qu'il dit de la duchesse de Bourgogne en est la preuve.

1. *Mémoires de Saint-Simon*, tome VII, p. 238.
2. *Lettre à Bussy*, 3 novembre 1677, tome V des *Lettres de Mme de Sévigné*, p. 381.
3. *Lettre de Bussy à Mme de Sévigné*, 6 novembre 1677, *ibidem*, p. 384.

ques essais de son ouvrage.... Sa plume toutefois n'étoit pas taillée pour une si vaste matière.... Aussi fut-elle peu suivie[1]. » Louis XIV savait bien qu'il avait mieux à attendre des *deux bourgeois* dont il avait fait choix.

Il n'était pas nécessaire d'ambitionner leur emploi, ni même d'être blessé de leur faveur, pour être tenté, quand ils parurent à la guerre, de s'égayer à leurs dépens. Il suffisait d'avoir pour de pacifiques écrivains, fût-on leur ami, ce dédain plein de supériorité que donne naturellement l'habit militaire, surtout à une jeune noblesse. Nos poëtes purent s'en apercevoir dans la première campagne où ils suivirent le Roi. Ce fut en 1678. Louis XIV était arrivé le 4 mars au camp devant Gand; la ville capitula le 9, la citadelle le 12 du même mois. Le siège d'Ypres suivit immédiatement; cette place se rendit le 24 mars; et le 8 avril le Roi était rentré à Saint-Germain[2]. Racine et Boileau furent témoins de cette courte expédition. L'histoire militaire, qui devait être la principale matière de leur œuvre, se fit sous leurs yeux, au bruit du canon, dans le sang. Ce qu'ils virent, ils le virent bien sans doute : ils étaient capables de tout comprendre. Mais beaucoup de petits détails du métier leur échappaient; et bien des gens à l'armée trouvaient singulier que l'on eût confié le soin de raconter la guerre à des hommes qui ne savaient pas comment on ferre un cheval, et qui n'étaient pas très-bien en selle. Louis Racine rapporte quelques-unes des grosses espiègleries de Cavoie, un de leurs meilleurs amis. On ne tarissait pas sur les quolibets. Mme de Sévigné amusait charitablement Bussy en lui écrivant : « Notre roi est admirable, et mériteroit bien d'avoir d'autres historiens que des poëtes; vous savez aussi bien que moi ce qu'on dit en disant des poëtes.... Ces deux poëtes historiens suivent donc la cour, plus ébaubis que vous ne le sauriez penser, à pied, à cheval, dans la boue jusqu'aux oreilles.... Ils font leur cour par l'étonnement qu'ils témoignent.... Il me semble qu'ils ont assez l'air de deux Jean Doucet. Ils disoient l'autre jour au Roi qu'ils n'étoient plus si étonnés de la valeur extraordinaire des soldats, qu'ils avoient raison de souhaiter

---

1. *Mémoires*, tome IV, p. 271.
2. *Gazette* de 1678.

d'être tués, pour finir une vie si épouvantable. Cela fait rire, et ils font leur cour. Ils disoient aussi qu'encore que le Roi craigne les senteurs, ce *gant d'Espagne* ne lui fera point de mal à la tête[1]. » Et Bussy répondait, comparant Racine et Despréaux à des bouffons de cour : « Je serai fort trompé si les deux poëtes ne tombent à la fin comme Nogent et l'Angeli[2]. » Mme de Scudéry entrait dans sa passion avec non moins de complaisance que Mme de Sévigné ; elle lui mandait : « Monsieur le Duc a mené à Ypres les historiens du Roi à la tranchée pour leur montrer de près le péril, afin qu'ils pussent mieux le dépeindre ; mais je pense que la peur les a empêchés de rien voir[3]. » Les frayeurs des deux poëtes, les burlesques histoires que dans le camp on faisait courir sur leur compte, le surnom de « Messieurs du Sublime » qu'on leur donnait à la cour, Pradon a pris le soin de tout consigner dans les deux épîtres en vers qui sont en tête de ses *Nouvelles Remarques*[4]. Il se dit informé « par des personnes de la première qualité. » Voici donc ce qu'il avait appris à si bonne source :

.... Tu n'étois pas né pour la cour et les armes,

dit-il à Boileau,

On ne le vit que trop au voyage de Gand,
Lorsque demi-soldats, l'air presque assassinant,
Les *Messieurs du Sublime*, avec longue rapière,
Et du mieux qu'ils pouvoient prenant mine guerrière,
Alloient, chacun monté sur un grand palefroi,
Aux bons bourgeois de Gand inspirer de l'effroi....
Ces auteurs, affamés de gloire et de combats,
Signaloient leur esprit au défaut de leur bras.
C'est là que leur ardeur s'est encor signalée,
Disant aux officiers : « Verrons-nous la mêlée ? »
Lorsqu'ils furent trouver un de nos généraux
Pour avoir un lieu propre à mettre leurs chevaux,
Et qu'il leur répondit avec un froid extrême :

1. *Lettre à Bussy*, 18 mars 1678, tome V, p. 422 et 423.
2. *Lettre à Mme de Sévigné*, 22 mars 1678, *ibidem*, p. 428.
3. *Lettre à Bussy*, 15 avril 1678.
4. *Nouvelles Remarques sur tous les ouvrages du S*r *de D**** (Despréaux), p. 6, 22 et 23 (1 vol. in-12, 1685).

« Messieurs, donnez-les-moi, je les tiendrai moi-même. »
Prononçoit-on un mot qu'ils ne connoissoient pas,
Ils s'en faisoient instruire alors par les soldats,
Et dans leur grand recueil et leur docte mémoire
Écrivoient *bouliner*[1] pour servir à l'histoire.
Muse, ressouviens-toi de la route de Gand,
 Quand l'un des deux tomba dans un noir outregand[2];
Là ce guerrier n'eut pas la figure poudreuse,
Mais bien, comme le Rhin, la barbe limoneuse,
Et sortant du bourbier, jurant et menaçant,
Accusoit de sa chute un cheval innocent....
.... Pour voir sans danger les périls, les alarmes,
Ils avoient apporté des lunettes pour armes,
Dont ces deux champions se servant au besoin
N'approchoient l'ennemi que pour le voir de loin.
Le haut du mont Pagnote étoit leur mont Parnasse....
Mais quand le grand Louis alloit tout reconnoître,
On ne les voyoit point, à côté de leur maître,
Partager les périls de ce roi si chéri,
Tel qu'on vit d'Aubigné suivre le grand Henri.

Voilà quels étaient les méchants propos dont le voyage de Gand fut l'occasion, et que Boileau, bien des années après, rappelait à Racine dans une lettre du 25 mars 1691. On voit comme les rancunes littéraires savaient se liguer avec les jalousies de cour. Cette fois du moins les coups ne portaient pas sur un point très-vulnérable, très-sensible. Racine n'avait aucune prétention à l'héroïsme des batailles, qui n'était pas son métier; il était le premier à rire, pensant probablement aux vers de Pradon, de ce poste de bataille à l'usage des gens prudents, où l'auteur des *Nouvelles Remarques* avait cru l'apercevoir : « J'étois, écrivait-il de Mons à Boileau, j'étois sur le mont Pagnote à regarder l'attaque[3]. » Ce qui le peint plus sérieusement, et pour nous tout à fait à son honneur, c'est le sentiment si vrai qu'il exprime, dans une lettre à son ami, après la formidable et fatigante revue des deux armées du Roi et de M. de Luxembourg : « J'eusse voulu de tout mon cœur que tous les

---

1. « Terme usité parmi les soldats, dit Pradon, pour dire *piller, voler*. »
2. Mot qui paraît tiré du flamand *watergat*, fondrière.
3. *Lettre* du 3 avril 1691.

gens que je voyois eussent été chacun dans leur chaumière, avec leurs femmes et leurs enfants, et moi dans ma rue des Maçons avec ma famille[1]. » Langage bourgeois, eussent dit les fiers Rabutin ; mais, à notre avis, langage humain et sensé, digne du poëte qui, devant Louis XIV lui-même, célébra, en si beaux vers, un roi sage et juste, et père du pauvre, comme « un plus beau présent des cieux[2] » qu'un roi vainqueur et conquérant.

Le voyage de Gand ne fut pas la dernière promenade militaire de Racine. Le Roi l'emmena encore plusieurs autres fois avec lui. Les deux historiens, leur correspondance nous l'apprend, étaient en 1683 du voyage que Louis XIV fit en Alsace ; en 1687, tandis que Boileau malade était retenu à Auteuil, Racine accompagna le Roi qui était allé examiner les fortifications de Luxembourg ; dans les années 1691, 1692 et 1693 il suivit encore les armées, au siège de Mons, au siège de Namur, dont il a laissé une relation, et enfin dans la triste campagne des Pays-Bas, qui fut la dernière où parut Louis XIV. Partout, comme on le voit par ses lettres, il recueillait avec un soin très-attentif d'utiles informations ; car tout le monde s'empressait de lui en fournir, et les méchants quolibets de quelques rieurs impertinents ne doivent pas faire croire qu'il ne fût pas traité à l'armée avec une grande considération. Vauban, un des premiers sans doute de tous ces hommes de guerre par la science, le génie et le patriotisme, était plein d'estime et d'amitié pour lui. Confiant dans la grande intelligence de l'historien, il ne dédaignait pas de l'instruire ; dès 1687, à Luxembourg, il mettait la bonne grâce la plus affectueuse à l'initier aux connaissances dont il avait besoin[3]. Plus tard, et dans le même temps qu'il lui faisait, comme à un ami sûr, la confidence de ses mécontentements politiques, il rassemblait pour lui des lettres et des notes relatives au siége de Philisbourg[4]. Nous voyons encore

1. *Lettre* du 21 mai 1692.
2. *Esther*, vers 988-993.
3. *Lettre de Racine à Boileau*, 24 mai 1687.
4. *Lettre de Vauban à Racine*, 13 septembre 1697, publiée par le colonel Augoyat (*Abrégé des services du maréchal de Vauban*, brochure in-12, Paris, 1839).

Albergotti, excellent officier, qui était au premier rang dans la confiance du maréchal de Luxembourg, aider Racine à rédiger le récit de la bataille de Nerwinde, qui fut envoyé à la *Gazette*[1]. Albergotti ne faisait sans doute en cela que remplir les intentions du maréchal, qui aimait beaucoup Racine, avait pour lui toutes sortes de prévenances, jusqu'à lui envoyer le cheval le plus commode de son écurie, et acquit assez de droits à sa reconnaissance pour qu'après cette campagne, dans son procès de préséance de la pairie, il eût à son service « la belle plume » du poëte, et lui fît polir ses factums[2]. Ce dut être au retour de la guerre de Flandre que Racine se trouva plus que jamais établi dans la faveur de Luxembourg, et passa pour engagé dans une puissante ligue, qui s'était, dit-on, formée à la cour, et dont le chef était le maréchal, les principaux adhérents Albergotti, Cavoie, Clermont-Chattes, d'Estaing de Saillant, abbé de Saint-Vincent de Senlis, et du Gué de Bagnols, ancien élève de Port-Royal, devenu conseiller d'État et intendant en Flandre[3].

On voit donc que, dans ces campagnes du Roi, notre historiographe, si estimé des Vauban et des Luxembourg, devait être fort bien mis au courant de toutes choses. Aidé par ces communications, faites par les hommes les plus compétents et puisées aux meilleures sources, il remplissait sa tâche en conscience, comme on en trouverait assez de preuves dans sa correspondance avec Boileau. On a beaucoup dit le contraire. Valincour, qui, suivant la remarque très-juste de Louis Racine, avait moins qu'un autre le droit de parler ainsi, représente les deux historiographes comme dégoûtés d'un travail qui ne convenait pas à leur génie, et pour lequel des contemporains ne se sentaient pas assez libres[4]. Saint-Simon, dans ses notes sur le *Journal* de Dangeau[5], dit que « ni Despréaux ni Racine ne travaillèrent jamais sérieusement à l'histoire du Roi : » assertion que d'ailleurs il n'a pas répétée dans ses *Mémoires*, peut-être bien

---

1. *Lettre de Racine à Boileau*, 6 août 1693.
2. *Mémoires de Saint-Simon*, tome I, p. 145.
3. *Recueil des chansons historiques*, tome VIII, fol. 139. *Note* d'une chanson sur le duc de Luxembourg.
4. *Histoire de l'Académie*, tome II, p. 334.
5. Sous la date du 15 mars 1699.

parce qu'il était alors mieux informé. Pradon, tout naturellement, se fit l'écho des mauvais bruits qui couraient sur la paresse des deux poëtes, accusés de ne pas gagner leur salaire. Il apostrophait ainsi Boileau :

.... Pour peindre les faits d'un si fameux monarque,
Il faut être du moins un Salluste, un Plutarque.
J'espère que ta prose aura leurs agréments.
Bonne ou non, reçois-en de bons appointements.
C'est ce que dit un jour un commis des finances :
Nous n'avons encor vu rien d'eux que leurs quittances.
Que ce qu'ils ont écrit soit bien ou mal conçu,
Ils écrivent fort bien du moins un « j'ai reçu [1]. »

Le Roi n'eût pu sans doute être de l'avis du commis des finances. Dès 1686, ses historiographes le mettaient à même d'apprécier leur travail. Sous la date du 20 mars de cette année, Dangeau dit dans son *Journal* : « Le Roi s'est fait lire dans ses dernières après-dînées l'histoire que font Racine et Despréaux, et en paroît fort content. » Une lettre de Racine, écrite l'année suivante [2], constate que l'œuvre marchait, malgré quelques empêchements : « (*Mme de Maintenon*) me demanda des nouvelles de notre travail; je lui dis que votre indisposition et la mienne, mon voyage à Luxembourg et votre voyage de Bourbon nous avoient un peu reculés, mais que nous ne perdions pas cependant notre temps. » Et en effet nous voyons qu'à cette époque Racine s'occupait beaucoup d'interroger les témoins les plus dignes de foi sur les événements de 1664; sur la bataille de Saint-Gothard et sur l'expédition d'Algérie, cherchant obstinément la vérité, qui lui paraissait, disait-il, bien plus difficile à trouver qu'à écrire [3]. De son côté Boileau, tout souffrant qu'il était, ne demeurait pas tout à fait oisif : « J'ai déjà, disait-il à son collaborateur, formé mon plan pour l'année 1667, où je vois de quoi ouvrir un beau champ à l'esprit [4]. »

1. *Nouvelles Remarques*, p. 21.
2. *Lettre* du 4 août 1687.
3. *Lettre de Racine à Boileau*, 24 mai 1687.
4. *Lettre* du 9 août 1687.

Il y a lieu de croire qu'en ces années-là, de 1686 à 1688, les historiographes s'étaient mis à l'œuvre avec un redoublement d'activité. La gratification accordée par le Roi en 1688 fut supérieure à celles qui avaient précédé. « Le Roi, dit le *Journal* de Dangeau à la date du 22 avril 1688, donna à Racine et à Despréaux, qui travaillent à son histoire, mille pistoles chacun. » Louis Racine, d'accord avec Dangeau sur ce point (car ses mille louis de onze livres sont à peu près l'équivalent), doit être exact aussi dans ce qu'il dit des autres gratifications, qui jusque-là n'avaient été que de quatre cents ou de cinq cents louis. Nous sommes autorisés à penser que l'accroissement des libéralités de Louis XIV est un signe du progrès de l'ouvrage, ces libéralités, en général, paraissant avoir été proportionnées au travail. En effet, comme celui de Boileau, dont la santé était devenue mauvaise dès 1687, s'était beaucoup ralenti, nous voyons qu'en 1692 le Roi régla sa pension à deux mille francs seulement, et celle de Racine à quatre mille[1]. Presque toute la tâche pesait alors sur Racine.

Qu'ont produit ces vingt années, et plus, de travail, pendant lesquelles il est évidemment faux que Racine se soit con-

---

1. Cela ne semble pas excessif, surtout avec les dépenses de voyage, dont on ne tenait pas compte à Racine (voyez sa *Lettre à Boileau* du 8 avril 1692); et l'on ne comprend pas beaucoup que le duc de Nevers ait pu dire :

> Ces illustres du temps, Racine et Despréaux,
> Sont du mont Hélicon les fermiers généraux.

(*Épître à Bourdelot*, dans le quatrième volume du *Chansonnier Maurepas*, fol. 495.)

Il est juste cependant de faire remarquer que la pension de Racine et de Boileau, comme historiographes, était indépendante des gratifications qu'ils reçurent plusieurs fois au même titre, indépendante aussi de leur pension d'hommes de lettres, laquelle, d'après Louis Racine, avait fini par s'élever à quinze cents puis à deux mille livres. Il ne faut pas oublier non plus les avantages que Racine devait retirer de sa charge de trésorier de France et de celle de gentilhomme ordinaire. Avec tout cela, comme il avait une nombreuse famille, il n'était pas, au témoignage de son fils, dans une brillante situation de fortune, et à sa mort il laissa à sa veuve et à ses enfants, dit Louis Racine, « plus de gloire que de richesses. »

tenté de signer des quittances? Nous l'ignorons; tout a péri dans l'incendie de la maison de Valincour en 1726; nous disons : *tout*, car le *Précis historique des campagnes de Louis XIV*, qui semble, lorsqu'on en lit attentivement les dernières lignes, n'avoir été qu'une préface écrite pour l'histoire métallique, ne saurait avoir rien de commun avec le grand ouvrage entrepris par les deux historiographes. On en peut dire autant de la *Relation du siége de Namur*, opuscule qui ne fut composé que pour être publié à part. Quant aux extraits et notes, auxquels des éditeurs ont donné le nom de *Fragments historiques*, il y aurait trop de simplicité à y chercher un débris de l'œuvre de Racine. Valincour, qui, dépositaire de cette œuvre, l'a nécessairement connue, ne doit rien nous en faire préjuger par ses dédains; il a pu vouloir mettre à couvert sa responsabilité, et consoler la postérité du désastre arrivé dans sa maison de Saint-Cloud. Nous croyons, pour nous, qu'il y a lieu à de trop justes regrets. Quoique inachevé, un autre *Siècle de Louis XIV*, écrit par la plume élégante de Racine, avec la noble simplicité dont ne pouvait s'écarter son excellent goût, aurait tenu sans nul doute une assez belle place parmi ses titres de gloire. Il ne devait y avoir là cependant rien qui nous dédommageât des chefs-d'œuvre poétiques, étouffés dans leur germe en 1677.

Les voyages de Racine à la suite du Roi, et son assiduité à la cour ne l'arrachaient que trop souvent, à son gré, aux douceurs de la vie de famille, qu'il sentait vivement. Nous l'avons vu, pendant la campagne de 1692, jeter de loin un regard de regret sur sa rue des Maçons. C'est là, c'est avec sa femme et ses enfants qu'il trouvait tout son bonheur. C'est là surtout, et aussi dans son dévouement à Port-Royal, qu'il nous paraît un tout autre homme qu'avant la réforme de sa vie, et que cette réforme est sérieuse et touchante. « L'amour de Louis XIV dans l'âme de Racine, a-t-on très-bien dit, a comme hérité de ses autres passions profanes[1]. » Oui, mais ajoutons qu'en même temps elles s'étaient aussi, et plus heureusement, transformées dans le saint amour de la famille, qui les a expiées et qui les fait oublier. Il expie aussi et il fait oublier les dernières faiblesses de Racine, les faiblesses du courtisan.

1. *Port-Royal* de M. Sainte-Beuve, tome V, p. 486.

Un grand homme, simple et bon dans son ménage, ne perd pas à nos yeux de son prestige : il nous paraît au contraire plus admirable encore ; un courtisan habitué aux splendeurs royales de Versailles, et qui se trouve plus heureux dans son humble maison, est supérieur à ces vanités de la faveur qui, sans cela, risquaient de le diminuer aux yeux de la postérité. Dans ce que nous savons des passions de la jeunesse de Racine, nous avons été embarrassés pour reconnaître la trace de la sensibilité que supposent ses écrits : ici elle est visible, et l'âme du poëte se révèle. Le tendre Racine est tout entier dans son amour paternel : c'est là qu'est le poëme de son cœur. Dans cet ordre d'affections douces et naïves, les plus petits détails sont ceux qu'on aime le mieux. Tout le monde sait ces charmantes histoires racontées par Louis Racine : celle de la belle carpe mangée en famille, et celle de la procession des petits enfants où le père portait la croix. Mieux encore que toutes les anecdotes, la correspondance de Racine avec son fils aîné, où, dans une simplicité parfaite, rien n'est de l'homme de lettres, tout du bon père, nous introduit dans cet intérieur si bien gouverné par les sages conseils, par la piété et par la tendresse. Cette tendresse était si vive qu'elle fit bien souvent connaître à Racine ces inquiétudes et ces larmes qui sont plus ordinairement encore le privilége des mères, et qu'on l'entendit fréquemment répéter ces vers de Térence :

> .... *Vah! quemquamne hominem in animum instituere, aut
> Parare, quod sit carius quam ipse est sibi?*

« Ah ! se peut-il qu'un homme aille se loger dans le cœur un objet d'affection qui lui soit plus cher que lui-même[1]? »

Les soins vigilants d'un père, les joies et les sollicitudes du foyer domestique ne se prêtent pas beaucoup à être racontés. Il faut du moins tâcher de faire connaître un peu les enfants de Racine. On est curieux, si nous ne nous trompons, de pouvoir se le représenter entouré de cette « petite et agréable famille, » comme l'appelait Boileau. Racine eut sept enfants, deux fils

---

1. *Avertissement* de Louis Racine, en tête des *Lettres de Racine à son fils*. — Les deux vers sont dans les *Adelphes* de Térence, acte I, scène 1, vers 38 et 39.

et cinq filles. L'aîné de tous, Jean-Baptiste Racine, naquit le 11 novembre 1678[1]. Nous le trouvons, à l'âge de huit ans, écrivant pour sa tante un petit billet sur le genou de son père[2]. A treize ans, c'est avec ce père lui-même qu'il est déjà en correspondance très-sérieuse, lui débitant gravement des nouvelles politiques puisées dans les gazettes. Racine trouve quelques-unes de ses lettres « fort sagement écrites, » lui répond comme à un petit homme tout à fait raisonnable, et s'attache, dès cet âge, à lui faire parler purement sa langue. Quoique le jeune Jean-Baptiste fût aux mains d'un précepteur, son père aussi veillait sur ses études, lui faisait traduire quelques-unes de ces lettres de Cicéron que lui-même avait toujours particulièrement goûtées, et à Fontainebleau, au milieu des distractions de la vie de cour, recevait les versions de son fils pour les lui corriger. Dans les derniers mois de 1692, Jean-Baptiste, qui n'avait encore que quatorze ans, entrait en rhétorique au collége. Il y continuait à rendre compte à son père de ses travaux et de ses lectures. Il trouvait un autre excellent guide, et plein d'amitié pour lui, dans Boileau, qu'il allait voir, et qui prenait plaisir à lui former l'esprit par sa conversation. Peut-être de ce côté rencontrait-il un peu plus d'encouragements pour ses penchants littéraires, bien naturels chez un fils de Racine. Son père, tout en voulant qu'il fût très-instruit, avait grand'peur de le laisser s'engager dans une voie dont il ne regardait plus que les périls. Le jeune homme avait bien envie de ne pas s'en tenir à ses auteurs grecs et latins et de lire aussi des livres français. Il se montrait curieux surtout de nos poëtes, et s'émancipait jusqu'à rimer une épigramme contre Perrault. Racine l'en reprenait avec douceur, le mettait en garde contre les tentations poétiques, et tâchait, avec un peu d'embarras, de lui faire comprendre pourquoi il n'était pas bien de faire ce que faisait pourtant Boileau, qui avait pour la satire des priviléges à lui seul réservés. Pouvait-il, en faisant ces recommandations, très-prudentes d'ailleurs, se défendre de sourire un peu? Lui-même, en ce temps encore, tombait quelquefois dans le péché de l'épigramme; et puis on a toujours plaisir à

---

1. Voyez son acte de baptême aux *Pièces justificatives*, n° XXIV.
2. *Lettre de Racine à Mme de Rivière*, 12 novembre 1686.

reconnaître son sang : ces velléités poétiques, en même temps qu'elles l'inquiétaient, devaient donc flatter secrètement la faiblesse de son cœur. Mais il avait résolu de gouverner la jeunesse de son fils autrement que n'avait été gouvernée la sienne, depuis qu'elle eut secoué le joug. Il ne pensait pas seulement d'ailleurs qu'être poëte à cet âge était prématuré : il souhaitait qu'aucun de ses enfants ne le fût jamais. L'éducation qu'il leur donna, quelque affectueuse et paternelle qu'elle ait été, fut aussi très-austère, et tout à fait à la façon de Port-Royal. Son ambition était de leur rendre ce qu'il avait reçu de ses vénérables maîtres. Tout ce que ceux-ci avaient voulu pour lui-même, il le voulut pour ses fils : une très-solide instruction, mais qui leur servît à toute autre chose qu'à courir la carrière des lettres, point de théâtre, point de poésie; par-dessus tout une vie chrétienne. Les voir servir Dieu, c'est ce qu'il avait le plus à cœur. Ils répondirent à ses soins pieux. Avec Jean-Baptiste, il y eut un moment un peu difficile. Vers l'âge de treize à dix-sept ans, les romans et les comédies, tout ce que son père appelait des niaiseries, avaient pour lui beaucoup d'attraits. Il eût été bien volontiers au théâtre; et quand il s'en abstenait (ce qui ne fut pas toujours), il ne le faisait point alors par scrupule de dévotion, mais uniquement pour ne pas contrister son père. Ce bon père priait plus qu'il n'exigeait; et dans ses douces et indulgentes remontrances, c'était, nous le voyons par ses lettres, l'amitié surtout qu'il faisait parler. Les leçons et les exemples de Racine portèrent leurs fruits. Son fils aîné devint tel qu'il l'avait désiré : toujours très-adonné à l'étude, cultivant les sciences et les lettres, mais sans jamais essayer de devenir auteur; d'une piété devenue très-fervente et très-sévère; enfin, tant qu'il garda des emplois diplomatiques, s'acquittant de son devoir en conscience. En 1695 il avait le titre de gentilhomme ordinaire du Roi, en ayant obtenu la charge en survivance de son père, qui la possédait depuis la fin de 1690. Dans le même temps il travaillait dans les bureaux de M. de Torcy, ministre des affaires étrangères, qui bientôt l'envoya à la Haye auprès de l'ambassadeur de France, M. de Bonrepaux. Racine eut la satisfaction, dans les dernières années de sa vie, de ne recevoir que de bons témoignages de la conduite et de l'application de son fils, dans les fonctions qu'il remplissait. Le jeune homme avait toute la confiance et l'amitié de l'ambassadeur, et de son neveu, M. de Bonac. Fénelon, qui eut plusieurs fois occasion de le voir, fit savoir à Racine combien il avait été content de lui. Boileau, que Jean-Baptiste aimait comme un second père, était charmé de ses lettres, et en toute occasion faisait son éloge.

Le second enfant de Racine fut Marie-Catherine, née le 16 mai 1680[1]. Elle paraît avoir eu une âme ardente, un peu mobile, et par cette vivacité d'impressions, qui lui causa quelques tourments, une certaine ressemblance avec son père, dont elle était la fille de prédilection. A seize ans elle entra aux Carmélites du faubourg Saint-Jacques, le 29 décembre 1696. Se séparer d'elle fut une cruelle épreuve pour la sensibilité de Racine. Quelques jours après l'entrée de sa fille dans l'austère maison, il écrivait à sa sœur : « Il m'en a coûté beaucoup de larmes; mais elle a voulu absolument suivre la résolution qu'elle avoit prise. C'étoit de tous nos enfants celle que j'ai toujours le plus aimée, et dont je recevois le plus de consolation. Il n'y avoit rien de pareil à l'amitié qu'elle me témoignoit[2]. » Au bout de peu de mois, la santé de Marie-Catherine l'avait obligée de rentrer pour quelque temps à la maison paternelle. Elle ne tarda pas à fuir de nouveau le monde, et à chercher une retraite à Port-Royal. On y était très-édifié de sa piété, et elle avait conçu un grand attachement pour ce monastère. Mais alors on ne voulait plus permettre à personne d'y prendre l'habit. Deux fois son père, voyant qu'elle n'y pourrait demeurer, alla l'exhorter à revenir près de lui. Il ne put d'abord la ramener, malgré ses pressantes instances. Elle avait résolu ou de rentrer aux Carmélites, si on ne la repoussait pas, ou de se faire religieuse à l'abbaye de Gif, ce qui eût été s'éloigner le moins possible de Port-Royal[3].

1. Voyez son acte de baptême aux *Pièces justificatives*, n° XXV.
2. *Lettre à Mme Rivière*, 10 janvier 1697.
3. Gif, dit Saint-Simon (*Mémoires*, tome VII, p. 419), « est une abbaye de filles, à cinq ou six lieues de Versailles, qui a toujours été considérée comme la sœur cadette de Port-Royal des Champs.... deux maisons qui en tout temps avoient conservé l'union entre elles la plus intime. »

« Elle m'a écrit là-dessus, disait Racine à son fils, des lettres qui m'ont troublé et déchiré au dernier point.... La pauvre enfant a eu jusqu'ici bien des peines, et a été bien traversée dans le dessein qu'elle a de se donner à Dieu[1]. » Il fallut, malgré son affliction et ses larmes, que Marie-Catherine, au temps de Pâques de l'année 1698, se séparât de sa chère grand'tante et de ses pieuses compagnes. Les austérités du couvent l'avaient tellement affaiblie que son père ne put lui permettre d'aller sur-le-champ les recommencer dans une autre maison. Elle dut se résigner à revenir sous le toit de ses parents. Là elle entendait rester fidèle à la sévérité religieuse. Elle aurait voulu ne pas reprendre ses habits du monde, repoussait toutes les parures de son âge, et souhaitait de ne voir personne. Mais bien peu de temps après, le 16 juin 1698, Racine écrivait à son fils : « Il m'a paru que votre sœur aînée reprenoit assez volontiers les petits ajustements auxquels elle avoit si fièrement renoncé, et j'ai lieu de croire que sa vocation de religion pourroit bien s'en aller avec celle que vous aviez eue autrefois pour être chartreux. Je n'en suis point du tout surpris, connoissant l'inconstance des jeunes gens et le peu de fonds qu'il y a à faire sur leurs résolutions, surtout quand elles sont si violentes.... » Nous croyons que Racine non-seulement ne fut pas très-surpris de ce changement, mais ne put en être non plus très-chagrin. Témoin des incertitudes de la pauvre enfant, qui était « tantôt à Dieu, tantôt au monde, » et la voyant consulter tous ses directeurs, ce qui lui paraissait un indice suffisant du parti vers lequel elle penchait, il résolut de la marier; et bien peu de temps avant de mourir, il put encore avoir cette joie. Le 7 janvier 1699, Marie-Catherine épousa M. Collin de Morambert[2]. Parmi les filles de Racine il n'y en a point d'autre qui se soit mariée; parmi tous ses enfants, point d'autre dont il lui ait été donné de voir le mariage.

Les deux aînés des enfants de Racine furent les seuls auxquels, en leur qualité sans doute de chefs de la famille, il ne donna point de petits noms. Il traitait tous les autres avec moins de cérémonie; il appelle, dans ses lettres, ses quatre

---

1. *Lettre* du 16 mars 1698.
2. Voyez l'acte de mariage aux *Pièces justificatives*, n° XXVI.

dernières filles de ces doux et gentils surnoms, dont la familiarité n'étonnera ni ne choquera jamais qu'une vaine délicatesse : Nanette, Babet, Fanchon, Madelon; il y donne au plus jeune de ses fils le nom de Lionval. Racine n'était pas toujours solennel.

Nanette (Anne Racine) naquit le 29 juillet 1682 [1]. Elle fut placée très-jeune chez les Ursulines de Melun. En 1693, âgée de onze ans, elle y était déjà avec sa sœur aînée [2]. On voit par les lettres de Racine que ce fut là qu'elle fut élevée, et que son père et sa mère la gardèrent bien peu de temps auprès d'eux. Elle n'avait pas encore quinze ans qu'elle demandait avec instance à prendre l'habit de novice [3]. Son père fit deux voyages à Melun, en 1697, pour l'en détourner. Il ne put rien obtenir [4]. L'année suivante, à seize ans et trois mois, elle fit profession. Racine voulut assister à la touchante cérémonie, avec la mère et la sœur aînée de Nanette. Ce fut le 6 novembre 1698 que se consomma le douloureux sacrifice. Le pauvre père était alors souffrant, et l'émotion fut cruelle pour lui : « Je voudrois, écrivait-il à son fils, avoir le temps aujourd'hui de vous rendre compte en détail de la profession de votre sœur; mais, sans la flatter, vous pouvez compter que c'est un ange. Son esprit et son jugement sont extrèmement formés; elle a une mémoire prodigieuse et aime passionnément les bons livres. Votre mère et votre sœur aînée ont extrèmement pleuré; et pour moi, je n'ai cessé de sangloter, et je crois même que cela n'a pas peu contribué à déranger ma foible santé [5]. » Les détails qu'il ne put ce jour-là donner à son fils, se trouvent dans la lettre qu'il adressait la veille à la mère Agnès de Sainte-Thècle, page attendrissante écrite avec toutes ses larmes. Il n'y oubliait pas plus que dans sa lettre à Jean-Baptiste, à côté de la piété, du courage et de toutes les vertus de sa fille, les qualités de son esprit, son étonnante mémoire, son goût pour la lecture. « Excusez un peu, ajoutait-il, ma tendresse pour une

---

1. Voyez son acte de baptême aux *Pièces justificatives*, n° XXVII.
2. *Lettre de Racine à son fils*, 1er octobre 1693.
3. *Lettre de Racine à son fils*, 5 avril 1697.
4. *Lettre de Racine à Boileau*, 8 octobre 1697.
5. *Lettre* du 10 novembre 1698.

enfant dont je n'ai jamais eu le moindre sujet de plainte, et qui s'est donnée à Dieu de si bon cœur, quoiqu'elle fût assurément la plus jolie de tous mes enfants, et celle que le monde auroit le plus attirée par ses dangereuses caresses. » Un charmant billet de condoléance à la fois et de félicitation sur l'entrée en religion d'une des filles de Racine a été inséré par son fils dans ses *Mémoires*. Il n'est point, comme on le dit depuis si longtemps, de Fénelon, mais de Quesnel[1]. Quoique la date du 14 février 1697 montre bien qu'il y est question de l'entrée de Marie-Catherine aux Carmélites, on a généralement supposé qu'il avait été écrit à l'occasion de cette prise d'habit de Nanette. Dans cette lettre, qui conviendrait également bien d'ailleurs à l'une comme à l'autre de ces douloureuses séparations, il y a un mot bien vrai et qui paraîtrait presque cruel dans une autre bouche que dans celle d'un homme d'une foi si vive, et si profondément convaincu que l'immolation de la nature à Dieu est pleine de douceur dans son amertume : « Au bout du compte, il s'en doit prendre un peu à lui-même. La bonne éducation qu'il lui a donnée, et les sentiments de religion qu'il lui a inspirés, l'ont conduite à l'autel du sacrifice. »

Ce n'eût pas été le dernier des sacrifices que des éducations si pieuses eussent coûtés à Racine, si les enfants qui lui restaient n'eussent été, lorsqu'il mourut, trop jeunes encore pour prendre un parti irrévocable. Élisabeth, sa troisième fille, n'était pas encore en âge de prononcer des vœux en 1699. Elle n'avait pas tout à fait quinze ans, lorsqu'elle perdit son père, étant née le 31 juillet 1684[2]. Mais sa vocation, du reste, était déjà décidée. Dès l'année 1695 on pensait à la mettre chez les dames de Variville, maison de l'ordre de Fontevrauld, en Beauvaisis. Elle y entra peut-être, comme pensionnaire, cette année même. Il est certain du moins qu'au mois de mai 1698, elle était déjà fort habituée à son couvent, et « témoignoit beaucoup de ferveur pour achever de se consacrer à Dieu[3]. » Ce qui montre bien qu'alors elle était depuis

---

1. Voyez dans les *Mémoires* de Louis Racine notre note sur le passage où la lettre est citée.
2. Voyez son acte de baptême aux *Pièces justificatives*, n° XXVIII.
3. *Lettre de Racine à son fils*, 2 mai 1698.

quelque temps déjà séparée de sa famille, c'est que son père écrivait : « *On dit* qu'elle est fort jolie de sa personne, et qu'elle est même beaucoup crue [1]. » Il paraît que cette jolie enfant, tout en faisant admirer sa sagesse dans la maison où on l'élevait, avait un naturel très-vif, un esprit très-impétueux. « Babet, disait son père, m'écrit les plus jolies lettres du monde et les plus vives, sans beaucoup d'ordre, comme vous pourrez croire, mais entièrement conformes au caractère que vous lui connoissez. » D'une telle jeune fille des résolutions trop promptes pouvaient être à craindre. Racine était décidé à ne pas lui permettre de s'engager légèrement, et devait la faire revenir chez lui l'année suivante pour bien examiner et laisser mûrir sa vocation.

Les deux plus jeunes filles de Racine, Fanchon et Madelon (Jeanne-Nicole-Françoise, et Madeleine, nées, la première le 29 novembre 1686, l'autre le 14 mars 1688 [2]), ont naturellement, à cause de leur jeune âge, une moins grande place que leurs sœurs dans les lettres de leur père. Fanchon semblait déjà souhaiter beaucoup la vie de couvent. Elle passa quelque temps à Port-Royal, auprès de la mère de Sainte-Thècle, qui ne pouvait que l'entretenir dans cette disposition. On devait la mettre à Melun, où Nanette l'attendait avec impatience. Voici comment Racine, dans une de ses lettres, parle de Fanchon et de Madelon : « Il tarde beaucoup à Fanchon qu'elle ne soit à Melun avec sa sœur Nanette, et elle ne parle d'autre chose. Sa petite sœur (*Madelon*) n'a pas les mêmes impatiences de nous quitter, et me paroît avoir beaucoup de goût pour le monde (*elle avait alors dix ans.*) Elle raisonne sur toutes choses avec un esprit qui vous surprendroit, et est fort railleuse, de quoi je lui fais la guerre. » On retrouve chez toutes ces filles de Racine quelques traits de leur père.

Le dernier né de ses enfants, celui qui seul osa, très-modestement toutefois, et sans s'écarter des pieux scrupules, chercher à recueillir un rayon du génie poétique de son père, Louis,

---

1. *Lettre de Racine à son fils*, 16 juin 1698.
2. Voyez les deux actes de baptême aux *Pièces justificatives*, n° XXIX et n° XXX.

dont, nous l'avons dit, le petit nom d'enfance était Lionval[1], n'avait pas encore sept ans lorsqu'il perdit son père, étant né le 2 novembre 1692[2]. Mais il avait déjà reçu la première impression ineffaçable de cette éducation si austèrement religieuse, qui, au milieu des soins les plus tendres et les plus doux, jette, il faut bien l'avouer, comme une certaine tristesse, comme une ombre de mélancolie sur la charmante famille du poëte. On s'explique mieux toute la vie de Louis Racine, lorsqu'on lit ce que Mme Racine écrivait à son fils aîné en 1698 : « Le pauvre petit (*Lionval*) promet bien qu'il n'ira pas à la comédie comme vous, de peur d'être damné. » Étrange parole dans la maison d'un poëte, l'immortel honneur de notre théâtre. Il est à croire que Mme Racine, avec des lumières insuffisantes, effrayait quelquefois ces jeunes consciences plus que Racine ne l'eût voulu. Tous deux du reste étaient bons et indulgents. Cet intérieur janséniste était plein de scrupules, mais qu'une parole excessive de la mère ne le fasse pas croire trop sombre. Jamais une accablante sévérité ne comprima les jeunes enfants. Et cependant instruits dans la plus fervente piété avec cette douceur persuasive, qui est toujours plus forte que la contrainte, tous ces enfants, ceux qui restèrent dans le monde, comme ceux qu'ensevelit le cloître, ne furent que plus sûrement conduits à ce que nous pouvons nommer, suivant l'expression du pieux ami de Racine, « l'autel du sacrifice. »

On ne saurait parler de Racine dans sa vie de famille, comme nous venons de le faire, sans donner quelques mots de dernier souvenir à la Ferté-Milon, où il avait encore une part de ses affections domestiques. Ce souvenir d'ailleurs se rattache très-étroitement à ce qui précède. Plusieurs des enfants de Racine furent, aussitôt après leur naissance, envoyés à la Ferté, et confiés aux soins de leur tante paternelle. Racine avait en-

1. Il y avait près de la Ferté-Milon (à 12 kilomètres de distance) une ferme du nom de *Lionval*. Nous n'avons pas appris qu'elle ait jamais appartenu à Racine ; mais il semble bien que le surnom qu'il donne à son fils ne peut venir que de là. Peut-être se rattachait-il à cette ferme quelque souvenir des années passées par le père à la Ferté-Milon. Ou peut-être Louis Racine, que ses parents envoyèrent dans sa première enfance à la Ferté, avait-il eu une nourrice à Lionval.

2. Voyez son acte de baptême aux *Pièces justificatives*, n° XXXI.

core dans son pays natal de nombreux parents, oncles, cousins et cousines. Mais depuis la mort de son aïeul Pierre Sconin et de sa grand'tante Vitart, en 1667 et en 1668, il n'y serait resté pour lui aucun de ces attachements de famille qu'on peut appeler de premier ordre, s'il n'y avait pas eu sa sœur, une des personnes qu'il paraît avoir le plus aimées. Nous avons parlé de cette tendre amitié de jeunesse. Marie Racine s'était mariée un peu avant son frère. Le 30 juin 1676 elle avait épousé M. Antoine Rivière, médecin à la Ferté-Milon, et un peu plus tard, contrôleur, puis grenetier au grenier à sel dans la même ville[1]. Deux filles naquirent de ce mariage : l'une, Marie-Antoinette, le 25 juillet 1677; l'autre, Marie-Catherine, le 21 novembre 1682. Mme Rivière était venue à Paris en 1680 tenir sur les fonts Marie-Catherine Racine. Semblablement Racine alla à la Ferté-Milon servir de parrain à Marie-Catherine Rivière. Il ne put faire le voyage qu'un an après la naissance de l'enfant. Le baptême fut célébré le 5 octobre 1683[2]. C'était la seconde fois que Racine venait tenir un enfant dans l'église de sa ville natale. En 1673[3] il y avait été parrain d'une fille d'Antoine Vitart et de Catherine Sconin, sa cousine germaine, celle-là même qui, dans le baptême de 1683, fut marraine de Marie-Catherine Rivière. On voit dans les lettres de Racine que sa nièce et filleule, qu'on appelait la petite Manon, vint plusieurs fois à Paris passer quelque temps au milieu des enfants de son oncle. L'intime union des deux familles est visible. Plusieurs fois aussi Racine conduisit sa femme et ses enfants dans la maison de sa sœur. Nanette, Fanchon, Madelon et le petit Louis y avaient reçu de Mme Rivière les premiers soins maternels. Là, ces petits nourrissons étaient aimés et choyés par la sœur et le beau-frère de Racine, comme leurs propres enfants. C'étaient toujours M. et Mme Rivière qui demandaient instamment qu'on les leur envoyât. Les enfants partaient pour la Ferté avec toutes sortes de recommandations minutieuses du père, et revenaient élevés

---

1. Voyez l'acte de mariage aux *Pièces justificatives*, n° XXXII.
2. Voyez l'acte de baptême aux *Pièces justificatives*, n° XXXIII.
3. Le 12 novembre. Voyez l'acte de baptême de Constance-Eugénie Vitart (n° XIX), déjà cité à la page 50.

avec une aussi tendre sollicitude que s'ils n'avaient pas quitté la maison de leur mère. Nous apprenons aussi, par la correspondance de Racine avec sa sœur, que c'était par les mains de celle-ci qu'il faisait parvenir à de pauvres parents les dons de sa bienfaisance. Il ne voulait, comme il l'écrivait à Mme Rivière[1], « manquer à aucun d'eux quand ils auroient recours à lui; » et cependant cette famille qu'il avait à aider, était fort étendue. Il eut soin par son testament de charger Mme Rivière de continuer après sa mort ces bonnes œuvres, ainsi qu'une pension pour sa bonne vieille nourrice Marguerite, qui vivait toujours à la Ferté-Milon, et que dans ses lettres il recommandait souvent à sa sœur pour que chaque mois elle lui remît de sa part une petite somme. C'était ainsi que Racine, après s'être acquis tant de gloire, et dans le temps où il vivait parmi ce qu'il y avait de plus grand et de plus illustre à la cour, s'honorait par les vertus modestes de la famille, et que Versailles et Marly ne lui faisaient pas oublier sa petite ville ni les amitiés d'enfance qu'il y avait conservées.

Un autre côté bien noble et bien touchant de sa vie, dans ces dernières années, c'est l'attachement dévoué dont il avait renoué les liens avec d'autres amis de sa première jeunesse, avec les solitaires et les religieuses de Port-Royal. Et là ce n'était pas sans danger pour sa faveur qu'il pouvait remplir ses devoirs. Pour juger équitablement du courage qu'il montra dans ses relations avec une maison si suspecte, il ne faudrait pas rester sur l'impression du célèbre sarcasme du comte de Roucy[2]: « Il ne s'y seroit pas fait enterrer de son vivant. » Le comte de Roucy, courtisan très-rampant[3], croyait sans doute trop facilement à la servilité des autres. Mais, dans le même temps où la mémoire de Racine était raillée avec cette légèreté, Fénelon, meilleur juge, écrivait au duc de Beauvilliers[4], à

---

1. *Lettre de Racine à sa sœur*, 10 janvier 1697.
2. C'est à lui que cette méchanceté est attribuée dans les *Mémoires sur M. de Fontenelle*, tome XI, p. 97 des *OEuvres de Fontenelle*, Amsterdam, 1764, in-12.
3. Voyez les *Mémoires de Saint-Simon*, tome XIII, p. 269.
4. *Lettre* du 30 mars 1699. Voyez la *Correspondance de Fénelon*, Paris, 1827, tome I, p. 81.

propos des visites de la comtesse de Gramont à Port-Royal :
« Elle a obligation à ce monastère, elle n'y croit rien voir que
d'édifiant ; elle a devant les yeux l'exemple de Racine, qui y
alloit très-souvent, qui le disoit tout haut chez Mme de Maintenon, et qu'on n'en a jamais repris. » Nous croyons qu'il n'y a
que les derniers mots qui soient de trop. Il ne semble pas que
Racine ait trouvé à la cour une si parfaite tolérance. Louis Racine, il est vrai, racontant que son père allait souvent à Port-Royal et y menait tous les ans sa famille à la procession du saint
sacrement, dit, dans ses *Mémoires*, que Louis XIV ne parut
jamais l'en désapprouver. Plus loin cependant il rapporte la
petite scène entre Boileau et Racine, lorsque celui-ci se plaignait de n'avoir pas les mêmes priviléges que son ami, à qui
l'on passait très-bien ce que lui-même se voyait imputer à
crime. La vérité de cette piquante anecdote est confirmée par
Brossette[1], qui en tenait le récit de Boileau lui-même. N'y a-t-il pas là une preuve suffisante que, si l'on ne défendait pas à
Racine d'aller à Port-Royal, on savait bien lui donner, à l'occasion, quelques signes de mécontentement ? Son caractère l'y
rendait très-sensible ; et ses craintes, qu'il n'était pas en lui de
cacher, pouvaient fournir prétexte à d'injustes épigrammes
comme celle du comte de Roucy. Boileau, avec son indépendance
plus ferme, plus insouciante, et sa rude et originale franchise,
abordait les difficultés de front, sans embarras, et par là même

---

1. *Recueil manuscrit de la Bibliothèque impériale*, p. 92. — Brossette
ne raconte pas cette conversation tout à fait dans les mêmes termes
que Louis Racine. Voici sa version : « M. Despréaux m'a dit qu'à la
cour M. Racine passoit pour janséniste, et que lui, quoiqu'il le fût
pour le moins autant que M. Racine, et qu'il l'avouât publiquement,
sans façon et sans mystère, n'étoit pas regardé comme tel. M. Racine
s'en étonnoit, et M. Despréaux lui disoit quelquefois : « C'est parce
« que je ne m'en cache pas, et que vous en faites un mystère. Si vous
« n'alliez à la messe que les jours de dimanche et de fêtes, vous ne
« seriez pas regardé comme janséniste. Mais vous y allez tous les
« jours. Que ne faites-vous comme moi ? » Sont-ce bien là les expressions de Boileau ? Acceptait-il ce nom de janséniste ? A-t-il pu dire
que Racine se cachait ? En vérité, cela n'était pas. Mais au fond les
deux récits concordent, et il n'y a pas à douter de leur authenticité
dans ce qu'ils ont d'essentiel.

se rendait moins suspect. Mais le courage plus tremblant de Racine etait aussi méritoire, peut-être même un peu plus, si la vertu se mesure à l'effort. D'ailleurs si Boileau, avec une singulière hardiesse, élevait la voix devant le Roi lui-même en faveur de ses amis, faisait-il plus que Racine, qui mettait ses enfants à Port-Royal au temps où Louis XIV songeait à n'y plus souffrir de novices ni de pensionnaires? Allait-il, ainsi que Racine, y faire souvent des retraites? Ainsi que lui, s'était-il fait comme l'agent dévoué, le chargé d'affaires de la maison? Les preuves du dévouement actif de Racine aux intérêts de Port-Royal sont nombreuses et se trouvent partout.

Nous avons raconté comment il était rentré en grâce auprès du grand Arnauld. La réconciliation avec Nicole avait précédé; elle s'était faite sans peine sous les auspices du célèbre abbé du Pin, parent de Racine[1]. Il y eut depuis, non-seulement oubli des vieilles querelles, mais intimité confiante, comme on le voit par les notes très-curieuses que Racine a écrites à la suite d'entretiens avec Nicole, entretiens à cœur ouvert où il n'y avait rien de caché pour Racine des secrets de la maison. On peut juger de l'amitié qui les unissait par ce passage d'une lettre de Racine à son fils, écrite dans un moment où l'on commençait à s'inquiéter de la santé de Nicole : « Vous avez raison de me plaindre du déplaisir que j'ai de voir souffrir si longtemps un des meilleurs amis que j'aie au monde.... J'ai la consolation d'entendre dire à ses médecins qu'ils ne voient rien à craindre pour sa vie, sans quoi je vous avoue que je serois inconsolable[2]. » Nous savons par une des histoires de Port-Royal[3] que Racine visitait alors fréquemment son ancien maître dans la petite maison de la place du Puits-l'Hermite, qui appartenait aux religieuses de la Crèche, et qui était devenue le rendez-vous de tous les fidèles amis de Port-Royal, tels que Boileau, Tréville, le Tourneux, Santeul. Lorsque Nicole, au mois de novembre 1695, eut la première des at-

---

1. Louis-Ellies du Pin, père de l'abbé du Pin, avait épousé la sœur aînée de Nicolas Vitart.
2. *Lettre* du 1er octobre 1693.
3. *Histoire de Port-Royal* (Cologne, M.DCC.LII, 6 vol. in-12), tome V, p. 508.

taques d'apoplexie auxquelles il devait succomber, Racine, à la nouvelle de l'accident, accourait de Versailles à Paris, apportant des gouttes d'Angleterre, qui dans le premier moment parurent ressusciter le malade[1]. Cette amitié, ce dévouement, montrés si publiquement, sont un des meilleurs témoignages en faveur de Racine. Il en est un d'ailleurs que nous trouvons expressément rendu par Nicole lui-même, dans une lettre de félicitation qu'à la fin de 1690 il adressait à son ami, nommé gentilhomme ordinaire : « Je me réjouis, lui écrivait-il, que la malice et les préventions ne puissent pas tout. Mais je me réjouis encore bien plus *qu'on n'ait pas été intimidé de ces préventions*, et *qu'en allant son chemin sans crainte*, on ne soit tombé dans aucun inconvénient. »

Les relations de Racine avec Arnauld ne furent pas moins amicales qu'avec Nicole. Depuis le jour où il avait obtenu le pardon du grand solitaire, jusqu'à celui où l'exil les sépara en 1679, le temps est court. Il fut bien mis à profit sans doute pour un rapprochement de plus en plus intime; car, dans les lettres que de son refuge Arnauld écrivait à Racine, il lui parlait comme à un de ses meilleurs amis, « très-généreux et très-effectif, » et pouvait lui dire : « Je me flatte qu'il n'y a guère de personne que vous aimiez plus que moi[2]. » Jean-Baptiste Racine connaissait bien cette amitié, et singulièrement disposé, il est vrai, à faire ressortir, dans la vie de son père, les sentiments que lui-même partageait, il ne voulait rien écrire sur cette vie, sans être libre, disait-il, « de bien instruire la postérité du respect ou, pour mieux dire, de la passion que Racine avoit pour M. Arnauld[3]. » S'il eût exécuté son dessein, nous aurions peut-être sur *cette passion* plus de détails encore. Ceux qui nous ont été conservés suffisent. Arnauld avait souvent quelques services à demander pour des amis de la bonne cause, et il s'adressait avec confiance à Racine, qu'il exhortait à faire usage de son crédit, *talentum familiaritatis*, comme il disait. Racine s'employait de son mieux en faveur des amis

---

1. *Lettre de Mme de Coulanges à Mme de Sévigné*, 18 novembre 1695, tome X des *Lettres de Mme de Sévigné*, p. 331 et 332.
2. *Lettre* du 15 juillet 1693.
3. *Lettre à Louis Racine*, 6 novembre [1742].

d'Arnauld, en faveur d'Arnauld lui-même. Lorsque M. de Pompone cherchait à faire rentrer en France le vieillard proscrit (c'était en 1694, dernière année de la vie d'Arnauld), Racine fut l'intermédiaire zélé de la négociation secrète. Il avait toujours été en communication fréquente avec l'illustre exilé. Il lui envoyait ses écrits. Arnauld était toujours disposé à les goûter, à les admirer, même le discours académique de 1685, quoique, cette fois, dans son approbation, il fît sentir quelques sages réserves sur l'excès des louanges données au Roi. Mais ce furent surtout les tragédies saintes qui le charmèrent, *Esther* plus même qu'*Athalie*, parce qu'elle lui semblait plus édifiante encore. Il en avait demandé plusieurs exemplaires pour les distribuer. Lorsque le cœur d'Arnauld, mort sur la terre étrangère, fut rapporté à Port-Royal, Racine fut, dit-on, parmi les amis du dehors le seul qui ne craignit pas d'être présent à cette touchante cérémonie, ou plutôt peut-être au service qui avait été célébré quelque temps auparavant[1]. Il rendit aussi hommage à une mémoire si chère par une épitaphe en vers et par une autre petite pièce écrite pour le portrait du grand docteur. Ces vers d'une élégante et noble simplicité ont été surpassés par l'épitaphe si pathétique et si vigoureuse que composa Boileau; celui-ci jugeait un peu sévèrement que les vers de Racine sur Arnauld ne disaient rien, et qu'il avait molli[2]. Du reste, si l'inspiration de Racine fut moins forte, on ne saurait conclure de là qu'il ait été, en cette circonstance, plus timide que son ami, puisque ni l'un ni l'autre ne purent songer à publier leurs

---

1. La *Biographie universelle* (article *Antoine Arnauld*) dit que le fait est consigné dans une petite pièce du temps. Il s'agit sans doute des vers qui, sous le titre de *Conclusion*, se trouvent à la page 331 du tome II des OEuvres de Santeul (*Joannis-Baptistæ Santolii Victorini operum omnium* editio tertia, Parisiis, apud fratres Barbou, M.DCC.XXIX):

Dans les siècles futurs, Arnauld, vivra ta gloire....
Car le Parnasse entier travaille à ton honneur·
   Santeul fait des vers sur ton cœur;...
   Racine assiste à ton service.

2. Brossette, *Recueil manuscrit de la Bibliothèque impériale*, p. 91.

épitaphes. Peu de temps après, lorsqu'on eut arraché à Santeul la rétractation de ses beaux vers latins sur le cœur d'Arnauld, parut le *Santolius pœnitens* de Rollin, que l'on traduisit en vers français. Cette traduction fut attribuée à Racine, qui n'en était cependant pas l'auteur[1]. Ce fut le prétexte d'un violent déchaînement des haines que lui avait méritées son noble attachement à Port-Royal. Dans une harangue latine prononcée au collége des Jésuites (collége de Louis-le-Grand), un régent de troisième s'était proposé cette thèse : Racine est-il chrétien? est-il poëte? *Racinius an christianus? an poëta?* Et naturellement sa conclusion était : il n'est ni l'un ni l'autre[2]. Contre ces attaques fanatiques Racine avait pour protection l'amitié de quelques jésuites, du P. Bouhours par exemple, et, bien plus puissante encore, celle du P. de la Chaise. Mais il n'en sentait pas moins qu'il n'y avait pas de rempart assez assuré contre des inimitiés rendues très-dangereuses par les défiances qu'inspirait au Roi tout ce qui sentait le jansénisme. Toutefois il restait fidèle aux persécutés. C'est ainsi que par la lettre citée tout à l'heure du fameux P. Quesnel, qui avait été jusqu'à la tombe le compagnon d'exil d'Arnauld et lui avait fermé les yeux, nous avons pu juger des relations très-affectueuses établies entre Racine et cet ami de l'indomptable proscrit, relations attestées aussi par les lettres que Racine écrivait à son fils en 1698. Il y aurait à nommer un grand nombre d'amis de Port-Royal qui furent en même temps ceux de Racine, les du Fossé, les Dodart, et bien d'autres. Un nom qu'il ne faut pas oublier, c'est celui de Willard, un des correspondants les plus affidés d'Arnauld et du P. Quesnel. Il logeait dans le

1. Dans les *OEuvres* de Santeul (édition citée ci-dessus) la traduction du *Santolius pœnitens* a pour titre (p. 301 du tome II): *Traduction par M. Racine*. La Grange-Chancel, dans sa préface de *Jugurtha*, prétend qu'on ne doit pas croire au désaveu de Racine. Cependant ce désaveu est très-positif dans la lettre de Racine à Boileau, du 4 avril 1696. Ce que dit Louis Racine du véritable auteur Boivin le jeune n'a pu être inventé. Au surplus, quand on a lu ces vers, il nous semble qu'il ne reste plus de doutes : leur médiocrité est décisive.

2. *Lettre de le Franc de Pompignan à Louis Racine*, 9 novembre 1751, dans les *OEuvres de Louis Racine*, Paris, 1808, tome V, p. 213.

voisinage du poëte, et s'était lié très-intimement avec lui. Son nom se lit au bas de l'acte de mariage de Mme de Morambert, et aussi de l'acte de décès de Racine. Le commerce amical datait d'assez loin. En 1692, Racine, dans une lettre à sa femme, lui disant à quels amis il faut communiquer les nouvelles qu'il donne, associe au nom de Boileau celui du « cher M. Willard. »

De telles liaisons ne suffisaient-elles pas pour se faire accuser de ce crime si particulièrement odieux à Louis XIV, le crime de *ralliement?* Cependant ce qui pouvait compromettre Racine plus encore, c'étaient les services qu'il rendait très-ouvertement à la maison de Port-Royal. On l'y chargea longtemps, nous l'avons dit, de beaucoup d'affaires délicates. Il prêtait sa plume aux religieuses, il négociait pour elles. Son intervention devint surtout plus active depuis la nomination à l'archevêché de Paris de M. de Noailles, dont on avait lieu d'espérer plus de bienveillance et de justice que de son prédécesseur. Mais auprès de M. de Harlay lui-même, on avait déjà employé son zèle pour quelques démarches.

Port-Royal n'aurait pu trouver un négociateur mieux choisi pour se faire écouter d'un prélat homme d'esprit et homme du monde, qui d'ailleurs, avec Racine, devait avoir quelque égard à la confraternité académique. Dans la redoutable visite que M. de Harlay avait faite au monastère des Champs le 17 mai 1679, on avait remarqué qu'il avait voulu s'entretenir assez longuement des affaires de la maison avec Racine, qui se trouvait dans l'église lorsque l'Archevêque y entra[1]. Quelle qu'ait pu être, en cette occasion et dans d'autres, sa courtoisie avec notre poëte, il ne dut pas toujours être facile ni agréable pour celui-ci de traiter des intérêts de Port-Royal avec un homme qu'il devait regarder comme un persécuteur. Si l'on veut juger de la vivacité avec laquelle Racine entrait dans les ressentiments et les douleurs de ses amis, on n'a qu'à lire les extraits qu'il avait faits de quelques prophètes, et en tête desquels il avait écrit : *Port-Royal*, et *Filles de l'Enfance.* Dans sa pensée bien de ces terribles paroles des prophètes s'appliquaient sans doute à l'Archevêque si dur pour l'une et l'autre maison,

---

[1] *Histoire de Port-Royal* (Cologne, 1752), tome II, p. 509.

Cependant il n'en fallait pas moins tâcher d'obtenir de lui tout ce qu'on pouvait. A la fin de 1694 (la mère Agnès de Sainte-Thècle était alors abbesse depuis quatre ans), le supérieur de l'abbaye, M. de la Grange, ayant été appelé à une cure, il s'agissait de lui trouver un successeur. On chargea Racine de proposer différents choix à M. de Harlay, d'abord M. Tronchai, puis M. de la Barde ou M. le Caron. Il y eut à ce sujet de nombreuses visites du négociateur à l'Archevêque[1]. Dans l'une d'elles, M. de Harlay, un peu railleur sans doute, engagea Racine à s'adresser au Roi. Racine déclina le charitable conseil en faisant observer au prélat que le Roi lui demanderait « depuis quand il étoit devenu directeur de religieuses? » Tous les supérieurs que Racine avait demandés, ayant été écartés ou par leur refus ou par celui de l'Archevêque, on proposait en dernier lieu le curé de Saint-Séverin; et comme un jour, à Versailles, Racine insistait pour obtenir le consentement de M. de Harlay, un évêque qui était présent lui dit tout bas : « Prenez patience, ne voyez-vous pas la mort peinte sur son visage[2]? » L'Archevêque en effet mourut peu après, le 6 août 1695.

Ce fut aussi Racine que Port-Royal dépêcha vers son successeur, M. de Noailles, pour lui porter les compliments de la communauté et l'entretenir de l'état où elle était alors. Il alla rendre également visite à la duchesse de Noailles, mère du nouvel archevêque, et lui demander sa protection pour les religieuses. L'objet particulier de ses démarches était toujours le choix d'un supérieur. Ce choix restant encore indécis l'année suivante, il écrivait de Marly, pour se faire l'interprète des vœux du monastère, un mémoire qu'il faisait présenter au prélat par la maréchale sa belle-sœur. On voit qu'il trouvait bien des appuis dans cette maison de Noailles, et qu'il ne s'épargnait pas pour y recourir. Avec son expérience de la cour et du monde, ses conseils étaient aussi sages que son zèle était infatigable et son concours effectif. Après sa première visite à M. de Noailles, il écrivait à sa tante, le 30 août 1695 : « On vous conseille de le laisser

---

1. *Histoire de Port-Royal* (Cologne, 1752), tome II, p. 594 et suivantes.
2. *Ibidem*, p. 595.

faire, et de ne point témoigner au public une joie et un empressement qui ne serviroient qu'à le mettre hors d'état d'exécuter ses bonnes intentions. Je sais qu'il n'est pas besoin de vous donner de tels avis, et qu'on peut s'en reposer sur votre extrême modération. Mais on craint avec raison l'indiscrète joie de quelques-uns de vos amis et de vos amies, à qui on ne peut trop recommander de garder un profond silence sur toutes vos affaires. » La longue négociation pour la supériorité finit par réussir au gré des religieuses, qui, au mois de mars 1696, obtinrent, grâce à Racine, la nomination de l'abbé Roynette, grand vicaire de l'Archevêque.

Elles eurent encore cette même année de grandes obligations à un ami si officieux. Les religieuses de Port-Royal de Paris avaient entrepris de faire revenir sur le partage des biens des deux maisons réglé en 1669. A cet effet elles avaient présenté une requête au Roi. Racine écrivit, pour la défense des religieuses des Champs, un mémoire qui assura le gain de leur cause. Il voulut, assure-t-on, en composer un autre d'un intérêt moins restreint, à la demande de M. de Noailles, qui désirait avoir, pour éclairer sa justice, un exposé sommaire des affaires de Port-Royal, depuis l'origine. Jean-Baptiste le dit dans une lettre à son frère[1]. Ce mémoire ne serait, à ce qu'on a prétendu, que l'*Abrégé de l'Histoire de Port-Royal* qui a pris place parmi les œuvres de Racine. Cela ne paraît pas admissible, un passage de cette histoire indiquant assez clairement qu'elle avait déjà été commencée en 1693, sous l'épiscopat de M. de Harlay. Du reste on a la preuve aussi que l'auteur y travaillait encore en 1698. Elle fut une des plus chères occupations de ses dernières années. Non-seulement par sa simplicité élégante et grave elle donne, quoique dans un sujet qui n'était point d'un intérêt général, et ne permettait pas un grand essor, une idée de ce que Racine historien était capable de faire; mais surtout elle reste comme un pieux monument de ce fidèle attachement à Port-Royal dont nous avons essayé de rassembler les témoignages.

Tandis que la vie morale de Racine, malgré quelques reproches que l'on peut faire encore à ses faiblesses de courti-

---

1. *Lettre à Louis Racine*, 3 septembre [1742].

san, avait tant gagné en pureté et en grandeur, sa vie poétique, par un contraste attristant, s'était-elle à jamais éteinte? Ce feu divin du génie, que les vertus de l'âme ne sembleraient pouvoir que nourrir et vivifier, devait-il cette fois être par elles, sinon étouffé, du moins tenu toujours caché à tous les yeux? Fallait-il que le poëte payât de ce prix le retour aux sentiments religieux de son enfance, et l'austère satisfaction qu'il trouvait dans l'accomplissement des devoirs du chrétien et du père de famille? Par bonheur il n'en fut rien. La poésie, du sein même de cette piété pénitente qui paraissait l'avoir ensevelie sous sa cendre, jaillit tout à coup, et éclata avec une splendeur que n'avait pas égalée peut-être celle des plus belles œuvres de Racine, même au temps du libre épanouissement des forces de sa jeunesse. De nouveaux trésors s'étaient formés dans les profondeurs de ce génie remué et renouvelé par les inspirations religieuses. Il fallut sans doute un hasard pour les en faire sortir; mais le hasard, si ce mot a un sens, a coutume de venir à point nommé pour favoriser l'éclosion des grandes choses et prêter son aide aux grands hommes. Tout ce qui était pour Racine obstacle à de nouvelles productions, fut justement ce qui lui rouvrit la carrière. La cour, qui avait si malheureusement détourné de la véritable voie son talent d'écrivain, lui en demanda un jour, en dehors de ses travaux historiques, le plus heureux emploi, et ce Port-Royal même, dont les scrupules le tenaient éloigné du théâtre, anima de son esprit deux chefs-d'œuvre de la scène sanctifiée.

Racine était depuis longtemps en grande faveur auprès de Mme de Maintenon, dont il était protégé, comme, à son entrée à la cour, il l'avait été de Mme de Montespan. C'est même plus particulièrement à Mme de Maintenon qu'il semble avoir plu. Elle le goûtait plus que Boileau, tandis que Mme de Montespan avait souvent marqué une préférence contraire. Voilà du moins, au témoignage de Louis Racine, ce que disait Boileau lui-même; et c'est pourquoi celui-ci écrivait à son ami : « Vous faites bien de cultiver Mme de Maintenon.... L'estime qu'elle a pour vous est une marque de son bon goût [1]. » Un petit fait prouve à quel point Racine avait la confiance de la fondatrice

---

1. *Lettre de Boileau à Racine*, 9 août 1687.

de Saint-Cyr. Les constitutions de la maison de Saint-Louis lui furent soumises, pour qu'il eût, avec Boileau, à les examiner et à en corriger le style. On était fort avant dans les bonnes grâces de Mme de Maintenon, quand on était appelé par elle à prendre quelque part dans son œuvre de prédilection. Racine fut aussi chargé de composer une inscription pour la croix de la supérieure de Saint-Cyr. Il donna les deux vers qui y furent gravés :

> Elle est notre guide fidèle,
> Notre félicité vient d'elle [1];

équivoque ingénieuse, qu'il est peut-être permis de trouver plus délicatement flatteuse que sévèrement chrétienne. Mme de Maintenon allait bientôt demander au poëte pour Saint-Cyr d'autres vers que ceux-là. On avait imaginé de former le goût des jeunes demoiselles de cette maison par quelques exercices dramatiques. Les petites pièces composées par la supérieure avaient paru trop mauvaises. On avait joué *Andromaque;* mais de telles récréations sentaient trop le théâtre. Mme de Maintenon eut l'idée d'engager Racine à écrire à ses moments perdus un petit poëme qui ne fût pas destiné à sortir de l'ombre d'une classe de jeunes filles. La demande d'un travail si modeste ne pouvait guère effrayer la conscience de Racine, mais seulement lui faire craindre de manquer à ce qu'il devait à sa renommée. Il hésita, et Boileau lui conseillait de se dérober à une tâche si ingrate. L'obéissance finit par l'emporter, et sans doute aussi la secrète conscience de cette veine nouvelle qui allait s'ouvrir et produire une œuvre admirable, sous le nom d'un amusement de pensionnat. Il choisit le sujet d'*Esther*, qui ne lui laissait aucun scrupule de religion, puisqu'il y chantait les louanges de Dieu, et où tant de choses répondaient (nous le voyons du moins après la merveilleuse exécution) au caractère et à la situation des enfants pour qui la pièce était faite, à tout ce que Mme de Maintenon pouvait désirer pour sa propre gloire, et aux plus intimes pensées du poëte tout plein des images de Port-Royal persécuté et de ses filles gémissantes. Toutes ces allusions si diverses, celles du courtisan

---

1. *Histoire de la Maison royale de Saint-Cyr*, par Th. Lavallée (Paris, 1856, 1 vol. in-8º), p. 41, note 2.

qui savait flatter avec tant de grâce, et celles de l'ami fidèle des proscrits, toutes ces inspirations, les unes mondaines, les autres profondément pieuses, furent fondues comme d'un seul jet dans cette tragédie ravissante et vraiment céleste. Le travail, qui, malgré sa perfection, paraît avoir été rapide, était achevé au commencement de 1689. *Esther* fut représentée pour la première fois à Saint-Cyr le 26 janvier de cette année. En dépit de quelques attaques, il n'y eut pas dans toute la carrière de Racine de succès aussi éclatant. La gloire, qu'il avait fuie, revenait à lui plus souriante et en même temps plus pure que jamais, modestement couronnée comme Esther, et cherchant à cacher son éclat sous les voiles de la piété, qui la rassuraient. Il est permis de croire que le signal donné à l'admiration de tous par Mme de Maintenon et par Louis XIV, et l'éblouissant prestige de ces représentations royales, où c'était un privilége si envié d'être admis, ouvrirent au mérite de la pièce bien des yeux moins clairvoyants d'ordinaire : l'esprit de cour, dans les jugements qu'il inspire, ne se rencontre pas toujours aussi heureusement avec la vérité et le bon goût.

Deux ans après, pour Saint-Cyr encore, une nouvelle œuvre, également inspirée par les livres saints, était sortie des mains du poëte. Elle ne pouvait surpasser le charme de la première ; mais, plus vraiment tragique, elle est d'un ordre supérieur, d'une beauté plus haute et plus complète. Là rien ne manque à la grandeur de la conception, à l'intérêt dramatique, à la peinture des caractères, au profond sentiment de la sublimité biblique, à l'éloquence et à la perfection de la poésie. Les premières répétitions d'*Athalie* eurent lieu à Saint-Cyr devant le Roi, en janvier et en février 1691. Mais depuis le succès d'*Esther*, qui avait transformé la maison de Saint-Louis en un brillant théâtre de cour, des scrupules sincèrement sévères et des scrupules hypocrites, l'envie aussi, cruellement surprise par la résurrection d'une gloire dont elle s'était crue délivrée, avaient, en criant partout au scandale, inquiété la conscience de Mme de Maintenon. Il fallut donc, quand tout était prêt pour le spectacle d'*Athalie*, dérober le chef-d'œuvre à tout éclat et le cacher dans l'obscurité discrète de la classe bleue de Saint-Cyr, puis d'une chambre de Versailles, où il fut récité sans appareil, sans décorations, sans costumes. Malgré cette excessive simplicité de représentation, la pièce produisit un grand effet sur le Roi, les princes et les quelques personnes de distinction qui la virent. Mais, imprimée cette année même, elle trouva les lecteurs plus froids. Arnauld lui-même, tout en l'admirant, marqua quelque préférence pour *Esther*. Est-il besoin de dire que les ennemis du poëte, voyant le public peu disposé à l'enthousiasme, profitèrent de l'occasion, qui leur parut bonne, pour se permettre les attaques les plus violentes? Jamais plus grande œuvre du génie ne fut accueillie par de telles insultes. La fortune cette fois était décidément moins favorable à Racine. Il en vint à douter de son *Athalie*, et craignit de s'être trompé. Il fallut que Boileau, comme après *Phèdre*, soutînt son courage dans cette nouvelle épreuve.

Le théâtre de Saint-Cyr étant fermé à Racine, *Athalie* fut son adieu irrévocable à la tragédie. Toutefois, après ses deux pièces immortelles, la muse sacrée lui inspira encore quelques chants. Les chœurs d'*Esther* et d'*Athalie* avaient déjà révélé en lui le grand poëte lyrique. Il ne resta pas inférieur à lui-même dans les quatre cantiques spirituels qu'il composa en 1694. Comme ces odes, si simples dans leur beauté parfaite, d'une inspiration si naturelle, et qui semblent des voix descendues d'une région plus haute que celle de l'art, viennent bien clore, au soir de sa vie, la carrière achevée du poëte!

Si nous avions suivi l'ordre exact des temps, et celui même qu'indiquait sans doute comme le plus naturel la supériorité de ces dernières productions poétiques, auprès desquelles tout pâlit, il ne devrait plus rien nous rester à dire de la vie littéraire de Racine. Rappelons cependant en quelques mots ce qui n'a pu jusqu'ici trouver place. Quoique, depuis le grand changement qui s'était fait dans l'âme de Racine en 1677, le poëte n'ait véritablement reparu que dans les œuvres religieuses entreprises pour Saint-Cyr, il avait toutefois été amené en quelques autres circonstances à se souvenir de ce qu'il avait été autrefois.

Le 16 juillet 1685, le marquis de Seignelay donna au Roi une fête magnifique dans ses jardins de Sceaux. Racine ne put refuser de composer pour cette fête ce qu'on appela un petit opéra, et qui ne fut autre chose qu'une courte pièce de vers, mise en musique par Lulli, et connue sous le titre d'*Idylle de la Paix*. Il s'agissait de louer le Roi, et de ne point manquer de complaisance pour cette maison de Colbert, à qui Racine avait eu de tout temps de grandes obligations.

Le 2 janvier de la même année 1685, il avait eu l'occasion, disons même le devoir d'oublier un moment ses objections contre toute poésie profane, particulièrement contre celle du théâtre. Directeur de l'Académie à la réception de Thomas Corneille, qui succédait à son illustre frère, il se trouvait chargé de rendre hommage à la mémoire d'un grand homme dont toute la gloire appartenait à la scène. Dans le même temps où il se condamnait lui-même, glorifier Corneille, c'est peut-être une contradiction; mais elle est touchante et noble, d'autant plus qu'alors même une malignité dénigrante continuait à vouloir humilier Racine sous la renommée de son rival. Il parla du père du théâtre dans un magnifique langage, et fit entendre sur ces sublimes dons du ciel, la poésie et l'éloquence, des paroles qui n'étaient point celles d'un dévot méticuleux, mais d'un grand esprit sachant encore honorer ce qu'il a eu le courage de fuir comme un danger pour sa faiblesse.

Cette occasion ne fut pas la seule où Racine, à l'Académie, dut reconnaître qu'après tant d'années si glorieusement consacrées aux lettres, un complet divorce avec elles n'est pas facile à maintenir. Il n'en avait même pas fini avec les querelles qui trop souvent divisent leur république. Lorsque la guerre des anciens et des modernes fut allumée par Perrault, Boileau se mit en campagne, et communiqua, tant qu'il put, son ardeur belliqueuse à Racine, naturellement défenseur, comme lui, des anciens. Aussi les représailles que le satirique s'attira, n'épargnèrent-elles pas son ami. Nous avons rencontré dans un Recueil manuscrit[1] cette épigramme :

> Perrault, tu t'es fait une affaire
> Contre deux fâcheux ennemis :
> L'un est satirique et colère;
> L'autre est dévot, c'est encor pis.

Deux autres épigrammes contre les deux poëtes, composées également au temps des *Parallèles* de Perrault, se trouvent

---

1. C'est un volume in-4º de mélanges, qui est à la bibliothèque de l'Arsenal, *Belles-Lettres*, nº 362. L'épigramme est à la page 102.

dans le *Chansonnier Maurepas*[1]. Dans l'une d'elles, faisant allusion à l'obscurité de leur naissance, qui aux yeux de l'envie les faisait paraître déplacés à la cour, on les appelle « gens soi-disant de Versailles. » Il n'y a pas beaucoup à citer dans ces plates invectives.

La querelle entre les détracteurs et les champions de l'antiquité était encore dans toute sa force, lorsqu'au milieu d'esprits déjà si émus, la réception de la Bruyère à l'Académie, le 15 juin 1693, excita un autre orage. La Bruyère était très-estimé de Racine et de Boileau, qui avaient beaucoup contribué à son élection. Il insinua dans son remercîment que « si l'on attendoit la fin de quelques vieillards, » Racine pourrait bien être non-seulement égalé à Corneille, mais préféré. Les vieux corbeaux, suivant l'expression dont il se servit dans la préface de ce discours, se mirent à croasser. Leur parti dans l'Académie demanda que la Compagnie ne permît pas l'impression du discours, à moins que le criminel passage ne fût retranché. On prétend que Racine fit dire à ses confrères par Bossuet que, si on lui faisait cette injure, il ne remettrait pas les pieds à l'Académie et se plaindrait au Roi[2]. Telle est la version des ennemis, exagérée sans doute et envenimée, sinon tout à fait mensongère. Une seule chose est certaine, c'est que la cabale ameutée contre la Bruyère, Racine et Boileau fit pleuvoir sur eux les chansons et les épigrammes :

> Les quarante beaux esprits
> Grâce à Racine ont pris
> L'excellent et beau la Bruyère,
> Dont le discours n'étoit pas bon.
> Du dernier je vous en réponds,
> Mais de l'autre, non, non.

> Avec d'assez brillants traits
> Il fit de faux portraits.
> Racine au-dessus de Corneille

---

1. Tome VII, fol. 349 et 357.
2. C'est ce qu'affirment des notes du *Chansonnier Maurepas* (tome VII, fol. 431 et 445) sur des épigrammes faites à l'occasion de la réception de la Bruyère.

Pensa faire siffler, dit-on.
Du dernier, etc.

Racine, ce franc dévot,
　En a fait dire un mot
Par un grand et modeste évêque,
　Qui vint menacer en son nom.
Du dernier, etc.

Le Recueil de Maurepas, qui donne cette chanson[1], en a plusieurs autres sur le même sujet, où le point de mire de ces violentes attaques est toujours la dévotion de Racine, qu'on voulait faire passer pour grimace et hypocrisie, par exemple encore dans ce couplet :

Ta vanité me chagrine :
Loin d'être friand d'honneur,
La dévotion, Racine,
Veut qu'on soit humble de cœur. —
Je ne saurois. —
Fais-en du moins quelque mine. —
J'en mourrois[2].

Par bonheur ces ennemis de notre poëte, qui prétendaient faire de lui un tartuffe, n'étaient guère moins sots que méchants. Ils donnaient leur mesure, et montraient assez combien ils étaient bons juges de la piété sincère, lorsque dans une de ces épigrammes où Racine est le plus maltraité, ils faisaient un crime à la Bruyère d'avoir osé louer Bossuet en face d'un évêque tel que Harlay :

Quand il parle de Bossuet
En présence de Harlay même,
C'est le prélat le plus parfait :
Tant il flatte ceux qu'il aime[3] !

Esther, *Athalie* et les *Cantiques* étant autre chose pour Ra-

---

1. Tome VII, fol. 431. — 2. *Ibidem*, fol. 453.
3. *Ibidem*, fol. 445. — Les mêmes réclamations en faveur des vertus épiscopales de l'archevêque de Paris se retrouvent dans une autre pièce du même recueil écrite aussi contre Racine et Despréaux, tome VII, fol. 437.

cine que des œuvres purement littéraires, les occasions qu'il eut de se retrouver encore homme de lettres, furent, on le voit, bien rares; et rien là, pas même son grand discours académique, ni son *Idylle de la Paix*, ne peut autoriser à dire qu'il n'ait pas fidèlement gardé rigueur à son ancienne gloire.

Faut-il expliquer par cet austère renoncement le peu de place qu'à l'étonnement de bien des personnes tiennent les choses de l'esprit dans sa correspondance avec Boileau? Eh quoi? dit-on, ces deux poëtes, une fois hors de leur œuvre, vont ainsi terre à terre! Ils s'écrivent sans échanger une idée sur leur art, sans être jamais curieux de s'interroger et de s'éclairer mutuellement sur les secrets du génie! Leur besogne faite, comme des ouvriers qui ont déposé leurs outils, ils avaient donc hâte d'oublier leur métier et ne s'en souciaient plus? Car se consulter sur quelque expression, sur quelque épithète d'une ode ou d'un cantique, cela ne compte pas. Ainsi sommes-nous faits, nous, hommes du dix-neuvième siècle, grands théoriciens de l'art, habitués à disserter. Nous attendrions de Racine et de Boileau un peu d'*esthétique*, et nous sommes tout prêts à dire qu'ils avaient bien peu de vues. Mais il est sage de comprendre et d'accepter la différence des temps. Deux grands poëtes trouvaient alors tout simple de s'entretenir sans prétention des choses les plus ordinaires et de s'en tenir là. Louis Racine a très-bien dit : « Mon père écrivoit à la hâte à Boileau, et Boileau lui répondoit de même. Ces lettres dans lesquelles ils ne cherchoient point l'esprit, font connoître leur cœur. » Il faut dire toutefois que celles de Racine surtout, bien qu'écrites d'une plume rapide et tout simplement, sont toujours d'un excellent style, et qu'il y a mis, comme sans y prendre garde, bien des traits fins et délicats. Nous croyons qu'à cet âge où il ne courait plus, comme dans sa jeunesse, après le bel esprit, il les eût faites à peu près telles qu'elles sont, même s'il n'eût pas été dévot et janséniste, s'il n'eût pas été si fort en garde contre ses penchants littéraires.

Qu'on ne s'imagine pas du reste que depuis sa conversion il exagérât ses scrupules au point qu'on l'a dit quelquefois. S'il évitait de parler de ses pièces, s'il n'assistait plus aux représentations qu'on en donnait, si même, comme le dit Louis Racine, il fit, lorsqu'il vit la mort approcher, et dans une inquiétude suprême, brûler sous ses yeux l'exemplaire chargé de corrections qu'il avait préparé pour une édition nouvelle, il n'en est pas moins impossible d'admettre qu'il n'ait donné aucun soin aux éditions de 1687 et de 1697, où se trouvent des changements assez nombreux. Sans doute il en surveilla très-peu l'impression ; mais il donna quelques variantes aux libraires. « Il n'y a nulle apparence, dit cependant son fils, que l'auteur, tant d'années après avoir renoncé au théâtre et même à la poésie, ait fait un nouveau travail sur ses tragédies[1]. » Mais le fait qu'il juge inexplicable ne peut être nié. L'explication est probablement que Racine ne croyait pas très-criminel d'effacer çà et là des taches dans des ouvrages depuis longtemps publiés, et dont il n'aggravait pas le danger en y introduisant quelques corrections.

Une infidélité moins vénielle à ses pieuses résolutions, et dont on a droit de s'étonner davantage, c'était de n'avoir pas renoncé à faire des épigrammes. Passe encore pour celles qui lui échappaient en prose, comme ce jour où l'on voulait savoir ce qu'il disait du livre de Perrault contre Homère, et où il répondait : « Je dis que Perrault n'entend pas le latin[2] ; » ou bien encore lorsqu'à l'Académie il allait faire son compliment à ce même Perrault sur son poëme du *Siècle de Louis le Grand*, le louant d'un jeu d'esprit « qui cachait si bien ses vrais sentiments[3]. » De ces traits piquants, que Racine ne savait pas refuser à l'à-propos, on eût pu sans doute faire un gros recueil, au temps surtout de la querelle des anciens et des modernes. On comprend bien qu'il devait lui être difficile de se guérir entièrement de la malice, son péché d'habitude ; ce n'était pas pour rien qu'il avait, selon la remarque de Valincour, ce nez pointu auquel on reconnaît les railleurs. Avec les dispositions si moqueuses qu'on lui avait toujours connues, que de peine il devait avoir à retenir un bon mot ! Mais dans des épigrammes que l'on rime il y a nécessairement un peu plus de préméditation ; et Racine en a fait quelques-unes de très-

---

1. *OEuvres de Louis Racine* (édition de 1808), tome V, p. 261.
2. *Les Dépêches du Parnasse ou la Gazette des savants*, 1 vol. in-12, seconde dépêche, du 15 septembre 1693, p. 20 et 21.
3. *Mémoires de Charles Perrault*, p. 202.

mordantes, dont la date paraît dans sa vie pénitente un véritable anachronisme. Celle sur l'*Aspar* de Fontenelle est de 1680 ou de 1681. Ce fut plus tard encore, en 1694 et 1695, qu'il décocha des traits si malins contre le *Germanicus* de Pradon, le *Sésostris* de Longepierre, la *Judith* de Boyer. Sans doute il ne publiait pas ces épigrammes; cependant les composer et les laisser courir nous semble déjà beaucoup trop. Et qu'auraient dû lui importer ces pauvres tragédies, quand il avait renoncé à toutes les vanités poétiques? Le vieil homme a bien de la peine à mourir! A propos de cette humeur satirique de Racine, Valincour dit que « dans les dernières années de sa vie, la piété dont il faisoit profession l'avoit porté à se modérer[1]. » Il se peut; mais il ne remporta du moins sur lui-même qu'une victoire très-imparfaite, et l'on était en droit d'attendre plus. Racine a porté la peine de ces manquements à la charité, assez étranges pour un converti. D'abord c'était rentrer dans la mêlée, et provoquer, comme nous l'avons vu, les grossières ripostes des haines toujours vivantes. Elles pouvaient sans doute être méprisées; mais il y a une guerre plus dangereuse qu'on fait toujours facilement aux satiriques; Boi-

---

1. L'abbé Irailh, tome I, p. 339 des *Querelles littéraires* (4 vol. in-12, Paris, chez Durand, M.DCC.LXI), dit exactement le contraire : « Sa dévotion ne réforma pas son caractère caustique.... Ce poëte, dont tous les ouvrages respirent la douceur et la mollesse, renfermoit dans son cœur le fiel le plus amer. Indépendamment des épigrammes sur l'*Aspar* de Fontenelle, sur l'*Iphigénie* de le Clerc, et sur la *Judith* de Boyer,... il en avoit fait près de trois cents autres qui ne nous sont point parvenues, et qu'on a brûlées à sa mort. » Il se peut que Racine ait composé un peu plus d'épigrammes qu'on ne lui en reconnaît; et cependant, très-supérieur à tous en ce genre, comme il l'était, ses épigrammes ne pouvaient facilement être ignorées, ou laisser méconnaître leur véritable auteur, et l'on dut lui en attribuer qu'il n'avait pas faites, plus souvent qu'on ne le dépouilla de celles qui étaient de lui. Quant à ce nombre très-invraisemblable de *près de trois cents*, où l'abbé Irailh l'a-t-il pris? Il n'en dit rien, et il était déjà bien loin du temps de Racine. Quoique abbé, Irailh avait de telles opinions qu'il ne lui déplaisait pas trop de trouver *le fiel le plus amer* dans le cœur d'un dévot. Nous n'approuvons pas, dans ces années de dévotion, la malice incurable de Racine; mais pourquoi de ce malin railleur faire un atrabilaire?

leau en sut quelque chose : c'est la guerre déloyale des suppositions d'écrits. S'il est vrai qu'on prête volontiers aux riches, c'est surtout en matière d'épigrammes. On grossirait bien le nombre de celles de Racine, si on laissait à sa charge toutes celles qui lui ont été attribuées. Il y en a d'odieuses. François de Neufchâteau en cite une dans *le Conservateur*[1], où Mme de Maintenon est nommée d'un nom qu'on ne donne qu'aux femmes perdues; et il la croit de Racine! On en a quelquefois imputé une autre à notre poëte, où n'est pas outragée moins bassement cette même femme, pour qui Racine professa toujours tant de respect, et avec elle le Roi lui-même[2].

Est-il besoin de dire que de ces vilenies nous ne souillerons pas notre édition en les mettant, sous prétexte d'être complets, au nombre des *pièces attribuées?* On nous fera peut-être un reproche d'en avoir seulement parlé. Nous n'avons pas dû feindre cependant de ne pas les avoir aperçues dans plusieurs recueils imprimés ou manuscrits du siècle dernier, puisque d'autres que nous les y trouveront, hardiment signées du nom de Racine, et qu'il se rencontre encore des personnes qui ne savent trop qu'en penser. Mais qu'on y songe bien, si Racine, dans l'ombre, distillait un tel venin contre Louis XIV et Mme de Maintenon, si, dans le temps qu'on lui voyait tous les dehors de la piété, il composait en secret des vers satiriques, où il raillait en esprit fort la crainte de l'enfer, son nom n'est pas difficile à chercher, c'est le plus lâche des ingrats, et le dernier des hypocrites. Et voilà ce que l'équitable postérité pourrait admettre encore! La calomnie a-t-elle donc la vie si dure, même quand elle est inepte et absurde? Non, ne commettons jamais ce sacrilége de prêter la main à la diffamation de nos plus beaux génies.

Saint-Simon, clairvoyant jusqu'à la malveillance, et qui savait si bien percer les masques des courtisans, n'a pas mis

---

1. *Le Conservateur ou Recueil de morceaux inédits*,... tiré des portefeuilles de *M. François de Neufchâteau* (Paris, an VIII, 2 vol. in-8º), tome I, p. 380. — La même épigramme, nous l'avons dit, est attribuée à Racine dans l'*Acanthologie* de Fayolle, p. 183.

2. Elle finit par ce vers :

Il eut peur de l'enfer, le lâche! et je fus reine.

en doute l'honnêteté de Racine. « Tout en lui, sur la fin, dit-il, étoit de l'homme de bien. » C'était l'opinion de toute la cour; et Racine eût été le contraire de l'homme de bien, s'il eût secrètement déchiré ceux à qui il se montrait si dévoué. Loin de là, son attachement pour le Roi et pour Mme de Maintenon était des plus sincères; il ne se trouva que trop profond.

La familiarité dans laquelle il était admis avec une distinction si particulière était bien faite pour gagner son cœur. Il était de tous les Marly. A Versailles, on lui avait donné un appartement qui, après sa mort, ne fut pas jugé indigne d'une jeune princesse du sang, Mademoiselle de Charollais[1]. Le Roi, en 1696, pendant une maladie qui lui ôtait le sommeil, avait voulu que Racine couchât dans sa chambre, et se faisait lire par lui les *Vies de Plutarque*[2]. Les contemporains de Racine sont unanimes à vanter le charme avec lequel il lisait; il en est resté bien des souvenirs, entre autres celui d'une admirable récitation de l'*Œdipe roi*, que Valincour ne pouvait se rappeler sans émotion. Un tel lecteur, soit qu'il charmât les souffrances du malade, en accommodant à son goût le français d'Amyot, soit qu'il vînt réciter à huis clos ses beaux cantiques, n'avait pas de peine à enchanter son royal auditeur, et à être préféré par lui aux lecteurs en charge. Tout en lui plaisait à Louis XIV, jusqu'à son agréable et noble physionomie, qui lui paraissait une des plus belles de sa cour. Un passage d'une lettre de Racine pourrait faire croire qu'intimidé par la majesté du grand roi, il ne déployait pas toujours librement, en sa présence, toutes les ressources de son esprit : « Il m'a fait l'honneur plusieurs fois de me parler, écrivait-il en 1687, et j'en suis sorti comme à mon ordinaire, c'est-à-dire fort charmé de lui, et au désespoir contre moi; car je ne me trouve jamais si peu d'esprit que dans ces moments où j'aurois le plus d'envie d'en avoir[3]. » Mais un peu de trouble respectueux ne pouvait lui nuire. Des bontés toujours croissantes et un plus long usage de la cour durent le rassurer de plus en plus; et il est certain

---

1. *Journal de Dangeau*, 27 octobre 1699.
2. *Ibidem*, 3 septembre 1696.
3. *Lettre à Boileau*, 24 août 1687.

que Louis XIV goûtait extrêmement sa conversation. Mme de
Maintenon avait tout l'esprit qu'il fallait pour n'y être pas non
plus insensible. Souvent, raconte Saint-Simon, lorsque le Roi
n'avait pas ses ministres chez Mme de Maintenon, et que le
temps leur semblait long à tous deux, ils envoyaient chercher
Racine pour être amusés par son entretien[1]. C'est ainsi qu'à
Chantilly ce même entretien avait longtemps charmé le grand
Condé, et, plus tard Monsieur le Duc, son petit-fils, qui avait
souvent Racine à sa table, et tenait alors près de lui des tablettes, où il recueillait les plus piquantes paroles de son
spirituel convive[2].

Esther et *Athalie* n'avaient pu qu'augmenter le goût que le
Roi et Mme de Maintenon avaient pour Racine. On a cru quelquefois que les généreuses hardiesses d'*Athalie* avaient déplu,
et que les beaux vers où les dangers et les excès du pouvoir
absolu étaient peints si énergiquement, en face du plus absolu
des princes, avaient secrètement blessé Louis XIV; mais le
mécontentement n'eût pas été si long à éclater. Ce temps des
tragédies saintes paraît au contraire avoir été l'apogée de la
fortune de Racine à la cour. Lorsqu'au mois de décembre 1690
le poëte, au moment où il achevait *Athalie*, fut nommé gentilhomme ordinaire du Roi, le bruit public, comme les chansons
du temps le constatent, fut qu'il recevait la récompense des
deux pièces qu'il avait composées pour la maison de Saint-
Louis. « Ta famille en est anoblie, » lui disaient ces chansons[3];
ce qui ne semble pas tout à fait exact, puisque cet anoblissement qui excitait l'envie, il y avait longtemps déjà, nous l'avons
vu, que la charge de trésorier de France le lui avait conféré.
Toutefois en le nommant un de ses gentilshommes, le Roi lui
donnait un incontestable témoignage de faveur. Saint-Simon,
qui suppose qu'avant cette époque Port-Royal avait déjà
commencé à altérer cette faveur, dit que Racine « se raccro-
cha » (c'est son expression) par les pièces composées pour
Saint-Cyr. C'est que rien n'était mieux fait pour lui mériter
les bonnes grâces de la fondatrice de cette maison. Dans la

1. *Mémoires de Saint-Simon*, tome II, p. 271.
2. *Préface* des Œuvres de la Grange-Chancel (1735), p. xxxiii.
3. *Recueil des chansons historiques*, tome VII, fol. 113.

tragédie d'*Esther*, Mme de Maintenon était facile à reconnaître à tant de traits délicats, et le nom charmant d'Esther lui en était resté. Elle n'avait pu savoir mauvais gré au poëte des allusions qu'on avait cru saisir à Mme de Montespan et à Louvois. Tout cela devait faire passer des maximes un peu dures à faire entendre dans une cour despotique, mais après tout si chrétiennes.

Comment à une faveur si bien établie la disgrâce succéda-t-elle un jour? Y eut-il d'ailleurs vraiment disgrâce ou simple refroidissement? Ces questions sont jusqu'ici demeurées difficiles, et nous ne prétendons pas les trancher sans réplique. Il doit nous suffire d'exposer sincèrement les faits avérés. Si le coup qui frappa Racine fut aussi rude qu'on le dit, on s'étonne que dans ses lettres de 1698 à son fils pas un mot de plainte n'avoue son chagrin ni ses inquiétudes. A peine découvrirait-on quelque indice de découragement dans ces paroles : « Je ne négligerai point les occasions (*de vous proposer pour quelque chose*) lorsqu'elles arriveront, n'y ayant plus rien qui me retienne à la cour que la pensée de vous mettre en état de n'y avoir plus besoin de moi.... Je sens bien que le temps approche où il faut un peu songer à la retraite[1]. » A part ce passage, qu'on peut interpréter de bien des manières, rien dans ces lettres ne ferait soupçonner une disgrâce. On peut supposer sans doute qu'en les écrivant le père de famille dissimulait généreusement ses chagrins; mais ce qui a frappé bien des personnes et leur a paru surtout inexplicable, c'est le fait, bien constaté par cette même correspondance, que Racine jusqu'à la fin a pu être de tous les voyages de Marly et de Fontainebleau. Au mois d'août 1698 il devait suivre la cour à ce camp de Compiègne devenu si célèbre; et ce fut volontairement qu'il se priva d'un honneur qui ne lui était pas refusé[2]. Il y a même une lettre

---

[1]. *Lettre de Racine à son fils*, 24 juillet 1698.

[2]. *Lettre de Racine au même*, 1er août 1698. — C'est un argument que n'a pas omis l'auteur d'un article inséré dans l'*Athenæum français*, n° du 6 août 1853, tome II (2e année), p. 751, et qui a pour titre : « UNE VIEILLE FABLE, *Racine mourant dans la disgrâce de Louis XIV.* » Cet article est signé JAMES GORDON.

écrite par lui presque à la veille de sa mort, le 30 janvier 1699, dans laquelle nous apprenons qu'il se préparait alors à aller à Marly, où la cour, qui partit le 4 février suivant, ne demeura que trois jours.

Tout cela a déjà été fort remarqué, mais pourrait ne rien prouver en prouvant beaucoup trop. Que faire alors de cette opinion générale des contemporains, si difficile à traiter de pure chimère, que Racine s'était perdu dans l'esprit du Roi, et qu'il en avait été désespéré? Que faire surtout de la lettre écrite par lui à Mme de Maintenon en 1698, et datée de ce Marly même, où les devoirs de sa charge de gentilhomme pouvaient donc l'appeler encore, sans que ce fût un signe de la continuation des bonnes grâces royales? Il n'est pas douteux pour nous que sans qu'il y eût rien de changé en apparence dans sa situation à la cour, il y était sous le coup de quelque grave mécontentement. Évidemment il était au plus gênant des supplices, sentant peser sur lui une colère qui n'allait pas jusqu'au dernier éclat, banni du cœur de son roi, sans l'être tout à fait de sa présence. C'était une disgrâce sournoise, et, si l'on peut dire, une disgrâce à huis clos, qui gardait en public des ménagements, mais, tout en évitant de frapper un grand coup, se trahissait au moins par de très-sévères froideurs. « Je vous assure, Madame, disait Racine à Mme de Maintenon, que l'état où je me trouve est très-digne de la compassion que je vous ai toujours vue pour les malheureux.... (*Le Roi*) me regarde peut-être comme un homme plus digne de sa colère que de ses bontés. » Il lui disait aussi : « Je suis privé de l'honneur de vous voir. » Voilà ce qui ne laisse pas d'incertitudes, ce qui ne repose pas sur des conjectures ou sur des traditions plus ou moins dignes de confiance.

Racine mettait encore quelque espérance en Mme de Maintenon, puisqu'il s'adressait à elle pour sa justification. Cependant il ne la voyait plus; il devait sentir qu'elle l'abandonnait, comme elle avait abandonné Fénelon. En mêlant ces deux noms, comme ceux de deux hommes dangereux, dans une lettre qu'elle écrivait plus tard à Mme de la Maisonfort, elle déclare ses véritables dispositions.

Tout le monde a lu le conte qu'a fait Saint-Simon, dans ses notes sur le *Journal* de Dangeau, et qu'il a répété dans ses

Mémoires[1], sur les causes du malheur de Racine. Il est certain que la sortie inopportune et étourdie contre Scarron, en présence de Mme de Maintenon, est le fait, non pas, comme il l'a dit, de Racine, mais de Boileau[2], que cette singulière distraction ne ruina nullement. Ce fut sans doute une maladresse embarrassante pour le Roi et pour la veuve du pauvre poëte burlesque. Avec de pareilles inadvertances on se fait moins rechercher, et c'est tout. Un manque de présence d'esprit n'est pas un crime d'État.

Le crime (car cette fois c'en était un) dont Racine cherche à se purger aux yeux de Mme de Maintenon, c'est le jansénisme. Il s'étend longuement dans sa lettre sur tout ce qui explique ses relations bien naturelles avec Port-Royal, et s'efforce de les mettre au-dessus de tout soupçon de cabale. C'est à ces relations qu'il semble attribuer, tout au moins comme à la cause la plus sérieuse, le déplaisir auquel il s'est exposé.

Y eut-il cependant une autre cause de ce déplaisir? Lui reprochait-on un autre crime? Si Louis Racine n'avait pas parlé du mémoire sur les moyens de soulager la misère du peuple, on ferait moins d'attention au commencement de la lettre à Mme de Maintenon, lettre qui est notre seul guide certain dans l'histoire de cette disgrâce. Là aussi il est question d'un mémoire, qui était évidemment un des griefs allégués contre Racine. Après en avoir dit quelques mots, Racine ajoute : « J'apprends que j'ai une autre affaire bien plus terrible sur les bras. » Le mémoire avait donc été lui-même *une affaire*, un sujet de mécontentement. Mais comment, et en quoi? Ce mémoire dont Racine parle n'était autre chose qu'une demande de dégrèvement de la taxe extraordinaire imposée sur les charges des secrétaires du Roi : Racine en possédait

---

1. Voyez le *Journal* de Dangeau, 15 mars 1699, et les *Mémoires* de Saint-Simon, tome II, p. 272.

2. On le sait non-seulement par les *Mémoires* de Louis Racine et par le *Bolæana*, p. 79 et 80, mais par le témoignage de Boileau lui-même, dans cette conversation du 12 décembre 1703 qui fut recueillie par Mathieu Marais, et dont nous avons déjà cité quelque chose à la page 76 de cette *Notice*.

une, qu'il avait achetée au mois de février de l'année 1696[1]. Tout ce que donnerait à croire le passage où il excuse sa conduite en cette circonstance, c'est qu'il aurait été blâmé d'avoir fait remettre son placet par l'archevêque de Paris, puis d'avoir chargé la comtesse de Gramont d'en demander des nouvelles; et il semble qu'en cela il avait déplu, moins pour s'être servi de l'entremise de personnes suspectes de jansénisme, que pour s'être donné les apparences de vouloir, en mettant en jeu ces influences, forcer la main au Roi. S'il n'y a pas autre chose, le mémoire ne fût tout au plus qu'une occasion de lui chercher querelle, et il n'y a pas à s'y arrêter plus longtemps qu'il ne le fait lui-même.

Pensant d'abord, comme nous en avions vu ailleurs la supposition[2], que ce mémoire sur la taxe pouvait bien être celui que Louis Racine aurait transformé en mémoire sur les souffrances du peuple, nous nous étions demandé si le réclamant n'y avait pas fait quelque excursion imprudente et généreuse contre le fléau de la fiscalité. Mais, outre qu'une taxe sur une charge de cour a bien peu de rapport avec les impôts sous lesquels gémissaient les pauvres gens, le reproche que Racine s'était attiré par son placet semble beaucoup plus simple dans la lettre à Mme de Maintenon. Il resterait encore à dire cependant que, si Racine avait fait entrer dans cette supplique quelques hardis conseils, on a pu s'en irriter, vouloir le dissimuler, et se rejeter, pour exhaler son ressentiment, sur l'importunité des démarches; et que de son côté Racine a dû feindre de prendre le change.

Si l'on trouvait quelque vraisemblance à cette dernière conjecture sur un grief que de part et d'autre on se serait entendu pour tenir dans l'ombre, cela pourrait conduire plus loin. Qui empêcherait de distinguer les deux mémoires,

---

1. Voyez aux *Pièces justificatives*, n° XXXIV.
2. *Histoire de Mme de Maintenon*, par M. le duc de Noailles (Paris, 1858), tome IV, p. 638. — M. de Noailles est de ceux qui, tout en reconnaissant un léger mécontentement de Louis XIV, affirment expressément que « Racine n'a jamais été disgracié. » M. Avenel, dans un article du *Journal des savants* (décembre 1861), sur le livre de M. de Noailles, adopte complétement cette opinion.

comme le fait expressément Louis Racine, qui parle de l'un aussi bien que de l'autre, d'adopter même son récit tout entier, et de faire encore à peu près le même raisonnement, c'est-à-dire de regarder comme très-peu significatif le silence gardé entre Mme de Maintenon et Racine, silence en quelque sorte convenu, sur un sujet qu'on ne voulait pas ou qu'on ne voulait plus aborder? Plusieurs des plus grandes difficultés qu'on a soulevées s'évanouiraient alors; et quant à l'accusation de jansénisme, la seule sur laquelle insiste la lettre, on s'expliquerait que Racine, laissé libre jusque-là dans ses amitiés de Port-Royal, fût devenu un janséniste cabaleur du jour où il avait commis le crime irrémissible qui, peu d'années après, perdit aussi Vauban.

Les preuves absolues de tout cela manquent certainement; mais nous croirions téméraire l'affirmation d'impossibilité. Il serait étonnant que ceux qui ont donné des informations à Louis Racine (et ce fut presque toujours son frère aîné) eussent pu inventer non-seulement l'histoire du mémoire, mais tous les détails si précis qui l'accompagnent, les paroles si naturelles du Roi : « Croit-il tout savoir? et parce qu'il est grand poëte, veut-il être ministre? » et la scène des jardins de Versailles, où Mme de Maintenon promet au disgracié tous ses efforts pour rétablir sa fortune qu'elle avait elle-même imprudemment compromise, et, à l'approche du Roi, le fait cacher dans un bosquet. On objecte beaucoup d'inexactitudes des *Mémoires*; mais celle-ci ne serait pas de même nature que les autres. A quelle autorité plus que légère Louis Racine s'en serait-il donc rapporté, pour admettre, en un sujet si grave, un conte forgé à plaisir, le mensonge le plus ingénieusement circonstancié? Il ne faut pas être si hardi à nier un fait, qui, par sa nature même, devait peut-être rester mystérieux, et dont on conçoit très-bien que Racine, à l'époque où il écrivit la lettre à Mme de Maintenon, se crût tenu de ne plus parler, sous peine d'aggraver sa faute. Cette lettre se tait sur le fameux mémoire; mais songeons que, si elle ne nous avait pas été conservée, le silence complet des lettres de Racine à son fils sur ce qu'elle nous apprend, pourrait paraître démontrer victorieusement qu'il n'y a pas même eu un seul nuage dans la paisible faveur dont il jouissait.

Ce que nous venons de dire laisse assez voir que nous penchons pour la vieille tradition de famille. Cependant il nous faut accepter le rôle désagréable d'un narrateur qui n'établit rien avec une entière certitude. Après tout, il n'y a d'hésitation qu'entre deux causes de disgrâce qui sont l'une et l'autre à la gloire de Racine. S'il a voulu plaider la cause du pauvre peuple, son courage a été digne ce jour-là du poëte qui a fait entendre à la cour ces nobles vers :

> Bientôt ils vous diront que les plus saintes lois,
> Maîtresses du vil peuple, obéissent aux rois....
> Entre le pauvre et vous vous prendrez Dieu pour juge.

S'il n'a, au contraire, commis d'autre offense que d'aimer et de secourir la maison opprimée où sa sainte tante était abbesse, où son enfance avait appris à connaître et à servir Dieu, cette offense-là aussi avait bien sa générosité, digne de nos respects, et suffit pour honorer sa mémoire.

On s'accorde à dire que le chagrin s'empara de Racine, et que sa santé reçut d'un tel coup une atteinte mortelle. Blessé au cœur, « il ne vécut pas deux ans depuis, » dit Saint-Simon, dont le calcul semble à peu près exact, quelque peu sûres qu'aient été d'ailleurs ses informations sur toute cette triste affaire. La lettre à Mme de Maintenon est du 4 mars 1698. Il faut nécessairement faire remonter un peu plus haut le changement du Roi pour Racine, qui sans doute attendit d'abord en silence la fin de l'orage. Il s'écoula donc plus d'un an entre la perte de la faveur royale et la mort de Racine. Au mois d'avril 1698, date bien voisine de la lettre du 4 mars, Racine avait été retenu chez lui pendant quelques semaines par une indisposition qu'il nommait « une espèce de petit érésipèle ; » et il écrivait le 2 mai à son fils ces lignes qui révèlent sa disposition d'esprit : « Vous ne sauriez croire combien je me plais dans cette espèce de retraite, et avec quelle ardeur je demande au bon Dieu que vous soyez en état de vous passer de mes petits secours, afin que je commence un peu à me reposer, et à mener une vie conforme à mon âge et même à mon inclination. » Pendant quelque temps il parut assez bien rétabli ; mais en septembre et en octobre de la même année, il fut de nouveau malade, et plus sérieusement. On commençait à parler d'une douleur au côté droit[1]. C'étaient les premiers symptômes d'une maladie hépatique, qui se caractérisa bientôt par une dureté de ce même côté, puis par une tumeur. Tel est le mal, hélas! trop bien connu, qu'engendrent fréquemment les tourments de l'esprit et les chagrins qui dévorent. Depuis, avec quelques intermittences dans la maladie, Racine ne fit plus que languir et souffrir. Au mois de mars 1699, Dangeau disait dans son *Journal*, sous la date du 15 : « Racine est à l'extrémité; on n'en espère plus rien[2]; il est regretté par les courtisans, et le Roi même paroît affligé de l'état où il est, et s'en informe avec beaucoup de bonté. » Il y avait, dix jours après, un temps d'arrêt dans le mal, quoique le danger parût encore fort grand[3]. Pendant cette longue maladie, dont les souffrances furent cruelles, Mme Racine, est-il besoin de le dire? donna à son mari les plus tendres soins. Les amis de Racine étaient là aussi pour adoucir ses maux par les preuves de leur attachement. Il avait toujours lui-même assez fidèlement rempli de semblables devoirs auprès des malades qui lui étaient chers, pour mériter d'être payé de retour. On n'a pas oublié comme il était accouru au lit de mort de Nicole. Il avait également assisté dans sa dernière maladie la Fontaine[4], son ami de jeunesse, ramené par lui aux sentiments religieux. C'était son tour alors de recevoir ces consolants offices. Dodart, médecin des solitaires en même temps que de la cour, était souvent à son chevet; ce fut à lui que le malade, deux jours avant sa mort, remit le manuscrit de son histoire de Port-Royal[5]. Valincour et l'abbé Renaudot ne bougeaient presque de sa chambre[6]. Boileau, « le meilleur ami et le meilleur homme qu'il y eût au monde, » comme l'écrivait alors Racine[7], ne le quitta quelque temps,

---

1. *Lettre de Mme Racine à son fils*, 3 octobre 1698.
2. M. de Pompone, à la même date, s'exprimait de même dans une lettre à son fils. Voyez *Port-Royal*, par M. Sainte-Beuve, tome V, p. 514 et 515, à la note.
3. *Lettre de Boileau à Brossette*, 25 mars 1699.
4. Voyez la *Lettre de Maucroix à la Fontaine*, 14 février 1695.
5. *Lettre de Jean-Baptiste Racine à son frère*, 3 septembre [1742].
6. *Lettre de Racine à son fils*, 24 octobre 1698.
7. *Ibidem*.

pour aller respirer l'air à Auteuil, que dans un moment où il le crut hors de péril, et dut bientôt revenir. Louis Racine nous a conservé les touchantes paroles de son père mourant à celui qu'il regardait comme un second lui-même : « C'est un bonheur pour moi de mourir avant vous. »

Les deux fils de Racine étaient auprès de lui pour recevoir ses derniers adieux. Un prêtre de Saint-André-des-Arcs lui donna les secours de la religion, qu'il reçut avec toute la piété dont son âme était depuis longtemps nourrie. On connaît ce passage d'une lettre de Mme de Maintenon à Mme de la Maisonfort : « Il vous auroit édifié, le pauvre homme, si vous aviez vu son humilité dans sa dernière maladie, et son repentir sur la recherche d'esprit. Il ne demanda point dans ce temps-là un directeur à la mode; mais il ne vit qu'un bon prêtre de sa paroisse. » Sa religion lui donna, au moment suprême, cette fermeté d'âme dont il ne se fût jamais cru capable en face de la mort. Nous nous privons de répéter ici les belles paroles qu'il adressa alors à son fils aîné, on les lira dans les *Mémoires* de Louis Racine. Elles attestent que toute faiblesse avait disparu. Ce fut ainsi qu'il expira le 21 avril 1699, entre trois et quatre heures du matin [1], dans sa maison de la rue des Marais [2]. Il était âgé de cinquante-neuf ans. Dans son testament,

1. Voyez l'acte de décès aux *Pièces justificatives*, n° XXXV. — Dangeau, dans son *Journal*, annonce la mort de Racine sous la date du 20 avril. C'est incontestablement une erreur.

2. Nous avons, dans une note précédente (p. 28), parlé des divers logements de Racine jusqu'à son mariage. Depuis cette époque il en changea souvent encore. Lorsqu'il se maria, il demeurait dans la Cité, sur la paroisse Saint-Landry; l'année suivante, dans l'île Saint-Louis, comme on le voit dans l'acte de baptême de son fils aîné ; de 1680 à 1684, sur la paroisse Saint-André-des-Arcs, où furent baptisées trois de ses filles, Marie-Catherine, Anne et Élisabeth : il était alors rue du Cimetière-Saint-André-des-Arcs. Au mois de novembre 1686, il logeait déjà rue des Maçons (voyez l'acte de baptême de sa fille Jeanne); et la lettre à Boileau du 21 mai 1692 nous apprend qu'à cette dernière date il y était encore. Mais le 2 novembre de la même année (l'acte de baptême de Louis Racine le constate), il était établi dans cette maison de la rue des Marais, où il devait mourir. Mlle Clairon dit dans ses *Mémoires* (1 vol. in-8°, Paris, chez Buisson, an VII), p. 12 : « On me parla d'une petite maison, rue des Marais, du

par un codicille daté du 10 octobre 1698, il avait demandé à être inhumé dans le cimetière de Port-Royal des Champs, au pied de la fosse de M. Hamon. « Cela, dit Saint-Simon, ne fit pas sa cour; mais un mort ne s'en soucie guère[1]. »

Frappé à mort par un regard un peu sévère du Roi! Le faible courage! dit-on souvent. Et pour un tel homme, qui devait être si fort au-dessus d'une vaine faveur, la triste fin de courtisan! Mais non, un vrai courtisan ne meurt pas ainsi: il ne se perd pas pour les malheureux et pour les persécutés. Et si quelque imprudence le fait tomber dans la disgrâce, il se peut sans doute que l'ambition trompée le tue; mais plus souvent sa douleur égoïste et sèche, qui n'est que dépit et rage, a des suites moins funestes: il continue, comme un Bussy, à flatter, à espérer, à mendier. Le dévouement de Racine à Louis XIV était sincère; son attachement était un culte. C'est ce qui excuse et ennoblit la dernière de ses faiblesses mondaines. Elle doit surtout lui être pardonnée parce qu'il en a su faire le sacrifice. On peut encore, pour s'en armer contre lui, recueillir dans l'histoire anecdotique quelques traits de sa flatterie : ce sera Boileau abandonné par lui dans sa discussion grammaticale avec Louis XIV sur le verbe *rebrousser*[2]; ce seront des louanges de Louvois supprimées par ses conseils dans une pièce de vers de Mme Deshoulières lue devant le Roi : toutes ces misères ont été plus qu'effacées le jour où Racine s'est exposé à déplaire pour réclamer le soulagement du pauvre, ou pour demeurer fidèle à ses convictions et à ses amitiés les plus chères. Et qu'après cela il n'ait pas reçu le coup en stoïcien, et sans le sentir, ne faut-il pas tenir compte de l'exquise sensibilité de cette imagination de poëte? Ne faut-il pas se souvenir que pour servir ce roi, qui tout à coup se détournait de lui, il

---

prix de douze cents livres. On me dit que Racine y avait demeuré quarante ans avec toute sa famille, que c'était là qu'il avait composé ses immortels ouvrages; là qu'il était mort; qu'ensuite la touchante le Couvreur l'avait occupée, ornée, et qu'elle y était morte aussi.... On me l'accorda. » Dans ces souvenirs, dont son imagination était émue, tout, on le voit, n'était pas d'une parfaite exactitude.

1. *Note* sur le *Journal* de Dangeau, 15 mars 1699.
2. *Bolæana*, p. 66.

s'était voué depuis de longues années à un travail qui n'était pas le plus conforme à ses goûts, et s'était souvent, à son grand regret, privé du doux bonheur de la famille? Que dire d'ailleurs lorsqu'on voit le même chagrin accabler la grande âme de Vauban? Se servira-t-on pour lui aussi de cette expression qu'un de nos contemporains, un de nos plus grands poëtes, a si durement appliquée à Racine, qu'il était *mort de l'adulation?*

La première fois que Boileau, après la mort de son ami, reparut à Versailles, pour demander au Roi que Valincour devînt, à la place du grand poëte, son associé dans le travail d'historiographe, Louis XIV lui cria, du plus loin qu'il l'aperçut : « Despréaux, nous avons beaucoup perdu, vous et moi, à la mort de Racine. — Tout ce qui me console, Sire, répondit Despréaux, c'est que mon ami a fait une fin très-chrétienne, quoiqu'il craignît extrêmement la mort. — Je le sais, répliqua le Roi, et cela m'a étonné; car je me souviens qu'au siége de Gand vous étiez le brave des deux [1]. » Trouver dures ces dernières paroles, ce serait beaucoup trop sans nul doute; mais elles ont, dans leur tour plaisant, beaucoup de sérénité. Il faut, du reste, savoir gré à Louis XIV d'un témoignage de regret, quoiqu'il l'ait donné, comme on l'a dit de lui dans une autre occasion, « en prince accoutumé aux pertes. » Il est clair que Racine mort, et même Racine mourant, était rentré en grâce : le Roi avait, pendant sa maladie, demandé de ses nouvelles; il accorda pour sa veuve et ses enfants une pension de deux mille livres.

Tels quels, les regrets de Louis XIV ont été consignés par Boileau dans l'épitaphe de son ami. Il écrivait à Brossette, après l'audience royale, le 9 mai 1699 : « Sa Majesté m'a parlé de M. Racine d'une manière à donner envie aux courtisans de mourir, s'ils croyoient qu'Elle parlât d'eux de la sorte après leur mort. Cependant cela m'a très-peu consolé de la perte de cet illustre ami, qui n'en est pas moins mort, quoique regretté du plus grand roi de l'univers. » Il était sans doute d'autant moins consolé que la sensibilité témoignée par le grand

---

[1]. *Bolæana*, p. 20 et 21. — Ce récit est confirmé par la lettre de Jean-Baptiste Racine à son frère, en date du 6 novembre [1742].

prince avait pu lui paraître un peu moins digne d'envie qu'il ne se croyait obligé de le dire à Brossette. Depuis ce temps, au témoignage de Louis Racine, Boileau ne retourna plus à la cour. Quand ses amis l'engageaient à y aller : « Qu'irai-je y faire ? leur répondait-il ; je ne sais plus louer. » On est touché de l'à-propos de cette retraite. Le vieil ami de Racine y persévéra jusqu'à sa mort en 1711. Ayant toujours gardé sa fermeté d'âme, mais devenu assez morose, les douze années qu'il survécut à Racine furent tristes; il était accablé d'infirmités, et il pensait qu'il avait vu descendre dans la tombe le grand siècle littéraire : « O la triste chose que soixante et douze ans! » écrivait-il dans les derniers temps de sa vie. La triste chose surtout pour le vieillard qui eut le cruel spectacle des dernières ruines de son cher Port-Royal. Quelques mois de vie de plus, et il eût même vu arracher à sa tombe les restes de son meilleur ami, et briser la pierre qu'il avait ornée lui-même d'une touchante épitaphe.

La permission de transporter le corps de Racine à Port-Royal, suivant son dernier vœu, avait été donnée, dès le premier jour, sans difficulté, par l'archevêque de Paris [1]. L'inhumation se fit non au-dessous de M. Hamon, mais au-dessus, parce qu'il ne se trouva pas de place au-dessous [2]. Deux épitaphes furent composées, et, si le *Nécrologe* de Port-Royal n'est pas dans l'erreur, gravées l'une et l'autre sur le tombeau [3].

---

1. Il y a quelque contrariété entre les divers témoignages sur la date du transport des restes de Racine à Port-Royal. Dans l'acte de décès on lit que ce transport fut fait le jour même de la mort. D'après Louis Racine, le corps fut mis en dépôt « pendant la nuit » dans le chœur de l'église Saint-Sulpice, et porté le jour suivant à Port-Royal. Ce ne pourrait être plus tôt que le 22. Le *Supplément au Nécrologe*, p. 576, dit que « le 22, lendemain de la mort de Racine, son corps fut mis en dépôt dans le chœur de Saint-Sulpice, et la nuit suivante porté à Port-Royal, où il fut enterré le 23. » Les registres de Saint-Sulpice devraient avant tout faire foi, et ont cependant contre eux la vraisemblance. Peut-être, dans la rédaction négligée de l'acte d'inhumation, n'ont-ils exactement donné que le jour où le corps fut apporté à Saint-Sulpice.

2. *Supplément au Nécrologe de Port-Royal*, p. 576.

3. *Nécrologe de Port-Royal*, p. 167.

Louis Racine n'en rapporte qu'une ; c'est la seule aussi que nous lisions sur la pierre tumulaire conservée aujourd'hui encore dans l'église Saint-Étienne du Mont. Elle est en latin; mais il paraît bien que Boileau, qui en est l'auteur, l'avait composée en français, et que la traduction latine, qui est fort belle, est de M. Dodart [1]. Jamais la main émue, mais ferme, d'un ami n'a tracé sur une tombe de plus nobles lignes, ni plus simplement touchantes. Tout y est dit, comme il convenait qu'il le fût, et la parfaite convenance atteint à la grandeur. L'autre épitaphe est de M. Tronchai. Elle est plus rigoureusement peut-être selon le véritable esprit de Port-Royal; mais Racine n'y est plus qu'un pénitent, flagellé dans les œuvres de son génie, et dans sa gloire, cette vanité mondaine. N'eût-il pas dès lors mieux valu écrire, sans épitaphe, ce grand nom sous une croix [2] ?

Quelques années après, la sacrilége persécution alla troubler Racine dans le dernier asile de son repos. Après la destruction de Port-Royal en 1709, les familles qui avaient des parents dans les sépultures de l'abbaye, eurent ordre de les exhumer et de leur chercher ailleurs un tombeau. Le 2 décembre 1711, comme l'attestent les registres de Saint-Étienne du Mont, les restes du grand poëte furent transportés dans cette église, après avoir été arrachés à la terre choisie par lui comme la

---

1. C'est ce qu'atteste L. Racine, vers la fin de ses *Mémoires*, dans un passage que nous rétablissons d'après les corrections manuscrites que l'auteur a faites sur un exemplaire de son ouvrage.

2. Nous donnons aux *Pièces justificatives*, n° XXXVI, cette épitaphe de M. Tronchai. Nous y joignons une première épitaphe, que, d'après M. de la Rochefoucauld-Liancourt (*Études littéraires et morales de Racine*), Boileau aurait composée. Cette épitaphe, nous dit-il, a été écrite en latin et en français; mais il ne cite que le texte français. M. de la Rochefoucauld-Liancourt a négligé là, comme ailleurs, de nous faire connaître ses sources. Nous croyons contraire à toute vraisemblance que Boileau ait jamais rien écrit de si peu digne de lui-même comme de son ami, disons le mot, de si misérable. A Port-Royal « on ne voulut pas, dit M. de la Rochefoucauld, adopter une épitaphe qui exprimait des sentiments aussi modérés sur le théâtre. » Nous voyons cependant qu'on en accepta du même auteur une autre dont la modération était bien plus grande.

plus sainte où il pût attendre la miséricorde de Dieu. Il eut du moins pour l'accompagner dans cet exil de la tombe deux autres grands morts de Port-Royal, MM. de Saci et Antoine le Maître, auxquels les caveaux funèbres de Saint-Étienne ouvrirent leur refuge le même jour [1].

Les profanateurs, dont les ordres avaient déplacé la tombe doublement sacrée d'un grand homme, ne pensèrent même pas qu'il fallût dans cette église, où ils lui accordaient encore une sépulture chrétienne, faire suivre sa dépouille de la pierre tumulaire sur laquelle avait été gravée son épitaphe. Ce monument, si digne d'un immortel respect, fut laissé parmi les ruines de l'abbaye dévastée, puis, on ne sait à quel moment ni par qui, transporté dans l'église de Magny-Lessart, voisine de Port-Royal des Champs. C'est là qu'un heureux hasard la fit retrouver, en 1808, dans le chœur, au devant du maître-autel, près du premier pilier de droite, où elle servait de dallage, au milieu de beaucoup d'autres débris semblables, qui couvraient toute la surface du sol. Elle fut aisément reconnue, quoique les mots *Joannes Racine* n'y fussent plus. Plusieurs lettres avaient été usées par le frottement des pieds. Mais ce n'était pas l'injure involontaire du temps et des pas des hommes qui avait fait disparaître le nom du poëte. On constata que le ciseau avait été employé pour cette destruction, et que les traces qu'il avait laissées devaient être fort anciennes.

Ce fut seulement dix ans après cette découverte, le 21 avril 1818, que la pierre tumulaire fut portée à Saint-Étienne du Mont, en même temps que celle de Pascal, tirée du musée des

---

1. Voyez aux *Pièces justificatives*, n° XXXVII, l'acte de translation et d'inhumation des restes de Racine. — La place où Racine fut inhumé à Saint-Étienne du Mont est indiquée avec précision dans le testament de sa femme, qui dut, suivant son désir, y être mise près de lui. C'est « derrière le chœur, sous la tombe de M. de Boisroger et de M. Thomas du Fossé, à côté gauche de la tombe de M. Pascal, en regardant l'autel de la Vierge. » M. l'abbé de la Roque (*Lettres inédites de Jean Racine*, p. 185) a donné ce testament. Nous en avons nous-même vu la minute à l'étude de M. Defresne, où elle est déposée. — L'abbé Irailh (*Querelles littéraires*, tome II, p. 314 et 315) dit que « les corps de le Maître et de Racine sont dans l'église de Saint-Étienne du Mont, *à la cave de saint Jean-Baptiste.* »

Petits-Augustins. On avait choisi pour cet acte de réparation le jour anniversaire de la mort de Racine. Un service funèbre fut célébré, auquel assistèrent les parents de Racine, une députation de l'Académie française, et un grand nombre d'hommes de lettres. L'abbé Sicard officia. L'épitaphe fut placée derrière le chœur, dans la chapelle de la Vierge. Il avait fallu rapprocher les morceaux disjoints de la pierre et les fixer dans un encadrement de pierre dure, après les avoir réparés en rétablissant quelques lettres[1].

A cette tombe, dont nous venons de faire la triste histoire, s'arrête tout ce que nous avions à raconter de Racine. Mais il laissait après lui des personnes aimées, dont il a été parlé dans cette biographie. Quelques mots sur chacune d'elles paraissent nécessaires.

La pieuse tante de Racine, la mère Agnès de Sainte-Thècle, le suivit de près dans la tombe. Elle mourut à Port-Royal le 19 mai 1700, dans sa soixante-quinzième année. Elle était encore abbesse. M. Tronchai composa pour elle aussi une épitaphe, qui se trouve dans le *Nécrologe*.

Les années de veuvage de Mme Racine furent longues. Elle vécut jusqu'à l'âge de quatre-vingts ans, étant née en 1652 et morte en 1732 (le 15 novembre)[2]. Elle avait eu le malheur de perdre dans quelques opérations du système de Law une partie de la succession de son mari, succession déjà fort médiocre, surtout étant à partager entre sept enfants[3]. Elle avait supporté ce désastre, dit Louis Racine, « avec sa tranquillité ordinaire. »

Sur Jean-Baptiste Racine laissons parler son frère Louis :

1. Nous avons tiré ces détails les uns du *Moniteur* (22 avril 1818) et du *Journal des Débats* (17 avril 1818), les autres d'une pièce intitulée : *Monument retrouvé, Épitaphe de Jean Racine*, Paris, de l'imprimerie d'Everat (4 pages in-8°). Cette même pièce, imprimée d'abord à part, a été ensuite insérée dans le *Magasin encyclopédique*, année 1810, tome VI, p. 219-221, et dans le *Mercure de France* de septembre 1810, p. 50 et 51.

2. Voyez aux *Pièces justificatives*, n° XXXVIII, l'acte de décès de Mme Racine.

3. *Lettre de Louis Racine à Jean-Baptiste Rousseau*, 29 novembre 1731.

« Tous les avis que mon père dans ses lettres donna à mon frère aîné, pour se faire à la cour des amis et des protecteurs, furent inutiles à un homme que dominoit l'amour de la solitude, et qui, sitôt qu'il fut devenu son maître, a fui le monde, quoiqu'il y fût fort aimable quand il étoit obligé d'y paroître. M. de Torcy, continuant ses bontés pour lui, après la mort de mon père, l'envoya à Rome avec l'ambassadeur de France. Il y resta peu, et ayant obtenu la permission de vendre sa charge de gentilhomme ordinaire, il s'enferma dans son cabinet avec ses livres, et y a vécu jusqu'à soixante-neuf ans [1], sans presque aucune liaison qu'avec un ami très-capable à la vérité de le dédommager du reste des hommes. On a bien pu dire de lui : *Bene qui latuit, bene vixit.* Sans aucune ambition, et même sans celle de devenir savant, son seul plaisir fut de parcourir toutes les sciences, s'attachant particulièrement aux belles-lettres, et s'étant toujours contenté de lire, sans avoir jamais rien écrit ni en vers ni en prose, quoiqu'il fût très-capable d'écrire et par ses connoissances et par son style [2]. » Il avait en effet des connaissances variées, une instruction solide. On a conservé des livres latins et grecs, savamment annotés de sa main, à la manière de son père, parmi lesquels on cite les *Lettres de Cicéron à Atticus*, dont cet illustre père lui avait de bonne heure donné le goût ; les *Histoires de Salluste*, *Homère*, des *Odes de Pindare*. Quelques-uns de ces exemplaires, qu'il a enrichis de ses notes critiques et philologiques, rédigées tantôt en français, tantôt en latin ou en grec, avaient appartenu à son père, qui en avait commencé l'annotation. On trouve aussi des notes de Jean-Baptiste sur la grammaire hébraïque, et dans une copie d'une *Anthologie grecque*, qui est de son écriture, diverses dissertations historiques qu'il y a jointes [3].

1. Il mourut le 31 janvier 1747. Voyez aux *Pièces justificatives*, n° XXXIX, l'acte de son décès.
2. Cette courte notice a été donnée par Louis Racine à la fin du Recueil de lettres de 1747, et au tome II de ses *OEuvres* (édition de 1750), p. 272 et 273 ; elle y précède la lettre que son frère lui écrivit au sujet du poëme de *la Religion*.
3. Ces indications nous sont fournies par un *Catalogue de livres imprimés et manuscrits* de la bibliothèque de M. G. L. D. (Paris, Merlin, 1834), p. 208 et 209. Nous lisons dans ce même catalogue,

Il n'y a donc pas à douter qu'il ne fût érudit. Mais quel eût pu être au vrai son talent d'écrivain ? Les lettres en si petit nombre qui restent de lui n'en sauraient faire juger assez. Toutefois elles ne sont pas écrites sans fermeté; elles donneraient surtout l'idée d'un esprit sévère, et un peu rude dans son énergie. Avant d'avoir eu l'occasion de connaître le fils aîné de Racine, Jean-Baptiste Rousseau s'était attendu à trouver chez lui un tour d'esprit et quelques inclinations poétiques ; mais il avait été détrompé. « Je l'ai connu à Paris, écrivait-il en 1718 ; c'est un garçon sage et qui a du mérite, mais en tout autre genre qu'en celui de la poésie[1]. » On saurait peut-être mieux à quoi s'en tenir sur la manière d'écrire de Jean-Baptiste Racine, si les papiers qu'il a laissés avaient pu être publiés; mais il paraît que sa famille, qui les possède, est liée par les volontés qu'il avait exprimées. Ses écrits, croyons-nous, se rapportent principalement aux affaires du jansénisme, dont il s'occupait beaucoup. Ce que l'on doit regretter par-dessus tout, c'est qu'il n'ait pas donné suite à son projet d'écrire la vie de son père. « Quand on me donnera, écrivait-il à Louis Racine, un privilége pour les OEuvres de mon père,... je m'y emploierai de toutes mes forces, pour donner au public une édition digne de lui, dont sa Vie feroit une partie.... Pour ce qui regarde la Vie, je serois plus en état qu'un autre de la donner, et elle est même bien ébauchée; mais je veux y dire la vérité[2].... » Comme l'âge qu'il avait à la mort de Racine lui avait permis de bien connaître ce père, dont Louis Racine n'avait pu garder qu'un vague souvenir de première enfance, nous aurions eu un témoignage plus direct et de première main. En bien des points moins de

à la page 209 : « Les notes de J. B. Racine, qui décèlent une vaste érudition et un goût éclairé, doivent faire regretter que l'auteur n'ait rien publié ; mais on a su par Mlle des Radrets (*son arrière-petite-nièce*), dans la succession de laquelle se sont trouvés ces livres, que, peu jaloux de la gloire littéraire, son oncle était dans l'usage de brûler le samedi ce qu'il avait composé dans la semaine. »

1. *Lettre de J. B. Rousseau à Brossette*, 24 décembre 1718. Voyez les *Lettres de Rousseau sur différents sujets*, M.DCC.XLIX, tome I, 2ᵉ partie, p. 269.

2. *Lettre de Jean-Baptiste Racine à son frère*, 6 novembre [1742].

doutes seraient permis ; mais d'ailleurs il y aurait eu certainement beaucoup de réticences et de lacunes semblables à celles des *Mémoires* de son frère. Le travail eût été fait dans le même esprit ; et peut-être, plus rigide encore, et moins poëte que Louis Racine, eût-il moins bien et moins librement parlé de tout ce qui touchait à la vie littéraire du grand poëte. Il semble qu'il eût plus volontiers insisté sur d'autres souvenirs : « Je n'aurois envie, disait-il, de parler de mon père que pour instruire le public de la piété dans laquelle il est mort et nous a tous élevés[1]. » Les matériaux qu'il avait rassemblés n'ont pas été entièrement perdus. Il est certain qu'ils sont entrés, nous ne savons au juste dans quelle proportion, dans l'ouvrage de Louis Racine, qui s'est beaucoup aidé des souvenirs et des notes de son aîné. Quelques-unes de ces notes étaient encore sous les yeux de Germain Garnier, lorsqu'il prépara l'édition de 1807. Nous n'avons pu en retrouver les originaux. Louis Racine ne donna ses *Mémoires* qu'après la mort de Jean-Baptiste ; mais probablement il les avait écrits avant, puisqu'ils étaient prêts à être publiés l'année même de cette mort. Il est donc à croire que son frère lui avait abandonné le soin et l'honneur d'un travail auquel il avait renoncé lui-même.

Lorsque Jean-Baptiste Racine n'avait encore que vingt ans, son père avait déjà songé à le marier : un parti avait été proposé. Le projet fut rompu sans regret par les parents. Jean-Baptiste était encore bien jeune, et on lui avait souvent entendu dire dans sa famille qu'il voulait travailler à sa fortune, avant de songer à se marier. Il ne travailla guère à sa fortune, et ne se maria pas.

La vie de Louis Racine est beaucoup plus connue ; elle demande une biographie à part, dont ce n'est pas ici la place. On ne peut attendre de nous que quelques lignes.

Son père annonçait en 1698[2] l'intention de le confier l'année suivante à Rollin, qui avait pris avec lui quelques enfants, entre autres les jeunes de Noailles. Dans sa dernière maladie, il parla de ce désir à l'excellent maître, qui se chargea en effet de diriger les études de Louis Racine. Au sortir du collége,

---

1. *Lettre de Jean-Baptiste Racine à son frère*, 6 novembre [1742].
2. *Lettre à Jean-Baptiste Racine*, 24 juillet 1698.

celui-ci d'abord se fit avocat; puis il prit l'habit ecclésiastique, et se retira chez les Pères de l'Oratoire. S'apercevant de son peu de vocation, il rentra bientôt après dans le monde. Des protecteurs, qui le protégeaient assez mal, l'engagèrent dans des emplois de finance, contraires à ses goûts, qui l'avaient toujours porté vers l'érudition et vers les lettres. Digne fils de Racine, il fut poëte, non pas très-grand poëte sans doute, non pas, il s'en faut bien, véritable héritier du génie de son père; mais dans ses chants pieux, consacrés à la religion, un écho, bien que très-affaibli, des derniers accents paternels se fait entendre avec quelque charme. S'il osa suivre de loin les pas d'un grand génie, dont l'exemple était pour un fils à la fois si séduisant et si redoutable, ce fut avec une modeste défiance de ses forces, qu'il exprima plus d'une fois[1]. Sa vie fut toute pure et toute chrétienne. Son éducation avait

---

1. « Il s'était fait peindre par Aved, dit M. l'abbé de la Roque (*Lettres inédites de Jean Racine*, p 206), les yeux arrêtés sur ce vers de *Phèdre* :

> Et moi fils inconnu d'un si glorieux père. »

Il faut tout dire cependant. On est en droit de s'étonner que, dans une lettre du 26 mai 1744 (*Correspondance littéraire inédite de L. Racine avec Chevaye de Nantes*, 1 vol. in-8°, p. 22), il rapporte sans protester plusieurs inscriptions qui avaient été proposées pour être mises au bas d'une estampe faite d'après ce même portrait, et dont l'une, le plaçant au-dessus de l'auteur d'*Andromaque*, disait :

> *Ille est Racinius quo sese vindice jactat*
> *Relligio, cecinit qui dulci carmine qua vi*
> *Corda, volente Deo, mortales effera ponant.*
> *Surgere si possit superas redivivus ad auras*
> *Qui mire expressit furiasque et Orestis amores,*
> *Materia victus, vinci gauderet et arte.*

L. Racine, sans écarter aucune de ces inscriptions, s'en remit au choix de Titon du Tillet, qui donna la préférence au distique de Coffin, dont le second vers disait encore beaucoup trop :

> *En quem Relligio sibi vindicat unica vatem,*
> *Cujus scripta velit vel pater esse sua.*

Avouons donc qu'un poëte, même janséniste, a bien de la peine à se défendre toujours des illusions de l'amour-propre.

laissé dans son âme des traces ineffaçables. La marque de Port-Royal, transmise par son père, lui resta toujours, comme à son frère Jean-Baptiste. Il eut à en souffrir : l'Académie française lui fut fermée. Mais il put, grâce à ses fortes études, entrer dans l'Académie des inscriptions, où l'on s'inquiéta moins de son jansénisme. En 1728 (le 1er mai) il avait épousé Marie Presle de l'Écluse, fille d'un conseiller du Roi à la cour des monnaies de Lyon. De ce mariage naquirent un fils, Jean Racine, et deux filles. Un cruel malheur enleva à Louis Racine en 1755 son fils, âgé de vingt-un ans. Ce jeune homme, qui annonçait, dit-on, les plus heureuses dispositions poétiques, et en qui l'on se flattait déjà de voir revivre une étincelle du génie de son aïeul, se trouvait sur la chaussée de Cadix au moment du tremblement de terre de Lisbonne ; les flots déchaînés l'entraînèrent et l'engloutirent. Le pauvre père, depuis cette catastrophe, passa le reste de ses jours dans le deuil et l'affliction. Il arriva au terme d'une vie devenue si triste, le 29 janvier 1763. Il laissait deux filles : Anne Racine, mariée à Louis-Grégoire Mirleau de Neuville de Saint-Héry des Radrets, et Marie-Anne Racine, mariée à Jacques-Bernard d'Hariague.

La fille aînée de Racine, Marie-Catherine, mariée, nous l'avons dit, du vivant de son père, à M. de Morambert, mourut le 6 décembre 1751.

On ne connaît pas la date de la mort d'Anne Racine, la religieuse de Melun. « Elle précéda dans la tombe, dit l'abbé de la Roque, tous les autres enfants de Racine[1]. »

Nous avons vu qu'Élisabeth Racine avait été retenue dans le monde par son père, qui voulait donner à sa vocation religieuse le temps d'être plus éprouvée. En 1700 elle fit profession au couvent des dames de Variville, et y vécut jusqu'en 1745 ou 1746.

Jeanne-Nicole-Françoise resta auprès de sa mère, sans se marier. Il est remarquable que, dans son testament, Mme Racine non-seulement lui fait des avantages, mais la recommande particulièrement aux soins de son frère aîné et même de sa sœur Madeleine, plus jeune qu'elle, pour qu'ils lui servent de père et de mère, « et que son bien ne soit pas dissipé. » Il y

---

1. *Lettres inédites de Jean Racine*, p. 228.

avait donc en elle nous ne savons quoi de faible qui demandait protection. Peu de temps après la mort de sa mère, Jeanne entra comme pensionnaire à l'abbaye de Malnoue; elle y mourut le 22 septembre 1739.

Madeleine Racine, qui resta fille comme elle, vécut, sans quitter tout à fait le monde, d'une vie très-retirée et tout occupée d'œuvres de piété. Elle mourut à cinquante-trois ans, le 7 janvier 1741.

Les descendants de Racine sont encore nombreux aujourd'hui. Il y a ceux qui sont issus de Louis Racine, dont les deux filles laissèrent plusieurs enfants; et ceux qui sont issus de Marie-Catherine Racine (Mme de Morambert), dont une des filles fut mariée à M. Jacobé de Naurois d'Ablancourt. De la sœur de Racine, Mme Rivière, qui mourut le 17 mai 1734, descend également une assez nombreuse postérité.

Mais dans cette *Notice*, dont la vie de Racine est le sujet, nous ne devons pas franchir les limites où nous sommes parvenu. On trouvera dans une Notice de M. Boulard, ancien notaire à Paris, la descendance de Racine jusqu'à nos jours [1]. Le livre de M. l'abbé de la Roque, déjà plusieurs fois cité ici, et qui nous a été souvent fort utile, en donne également le tableau, mais plus exact en plusieurs points et plus complet [2]. L'auteur y a joint une généalogie d'une partie des descendants de Mme Rivière [3].

Ces familles sont restées fidèles au culte de la mémoire du grand poëte. Aujourd'hui, comme en d'autres temps, elles se sont empressées d'aider les travaux historiques ou critiques qui ont pour objet les œuvres de leur immortel ancêtre [4].

---

1. *Notice sur les descendants de Jean Racine*, par A. M. H. Boulard (insérée au *Bulletin des sciences historiques*, juillet 1824, n° 79). — M. Boulard s'est aidé, pour ce travail, d'actes notariés, passés en l'étude de ses prédécesseurs.

2. *Lettres inédites de Jean Racine*, p. 239-251.

3. *Ibidem*, p. 253-256.

4. Nous devons de très-précieuses communications à M. Auguste de Naurois. Les lettres avaient déjà de grandes obligations à son grand-père, M. Jacobé de Naurois, petit-fils de Marie-Catherine Racine, lequel ouvrit libéralement son trésor de famille à Germain Garnier, pour l'édition de 1807, et à Geoffroy, pour l'édition

En prêtant aux éditeurs de ces œuvres un concours, dont nous ne devons pas moins les remercier, elles payent leur dette à une gloire qui est leur patrimoine. Noblesse oblige; et ç'est une belle noblesse que celle dont les titres impérissables sont inscrits dans les monuments du génie.

de 1808. Nous tenons aussi à exprimer notre reconnaissance pour l'extrême obligeance de M. l'abbé de la Roque, descendant de Louis Racine, et bien connu de nos lecteurs ; et pour celle de M. André-François Masson, descendant de la sœur de Racine.

FIN DE LA NOTICE BIOGRAPHIQUE.

PIÈCES JUSTIFICATIVES

DE LA NOTICE BIOGRAPHIQUE.

I. — Page 2.

Acte de baptême de Nicolas Vitart.

« Le huitième septembre mil six cent vingt-quatre fut baptisé Nicolas, fils de Nicolas Vitart et de Claude des Moulins sa femme. Son parrain maître Daniel Vitart, sa marraine Dame Marie des Molins [1]. » (*Registres de la paroisse Saint-Vaast à la Ferté-Milon.*)

II. — Page 4.

Acte de baptême d'Agnès Racine (de Sainte-Thècle).

« Le trentième d'août mil six cent vingt-six fut baptisée Agnès, fille de M. Racine et de Marie des Moulins. Son parrain M. Vitart, avocat, sa marraine Élisabeth Passart. » (*Registres de Saint-Vaast.*)

III. — Page 7.

Acte de baptême du père de Racine.

« Le dimanche vingt-huitième jour de juin mil six cent quinze fut

---

[1]. *Des Molins* est l'orthographe de cet acte et de quelques autres. Dans plusieurs aussi on lit *des Moulins*.

baptisé Jean, fils de M. Jean Racine, contrôleur, et Marie des Moulins sa femme. Son parrain fut M. Auger[1] Pintrel, sa marraine Suzanne des Moulins. » (*Registres de Saint-Vaast.*)

IV. — Page 8.

Acte de mariage du père et de la mère de Racine.

« Le treizième septembre mil six cent trente-huit ont été épousés Jean Racine, procureur, et Jeanne Sconin. » (*Registres de Saint-Vaast.*)

V. — Page 10.

Acte de baptême du poëte Jean Racine.

« Le vingt-deuxième décembre mil six cent trente-neuf fut baptisé Jean Racine, fils de Jean Racine, procureur, et de Jeanne Sconin, tenu sur les fonts par Mre Pierre Sconin, commissaire, et Marie des Moulins.

« *Signé*: F. N. (*Frère Nicolas*). Colletet. »

(*Registres de Saint-Vaast.*)

VI. — Page 10.

Acte de baptême de la sœur de Racine.

« Le vingt-quatrième janvier mil six cent quarante-un a été baptisée Marie, fille de Jean Racine et de Jeanne Sconin, tenue sur les fonts par Mre Pierre Sconin, grenetier, et Madeleine Sconin. » (*Registres de Saint-Vaast.*)

1. *Oger*, dans d'autres actes.

VII. — Page 10.

Acte de baptême de la mère de Racine.

« Le deuxième jour de septembre mil six cent douze fut baptisée Jeanne, fille de M. Pierre Sconin et de Marguerite Chéron. » (*Registres de Saint-Vaast.*)

VIII. — Page 10.

Acte d'inhumation de la mère de Racine.

« Le vingt-neuvième janvier mil six cent quarante-un fut inhumée à l'église de la ville, à la chapelle Saint-Vaast, dame Jeanne Sconin, femme de M. Jean Racine. » (*Registres de Saint-Vaast.*)

IX. — Page 11.

Acte de baptême de Madeleine Vol, seconde femme de Jean Racine.

« Le dix-septième décembre mil six cent dix-neuf fut baptisée Madeleine Vol, fille de Jean Vol et Marie Magdelain, sa femme. » (*Registres de Saint-Vaast.*)

X. — Page 11.

Acte de mariage de Jean Racine et de Madeleine Vol.

« Le quatrième de novembre mil six cent quarante-deux furent épousés Mre Jean Racine, procureur, et Madeleine Vol. » (*Registres de Saint-Vaast.*)

XI. — Page 11.

Acte d'inhumation du père de Racine.

« Le septième février mil six cent quarante-trois a été inhumé en l'église de cette ville, en la chapelle Saint-Nicolas, M. Jean Racine, greffier. » (*Registres de Saint-Vaast.*)

XII. — Page 12.

Acte d'inhumation de Jean Racine, grand-père du poëte.

« Le vendredi vingt-deuxième septembre mil six cent quarante-neuf a été inhumé dans la chapelle de Saint-Nicolas, en entrant au chœur, Mre Jean Racine, vivant contrôleur au grenier à sel de la Ferté-Milon, en l'église Notre-Dame dudit lieu. » (*Registres de Saint-Vaast.*)

XIII. — Page 25.

Acte de baptême de la fille aînée de Nicolas Vitart.

« Le lundi dix-septième jour de mai 1660 fut baptisée en l'église de Saint-André-des-Arcs Marie-Charlotte, fille de Nicolas Vitart, avocat au Parlement, intendant de Mme la duchesse de Chevreuse et de Monseigneur le duc de Luynes, et de Marguerite le Mazier sa femme. Le parrain Mre Louis-Charles d'Albert, duc de Luynes, pair de France. La marraine très-haute, très-puissante et très-illustre dame Mme Marie de Rohan. » (*Registres de la paroisse Saint-André-des-Arcs.*)

XIV. — Page 25.

Acte de baptême de la seconde fille de Nicolas Vitart.

« Le vingt-troisième jour d'août 1661 a été baptisée Anne-Charlotte, fille de Nicolas Vitart, avocat en Parlement, intendant de Mme la duchesse de Chevreuse, et de Marguerite le Mazier sa femme. Le parrain Messire Charles-Honoré, marquis d'Albert, fils de Messire Louis-Charles d'Albert, duc de Luynes, pair de France. La marraine Mlle Anne de Rohan, fille de feu Messire Hercules de Rohan, duc de Montbazon, pair de France. » (*Registres de la paroisse Saint-Sulpice.*)

XV. — Page 26.

Acte de mariage de Nicolas Vitart et de Marguerite le Mazier.

« Le mardi huitième de janvier mil six cent cinquante-huit furent mariés enfants de la sainte Église, en présence de leurs parents et amis, noble homme M. Nicolas Vitart, avocat en Parlement, de la paroisse Saint-Sulpice, et Damoiselle Marguerite le Mazier, fille d'honorable et discrète personne M. François le Mazier, ci-devant procureur en Parlement, et de Marguerite Passart. Les père et mère présents audit mariage. » (*Registres de la paroisse Sainte-Marine.*)

XVI. — Page 28.

Convoi et inhumation de Nicolas Vitart.

« Le vendredi neuvième jour de juillet 1683 le corps de défunt M. Nicolas Vitart, seigneur de Passy, décédé en sa maison, rue Saint-André-des-Arcs, fut mis en dépôt dans l'église de Saint-André-des-Arcs, où a été fait un service solennel le matin, et le soir du même jour il fut porté en l'église Sainte-Marine, lieu de sa sépulture, pour y être inhumé. Présents : Claude-Auguste Vitart de Passy, fils du défunt, et Claude de Romanet, trésorier de France à Orléans. » (*Registres de la paroisse Saint-André-des-Arcs.*)

« Le huitième jour de juillet 1683 est décédé M. Nicolas Vitart, seigneur de Passy, demeurant en la paroisse de Saint-André-des-Arcs, et enterré le neuvième dudit mois et an en l'église de Sainte-Marine, lieu de sa sépulture et de ses parents ; et ont signé :

« VITART DE PASSY. VITART. DE ROMANET. »

(*Registres de la paroisse Sainte-Marine.*)

XVII. — Page 40.

Acte d'inhumation de Claude des Moulins.

« Le douzième jour du mois de mars mil six cent soixante-huit a été inhumée dans le chœur de l'église de Notre-Dame, Dame Claude des Moulins, veuve de feu Mre Nicolas Vitart vivant conseiller du Roi, contrôleur au grenier à sel de la Ferté-Milon, décédée le onzième du même mois. En présence de Mre Nicolas Vitart, avocat en

Parlement, intendant de Monseigneur le duc de Luynes, et de Mʳᵉ Antoine Vitart, procureur du Roi des eaux et forêts de Valois, ses fils. » (*Registres de la paroisse Saint-Vaast.*)

XVIII. — Page 42.

Extrait du Gallia christiana (*tome VII, p. 794-796*)
sur Antoine Sconin.

« Antonius Sconin, natus apud Firmitatem Milonis diœcesis Suessionensis, die 27 septembr. anni 1608, vota religionis emisit 9 octobris 1628. Magnis a natura dotibus ornatus, brevi præluxit Fuit prior sancti Quintini Bellovacencis.... Tantam tribus annis ante capitulum generale anni 1647 famam sibi conciliavit ut in eo Franciscus Blanchart ratus se non debere suffragari, pro præpositura generali, Francisco Boulart, qui graviter ægrotabat, suffragatus sit Antonio Sconin, cujus inde aucta est plurimum existimatio. Interim Franciscus Boulart, sanitate recuperata, fuit primus assistens et Antonius Sconin secundus, qui post expletum a Francisco Blanchart sexennium, ipsius loco delectus est abbas et præpositus generalis in octavo capitulo generali 14 septembris 1650; non tamen una voce, ut ceteri hactenus, aut fere una; sed pluralitate, et quidem in altera duntaxat suffragiorum latione, quod inauspicatum judicatum est....
[*anno*] 1652, 11 junii, in processione capsæ sanctæ Genovefæ, Antonius primus abbatum triennalium se gessit more consueto, quem cum innovare voluisset decanus Ecclesiæ Parisiensis, ambiens incedere e regione abbatis, solo claudente clerum archiepiscopo Parisiensi tanquam huic præsidente, mox, auditis utrinque partibus, senatus secundum abbatem et consuetudinem pronunciavit....
Exacto demum triennio, Antonius Sconin prior evasit canonicorum reformatorum ecclesiæ cathedralis Ucetinensis et visitator alterius provinciarum congregationis, quem Episcopus omni exceptum urbanitate honorificentissimis rebus destinavit. Quapropter antistes rogavit superiores congregationis, ut illum ab officio visitatoris eximerent, ut pote sibi pernecessarium ad diœcesis utilitatem. Hinc, præter canonicatum aut etiam dignitatem in ecclesia cathedrali, possedit Antonius prioratum sancti Maximini suæ fortassis annexum præbendæ; fuit etiam officialis et major vicarius diœcesis : quæ munera sic illum Episcopo devinxerunt ut in concertationibus Epi-

scopum inter ex una parte et congregationem ex altera subortis de reformatis Ecclesiæ cathedralis canonicis, nimius Episcopi defensor exstiterit. Ut ab ejus abstraheretur studio, proposita illi est parœcia Montis-Argi, quam parvi fecit. Anno igitur 1653, Antonius in Occitaniam profectus, unde nunquam rediit, ut ad se veniret invitavit nepotem ex sorore Johannem RACINE, cujus postea tanta fuit celebritas. Huic, qua pollebat avunculus facilitate ditandi nepotem opimis beneficiis, suasit ut clero se addicens theologiæ studeret; imo parum abfuit quin occasione prioratus litigiosi ad habitum canonici regularis sumendum impelleret ad effectum beneficii. Stadium tamen gloriæ quod quique norunt decurrit Johannes Racine, singulari ejus fortunæ gratulante avunculo, qui tandem 10 januarii 1689 diem ultimum obiit Ucetiæ. »

XIX. — Page 50.

Acte de baptême de Constance-Eugénie Vitart, dans lequel Racine est qualifié prieur de Saint-Nicolas.

« Avec la permission de Monseigneur l'évêque de Soissons, a été baptisée dans sa maison Constance-Eugénie, fille de noble homme Antoine Vitart, procureur du Roi des eaux et forêts de Valois, et de Damoiselle Catherine Sconin. Et le 12 du mois de novembre de la même année (1673) ont été suppléées les cérémonies. Le parrain M. Jean Racine, prieur de Saint-Nicolas de Choisis, et [la marraine] Dame Marguerite le Mazier, femme de Mre Nicolas Vitart, seigneur de Passy, qui ont signé :

« RACINE.   MARGUERITE LE MAZIER.
« VITART.   CATHERINE SCONIN. »

(Registres de la paroisse Saint-Vaast.)

XX. — Page 55.

Acte d'inhumation de Pierre Sconin, grand-père de Racine.

« Le vingt-troisième avril mil six cent soixante-sept a été inhumé dans la chapelle Saint-Vaast de l'église Notre-Dame de cette ville, Mre Pierre Sconin, commissaire examinateur et président au grenier à sel, et jadis procureur du Roi des eaux et forêts de la forêt de Retz, décédé le vingtième dudit mois, âgé de quatre-vingt et onze ans. »

(*Registres de la paroisse Saint-Vaast.*)

XXI. — Page 74.

Acte d'inhumation de Mlle du Parc.

« Dudit jour (13ᵉ de décembre 1668), Marquise Thérèse de Gorle, veuve de feu René Berthelot vivant sieur du Parc, l'une des comédiennes de la troupe royale, âgée d'environ trente-cinq ans, décédée le onzième du présent mois rue de Richelieu; son corps porté et inhumé aux Religieux Carmes des Billettes de cette ville, à Paris.... » (*Registres de la paroisse Saint-Roch.*)

XXII. — Page 75.

Acte de baptême de Jeanne-Thérèse Olivier, tenue sur les fonts par Racine et par Marie-Anne du Parc [1].

« Le 12 mai 1668 fut baptisée Jeanne-Thérèse Olivier, fille de Pierre Olivier et de Marie Couturier. Son parrain Jean Racine, et sa marraine Marie-Anne du Parc. Le parrain de la paroisse Saint-Eustache, la marraine de la paroisse Saint-Roch; et ont signé Jean Racine de l'Espinay, Marie-A. du Parc.

« F. Loyseau. »

(*Registres de l'église Notre-Dame de Grâce de Passy, paroisse d'Auteuil.*)

1. Marie-Anne du Parc était fille de Thérèse du Parc, la comédienne.

XXIII. — Page 94.

Acte de mariage de Jean Racine et de Catherine de Romanet.

« Le premier jour de juin mil six cent soixante et dix-sept, après la publication d'un ban, dispense obtenue de Monseigneur l'Archevêque, le vingt-neuvième du mois précédent, de la publication des deux autres, et permission de fiancer et marier le même jour, furent fiancés et épousés avec les solennités requises M. Jean-Baptiste Racine, conseiller du Roi, trésorier de France en la généralité de Moulins, de la paroisse de Saint-Landry, et Dame Catherine de Romanet de cette paroisse, en présence, du côté dudit Racine, de Nicolas Vitart, seigneur de Passy, et de M. Nicolas Sr des Préaux ; et, du côté de ladite Romanet, en présence de Claude de Romanet, son frère, et de M. Louis le Mazier, conseiller et secrétaire du Roi et greffier en chef des requêtes de l'hôtel, son cousin, et autres.

« *Signé :* Racine.   Catherine de Romanet.
« Vitart.   Lemasier.
« De Romanet.   Élisabeth de Coulanges[1].
« N. Boileau.   Galloys.
« Lemazier.   A. Lemazier.
« Mazier.   Marguerite Lemasier.
          « C. de Goussencourt. »

(*Registres de la paroisse Saint-Séverin.*)

XXIV. — Page 120.

Acte de baptême de Jean-Baptiste Racine.

« Le onzième jour de novembre mil six cent soixante et dix-huit a été baptisé Jean-Baptiste Racine, fils de Jean-Baptiste Racine,

---

1. *Elisabeth de Coulanges* était la femme de *Louis le Mazier ; A.* (André) *le Mazier* était son fils.

conseiller du Roi, trésorier de France à Moulins, et de Dame Catherine de Romanet, son épouse, étant né le même jour desdits mois et an. Le parrain a été Jean-Baptiste de Romanet, conseiller du Roi, trésorier de France à Amiens; la marraine Dame Marguerite le Mazier, épouse de Nicolas Vitart, seigneur de Passy, qui ont signé.

« RACINE. ROMANET. MARGUERITE LEMASIER DE PASSY. »

(*Registres de l'église de Saint-Louis-en-l'Ile.*)

XXV. — Page 122.

Acte de baptême de Marie-Catherine Racine.

« Le vendredi dix-septième de mai mil six cent quatre-vingt fut baptisée en l'église Saint-André-des-Arcs, environ sept heures du soir, Marie-Catherine, fille de Me Jean Racine, trésorier de France en la généralité de Moulins, et de Dame Catherine de Romanet. Le parrain Me Claude de Romanet, trésorier de France en la généralité d'Orléans; la marraine Dlle Marie Racine, femme de M. Rivière, docteur en médecine. L'enfant né le jour précédent. » (*Registres de la paroisse Saint-André-des-Arcs.*)

XXVI. — Page 123.

Acte de mariage de Marie-Catherine Racine.

« Le septième de janvier mil six cent quatre-vingt-dix-neuf a été fait et solennisé le mariage de Me Claude-Pierre Collin de Morambert, seigneur de Riberpré, avocat en Parlement, âgé de vingt-cinq ans, fils de Me Claude Collin de Morambert, ancien avocat en la cour, et de Dame Catherine Durand de la paroisse Saint-Séverin, présents et consentants, avec Dlle Marie-Catherine Racine, âgée de dix-huit ans, fille de Mre Jean Racine, conseiller secrétaire du Roi et gentilhomme ordinaire de sa chambre, aussi présents et consentants, demeurant rue des Marais en cette paroisse; les trois bans publiés auparavant de part et d'autre, les bans contrôlés le cinquième du courant; les fiançailles faites le jour précédent, ledit mariage célébré, du consentement et en présence de M. le curé de Saint-Sulpice, par Messire Jean Lizot, archiprêtre, curé de Saint-Séverin, et en présence de Dlle Dorothée-Marguerite Collin de Morambert, sœur de l'époux, de Mre Louis de Thériat d'Espagne, prêtre-chanoine et chancelier de l'église royale de Saint-Quentin, prieur à Senonches, de Mre Jean-Baptiste Racine, gentilhomme ordinaire de Sa Majesté, frère de la Dlle épouse, et de plusieurs autres parents et amis communs qui nous ont certifié la liberté desdites parties pour le mariage et ont signé.

« COLLIN DE MORAMBER.   COLLIN DE MORAMBER.
« MARIE RACINE.   RACINE. DURANT.
« JEAN-BAPTISTE RACINE. CATHERINE DE ROMANET.
« D. M. DE MORAMBER.   DE THIERIAT D'ESPAGNE.
« M. DE POUSSEMOTHE.   GALLOYS.
« SCONIN.   J. LEPORCHER.
« M. BOILEAU.   VUILLARD.
                        CHABOUREAU.
             « LIZOT. »

(Registres de la paroisse Saint-Sulpice.)

XXVII. — Page 124.

Acte de baptême d'Anne Racine.

« Le mercredi vingt-neuvième jour de juillet mil six cent quatre-vingt-deux, par permission de Monseigneur l'Archevêque, fut ondoyée par moi, prêtre, curé de la paroisse Saint-André-des-Arcs, la petite fille de M. Racine, trésorier de France, née le même jour.

« MATHIEU, *curé.* »

« Le huitième jour de mai 1683 les cérémonies du baptême furent administrées dans l'église Saint-André-des-Arcs à Anne, fille de M. Jean Racine, conseiller du Roi, trésorier de France en la généralité de Moulins, et de Dame Catherine de Romanet, son épouse, par moi, curé de ladite église, lequel nom lui a été donné par Nicolas Vitart, seigneur de Passy, et Dame Anne Buquet, femme de Jean-Baptiste de Romanet, écuyer, trésorier de France à Amiens, laquelle Anne avoit été ondoyée le vingt-neuvième juillet 1682 par moi, curé susdit, en vertu de la permission de Monseigneur l'archevêque de Paris, en date dudit 29 juillet au susdit an.

« Vitart.   Anne Bucquet.
« Racine.   Catherine de Romanet. »

(Registres de la paroisse Saint-André-des-Arcs.)

XXVIII. — Page 125.

Acte de baptême d'Élisabeth Racine.

« Le mercredi deuxième jour d'août mil six cent quatre-vingt-quatre fut baptisée en l'église de Saint-André-des-Arcs par moi, prêtre, curé de ladite église, soussigné, Élisabeth, née le dernier juillet dernier, fille de M. Jean Racine, conseiller du Roi, trésorier de France en la généralité de Moulins, et de Dame Catherine Romanet, sa femme. Le parrain M. René Pintrel, président de la cour des Monnoyes; la marraine Dame Élisabeth de Coulanges, veuve de M. Mazier, secrétaire du Roi, greffier en chef des requêtes de l'hôtel.

« Pinterel.   E. de Coulanges.
« Racine.

« Mathieu. »

(Registres de la paroisse Saint-André-des-Arcs.)

XXIX. — Page 126.

Acte de baptême de Jeanne-Nicole-Françoise Racine.

« Le vendredi vingt-neuvième jour de novembre (mil six cent quatre-vingt-six) fut baptisée Jeanne-Nicole-Françoise, née ce jourd'hui, fille de Jean Racine, conseiller du Roi, trésorier de France à la généralité de Moulins, et de Dame Catherine de Romanet, son épouse. Le parrain M⁰ Nicolas Laugeois de Saint-Quentin ; la marraine Dame Françoise Collier, veuve de M⁰ Jacques le Challier, conseiller du Roi et auditeur en sa Chambre des comptes à Paris.

« Racine.   Françoise Collier.
« Laugeois de Saint-Quentin. »

(*Registres de la paroisse Saint-Séverin.*)

XXX. — Page 126.

Acte de baptême de Madeleine Racine.

« Le jeudi dix-huitième jour dudit mois (mars 1688) fut baptisée Magdeleine, née le 14, fille de M. Jean Racine, conseiller du Roi, trésorier de France en la généralité de Moulins, et de Dame Catherine de Romanet, son épouse. Le parrain Jean-Baptiste, fils dudit sieur Racine ; la marraine Marie-Catherine, aussi fille dudit sieur Racine.

« Racine.   Racine.
            « Lizot.

« La marraine ne sait signer. »

(*Registres de la paroisse Saint-Séverin.*)

XXXI. — Page 127.

Acte de baptême de Louis Racine.

« Du 2 novembre mil six cent quatre-vingt-douze a été baptisé Louis, né ledit jour, fils de Messire Jean Racine, gentilhomme ordinaire de la chambre du Roi, et de Dame Catherine de Romanet, sa femme, demeurant rue des Marais. Le parrain Messire Louis-Ellies du Pin, prêtre et docteur de Sorbonne ; la marraine Marie-

Charlotte Vitart, femme de Glaude de Romanet, trésorier de France en la généralité d'Orléans.

« Marie-Charlotte Vitart.   « L. Ellies du Pin.
                                            Racine. »

(*Registres de la paroisse Saint-Sulpice.*)

XXXII. — Page 128.

Acte de mariage de Marie Racine (Mme Rivière.)

« Ce trentième et dernier jour de juin mil six cent soixante et seize, après les fiançailles et publication des bans, a été fait le mariage entre Anthoine Rivière et Marie Racine, en présence de M. Anthoine Rivière, père dudit Rivière, dom Robert Rivière, religieux de Saint-Benoît, M. Philippe Logeois, Claude Lirot, Pierre Lange, Damoiselle Élisabeth Sconin, Catherine Sconin, Claude Sconin et Anthoinette Racine, leurs parents et amis; et j'ai moi soussigné, prieur-curé de Saint-Vaast, uni les mariés et baillé la bénédiction nuptiale.

« Rivière.   Anthoine Rivière.   Marie Racine.
« Chrestien.   Laugeois.   Lange.
« Lirot.

                      « F. P. Oudin. »

(*Registres de la paroisse Saint-Vaast.*)

XXXIII. — Page 128.

Acte de baptême de Marie-Catherine Rivière.

« Ce 21 novembre 1682, avec permission de M. du Tour, official de Soissons, après son exorcisme, a été ondoyée et baptisée dans l'église une fille de M. Anthoine Rivière, médecin en cette ville, et de Damoiselle Marie Racine, sa femme, laquelle fille est venue au monde ce même jour. »

« Ce cinquième octobre mil six cent quatre-vingt-trois une fille de M. Anthoine Rivière, docteur en médecine, et de Damoiselle Marie Racine, sa femme, ayant été baptisée avec toutes les cérémonies accoutumées, à l'exception de l'imposition du nom, par la permission de M. l'official de Soissons, le 21 novembre 1682, a été nommée Marie-Catherine. Son parrain M. Jean Racine, conseiller du Roi, trésorier de France en la généralité de Moulins; sa marraine Damoiselle Catherine Sconin, femme de M. Anthoine (*Vitart*), procureur du Roi aux eaux et forests.

« RACINE.   CATHERINE SCONIN.   RIVIÈRE.
« DAUVILLIERS. »

(*Registres de la paroisse Saint-Vaast.*)

XXXIV. — Page 154.

Pièces relatives à la réception de Racine en l'office de conseiller secrétaire du Roi[1].

I.

« *A Messieurs les conseillers secrétaires du Roi, maison et couronne de France et de ses finances, procureurs syndics de la compagnie.*

« Supplie humblement Jean Racine, gentilhomme ordinaire de la

---

1. Ces pièces, qui se trouvent aux Archives, section judiciaire, ont été publiées par M. G. Servois dans la *Correspondance littéraire*, année 1862, n° du 25 juin, p. 239-243. Dans les explications dont il les a fait précéder, M. Servois nous avertit que Racine fut reçu dans la compagnie des secrétaires du Roi le samedi 18 février 1696, et non le 19, comme il est dit dans l'*Histoire chronologique de la grande chancellerie de France* par Abraham Tessereau (2 vol. in-fol., M.DCC.VI), tome II, p. 307. Là en effet on lit : « Le 19 février (1696), Jean Racine, conseiller du Roi, trésorier de France à Moulins, fut reçu en un des cinquante offices de conseillers secrétaires du Roi.... créés par édit du mois de février 1694. » Sur une phrase de la lettre de Racine à son fils, du 13 février 1698 : « Nous avons remboursé Mme Quinault, » les éditeurs de 1807 ont cette note : « Veuve du poëte Quinault, qui étoit auditeur des comptes et secrétaire du Roi. Racine avait acheté cette dernière charge. » Mais la charge donnée à Racine était de nouvelle création; et Quinault était mort depuis huit ans. Dans l'acte de son décès (28 novembre 1688. *Registres de la paroisse Saint-Louis-en-l'Ile*) il est qualifié « conseiller du Roi, auditeur ordinaire en sa Chambre des comptes, » et non secrétaire. Il n'est pas nommé dans l'*Histoire de la grande chancellerie*.

chambre du Roi, président trésorier de France en la généralité de Moulins, disant qu'ayant acquis de la compagnie, avec l'agrément de Monseigneur le Chancelier, une des cinquante charges de conseillers secrétaires du Roi, maison, couronne de France et de ses finances, créées par édit du mois de février 1694, il en auroit fait présenter les provisions à mondit Seigneur, qui auroit mis sur le repli son ordonnance de *soit montré à vous, Messieurs :* ce considéré, il vous plaise de commettre tels de Messieurs de la compagnie qu'il vous plaira pour procéder aux informations des vie, mœurs et religion du suppliant, et de sa fidélité et affection au service de Sa Majesté, et vous ferez bien.

« Racine. »

« Messieurs Divry et Cousin sont commis aux fins de la présente requête; fait le treizième de février 1696.

« Gourdon. De Lamet. Langlois. David. »

II.

« Information faite par nous, Jean Divry et Pierre Cousin, écuyers, conseillers secrétaires du Roi, maison, couronne de France et de ses finances commissaires, députés par ordonnance de la compagnie du treizième jour de février mil six cent quatre-vingt-seize, des vie, mœurs, conversation, religion catholique, apostolique et romaine, fidélité et affection au service de Sa Majesté de Jean Racine, conseiller du Roi, trésorier de France en la généralité de Moulins, et gentilhomme ordinaire de la maison de Sa Majesté, poursuivant l'expédition et sceau des lettres de provision et sa réception en l'un des cinquante offices de conseillers secrétaires du Roi, maison, couronne de France et de ses finances, créés par édit du mois de février 1694, à laquelle information nous avons procédé ainsi qu'il ensuit :

« Du jeudi 16 février 1696.

« Messire François Dupuy, prêtre, curé de Sainte-Marine en la cité, y demeurant, âgé de trente-huit ans ou environ, lequel après avoir mis la main *ad pectus*, a promis de dire la vérité, a dit n'être parent ni allié dudit sieur Racine; qu'il le connoît depuis vingt ans ou environ; sait qu'il fait profession de la religion catholique, apostolique et romaine, pour l'avoir vu souvent assister au service divin et fréquenter les sacrements de pénitence et d'eucharistie; qu'il est de très-bonnes vie et mœurs, et fort affectionné au service du Roi. Lecture à lui faite de sa déposition, y a persisté et signé.

« Dupuy. »

« Charles de Cartigny, écuyer, conseiller secrétaire du Roi, maison, couronne de France et de ses finances, demeurant à Paris, rue Sainte-Croix-de-la-Bretonnerie, paroisse Saint-Paul, âgé de soixante-quatre à cinq ans, lequel, après serment par lui fait de dire la vérité, a dit n'être parent ni allié dudit sieur Racine; qu'il le connoît depuis très-longtemps; qu'il est de très-bonnes mœurs; qu'il fait profession de la religion catholique, apostolique et romaine, pour l'avoir vu souvent assister au service divin; qu'il est de très-bonne et ancienne famille, distinguée sous les règnes de Henri trois et Henri quatre, comme il se voit par les tombes de leur famille et autres monuments publics à la Ferté-Milon dont il est originaire[1]; que son grand-père et son père ont passé dans les charges où ils ont vécu honorablement, même après avoir porté les armes; qu'il a plusieurs parents, tant du côté paternel que maternel, à Soissons, à Château-Thierry, à la Ferté-Milon, même à Paris, dans les charges de secrétaires du Roi, trésoriers de France, présidents aux présidiaux, aux élections et à la Monnoye[2]; qu'ayant été élevé dans les belles-lettres par les plus habiles gens de ce siècle, il s'y est tellement distingué que dès l'âge de vingt-un à vingt-deux ans, sur sa réputation, Sa Majesté lui donna une pension, sans qu'il l'eût demandée[3]; il fut ensuite trésorier de France, et gratifié par le Roi d'une partie de la valeur de cette charge; que depuis Sa Majesté lui a donné celle de gentilhomme ordinaire, et l'a choisi, il y a dix-huit ou vingt ans, pour travailler à l'histoire de son règne; sait qu'il est fort affectionné au service du Roi et très-capable d'exercer l'office de conseiller secrétaire de sa maison, dont il poursuit sa réception. Lecture à lui faite de sa déposition, y a persisté et a signé.

« CARTIGNI. »

1. M. Servois donne ici en note la première rédaction de ce passage, qui a été effacée : « Comme il se voit par la tombe de son bisaïeul Jean Racine, qui est dans la principale église de la Ferté-Milon, décédé l'an 1593; [il] étoit receveur général du Roi et de la Reine tant du domaine et duché de Valois que des greniers à sel de la Ferté-Milon et de Crespy en Valois. Est écrit autour de cette tombe : *Cy gisent honorables personnes Jean Racine et Anne Gosset sa femme.* » Nous trouvons donc là, pour attester l'existence de cette tombe, une autorité beaucoup plus ancienne que celle des *Mémoires* de L. Racine.

2. Il y avait d'abord à la suite de ceci : « Qu'un de ses oncles étoit abbé de Sainte-Geneviève, lorsqu'on descendit la châsse pendant les guerres civiles; qu'il a été élevé à Port-Royal des Champs, où sa tante est maintenant abbesse, avec plusieurs enfants de grande qualité, et instruit dans les belles-lettres par le célèbre Monsieur Nicolle, et Monsieur Lancelot, auteur des fameuses Méthodes grecque et latine; qu'à l'âge de vingt-un à vingt-deux ans, etc. »

3. Première rédaction : « le prévint par une pension qu'il lui envoya chez lui, sans qu'il l'eût demandée. »

« Maître Nicolas Boileau, sieur Despréaux, avocat en Parlement, demeurant à Paris, cloître Notre-Dame, paroisse Saint-Jean le Rond, âgé de 58 ans, lequel, après serment par lui fait de dire vérité, a dit n'être parent ni allié audit sieur Racine; qu'il le connoît depuis vingt-cinq ans pour être homme de probité et de grand mérite; qu'il est de très-bonne famille de la Ferté-Milon, ayant plusieurs parents distingués par leurs mérites et leurs emplois, comme Messieurs Pinterels [1], ses cousins germains, dont les uns sont présidents au présidial et élection de Château-Thierry, les autres en la cour des Monnoyes, secrétaires du Roi et trésoriers de France; Messieurs Romanez, ses beaux-frères, trésoriers de France ès généralités d'Amiens et d'Orléans; Monsieur Vitart, seigneur de Passy sur Marne, son cousin germain; Monsieur Prevost, maître des comptes; Monsieur de la Grange, conseiller au Parlement, aussi ses parents; le père de Madame Racine étoit trésorier de France à Amiens, et son grand-père président en l'élection de Montdidier; sait qu'il fait profession de la religion catholique, apostolique et romaine, dans laquelle il s'est fort distingué pour sa grande piété et ses ouvrages, et fort affectionné au service du Roi. Lecture à lui faite de sa déposition, y a persisté et signé.

« N. Boileau. »

« Fait et arrêté par nous commissaires susdits, les jour et an que dessus.

« Divry, Cousin. »

III.

« Du samedi 13 février 1696, de relevée, au Palais, pour juger l'information des vie et mœurs de MM. Racine et Asselin [2].

« Vu par la compagnie l'ordonnance de *soit montré à Messieurs les procureurs syndics*, apposée par Monseigneur le Chancelier sur le repli des lettres présentées au sceau par Jean Racine et Jacques Asselin, le premier ayant acquis un des cinquante offices de nouvelle création, et le second au lieu et place de défunt M. le Noir; les requêtes par

---

1. Dans la *Correspondance littéraire* on a imprimé *Puiterelles*; mais le commencement du nom n'a pu être ainsi écrit sous la dictée de Boileau. Du reste, on rencontre également l'orthographe *Pintrel* et *Pinterel* (voyez p. 185).
2. « Le même jour (*que Racine*) Jacques Asselin, ancien échevin de la ville de Rouen, fut reçu en l'office de conseiller secrétaire du Roi, maison, couronne de France et de ses finances, au lieu de feu Guillaume le Noir. » (*Histoire chronologique de la grande chancellerie*, tome II, p. 307.)

eux présentées en conséquence, sur lesquelles deux de Messieurs les conseillers secrétaires du Roi ont été commis pour informer de leurs vie, mœurs, religion catholique, apostolique et romaine; informations par eux faites, et ouï le rapport de Messieurs de Lamet et Langlois, procureurs syndics, rapporteurs :

« La compagnie a consenti, sous le bon plaisir du Roi, et de Monseigneur le Chancelier, que lesdits sieurs Racine et Asselin seront pourvus desdits offices, et arrêté que le consentement sera mis sur le repli des lettres par Monsieur le greffier, suivant le règlement, en faisant par eux les soumissions requises et accoutumées; et à l'instant lesdits sieurs Racine et Asselin, ayant été mandés par M. Maissat, doyen et président, en ladite assemblée, leur a prononcé la présente délibération, dont ils ont remercié la compagnie.

« MAISON, GOURDON, DAVID, DE LAMET,
« LANGLOIS, NOBLET, DE ROSSET. »

IV.

« Du samedi 10 mars 1696, du matin, au Palais.

« *Présents* : *Maissat*, *doyen*; *Gourdon*, *de Lamet*, *Langlois*, *David*, *Noblet*, *Chuberé*, *Soufflot*, *Lenormant*, *Hubert*, *Desvieux*, *Dutillet*, *Gamard*, *Paraire*, *de Rosset*.

« M. Gourdon a dit que M. Racine notre confrère, se trouvant obligé de suivre Sa Majesté tant à Versailles qu'à Marly, à cause de la charge de gentilhomme ordinaire qu'il exerce à la cour, et parce qu'il travaille à l'histoire du règne du Roi, ce qui l'empêchera d'assister aussi assidûment qu'il le souhaiteroit au service du grand et petit sceau, et aux services et réceptions des confrères qui arrivent journellement, c'est pourquoi il supplie la compagnie de vouloir bien l'excuser lorsqu'il ne pourra se trouver aux assemblées.

« La compagnie, par considération des emplois dudit sieur Racine auprès de Sa Majesté, l'a dispensé du service du grand et du petit sceau, et le tiendra présent aux services et réceptions des confrères, comme elle fait ceux de nos confrères qui sont attachés auprès de Messieurs les Ministres.... »

PIÈCES JUSTIFICATIVES.

XXXV. — Page 158.

Acte de décès de Racine.

« Le vingt-unième jour d'avril 1699 a été fait le convoi et transport [à][1] l'église de Port-Royal des Champs de Messire Jean-Baptiste Racine, conseiller secrétaire du Roi et gentilhomme ordinaire de sa chambre, âgé de cinquante-neuf ans, décédé le jour même entre trois et quatre du matin en sa maison, rue des Marets; et ont assisté audit convoi et transport maître Claude-Pierre Colin de Morambert, seigneur de Riberpré, avocat en Parlement, gendre dudit sieur défunt, et maître Germain Willard, bourgeois de Paris, ami dudit défunt, qui ont signé. » (*Registres de la paroisse Saint-Sulpice.*)

XXXVI. — Page 162.

Épitaphe de Racine par M. Tronchai. (Le texte latin et la traduction française sont tirés du *Nécrologe de Port-Royal*, p. 168 et 169.)

« Hic jacet Johannes Racine, Franciæ quæstor, Regi a secretis atque a cubiculo, unusque e 40 Gallicanæ Academiæ viris. Sancte pieque educatus, citius heu! charitatem primam reliquit. Fascinatio enim nugacitatis seculi hujusce juvenis obscuravit bona, et inconstantia concupiscentiæ transvertit sensum illius. Inter tragicos poetas mox facile, sed misere, princeps, varia tragœdiarum argumenta plaudentibus theatris diu tractavit. At memor tandem unde exciderat, egit pœnitentiam et prima opera fecit; tot annos, uni Deo debitos, uni seculo ejusque insumptos voluptatibus exhorruit; profanos quos male meruit plausus amare flevit, publicaque repulisset detestatione, si licuisset. Aulæ jam non cupiditate addictus, sed vitæ negotiorumque ratione, inde omnia pietatis et religionis officia eo studiosius coluit, quo non semper coluisse magis eum pœnituit. A

[1]. Au lieu de *à*, on lit *de* sur les registres.

Ludovico magno selectus qui res eo regnante præclare ac mirabiliter gestas perscriberet, huic intentus operi diem clausit extremum XI kal. Maii, anno Domini 1699, ætat. 59, magnumque amicis, nonnullis regni primoribus, ipsi etiam Regi reliquit sui desiderium. Fecit modestia ejus et præcipua in hanc Portus Regii domum benevolentia ut in isto cœmeterio pie magis quam magnifice sepeliri vellet.

« Tu lacrymas pœnitentiæ illius precibus tuis, viator, juva. »

« Ci-gît messire Jean Racine, trésorier de France, secrétaire du Roi, gentilhomme ordinaire de Sa Majesté et l'un des 40 académiciens de l'Académie françoise. Ayant reçu une éducation toute sainte, il se relâcha trop tôt, hélas! de sa première charité. L'ensorcellement des niaiseries du monde obscurcit le bien qui se trouvoit en ce jeune homme; et les passions volages de la concupiscence lui renversèrent l'esprit. Bientôt devenu sans peine, mais malheureusement pour lui, le prince des poëtes tragiques, il fit longtemps retentir les théâtres des applaudissements que l'on y donnoit à ses pièces. Mais enfin se ressouvenant de l'état d'où il étoit déchu, il en fit pénitence, et rentra dans la pratique de ses premières œuvres. Il frémit d'horreur au souvenir de tant d'années qu'il ne devoit employer que pour Dieu, et qu'il avoit perdues en suivant le monde et ses plaisirs. Détestant dans l'amertume de son cœur les applaudissements profanes qu'il ne s'étoit attirés qu'en offensant Dieu, il en auroit fait une pénitence publique, s'il lui eût été permis. N'étant plus retenu à la cour que par l'engagement de ses charges, et non par aucune passion, il s'appliqua aux devoirs de la religion avec d'autant plus de soin qu'il avoit plus de douleur de n'y avoir pas été toujours fidèle. Comme il travailloit à l'histoire du règne de Louis le Grand, qui l'avoit choisi pour l'écrire, il mourut le 21 avril 1699, âgé de 59 ans, et fut extrêmement regretté de ses amis, de quelques seigneurs du royaume et du Roi même. Sa modestie et son affection particulière envers cette maison de Port-Royal, lui firent souhaiter d'être inhumé dans ce cimetière plutôt avec les marques d'une humble piété qu'avec pompe.

« Passant, joignez vos prières aux larmes de sa pénitence. »

Premier projet d'une épitaphe de Racine, attribué à Boileau par M. de la Rochefoucauld-Liancourt. (*Études littéraires et morales de Racine*, deuxième partie, p. 277 et 278.)

« En 1699 mourut noble homme Jean Racine, trésorier de France, secrétaire du Roi, gentilhomme ordinaire de la chambre de

Sa Majesté, et l'un des quarante de l'Académie françoise, lequel ayant été élevé dans cette retraite avec d'autres jeunes gens qui y étudioient, oublia pendant quelque temps la sainte education qu'il avoit reçue et suivit les voies du siècle. Il s'appliqua imprudemment à composer des tragédies auxquelles le théâtre françoi donna toutes sortes d'applaudissements; mais se souvenant enfin de son relâchement, il reprit ses premiers sentiments et rentra dans la pratique des bonnes œuvres. Sa pénitence et son affection pour ce monastère lui ont fait choisir une sépulture honorable dans le cimetière du dehors, auprès des gens de bien dont la modestie lui avoit donné cet exemple. Il est mort le 21 avril, âgé de 59 ans. »

XXXVII. — Page 163.

Acte de translation et d'inhumation du corps de Racine dans l'église Saint-Étienne du Mont.

« Le mercredi deuxième du présent mois de décembre (1711) ont été transportés de l'abbaye de Port-Royal des Champs pour ensuite être enterrés dans cette église, aussi avec la permission de Monseigneur le cardinal de Noailles, archevêque de Paris, en date du sixième du mois de novembre dernier mil sept cent onze, signée par Son Éminence, puis *Chevalier*, les corps de défunts Isaac-Louis le Maître, prêtre, mort le quatrième janvier mil six cent quatre-vingt-quatre, le corps de M^{tre} Antoine le Maître, avocat en Parlement, conseiller du Roi en ses conseils, mort le quatre novembre mil six cent cinquante-huit, le corps de Messire Jean Racine, secrétaire du Roi, gentilhomme ordinaire de sa chambre, un des quarante de l'Académie françoise, mort le vingt-deux avril mil six cent quatre-vingt-dix-neuf, lesquels nous ont été présentés par Me Nicolas Vion, diacre de l'église de Rouen, qui a assisté au transport et inhumation desdits corps en présence des soussignés.

« RACINE.   RACINE.   CATHERINE DE ROMANET.
« J. ISSALY.   ISSALY.   FRANÇOISE-MARGUERITE DE SONCOUX.
« RACINE.   GARBE.   J. C. GARBE.
« RACINE.   TARGE.   H. VION, *ind. diacre.*
« DEMONMOREL. DESALLEURS. F. SABRI.
             « BRULART, *prêtre.* »

(*Registres de la paroisse Saint-Étienne du Mont.*)

XXXVIII. — Page 164.

Acte de décès de Madame Racine.

(Catherine de Romanet. — 20 prêtres.)

« Le lundi dix-septième (novembre 1732) fut inhumée dans le tour du chœur de cette église Dame Catherine de Romanet, veuve de Messire Jean Racine, conseiller secrétaire du Roi, maison, couronne de France et de ses finances, gentilhomme ordinaire de la chambre, un des quarante de l'Académie françoise, morte le samedi précédent à une heure du matin, âgée de soixante-dix-neuf ans environ, prise carré de Sainte-Geneviève en présence des soussignés.

« RACINE. ROMANET. GOUSSENCOURT. »

(*Registres de la paroisse Saint-Étienne du Mont.*)

XXXIX. — Page 165.

Acte de décès de Jean-Baptiste Racine, fils aîné du poëte.

« Ce même jour (mercredi 1er février 1747) fut inhumé dans le petit cimetière Mre Jean-Baptiste Racine, ancien gentilhomme ordinaire du Roi, mort le jour précédent, âgé de soixante-huit ans, pris rue des Sept-Voyes, en présence de Mre Louis Racine de l'Académie royale des belles-lettres, son frère, de Jean Racine et de Claude-François de Moramber, ses neveux.

« LEROY, *prêtre*. RACINE.
« RACINE. DE MORAMBER. »

MÉMOIRES

CONTENANT QUELQUES PARTICULARITÉS SUR

LA VIE ET LES OUVRAGES

DE JEAN RACINE

[PAR LOUIS RACINE]

MÉMOIRES

CONTENANT QUELQUES PARTICULARITÉS SUR

LA VIE ET LES OUVRAGES

DE JEAN RACINE[1].

[PAR LOUIS RACINE.]

Lorsque je fais connoître mon père, mieux que ne l'ont fait connoître jusqu'à présent ceux qui ont écrit sa vie, en rendant

1. Ces *Mémoires* ont été imprimés d'abord en 1747 (à Lausanne et à Genève, chez Marc-Michel Bousquet, 1 vol. in-12). On y a joint divers écrits de Jean Racine. Les lettres de Racine, publiées en même temps, forment un second volume. Quoiqu'il y ait eu réellement deux éditions distinctes, la même année, chez le même libraire, l'une plus petit in-12 que l'autre, le texte ne présente pas de différences (voyez la *Notice bibliographique*). Dans les *OEuvres de Louis Racine* (Amsterdam, 1750, chez Marc-Michel Rey, sixième édition revue et augmentée par l'auteur, 6 vol. in-12), le premier volume renferme une réimpression des *Mémoires*. Beaucoup de passages de l'édition de 1747 y ont été corrigés. Mais un plus grand nombre encore de corrections ont été faites à la main par Louis Racine sur un exemplaire de 1747, qui est à la Bibliothèque impériale. C'est d'après cet exemplaire corrigé que nous avons établi notre texte. — Dans le titre, après « de Jean Racine, » les éditions imprimées ajoutent : « de l'Académie françoise. » Ces derniers mots sont effacés dans l'*Exemplaire corrigé*. — L'impression des *Mémoires* de L. Racine souffrit en France des difficultés. L'auteur écrivait de Paris à Chevaye

ce que je dois à sa mémoire, j'ai une double satisfaction : fils et père à la fois, je remplis un de mes devoirs envers vous, MON CHER FILS[1], puisque je mets devant vos yeux celui qui, pour la piété, pour l'amour de l'étude, et pour toutes les qualités du cœur, doit être votre modèle. J'avois toujours approuvé la curiosité que vous aviez témoignée pour entendre lire les Mémoires dans lesquels vous saviez que j'avois rassemblé diverses particularités de sa vie; et je l'avois approuvée sans la satisfaire, parce que j'y trouvois quelque danger pour votre âge. Je craignois aussi de paroître plus prédicateur qu'historien, quand je vous dirois qu'il n'avoit eu la moitié de sa vie que du mépris pour le talent des vers, et pour la gloire que ce talent lui avoit acquise. Mais maintenant qu'à ces Mémoires je suis en état d'ajouter un recueil de ses lettres, et qu'au lieu de vous parler de lui, je puis vous le faire parler lui-même, j'espère

---

de Nantes, le 26 février 1748 : « Ce n'est point un censeur, qui retarde l'impression de la *Vie* de mon père; j'ai une approbation depuis cinq mois; et je suis très en règle pour avoir un privilége; mais j'ai lu l'ouvrage au maître des priviléges (*au chancelier d'Aguesseau*), et voilà la cause de ce long retardement. Je le vois enfin prêt à consentir à laisser imprimer avec une permission tacite. Je ne vois rien dans cet ouvrage que de très-innocent; mais les hommes dans les grandes places ont des lumières plus étendues que nous autres. » Sans doute la permission tacite ne fut pas donnée, ou ne parut pas suffisante à L. Racine; et cela explique pourquoi il fit imprimer les Mémoires à Lausanne et à Genève, ou peut-être à Paris, sous la rubrique de *Lausanne et Genève;* et pourquoi dans l'*Avis de l'éditeur* on suppose qu'il n'a point consenti à l'impression. Il nous semble, d'après ces circonstances, que malgré la date de 1747, donnée à la première édition, elle ne dut être publiée qu'en 1748, à moins que dans le temps où Louis Racine était en instance pour obtenir un privilége en France, il n'eût déjà fait paraître ses *Mémoires* à l'étranger, ce qui serait difficile à croire.

1. « Προσφωνῶ filio, visum est non ἀνοικεῖον. » *Cic. ad. Attic.*, ep. XI, lib. XVI. (*Note de L. Racine.*) « C'est à mon fils que je m'adresse : il m'a semblé que c'étoit bien là un livre de famille. » Cicéron parle de son traité *des Devoirs*. — Le fils pour qui Louis Racine dit avoir écrit ses *Mémoires* est Jean Racine, né en 1734. Il avait alors treize ans. Il mourut le 1er novembre 1755. Voyez ci-dessus la *Notice biographique*, p. 169.

que cet ouvrage, que j'ai fait pour vous, produira en vous les fruits que j'en attends, par les instructions que vous y donnera celui qui doit faire sur vous une si grande impression.

Vous n'êtes pas encore en état de goûter les lettres de Cicéron, qui étoient les compagnes de tous ses voyages; mais il vous est d'autant plus aisé de goûter les siennes, que vous pouvez les regarder comme adressées à vous-même. Je parle de celles qui composent le troisième recueil.

Ne jetez les yeux sur les lettres de sa jeunesse que pour y apprendre l'éloignement que l'amour de l'étude lui donnoit du monde, et les progrès qu'il avoit déjà faits, puisqu'à dix-sept ou dix-huit ans il étoit rempli des auteurs grecs, latins, italiens, espagnols, et en même temps possédoit si bien sa langue, quoiqu'il se plaigne de n'en avoir qu'*une petite teinture*, que ces lettres, écrites sans travail, sont dans un style toujours pur et naturel.

Vous ne pourrez sentir que dans quelque temps le mérite de ses lettres à Boileau, et de celles de Boileau : ne soyez donc occupé aujourd'hui que de ses dernières lettres, qui, quoique simplement écrites, sont plus capables que toute autre lecture de former votre cœur, parce qu'elles vous dévoileront le sien. C'est un père qui écrit à son fils comme à son ami. Quelle attention, sans qu'elle ait rien d'affecté, pour le rappeler toujours à ce qu'il doit à Dieu, à sa mère et à ses sœurs! Avec quelle douceur il fait des réprimandes, quand il est obligé d'en faire ! Avec quelle modestie il donne des avis ! Avec quelle franchise il lui parle de la médiocrité de sa fortune ! Avec quelle simplicité il lui rend compte de tout ce qui se passe dans son ménage ! Et gardez-vous bien de rougir quand vous l'entendrez répéter souvent les noms de *Babet, Fanchon, Madelon, Nanette*, mes sœurs; apprenez au contraire en quoi il est estimable. Quand vous l'aurez connu dans sa famille, vous le goûterez mieux lorsque vous viendrez à le connoître sur le Parnasse ; vous saurez pourquoi ses vers sont toujours pleins de sentiments.

Plutarque a déjà pu vous apprendre que Caton l'ancien préféroit la gloire d'être bon mari à celle d'être grand sénateur, et qu'il quittoit les affaires les plus importantes pour aller voir sa femme remuer et emmaillotter son enfant. Cette sensibilité antique n'est-elle donc plus dans nos mœurs, et trouvons-nous qu'il soit honteux d'avoir un cœur? L'humanité, toujours belle, se plaît surtout dans les belles âmes ; et les choses qui paroissent des foiblesses puériles aux yeux d'un bel esprit, sont les vrais plaisirs d'un grand homme. Celui dont on vous a dit tant de fois, et trop souvent peut-être, que vous deviez ressusciter le nom, n'étoit jamais si content que quand, libre de quitter la cour, où il trouva dans les premières années de si grands agréments, il pouvoit venir passer quelques jours avec nous. En présence même d'étrangers, il osoit être père ; il étoit de tous nos jeux ; et je me souviens (je le puis écrire, puisque c'est à vous que j'écris), je me souviens de processions dans lesquelles mes sœurs étoient le clergé, j'étois le curé, et l'auteur d'*Athalie*, chantant avec nous, portoit la croix.

C'est une simplicité de mœurs si admirable dans un homme tout sentiment et tout cœur, qui est cause qu'en copiant pour vous ses lettres, je verse à tous moments des larmes, parce qu'il me communique la tendresse dont il étoit rempli.

Oui, mon fils, il étoit né tendre, et vous l'entendrez assez dire ; mais il fut tendre pour Dieu lorsqu'il revint à lui ; et du jour qu'il revint à ceux qui dans son enfance lui avoient appris à le connoître, il le fut pour eux sans réserve ; il le fut pour ce Roi dont il avoit tant de plaisir à écrire l'histoire ; il le fut toute sa vie pour ses amis ; il le fut, depuis son mariage et jusqu'à la fin de ses jours, pour sa femme, et pour tous ses enfants sans prédilection ; il l'étoit pour moi-même, qui ne faisois pour ainsi dire [1] que de naître quand il mourut [2], et à qui ma mémoire ne peut rappeler que ses caresses.

Attachez-vous donc uniquement à ses dernières lettres, et aux endroits de la seconde partie de ces *Mémoires* où il parle à un fils qu'il vouloit éloigner de la passion des vers, que je n'ai que trop écoutée, parce que je n'ai pas eu les mêmes leçons. Il lui faisoit bien connoître que les succès les plus heureux

---

1. Var. (édit. de 1747 et de 1750) : qui ne faisois guère. « Pour ainsi dire » n'est que dans l'*Exemplaire corrigé*.

2. L. Racine était âgé de six ans et demi quand son père mourut.

ne rendent pas le poëte heureux, lorsqu'il lui avouoit que la plus mauvaise critique lui avoit toujours causé plus de chagrin que les plus grands applaudissements ne lui avoient fait de plaisir. Retenez surtout ces paroles remarquables qu'il lui disoit dans l'épanchement d'un cœur paternel : « Ne croyez pas que ce soient mes pièces qui m'attirent les caresses des grands. Corneille fait des vers cent fois plus beaux que les miens, et cependant personne ne le regarde ; on ne l'aime que dans la bouche de ses acteurs : au lieu que, sans fatiguer les gens du monde du récit de mes ouvrages, dont je ne leur parle jamais, je les entretiens de choses qui leur plaisent. Mon talent avec eux n'est pas de leur faire sentir que j'ai de l'esprit, mais de leur apprendre qu'ils en ont. »

Vous ne connoissez pas encore le monde, vous ne pouvez qu'y paroître quelquefois, et vous n'y avez jamais paru sans vous entendre répéter que vous portiez le nom d'un poëte fameux, qui avoit été fort aimé à la cour. Qui peut mieux que ce même homme vous instruire des dangers de la poésie et de la cour? La fortune qu'il y a faite vous sera connue, et vous verrez dans ces *Mémoires* ses jours abrégés par un chagrin, pris à la vérité trop vivement, mais sur des raisons capables d'en donner. Vous verrez aussi que la passion des vers égara sa jeunesse, quoique nourrie de tant de principes de religion, et que la même passion éteignit pour un temps, dans ce cœur si éloigné de l'ingratitude, les sentiments de reconnoissance pour ses premiers maîtres.

Il revint à lui-même ; et sentant alors combien ce qu'il avoit regardé comme bonheur étoit frivole, il n'en chercha plus d'autre que dans les douceurs de l'amitié, et dans la satisfaction à remplir tous les devoirs de chrétien et de père de famille. Enfin ce poëte, qu'on vous a dépeint comme environné des applaudissements du monde, et accablé des caresses des grands, n'a trouvé de consolation que dans les sentiments de religion dont il étoit pénétré. C'est en cela, mon fils, qu'il doit être votre modèle; et c'est en l'imitant dans sa piété et dans les aimables qualités de son cœur, que vous serez l'héritier de sa véritable gloire, et que son nom, que je vous ai transmis, vous appartiendra.

Le desir que j'en ai m'a empêché de vous témoigner le desir

que j'aurois encore de vous voir embrasser l'étude avec la même ardeur. Je vous ai montré des livres tout grecs, dont les marges sont couvertes de ses apostilles, lorsqu'il n'avoit que quinze ans[1]. Cette vue, qui vous aura peut-être effrayé, doit vous faire sentir combien il est utile de se nourrir de bonne heure d'excellentes choses. Platon, Plutarque, et les lettres de Cicéron n'apprennent point à faire des tragédies; mais un esprit formé par de pareilles lectures devient capable de tout.

Je m'aperçois qu'à la tête d'un Mémoire historique, je vous parle trop longtemps : le cœur m'a emporté; et, pour vous en expliquer les sentiments, j'ai profité de la plus favorable occasion que jamais père ait trouvée.

La *Vie* de mon père qui se trouve à la tête de la dernière édition de ses *OEuvres*, faite à Paris en 1736[2], ne mérite aucune attention, parce que celui qui s'est donné la peine de la faire, ne s'est pas donné celle de consulter la famille[3]. Au lieu d'une Vie ou d'un Éloge historique, on ne trouve dans l'*Histoire de l'Académie françoise* qu'une lettre de M. de Valincour, qu'il appelle lui-même *un amas informe d'anecdotes cousues bout à bout et sans ordre*. Elle est fort peu exacte, parce qu'il l'écrivoit à la hâte, en faisant valoir à M. l'abbé d'Olivet, qui

---

[1]. Il avait un peu plus, puisqu'il était déjà âgé de seize ans quand il entra à Port-Royal.

[2]. Dans cette édition donnée par l'abbé Joly, la *Vie de Racine* est de Bruzen de la Martinière (voyez le *Dictionnaire de Moréri*, 1759, article *Racine*). Cette *Vie* avait déjà été publiée dans l'édition de 1722 et dans celle de 1728.

[3]. Le peu qu'en a écrit M. Perrault, dans ses *Hommes illustres*, est vrai, parce qu'il consulta la famille, et, par la même raison, l'article du Supplément de Moréri, 1735, est exact; mais le P. Niceron et les auteurs de l'Histoire des théâtres* n'ont fait que compiler la *Vie* qui est à la tête de l'édition de 1736, ou la lettre de M. de Valincour, les notes de Brossette, et le *Bolæana*, recueil très-peu sûr en plusieurs endroits. J'aurai occasion d'en parler dans la suite. (*Note de L. Racine.*)

* L. Racine désigne par cette expression les auteurs de l'*Histoire du Théâtre françois*. Dans la préface de leur tome XIII (p. vi et xvi) ils répondirent vivement à son reproche, et relevèrent eux-mêmes plusieurs passages inexacts de ses *Mémoires*.

la lui demandoit, la complaisance qu'il avoit d'interrompre ses occupations pour le contenter ; et il appelle *corvée* ce qui pouvoit être pour lui un agréable devoir de l'amitié, et même de la reconnoissance. Personne n'étoit plus en état que lui de faire une Vie exacte d'un ami qu'il avoit fréquenté si longtemps, au lieu que les autres qui en ont voulu parler ne l'ont point du tout connu. Je ne l'ai pas connu moi-même ; mais je ne dirai rien que sur le rapport de mon frère aîné, ou d'anciens amis, que j'ai souvent interrogés. J'ai aussi quelquefois interrogé l'illustre compagnon de sa vie et de ses travaux, et Boileau a bien voulu m'apprendre quelques particularités. Comme ils ont dans tous les temps partagé entre eux les faveurs des Muses et de la cour, où, appelés d'abord comme poëtes, ils surent se faire plus estimer encore par leurs mœurs que par les agréments de leur esprit, je ne séparerai point dans ces *Mémoires* deux amis que la mort seule a pu séparer. Pour ne point répéter cependant sur Boileau ce que ses commentateurs en ont dit, je ne rapporterai que ce qu'ils ont ignoré, ou ce qu'ils n'ont pas su exactement. La vie de deux hommes de lettres, et de deux hommes aussi simples dans leur conduite, ne peut fournir des faits nombreux et importants ; mais comme le public est toujours curieux de connoître le caractère des auteurs dont il aime les ouvrages, et que de petits détails le font souvent connoître, je serai fidèle à rapporter les plus petites choses.

Ne pouvant me dispenser de rappeler au moins en peu de mots l'histoire des pièces de théâtre de mon père, je diviserai cet ouvrage en deux parties. Dans la première, je parlerai du poëte, en évitant, autant qu'il me sera possible, de redire ce qui se trouve déjà imprimé en plusieurs endroits. Dans la seconde, le poëte ayant renoncé aux vers, auxquels il ne retourna que sur la fin de ses jours et comme malgré lui, je n'aurai presque à parler que de la manière dont il a vécu à la cour, dans sa famille, et avec ses amis. Je ne dois jamais louer le poëte ni ses ouvrages : le public en est le juge. S'il m'arrive cependant de louer en lui plus que ses mœurs, et si je l'approuve en tout, j'espère que je serai moi-même approuvé, et que, quand même j'oublierois quelquefois la précision du style historique, mes fautes seront ou louées ou du moins excusées, parce que je dois être, plus justement encore que Tacite écrivant la vie de son beau-père, *professione pietatis aut laudatus aut excusatus*[1].

1. « Ou loué ou excusé, en considération de la piété filiale dont je fais profession. » (Tacite, *Vie d'Agricola*, chapitre III.)

PREMIÈRE PARTIE.

Les Racines, originaires de la Ferté-Milon, petite ville du Valois, y sont connus depuis longtemps, comme il paroît par quelques tombes qui y subsistent encore dans la grande église, et entr'autres par celle-ci :

« Cy gissent honorables personnes, Jean Racine, receveur pour le Roi notre sire et la Reine, tant du domaine et duché de Valois, que des greniers à sel de la Ferté-Milon et Crespy en Valois, mort en 1593 ; et Dame Anne Gosset, sa femme. »

Je crois pouvoir sans soupçon de vanité remonter jusqu'aux aïeux que me fait connoître la charge de contrôleur du petit grenier à sel de la Ferté-Milon. La charge de receveur du domaine et du duché de Valois, que possédoit Jean Racine, mort en 1593, ayant été supprimée, Jean Racine, son fils, prit celle de contrôleur du grenier à sel de la Ferté-Milon, et épousa Marie Desmoulins[1]. De ce mariage naquit Agnès Racine[2], et Jean Racine, qui posséda la même charge, et épousa en 1638 Jeanne Sconin, fille de Pierre Sconin, procureur du Roi des eaux et forêts de Villers-Coterets. Leur union ne dura pas longtemps. La femme mourut le 24 janvier[3] 1641, et le mari le 6 février 1643. Ils laissèrent deux enfants, Jean Racine, mon père, né le 22[4] décembre 1639, et une fille qui a vécu à

---

1. Var. (édit. de 1747) : Marie Desmoulins, qui eut deux sœurs religieuses à Port-Royal des Champs.
2. Après les mots « Agnès Racine, » L. Racine, dans l'*Exemplaire corrigé*, a ajouté : « qui fut religieuse à Port-Royal. » Mais, à l'impression, il se fût aperçu qu'avec la suite de la phrase, cette addition, superflue d'ailleurs, ne pouvait subsister.
3. Le 28 janvier. Voyez aux *Pièces justificatives* de la *Notice biographique*, n° VIII, p. 175.
4. L'édition de 1747 a « le 21 » ; celle de 1750, « le 22. »

la Ferté-Milon jusqu'à l'âge de quatre-vingt-douze ans. Ces deux jeunes orphelins furent élevés par leur grand-père Sconin. Les grandes fêtes de l'année, ce bon homme traitoit toute sa famille, qui étoit fort nombreuse, tant enfants que petits-enfants. Mon père disoit qu'il étoit comme les autres invité à ces repas, mais qu'à peine on daignoit le regarder. Après la mort de ce grand-père Sconin, Marie Desmoulins, qui, étant demeurée veuve, avoit vécu avec lui, se retira à Port-Royal des Champs[1], où elle avoit deux sœurs religieuses et sa fille Agnès, dont j'ai parlé plus haut, qui fut abbesse de cette maison et est connue sous le nom d'*Agnès de Sainte-Thècle Racine*[2].

Dans les premiers troubles qui avoient agité cette abbaye, quelques-uns de ses fameux solitaires, qui avoient été obligés d'en sortir pour un temps, s'étoient retirés à la Chartreuse de Bourg-Fontaine, voisine de la Ferté-Milon; et en 1638 MM. le Maître, Lancelot et de Séricourt choisirent pour le lieu de leur retraite la Ferté-Milon, de sorte que plusieurs personnes de cette petite ville entendirent parler de la vie qu'on menoit à Port-Royal[3]. Voilà quelle fut la cause que les

1. Elle y mourut le 12 août 1663. (*Note de L. Racine.*)
2. On lit dans l'édition de 1747 : « Après la mort de ce grand-père, arrivée en 1650, sa veuve Marie Desmoulins se retira à Port-Royal des Champs, où elle avoit une fille religieuse, qui depuis en fut abbesse et qui est connue sous le nom d'*Agnès de Sainte-Thècle-Racine*. » Dans cette première leçon il y avait deux erreurs, dont Louis Racine s'est aperçu. Pierre Sconin n'est mort qu'en 1667 ; et Marie Desmoulins n'était pas sa veuve. Le texte que nous avons donné est celui de l'*Exemplaire corrigé*. En outre, dans cet exemplaire, Louis Racine a eu le soin de dire dans une note : « Marie Desmoulins, veuve de Jean Racine, grand-père du poëte. » Dans l'édition de 1750 on lit encore les mots : « arrivée en 1650; » le reste comme dans l'*Exemplaire corrigé*.
3. Var. (édit. de 1747 et de 1750): Dans les premiers troubles qui agitèrent cette abbaye, quelques-uns de ses fameux solitaires, qui furent obligés d'en sortir pour un temps, se retirèrent à la Chartreuse de Bourg-Fontaine, voisine de la Ferté-Milon, ce qui donna lieu à plusieurs personnes de la Ferté-Milon de les connoître et de leur entendre parler.... — Nous avons suivi la leçon de l'*Exemplaire corrigé*, où les faits sont plus exactement présentés.

deux sœurs et la fille de Marie Desmoulins s'y firent religieuses, qu'elle-même y passa les dernières années de sa vie, et que mon père y passa les premières années de la sienne.

Il fut d'abord envoyé pour apprendre le latin dans la ville de Beauvais, dont le collége étoit sous la direction de quelques ecclésiastiques de mérite et de savoir : il y apprit les premiers principes du latin. Ce fut alors que la guerre civile s'alluma à Paris, et se répandit dans toutes les provinces. Les écoliers s'en mêlèrent aussi, et prirent parti chacun suivant son inclination. Mon père fut obligé de se battre comme les autres, et reçut au front un coup de pierre, dont il a toujours porté la cicatrice au-dessus de l'œil gauche. Il disoit que le principal de ce collége le montroit à tout le monde comme un brave, ce qu'il racontoit en plaisantant. On verra dans une de ses lettres, écrite de l'armée à Boileau, qu'il ne vantoit pas sa bravoure.

Il sortit de ce collége le 1er octobre 1655, et fut mis à Port-Royal, où il ne resta que trois ans, puisque je trouve qu'au mois d'octobre 1658 il fut envoyé à Paris pour faire sa philosophie au collége d'Harcourt.

Quoiqu'il soit naturel de penser qu'un génie aussi vif que le sien, animé par une grande passion pour l'étude, et conduit par d'excellents maîtres, ait fait en peu de temps à Port-Royal de grands progrès, on a cependant peine à comprendre comment en trois ans ils ont pu être si rapides[1]. Je juge de ces progrès par les extraits qu'il faisoit des auteurs grecs et latins qu'il lisoit.

J'ai ces extraits écrits de sa main. Ses facultés, qui étoient fort médiocres, ne lui permettant pas d'acheter les belles éditions des auteurs grecs, il les lisoit dans les éditions faites à

---

1. VAR. (édit. de 1747) : .... au collége d'Harcourt, n'ayant encore que quatorze ans. On a peine à comprendre comment en trois ans il a pu faire à Port-Royal un progrès si rapide dans ses études. — Dans l'édition de 1750 les mots « n'ayant encore que quatorze ans » ont été retranchés. C'étoit une erreur sur l'âge de Racine. Le reste est comme dans l'édition de 1747. Notre texte est celui de l'*Exemplaire corrigé*.

Bâle sans traduction latine. J'ai hérité de son Platon et de son Plutarque, dont les marges, chargées de ses apostilles, sont la preuve de l'attention avec laquelle il les lisoit[1]; et ces mêmes livres font connoître l'extrême attention qu'on avoit à Port-Royal pour la pureté des mœurs, puisque dans ces éditions mêmes, quoique toutes grecques, les endroits un peu libres, ou pour mieux dire trop naïfs, qui se trouvent dans les narrations de Plutarque, historien d'ailleurs si grave, sont effacés avec un grand soin. On ne confioit pas à un jeune homme un livre tout grec sans précaution.

M. le Maître, qui trouva dans mon père une grande vivacité d'esprit avec une étonnante facilité pour apprendre, voulut conduire ses études, dans l'intention de le rendre capable d'être un jour avocat : il le prit dans sa chambre, et avoit tant de tendresse pour lui, qu'il ne l'appeloit que son fils, comme on verra par ce billet, dont l'adresse est : *Au petit Racine*, et que je rapporte quoique fort simple, à cause de sa simplicité même; M. le Maître l'écrivit de Bourg-Fontaine, où il avoit été obligé de se retirer.

« Mon fils, je vous prie de m'envoyer au plus tôt l'*Apologie des saints Pères*, qui est à moi, et qui est de la première impression. Elle est reliée en veau marbré, in-4°. J'ai reçu les cinq volumes de mes *Conciles*, que vous aviez fort bien empaquetés. Je vous en remercie. Mandez-moi si tous mes livres sont bien arrangés sur des tablettes, et si mes onze volumes de saint Jean Chrysostome y sont; et voyez-les de temps en temps pour les nettoyer. Il faudroit mettre de l'eau dans des écuelles de terre, où ils sont, afin que les souris ne les rongent pas. Faites mes recommandations à votre bonne tante, et suivez bien ses conseils en tout. La jeunesse doit toujours se laisser conduire, et tâcher de ne point s'émanciper. Peut-être que Dieu nous fera revenir où vous êtes. Cependant il faut tâcher de profiter de cet événement, et faire en sorte qu'il nous serve à nous détacher du monde, qui nous paroît si ennemi de la piété. Bonjour, mon cher fils; aimez toujours votre papa

---

1. Nous donnerons dans cette édition une notice sur les livres ayant appartenu à Racine et annotés par lui qui se trouvent encore aujourd'hui dans des bibliothèques publiques ou particulières.

comme il vous aime; écrivez-moi de temps en temps. Envoyez-moi aussi mon Tacite in-folio[1]. »

M. le Maître ne fut pas longtemps absent : il eut la permission de revenir; mais en arrivant il tomba dans la maladie dont il mourut; et après sa mort, M. Hamon prit soin des études de mon père[2]. Entre les connoissances qu'il fit à Port-Royal, je ne dois point oublier celle de M. le duc de Chevreuse, qui a conservé toujours pour lui une amitié très-vive, et qui, par les soins assidus qu'il lui rendit dans sa dernière maladie, a bien vérifié ce que dit Quintilien, que les amitiés qui commencent dans l'enfance, et que des études communes font naître, ne finissent qu'avec la vie.

On appliquoit mon père, quoique très-jeune, à des études fort sérieuses. Il traduisit[3] le commencement du *Banquet de Platon*, fit des extraits tout grecs de quelques traités de saint Basile, et quelques remarques sur Pindare et sur Homère. Au milieu de ces occupations, son génie l'entraînoit tout entier du côté de la poésie, et son plus grand plaisir étoit de s'aller enfoncer dans les bois de l'abbaye avec Sophocle et Euripide, qu'il savoit presque par cœur[4]. Il avoit une mémoire surpre-

1. Nous laissons le texte de cette lettre tel que L. Racine l'a donné. Les plus récents éditeurs l'ont corrigé d'après la lettre autographe, qu'on trouvera en son lieu dans cette édition.
2. On peut voir dans la *Notice biographique* (p. 15) qu'il doit y avoir ici une erreur sur le temps de ces leçons de M. Hamon.
3. S'il n'a pas fait cette traduction à Port-Royal, il l'a faite à Uzès : c'est un ouvrage de sa jeunesse. Quoique la traduction soit bonne, un fragment si peu considérable ne méritait peut-être pas d'être imprimé; il le fut cependant chez Gandouin en 1732. On a mis à la tête une lettre sans date d'année, qui m'est inconnue, et ne se trouve point parmi les autres lettres écrites à Boileau, qui sont entre mes mains. (*Note de L. Racine.*) — La traduction du *Banquet* n'a été faite ni à Port-Royal, ni à Uzès, mais beaucoup plus tard, pour l'abbesse de Fontevrauld. La lettre de Racine à Boileau, en lui envoyant sa traduction, ne laisse aucune incertitude sur ce point; et l'on ne comprend pas comment L. Racine peut donner sérieusement à entendre qu'il doute de l'authenticité de cette lettre.
4. Valincour, dans sa lettre à d'Olivet, dit presque dans les mêmes termes : « Les tragédies de Sophocle et d'Euripide l'enchantèrent à un tel point qu'il passoit les journées à les lire et à les ap-

nante. Il trouva par hasard le roman grec des amours de Théagène et de Chariclée. Il le dévoroit, lorsque le sacristain Claude Lancelot, qui le surprit dans cette lecture, lui arracha le livre et le jeta au feu. Il trouva moyen d'en avoir un autre exemplaire, qui eut le même sort, ce qui l'engagea à en acheter un troisième; et pour n'en plus craindre la proscription, il l'apprit par cœur, et le porta au sacristain, en lui disant: « Vous pouvez brûler encore celui-ci comme les autres. »

Il fit connoître à Port-Royal sa passion plutôt que son talent pour les vers, par six odes qu'il composa sur les beautés champêtres de sa solitude, sur les bâtiments de ce monastère, sur le paysage, les prairies, les bois, l'étang, etc. Le hasard m'a fait trouver ces odes, qui n'ont rien d'intéressant, même pour les personnes curieuses de tout ce qui est sorti de la plume des écrivains devenus fameux: elles font seulement voir qu'on ne doit pas juger du talent d'un jeune homme par ses premiers ouvrages. Ceux qui lurent alors ces odes ne durent pas soupçonner que l'auteur deviendroit dans peu l'auteur d'*Andromaque*.

Je n'en rapporterai que quatre strophes, qui ne donneront pas envie de voir les autres. Il parle de l'étang, et des merveilles qu'on voit sur ses bords.

> Je vois les tilleuls et les chênes,
> Ces géants de cent bras armés,
> Ainsi que d'eux-mêmes charmés,
> Y mirer leurs têtes hautaines.
> Je vois aussi leurs grands rameaux
> Si bien tracer dedans les eaux
> Leur mobile peinture,
> Qu'on ne sait si l'onde en tremblant
> Fait trembler leur verdure,
> Ou plutôt l'air même et le vent.
>
> Là l'hirondelle voltigeante,
> Rasant les flots clairs et polis,
> Y vient avec cent petits cris
> Baiser son image naissante.

prendre par cœur, dans les bois qui sont autour de l'étang de Port-Royal. »

Là mille autres petits oiseaux
Peignent encore dans les eaux
   Leur éclatant plumage.
L'œil ne peut juger au dehors
   Qui vole ou bien qui nage,
De leurs ombres et de leurs corps.

Quelles richesses admirables
N'ont point ces nageurs marquetés,
Les poissons au dos argentés,
Sur leurs écailles agréables !
Ici je les vois s'assembler,
Se mêler et se démêler
   Dans leur couche profonde ;
Là je les vois (Dieux, quels attraits !)
   Se promenant dans l'onde,
Se promener dans les forêts.

Je les vois en troupes légères
S'élancer dans leur lit natal ;
Puis tombant, peindre en ce cristal
Mille couronnes passagères.
L'on diroit que comme envieux
De voir nager dedans ces lieux
   Tant de bandes volantes,
Perçant les remparts entr'ouverts
   De leurs prisons brillantes,
Ils veulent s'enfuir dans les airs [1].

Il étoit, à cet âge, plus heureux dans la versification latine que dans la françoise ; il composa quelques pièces en vers latins, qui sont pleines de feu et d'harmonie. Je ne rapporterai pas une élégie sur la mort d'un gros chien qui gardoit la cour de Port-Royal, à la fin de laquelle il promet par ses vers l'immortalité à ce chien, qu'il nomme Rabotin :

Semper honor, Rabotine, tuus, laudesque manebunt ;
Carminibus vives tempus in omne meis.

---

[1]. Depuis les mots : « Je n'en rapporterai » jusqu'à la fin des quatre strophes, ce passage a été retranché dans l'édition de M. Aimé-Martin.

On jugera mieux de ses vers latins par la pièce suivante[1], que je ne donne pas entière, quoique dans l'ouvrage d'un poëte de quinze ou seize ans[2] tout soit excusable.

AD CHRISTUM.

Sancte parens, facilem præbe implorantibus aurem,
    Atque humiles placida suscipe mente preces;
Hanc tutare domum, quæ per discrimina mille,
    Mille per insidias vix superesse potest.
Aspice ut infandis jacet objectata periclis,
    Ut timet hostiles irrequieta manus.
Nulla dies terrore caret, finemque timoris
    Innovat infenso major ab hoste metus.
Undique crudelem conspiravere ruinam,
    Et miseranda parant vertere tecta solo.
Tu spes sola, Deus, miseræ. Tibi vota precesque
    Fundit in immensis nocte dieque malis....
Aspice virgineum castis penetralibus agmen,
    Aspice devotos, sponse benigne, choros.
Hîc sacra illæsi servantes jura pudoris,
    Te veniente die, te fugiente vocant.
Cœlestem liceat sponsum superare precando :
    Fas sentire tui numina magna Patris.
Huc quoque nos quondam tot tempestatibus actos
    Abripuit flammis Gratia sancta suis.
Ast eadem insequitur mœstis fortuna periclis;
    Ast ipso in portu sæva procella furit.
Pacem, summe Deus, pacem te poscimus omnes;
    Succedant longis paxque quiesque malis.
Te duce disruptas pertransiit Israel undas :
    Hos habitet portus, Te duce, vera salus[3].

1. Il la fit apparemment à l'occasion des troubles arrivés à P.-R. en 1656. (*Note de L. Racine.*) — Cette note ne se trouve que dans l'*Exemplaire corrigé*.

2. L'édition de 1747 a « quatorze ans. » Celle de 1750 a « seize ans, » ce qui est le plus près de la vérité. Racine, quand il écrivit ces odes, devait avoir dix-sept ans.

3. Dans le volume où nous donnons les poésies latines de Racine, on trouvera cette pièce entière, dont il n'y a ici qu'une partie. Elle avait déjà été donnée en entier par d'autres éditeurs, mais ils n'en

En parlant des ouvrages de sa première jeunesse, qu'on peut appeler son enfance, je ne dois pas oublier sa traduction des hymnes des Féries du *Bréviaire romain*. Boileau disoit qu'il l'avoit faite à Port-Royal, et que M. de Saci, qui avoit traduit celles des dimanches et de toutes les fêtes pour les *Heures* de Port-Royal, en fut jaloux, et voulant le détourner de faire des vers, lui représenta que la poésie n'étoit point son talent. Ce que disoit Boileau demande une explication. Les hymnes des Féries imprimées dans le *Bréviaire romain*, traduit par M. le Tourneux, ne sont pas certainement l'ouvrage d'un jeune homme; et celui qui faisoit les odes dont j'ai rapporté quatre strophes, n'étoit pas encore capable de faire de pareils vers. Je ne doute pas cependant qu'il ne soit auteur de la traduction de ces hymnes; mais il faut qu'il les ait traduites dans un âge avancé, ou qu'il les ait depuis retouchées avec tant de soin, qu'il en ait fait un nouvel ouvrage. On lit, en effet, dans les *Hommes illustres* de M. Perrault que longtemps après les avoir composées, il leur donna la dernière perfection. La traduction du *Bréviaire romain* fut condamnée[1] par l'archevêque de Paris, pour des raisons qui n'avoient aucun rapport à la traduction de ces hymnes. Cette condamnation donna lieu dans la suite à un mot que rapportent plusieurs personnes, et que je ne garantis pas. Le Roi, dit-on, exhortoit mon père à faire quelques vers de piété : « J'en ai voulu faire, répondit-il, on les a condamnés. »

Au sortir de Port-Royal[2], il vint à Paris, et fit sa logique au collége d'Harcourt, d'où il écrivoit à un de ses amis :

    Lisez cette pièce ignorante,

avaient pas reproduit le texte tout à fait exactement. Nous y joindrons une traduction.

1. Elle fut condamnée uniquement comme version en langue vulgaire. (*Note de L. Racine.*) — Une sentence de l'official de Paris, du 10 avril 1688, et une ordonnance de l'Archevêque, du 3 mai suivant, condamnèrent le *Bréviaire* de le Tourneux. Cette condamnation fit scandale. Voyez le *Port-Royal* de M. Sainte-Beuve, tome V, p. 79. — L. Racine a raison de ne pas garantir la réponse au Roi, que l'on a prêtée à son père. Elle est invraisemblable.

2. Avant ces mots : « Au sortir de Port-Royal, » on lit dans les

> Où ma plume si peu coulante
> Ne fait voir que trop clairement,
> Pour vous parler sincèrement,
> Que je ne suis pas un grand maître.
> Hélas! comment pourrois-je l'être?
> Je ne respire qu'arguments;
> Ma tête est pleine à tous moments
> De majeures et de mineures, etc.

En 1660, le mariage du Roi ouvrit à tous les poëtes une carrière dans laquelle ils signalèrent à l'envi leur zèle et leurs talents. Mon père, très-inconnu encore, entra comme les autres dans la carrière, et composa l'ode intitulée *la Nymphe de la Seine*. Il pria M. Vitart, son oncle[1], de la porter à Chapelain, qui présidoit alors sur tout le Parnasse, et par sa grande réputation poétique, qu'il n'avoit point encore perdue, et par la confiance qu'avoit en lui M. Colbert pour ce qui regardoit les lettres. Chapelain découvrit un poëte naissant dans cette ode, qu'il loua beaucoup; et parmi quelques fautes qu'il y remarqua, il releva la bévue du jeune homme, qui avoit mis des Tritons dans la Seine. L'auteur, honoré des critiques de Chapelain, corrigea son ode; et la nécessité de changer une stance pour réparer sa bévue, le mit en très-mauvaise humeur contre les Tritons, comme il paroît par une de ses lettres. Chapelain le prit en amitié, lui offrit ses avis et ses services, et non content de les lui offrir, parla de lui et de son ode si avantageusement à M. Colbert, que ce ministre lui envoya cent louis de la

---

éditions de 1747 et de 1750 : « Il ne fut que trois ans à Port-Royal, et ceux qui savent combien il étoit avancé dans les lettres grecques et latines, n'en sont point étonnés quand ils font réflexion qu'un génie aussi vif que le sien, animé par une grande passion pour l'étude, et conduit par d'excellents maîtres, marchoit rapidement. » Dans l'*Exemplaire corrigé*, L. Racine a reporté plus haut ce passage, avec de légers changements. Voyez ci-dessus, p. 209 et note 1. — A la ligne suivante, au lieu de « écrivoit, » qui est dans l'*Exemplaire corrigé*, les deux éditions ont « écrivit. » — L. Racine a refait les vers qu'il cite, et il en a complétement changé le sens, comme nous en avons averti dans la *Notice biographique*, p. 19 et 20.

1. Nicolas Vitart était son oncle à la mode de Bretagne. Voyez la *Notice biographique*, p. 22, note 3.

part du Roi, et peu après le fit mettre sur l'état pour une pension de six cents livres en qualité d'homme de lettres. Les honneurs soutiennent les arts. Quel sujet d'émulation pour un jeune homme, très-inconnu au public et à la cour, de recevoir de la part du Roi et de son ministre une bourse de cent louis ! Et quelle gloire pour le ministre qui sait découvrir les talents qui ne commencent qu'à naître, et que ne connoît pas encore celui même qui les possède !

Il composa en ce même temps un sonnet qui, quoique fort innocent, lui attira, aussi bien que son ode, de vives réprimandes de Port-Royal, où l'on craignoit beaucoup pour lui sa passion démesurée pour les vers. On eût mieux aimé qu'il se fût appliqué à l'étude de la jurisprudence, pour se rendre capable d'être avocat, ou que du moins il eût voulu consentir à accepter quelqu'un de ces emplois qui, sans conduire à la fortune, procurent une aisance de la vie capable de consoler de l'ennui de cette espèce de travail, et de la dépendance plus ennuyeuse encore que le travail. Il ne vouloit point entendre parler d'occupations contraires au génie des Muses ; il n'aimoit que les vers, et craignoit en même temps les réprimandes de Port-Royal. Cette crainte étoit cause qu'il n'osoit montrer ses vers à personne, et qu'il écrivoit à un ami : « Ne pouvant vous consulter, j'étois prêt à consulter, comme Malherbe, une vieille servante qui est chez nous, si je ne m'étois aperçu qu'elle est janséniste comme son maître, et qu'elle pourroit me déceler, ce qui seroit ma ruine entière, vu que je reçois tous les jours lettres sur lettres, ou plutôt excommunications sur excommunications à cause de mon triste sonnet. » Voici ce triste sonnet[1] ; il le fit pour célébrer la naissance d'un enfant de Mme Vitart, sa tante[2] :

> Il est temps que la nuit termine sa carrière :
> Un astre tout nouveau vient de naître en ces lieux ;

---

1. Il est plus probable que ce *triste sonnet* est celui dont Racine parle dans sa première lettre à le Vasseur, et qui avait été composé à la louange de Mazarin. Toutefois nous n'affirmerions pas, comme les précédents annotateurs, que L. Racine se trompe.

2. Cet enfant était Marie-Charlotte Vitart, qui fut baptisée le 17 mai 1660.

Déjà tout l'horizon s'aperçoit de ses feux,
Il échauffe déjà dans sa pointe première.

Et toi, fille du jour, qui nais devant ton père,
Belle Aurore, rougis, ou te cache à nos yeux :
Cette nuit, un soleil est descendu des cieux,
Dont le nouvel éclat efface ta lumière.

Toi qui dans ton matin parois déjà si grand,
Bel astre, puisses-tu n'avoir point de couchant !
Sois toujours en beautés une aurore naissante.

A ceux de qui tu sors puisses-tu ressembler !
Sois digne de Daphnis et digne d'Amarante :
Pour être sans égal, il les faut égaler.

Ce sonnet, dont il étoit sans doute très-content à cause de la chute, et à cause de ce vers : *Fille du jour, qui nais devant ton père*, prouve, ainsi que les strophes des odes que j'ai rapportées, qu'il aimoit alors ces faux brillants dont il a été depuis si grand ennemi. Les principes du bon goût, qu'il avoit pris dans la lecture des anciens et dans les leçons de Port-Royal, ne l'empêchoient pas, dans le feu de sa première jeunesse, de s'écarter de la nature, dont il s'écarte encore dans plusieurs vers de *la Thébaïde*. Boileau sut l'y ramener.

Il fut obligé d'aller passer quelque temps à Chevreuse, où M. Vitart, intendant de cette maison, et chargé de faire faire quelques réparations au château, l'envoya, en lui donnant le soin de ces réparations. Il s'ennuya si fort de cette occupation et de ce séjour, qui lui parut une captivité, qu'il datoit les lettres qu'il en écrivoit, *de Babylone*. On en trouvera deux parmi celles de sa jeunesse.

On songea enfin sérieusement à lui faire prendre un parti ; et l'espérance d'un bénéfice le fit résoudre à aller en Languedoc, où il étoit à la fin de 1661, comme il paroît par la lettre qu'il écrivit à la Fontaine, et par celle-ci, datée du 17 janvier 1662, dans laquelle il écrit à M. Vitart : « Je passe mon temps avec mon oncle, saint Thomas, et Virgile. Je fais force extraits de théologie, et quelques-uns de poésie. Mon oncle a de bons desseins pour moi ; il m'a fait habiller de noir depuis les pieds jusqu'à la tête ; il espère me procurer quelque chose. Ce sera alors que je tâcherai de payer mes dettes. Je n'oublie point les obligations que je vous ai; j'en rougis en vous écrivant : *erubuit puer, salva res est*. Mais cette sentence est bien fausse, mes affaires n'en vont pas mieux. »

Pour être au fait de cette lettre et de celles qu'on trouvera à la suite de ces *Mémoires*, il faut savoir qu'il avoit été appelé en Languedoc par un oncle maternel, nommé le P. Sconin, chanoine régulier de Sainte-Geneviève, homme fort estimé dans cette congrégation, dont il avoit été général, et qui avoit beaucoup d'esprit. Comme il passoit pour inquiet, c'est-à-dire que par son zèle pour la régularité il inquiétoit les autres, dès que le temps[1] de son généralat fut expiré, pour s'en défaire on l'envoya à Uzès, où l'on avoit joint pour lui le prieuré de Saint-Maximin à un canonicat de la cathédrale; il étoit, outre cela, official et grand vicaire. Ce bon homme étoit tout disposé à résigner son bénéfice à son neveu; mais il falloit être régulier; et le neveu, qui auroit fort aimé le bénéfice, n'aimoit pas cette condition, à laquelle cependant la nécessité l'auroit fait consentir, si tous les obstacles qui survinrent ne lui eussent fait connoître qu'il n'étoit pas destiné à l'état ecclésiastique.

Par complaisance pour son oncle, il étudioit la théologie; et en lisant saint Thomas, il lisoit aussi l'Arioste, qu'il cite souvent, avec tous les autres poëtes, dans ses premières lettres, adressées à un jeune abbé le Vasseur, qui n'avoit pas plus de vocation que lui pour l'état ecclésiastique, dont il quitta l'habit dans la suite[2]. Dans ces lettres, écrites en toute liberté, il rend compte à son ami de ses occupations et de ses sentiments, et ne fait paroître de passion que pour l'étude et les vers. Sa mauvaise humeur contre les habitants d'Uzès, qu'il pousse un peu trop loin, semble venir de ce qu'il est dans un pays où il craint d'oublier la langue françoise, qu'il avoit une extrême envie de

---

1. Dans l'édition de 1747 on lit : « Comme il étoit inquiet et remuant, dès que le temps, etc. » Dans celle de 1750, L. Racine, plus respectueux, et, nous le croyons, plus juste pour le P. Sconin, a mis : « Comme il étoit inquiet, ou plutôt que son amour pour la régularité inquiétoit les autres. » Nous avons donné ce passage tel qu'il est dans l'*Exemplaire corrigé*.

2. Ceci ne doit pas être exact. Voyez la *Notice biographique*, p. 32.

bien posséder. Je juge de l'étude particulière qu'il en faisoit, par des remarques écrites de sa main sur celles de Vaugelas, sur la traduction de Quinte-Curce[1], et sur quelques traductions de d'Ablancourt. On voit encore par ces lettres qu'il fuyoit toute compagnie, et surtout celle des femmes, aimant mieux la compagnie des poëtes grecs. Son goût pour la tragédie lui en fit commencer une dont le sujet étoit *Théagène et Chariclée*. Il avoit conçu dans son enfance une passion extraordinaire pour Héliodore : il admiroit son style et l'artifice merveilleux avec lequel sa fable est conduite. Il abandonna enfin cette tragédie, dont il n'a rien laissé, ne trouvant pas vraisemblablement que des aventures romanesques méritassent d'être mises sur la scène tragique. Il retourna à Euripide, et y prit le sujet de *la Thébaïde*, qu'il avança beaucoup, en même temps qu'il s'appliquoit à la théologie.

Quoiqu'alors la plus petite chapelle lui parût une fortune, las enfin des incertitudes de son oncle, et des obstacles que faisoit renaître continuellement un moine nommé D. Cosme[2], dont il se plaint beaucoup dans ses lettres, il revint à Paris, où il fit connoissance avec Molière, et acheva *la Thébaïde*.

Il donna d'abord son ode intitulée *la Renommée aux Muses*, et la porta à la cour, où il falloit qu'il eût quelques protecteurs, puisqu'il dit dans une de ses lettres : « *La Renommée* a été assez heureuse ; M. le comte de Saint-Aignan la trouve fort belle : je ne l'ai point trouvé au lever du roi, mais j'y ai trouvé Molière, à qui le Roi a donné assez de louanges. J'en ai été bien aise pour lui, et il a été bien aise aussi que j'y fusse présent. » On peut juger par ces paroles que le jeune roi aimoit déjà à voir les poëtes à sa cour. Il fit payer à mon père une gratification de six cents livres, « pour lui donner le moyen de continuer son application aux belles-lettres, » comme il est dit dans l'ordre signé par M. Colbert, le 26 août 1664.

1. L. Racine écrit comme son père *Quinte-Curse* (voyez ci-après la première Préface d'*Alexandre*). C'est du moins l'orthographe de nos deux éditions.

2. Ce dom Cosme, qu'il fût ou non moine, était certainement, comme on le voit par les lettres de Racine, un frère du P. Sconin. Il est étrange que L. Racine ne paraisse pas s'en douter. Voyez la *Notice biographique*, p. 46, note 1.

La Thébaïde fut jouée la même année; et comme je ne trouve rien qui m'apprenne de quelle manière elle fut reçue, je n'en dirai rien davantage. Je ne dois parler ici qu'historiquement de ses tragédies, et presque tout ce que j'en puis dire d'historique se trouve ailleurs[1]. Je laisse aux auteurs de l'histoire du théâtre françois le soin de recueillir ces particularités, dont plusieurs sont peu curieuses, et toutes fort incertaines, parce qu'il n'en a rien raconté dans sa famille; et je ne suis pas mieux instruit qu'un autre de ce temps de sa vie, dont il ne parloit jamais.

Le jeune Despréaux, qui n'avoit que trois ans plus que lui, étoit connu de l'abbé le Vasseur, qui lui porta l'ode de *la Renommée*, sur laquelle Despréaux fit des remarques qu'il mit par écrit. Le poëte critiqué trouva les remarques très-judicieuses, et eut une extrême envie de connoître son critique. L'ami commun lui en procura la connoissance, et forma les premiers nœuds de cette union si constante et si étroite, qu'il est comme impossible de faire la vie de l'un sans faire la vie de l'autre. J'ai déjà prévenu que je rapporterois de celle de Boileau les particularités que ses commentateurs n'apprennent point, ou n'apprennent qu'imparfaitement, parce qu'ils n'étoient pas mieux instruits.

Il n'étoit point né à Paris, comme on l'a toujours écrit, mais à Crône, petit village près Villeneuve-Saint-Georges[2] : son père

---

1. Il est dit dans le *Supplément du Nécrologe de Port-Royal* que « lié avec les savants solitaires qui habitoient le désert de Port-Royal, cette solitude lui fit produire *la Thébaïde*. » Ces paroles, que les auteurs de l'histoire des théâtres rapportent avec surprise[*], ne prouvent que la simplicité de celui qui a écrit cet article, et qui, n'ayant jamais, selon les apparences, lu de tragédies, s'est imaginé à cause de ce titre, *la Thébaïde*, que celle-ci avoit quelque rapport à une solitude. Il se trompe aussi quand il dit que cette tragédie fut commencée à Port-Royal. (*Note de L. Racine.*)

2. Boileau est né à Paris, et non à Crône. Il fut baptisé à la Sainte-Chapelle, le lendemain de sa naissance, le 2 novembre 1636. Ce sont les registres de la Sainte-Chapelle, et non ceux de Crône, qui ont été détruits par un incendie. Voyez dans les *OEuvres de Boileau*, édi-

[*] Voyez l'*Histoire du Théâtre françois* par les frères Parfait, tome X, p. 197. L. Racine les a déjà ainsi désignés p. 204, note 3.

y avoit une maison, où il passoit tout le temps des vacances du Palais; et ce fut le premier novembre 1636 que ce onzième enfant y vint au monde. Pour le distinguer de ses frères, on le surnomma *Despréaux*, à cause d'un petit pré qui étoit au bout du jardin. Quelque temps après, une partie du village fut brûlée, et les registres de l'église ayant été consumés dans cet incendie, lorsque Boileau, dans le temps qu'on recherchoit les usurpateurs de la noblesse, en vertu de la déclaration du 4 septembre 1696, fut injustement attaqué, il ne put, faute d'extrait baptistaire, prouver sa naissance que par le registre de son père. Il eut à souffrir dans son enfance l'opération de la taille, qui fut mal faite, et dont il lui resta pour toute sa vie une très-grande incommodité. On lui donna pour logement dans la maison paternelle une guérite au-dessus du grenier [1], et quelque temps après on l'en fit descendre, parce qu'on trouva le moyen de lui construire un petit cabinet dans ce grenier, ce qui lui faisoit dire qu'il avoit commencé sa fortune par descendre au grenier; et il ajoutoit, dans sa vieillesse, qu'il n'accepteroit pas une nouvelle vie, s'il falloit la commencer encore par une jeunesse aussi pénible. La simplicité de sa physionomie et de son caractère faisoit dire à son père, en le comparant à ses autres enfants : « Pour Colin, ce sera un bon garçon, qui ne dira mal de personne. »

Après ses premières études, il voulut s'appliquer à la jurisprudence; il suivit le barreau, et même plaida une cause, dont il se tira fort mal. Comme il étoit près de la commencer, le procureur s'approcha de lui pour lui dire : « N'oubliez pas de demander que la partie soit interrogée sur faits et articles. — Et pourquoi, lui répondit Boileau, la chose n'est-elle pas déjà faite? Si tout n'est pas prêt, il ne faut donc pas me faire plaider. » Le procureur fit un éclat de rire, et dit à ses confrères : « Voilà un jeune avocat qui ira loin; il a de grandes dispositions. » Il n'eut pas l'ambition d'aller plus loin : il quitta le Palais, et alla en Sorbonne; mais il la quitta bientôt par le même dégoût. Il crut, comme dit M. de Boze dans son éloge

---

tion de M. Berriat-Saint-Prix (4 vol. in-8º, Paris 1830), l'*Essai sur Boileau*, p. VIII et IX.

[1]. Cela est raconté dans le *Bolæana*, p. 83.

historique, y trouver encore la chicane sous un autre habit. Prenant le parti de *dormir chez un greffier la grasse matinée*, il se livra tout entier à son génie, qui l'emportoit vers la poésie; et lorsqu'on lui représenta que s'il s'attachoit à la satire, il se feroit des ennemis qui auroient toujours les yeux sur lui, et ne chercheroient qu'à le décrier : « Eh bien ! répondit-il, je serai honnête homme, et je ne les craindrai point. »

On l'exhortoit à ne point attaquer Chapelain, parce que, lui disoit-on, il est protégé par M. de Montausier, et reçoit quelquefois la visite de M. Colbert. « Et quand le Pape, répondit-il, lui rendroit visite, ses vers en seroient-ils meilleurs[1] ? »

Il prit d'abord Juvénal pour son modèle, persuadé que notre langue étoit plus propre à imiter la force de ce style que l'élégante simplicité du style d'Horace. Il changea bientôt de sentiment. Sa première satire fut celle-ci : *Damon, ce grand auteur*, etc. Il la fit tout entière dans le goût de Juvénal; et pour en imiter le ton de déclamation, il la finissoit par la description des embarras de Paris. Il s'aperçut que la pièce étoit trop longue, et devenoit languissante : il en retrancha cette description, dont il fit une satire à part[2]. Son second ouvrage fut la satire qui est aujourd'hui la septième dans le recueil de ses œuvres : *Muse, changeons de style*, etc. Après celle-ci, il en adressa une à Molière, et fit son *Discours au Roi*[3]. Ensuite il entreprit la satire *du Festin* et celle *sur la Noblesse*, travaillant à toutes les deux en même temps, et imitant Juvénal dans l'une et Horace dans l'autre. Ses ennemis débitèrent que, dans la satire *sur la Noblesse*, il avoit eu dessein de railler M. de Dangeau[4]. Il n'en eut jamais la pensée. Il l'adressoit d'abord à M. de la Rochefoucauld; mais trouvant que ce nom, qui de-

---

1. Ce passage, depuis : « On l'exhortoit.... » est une addition manuscrite de l'*Exemplaire corrigé*.

2. Cette satire est aujourd'hui la VIe.

3. Avant le *Discours au Roi* se place la satire IV, à l'abbé le Vayer, qui est de 1664. Louis Racine cependant dit, un peu plus bas, qu'elle fut composée après la satire *du Festin*, qui est de 1665.

4. Parce que Dangeau n'était réellement pas d'une grande naissance. Voyez les *Mémoires* de Saint-Simon, tome I, p. 358.

voit revenir plusieurs fois, n'avoit pas de grâce en vers, il prit le parti d'adresser l'ouvrage à M. de Dangeau, le seul homme de la cour, avec M. de la Rochefoucauld, qu'il connût alors.

La [1] satire *du Festin* eut pour fondement un repas qu'on lui donna à Château-Thierry, où il étoit allé se promener avec la Fontaine, qui ne fut pas du repas, pendant lequel le lieutenant général de la ville lâcha ces phrases : « Pour moi, j'aime le beau françois.... Le Corneille est quelquefois joli. » Ces deux phrases donnèrent au poète, mécontent peut-être de la chère, l'idée de la description d'un repas également ennuyeux par l'ordonnance et par la conversation des convives. Il composa ensuite la satire à M. le Vayer, et celle qu'il adresse à son esprit. Celle-ci fut très-mal reçue, lorsqu'il en fit les premières lectures. Il la lut chez M. de Brancas, en présence de Mme Scarron, depuis Mme de Maintenon, et de Mme de la Sablière. La pièce fut si peu goûtée, qu'il n'eut pas le courage d'en finir la lecture. Pour se consoler de cette disgrâce, il fit la satire *sur l'Homme*[2], qui eut autant de succès que l'autre en avoit eu peu.

Comme il ne vouloit pas faire imprimer ses satires, tout le monde le recherchoit pour les lui entendre réciter. Un autre talent que celui de faire des vers le faisoit encore rechercher : il savoit contrefaire ceux qu'il voyoit, jusqu'à rendre parfaitement leur démarche, leurs gestes, et leur ton de voix. Il m'a raconté qu'ayant entrepris de contrefaire un homme qui venoit d'exécuter une danse fort difficile, il exécuta avec la même justesse la même danse, quoiqu'il n'eût jamais appris à danser. Il amusa un jour le Roi, en contrefaisant devant lui tous les

---

1. Avant de donner sur les ouvrages de Boileau des renseignements dont quelques-uns ne sont pas dans Brossette, L. Racine fait ici en note la remarque suivante : « Boileau, qui avoit quelques obligations à Brossette, à cause d'une rente à Lyon qu'il lui faisoit payer, lui donnoit quelques éclaircissements sur ses ouvrages, quand il les lui demandoit; mais Brossette n'ayant pas vécu avec lui familièrement, n'a pas été instruit de tout, et son commentaire, où il y a de bonnes choses, est fort imparfait. »

2. Brossette (*OEuvres de Boileau*, tome I, p. 75) dit également que la satire VIII (*sur l'Homme*) ne fut composée qu'après la satire IX.

comédiens. Le Roi voulut qu'il contrefît aussi Molière, qui étoit présent, et demanda ensuite à Molière s'il s'étoit reconnu. « Nous ne pouvons, répondit Molière, juger de notre ressemblance ; mais la mienne est parfaite, s'il m'a aussi bien imité qu'il a imité les autres. » Quoique ce talent qui le faisoit rechercher dans les parties de plaisir lui procurât des connoissances agréables pour un jeune homme, il m'a avoué qu'enfin il en eut honte, et qu'ayant fait réflexion que c'étoit faire un personnage de baladin, il y renonça, et n'alla plus aux repas où on l'invitoit, que pour réciter ses ouvrages, qui le rendirent bientôt très-fameux.

Il se fit un devoir de n'y nommer personne[1], même dans les traits de railleries qui avoient pour fondement des faits très-connus. Son Alidor, *qui veut rendre à Dieu ce qu'il a pris au monde*, étoit si connu alors, qu'au lieu de dire la maison de l'Institution, on disoit souvent par plaisanterie la maison de la Restitution[2]. Il ne nommoit pas d'abord Chapelain : il avoit mis *Patelin*; et ce fut la seule chose qui fâcha Chapelain. « Pourquoi, disoit-il, défigurer mon nom? » Chapelain étoit fort bon homme, et, content du bien que le satirique disoit de ses mœurs, lui pardonnoit le mal qu'il disoit de ses vers. Gilles

---

1. L. Racine veut pallier le tort de Boileau ; mais c'est aux dépens de la vérité qu'il est ami charitable. Le déguisement des noms dans les premières éditions ne pouvait tromper personne. *Chaissaigne*, *Kautain*, *Kinaut*, *Bursaut* désignaient trop bien les victimes du satirique, reconnaissables d'ailleurs par l'indication de leurs ouvrages et par bien d'autres traits. Voyez l'*Essai sur Boileau* de M. Berriat-Saint-Prix, p. L et LI.

2. Brossette (*Recueil manuscrit* de la Bibliothèque impériale, p. 165 et 166) dit que dans les vers 160-164 de la satire IX, dont parle ici L. Racine, il y a deux portraits distincts, d'abord celui de Dalibert, « fameux partisan, qui avoit été laquais, comme bien d'autres riches partisans l'ont été; » puis celui de Nicolas Pinette, « qui avoit été trésorier de Monsieur Gaston de France, duc d'Orléans, et qui ayant amassé de grands biens au service de ce prince, en employa une partie à l'établissement des Pères de l'Oratoire au faubourg Saint-Jacques. Il leur fit bâtir, en 1650, la maison qui leur sert de noviciat. Cette maison fut nommée *l'Institution*, et les médisants l'appeloient *la Restitution*. »

Boileau, ami de Chapelain et de Cotin, ne fut pas si doux : il traita avec beaucoup de hauteur son cadet, lui disant qu'il étoit bien hardi d'oser attaquer ses amis. Cette réprimande ne fit qu'animer davantage Despréaux contre ces deux poëtes. Ce Gilles Boileau, de l'Académie françoise[1], avoit aussi, comme l'on sait, du talent pour les vers. Tous ces frères avoient de l'esprit. L'abbé Boileau, depuis docteur de Sorbonne, s'est fait connoître par des ouvrages remarquables par les sujets et par le style[2]. M. Pui-Morin, qui fut contrôleur des Menus[3], étoit très-aimable dans la société; mais l'amour du plaisir le détourna de toute étude. Ce fut lui qui, étant invité à un grand repas par deux juifs fort riches, alla à midi chercher son frère Despréaux, et le pria de l'accompagner, l'assurant que ces Messieurs seroient charmés de le connoître. Despréaux, qui avoit quelques affaires, lui répondit qu'il n'étoit pas en humeur de s'aller réjouir. Pui-Morin le pressa avec tant de vivacité, que son frère, perdant patience, lui dit d'un ton de colère : « Je ne veux point aller manger chez des coquins qui ont crucifié notre Seigneur. — Ah! mon frère, s'écria Pui-Morin, en frappant du pied contre terre, pourquoi m'en faites-vous souvenir lorsque le dîner est prêt, et que ces pauvres gens m'attendent ? » Il s'avisa un jour, devant Chapelain, de parler mal de la Pucelle : « C'est bien à vous à en juger, lui dit Chapelain, vous qui ne savez pas lire. » Pui-Morin lui répondit : « Je ne sais que trop lire, depuis que vous faites imprimer, » et fut

---

1. Il y entra en 1659, vingt-cinq ans avant son frère.

2. Ce sont des ouvrages de droit canonique et de théologie dogmatique, la plupart écrits en latin. Niceron en donne le catalogue dans ses *Mémoires*, tome XII, p. 131-144. « On trouvoit en lui, dit Niceron (*ibidem*, p. 131), beaucoup d'érudition, une science parfaite des matières de théologie, et une connoissance particulière des belles-lettres. »

3. Dans l'acte de son décès (13 décembre 1683), il est ainsi qualifié : « Messire Pierre Boileau, sieur de Puymorin, ci-devant conseiller du Roi, intendant et contrôleur général de l'argenterie, menus plaisirs et affaires de la chambre de Sa Majesté. » (Voyez Berriat-Saint-Prix, *OEuvres de Boileau*, tome IV, p. 471.) Puymorin, qui n'était que le demi-frère de Despréaux, était né le 5 avril 1625 ; Gilles Boileau, le 10 mars 1631 ; Jacques Boileau (l'abbé), le 18 mars 1635. Boileau Despréaux était donc le plus jeune de tous ces frères.

si content de sa réponse, qu'il voulut la mettre en vers. Mais comme il ne put en venir à bout, il eut recours à son frère et à mon père, qui tournèrent ainsi cette réponse en épigramme :

> Froid, sec, dur, rude auteur, digne objet de satire,
> De ne savoir pas lire oses-tu me blâmer?
> Hélas! pour mes péchés, je n'ai su que trop lire,
>   Depuis que tu fais imprimer.

Mon père représenta que le premier hémistiche du second vers rimant avec le vers précédent et avec l'avant-dernier vers[1], il valoit mieux dire *de mon peu de lecture*. Molière décida qu'il falloit conserver la première façon : « Elle est, leur dit-il, plus naturelle; et il faut sacrifier toute régularité à la justesse de l'expression : c'est l'art même qui doit nous apprendre à nous affranchir des règles de l'art. »

Molière étoit alors de leur société, dont étoient encore la Fontaine et Chapelle, et tous faisoient de continuelles réprimandes à Chapelle sur sa passion pour le vin. Boileau, le rencontrant un jour dans la rue, lui en voulut parler. Chapelle lui répondit : « J'ai résolu de m'en corriger; je sens la vérité de vos raisons : pour achever de me persuader, entrons ici; vous me parlerez plus à votre aise. » Il le fit entrer dans un cabaret, et demanda une bouteille, qui fut suivie d'une autre. Boileau, en s'animant dans son discours contre la passion du vin, buvoit avec lui, jusqu'à ce qu'enfin le prédicateur et le nouveau converti s'enivrèrent.

Je reviens à l'histoire des tragédies de mon père, qui, après avoir achevé celle d'*Alexandre*, la voulut montrer à Corneille, pour recevoir les avis du maître du théâtre. M. de Valincour rapporte ce fait dans sa lettre à M. l'abbé d'Olivet, et m'a assuré qu'il le tenoit de mon père même. Corneille, après avoir entendu la lecture de la pièce, dit à l'auteur qu'il avoit un grand talent pour la poésie, mais qu'il n'en avoit point pour la tragédie; et il lui conseilla de s'appliquer à un autre genre. Ce jugement, très-sincère sans doute, fait voir qu'on peut avoir de grands talents, et être mauvais juge des talents.

Il y avoit alors deux troupes de comédiens : celle de Mo-

---

1. L'édition de 1747 donne, par erreur : « le dernier vers. »

lière et celle de l'Hôtel de Bourgogne. L'*Alexandre* fut joué d'abord par la troupe de Molière; mais l'auteur, mécontent des acteurs, leur retira sa pièce, et la donna aux comédiens de l'Hôtel de Bourgogne[1]; il fut cause en même temps que la meilleure actrice du théâtre de Molière[2] le quitta pour passer sur le théâtre de Bourgogne : ce qui mortifia Molière, et causa entre eux deux un refroidissement, qui dura toujours, quoiqu'ils se rendissent mutuellement justice sur leurs ouvrages. On verra bientôt de quelle manière Molière parla de la comédie des *Plaideurs;* et le lendemain de la première représentation du *Misanthrope,* qui fut très-malheureuse, un homme, qui crut faire plaisir à mon père, courut lui annoncer cette nouvelle, en lui disant: « La pièce est tombée: rien n'est si froid; vous pouvez m'en croire; j'y étois. — Vous y étiez, reprit mon père, et je n'y étois pas; cependant je n'en croirai rien, parce qu'il est impossible que Molière ait fait une mauvaise pièce. Retournez-y, et examinez-la mieux. »

Alexandre eut beaucoup de partisans et de censeurs, puisque Boileau, qui composa, cette même année 1665, sa troisième satire, y fait dire à son campagnard :

Je ne sais pas pourquoi l'on vante l'*Alexandre*.

La lecture de cette tragédie fit écrire à Saint-Évremont « que la vieillesse de Corneille ne l'alarmoit plus, et qu'il n'avoit plus à craindre de voir finir avec lui la tragédie; » et cet aveu de Saint-Évremont dut consoler le poëte de la critique que le même écrivain, dont les jugements avoient alors un grand crédit, fit de cette même tragédie. Il est vrai qu'elle avoit plusieurs défauts, et que le jeune auteur s'y livroit encore à sa

1. C'est ainsi que cette pièce, dans sa naissance, fut jouée par les deux troupes; mais dans l'*Histoire du Théâtre françois*, tome IX, il est dit qu'elle fut jouée le même jour sur les deux théâtres : ce qui n'est pas vraisemblable. (*Note de L. Racine.*) — Les auteurs de l'*Histoire du Théâtre françois* étaient en effet dans l'erreur. Voyez ci-après la *Notice* sur *Alexandre le Grand*.

2. La du Parc. Elle ne quitta pas le théâtre de Molière *en même temps*, si cela veut dire : lorsque Racine porta son *Alexandre* à l'Hôtel de Bourgogne; mais seulement à Pâques de l'année 1667, comme on le voit sur les registres de la Grange.

prodigieuse facilité de rimer. Boileau sut la modérer par ses conseils, et s'est toujours vanté de lui avoir appris à rimer difficilement.

Ce fut enfin l'année suivante que les satires de Boileau parurent imprimées. On lit dans le *Bolæana*[1] par quelle raison on fut près de révoquer le privilége que le libraire avoit obtenu par adresse, et l'indifférence de Boileau sur cet événement. Jamais poëte n'eut tant de répugnance à donner ses ouvrages au public. Il s'y vit forcé, lorsqu'on lui en montra une édition faite furtivement, et remplie de fautes[2]. A cette vue, il consentit à remettre son manuscrit, et ne voulut recevoir aucun profit du libraire. Il donna en 1674, avec la même générosité, ses *Épîtres*, son *Art poétique*, le *Lutrin* et le *Traité du Sublime*[3]. Quoique fort économe de son revenu, il étoit plein de noblesse dans les sentiments : il m'a assuré que jamais libraire ne lui avoit payé un seul[4] de ses ouvrages ; ce qui l'avoit rendu hardi à railler dans son *Art poétique*, chant IV[5], les auteurs qui *mettent leur Apollon aux gages d'un libraire*, et qu'il n'avoit fait les deux vers qui précèdent :

> Je sais qu'un noble esprit peut sans honte et sans crime
> Tirer de son travail un tribut légitime,

que pour consoler mon père, qui avoit retiré quelque profit de l'impression de ses tragédies. Le profit qu'il en retira fut très-modique; et il donna dans la suite *Esther* et *Athalie* au libraire, de la manière dont Boileau avoit donné tous ses ouvrages.

Andromaque, qui parut en 1667, fit connoître que le jeune poëte à qui Boileau avoit appris à rimer difficilement, avoit en

---

1. Pages 15 et 16.
2. C'est ce que dit Boileau lui-même dans la préface de la première édition qu'il donna de ses *OEuvres*, en 1666.
3. Cette édition de 1674 fut cédée par Boileau au libraire Thierry, avec charge d'y associer Billaine, Barbin et la veuve la Coste. Outre les neuf *satires*, qui avaient été alors publiées, cette édition renferme les quatre premières *épîtres*, l'*Art poétique*, les quatre premiers chants du *Lutrin* et le *Traité du Sublime*.
4. Dans l'édition de 1750, au lieu de « un seul, » il y a « un sol. »
5. Vers 129-132.

peu de temps fait de grands progrès. Mais je suis obligé d'interrompre l'histoire de ses tragédies, pour raconter celle de deux ouvrages d'une nature bien différente.

Le public ne les attendoit ni d'un jeune homme occupé de tragédies, ni d'un élève de Port-Royal[1]. La vivacité du poëte, qui se crut offensé dans son talent, ce qu'il avoit de plus cher, lui fit oublier ce qu'il devoit à ses premiers maîtres, et l'engagea à entrer, sans réflexion, dans une querelle qui ne le regardoit pas.

Desmarets de Saint-Sorlin, que le mauvais succès de son *Clovis* avoit rebuté, las d'être poëte, voulut être prophète, et prétendit avoir la clef de l'*Apocalypse*. Il annonça une armée de cent quarante-quatre mille victimes, qui rétabliroit, sous la conduite du Roi, la vraie religion. Par tous les termes mystiques qu'inventoit son imagination échauffée, il en avoit déjà échauffé plusieurs autres. Il eut l'honneur d'être foudroyé par M. Nicole, qui écrivit contre lui les lettres qu'il intitula *Visionnaires*, parce qu'il les écrivoit contre un grand visionnaire, auteur de la comédie des *Visionnaires*. Il fit remarquer, dans la première de ces lettres, que ce prétendu illuminé ne s'étoit d'abord fait connoître dans le monde que par des romans et des comédies : « qualités, ajouta-t-il, qui ne sont pas fort honorables au jugement des honnêtes gens, et qui sont horribles, considérées suivant les principes de la religion chrétienne. Un faiseur de romans et un poëte de théâtre est un empoisonneur public, non des corps, mais des âmes. Il se doit regarder comme coupable d'une infinité d'homicides spirituels, ou qu'il a causés en effet, ou qu'il a pu causer. »

Mon père, à qui sa conscience reprochoit des occupations qu'on regardoit à Port-Royal comme très-criminelles, se persuada que ces paroles n'avoient été écrites que contre lui, et qu'il étoit celui qu'on appeloit un empoisonneur public. Il se croyoit d'autant mieux fondé dans cette persuasion, qu'à cause de sa liaison avec les comédiens, il avoit été comme exclu de Port-Royal par une lettre de la mère Racine, sa tante, qui est si bien écrite, qu'on ne sera pas fâché de la lire.

1. Dans l'édition de 1747 : « du Port-Royal. »

GLOIRE A JÉSUS-CHRIST ET AU TRÈS-SAINT SACREMENT.

« Ayant appris que vous aviez dessein de faire ici un voyage, j'avois demandé permission à notre mère de vous voir, parce que quelques personnes nous avoient assurées que vous étiez dans la pensée de songer sérieusement à vous ; et j'aurois été bien aise de l'apprendre par vous-même, afin de vous témoigner la joie que j'aurois, s'il plaisoit à Dieu de vous toucher ; mais j'ai appris depuis peu de jours une nouvelle qui m'a touchée sensiblement. Je vous écris dans l'amertume de mon cœur, et en versant des larmes que je voudrois pouvoir répandre en assez grande abondance devant Dieu pour obtenir de lui votre salut, qui est la chose du monde que je souhaite avec le plus d'ardeur. J'ai donc appris avec douleur que vous fréquentiez plus que jamais des gens dont le nom est abominable à toutes les personnes qui ont tant soit peu de piété, et avec raison, puisqu'on leur interdit l'entrée de l'église et la communion des fidèles, même à la mort, à moins qu'ils ne se reconnoissent. Jugez donc, mon cher neveu, dans quel état je puis être, puisque vous n'ignorez pas la tendresse que j'ai toujours eue pour vous, et que je n'ai jamais rien désiré, sinon que vous fussiez tout à Dieu dans quelque emploi honnête. Je vous conjure donc, mon cher neveu, d'avoir pitié de votre âme, et de rentrer dans votre cœur pour y considérer sérieusement dans quel abîme vous vous êtes jeté. Je souhaite que ce qu'on m'a dit ne soit pas vrai ; mais si vous êtes assez malheureux pour n'avoir pas rompu un commerce qui vous déshonore devant Dieu et devant les hommes, vous ne devez pas penser à nous venir voir ; car vous savez bien que je ne pourrois pas vous parler, vous sachant dans un état si déplorable et si contraire au christianisme. Cependant je ne cesserai point de prier Dieu qu'il vous fasse miséricorde, et à moi en vous la faisant, puisque votre salut m'est si cher. »

Voilà une de ces lettres que son neveu, dans sa ferveur pour le théâtre, appeloit des excommunications. Il crut donc que M. Nicole, en parlant contre les poëtes, avoit eu dessein de l'humilier : il prit la plume contre lui et contre tout Port-Royal, et il fit une lettre pleine de traits piquants, qui, pour les agréments du style, fut goûtée de tout le monde. « Je ne sais, dit l'auteur de la continuation de l'*Histoire de l'Académie françoise*[1], si nous avons rien de mieux écrit ni de plus ingénieux en notre langue. » Les ennemis de Port-Royal encouragèrent le jeune écrivain à continuer, et même, à ce qu'on prétend, lui firent espérer un bénéfice. Tandis que M. Nicole et les autres solitaires de Port-Royal gardoient le silence, il parut deux réponses, dont la première, fort solide, et qui fut d'abord attribuée à M. de Saci, étoit de M. du Bois : la seconde, fort inférieure, étoit de M. Barbier d'Aucour. Mon père connut bien au style qu'elles ne venoient pas de Port-Royal, et il les méprisa. Mais peu après, ces deux mêmes réponses parurent dans une édition des *Visionnaires*, faite en Hollande, en deux volumes ; et il étoit écrit dans l'*Avertissement*, à la tête de cette édition, qu'on avoit inséré dans ce recueil « les deux réponses faites à un jeune homme, qui, s'étant chargé de l'intérêt commun de tout le théâtre, avoit conté des histoires faites à plaisir, parce que ces deux réponses feroient plaisir, ayant pour leur bonté partagé les juges, dont les uns estimoient plus la première, tandis que les autres se déclaroient hautement pour la seconde. »

Mon père, moins piqué de ces deux réponses que du soin que Messieurs de Port-Royal prenoient de les faire imprimer dans leurs ouvrages avec un pareil avertissement, fit contre eux la seconde lettre, et mit à la tête une préface qui n'a jamais été imprimée[2], et qu'il assaisonna des mêmes railleries

1. L'abbé d'Olivet, dans sa réponse à la lettre de Valincour sur Racine.
2. Elle a été imprimée pour la première fois dans l'édition de 1807 des *OEuvres de Racine*. Depuis 1756 le manuscrit en était à la bibliothèque du Roi parmi les autres papiers de Racine que son fils Louis y avait déposés. La comprendre dans ce dépôt, c'était permettre qu'elle fût livrée un jour ou l'autre à la publicité ; ce que Jean-Baptiste Racine, plus réservé encore que son frère, n'eût sans doute pas approuvé, non plus que l'insertion dans les *Mémoires* d'une partie de cette préface. Il la possédait avant Louis Racine et refusait de la publier. « J'espère, disait-il, que le public me pardonnera mon scrupule et n'exigera jamais rien de moi qui puisse aller contre le respect dû à la mémoire d'un père que l'amitié me rendra toujours

qui règnent dans les deux lettres. Après avoir dit qu'il n'y a point de plaisir à rire avec des gens délicats qui se plaignent qu'on les déchire dès qu'on les nomme, et qui, aussi sensibles que les gens du monde, ne souffrent volontiers que les mortifications qu'ils s'imposent à eux-mêmes, il s'adressoit ainsi à M. Nicole directement : « Je demande à ce vénérable théologien en quoi j'ai erré, si c'est dans le droit ou dans le fait. J'ai avancé que la comédie étoit innocente : le Port-Royal dit qu'elle est criminelle ; mais je ne crois pas qu'on puisse taxer ma proposition d'hérésie ; c'est bien assez de la taxer de témérité. Pour le fait, ils n'ont nié que celui des capucins ; encore ne l'ont-ils pas nié tout entier. Toute la grâce que je lui demande est qu'il ne m'oblige pas non plus à croire un fait qu'il avance, lorsqu'il dit que le monde fut partagé entre les deux réponses qu'on fit à ma lettre, et qu'on disputa longtemps laquelle des deux étoit la plus belle : il n'y eut pas la moindre dispute là-dessus, et d'une commune voix elles furent jugées aussi froides l'une que l'autre. Mais tout ce qu'on fait pour ces Messieurs a un caractère de bonté que tout le monde ne connoît pas. »

« Il est aisé de connoître, ajoutoit-il, par le soin qu'ils ont pris d'immortaliser ces réponses, qu'ils y avoient plus de part qu'ils ne disoient. A la vérité, ce n'est pas leur coutume de laisser rien imprimer pour eux qu'ils n'y mettent quelque chose du leur. Ils portent aux docteurs les approbations toutes dressées. Les avis de l'imprimeur sont ordinairement des éloges qu'ils se donnent à eux-mêmes ; et l'on scelleroit à la chancellerie des priviléges fort éloquents, si leurs livres s'imprimoient avec privilége. »

Content de cette préface dont je n'ai rapporté qu'une partie[1], et de sa seconde lettre, il alla montrer ces nouvelles

présent, tout mort qu'il est. Quelque chose qu'on me dise, et quelques raisons qu'on puisse m'alléguer, jamais je ne consentirai à régaler le public du sujet de ses larmes. » (*Note manuscrite*, citée par les éditeurs de 1807 dans leur *Avertissement sur la seconde lettre de Racine et sur la préface*.)

1. Les mots « dont je n'ai rapporté qu'une partie » sont une addition de l'*Exemplaire corrigé*.

productions à Boileau, qui, toujours amateur de la vérité, quoiqu'il n'eût encore aucune liaison avec Port-Royal, lui représenta que cet ouvrage feroit honneur à son esprit, mais n'en feroit pas à son cœur, parce qu'il attaquoit des hommes fort estimés, et le plus doux de tous [1], auquel il avoit lui-même, comme aux autres, de grandes obligations. « Eh bien ! répondit mon père, pénétré de ce reproche, le public ne verra jamais cette seconde lettre. » Il retira tous les exemplaires qu'il put trouver de la première ; et elle étoit devenue fort rare, lorsqu'elle parut dans des journaux. Brossette, qui la fit imprimer dans son édition de Boileau[2], quoiqu'elle n'eût aucun rapport aux ouvrages de cet auteur, joignit en note que le Port-Royal, « alarmé d'une lettre qui le menaçoit d'un écrivain

---

1. M. Nicole, qui avoit régenté la troisième à Port-Royal, avoit été son maître. Tout le monde sait quelle étoit sa douceur : il subsistoit du profit de ses ouvrages ; et le grand débit des trois volumes de *la Perpétuité* fit dire dans le public qu'il profitoit du travail d'autrui, parce qu'on croyoit cet ouvrage commun entre lui et M. Arnauld, qui avoit seulement mis un chapitre de sa façon dans le premier volume, et ne vit pas les autres. M. Nicole souffrit ces discours sans y répondre. Lorsque le P. Bouhours, en écrivant sur la langue françoise, releva plusieurs expressions des traductions de Port-Royal, M. de Saci dit qu'il ne se soumettroit point à ces remarques ; M. Nicole dit qu'il se corrigeroit, et en effet n'employa point dans les *Essais de morale* celles qui lui parurent justement critiquées. Dans les petits troubles qui arrivoient à Port-Royal sur quelques diversités de sentiments, il ne prenoit aucun parti, disant qu'il n'étoit point des guerres civiles. Mme de Longueville, qui, de l'envie de connoître les hommes fameux, passoit souvent, comme bien d'autres, à l'ennui de les voir trop longtemps, ne changea jamais à l'égard de M. Nicole, qu'elle trouvoit fort poli. Dans les conversations où il étoit contredit, ce qui arrivoit plus d'une fois, elle prenoit toujours son parti, ce qui lui fit dire, quand elle mourut, qu'il avoit perdu tout son crédit : « J'ai même, disoit-il, perdu mon abbaye, » parce qu'elle l'appeloit toujours M. l'abbé Nicole. (*Note de L. Racine.*)

2. Dans le tome II de l'édition de 1716, p. 329-336. — J. B. Rousseau écrivait à Brossette, le 13 août 1717 : « Pardonnez-moi, si je vous dis que vous n'auriez point dû soulever sa cendre, en publiant après sa mort un ouvrage qu'il avoit pris tant de soin de supprimer pendant sa vie. »

aussi redoutable que Pascal, trouva le moyen d'apaiser et de regagner le jeune Racine. » Brossette étoit fort mal instruit. Le Port-Royal garda toujours le silence, et ne fit aucune démarche pour la réconciliation. Mon père fit lui seul, dans la suite, toutes les démarches que je dirai. On n'ignore pas le repentir qu'il a témoigné ; et un jour il fit une réponse si humble à un de ses confrères[1], qui l'attaqua dans l'Académie par une plaisanterie au sujet de ce démêlé, que personne dans la suite n'osa le railler sur le même sujet. Lorsque Brossette fit imprimer la première lettre, il ne connoissoit pas la seconde,

1. Ce confrère était l'abbé Tallemant, comme nous l'apprend une note manuscrite de J. B. Racine, que les éditeurs de 1807 nous ont conservée dans l'*Avertissement sur la seconde lettre*. Louis Racine avait certainement cette note sous les yeux quand il a écrit tout le passage qui précède. Il faut la citer ici, parce qu'elle est plus précise dans les détails et d'un tour plus libre et plus frappant que la page des *Mémoires* où L. Racine s'en est aidé : « Mon père se préparoit à faire imprimer sa seconde lettre à la suite de l'autre, et il y pensoit si sérieusement que j'ai entre les mains une *préface* écrite de sa main qu'il vouloit mettre en tête de l'édition. Son ami M. Despréaux, qui n'étoit point pour lors à Paris, arriva heureusement comme il se disposoit à donner cette édition. Mon père fut aussitôt lui communiquer le tout. L'autre écouta de grand sang-froid, loua extrêmement le tour et l'esprit de l'ouvrage, et finit en lui disant : « Cela « est fort joliment écrit ; mais vous ne songez pas que vous écrivez contre « les plus honnêtes gens du monde. » Cette parole fit aussitôt rentrer mon père en lui-même ; et comme c'étoit l'homme du monde le plus éloigné de toute ingratitude et le plus pénétré des devoirs de l'honnête homme, les obligations qu'il avoit à ces Messieurs lui revinrent toutes à l'esprit ; il supprima sa *seconde lettre* et sa *préface*, et retira le plus qu'il put des exemplaires de la *première lettre*, ce qui la rend si difficile à trouver que je ne l'ai jamais vue qu'une seule fois, et cela dans un *Recueil de poésies fugitives* fait dans le temps. Si jamais faute a pu être réparée par un repentir sincère, ç'a été certainement celle-là. J'ai été témoin du regret qu'il en eut toute sa vie ; il n'en parloit qu'avec une humilité et une confusion capables seules de l'effacer. L'abbé Tallemant s'avisa un jour, en pleine académie, de lui reprocher cette faute. « Oui, Monsieur, lui répondit mon père, vous « avez raison, c'est l'endroit le plus honteux de ma vie, et je don« nerois tout mon sang pour l'effacer : » ce qui fit taire l'abbé Tallemant et tous les rieurs qui commençoient à lui applaudir. »

qui n'étoit connue de personne, ni de nous-mêmes. Elle fut trouvée, je ne sais par quel hasard, dans les papiers de M. l'abbé Dupin[1]; et ceux qui en furent les maîtres après sa mort la firent imprimer.

Je reprends l'histoire des pièces de théâtre, et je viens à *Andromaque*. Elle fut représentée en 1667, et fit, au rapport de M. Perrault[2], à peu près le même bruit que *le Cid* avoit fait dans les premières représentations. On voit, par l'épître dédicatoire, que l'auteur avoit eu auparavant l'honneur de la lire à Madame : il remercie Son Altesse Royale des conseils qu'elle a bien voulu lui donner. Cette pièce coûta la vie à Montfleuri, célèbre acteur ; il y représenta le rôle d'Oreste avec tant de force, qu'il s'épuisa entièrement : ce qui fit dire à l'auteur du *Parnasse réformé*[3], que tout poëte désormais voudra avoir l'honneur de faire crever un comédien.

La tragédie d'*Andromaque* eut trop d'admirateurs pour n'avoir pas d'ennemis. Saint-Évremont ne fut ni du nombre des ennemis, ni du nombre des admirateurs, puisqu'il n'en fit que cet éloge : « Elle a bien l'air des belles choses ; il ne s'en faut presque rien qu'il n'y ait du grand. »

Un comédien, nommé Subligny[4], se signala par une critique

1. En 1719, année où mourut (le 6 juin) l'abbé Louis Ellies du Pin, docteur de Sorbonne. Il était fils d'une sœur de Nicolas Vitart, et par conséquent cousin de Racine. Voyez la *Notice biographique*, p. 131, note 1.

2. Au tome II, p. 81, de ses *Hommes illustres*.

3. L'auteur est Gabriel Gueret. La première édition du *Parnasse réformé*, 1 vol. petit in-12, parut en 1668 à Paris, chez Thomas Jolly. Le passage rappelé ici est à la page 75.

4. Dans l'*Histoire du Théâtre françois*, tome XIII, p. xxv, il est dit que L. Racine a commis une erreur en faisant de Subligny un comédien. « Subligny, disent les frères Parfait, était avocat au Parlement, et même il s'y fit distinguer. » L'abbé Granet, dans son *Recueil de Dissertations* (tome I, p. ci), qui est probablement la source où L. Racine a puisé, avait, comme lui, donné à Subligny la qualité de comédien. Il fut contredit sur ce point dans les *Suppléments* du *Dictionnaire de Moréri*. Au milieu de ce conflit d'autorités, il peut rester des doutes. Ce qu'on sait plus certainement, c'est que Subligny eut une fille qui, en 1682, entra à l'Opéra, où elle eut de grands succès dans la danse. Ce fait donne-t-il plus de probabilité à

en forme de comédie; elle ne fut pas inutile à l'auteur critiqué, qui corrigea, dans la seconde édition d'*Andromaque*, quelques négligences de style, et laissa néanmoins subsister certains tours nouveaux, que Subligny mettoit au nombre des fautes de style, et qui, ayant été approuvés depuis comme tours heureux, sont devenus familiers à notre langue. Les critiques les plus sérieuses contre cette pièce tombèrent sur le personnage de Pyrrhus, qui parut au grand Condé trop violent et trop emporté, et que d'autres accusèrent d'être un malhonnête homme, parce qu'il manque de parole à Hermione. L'auteur, au lieu de répondre à une critique si peu solide, entreprit de faire dans sa tragédie suivante le portrait d'un parfaitement honnête homme. C'est ce que Boileau donne à penser quand il dit à son ami, en lui représentant l'avantage qu'on retire des critiques :

> Au *Cid* persécuté *Cinna* doit sa naissance;
> Et ta plume peut-être aux censeurs de Pyrrhus
> Doit les plus nobles traits dont tu peignis Burrhus.

La comédie des *Plaideurs* précéda *Britannicus*, et parut en 1668. En voici l'origine. Mon père avoit enfin obtenu un bénéfice, puisque le privilége de la première édition d'*Andromaque*, qui est du 28 décembre 1667, est accordé au sieur Racine, prieur de l'Épinay, titre qui ne lui est plus donné dans un autre privilége accordé quelques mois après, parce qu'il n'étoit déjà plus prieur[1]. Boileau le fut huit ou neuf ans; mais quand il reconnut qu'il n'avoit point de dispositions pour l'état ecclésiastique, il se fit un devoir de remettre le bénéfice entre les mains du collateur; et pour remplir un autre devoir encore plus difficile, après avoir calculé ce que le prieuré lui

l'opinion de ceux qui veulent que Subligny ait monté lui-même sur le théâtre? ou bien y verra-t-on l'origine toute naturelle d'une confusion entre la fille et le père? — La comédie de Subligny est intitulée *la Folle Querelle* ou *la Critique d'Andromaque*. Elle fut jouée en 1668. Voyez la *Notice sur Andromaque*.

1. Sur ce point, qui reste douteux, voyez la *Notice biographique*, p. 49. Louis Racine ne dit pas quel est cet *autre privilége* dont il parle. Si c'est celui des *Plaideurs*, il fut accordé à son père non quelques mois, mais un an après, le 5 décembre 1668.

avoit rapporté pendant le temps qu'il l'avoit possédé, il fit
distribuer cette somme aux pauvres, et principalement aux
pauvres du lieu[1]. Rare exemple donné par un poëte accusé
d'aimer l'argent.

Son ami eût imité une si belle action, s'il eût eu à restituer
des biens d'église; mais sa vertu ne fut jamais à une pareille
épreuve[2]. A peine eut-il obtenu son bénéfice, qu'un régulier
vint le lui disputer, prétendant que ce prieuré ne pouvoit être
possédé que par un régulier; il fallut plaider; et voilà ce procès « que ni ses juges ni lui n'entendirent, » comme il le dit
dans la Préface des *Plaideurs*. C'étoit ainsi que la Providence
lui opposoit toujours de nouveaux obstacles pour entrer dans
l'état ecclésiastique, où il ne vouloit entrer que par des vues
d'intérêt. Fatigué enfin du procès, las de voir des avocats et de
solliciter des juges, il abandonna le bénéfice, et se consola de
cette perte par une comédie contre les juges et les avocats.

Il faisoit alors de fréquents repas chez un fameux traiteur
où se rassembloient Boileau, Chapelle, Furetière, et quelques
autres. D'ingénieuses plaisanteries égayoient ces repas, où les
fautes étoient sévèrement punies. Le poëme de *la Pucelle* de
Chapelain étoit sur une table, et on régloit le nombre de vers
que devoit lire un coupable, sur la qualité de sa faute. Elle
étoit fort grave quand il étoit condamné à en lire vingt vers;
et l'arrêt qui condamnoit à lire la page entière étoit l'arrêt de
mort[3]. Plusieurs traits de la comédie des *Plaideurs* furent le
fruit de ces repas; chacun s'empressoit d'en fournir à l'auteur.
M. de Brilhac, conseiller au parlement de Paris, lui apprenoit
les termes de palais. Boileau lui fournit l'idée de la dispute
entre Chicanneau et la Comtesse; il avoit été témoin de cette
scène, qui s'étoit passée chez son frère le greffier, entre un

---

1. De Boze et Brossette disent que les revenus du bénéfice de
Boileau furent employés à doter une jeune personne qui se fit religieuse, Marie Poncher de Bretouville. Boileau, dans sa jeunesse,
l'avait aimée.

2. Évidemment Louis Racine se trompe, puisque Racine posséda
successivement plusieurs bénéfices, comme nous l'avons établi dans
la *Notice biographique* : voyez p. 50.

3. Brossette raconte la même chose à la note du vers 12 de l'*Épigramme à Racine* (*OEuvres de Boileau*, 1716, tome I, p. 437).

homme très-connu alors, et une comtesse[1], que l'actrice qui joua ce personnage contrefit jusqu'à paroître sur le théâtre avec les mêmes habillements, comme il est rapporté dans le commentaire sur la seconde satire de Boileau. Plusieurs autres traits de cette comédie avoient également rapport à des personnes alors très-connues; et par l'Intimé, qui, dans la cause du chapon, commence, comme Cicéron, *pro Quintio : Quæ res duæ plurimum possunt,... gratia et eloquentia*, etc., on désignoit un avocat qui s'étoit servi du même exorde dans la cause d'un pâtissier contre un boulanger[2]. Soit que ces plaisanteries eussent attiré des ennemis à cette pièce, soit que le parterre ne fût pas d'abord sensible au sel attique dont elle est remplie, elle fut mal reçue; et les comédiens, dégoûtés de la seconde représentation, n'osèrent hasarder la troisième. Molière, qui étoit présent à cette seconde représentation, quoiqu'alors brouillé avec l'auteur, ne se laissa séduire ni par aucun intérêt particulier, ni par le jugement du public : il dit tout haut, en sortant, que cette comédie étoit excellente, et que ceux qui s'en moquoient méritoient qu'on se moquât d'eux. Un mois après, les comédiens, représentant à la cour une tragédie, osèrent donner à la suite cette malheureuse pièce. Le Roi en fut frappé, et ne crut pas déshonorer sa gravité ni son goût par des éclats de rire si grands, que la cour en fut étonnée.

Louis XIV jugea de la pièce comme Molière en avoit jugé. Les comédiens, charmés d'un succès qu'ils n'avoient pas espéré, pour l'annoncer plus promptement à l'auteur, revinrent toute la nuit à Paris, et allèrent le réveiller. Trois carrosses, pendant la nuit, dans une rue où l'on n'étoit pas accoutumé d'en voir pendant le jour, réveillèrent le voisinage : on se mit aux fenêtres, et comme on savoit qu'un conseiller des requêtes avoit fait un grand bruit contre la comédie des *Plaideurs*, on ne douta point de la punition du poëte qui avoit osé railler les juges en plein théâtre. Le lendemain tout Paris le croyoit en prison, tandis qu'il se félicitoit de l'approbation que la cour

---

1. La comtesse de Crissé.
2. Cet avocat, suivant le *Ménagiana*, serait maître P***, que l'on croit être Patru. Cela est peu probable. Voyez la note sur le vers 730 des *Plaideurs*.

avoit donnée à sa pièce, dont le mérite fut enfin reconnu à Paris.

L'année suivante, 1668[1], il reçut une gratification de douze cents livres, sur un ordre particulier de M. Colbert[2].

Britannicus, qui parut en 1670[3], eut aussi beaucoup de contradictions à essuyer, et l'auteur avoue dans sa préface qu'il craignit quelque temps que cette tragédie n'eût une destinée malheureuse. Je ne connois cependant aucune critique imprimée dans le temps contre *Britannicus*[4]. Ces sortes de critiques, à la vérité, tombent peu après dans l'oubli; mais il se trouve toujours dans la suite quelque faiseur de recueil qui veut les en retirer. Tout est bon pour ceux qui, moins curieux de la reconnoissance du public que de la rétribution du libraire, n'ont d'autre ambition que celle de faire imprimer un livre nouveau; et, dans le recueil des pièces fugitives faites sur les tragédies de nos deux poëtes fameux, qu'en 1740 Gissey imprima en deux volumes[5], je ne trouve rien sur *Britannicus*.

1. C'est par inadvertance que L. Racine dit : « l'année suivante ; » il devrait dire : « la même année. »

2. En voici la copie : « Maître CHARLES LE BÈGUE, conseiller du Roi, trésorier général de ses bâtiments, NOUS VOUS MANDONS que des deniers de votre charge de la présente année, même de ceux destinés par Sa Majesté pour les pensions et gratifications des gens de lettres, tant françois qu'étrangers, qui excellent en toutes sortes de sciences, vous payiez comptant au sieur Racine la somme de douze cents livres, que NOUS lui avons ordonnée pour la pension et gratification que Sa Majesté lui a accordée, en considération de son application aux belles-lettres, et des pièces de théâtre qu'il donne au public. Rapportant la présente, et quittance sur ce suffisante, ladite somme de douze cents livres sera passée et allouée en la dépense de vos comptes, par Messieurs des comptes à Paris; lesquels NOUS prions ainsi le faire sans difficulté. Fait à Paris, le dernier jour de décembre 1668.

« COLBERT. LA MOTTE COQUART. » (*Note de L. Racine.*)

3. Les éditions de 1747 et de 1750 ont « en 1670, » et non « en 1669, » comme l'ont imprimé les plus récents éditeurs de Racine. Il est vrai que *Britannicus* fut joué en décembre 1669. La pièce imprimée ne parut qu'au commencement de 1670.

4. Nous connaissons de ce temps celle de Boursault, dans son petit roman d'*Artémise et Poliante*, 1 vol. in-12, 1670.

5. C'est le recueil de l'abbé Granet : *Recueil de dissertations sur*

On sait l'impression que firent sur Louis XIV quelques vers de cette pièce. Lorsque Narcisse rapporte à Néron les discours qu'on tient contre lui, il lui fait entendre qu'on raille son ardeur à briller par des talents qui ne doivent point être les talents d'un empereur :

> Il excelle à conduire un char dans la carrière,
> A disputer des prix indignes de ses mains,
> A se donner lui-même en spectacle aux Romains,
> A venir prodiguer sa voix sur un théâtre....

Ces vers frappèrent le jeune monarque, qui avoit quelquefois dansé dans les ballets; et quoiqu'il dansât avec beaucoup de noblesse, il ne voulut plus paroître dans aucun ballet, reconnoissant qu'un roi ne doit point se donner en spectacle. On trouvera ce que je dis ici confirmé par une des lettres de Boileau[1]. Ce fut en remarquant combien les vers de *Britannicus* étoient travaillés, qu'il dit pour la première fois ce qu'il a souvent répété : « C'est moi qui ai appris à M. Racine à faire des vers difficilement[2]. »

Ceux qui ajoutent foi en tout au *Bolæana* croient que Boileau, qui trouvoit les vers de *Bajazet* trop négligés, trouvoit aussi le dénouement de *Britannicus* puéril, et reprochoit à l'auteur d'avoir fait Britannicus trop petit devant Néron[3]. Il y a grande apparence que M. de Monchenay, mal servi par sa mémoire lorsqu'il composa ce recueil, s'est trompé en cet endroit, comme dans plusieurs autres[4]. Je n'ai jamais entendu dire que Boileau eût fait de pareilles critiques; je sais seulement qu'il engagea mon père à supprimer une scène entière de cette pièce

---

plusieurs tragédies de Corneille et de Racine, à Paris, chez Gissey, M.DCC.XL, 2 vol. in-12. Granet y avait oublié la critique de *Britannicus* par Boursault. Il répara son oubli, en l'insérant dans le tome XI de ses *Réflexions sur les ouvrages de littérature*.

1. *Recueil de lettres*, p. 260. (*Note de L. Racine.*) — Ce Recueil est celui que publia L. Racine lui-même en 1747.

2. Ce passage, depuis : « Ce fut en remarquant, » a été ajouté par L. Racine dans l'*Exemplaire corrigé*.

3. Voyez le *Bolæana*, p. 106 et 107.

4. Les mots « comme dans plusieurs autres » ont été ajoutés dans l'*Exemplaire corrigé*.

avant que de la donner aux comédiens ; et par cette raison cette scène n'est encore connue de personne[1]. Ces deux amis avoient un égal empressement à se communiquer leurs ouvrages avant que de les montrer au public, égale sévérité de critique l'un pour l'autre, et égale docilité. Voici cette scène, que Boileau avoit conservée, et qu'il nous a remise : elle étoit la première du troisième acte.

BURRHUS, NARCISSE.

BURRHUS.
Quoi ? Narcisse, au palais obsédant l'Empereur,
Laisse Britannicus en proie à sa fureur,
Narcisse, qui devroit d'une amitié sincère
Sacrifier au fils tout ce qu'il tient du père ;
Qui devroit, en plaignant avec lui son malheur,
Loin des yeux de César détourner sa douleur ?
Voulez-vous qu'accablé d'horreur, d'inquiétude,
Pressé du désespoir qui suit la solitude,
Il avance sa perte en voulant l'éloigner,
Et force l'Empereur à ne plus l'épargner ?
Lorsque de Claudius l'impuissante vieillesse
Laissa de tout l'empire Agrippine maîtresse,
Qu'instruit du successeur que lui gardoient les Dieux,
Il vit déjà son nom écrit dans tous les yeux ;
Ce prince, à ses bienfaits mesurant votre zèle,
Crut laisser à son fils un gouverneur fidèle,
Et qui sans s'ébranler verroit passer un jour

---

1. Elle n'avait pas encore été imprimée, mais depuis longtemps quelques personnes la connaissaient. J. B. Rousseau écrivait à Brossette le 25 décembre 1718, qu'il l'avait d'abord crue du fils aîné de Racine, que maintenant il la croyait du fils cadet. Brossette lui répondit le 25 mars 1719 qu'elle était bien de Racine lui-même. Il lui en racontait tout ce que dit ici Louis Racine, et l'avertissait qu'elle avait été faite pour être la première de l'acte III. « M. Despréaux, écrivait-il, conseilla à M. Racine de la supprimer, parce qu'il la trouvoit foible en comparaison du reste de la pièce, et qu'elle en arrêtoit l'action. Il n'approuvoit pas que Burrhus se commît ainsi avec Narcisse, et il disoit que cette scène ne pouvoit finir que par des coups de bâton. » Les paroles que L. Racine prête un peu plus loin à Boileau sont beaucoup moins familières.

Du côté de Néron la fortune et la cour.
Cependant aujourd'hui, sur la moindre menace
Qui de Britannicus présage la disgrâce,
Narcisse, qui devoit le quitter le dernier,
Semble dans le malheur le plonger le premier.
César vous voit partout attendre son passage.

NARCISSE.

Avec tout l'univers je viens lui rendre hommage,
Seigneur : c'est le dessein qui m'amène en ces lieux.

BURRHUS.

Près de Britannicus vous le servirez mieux.
Craignez-vous que César n'accuse votre absence?
Sa grandeur lui répond de votre obéissance.
C'est à Britannicus qu'il faut justifier
Un soin dont ses malheurs se doivent défier.
Vous pouvez sans péril respecter sa misère :
Néron n'a point juré la perte de son frère.
Quelque froideur qui semble altérer leurs esprits,
Votre maître n'est point au nombre des proscrits.
Néron même en son cœur touché de votre zèle
Vous en tiendroit peut-être un compte plus fidèle
Que de tous ces respects vainement assidus,
Oubliés dans la foule aussitôt que rendus.

NARCISSE.

Ce langage, Seigneur, est facile à comprendre;
Avec quelque bonté César daigne m'entendre :
Mes soins trop bien reçus pourroient vous irriter....
A l'avenir, Seigneur, je saurai l'éviter.

BURRHUS.

Narcisse, vous réglez mes desseins sur les vôtres :
Ce que vous avez fait, vous l'imputez aux autres.
Ainsi lorsqu'inutile au reste des humains,
Claude laissoit gémir l'empire entre vos mains,
Le reproche éternel de votre conscience
Condamnoit devant lui Rome entière au silence.
Vous lui laissiez à peine écouter vos flatteurs,
Le reste vous sembloit autant d'accusateurs
Qui prêts à s'élever contre votre conduite,
Alloient de nos malheurs développer la suite,
Et lui portant les cris du peuple et du sénat,
Lui demander justice au nom de tout l'État.
Toutefois pour César je crains votre présence :
Je crains, puisqu'il vous faut parler sans complaisance,

Tous ceux qui comme vous flattant tous ses desirs,
Sont toujours dans son cœur du parti des plaisirs.
Jadis à nos conseils l'Empereur plus docile
Affectoit pour son frère une bonté facile,
Et de son rang pour lui modérant la splendeur,
De sa chute à ses yeux cachoit la profondeur.
Quel soupçon aujourd'hui, quel desir de vengeance
Rompt du sang des Césars l'heureuse intelligence ?
Junie est enlevée, Agrippine frémit ;
Jaloux et sans espoir Britannicus gémit :
Du cœur de l'Empereur son épouse bannie,
D'un divorce à toute heure attend l'ignominie.
Elle pleure ; et voilà ce que leur a coûté
L'entretien d'un flatteur qui veut être écouté.

NARCISSE

Seigneur, c'est un peu loin pousser la violence ;
Vous pouvez tout ; j'écoute, et garde le silence.
Mes actions un jour pourront vous repartir :
Jusque-là....

BURRHUS.

Puissiez-vous bientôt me démentir !
Plût aux Dieux qu'en effet ce reproche vous touche !
Je vous aiderai même à me fermer la bouche.
Sénèque, dont les soins devroient me soulager,
Occupé loin de Rome, ignore ce danger.
Réparons, vous et moi, cette absence funeste :
Du sang de nos Césars réunissons le reste.
Rapprochons-les, Narcisse, au plus tôt, dès ce jour,
Tandis qu'ils ne sont point séparés sans retour.

On ne trouve rien dans cette scène qui ne réponde au reste de la pièce pour la versification; mais son ami craignit qu'elle ne produisît un mauvais effet sur les spectateurs : « Vous les indisposerez, lui dit-il, en leur montrant ces deux hommes ensemble. Pleins d'admiration pour l'un, et d'horreur pour l'autre, ils souffriront pendant leur entretien. Convient-il au gouverneur de l'Empereur, à cet homme si respectable par son rang et sa probité, de s'abaisser à parler à un misérable affranchi, le plus scélérat de tous les hommes? Il le doit trop mépriser pour avoir avec lui quelque éclaircissement. Et d'ailleurs quel fruit espère-t-il de ses remontrances? Est-il assez simple pour croire qu'elles feront naître quelques remords dans le cœur de Narcisse? Lorsqu'il lui fait connoître l'intérêt qu'il prend à Britannicus, il découvre son secret à un traître, et au lieu de servir Britannicus, il en précipite la perte. » Ces réflexions parurent justes, et la scène fut supprimée.

Cette pièce fit connoître que l'auteur n'étoit pas seulement rempli des poëtes grecs, et qu'il savoit également imiter les fameux écrivains de l'antiquité. Que de vers heureux, et combien d'expressions énergiques prises dans Tacite! Tout ce que Burrhus dit à Néron quand il se jette à ses pieds, et qu'il tâche de l'attendrir en faveur de Britannicus, est un extrait de ce que Sénèque a écrit de plus beau dans son traité *sur la Clémence*, adressé à ce même Néron. Ce passage du *Panégyrique de Trajan* par Pline : *Insulas quas modo senatorum, jam delatorum turba compleverat*[1], etc., a fourni ces deux beaux vers :

> Les déserts autrefois peuplés de sénateurs,
> Ne sont plus habités que par leurs délateurs.

M. de Fontenelle, dans la *Vie de Corneille*, son oncle, nous dit que *Bérénice* fut un duel. En effet, ce vers de Virgile :

> *Infelix puer atque impar congressus Achilli*[2],

fut appliqué alors par quelques personnes au jeune combattant, à qui cependant la victoire demeura. Elle ne fut pas même disputée; la partie n'étoit pas égale. Corneille n'étoit plus le Corneille du *Cid* et des *Horaces*; il étoit devenu l'auteur d'*Agésilas*. Une princesse[3] fameuse par son esprit et par son amour pour la poésie, avoit engagé les deux rivaux à traiter ce même sujet. Ils lui donnèrent en cette occasion une grande preuve de leur obéissance, et les deux *Bérénices* parurent en même temps, en 1671[4].

L'abbé de Villars voulut faire briller son esprit aux dépens

---

1. Chapitre xxxv.
2. Livre I, vers 475.
3. Henriette-Anne d'Angleterre. (*Note de L. Racine.*)
4. Ici encore on a substitué, dans les éditions récentes, la date de 1670 à celle de 1671, que donne L. Racine. Les deux *Bérénices* furent jouées en 1670; elles parurent imprimées en 1671, celle de Racine en janvier, celle de Corneille en février.

de l'une et de l'autre pièce[1]; ses plaisanteries furent trouvées très-fades, et ses critiques parurent outrées à Subligny lui-même, qui prenant alors la défense du même poëte dont il avoit critiqué l'*Andromaque*, fit voir que l'écrivain ingénieux du *Peuple élémentaire* n'entendoit pas les matières poétiques. Tout sert aux auteurs sages. L'abbé de Villars avoit vivement relevé cette exclamation, *Dieux!* échappée à Bérénice. L'auteur, en reconnoissant sa faute, en corrigea deux autres de la même nature, dont son critique ne s'étoit pas aperçu. Bérénice disoit à la fin du premier acte :

> Rome entière, en ce même moment,
> Fait des vœux pour Titus, et par des sacrifices
> De son règne naissant consacre les prémices.
> Je prétends quelque part à des souhaits si doux :
> Phénice, allons nous joindre aux vœux qu'on fait pour nous.

Et dans l'acte suivant Bérénice disoit à Titus :

> Pourquoi des Immortels attester la puissance ?

Dans la seconde édition, l'auteur changea ces expressions, qu'il avoit mises dans la bouche de Bérénice sans faire attention qu'elle étoit Juive.

Sa tragédie, quoique honorée du suffrage du grand Condé par l'heureuse application qu'il avoit faite de ces deux vers :

> Depuis trois ans entiers chaque jour je la vois,
> Et crois toujours la voir pour la première fois,

fut très-peu respectée sur le Théâtre-Italien. Il assista à cette parodie bouffonne[2], et y parut rire comme les autres; mais il avouoit à ses amis qu'il n'avoit ri qu'extérieurement. La rime indécente qu'Arlequin mettoit à la suite de *la reine Bérénice*

---

1. La double critique de l'abbé de Villars fut imprimée en 1671.
2. Cette bouffonnerie est de Fatouville, conseiller au parlement de Rouen. Ce que dit L. Racine de la peine qu'elle fit à Racine ne peut être exact. Elle ne fut représentée que le 11 octobre 1683. Il eût été tard alors pour s'en chagriner. Ajoutons qu'à cette époque Racine n'allait sans doute pas à la comédie italienne.

le chagrinoit au point de lui faire oublier le concours du public à sa pièce, les larmes des spectateurs, et les éloges de la cour. C'étoit dans de pareils moments qu'il se dégoûtoit du métier de poëte, et qu'il faisoit résolution d'y renoncer · il reconnoissoit la foiblesse de l'homme, et la vanité de notre amour-propre, que si peu de chose humilie. Il fut encore frappé d'un mot de Chapelle, qui fit plus d'impression sur lui que toutes les critiques de l'abbé de Villars, qu'il avoit su mépriser[1]. Ses meilleurs amis vantoient l'art avec lequel il avoit traité un sujet si simple, en ajoutant que le sujet n'avoit pas été bien choisi. Il ne l'avoit pas choisi ; la princesse que j'ai nommée lui avoit fait promettre qu'il le traiteroit ; et comme courtisan, il s'étoit engagé. « Si je m'y étois trouvé, disoit Boileau, je l'aurois bien empêché de donner sa parole. » Chapelle, sans louer ni critiquer, gardoit le silence. Mon père enfin le pressa vivement de se déclarer : « Avouez-moi en ami, lui dit-il, votre sentiment. Que pensez-vous de *Bérénice ?* — Ce que j'en pense ? répondit Chapelle : Marion pleure, Marion crie, Marion veut qu'on la marie. » Ce mot, qui fut bientôt répandu, a été depuis attribué mal à propos à d'autres.

La parodie bouffonne faite sur le Théâtre-Italien, les railleries de Saint-Évremont, et le mot de Chapelle, ne consoloient pas Corneille, qui voyoit la *Bérénice*, rivale de la sienne, raillée et suivie, tandis que la sienne étoit entièrement abandonnée.

Il avoit depuis longtemps de véritables inquiétudes, et n'en avoit point fait mystère à son ami Saint-Évremont, lorsque le remerciant des éloges qu'il avoit reçus de lui dans sa Dissertation sur l'*Alexandre*, il lui avoit écrit : « Vous m'honorez de votre estime dans un temps où il semble qu'il y ait un parti fait pour ne m'en laisser aucune. C'est un merveilleux avantage pour moi, qui ne peux douter que la postérité ne s'en rapporte à vous. Aussi je vous avoue que je pense avoir quelque droit de traiter de ridicules ces vains trophées qu'on établit sur les anciens héros refondus à notre mode. »

---

1. Il ne les avait pas méprisées, puisqu'il y avait répondu, avec beaucoup d'irritation, dans sa préface de *Bérénice*.

Cette critique injuste a ébloui quelques personnes, surtout depuis qu'un écrivain célèbre l'a renouvelée[1]. « Pourquoi, dit-il, ces héros ne nous font-ils pas rire? c'est que nous ne sommes pas savants : nous ignorons les mœurs des Grecs et des Romains. Il faudroit, pour en rire, des gens éclairés. La chose est assez risible; mais il manque des *rieurs*. » Quand le parterre seroit rempli de gens instruits des mœurs grecques et romaines, les rieurs manqueroient encore, puisque ceux qui ont formé leur goût dans les lettres grecques et romaines connoissent encore mieux que les autres le mérite de ces tragédies, qui paroissent *risibles* à M. de Fontenelle. Le souvenir d'une ancienne épigramme peut-il rester si longtemps sur le cœur?

Corneille étoit excusable, quand il cherchoit quelques prétextes pour se consoler. Il avoit des chagrins, et ces chagrins lui avoient fait prendre en mauvaise part une plaisanterie de la comédie des *Plaideurs*, où ce vers du *Cid* :

Ses rides sur son front ont gravé ses exploits,

est appliqué à un vieux sergent. « Ne tient-il donc, disoit-il, qu'à un jeune homme de venir ainsi tourner en ridicule les vers des gens? » L'offense n'étoit pas grave; mais il n'étoit pas de bonne humeur.

Segrais rapporte[2] qu'étant auprès de lui à la représentation de *Bajazet*, qui fut joué en 1672, Corneille lui fit observer que tous les personnages de cette pièce avoient, sous des habits turcs, des sentiments françois : « Je ne le dis qu'à vous, ajouta-t-il : d'autres croiroient que la jalousie me fait parler. » Eh! pourquoi s'imaginer que les Turcs ne savent pas exprimer comme nous les sentiments de la nature? Si Corneille eût voulu jeter les yeux sur tant de lauriers et sur tant d'années dont il étoit chargé, il n'auroit point compromis une gloire qui ne

---

1. M. de Fontenelle, dans son *Histoire du théâtre*. (*Note de L. Racine.*)

2. Dans le *Segraisiana* (à Paris, par la compagnie des libraires, M.DCC.XXI, 1 vol. in-12), p. 58.

pouvoit plus croitre. Tantôt il se flattoit que ses rivaux attendoient sa mort avec impatience, ce qui lui faisoit dire[1] :

> Si mes quinze lustres
> Font encor quelque peine aux modernes illustres,
> S'il en est de fâcheux jusqu'à s'en chagriner,
> Je n'aurai pas longtemps à les importuner.

Tantôt s'imaginant que les pièces qu'on préféroit aux siennes ne devoient leur succès qu'aux brigues, il disoit[2] :

> Pour me faire admirer je ne fais point de ligues ;
> J'ai peu de voix pour moi, mais je les ai sans brigues ;
> Et mon ambition, pour faire plus de bruit,
> Ne les va point quêter de réduit en réduit....
> Je ne dois qu'à moi seul toute ma renommée....

Son malheur venoit de sa tendresse inconcevable pour les enfants de sa vieillesse, qu'il croyoit que tout le monde devoit admirer comme il les admiroit. Cependant il étoit obligé d'avoir recours à la troupe des comédiens du Marais, parce que celle de l'Hôtel de Bourgogne, occupée des pièces de son rival, refusoit les siennes. Les pièces du grand Corneille refusées par les comédiens! *O vieillesse ennemie!* A quelle humiliation elle expose un poëte qui veut l'être trop longtemps !

Si Corneille avoit ses chagrins, son rival avoit aussi les siens. Il entendoit dire souvent que les beautés de ses tragédies étoient des beautés de mode, qui ne dureroient pas. Mme de Sévigné, comme beaucoup d'autres, se faisoit une vertu de rester fidèle à ce qu'elle appeloit *ses vieilles admirations*. Voici quelques endroits de ses lettres qui feront connoître les différents discours qu'on tenoit alors ; et ces endroits, quoique pleins de jugements précipités, plairont à cause de ce style qu'on admire dans une dame, et qui fait lire tant de lettres qui n'apprennent presque rien. C'est ainsi qu'elle parle de *Bajazet* avant que de l'avoir vu : « Cette pièce, dit-on, est

---

1. Voyez dans le tome X du *Corneille* de M. Marty-Laveaux (p. 309) les vers *au Roi sur Cinna, Pompée, etc.* (1676).
2. Voyez (*ibidem*, p. 76) l'*Excuse à Ariste* (1637). Les deux premiers vers cités s'y terminent par *ligue* et *intrigue*, au singulier.

autant au-dessus des pièces de Corneille, que Corneille est au-dessus de Boyer : voilà ce qui s'appelle louer.

Du bruit de *Bajazet* mon âme importunée

fait que je veux aller à la comédie; nous en jugerons par nos yeux et nos oreilles[1]. »

Après avoir vu la pièce, elle l'envoie à sa chère fille, en lui disant : « Je vous envoie *Bajazet*; je voudrois aussi vous envoyer la Chammêlay pour réchauffer la pièce.... Il y a des choses agréables, rien de parfaitement beau, rien qui enlève, point de ces tirades de Corneille qui font frissonner. Ma fille, gardons-nous bien de lui comparer Racine; sentons-en la différence. Jamais il n'ira plus loin qu'*Andromaque*.... Il fait des comédies pour la Chammêlay, et non pas pour les siècles à venir : si jamais il n'est plus jeune, et qu'il cesse d'être amoureux[2], ce ne sera plus la même chose. Vive donc notre vieil ami Corneille! Pardonnons-lui de méchants vers en faveur des divines et sublimes beautés qui nous transportent. Ce sont des traits de maître qui sont inimitables. Despréaux en dit encore plus que moi; en un mot, c'est le bon goût : tenez-vous-y[3]. »

Ces prophéties se sont trouvées fausses. L'auteur de *Britannicus* fit voir qu'il pouvoit aller encore plus loin, et qu'il travailloit pour l'avenir. Je dirai bientôt pourquoi on lui reprochoit de travailler pour la Chammêlay, et je détruirai cette accusation. Personne ne croira que Boileau ait jamais pensé comme Mme de Sévigné le fait ici penser, puisqu'on est au contraire porté à croire qu'il louoit trop son ami[4]. Le

---

1. *Lettre à Mme de Grignan*, 13 janvier 1672, tome II, p. 465 et 466. — La citation de L. Racine n'est pas tout à fait exacte, ni complète, non plus que celle qui suit. Mais ici, comme ailleurs, nous devons donner son texte, qu'on a eu tort, ce nous semble, de corriger.

2. Il avoit déjà été plus loin qu'*Andromaque*, puisqu'il avoit fait *Britannicus*. Pouvoit-elle dire que *Britannicus* ne fût que l'ouvrage d'un jeune amoureux? (*Note de L. Racine.*)

3. *Lettre à Mme de Grignan*, 16 mars 1672, tome II, p. 535 et 536.

4. Pradon disait, dans son *Épître à Alcandre* :

Si Boileau de Racine embrasse l'intérêt,

P. Tournemine, dans une lettre imprimée[1], avance qu'il ne décria l'*Agésilas* et l'*Attila* « que pour immoler les dernières pièces de Corneille à Racine son idole. » Ce n'étoit pas certainement lui immoler de grandes victimes ; et Boileau ne pensa jamais à élever son idole (pour répéter le terme du P. Tournemine) au-dessus de Corneille : il savoit rendre justice à l'un et à l'autre ; il les admiroit tous deux, sans décider sur la préférence.

Le parti de Corneille s'affoiblit beaucoup plus l'année suivante, quand *Mithridate*, paroissant avec toute sa haine pour Rome, sa dissimulation et sa jalousie cruelle, fit voir que le poëte savoit donner aux anciens héros toute leur ressemblance.

Je ne trouve point que cette tragédie ait essuyé d'autres contradictions[2] que d'être confondue, comme les autres, dans la misérable satire intitulée : *Apollon vendeur de Mithridate*, ouvrage qui, rempli des jeux de mots les plus insipides, ne fit aucun honneur à Barbier d'Aucour.

En cette même année, mon père fut reçu à l'Académie françoise, et sa réception ne fut pas remarquable comme l'avoit été celle de Corneille, par un remercîment ampoulé[3]. Corneille, dans une pareille occasion, se nomma « un indigne mignon de la fortune, » et ne pouvant exprimer sa joie, « l'appela un épanouissement du cœur, une liquéfaction intérieure, qui relâche toutes les puissances de l'âme, » de sorte que Corneille, qui savoit si bien faire parler les autres, se

    A défendre Boileau Racine est toujours prêt.
    Ces rimeurs de concert l'un l'autre se chatouillent,
    Et de leur fade encens tour à tour se barbouillent.

1. Cette lettre est à la tête des *OEuvres posthumes* de Corneille, imprimées en 1738. (*Note de L. Racine.*) — Il veut parler des *OEuvres diverses de Pierre Corneille*, publiées par Granet, à Paris, chez Gissey et Bordelet, M.DCC.XXXVIII. En tête (p. xxv-xxxiv) est la *Défense du grand Corneille* par le P. Tournemine, jésuite.

2. On peut citer cependant la critique ironique et malveillante que le *Mercure galant* fit de *Mithridate* dans le tome IV (p. 258-260) de l'année 1673.

3. Corneille prononça ce remercîment le 22 janvier 1647. Il était reçu à la place de Maynard. Voyez au tome X du *Corneille* de M. Marty-Laveaux.

perdit en parlant pour lui-même. Le remercîment de mon père fut fort simple et fort court, et il le prononça d'une voix si basse, que M. Colbert, qui étoit venu pour l'entendre[1], n'en entendit rien, et que ses voisins même en entendirent à peine quelques mots. Il n'a jamais paru dans les recueils de l'Académie, et ne s'est point trouvé dans ses papiers après sa mort. L'auteur apparemment n'en fut pas content, quoique, suivant quelques personnes éclairées, il fût né autant orateur que poëte. Ces personnes en jugent par les deux discours académiques dont je parlerai bientôt, et par une harangue au Roi dont elles disent qu'il fut l'auteur : elle fut prononcée par une autre bouche que la sienne, en 1685[2], et se trouve dans les Mémoires du clergé.

Un de ses confrères dans l'Académie se déclara son rival, en traitant comme lui le sujet d'*Iphigénie*. Les deux tragédies parurent en 1675[3] : celle de le Clerc n'est plus connue que par l'épigramme faite sur sa chute, et la gloire de l'autre fut célébrée par Boileau :

> Jamais Iphigénie, en Aulide immolée,
> N'a coûté tant de pleurs à la Grèce assemblée, etc.[4]

C'étoit en 1677 que Boileau parloit ainsi ; et comme il avoit acquis une grande autorité sur le Parnasse, depuis qu'en 1674

---

1. Si Colbert assista à cette séance académique du 12 juillet 1673, ce fut, pour le moins autant, afin de faire honneur à l'abbé Gallois, qui était, comme on sait, en grande faveur près de lui, et qui fut reçu le même jour que Racine et Fléchier.

2. C'est la harangue que l'abbé Colbert prononça le 21 juillet 1685, à la tête du clergé. Depuis longtemps elle a pris place parmi les œuvres de Racine.

3. Les auteurs (*de l'Histoire*) du *Théâtre françois* disent en 1674, et se fondent sur une autorité qui peut être douteuse. C'est ce que je ne puis décider. (*Note de L. Racine.*) — Il est certain que l'*Iphigénie* de Racine fut jouée à Versailles au mois d'août 1674. Mais on pense qu'elle ne fut représentée à Paris que dans les premiers jours de 1675. Quant à l'*Iphigénie* de le Clerc, elle fut, d'après le registre de la Grange, représentée pour la première fois sur le théâtre de Molière le vendredi 24 mai 1675.

4. Épître VII, *à Monsieur Racine*, vers 3 et 4.

il avoit donné son *Art poétique* et ses quatre *Épîtres*, il étoit bien capable de rassurer son ami, attaqué par tant de critiques. A la fin de l'épître qu'il lui adresse, il souhaite, pour le bonheur de leurs ouvrages,

> Qu'à Chantilly Condé les lise quelquefois,

parce qu'ils étoient tous deux fort aimés du grand Condé, qui rassembloit souvent à Chantilly les gens de lettres, et se plaisoit à s'entretenir avec eux de leurs ouvrages, dont il étoit bon juge. Lorsque dans ces conversations littéraires il soutenoit une bonne cause, il parloit avec beaucoup de grâce et de douceur ; mais quand il en soutenoit une mauvaise, il ne falloit pas le contredire : sa vivacité devenoit si grande qu'on voyoit bien qu'il étoit dangereux de lui disputer la victoire. Le feu de ses yeux étonna une fois si fort Boileau dans une dispute de cette nature, qu'il céda par prudence, et dit tout bas à son voisin : « Dorénavant je serai toujours de l'avis de Monsieur le Prince, quand il aura tort[1]. »

J'ignore en quel temps Boileau et son ami travaillèrent à un opéra par ordre du Roi, à la sollicitation de Mme de Montespan[2]. Cette particularité seroit fort inconnue, si Boileau, qui auroit bien pu se dispenser de faire imprimer dans la suite son prologue, ne l'avoit racontée dans l'avertissement qui le précède. Je ne crois pas qu'on ait jamais vu un seul vers de mon père en ce genre d'ouvrage, qu'il essayoit à contre-cœur. Les poëtes n'ont que leur génie à suivre, et ne doivent jamais travailler par ordre. Le public ne leur sait aucun gré de leur obéissance.

Un rival aussi peu à craindre que le Clerc se rendit bien plus redoutable que lui, quand la *Phèdre* parut en 1677. Il en suspendit quelque temps le succès, par la tragédie qu'il

---

[1]. L'auteur du *Bolæana* rapporte ce mot d'une manière à faire croire qu'il ne l'a pas compris. Il en a de même défiguré plusieurs autres. (*Note de L. Racine.*) Le *Bolæana*, p. 115, dénature en effet ainsi ce mot : « Je serai toujours de l'avis de Monsieur le Prince, et même quand il aura tort. »

[2]. Ce fut évidemment après 1677. Voyez à ce sujet la *Notice biographique*, p. 106 et 107.

avoit composée sur le même sujet, et qui fut représentée en même temps[1]. La curiosité de chercher la cause de la première fortune de la *Phèdre* de Pradon est le seul motif qui la puisse faire lire aujourd'hui. La véritable raison de cette fortune fut le crédit d'une puissante cabale, dont les chefs s'assembloient à l'hôtel de Bouillon. Ils s'avisèrent d'une nouvelle ruse qui leur coûta, disoit Boileau, quinze mille livres : ils retinrent les premières loges pour les six premières représentations de l'une et de l'autre pièce, et par conséquent ces loges étoient vides ou remplies quand ils vouloient.

Les six premières représentations furent si favorables à la *Phèdre* de Pradon, et si contraires à celle de mon père, qu'il étoit près de craindre pour elle une véritable chute, dont les bons ouvrages sont quelquefois menacés, quoiqu'ils ne tombent jamais. La bonne tragédie rappela enfin les spectateurs, et l'on méprisa le sonnet qui avoit ébloui d'abord :

Dans un fauteuil doré Phèdre mourante et blême, etc.

Ce sonnet avoit été fait par Mme Deshoulières, qui protégeoit Pradon, non par admiration pour lui, mais parce qu'elle étoit amie de tous les poëtes qu'elle ne regardoit pas comme capables de lui disputer le grand talent qu'elle croyoit avoir pour la poésie. On ne s'avisa pas de soupçonner Mme Deshoulières du sonnet : on se persuada fort mal à propos que l'auteur étoit M. le duc de Nevers, parce qu'il faisoit des vers, et qu'il étoit du parti de l'hôtel de Bouillon. On répondit à ce sonnet par une parodie sur les mêmes rimes ; et on ne respecta dans cette parodie ni le duc de Nevers, ni sa sœur la duchesse de Mazarin, retirée en Angleterre. Quand les auteurs de la parodie n'eussent fait que plaisanter M. le duc de Nevers sur sa passion pour rimer, ils avoient tort, puisqu'ils attaquoient un homme qui n'avoit cherché querelle à personne ; mais dans leurs plaisanteries ils passoient les bornes d'une querelle littéraire, en quoi ils n'étoient pas excusables. Je ne rapporte ni leur parodie, ni le sonnet : on trouve ces pièces dans les longs

---

1. La *Phèdre* de Racine fut jouée pour la première fois le 1er janvier 1677, celle de Pradon le 3 janvier.

commentateurs de Boileau, et dans plusieurs recueils. On ne douta point d'abord que cette parodie ne fût l'ouvrage du poëte offensé, et que son ami Boileau n'y eût part. Le soupçon étoit naturel. Le duc irrité annonça une vengeance éclatante. Ils désavouèrent la parodie, dont en effet ils n'étoient point les auteurs ; et M. le duc Henri-Jules[1] les prit tous deux sous sa protection, en leur offrant l'hôtel de Condé pour retraite. « Si vous êtes innocents, leur dit-il, venez-y ; et si vous êtes coupables, venez-y encore. » La querelle fut apaisée quand on sut que quelques jeunes seigneurs très-distingués avoient fait dans un repas la parodie du sonnet.

La *Phèdre* resta victorieuse de tant d'ennemis ; et Boileau, pour relever le courage de son ami, lui adressa sa septième épître, sur l'utilité qu'on retire de la jalousie des envieux. L'auteur de *Phèdre* étoit flatté du succès de sa tragédie, moins pour lui que pour l'intérêt du théâtre. Il se félicitoit d'y avoir fait goûter une pièce où la vertu avoit été mise dans tout son jour, où la seule pensée du crime étoit regardée avec autant d'horreur que le crime même ; et il espéroit par cette pièce réconcilier la tragédie « avec quantité de personnes célèbres par leur piété et par leur doctrine. » L'envie de se rapprocher de ses premiers maîtres le faisoit ainsi parler dans sa préface, et d'ailleurs il étoit persuadé que l'amour, à moins qu'il ne soit entièrement tragique, ne doit point entrer dans les tragédies.

On se trompe beaucoup quand on croit qu'il remplissoit les siennes de cette passion parce qu'il en étoit lui-même rempli. Les poëtes se conforment au goût de leur siècle. Un jeune auteur qui cherche à plaire à la cour d'un jeune roi où l'on respire l'amour et la galanterie, fait respirer le même air à ses héros et héroïnes. Cette raison et la nécessité de suivre une route différente de Corneille en marchant dans la même carrière, lui fit traiter ses sujets dans un goût différent ; et lorsque la tendresse qui règne dans ses tragédies est attribuée par M. de Valincour à un caractère plein de passion, il parle lui-même suivant ce préjugé naturel, qu'un auteur se peint dans ses ouvrages ; mais M. de Valincour ne pouvoit ignorer que son ami, quoique né si tendre, n'avoit jamais été esclave de

---

[1]. Henri-Jules de Bourbon, prince de Condé, fils du grand Condé.

l'amour, que peut-être à cause de la tendresse même de son cœur il regardoit comme plus dangereux encore pour lui que pour un autre. Il en étoit un habile peintre, parce qu'étant né poëte, il étoit habile imitateur : il a su peindre parfaitement la fierté et l'ambition dans le personnage d'Agrippine, quoiqu'il fût bien éloigné d'être fier et ambitieux. Mme de Sévigné, dans un endroit de ses Lettres que j'ai rapporté[1], fait entendre qu'il étoit très-amoureux de la Chammêlay, et que même il faisoit ses tragédies conformément au goût de la déclamation de cette actrice. Dans sa vie imprimée à la tête de la dernière édition de ses OEuvres[2], on lit qu'il en avoit un fils naturel, et que l'infidélité de cette comédienne, qui lui préféra le comte de Tonnerre[3], fut cause qu'il renonça à cette actrice et aux pièces de théâtre.

Puisque de pareils discours, faussement répandus dans le temps, subsistent encore aujourd'hui à la tête de ses OEuvres, c'est à moi à les détruire ; mais quoique certain de leur fausseté, c'est à regret que je parle de choses dont je voudrois que la mémoire fût effacée. Ce prétendu fils naturel n'a jamais existé[4]; et même, selon toutes les apparences, mon père n'a jamais eu pour la Chammêlay cette passion qu'on a conjecturée de ses assiduités auprès d'elle, sur lesquelles je garderois le silence, si je n'étois obligé d'en dire la véritable raison.

Cette femme n'étoit point née actrice. La nature ne lui avoit donné que la beauté, la voix et la mémoire : du reste, elle avoit si peu d'esprit, qu'il falloit lui faire entendre les vers qu'elle avoit à dire, et lui en donner le ton. Tout le monde sait le talent que mon père avoit pour la déclamation, dont il donna le vrai goût aux comédiens capables de le prendre. Ceux qui s'imaginent que la déclamation qu'il avoit introduite sur le théâtre étoit enflée et chantante, sont, je crois, dans l'erreur.

1. Voyez ci-dessus, p. 250.
2. L. Racine parle de l'édition de 1736. Voyez ci-dessus la note 2 de la page 204.
3. Dans l'édition de 1747 : « le conseiller de Tonnerre, » faute corrigée dans l'*Errata*.
4. Ce conte est d'autant plus ridiculement inventé, que la Chammêlay étoit mariée. (*Note de L. Racine.*)

DE JEAN RACINE.

Ils en jugent par la Duclos[1], élève de la Chammèlay, et ne font pas attention que la Chammèlay, quand elle eut perdu son maître, ne fut plus la même, et que venue sur l'âge elle poussoit de grands éclats de voix, qui donnèrent un faux goût aux comédiens. Lorsque Baron, après vingt ans de retraite, eut la foiblesse de remonter sur le théâtre[2], il ne jouoit plus avec la même vivacité qu'autrefois, au rapport de ceux qui l'avoient vu dans sa jeunesse : c'étoit le vieux Baron ; cependant il répétoit encore tous les mêmes tons que mon père lui avoit appris. Comme il avoit formé Baron, il avoit formé la Chammèlay, mais avec beaucoup plus de peine. Il lui faisoit d'abord comprendre les vers qu'elle avoit à dire, lui montroit les gestes, et lui dictoit les tons, que même il notoit[3]. L'écolière, fidèle à ses

1. Mlle Duclos débuta à la Comédie française le 27 octobre 1693. Le 3 mai 1696 elle obtint un ordre de doubler la Champmeslé. Lorsque L. Racine écrivait ses *Mémoires*, Mlle Duclos avait depuis quelques années seulement quitté le théâtre. Dans les derniers temps de sa longue et brillante carrière, le goût du public avait changé. Sa déclamation, ses lamentations mélodieuses, comme disait Marmontel, paraissaient hors de mode.

2. Baron avait quitté le théâtre en 1691 ; il y reparut en 1720, non au bout de vingt ans, comme il est dit ici, mais au bout de vingt-neuf ans. Il était alors assez vieux, étant né en 1652. Lemazurier dans sa *Galerie historique des acteurs*, p. 65, reproche à L. Racine d'avoir dit que son père avait formé Baron : « Baron ne fut pas formé par Racine, mais par Molière. » On peut lui répondre que si Racine n'a pas donné à Baron les premières leçons de son art, il lui en a cependant enseigné très-certainement bien des secrets, lorsque le jeune acteur, après la mort de Molière, passa à l'Hôtel de Bourgogne. Le même Lemazurier raconte (tome I, p. 103) que Racine, faisant répéter une de ses pièces, après avoir expliqué aux autres acteurs le caractère de leurs rôles, se tourna vers Baron et lui dit : « Pour vous, Monsieur, je n'ai point d'instructions à vous donner. Votre âme et votre génie vous en diront plus que mes instructions n'en pourroient faire entendre. » Mais ce compliment, très-propre à encourager Baron, dont l'amour-propre était des plus vifs, ne saurait prouver que le grand poëte n'ait pas contribué à *le former*.

3. S'agit-il de remarques seulement que Racine aurait écrites sur les tons qu'il convenait de prendre dans tel ou tel passage, ou d'une véritable *notation* de ces tons, analogue à celle des musiciens ? Ce dernier

leçons, quoique actrice par art, sur le théâtre paroissoit inspirée par la nature ; et comme par cette raison elle jouoit beaucoup mieux dans les pièces de son maître que dans les autres, on disoit qu'elles étoient faites pour elle, et on en concluoit l'amour de l'auteur pour l'actrice.

Je ne prétends pas soutenir qu'il ait toujours été exempt de foiblesse, quoique je n'en aie entendu raconter aucune ; mais (et ma piété pour lui ne me permet pas d'être infidèle à la vérité) j'ose soutenir qu'il n'a jamais connu par expérience ces troubles et ces transports qu'il a si bien dépeints[1]. Ceux qui veulent croire qu'il étoit fort amoureux doivent croire aussi que les lettres tendres et les petites pièces galantes n'étoient pas pour lui un travail. Les vers d'amour lui auroient-ils coûté ? Ces petites pièces qui passent bientôt de main en main ne s'anéantissent pas, lorsqu'elles sont faites par un auteur connu. Dans le recueil des pièces fugitives de Corneille, imprimé en 1738[2], plusieurs petites pièces galantes ont trouvé place,

---

sens est moins probable. Dans un écrit qui est de date postérieure aux *Mémoires*, dans son *Traité de la Poésie dramatique*, chapitre XII, § 2, L. Racine combat l'opinion de l'abbé Dubos, qui avait prétendu que les anciens notaient la déclamation théâtrale ; et sur *la possibilité* de cette notation, il se contente de dire : « Je ne nie pas qu'on ne puisse noter toute la déclamation d'une pièce, et celle même d'un discours ; je ne nie pas non plus qu'un poëte ne puisse donner aux comédiens leurs rôles notés, et qu'un comédien ne puisse, avec le secours de ces notes, étudier son rôle, et remarquer les endroits où il doit élever, baisser, ralentir, précipiter sa voix. » Il ne cite pas d'ailleurs, comme il n'y eût sans doute pas manqué, si le fait lui avait paru constant, l'exemple de Racine, qui serait venu là si à propos.

1. Est-ce dans ce sens que Joubert a dit : « Le talent de Racine est dans ses œuvres ; mais Racine lui-même n'y est pas. Aussi s'en dégoûta-t-il. » En général Joubert est singulièrement injuste pour Racine (voyez aux pages 195-197 de ses *Pensées*, Paris, 1842, 2 vol in-8°). Fût-il possible de prouver que, malgré ses incontestables liaisons avec la Champmeslé, Racine « n'a jamais, comme le dit son fils, connu par expérience » l'amour qu'il a si bien dépeint, il n'en resterait pas moins vrai que son talent, son art ne sont pas seuls dans ses ouvrages. On sent que son âme y est aussi.

2. Voyez ci-dessus, p. 251, note 1.

parce qu'elles sont de Corneille, c'est-à-dire du poëte qu'on a surnommé *le Sublime*. Pourquoi n'en trouve-t-on pas de celui qu'on a surnommé *le Tendre*, et pourquoi ses plus anciens amis n'ont-ils jamais dit qu'ils en eussent vu une seule[1]? De tous ceux qui l'ont fréquenté dans le temps qu'il travailloit pour le théâtre, et que j'ai connus depuis, aucun ne m'a nommé une personne qui ait eu sur lui le moindre empire; et je suis certain que depuis son mariage jusqu'à sa mort, la tendresse conjugale a régné seule dans son cœur, quoiqu'il ait été bien reçu dans une cour aimable, qui le trouvoit aimable lui-même et par la conversation et par la figure. Il n'étoit point de ces poëtes qui ont un Apollon refrogné; il avoit au contraire une physionomie belle et ouverte : ce qu'il m'est permis de dire, puisque Louis XIV la cita un jour comme une des plus heureuses, en parlant des belles physionomies qu'il voyoit à sa cour. A ces grâces extérieures il joignoit celles de la conversation, dans laquelle jamais distrait, jamais poëte, ni auteur, il songeoit moins à faire paroître son esprit, que l'esprit des personnes qu'il entretenoit. Il ne parloit point[2] de ses ouvrages, et répondoit modestement à ceux qui lui en parloient : doux, tendre, insinuant, et possédant le langage du cœur, il n'est pas étonnant qu'on se persuade qu'il l'ait parlé quelquefois. Son caractère l'y portoit; mais suivant la maxime qu'il fait dire à Burrhus, « on n'aime point, si l'on ne veut aimer, » il ne le vouloit point par raison, avant même que la religion vînt à son secours. Il vécut dans la société des femmes comme Boileau, avec une politesse toujours respectueuse, sans être leur fade adulateur : ni l'un ni l'autre n'eurent besoin d'elles pour faire prôner leur mérite et leurs ouvrages.

Une chanson tendre que Boileau a faite ne lui fut point inspirée par l'amour, qu'il n'a jamais connu : il la fit pour montrer qu'un poëte peut chanter *une Iris en l'air*[3]. Dans la

---

1. L. Racine sans doute veut parler seulement des petites pièces galantes que son père aurait pu faire dans un temps qui n'était plus celui de la première jeunesse; car au temps d'Uzès, et un peu avant, il est incontestable qu'il en avait composé.

2. « Point » a été substitué, dans l'*Exemplaire corrigé*, à « jamais », qui est dans les deux éditions.

3. On dit cependant que cette chanson : « Voici les lieux char-

dernière édition de ses *OEuvres*, achevée à Paris depuis deux mois[1], on lui attribue trois épigrammes qu'il n'a jamais faites, quoiqu'il ne soit pas nécessaire de lui en chercher : il en a assez donné lui-même. J'ai été surtout surpris d'en trouver une qui a pour titre: *A une demoiselle que l'auteur avoit dessein d'épouser*. Tous ceux qui l'ont connu un peu familièrement, savent qu'il n'a jamais songé au mariage, et n'en ignorent pas la raison[2]. Il avoit, comme son ami, les mœurs fort douces ; mais son caractère n'étoit pas tout à fait si liant. Il n'avoit pas la même répugnance à se prêter aux conversations qui rouloient sur des matières poétiques ; il aimoit au contraire qu'on parlât vers, et ne haïssoit pas qu'on lui parlât des siens. On trouvoit aisément en lui le poëte, et dans mon père on le cherchoit.

Après *Phèdre*, il avoit encore formé quelques projets de tragédies, dont il n'est resté dans ses papiers aucun vestige, si ce n'est le plan du premier acte d'une *Iphigénie en Tauride*. Quoique ce plan n'ait rien de curieux, je le joindrai à ses lettres, pour faire connoître de quelle manière, quand il entreprenoit une tragédie, il disposoit chaque acte en prose. Quand il avoit ainsi lié toutes les scènes entre elles, il disoit : « Ma tragédie est faite, » comptant le reste pour rien.

Il avoit encore eu le dessein de traiter le sujet d'*Alceste*, et M. de Longepierre m'a assuré qu'il lui en avoit entendu réciter quelques morceaux ; c'est tout ce que j'en sais. Quelques personnes prétendent qu'il vouloit aussi traiter le sujet d'*OEdipe*[3] :

mants.... » fut faite pour Marie Poncher de Bretouville ; mais cela est fort incertain. Voyez les *OEuvres de Boileau*, édition de M. Berriat-Saint-Prix, tome II, p. 431, note 3.

1. Il s'agit de l'édition de Saint-Marc, Paris, 1747, 5 vol. in-8°.

2. « Ce furent, dit M. Berriat-Saint-Prix (*OEuvres de Boileau*, tome I, p. XXIII), ce furent sans doute les incommodités dues à la malencontreuse opération de la taille subie par Boileau, qui le déterminèrent à renoncer au mariage. »

3. C'est ce que Fénelon avait dit dans sa *Lettre à M. Dacier sur les occupations de l'Académie*, écrite en 1714 : « M. Racine, qui avoit fort étudié les grands modèles de l'antiquité, avoit formé le plan d'une tragédie françoise d'*OEdipe*, suivant le goût de Sophocle, sans y mêler aucune intrigue postiche d'amour, et suivant la simplicité grecque. »

ce que je ne puis croire, puisqu'il a dit souvent qu'il avoit osé jouter contre Euripide, mais qu'il ne seroit jamais assez hardi pour jouter contre Sophocle. L'eût-il osé, surtout dans la pièce qui est le chef-d'œuvre de l'antiquité? Il est vrai que le sujet d'*Œdipe*, où l'amour ne doit jamais trouver place sans avilir la grandeur du sujet, et même sans choquer la vraisemblance, convenoit au dessein qu'il avoit de ramener la tragédie des anciens, et de faire voir qu'elle pouvoit être parmi nous, comme chez les Grecs, exempte d'amour. Il vouloit purifier entièrement notre théâtre ; mais ayant fait réflexion qu'il avoit un meilleur parti à prendre, il prit le parti d'y renoncer pour toujours, quoiqu'il fût encore dans toute sa force, n'ayant qu'environ trente-huit ans, et quoique Boileau le félicitât de ce qu'il étoit le seul capable de consoler Paris de la vieillesse de Corneille[1]. Beaucoup plus sensible, comme il l'a avoué lui-même, aux mauvaises critiques qu'essuyoient ses ouvrages, qu'aux louanges qu'il en recevoit, ces amertumes salutaires que Dieu répandoit sur son travail, le dégoûtèrent peu à peu du métier de poëte. Par sa retraite, Pradon resta maître du champ de bataille, ce qui fit dire à Boileau :

Et la scène françoise est en proie à Pradon[2].

Comme j'ai parlé de l'union qui régna d'abord entre Molière, Chapelle, Boileau, et mon père, il semble que la jeunesse de ces poëtes auroit dû me fournir plusieurs traits amusants, pour égayer la première partie de ces *Mémoires*. Quelque curieux que j'aie été d'en apprendre, je n'ai rien trouvé de certain en ce genre[3], que ce que Grimaretz rapporte dans la *Vie de Molière* d'un souper fait à Auteuil, où Molière rassembloit quelquefois ses amis dans une petite maison qu'il y avoit louée. Ce fameux souper, quoique peu croyable, est très-véritable.

Mon père heureusement n'en étoit pas : le sage Boileau, qui en étoit, y perdit la raison comme les autres. Le vin ayant jeté

---

1. *Épître* VII, vers 41 et 42.
2. *Épître* VIII, vers 60.
3. Dans l'édition de 1747 : « Je n'ai rien trouvé de ce genre. » Mais la faute est une de celles qui ont été corrigées dans l'*Errata* de cette même édition.

tous les convives dans la morale la plus sérieuse, leurs réflexions sur les misères de la vie, et sur cette maxime des anciens, « que le premier bonheur est de ne point naître, et le second de mourir promptement, » leur firent prendre l'héroïque résolution d'aller sur-le-champ se jeter dans la rivière. Ils y alloient, et elle n'étoit pas loin. Molière leur représenta qu'une si belle action ne devoit pas être ensevelie dans les ténèbres de la nuit, et qu'elle méritoit d'être faite en plein jour. Ils s'arrêtèrent, et se dirent en se regardant les uns les autres : « Il a raison ; » à quoi Chapelle ajouta : « Oui, Messieurs, ne nous noyons que demain matin, et en attendant, allons boire le vin qui nous reste. » Le jour suivant changea leurs idées ; et ils jugèrent à propos de supporter encore les misères de la vie. Boileau a raconté plus d'une fois cette folie de sa jeunesse.

J'ai parlé, dans mes *Réflexions sur la Poésie*[1], d'un autre souper fait chez Molière, pendant lequel la Fontaine fut accablé des railleries de ses meilleurs amis, du nombre desquels étoit mon père. Ils ne l'appeloient tous que *le Bonhomme* : c'étoit le surnom qu'ils lui donnoient à cause de sa simplicité. La Fontaine essuya leurs railleries avec tant de douceur, que Molière, qui en eut enfin pitié, dit tout bas à son voisin : « Ne nous moquons pas du bonhomme ; il vivra peut-être plus que nous tous. »

La société entre Molière et mon père ne dura pas longtemps. J'en ai dit la raison. Boileau resta uni à Molière, qui venoit le voir souvent, et faisoit grand cas de ses avis. Ce fut lui qui fournit à Molière l'idée de la scène des *Femmes savantes* entre Trissotin et Vadius. La même scène s'étoit passée entre Gilles Boileau et l'abbé Cotin. Enfin il lui fournit aussi le compliment latin qui termine *le Malade imaginaire*[2]. Dans la suite, Boileau lui conseilla de quitter le théâtre, du moins comme acteur : « Votre santé, lui dit-il, dépérit, parce que le métier de comédien vous épuise : que n'y renoncez-vous ? — Hélas ! lui répondit Molière en soupirant, c'est le point d'honneur qui

---

1. Tome II, p. 256. (*Note de L. Racine.*) — L'édition citée par L. Racine est celle de 1747, publiée un peu avant les *Mémoires*.

2. Addition de l'*Exemplaire corrigé*, depuis : « Ce fut lui qui fournit...., »

me retient. — Et quel point d'honneur? répondit Boileau. Quoi! vous barbouiller le visage d'une moustache de Sganarelle, pour venir sur un théâtre recevoir des coups de bâtons? Voilà un beau point d'honneur pour un philosophe comme vous! »

Il regarda toujours Molière comme un génie unique ; et le Roi lui demandant un jour quel étoit le plus rare des grands écrivains qui avoient honoré la France pendant son règne, il lui nomma Molière. « Je ne le croyois pas, répondit le Roi ; mais vous vous y connoissez mieux que moi. »

Boileau se vanta toute sa vie d'avoir appris à mon père à rimer difficilement : à quoi il ajoutoit que des vers aisés n'étoient pas des vers aisément faits. Il ne faisoit pas aisément les siens, et il a eu raison de dire : « Si j'écris quatre mots, j'en effacerai trois. » Un de ses amis le trouvant dans sa chambre fort agité, lui demanda ce qui l'occupoit : « Une rime, répondit-il ; je la cherche depuis trois heures. — Voulez-vous, lui dit cet ami, que j'aille vous chercher un dictionnaire de rimes? il pourra vous être de quelque secours. — Non, non, reprit Boileau, cherchez-moi plutôt le dictionnaire de la raison. »

Il ne s'est jamais vanté, comme il est dit dans le *Bolæana*, d'avoir le premier parlé en vers de notre artillerie[1] ; et son dernier commentateur prend une peine fort inutile, en rappelant plusieurs vers d'anciens poëtes pour prouver le contraire. La gloire d'avoir parlé le premier du fusil et du canon n'est pas grande. Il se vantoit d'en avoir le premier parlé poétiquement et par de nobles périphrases.

Il composa la fable du *Bûcheron*, dans sa plus grande force, et, suivant ses termes, dans son bon temps[2]. Il trouvoit cette

---

1. Dans son *Ode sur la prise de Namur*. — Le passage du *Bolæana* est aux pages 73 et 74.

2. M. Berriat-Saint-Prix, dans sa table chronologique des OEuvres de Boileau, tome I, p. 36, en place la composition avant 1670. — D'Alembert (*Histoire des membres de l'Académie françoise*, Amsterdam, M.DCC.LXXXVII, tome III, p. 83) dit sur ce passage des *Mémoires :* « On ne conçoit pas où est la langueur que Despréaux trouvait dans la fable de la Fontaine, encore moins en quel endroit de cette fable la Fontaine a employé le style de Marot. Le jugement qu'on prête ici à Despréaux est si étrange qu'il est très-vraisemblable que Racine le fils a été mal servi par sa mémoire. »

fable languissante dans la Fontaine. Il voulut essayer s'il ne pourroit pas mieux faire, sans imiter le style de Marot, désapprouvant ceux qui écrivoient dans ce style. « Pourquoi, disoit-il, emprunter une autre langue que celle de son siècle? »

L'épitaphe, bonne ou mauvaise, qui se trouve parmi ses épigrammes, et sur laquelle ses commentateurs n'ont rien dit parce qu'ils n'ont pu l'entendre, fut faite sur M. de Gourville[1] : elle commence par ces vers :

> Ci-gît, justement regretté, etc.

Quoiqu'il ait été accusé d'aimer l'argent, accusation fondée sur ce qu'il paroissoit le dépenser avec peine, il avoit les sentiments nobles et désintéressés. La fierté dans les manières étoit, selon lui, le vice des sots, et la fierté du cœur la vertu des honnêtes gens. J'ai fait connoître la générosité avec laquelle il donna tous ses ouvrages aux libraires, et le scrupule qui lui fit rendre aux pauvres tout le revenu de son bénéfice. Comme il avoit eu quelque part à l'opéra de *Bellérophon*[2], Lulli, soit pour le récompenser, soit pour le réconcilier avec l'Opéra, lui offrit un présent considérable, qu'il refusa. On sait ses libéralités pour Patru et Cassandre[3], et la manière dont il fit rétablir

---

1. Jean Hérauld de Gourville, l'ami fidèle de Foucquet et l'intendant de Condé. Brossette (tome II, p. 188 de son édition de *Boileau*) et J. B. Rousseau (*Lettres sur différents sujets de littérature*, Genève, 1750, tome II, p. 188), dans une lettre à Brossette, disent, comme L. Racine, que l'épitaphe épigrammatique fut faite sur Gourville.

2. L'opéra de *Bellérophon* fut représenté pour la première fois par l'Académie royale de musique au mois de février 1679. La musique est de Lulli, les paroles sont de Thomas Corneille. Fontenelle y eut sa part de collaboration. On est un peu étonné de voir Boileau s'associer à ces deux auteurs. Mais il paraît qu'il voulait faire pièce à Quinault; et l'on dit que si Thomas Corneille écrivit des opéras, ce fut par le conseil de Racine et de Boileau, qui vouloient opposer un rival à ce même Quinault. Le *Bolæana*, p. 6, raconte avec plus de détails le désintéressement de Boileau à propos du *Bellérophon*.

3. « M. Patru, de l'Académie françoise, qui avoit beaucoup de mérite et peu de bien, étant persécuté par d'inflexibles créanciers, qui vouloient faire vendre publiquement sa bibliothèque, M. Despréaux, qui en fut averti, l'acheta, pour empêcher qu'on ne lui fît l'af-

la pension du grand Corneille, en offrant le sacrifice de la sienne : action très-véritable, que m'a racontée un témoin encore vivant; on a eu tort de la révoquer en doute[1], puisque Boursault, qui ne devoit pas être disposé à le louer, la rapporte dans ses lettres[2], aussi bien que celle qui regarde Cassandre, en ajoutant ces paroles remarquables : « J'ai été ennemi de M. Despréaux ; et quand je le serois encore, je ne pourrois m'empêcher d'en bien parler.... Quoique rien ne soit plus beau que ses poésies, je trouve les actions que je viens de dire encore plus belles. » La bourse de Boileau, comme il est dit dans son Éloge historique par M. de Boze, fut ouverte à beaucoup d'autres gens de lettres, et même à Linierre, qui souvent avec l'argent qu'il venoit d'en recevoir, alloit boire au premier cabaret, et y faisoit une chanson contre son bienfaiteur.

Boileau aimoit la société, et étoit très-exact à tous les rendez-vous : « Je ne me fais jamais attendre, disoit-il, parce que j'ai remarqué que les défauts d'un homme se présentent toujours aux yeux de celui qui l'attend. » Loin d'aimer à choquer ceux à qui il parloit, il tâchoit de ne leur rien dire que d'agréable, quand même il ne pensoit pas comme eux, quoiqu'il ne fût nullement flatteur. Dans une compagnie où il étoit, une demoiselle dansa, chanta, et joua du clavecin, pour faire briller

front de la déplacer, et la laissa à M. Patru pour en jouir le reste de sa vie, comme si elle eût toujours été à lui. » (Boursault, *Lettres nouvelles accompagnées de fables*.... à Paris, chez la veuve de Théodore Girard.... M.DC.XCVII, 1 vol. in-12, p. 465.) La même anecdote est racontée dans le *Ménagiana* (Paris, chez Florentin Delaulne, M.DCC.XV, 4 vol. in-12, tome II, p. 17.) — Cassandre, auteur d'une traduction de la *Rhétorique* d'Aristote, qui parut en 1654 et que Boileau estimait beaucoup, était fort pauvre. Il est *le grand auteur* indigent que Boileau met en scène dans sa première satire, sous le nom de *Damon*. Boileau lui ouvrit souvent sa bourse.

1. Dans les *Mémoires* de Trévoux, et dans la Lettre du P. Tournemine, imprimée à la tête des *OEuvres diverses de Corneille*, 1738. (*Note de L. Racine.*) — Dans les éditions imprimées, la phrase est : « et qu'on a eu tort de révoquer en doute. » Nous avons suivi l'*Exemplaire corrigé*.

2. A la page 465 des *Lettres nouvelles*.

tous ses talents. Comme il trouva qu'elle n'excelloit ni dans le clavecin, ni dans le chant, ni dans la danse, il lui dit : « On vous a tout appris, Mademoiselle, hormis à plaire : c'est pourtant ce que vous savez le mieux. »

Il mortifia cependant, sans le vouloir, Barbin le libraire, qui s'étoit fait une fête de lui donner à dîner dans une maison de campagne très-petite[1], mais très-ornée, dont il faisoit ses délices. Après le dîner, Barbin le mène[2] admirer son jardin, qui étoit très-peigné, mais fort petit, comme la maison. Boileau, après en avoir fait le tour, appelle son cocher, et lui ordonne de mettre ses chevaux. « Eh! pourquoi donc, lui dit Barbin, voulez-vous vous en retourner si promptement? — C'est, répondit Boileau, pour aller à Paris prendre l'air. »

Il pouvoit dire de lui-même comme Horace[3] :

Irasci celerem, tamen ut placabilis essem.

Il eut un jour une dispute fort vive avec son frère le chanoine[4], qui lui donna un démenti d'une manière assez dure. Les amis communs voulurent mettre la paix, et l'exhortèrent à pardonner à son frère : « De tout mon cœur, répondit-il, parce que je me suis possédé : je ne lui ai dit aucune sottise. S'il m'en étoit échappé une, je ne lui pardonnerois de ma vie. »

Il avoit l'esprit trop solide pour être un homme à bons mots; mais il a fait souvent des réponses pleines de sens. Elles sont presque toutes mal rendues et défigurées dans le *Bolæana*. J'en rapporterai quelques-unes dans la suite de ces *Mémoires* quand l'occasion s'en présentera, et je ne rapporterai que celles dont je me croirai bien instruit.

Quoiqu'il ait respecté dans tous les temps de sa vie la sain-

---

1. Dans le *Racine* de M. Aimé-Martin, et dans l'édition de 1808 des *OEuvres de Louis Racine*, on a omis quelques mots de cette phrase. On y lit : « qui s'étoit fait une maison de campagne très-petite. »

2. Dans les éditions antérieures à la nôtre : « il le mène.» L'*Exemplaire corrigé* a remplacé *il* par *Barbin*. — Le *Bolæana* raconte cette anecdote, p. 67.

3. *Épître* xx du livre I, vers 25.

4. L'abbé Jacques Boileau, chanoine à la Sainte-Chapelle.

teté de la religion, il n'en étoit pas encore assez pénétré, lorsque mon père se détermina à ne plus faire de tragédies profanes, pour croire qu'elle l'obligeât à ce sacrifice. Édifié cependant du motif qui faisoit prendre à son ami une si grande résolution, il ne songea jamais à l'en détourner, et resta toujours également uni avec lui, malgré la vie différente qu'il embrassa, et dont je vais rendre compte.

FIN DE LA PREMIÈRE PARTIE.

SECONDE PARTIE.

J'arrive enfin à l'heureux moment où les grands sentiments de religion dont mon père avoit été rempli dans son enfance, et qui avoient été longtemps comme assoupis dans son cœur, sans s'y éteindre, se réveillèrent tout à coup. Il avoua que les auteurs des pièces de théâtre étoient des empoisonneurs publics; et il reconnut qu'il étoit peut-être le plus dangereux de ces empoisonneurs. Il résolut non-seulement de ne plus faire de tragédies, et même de ne plus faire de vers; il résolut encore de réparer ceux qu'il avoit faits, par une rigoureuse pénitence. La vivacité de ses remords lui inspira le dessein de se faire chartreux. Un saint prêtre de sa paroisse, docteur de Sorbonne, qu'il prit pour confesseur, trouva ce parti trop violent. Il représenta à son pénitent qu'un caractère tel que le sien ne soutiendroit pas longtemps la solitude; qu'il feroit plus prudemment de rester dans le monde, et d'en éviter les dangers en se mariant à une personne remplie de piété; que la société d'une épouse sage l'obligeroit à rompre avec toutes les pernicieuses sociétés où l'amour du théâtre l'avoit entraîné. Il lui fit espérer en même temps que les soins du ménage l'arracheroient malgré lui à la passion qu'il avoit le plus à craindre, qui étoit celle des vers. Nous savons cette particularité, parce que, dans la suite de sa vie, lorsque des inquiétudes domestiques, comme les maladies de ses enfants, l'agitoient, il s'écrioit quelquefois : « Pourquoi m'y suis-je exposé? Pourquoi m'a-t-on détourné de me faire chartreux? Je serois bien plus tranquille. »

Lorsqu'il eut pris la résolution de se marier, l'amour ni l'intérêt n'eurent aucune part à son choix : il ne consulta que la raison pour une affaire si sérieuse; et l'envie de s'unir à une personne très-vertueuse, que de sages amis lui proposèrent, lui fit épouser, le premier juin 1677, Catherine de Romanet, fille d'un trésorier de France du bureau des finances d'Amiens.

Suivant l'état du bien énoncé dans le contrat de mariage, il paroît que les pièces de théâtre n'étoient pas alors fort lucratives pour les auteurs, et que le produit, soit des représentations, soit de l'impression des tragédies de mon père, ne lui avoit procuré que de quoi vivre, payer ses dettes, acheter quelques meubles, dont le plus considérable étoit sa bibliothèque, estimée quinze cents livres, et ménager une somme de six mille livres, qu'il employa aux frais de son mariage.

La gratification de six cents livres que le Roi lui avoit fait payer en 1664, ayant été continuée tous les ans sous le titre de pension d'homme de lettres, fut portée dans la suite à quinze cents livres, et enfin à deux mille livres. M. Colbert le fit, outre cela, favoriser d'une charge de trésorier de France au bureau des finances de Moulins, qui étoit tombée aux parties casuelles[1]. La demoiselle qu'il épousa lui apporta un revenu pareil au sien.

1. Les charges tombées aux parties casuelles étaient celles qui étaient devenues vacantes au profit du Roi. — Nous avons dit dans la *Notice biographique*, p. 97, que la charge de trésorier de France à Moulins avait été pour Racine une sinécure. Voici un arrêt, rendu par le Roi en son conseil, qui dispensait Racine de la résidence. Cet arrêt a été cité par M. Servois dans la *Correspondance littéraire* du 25 juin 1862, p. 242 :

« Sur ce qui a été représenté au Roi, étant en son conseil, par Jean Racine, conseiller trésorier de France en la généralité de Moulins, qu'étant l'un des quarante de l'Académie françoise, et se trouvant d'ailleurs engagé dans un emploi considérable dont il a plu à Sa Majesté de l'honorer, cette occupation ne lui a pas permis d'aller à Moulins pour se faire installer au bureau où il a été reçu en la chambre des comptes, et moins encore d'y résider pour en faire l'exercice, ce qui pouvant dans la suite lui faire naître quelques difficultés au sujet de ses gages, il a très-humblement requis Sa Majesté vouloir, en tant que besoin, le relever dudit défaut d'installation et de ladite non-résidence. A quoi étant nécessaire de pourvoir :

« Sa Majesté, étant en son conseil, a ordonné et ordonne, en considération des services et occupations du sieur Racine, qu'il jouira des gages et des droits attribués à l'office de trésorier au bureau des finances à Moulins dont il est pourvu, depuis le jour de sa réception, nonobstant qu'il ne soit installé audit bureau et qu'il n'y fasse aucune résidence ni fonction, dont Sa Majesté l'a dispensé et dispense, sans tirer à conséquence; au payement desquels gages et droits ceux qui

Lorsqu'il eut l'honneur d'accompagner le Roi dans ses campagnes, il reçut de temps en temps des gratifications sur la cassette, par les mains du premier valet de chambre. J'ignore si Boileau en recevoit de pareilles. Voici celles que reçut mon père, suivant ses registres de recette et de dépense, qu'il tint avec une grande exactitude depuis son mariage. Je rapporte cet état pour faire connoître les bontés de Louis XIV. C'est un hommage que doit ma reconnoissance à la mémoire d'un prince si généreux.

Le 12 avril 1678, reçu sur la cassette....	500 louis.
Le 22 octobre 1679.............	400
Le 2 juin 1681................	500
Le 28 février 1683.............	500
Le 8 avril 1684...............	500
Le 10 mai 1685................	500
Le 24 avril 1688..............	1000
	3900

Ces différentes gratifications (les louis valoient alors onze livres) font la somme de quarante-deux mille neuf cents livres. Il fut gratifié d'une charge ordinaire de gentilhomme de Sa Majesté le 12 décembre 1690, à condition de payer dix mille livres à la veuve de celui dont on lui donnoit la charge; et il eut enfin, comme historiographe, une pension de quatre mille livres. Voilà sa fortune, qui n'a pu augmenter que par ses épargnes, autant que peut épargner un homme obligé de faire des voyages continuels à la cour et à l'armée, et qui se trouve chargé de sept enfants.

Sa plus grande fortune fut le caractère de la personne qu'il avoit épousée. L'auteur d'un roman assez connu[1] a cru faire

en ont les fonds entre les mains seront contraints sur simples quittances comme pour les deniers et affaires de Sa Majesté, en vertu du présent arrêt.

« *Signé* : LE TELLIER, VILLEROY, COLBERT, BOUCHERAT, PUSSORT. »

1. *Mémoires d'un homme de qualité.* (*Note de L. Racine.*) — Il s'agit de la première partie des *Mémoires et avantures d'un homme de qualité*, ouvrage de l'abbé Prévost (Paris, Gabriel Martin, M.DCC.XXVIII, 2 vol. in-12). Voici le passage de ces *Mémoires* que L. Racine a un peu arrangé, et qui est aux pages 194 et 195 du tome I : « Il (*M. Ra-*

une peinture admirable de cette union, en disant « qu'on doit à sa tendresse conjugale tous les beaux sentiments d'amour répandus dans ses tragédies, parce que, quand il avoit de pareils sentiments à exprimer, il alloit passer une heure dans l'appartement de sa femme, et, tout rempli d'elle, remontoit dans son cabinet pour faire ses vers. » Comme il n'a composé aucune tragédie profane depuis son mariage, le merveilleux de cet endroit du roman est très-romanesque; mais je le puis remplacer par un autre très-véritable, et beaucoup plus merveilleux.

Il trouva dans la tendresse conjugale un avantage bien plus solide que celui de faire de bons vers. Sa compagne sut, par son attachement à tous les devoirs de femme et de mère, et par son admirable piété, le captiver entièrement, faire la douceur du reste de sa vie, et lui tenir lieu de toutes les sociétés auxquelles il venoit de renoncer. Je ferois connoître la confiance avec laquelle il lui communiquoit ses pensées les plus secrètes, si j'avois retrouvé les lettres qu'il lui écrivoit, et que sans doute pour lui obéir elle ne conservoit pas. Je sais que les termes tendres répandus dans de pareilles lettres ne prouvent pas toujours que la tendresse soit dans le cœur, et que Cicéron, à qui sa femme, lorsqu'il étoit en exil, paroissoit sa lumière, sa vie, sa passion, sa très-fidèle épouse, *mea lux.... mea vita.... mea desideria.... fidelissima et optima conjux*, répudia quelque temps après sa chère Térentia pour épouser une jeune fille fort riche; mais je parle de deux époux que la religion avoit unis, quoique aux yeux du monde ils ne parussent pas faits l'un pour l'autre. L'un n'avoit jamais eu de passion plus vive que celle de la poésie; l'autre porta l'indifférence pour la poésie jusqu'à ignorer toute sa vie ce que c'est qu'un vers; et m'ayant entendu parler, il y a quelques années, de rimes masculines et féminines, elle m'en demanda la différence :

cine) nous dit qu'il devoit le caractère tendre et gracieux qu'on admire dans ses tragédies à la tendresse qu'il avoit pour sa femme, et à celle dont elle étoit remplie pour lui; que lorsqu'il avoit à traiter quelque endroit tendre et touchant, il montoit à la chambre de cette chère épouse, et qu'un moment de son entretien et de ses caresses lui mettoit le cœur dans la situation qu'il falloit pour produire les plus beaux sentiments. »

à quoi je répondis qu'elle avoit vécu avec un meilleur maître que moi. Elle ne connut ni par les représentations, ni par la lecture, les tragédies auxquelles elle devoit s'intéresser; elle en apprit seulement les titres par la conversation. Son indifférence pour la fortune parut un jour inconcevable à Boileau. Je rapporte ce fait, après avoir prévenu que la vie d'un homme de lettres ne fournit pas des faits bien importants. Mon père rapportoit de Versailles la bourse de mille louis dont j'ai parlé, et trouva ma mère qui l'attendoit dans la maison de Boileau à Auteuil. Il courut à elle, et l'embrassant : « Félicitez-moi, lui dit-il; voici une bourse de mille louis que le Roi m'a donnée. » Elle lui porta aussitôt des plaintes contre un de ses enfants qui depuis deux jours ne vouloit point étudier. « Une autre fois, reprit-il, nous en parlerons : livrons-nous aujourd'hui à notre joie. » Elle lui représenta qu'il devoit en arrivant faire des réprimandes à cet enfant, et continuoit ses plaintes, lorsque Boileau, qui, dans son étonnement, se promenoit à grands pas, perdit patience, et s'écria : « Quelle insensibilité! Peut-on ne pas songer à une bourse de mille louis? »

On peut comprendre qu'un homme, quoique passionné pour les amusements de l'esprit, préfère à une femme enchantée de ces mêmes amusements, et éclairée sur ces matières, une compagne uniquement occupée du ménage, ne lisant de livres que ses livres de piété, ayant d'ailleurs un jugement excellent, et étant d'un très-bon conseil en toutes occasions. On avouera cependant que la religion a dû être le lien d'une si parfaite union entre deux caractères si opposés : la vivacité de l'un lui faisant prendre tous les événements avec trop de sensibilité, et la tranquillité de l'autre la faisant paroître presque insensible aux mêmes événements. L'on pourroit faire la même réflexion sur la liaison des deux fidèles amis. A la vérité, leur manière de penser des ouvrages d'esprit étant la même, ils avoient le plaisir de s'en entretenir souvent; mais comme ils avoient tous deux un différent caractère, leur union constante a dû avoir pour lien la probité; puisque, comme dit Cicéron[1], il ne peut y avoir de véritable amitié qu'entre des gens de bien.

1. *Hoc sentio, nisi in bonis amicitiam esse non posse.* (*De Amicitia.*) (*Note de L. Racine.*) — Cette phrase est au chapitre v.

Un des premiers soins de mon père, après son mariage, fut de se réconcilier avec Messieurs de Port-Royal. Il ne lui fut pas difficile de faire sa paix avec M. Nicole, qui ne savoit ce que c'étoit que la guerre, et qui le reçut à bras ouverts, lorsqu'il le vint voir, accompagné de M. l'abbé Dupin. Il ne lui étoit pas si aisé de se réconcilier avec M. Arnauld, qui avoit toujours sur le cœur les plaisanteries écrites sur la mère Angélique, sa sœur, plaisanteries fondées, par faute d'examen, sur des faits qui n'étoient pas exactement vrais. Boileau, chargé de la négociation, avoit toujours trouvé M. Arnauld intraitable. Un jour il s'avisa de lui porter un exemplaire de la tragédie de *Phèdre*, de la part de l'auteur. M. Arnauld demeuroit alors dans le faubourg Saint-Jacques. Boileau, en allant le voir, prend la résolution de lui prouver qu'une tragédie peut être innocente aux yeux des casuistes les plus sévères; et ruminant sa thèse en chemin : « Cet homme, disoit-il, aura-t-il toujours raison, et ne pourrai-je parvenir à lui faire avoir tort? Je suis bien sûr qu'aujourd'hui j'ai raison : s'il n'est pas de mon avis, il aura tort. » Plein de cette pensée, il entre chez M. Arnauld, où il trouve une nombreuse compagnie. Il lui présente la tragédie, et lui lit en même temps l'endroit de la préface où l'auteur témoigne tant d'envie de voir la tragédie réconciliée avec les personnes de piété. Ensuite, déclarant qu'il abandonnoit acteurs, actrices, et théâtre, sans prétendre les soutenir en aucune façon, il élève sa voix en prédicateur, pour soutenir que si la tragédie étoit dangereuse, c'étoit la faute des poëtes, qui en cela même alloient directement contre les règles de leur art; mais que la tragédie de *Phèdre*, conforme à ces règles, n'avoit rien que d'utile. L'auditoire, composé de jeunes théologiens, l'écoutoit en souriant, et regardoit tout ce qu'il avançoit comme les paradoxes d'un poëte peu instruit de la bonne morale. Cet auditoire fut bien surpris, lorsque M. Arnauld prit ainsi la parole : « Si les choses sont comme il le dit, il a raison, et la tragédie est innocente. » Boileau rapportoit qu'il ne s'étoit jamais senti de sa vie si content. Il pria M. Arnauld de vouloir bien jeter les yeux sur la pièce qu'il lui laissoit, pour lui en dire son sentiment. Il revint quelques jours après le demander, et M. Arnauld lui donna ainsi sa décision : « Il n'y a rien à reprendre au caractère de sa Phèdre, puisque par ce caractère[1] il nous donne cette grande leçon, que lorsqu'en punition de fautes précédentes, Dieu nous abandonne à nous-mêmes, et à la perversité de notre cœur, il n'est point d'excès où nous ne puissions nous porter, même en les détestant. Mais pourquoi a-t-il fait Hippolyte amoureux ? » Cette critique est la seule qu'on puisse faire contre cette tragédie ; et l'auteur, qui se l'étoit faite à lui-même, se justifioit en disant : « Qu'auroient pensé les petits-maîtres d'un Hippolyte ennemi de toutes les femmes ? Quelles mauvaises plaisanteries n'auroient-ils point faites[2] ! » Boileau, charmé d'avoir si bien conduit sa négociation, demanda à M. Arnauld la permission de lui amener l'auteur de la tragédie. Ils vinrent chez lui le lendemain ; et quoiqu'il fût encore en nombreuse compagnie, le coupable, entrant avec l'humilité et la confusion peintes sur le visage, se jeta à ses pieds : M. Arnauld se jeta aux siens ; tous deux s'embrassèrent. M. Arnauld lui promit d'oublier le passé, et d'être toujours son ami : promesse fidèlement exécutée.

En 1674[3], l'Université projetoit une requête qu'elle devoit

---

1. Dans les éditions imprimées : « Il n'y a rien à reprendre au caractère de Phèdre, puisqu'il nous donne.... » L. Racine a modifié la phrase dans l'*Exemplaire corrigé*.

2. Brossette (Recueil manuscrit des *Mémoires touchant la vie et les ouvrages de Boileau Despréaux*) explique dans des termes fort crus de quelle nature eussent été les railleries des petits-maîtres, et de quel vice odieux ils auraient trouvé plaisant d'accuser Hippolyte. — Dans le *Furetiriana*, p. 91, on ne donne pas comme étant de Racine la réponse à l'objection d'Arnauld : « De toutes les pièces de M. Racine M. Arnauld n'avoit lu que la *Phèdre*. Après l'avoir lue, il dit : « Cela « est parfaitement beau ; mais pourquoi faisoit-il Hippolyte amou- « reux ? » M. Arnauld n'avoit pas tout à fait raison : qu'auroient dit les petits-maîtres si Hippolyte n'avoit été amoureux ? » Serait-ce Furetière, et non Racine, qui aurait imaginé cette excuse insuffisante ?

3. Il y a bien des inexactitudes dans ce récit de L. Racine, emprunté à Brossette. L'*Arrêt burlesque donné en la grand'chambre du Parnasse.... pour le maintien de la doctrine d'Aristote*, n'est pas de 1674, mais de 1671. On le trouve à la suite de la *Guerre des auteurs* de G. Gueret, dans le volume intitulé : *la Guerre des autheurs anciens et modernes, avec la Requeste et Arrest en faveur d'Aristote*, 1 vol. petit in-12, la Haye, chez Arnout Leers le fils, M.DC.LXXI. Mme de Sévigné parle de l'*Arrêt burlesque* dans une lettre à sa fille, du 6 sep-

présenter au Parlement, pour demander que la philosophie de Descartes ne fût point enseignée. On en parloit chez M. le premier président de Lamoignon, qui dit qu'on ne pourroit se dispenser de rendre un arrêt conforme à cette requête. Boileau, présent à cette conversation, imagina l'*Arrêt burlesque* qu'il composa avec mon père, et Bernier, le fameux voyageur, leur ami commun. M. Dongois, neveu de Boileau, y mit le style du palais; et quand l'*Arrêt* fut en état, il le joignit à plusieurs expéditions qu'il devoit porter à signer à Monsieur le premier président, avec qui il étoit fort familier. M. de Lamoignon ne se laissa pas surprendre : à peine eut-il jeté les yeux sur l'*Arrêt* : « Voilà, dit-il, un tour de Despréaux. » Cet *Arrêt burlesque* eut un succès que n'eût peut-être point eu une pièce sérieuse; il sauva l'honneur des magistrats[1]. L'Université ne songea plus à présenter sa requête.

Quoique Boileau et mon père n'eussent encore aucun titre qui les appelât à la cour, ils y étoient fort bien reçus tous les deux. M. Colbert les aimoit beaucoup. Étant un jour enfermé avec eux dans sa maison de Sceaux[2], on vint lui annoncer l'arrivée d'un évêque; il répondit avec colère : « Qu'on lui fasse tout voir, excepté moi. »

tembre 1671, tome II, p. 349; dans celle du 20 septembre suivant, tome II, p. 364, il est question de la *Requête*, qui le précède dans le petit volume de Gueret. Bernier est l'auteur de cette *Requête*, ce qui probablement a seul fait croire qu'il avait travaillé avec Boileau à l'*Arrêt burlesque*. Le premier président de Lamoignon ne joue pas, dans cette ridicule affaire, le rôle que lui prête L. Racine, puisque Boileau, d'après un manuscrit de 1671, communiqué par Goujet à Saint-Marc, ne composa son *Arrêt* que sur la demande de ce magistrat. L'historiette où figure Dongois ne doit pas par conséquent être plus vraie. En outre, M. Berriat-Saint-Prix (*OEuvres de Boileau*, tome III, p. 100) y signale une évidente erreur. « Les premiers présidents, dit-il, signaient, il est vrai, les minutes, mais non point les expéditions des arrêts. » — Le *Ménagiana*, qui donne au tome IV, p. 270 et suivantes, l'*Arrêt burlesque*, et la *Requête* de Bernier, fait à peu près (tome III, p 20) le même récit que Brossette et L. Racine; mais il y est dit que ce fut l'*Arrêt* lui-même, et non pas une expédition, qui fut présenté à la signature du premier président.

1. Dans l'édition de 1747 : « des philosophes et des magistrats. »
2. L. Racine écrit constamment *Saux*.

Les inscriptions mises au bas des tableaux sur les victoires du Roi, peintes par M. le Brun dans la galerie de Versailles, étoient pleines d'emphase, parce que M. Charpentier, qui les avoit faites, croyoit qu'on devoit mettre de l'esprit partout. Ces pompeuses déclamations déplurent avec raison à M. de Louvois, qui, par ordre du Roi, les fit effacer, pour mettre à la place les inscriptions simples que Boileau et mon père lui fournirent. Mon père a donné, dans quelques occasions, des devises qui, dans leur simplicité, ont été trouvées fort heureuses, comme celle dont le corps étoit une orangerie, et l'âme, *Conjuratos ridet aquilones*. Elle fut approuvée, parce qu'elle avoit également rapport à l'orangerie de Versailles, bâtie depuis peu, et à la ligue qui se formoit contre la France. Je n'en rapporte pas quelques autres qu'il donna dans la *petite Académie*[1], parce que l'honneur de pareilles choses doit être partagé entre tous ceux qui composent la même compagnie.

C'étoit lui-même qui avoit donné l'idée de rassembler cette compagnie. Il fut par là comme le fondateur de l'Académie des médailles[2], qu'on nomma d'abord la *petite Académie*, et qui, devenue beaucoup plus nombreuse, prit sous une autre forme le nom d'*Académie des belles-lettres*. Elle ne fut composée dans son origine que d'un très-petit nombre de personnes, qu'on choisit pour exécuter le projet d'une histoire en médailles des principaux événements du règne de Louis XIV. On devoit, au bas de chaque médaille gravée, mettre en peu de mots le récit de l'événement qui avoit donné lieu à la médaille; mais on trouva que des récits fort courts n'apprendroient les choses qu'imparfaitement, et qu'une histoire suivie du règne entier seroit beaucoup plus utile. Ce projet fut agité et résolu chez Mme de Montespan. C'étoit elle qui l'avoit imaginé; « et quoique la flatterie en fût l'objet, comme l'écrivoit depuis Mme la comtesse de Caylus, on conviendra que ce projet n'étoit pas celui d'une femme commune, ni d'une maîtresse ordi-

---

1. Il sera parlé dans un des derniers volumes de la part que prit Racine à la composition des devises et inscriptions dans la *petite Académie*.

2. Nous avons parlé dans la *Notice biographique*, p. 103 et 104, de l'inexactitude de cette assertion.

naire. » Lorsqu'on eut pris ce parti, Mme de Maintenon proposa au Roi de charger du soin d'écrire cette histoire, Boileau et mon père[1]. Le Roi, qui les en jugea capables, les nomma ses historiographes en 1677.

Mon père, toujours attentif à son salut, regarda le choix de Sa Majesté comme une grâce de Dieu, qui lui procuroit cette importante occupation pour le détacher entièrement de la poésie. Boileau lui-même parut aussi s'en détacher. Il est certain qu'il passa douze ou treize ans sans donner d'autres ouvrages en vers que les deux derniers chants du *Lutrin*, parce qu'il voulut finir l'action de ce poëme.

Les deux poëtes, résolus de ne plus l'être, ne songèrent qu'à devenir historiens; et pour s'en rendre capables, ils passèrent d'abord beaucoup de temps à se mettre au fait et de l'histoire générale de France, et de l'histoire particulière du règne qu'ils avoient à écrire. Mon père, pour se mettre ses devoirs devant les yeux, fit une espèce d'extrait du traité de Lucien sur la manière d'écrire l'histoire. Il remarqua dans cet excellent traité des traits qui avoient rapport à la circonstance dans laquelle il se trouvoit, et il les rassembla dans l'écrit qui se trouvera à la suite de ses lettres[2]. Il fit ensuite des extraits de Mézerai, et de Vittorio Siri, et se mit à lire les mémoires, lettres, instructions et autres pièces de cette nature dont le Roi avoit ordonné qu'on lui donnât la communication.

Dans la campagne de cette année 1677, les villes que le Roi assiégea tombèrent quand il parut; et lorsque, de retour de ses rapides conquêtes, il vit à Versailles ses deux historiens, il leur demanda pourquoi ils n'avoient pas eu la curiosité de voir un siége : « Le voyage, leur dit-il, n'étoit pas long. — Il est vrai, reprit mon père, mais nos tailleurs furent trop lents. Nous leur avions commandé des habits de campagne : lorsqu'ils nous les apportèrent, les villes que Votre Majesté assiégeoit

1. On peut voir au même passage de la *Notice biographique*, que le choix des deux historiens fut proposé, non par Mme de Maintenon, mais par Mme de Montespan; et aussi que L. Racine en parlant ici des travaux de son père dans la *petite Académie*, pourrait paraître avoir brouillé la chronologie des faits.

2. Il fera partie dans cette édition des *OEuvres* en prose de Racine, que nous placerons avant les Lettres.

étoient prises. » Cette réponse fut bien reçue du Roi, qui leur dit de prendre leurs mesures de bonne heure, parce que dorénavant ils le suivroient dans toutes ses campagnes, pour être témoins des choses qu'ils devoient écrire.

La foible santé de Boileau ne lui permit que de faire une campagne, qui fut celle de Gand, l'année suivante. Mon père, qui les fit toutes, avoit soin de rendre compte à son associé dans l'emploi d'écrire l'histoire de tout ce qui se passoit à l'armée ; et une partie de ces lettres se trouvera à la suite de ces *Mémoires*. Ce fut dans leur première campagne que Boileau apprenant que le Roi s'étoit si fort exposé, qu'un boulet de canon avoit passé à sept pas de Sa Majesté, alla à lui et lui dit : « Je vous prie, Sire, en qualité de votre historien, de ne pas me faire finir sitôt mon histoire. »

Lorsqu'ils partirent en 1678, on vit pour la première fois deux poëtes suivre une armée pour être témoins de siéges et de combats : ce qui donna lieu à des plaisanteries dont on amusoit le Roi. On prétendoit les surprendre en plusieurs occasions dans l'ignorance des choses militaires, et même des choses les plus communes. Leurs meilleurs amis étoient ceux qui leur tendoient des piéges. S'ils n'y tomboient pas, on faisoit accroire qu'ils y étoient tombés. Tout ce qu'on dit de leur simplicité n'est peut-être pas exactement vrai. Je rapporterai cependant ce que j'ai entendu dire à d'anciens seigneurs de la cour.

La veille de leur départ pour la première campagne, M. de Cavoie s'avisa, dit-on, de demander à mon père s'il avoit eu l'attention de faire ferrer ses chevaux à forfait. Mon père, qui n'entend rien à cette question, lui en demande l'explication. « Croyez-vous donc, lui dit M. de Cavoie, que quand une armée est en marche, elle trouve partout des maréchaux ? Avant que de partir on fait un forfait avec un maréchal de Paris, qui vous garantit que les fers qu'il met aux pieds de votre cheval y resteront six mois. ». Mon père répond (ou plutôt on lui fait répondre) : « C'est ce que j'ignorois ; Boileau ne m'en a rien dit ; mais je n'en suis pas étonné, il ne songe à rien. » Il va trouver Boileau pour lui reprocher sa négligence. Boileau avoue son ignorance, et dit qu'il faut promptement s'informer du maréchal le plus fameux pour ces sortes de forfaits. Ils n'eurent pas le temps de le chercher. Dès le soir même, M. de Cavoie raconta au Roi le succès de sa plaisanterie. Un fait pareil, quand il seroit véritable, ne feroit aucun tort à leur réputation.

Puisque les plus petits faits, quand on parle de certains hommes, intéressent toujours, j'en rapporterai encore un de la même nature. Un jour, après une marche fort longue, Boileau très-fatigué se jeta sur un lit en arrivant, sans vouloir souper. M. de Cavoie, qui le sut, alla le voir après le souper du Roi, et lui dit avec un air consterné, qu'il avoit à lui apprendre une fâcheuse nouvelle : « Le Roi, ajouta-t-il, n'est point content de vous ; il a remarqué aujourd'hui une chose qui vous fait un grand tort. — Eh quoi donc ? s'écria Boileau tout alarmé. — Je ne puis, continua M. de Cavoie, me résoudre à vous la dire ; je ne saurois affliger mes amis. » Enfin, après l'avoir laissé quelque temps dans l'agitation, il lui dit : « Puisqu'il faut vous l'avouer, le Roi a remarqué que vous étiez tout de travers à cheval. — Si ce n'est que cela, répondit Boileau, laissez-moi dormir. »

Quoique mon père fût son confrère dans l'honorable emploi d'écrire l'histoire du Roi, et dans la *petite Académie*[1], il ne l'avoit point encore pour confrère dans l'Académie françoise ; et comme il souhaitoit de le voir dans cette compagnie, il l'avoit sans doute en vue, lorsqu'il fit valoir l'empressement de l'Académie à chercher des sujets, dans le discours qu'il prononça le 30 octobre de cette même année 1678, à la réception de M. l'abbé Colbert, depuis archevêque de Rouen[2]. « Oui, Monsieur, lui disoit-il, l'Académie vous a choisi ; car nous voulons bien qu'on le sache, ce n'est point la brigue, ce ne sont point les sollicitations qui ouvrent les portes de l'Académie :

---

1. On devrait conclure de ce passage que Racine et Boileau en 1678 faisaient partie déjà de la *petite Académie* ; mais ils n'y entrèrent qu'en 1683.

2. Ce discours qui n'a jamais été imprimé dans ses *OEuvres*, ni dans les recueils de l'Académie, se trouve à la suite de ces *Mémoires*. (*Note de L. Racine.*) — Nous ne le donnons pas, dans cette édition, à la suite des *Mémoires* ; mais, de même que l'écrit dont il est parlé plus haut, p. 277, parmi les *OEuvres* en prose de Racine.

elle va elle-même au-devant du mérite, elle lui épargne l'embarras de se venir offrir, elle cherche les sujets qui lui sont propres, etc. »

J'ignore si l'Académie étoit alors dans l'usage, comme le disoit son directeur, de choisir et de chercher elle-même ses sujets. Je sais seulement que tous les académiciens ne songeoient pas à chercher Boileau; et il y en avoit plusieurs qu'il ne songeoit pas non plus à solliciter. Le Roi lui demanda un jour, pendant son souper, s'il étoit de l'Académie; Boileau répondit avec un air fort modeste qu'il n'étoit pas digne d'en être. « Je veux que vous en soyez, » répondit le Roi. Quelque temps après une place vaqua, et la Fontaine, qui la vouloit solliciter, alla lui demander s'il seroit son concurrent. Boileau l'assura que non, et ne fit aucune démarche. Il eut cependant quelques voix; mais la pluralité fut pour la Fontaine; et lorsque, suivant l'usage, on alla demander au Roi son agrément pour cette nomination, le Roi répondit seulement : « Je verrai, » de manière que la Fontaine, quoique nommé, ne fut point reçu, et resta très-longtemps, ainsi que l'Académie, dans l'incertitude. Enfin, une nouvelle place vaqua, et l'Académie aussitôt nomma Boileau. Le Roi, lorsqu'on lui demanda son agrément, l'accorda en ajoutant : « Maintenant vous pouvez recevoir la Fontaine. » Boileau fut reçu le 3 juillet 1684[1]. L'assemblée fut nombreuse le jour de sa réception. On étoit curieux d'entendre son discours. Il étoit obligé de louer et de s'humilier. Il recevoit une grâce inespérée, et il n'étoit pas homme à faire un remercîment à genoux. Il se tira habilement de ce pas difficile. Il loua sans flatterie, il s'humilia noblement; et en disant que l'entrée de l'Académie lui devoit être fermée *par tant de raisons*, il fit songer à *tant d'académiciens* dont les noms étoient dans ses satires.

A la fin de cette même année, Corneille mourut, et mon père, qui le lendemain de cette mort entroit dans les fonctions de directeur, prétendoit que c'étoit à lui à faire faire, pour l'académicien qui venoit de mourir, un service suivant la coutume. Mais Corneille étoit mort pendant la nuit; et l'aca-

---

1. La véritable date de sa réception n'est pas le 3, mais le 1er juillet 1684. Voyez la *Gazette de France* du 8 juillet 1684.

démicien qui étoit encore directeur la veille[1], prétendit que comme il n'étoit sorti de place que le lendemain matin, il étoit encore dans ses fonctions au moment de la mort de Corneille, et que par conséquent c'étoit à lui à faire faire le service. Cette dispute n'avoit pour motif qu'une généreuse émulation : tous deux vouloient avoir l'honneur de rendre les devoirs funèbres à un mort si illustre. Cette contestation glorieuse pour les deux parties fut décidée par l'Académie en faveur de l'ancien directeur : ce qui donna lieu à ce mot fameux que Benserade dit à mon père : « Nul autre que vous ne pouvoit prétendre à enterrer Corneille; cependant vous n'avez pu y parvenir. »

La place de Corneille à l'Académie fut remplie par Thomas Corneille son frère, qui fut reçu avec M. Bergeret. Mon père, qui présidoit à cette réception en qualité de directeur, répondit à leurs remercîments par un discours qui fut très-applaudi; et il le prononça avec tant de grâce, qu'il répara entièrement le discours de sa réception. La matière de celui-ci lui avoit plu davantage. L'admiration sincère qu'il avoit pour Corneille le lui avoit inspiré. Bayle, en rapportant que Sophocle, lorsqu'il apprit la mort d'Euripide, parut sur le théâtre en habit de deuil, et ordonna à ses acteurs d'ôter leurs couronnes, ajoute : « Ce que fit alors Sophocle étoit une preuve très-équivoque de son regret, parce que deux grands hommes qui aspirent à la même gloire, qui veulent s'exclure l'un l'autre du premier rang, s'entr'estiment intérieurement plus qu'ils ne voudroient, mais ne s'entr'aiment pas. L'un deux vient-il à mourir, le survivant courra lui jeter de l'eau bénite, et en fera l'éloge de bon cœur : il est délivré des épines de la concurrence. » Par cette même raison, Corneille avoit fait dire à Cornélie, sur la douleur de César à la mort de Pompée :

> O soupirs! ô regrets! oh! qu'il est doux de plaindre
> Le sort d'un ennemi quand il n'est plus à craindre[2]!

---

1. C'était l'abbé de Lavau, comme nous l'apprennent Fontenelle dans sa *Vie de Corneille*, insérée par d'Olivet dans son *Histoire de l'Académie françoise*, tome II, p. 207, et Bayle, *Nouvelles de la république des lettres* (Amsterdam, M.DC.LXXXVI), janvier 1685, article III.

2. *Pompée*, acte V, scène I (vers 1537 et 1538), Œuvres de P. Cor-

Quiconque eût pensé la même chose en cette occasion, eût été très-injuste. Les deux rivaux depuis longtemps ne combattoient plus; et tous deux retirés de la carrière n'avoient plus rien à se disputer : c'étoit au public à décider. Il n'a point encore décidé : on s'est toujours contenté de les comparer entre eux. Le parallèle a souvent été fait, et presque toujours avec plus d'antithèses que de justesse. M. de Fontenelle, qui, malgré la douceur de son caractère, témoigne dans la *Vie de Corneille* un peu de passion contre le rival de Corneille, règle ainsi les places (je parle de cette *Vie* imprimée dans la dernière édition de ses *OEuvres*[1]; celle qui se trouve dans l'*Histoire de l'Académie françoise* ne contient pas les mêmes paroles) : « Corneille a la première place, Racine la seconde. On fera à son gré l'intervalle entre ces deux places, un peu plus ou moins grand. C'est là ce qui se trouve en ne comparant que les ouvrages de part et d'autre. Mais si on compare ces deux hommes, l'inégalité est plus grande. Il peut être incertain que Racine eût été, si Corneille n'eût pas été avant lui : il est certain que Corneille a été par lui-même. » M. de Fontenelle, qui a toujours été applaudi quand il a écrit sur les matières qui font l'objet des travaux de l'Académie des sciences, a souvent rendu sur le Parnasse des décisions qui ont eu peu de partisans : ce qui me fait espérer que celle-ci sera du nombre.

Pour revenir au discours prononcé à la réception de Thomas Corneille, je ferai remarquer qu'il n'est pas étonnant que mon père, qui n'avoit pas été heureux dans le discours sur sa propre réception, l'ait été dans celui-ci, qui lui fournissoit pour sujet l'éloge de Corneille. Il le faisoit dans l'effusion de son cœur, parce qu'il étoit intérieurement persuadé que Corneille valoit beaucoup mieux que lui; et en cela seulement il pensoit comme M. de Fontenelle. Quelque crainte qu'il eût de parler de vers à mon frère, quand il le vit en âge de pouvoir discerner le

neille, tome IV, p. 90. Le véritable texte du premier de ces deux vers est :

« O soupirs! ô respect! Oh! qu'il est doux de plaindre. »

1. Dans l'édition de 1742 des *OEuvres de Fontenelle*.

bon du mauvais, il lui fit apprendre par cœur des endroits de *Cinna*, et lorsqu'il lui entendoit réciter ce beau vers :

> Et monté sur le faîte, il aspire à descendre [1],

« remarquez bien cette expresion, lui disoit-il avec enthousiasme. On dit aspirer à monter ; mais il faut connoître le cœur humain aussi bien que Corneille l'a connu, pour avoir su dire de l'ambitieux, qu'il aspire à descendre. » On ne croira point qu'il ait affecté la modestie lorsqu'il parloit ainsi en particulier à son fils : il lui disoit ce qu'il pensoit.

Tout l'endroit de son discours dans l'Académie, qui contenoit l'éloge de Corneille, fut extrêmement goûté ; et comme il avoit réussi parce qu'il louoit ce qu'il admiroit, il réussit également dans l'éloge de Louis XIV, lorsque, s'adressant à M. Bergeret, premier commis du secrétaire d'État des affaires étrangères, il fit voir combien les négociations étoient faciles sous un roi dont les ministres n'avoient tout au plus que « l'embarras de faire entendre avec dignité aux cours étrangères ce qu'il leur dictoit avec sagesse. » Là il dépeignit le Roi, la veille du jour qu'il partit pour se mettre à la tête de ses armées, écrivant dans son cabinet six lignes, pour les envoyer à son ambassadeur ; et les puissances étrangères « ne pouvant s'écarter d'un seul pas du cercle étroit qui leur étoit tracé » par ces six lignes : paroles qui représentoient toutes ces puissances sous l'image du roi Antiochus, étonné, quoique à la tête de ses armées, du cercle que l'ambassadeur romain traça autour de lui, et obligé de rendre sa réponse avant que d'en sortir.

Louis XIV, informé du succès de ce discours, voulut l'entendre. L'auteur eut l'honneur de lui en faire la lecture [2], après laquelle le Roi lui dit : « Je suis très-content : je vous louerois

---

1. *Cinna*, acte II, scène 1, vers 370, *OEuvres de P. Corneille*, tome III, p. 402.

2. Dangeau dit en effet dans son *Journal* : « *Vendredi* 5 *janvier* 1685, *à Versailles.* — Le Roi se fit réciter par Racine la harangue qu'il avoit faite à l'Académie le jour de la réception de Bergeret et du jeune Corneille ; et les courtisans trouvèrent la harangue aussi belle qu'elle avoit été trouvée à l'Académie. Racine la récita dans le cabinet du Roi. »

davantage, si vous m'aviez moins loué [1]. » Ce mot fut bientôt répandu partout, et attira à mon père une lettre que je vais rapporter, parce qu'ayant été écrite par un homme qui étoit alors dans la disgrâce [2], et qui écrivoit à un ami dans toute la sincérité de son cœur et la confiance du secret, elle fait voir de quelle manière pensoient de Louis XIV ceux mêmes qui croyoient avoir quelque sujet de s'en plaindre :

« J'ai à vous remercier, Monsieur, du discours qui m'a été envoyé de votre part. Rien n'est assurément si éloquent ; et le héros que vous y louez est d'autant plus digne de vos louanges, qu'il y a trouvé de l'excès. Il est bien difficile qu'il n'y en ait toujours un peu : les plus grands hommes sont hommes, et se sentent toujours par quelque endroit de l'infirmité humaine. Je vous dirois bien des choses sur cela, si j'avois le plaisir de vous voir; mais il faudroit avoir dissipé un nuage que j'ose dire être une tache dans ce soleil. Ce ne seroit pas une chose difficile, si ceux qui le pourroient faire avoient assez de générosité pour l'entreprendre. Je vous assure que les pensées que j'ai sur cela ne sont point intéressées, et que ce qui peut me regarder me touche fort peu. Si j'ai quelque peine, c'est d'être privé de la consolation de voir mes amis. Un tête-à-tête avec vous et avec votre compagnon me feroit bien du plaisir ; mais je n'achèterois pas ce plaisir par la moindre lâcheté. Vous savez ce que cela veut dire : ainsi je demeure en paix, et j'attends avec patience que Dieu fasse connoître à ce prince si accompli qu'il n'a point dans son royaume de sujet plus fidèle, plus passionné pour sa véritable gloire, et, si je l'ose dire, qui l'aime d'un amour plus pur et plus dégagé de tout intérêt. Je pourrois ajouter que je suis naturellement si sincère, que si je ne sentois dans mon cœur la vérité de ce que je dis, rien au

---

1. Il a dit une autre fois le même mot à Boileau, si ce que Brossette rapporte dans son commentaire est exact. (*Note de L. Racine.*) — Voyez la note de Brossette sur le dernier vers de l'*Épître* I (tome I des OEuvres *de Boileau*, 1716, p. 161). Boileau, quand le Roi lui parla ainsi, venait de lui lire les quarante derniers vers de sa première épître.

2. Antoine Arnauld.

monde ne seroit capable de me le faire dire. C'est pourquoi aussi je ne pourrois me résoudre à faire un pas pour avoir la liberté de revoir mes amis, à moins que ce ne fût à mon prince seul que j'en fusse redevable.

« Je suis, etc.[1]. »

Boileau, nouvel académicien, fut longtemps assez exact aux assemblées, dans lesquelles il avoit souvent des contradictions à essuyer. Il parle, dans une lettre écrite à mon père, de ses disputes avec M. Charpentier[2]. Dans ces disputes littéraires, il ne trouvoit pas ordinairement le grand nombre pour lui, parce qu'il étoit environné de confrères peu disposés à être de son avis. Un jour cependant il fut victorieux; et quand il racontoit cette victoire, il ajoutoit, en élevant la voix : « Tout le monde fut de mon avis : ce qui m'étonna ; car j'avois raison, et c'étoit moi. »

Lorsqu'il fut question de recevoir à l'Académie M. le marquis de Sainte-Aulaire, il s'y opposa vivement, et répondit à ceux qui lui représentoient qu'il falloit avoir des égards pour un homme de cette condition : « Je ne lui dispute pas ses titres de noblesse, mais je lui dispute ses titres du Parnasse[3]. » Un des académiciens ayant répliqué que M. de Sainte-Aulaire avoit aussi ses titres du Parnasse, puisqu'il avoit fait de fort jolis vers : « Eh bien, Monsieur, lui dit Boileau, puisque vous estimez ses vers, faites-moi l'honneur de mépriser les miens. »

En 1685, M. le marquis de Seignelay, devant donner dans

[1]. L. Racine a mêlé les fragments de deux lettres d'Arnauld, l'une du 7 avril 1685, l'autre du 15 juilet 1693. Le fragment de la seconde commence aux mots : « Si j'ai quelque peine. » Ces lettres se trouvent l'une et l'autre parmi les manuscrits de Racine, à la Bibliothèque impériale. Nous n'indiquons pas ici les inexactitudes du texte de L. Racine, parce que nous insérerons les deux lettres en leur lieu dans cette édition.

[2]. *Recueil des lettres*, p. 90. (*Note de L. Racine.*) — Cette note de L. Racine renvoie au *Recueil* publié en 1747, avec les *Mémoires*, comme nous en avons déjà averti p. 241, note 1. La lettre citée est celle que Boileau écrivit de Bourbon, le 28 août 1687.

[3]. Rapporté dans le *Bolæana*, p. 75 et 76.

sa maison de Sceaux une fête au Roi, demanda des vers à mon père, qui, malgré la résolution qu'il avoit prise de n'en plus faire, n'en put refuser, dans une pareille occasion, à un ministre auquel il étoit fort attaché, fils de son bienfaiteur. J'ai plus d'une fois entendu dire à Monsieur le Chancelier[1] que l'antiquité (et qui la connoît mieux que lui?) ne nous offroit rien, dans un pareil genre, de si parfait que cette *Idylle sur la Paix*. Il admire comment le poëte, en faisant parler des bergers, a su réunir aux sentiments tendres et aux peintures riantes, les grandes et terribles images, dans un style toujours naturel, et sans sortir du ton de l'idylle. Puisqu'il m'est permis de rapporter historiquement les sentiments des autres, et que je rapporte ceux d'un grand juge, j'ajouterai que je l'ai entendu, à ce sujet, faire remarquer l'heureuse disposition du même auteur à écrire dans tous les genres différents. Est-il orateur? est-il historien? il excelle. Est-il poëte? s'il fait une comédie, il sait y faire rire et le parterre et ceux qui n'aiment que la fine plaisanterie; dans ses tragédies, il change de style suivant les sujets. La versification d'*Andromaque* n'est pas celle de *Britannicus*; celle de *Phèdre* n'est pas celle d'*Athalie*. Compose-t-il des chœurs et des cantiques? il a le lyrique le plus sublime. Fait-il des épigrammes? il les assaisonne du meilleur sel. Entreprend-il une idylle? il l'invente dans un goût nouveau. Quelques personnes prétendent que Lulli, chargé de la mettre en musique, trouva dans la force des vers un travail que les vers de Quinault ne lui avoient pas fait connoître. Il est pourtant certain que Lulli est aussi grand musicien dans cette idylle que dans ses opéras, et a parfaitement rendu le poëte : j'avouerai seulement qu'à ces deux vers,

> Retranchez de nos ans
> Pour ajouter à ses années,

la chute, à cause de la prononciation de la dernière syllabe, ne satisfait pas l'oreille, et que ce n'est pas la faute du musicien, mais celle du poëte, qui n'avoit pas pour le musicien cette même attention qu'avoit Quinault.

---

1. Le chancelier d'Aguesseau.

Lorsque Monsieur le comte de Toulouse fut sorti de l'enfance, Mme de Montespan consulta mon père sur le choix de celui à qui on confieroit l'éducation du jeune prince. Elle demandoit un homme d'un mérite distingué, et d'un nom connu. Mon père voulant en cette occasion obliger M. du Trousset, qu'il estimoit beaucoup, dit à Mme de Montespan : « Je vous propose sans crainte un homme dont le nom n'est pas connu ; mais il mérite de l'être : ses ouvrages, qu'il n'a point donnés au public sous son nom, en ont été bien reçus. » Ces ouvrages étoient la *Critique de la princesse de Clèves*, la *Vie du duc de Guise*, et quelques petites pièces de vers fort ingénieuses. M. du Trousset, connu depuis sous le nom de Valincour, fut agréé. On lui confia l'éducation du prince. Il fut dans la suite secrétaire général de la marine, et par l'estime qu'il acquit à la cour justifia le choix de Mme de Montespan, et les témoignages de celui qui le lui avoit fait connoître.

Je n'ai jamais pu lire sans une surprise extrême ce qu'il dit dans sa lettre à M. l'abbé d'Olivet, en parlant de l'histoire du Roi[1] : « Despréaux et Racine, après avoir longtemps essayé ce travail, sentirent qu'il étoit tout à fait opposé à leur génie. » M. de Valincour, associé pour ce travail à Boileau, après la mort de mon père, et chargé seul de la continuation de cette histoire après la mort de Boileau, suivant toute apparence n'a jamais rien composé sur cette matière. Il pouvoit avoir, aussi bien que ses prédécesseurs, le style historique ; mais pourquoi a-t-il voulu faire entendre que regardant ce travail comme opposé à leur génie, ils ne s'en occupoient pas, lui qui a su mieux qu'un autre combien ils s'en étoient occupés, et qui a été dépositaire, après leur mort, de ce qu'ils en avoient écrit ? Le fatal incendie qui, en 1726, consuma la maison qu'il avoit à Saint-Cloud, fut si prompt, qu'on ne put sauver les papiers les plus importants de l'Amirauté, et que les morceaux de l'histoire du Roi périrent avec plusieurs autres papiers précieux à la littérature. Le recueil des lettres de Boileau et de mon père fera connoître l'application continuelle qu'ils donnoient à l'his-

---

1. *Histoire de l'Académie françoise*, tome II. (*Note de L. Racine.*) — Le passage cité est, dans l'édition de M. Livet, à la page 334 du tome II.

toire dont ils étoient chargés. Quand ils avoient écrit quelque morceau intéressant, ils alloient le lire au Roi.

Ces lectures se faisoient chez Mme de Montespan. Tous deux avoient leur entrée chez elle, aux heures que le Roi y venoit jouer, et Mme de Maintenon étoit ordinairement présente à la lecture. Elle avoit, au rapport de Boileau, plus de goût pour mon père que pour lui; et Mme de Montespan avoit au contraire plus de goût pour Boileau que pour mon père; mais ils faisoient toujours ensemble leur cour, sans aucune jalousie entre eux. Lorsque le Roi arrivoit chez Mme de Montespan, ils lui lisoient quelque chose de son histoire, ensuite le jeu commençoit; et lorsqu'il échappoit à Mme de Montespan, pendant le jeu, des paroles un peu aigres, ils remarquèrent, quoique fort peu clairvoyants, que le Roi, sans lui répondre, regardoit en souriant Mme de Maintenon, qui étoit assise vis-à-vis lui sur un tabouret, et qui enfin disparut tout à coup de ces assemblées. Ils la rencontrèrent dans la galerie, et lui demandèrent pourquoi elle ne venoit plus écouter leur lecture. Elle leur répondit fort froidement : « Je ne suis plus admise à ces mystères. » Comme ils lui trouvoient beaucoup d'esprit, ils en furent mortifiés et étonnés. Leur étonnement fut bien plus grand, lorsque le Roi, obligé de garder le lit, les fit appeler, avec ordre d'apporter ce qu'ils avoient écrit de nouveau sur son histoire, et qu'ils virent, en entrant, Mme de Maintenon assise dans un fauteuil près du chevet du Roi, s'entretenant familièrement avec Sa Majesté. Ils alloient commencer leur lecture, lorsque Mme de Montespan, qui n'étoit point attendue, entra, et après quelques compliments au Roi, en fit de si longs à Mme de Maintenon, que, pour les interrompre, le Roi lui dit de s'asseoir, « n'étant pas juste, ajouta-t-il, qu'on lise sans vous un ouvrage que vous avez vous-même commandé. » Son premier mouvement fut de prendre une bougie pour éclairer le lecteur : elle fit ensuite réflexion qu'il étoit plus convenable de s'asseoir, et de faire tous ses efforts pour paroître attentive à la lecture. Depuis ce jour le crédit de Mme de Maintenon alla en augmentant d'une manière si visible, que les deux historiens lui firent leur cour autant qu'ils la savoient faire.

Mon père, dont elle goûtoit la conversation, étoit beaucoup mieux reçu que son ami, qu'il menoit toujours avec lui. Ils s'entretenoient un jour avec elle de la poésie; et Boileau, déclamant contre le goût de la poésie burlesque, qui avoit régné autrefois, dit dans sa colère : « Heureusement ce misérable goût est passé, et on ne lit plus Scarron, même dans les provinces. » Son ami chercha promptement un autre sujet de conversation, et lui dit, quand il fut seul avec lui : « Pourquoi parlez-vous devant elle de Scarron? Ignorez-vous l'intérêt qu'elle y prend? — Hélas! non, reprit-il; mais c'est toujours la première chose que j'oublie quand je la vois. »

Malgré la remontrance de son ami, il eut encore la même distraction au lever du Roi. On y parloit de la mort du comédien Poisson[1] : « C'est une perte, dit le Roi; il étoit bon comédien. — Oui, reprit Boileau, pour faire un don Japhet : il ne brilloit que dans ces misérables pièces de Scarron. » Mon père lui fit signe de se taire, et lui dit en particulier : « Je ne puis donc paroître avec vous à la cour, si vous êtes toujours si imprudent. — J'en suis honteux, lui répondit Boileau; mais quel est l'homme à qui il n'échappe jamais[2] une sottise? »

1. Ceci a dû se passer en 1690, année de la mort de Raimond Poisson. — Nous avons dit, dans la *Notice biographique*, p. 153, que Saint-Simon a, dans cette circonstance, confondu Racine avec Boileau. On voit qu'il ne s'est pas moins trompé sur la date de l'anecdote, qui ne se rapporte pas au temps de la disgrâce de Racine.

2. « Jamais » n'est que dans l'*Exemplaire corrigé*. — Le *Bolæana* (p. 79 et 80) raconte la même étourderie de Boileau; mais suivant ce recueil, ce fut le duc de Chevreuse, et non Racine, qui lui reprocha son imprudence, et à qui il fit la réponse rapportée ici. C'est ce que confirme d'ailleurs Boileau lui-même, dans la conversation recueillie par Mathieu Marais, et que nous a conservée le manuscrit, déjà cité, appartenant à M. Feuillet de Conches (p. 334-336). Nous croyons devoir rapporter ce récit inédit : « A propos de Scarron, un jour le Roi se bottant pour aller à la chasse, nous étions M. Racine et moi, et quelques courtisans, chez Mme de Maintenon. Le Roi me demanda qui avoit introduit le premier la comédie en France; je lui dis qu'il ne falloit point compter de bonnes comédies avant Molière, et qu'avant ce temps-là on n'avoit vu que quelques méchantes comédies de Scarron. Le Roi fut embarrassé; il fut quelque temps sans répondre. Je m'aperçus bien que j'avois dit une sottise; mais le mot étoit lâché. Les courtisans me firent des mines. Le duc de Chevreuse me dit : « A quoi pensez-vous? » Le Roi me dit : « C'est à dire que

Incapable de trahir jamais sa pensée, il n'avoit pas toujours assez de présence d'esprit pour la taire : il avouoit que la franchise étoit une vertu souvent dangereuse ; mais il se consoloit de ses imprudences par la conformité de caractère qu'il prétendoit avoir avec M. Arnauld, dont, pour se justifier, il racontoit le fait suivant, qui peut trouver place dans un ouvrage où je rassemble plusieurs traits de simplicité d'hommes connus. M. Arnauld, obligé de se cacher, trouva une retraite à l'hôtel de Longueville, à condition qu'il n'y paroîtroit qu'avec un habit séculier, une grande perruque sur la tête, et l'épée au côté. Il y fut attaqué de la fièvre ; et Mme de Longueville, ayant fait venir le médecin Brayer, lui recommanda d'avoir grand soin d'un gentilhomme qu'elle protégeoit particulièrement, et à qui elle avoit donné depuis peu une chambre dans son hôtel. Brayer monte chez le malade, qui, après l'avoir entretenu de sa fièvre, lui demande des nouvelles. « On parle, lui dit Brayer, d'un livre nouveau de Port-Royal, qu'on attribue à M. Arnauld, ou à M. de Saci ; mais je ne le crois pas de M. de Saci : il n'écrit pas si bien. » A ce mot, M. Arnauld, oubliant son habit gris et sa perruque, lui répond vivement : « Que voulez-vous dire ? Mon neveu écrit mieux que moi. » Brayer envisage son malade, se met à rire, descend chez Mme de Longueville, et lui dit : « La maladie de votre gentilhomme n'est pas considérable ; je vous conseille cependant de faire en sorte qu'il ne voie personne. Il ne faut pas le laisser parler. » Mme de Longueville, étonnée des réponses indiscrètes qui échappoient souvent à M. Arnauld et à M. Nicole, disoit qu'elle aimeroit mieux confier son secret à un libertin.

Boileau ne savoit ni dissimuler, ni flatter. Il eut cependant par hasard quelques saillies assez heureuses. Lorsque le Roi lui demanda son âge, il répondit : « Je suis venu au monde

« Boileau n'estime que ce qu'a fait Molière. — Non, Sire, il n'y a « que lui qui ait fait quelque chose de bon en comédie. » Je n'allai pas, comme un sot, réparer ma bévue, et dire que Scarron avoit fait quelques comédies passables. Le Roi se botta, alla à la chasse ; les courtisans me reprochèrent ce que j'avois dit, et je ne leur fis que répondre que j'étois homme, et qu'il falloit bien qu'il échappât quelque chose de temps en temps à quoi on ne pensoit point. »

un an avant Votre Majesté, pour annoncer les merveilles de son règne. »

Dans le temps que l'affectation de substituer le mot de *gros* à celui de *grand* régnoit à Paris comme en quelques provinces, où l'on dit *un gros chagrin* pour *un grand chagrin*, le Roi lui demanda ce qu'il pensoit de cet usage : « Je le condamne, répondit-il, parce qu'il y a bien de la différence entre Louis le Gros et Louis le Grand. »

Malgré quelques réponses de cette nature, il n'avoit pas la réputation d'être courtisan ; et mon père passoit pour plus habile que lui dans cette science, quoiqu'il n'y fût pas non plus regardé comme bien expert par les fins courtisans, et par le Roi même, qui dit, en le voyant un jour à la promenade avec M. de Cavoie : « Voilà deux hommes que je vois souvent ensemble ; j'en devine la raison : Cavoie avec Racine se croit bel esprit ; Racine avec Cavoie se croit courtisan. » Si l'on entend par courtisan un homme qui ne cherche qu'à mériter l'estime de son maître, il l'étoit ; si l'on entend un homme qui, pour arriver à ses vues, est savant dans l'art de la dissimulation et de la flatterie, il ne l'étoit point, et le Roi n'en avoit pas pour lui moins d'estime.

Il lui en donna des preuves en l'attirant souvent à sa cour, où il voulut bien lui accorder un appartement dans le château, et même les entrées. Il aimoit à l'entendre lire, et lui trouvoit un talent singulier pour faire sentir la beauté des ouvrages qu'il lisoit. Dans une indisposition qu'il eut, il lui demanda de lui chercher quelque livre propre à l'amuser : mon père proposa une des *Vies* de Plutarque. « C'est du gaulois, » répondit le Roi. Mon père répliqua qu'il tâcheroit, en lisant, de changer les tours de phrase trop anciens, et de substituer les mots en usage aux mots vieillis depuis Amiot. Le Roi consentit à cette lecture ; et celui qui eut l'honneur de la faire devant lui sut si bien changer, en lisant, tout ce qui pouvoit, à cause du vieux langage, choquer l'oreille de son auditeur, que le Roi écouta avec plaisir, et parut goûter toutes les beautés de Plutarque ; mais l'honneur que recevoit ce lecteur sans titre fit murmurer contre lui les lecteurs en charge.

Quelque agrément qu'il pût trouver à la cour, il y mena toujours une vie retirée, partageant son temps entre peu d'amis et ses livres. Sa plus grande satisfaction étoit de revenir passer quelques jours dans sa famille; et lorsqu'il se retrouvoit à sa table avec sa femme et ses enfants, il disoit qu'il faisoit meilleure chère qu'aux tables des grands.

Il revenoit un jour de Versailles pour goûter ce plaisir, lorsqu'un écuyer de Monsieur le Duc[1] vint lui dire qu'on l'attendoit à dîner à l'hôtel de Condé. « Je n'aurai point l'honneur d'y aller, lui répondit-il; il y a plus de huit jours que je n'ai vu ma femme et mes enfants, qui se font une fête de manger aujourd'hui avec moi une très-belle carpe; je ne puis me dispenser de dîner avec eux. » L'écuyer lui représenta qu'une compagnie nombreuse, invitée au repas de Monsieur le Duc, se faisoit aussi une fête de l'avoir, et que le prince seroit mortifié s'il ne venoit pas. Une personne de la cour, qui m'a raconté la chose, m'a assuré que mon père fit apporter la carpe, qui étoit d'environ un écu, et que, la montrant à l'écuyer, il lui dit : « Jugez vous-même si je puis me dispenser de dîner avec ces pauvres enfants, qui ont voulu me régaler aujourd'hui, et n'auroient plus de plaisir s'ils mangeoient ce plat sans moi. Je vous prie de faire valoir cette raison à Son Altesse Sérénissime. » L'écuyer la rapporta fidèlement, et l'éloge qu'il fit de la carpe devint l'éloge de la bonté du père, qui se croyoit obligé de la manger en famille. Quand un homme a mérité qu'on admire son caractère dans ces petites choses, il est permis de les rapporter, en disant de lui ce que dit Tacite de son beau-père : *Bonum virum facile crederes, magnum libenter*[2].

Ce caractère n'est pas celui d'un homme ardent à saisir toutes les occasions de faire sa cour. Il ne les cherchoit jamais, et souvent sa piété l'empêchoit de profiter de celles qui se présentoient. On lui dit qu'il feroit plaisir au Roi d'aller donner quelques leçons de déclamation à une princesse qui est aujourd'hui dans un rang très-élevé[3]. Il y alla; et quand il vit qu'il

---

1. Louis duc de Bourbon-Condé, petit-fils du grand Condé. Il était né en 1668. On l'appelait *Monsieur le Duc* tout court.

2. *Vie d'Agricola*, chapitre XLIV. « Vous l'auriez cru sans peine un homme bon, volontiers un grand homme. »

3. Cette princesse ne peut être que Mademoiselle de Blois, qui fut mariée depuis au Régent. Au temps où L. Racine écrivait ces *Mé-*

s'agissoit de faire répéter quelques endroits d'*Andromaque*, qu'on avoit fait apprendre par cœur à la jeune princesse, il se retira, et demanda en grâce qu'on n'exigeât point de lui de pareilles leçons.

M. de Fontenelle nous apprend que Corneille, agité de quelques inquiétudes au sujet de ses pièces dramatiques, eut besoin d'être rassuré par des casuistes, qui lui firent toujours grâce en faveur de la pureté qu'il avoit établie sur le théâtre. Mon père, qui fut son casuiste à lui-même, ne se fit aucune grâce; et comme il ne rougissoit point d'avouer ses remords, il ne laissa ignorer à personne qu'il eût voulu pouvoir anéantir ses tragédies profanes, dont on ne lui parloit point à la cour, parce qu'on savoit qu'il n'aimoit point à en entendre parler.

On peut reprocher aux éditeurs la négligence des dernières éditions de ses *OEuvres*[1]. Il n'est pas étonnant néanmoins qu'elles n'aient point été exactes depuis sa mort, puisqu'elles ne l'étoient pas de son vivant. Il ne présida qu'aux premières; et dans la suite ce fut Boileau qui, sans lui en parler, examina les épreuves[2]. Le libraire obtint enfin de l'auteur même d'en revoir un exemplaire, et il ne put s'empêcher d'y faire plusieurs corrections; mais avant que de mourir, il fit brûler cet exemplaire, comme je l'ai dit ailleurs[3]; et mon frère, qui fut le ministre de ce sacrifice, n'eut pas la liberté d'examiner de quelle nature étoient les corrections; il vit seulement qu'elles étoient plus nombreuses dans le premier volume que dans le second.

moires, elle vivait encore. Elle ne mourut qu'en 1749; elle était née en 1677.

1. C'est celui de nos poëtes qui a été imprimé avec le moins de soin. Non-seulement la dernière édition contient une *Vie* faite par un homme peu instruit, et des lettres pitoyables sur ses tragédies, mais on a remis dans le texte des vers que l'auteur avoit changés. (*Note de L. Racine.*) — C'est toujours de l'édition de 1736 que parle L. Racine, quand il dit *la dernière édition*.

2. Il est possible que Racine ait laissé à Boileau le soin de corriger ces épreuves; mais comme dans les dernières éditions il se trouve des changements en plusieurs endroits, on ne saurait admettre que ces changements n'aient pas été indiqués par Racine lui-même.

3. *Réflexions sur la poésie*, tome I, p. 135. (*Note de L. Racine.*)

Toute sa crainte étoit d'avoir un fils qui eût envie de faire des tragédies. « Je ne vous dissimulerai point, disoit-il à mon frère, que dans la chaleur de la composition on ne soit quelquefois content de soi; mais, et vous pouvez m'en croire, lorsqu'on jette le lendemain les yeux sur son ouvrage, on est tout étonné de ne plus rien trouver de bon dans ce qu'on admiroit la veille; et quand on vient à considérer, quelque bien qu'on ait fait, qu'on auroit pu mieux faire, et combien on est éloigné de la perfection, on est souvent découragé. Outre cela, quoique les applaudissements que j'ai reçus m'aient beaucoup flatté, la moindre critique, quelque mauvaise qu'elle ait été, m'a toujours causé plus de chagrin que toutes les louanges ne m'ont fait de plaisir. »

Il comptoit au nombre des choses chagrinantes les louanges des ignorants; et lorsqu'il se mettoit en bonne humeur, il rapportoit le compliment d'un vieux magistrat qui, n'ayant jamais été à la comédie, s'y laissa entraîner par une compagnie, à cause de l'assurance qu'elle lui donna qu'il verroit jouer l'*Andromaque* de Racine. Il fut très-attentif au spectacle, qui finissoit par *les Plaideurs*. En sortant il trouva l'auteur, et lui dit : « Je suis, Monsieur, très-content de votre *Andromaque*; c'est une jolie pièce : je suis seulement étonné qu'elle finisse si gaiement. J'avois d'abord eu quelque envie de pleurer, mais la vue des petits chiens m'a fait rire. » Le bonhomme s'étoit imaginé que tout ce qu'il avoit vu représenter sur le théâtre étoit *Andromaque*.

Boileau racontoit aussi qu'un de ses parents, à qui il avoit fait présent de ses *OEuvres*, lui dit, après les avoir lues : « Pourquoi, mon cousin, tout n'est-il pas de vous dans vos ouvrages? J'y ai trouvé deux lettres à M. de Vivonne, dont l'une est de Balzac, et l'autre de Voiture. »

Un homme qui vivoit à la cour, et qui depuis a été dans une grande place, lui demanda par quelle raison il avoit fait un traité sur le *Sublimé*. Il n'avoit fait qu'ouvrir le volume de ses *OEuvres*, dont Boileau lui avoit fait présent, et ayant lu *sublimé* pour *sublime*, il ne pouvoit comprendre qu'un poëte eût écrit sur un tel sujet.

Boileau allant toucher sa pension au trésor royal, remit son ordonnance à un commis, qui, y lisant ces paroles : « La pension que nous avons accordée à Boileau, à cause de la satisfaction que ses ouvrages nous ont donnée, » lui demanda de quelle espèce étoient ses ouvrages : « De maçonnerie, répondit-il ; je suis un architecte. »

Les poëtes qui s'imaginent être connus et admirés de tout le monde, trouvent souvent des occasions qui les humilient. Ils doivent s'attendre encore que leurs ouvrages essuieront les discours les plus bizarres, et seront exposés tantôt aux critiques injustes des envieux, tantôt aux louanges stupides des ignorants, et tantôt aux fausses décisions de ceux qui se croient des juges. Un poëte, après avoir excité la terreur dans ses tragédies, peut s'entendre comparer à *une petite colombe gémissante*, comme je l'ai dit autre part[1] ; et tous ces discours, quoique méprisables, révoltent toujours l'amour-propre d'un auteur, qui croit que tout le monde lui doit rendre justice.

Mon père, pour dégoûter encore mon frère de vers, et dans la crainte qu'il n'attribuât à ses tragédies les caresses dont quelques grands seigneurs l'accabloient, lui disoit : « Ne croyez pas que ce soient mes vers qui m'attirent toutes ces caresses. Corneille fait des vers cent fois plus beaux que les miens, et cependant personne ne le regarde. On ne l'aime que dans la bouche de ses acteurs ; au lieu que, sans fatiguer les gens du monde du récit de mes ouvrages, dont je ne leur parle jamais, je me contente de leur tenir des propos amusants, et de les entretenir de choses qui leur plaisent. Mon talent avec eux

---

[1]. « Veneris columbulus. » *Réflexions sur la poésie*, tome II, p. 186. (*Note de L. Racine.*)—L'expression qui avait blessé L. Racine, et qu'il relève aussi très-vivement dans une lettre à Chevaye de Nantes, du 11 novembre 1745, se trouve dans un discours du P. Porée, prononcé le 13 mars 1733. On y lit : « Cornelius, sublime volans, ut « Jovis ales, inter fulgura et fulmina ludibundus, omnia fragore « compleverat : Racinius, ut Veneris columbulus, circum rosaria et « myrteta volitans, omnia gemitibus personuit ; » et un peu plus loin : « Divisum imperium cum fulminante aquila gemens colum- « bulus impetravit. » (*De theatro oratio*, dans le recueil intitulé : *Caroli Porée orationes* (Parisiis, apud Marcum Bordelet, M.DCC.XXXV, 2 vol. in-12), tome II, p. 336 et 338.) Malgré ces passages, très-injustes dans leur ridicule rhétorique, le P. Porée donne, dans le même discours, de grandes louanges à Racine.

n'est pas de leur faire sentir que j'ai de l'esprit, mais de leur apprendre qu'ils en ont. Ainsi, quand vous voyez Monsieur le Duc passer souvent des heures entières avec moi, vous seriez étonné, si vous étiez présent, de voir que souvent il en sort sans que j'aie dit quatre paroles; mais peu à peu je le mets en humeur de causer, et il sort de chez moi encore plus satisfait de lui que de moi. »

Le premier précepte qu'il lui donna quand il le fit entrer dans le monde, fut celui-ci : « Ne prenez jamais feu sur le mal que vous entendrez dire de moi. On ne peut plaire à tout le monde, et je ne suis pas exempt de fautes plus qu'un autre. Quand vous trouverez des personnes qui ne vous paroîtront pas estimer mes tragédies, et qui même les attaqueront par des critiques injustes, pour toute réponse contentez-vous de les assurer que j'ai fait tout ce que j'ai pu pour plaire au public, et que j'aurois voulu pouvoir mieux faire. »

Il avoit eu dans sa jeunesse une passion démesurée pour la gloire. La religion l'avoit entièrement changé. Il reprochoit souvent à Boileau l'amour qu'il conservoit toujours pour ses vers, jusqu'à vouloir donner au public les moindres épigrammes faites dans sa jeunesse, et vider, comme il disoit, son portefeuille entre les mains d'un libraire. Loin d'être si libéral du sien, il ne nous l'a pas même laissé.

Il eût pu exceller dans l'épigramme. Je ne rapporterai point ici celles qu'il a faites. On connoît les meilleures, savoir : celles sur l'*Aspar*, sur l'*Iphigénie* de le Clerc, et sur la *Judith* de Boyer. Cette dernière est regardée comme une épigramme parfaite. M. de Valincour remarque qu'il avoit l'esprit porté à la raillerie, et même à une raillerie amère : ce qui étoit cause qu'il disoit quelquefois des choses un peu piquantes, sans avoir intention de fâcher les personnes à qui il les disoit. Lorsqu'après la capitulation du château de Namur, le prince de Barbançon, qui en étoit gouverneur, en sortoit, il lui dit : « Voilà un mauvais temps pour déménager; » ce qu'il ne lui disoit qu'à cause des pluies continuelles. Le prince, qui crut qu'il vouloit le railler, répondit avec douceur : « Quand on déménage comme je fais, le plus mauvais temps est trop beau; » et cette réponse plut fort au Roi.

Il est vrai, comme il est rapporté dans le *Bolæana*, que

mon père dit à quelqu'un qui s'étonnoit de ce que la *Judith* de Boyer n'étoit point sifflée : « Les sifflets sont à Versailles aux sermons de l'abbé Boileau[1]. » Il estimoit infiniment l'abbé Boileau, et ne fit cette réponse que pour faire remarquer certaine bizarrerie d'un goût passager, qui est cause qu'un bon prédicateur n'est pas goûté, tandis qu'un mauvais poëte est applaudi.

La piété, qui avoit éteint en lui la passion des vers, sut aussi modérer son penchant à la raillerie ; et il n'avoit plus depuis longtemps qu'une plaisanterie agréable avec ses amis, comme lorsqu'il cria à M. de Valincour qui entroit dans la galerie de Versailles : « Eh ! Monsieur, où est le feu? » parce que M. de Valincour, avec un air empressé, marchoit toujours à grands pas, ou plutôt couroit comme un homme qui va annoncer que le feu est quelque part.

Boileau avoit contribué à faire sentir à mon père le danger de la raillerie, même entre amis. S'il recevoit de lui des conseils, il lui en donnoit à son tour ; c'est le caractère de la véritable amitié, comme dit Cicéron : *Moneri et monere proprium est veræ amicitiæ*[2]. Dans une dispute qu'ils eurent sur quelque point de littérature, Boileau, accablé de ses railleries, lui dit d'un grand sens froid, quand la dispute fut finie : « Avez-vous eu envie de me fâcher? — Dieu m'en garde ! répond son ami. — Eh bien ! reprend Boileau, vous avez donc tort, car vous m'avez fâché. »

Dans une autre dispute de même nature, Boileau, pressé par de bonnes raisons, mais dites avec chaleur et raillerie,

---

1. *Bolæana*, p. 89 et 90. — Il ne faut pas confondre cet abbé Boileau avec Jacques Boileau, frère de Despréaux. Charles Boileau, abbé de Beaulieu, reçu à l'Académie française en 1694, était un des prédicateurs de la cour. Louis XIV le goûtait. L. Racine donne au mot piquant de son père un sens charitable, qu'il faudrait trop de bonhomie pour adopter. D'Alembert, dans son *Éloge de l'abbé Boileau* (*Histoire des membres de l'Académie*, tome II, p. 298), a pu dire avec raison que parfois « la piété filiale de Louis Racine s'exprime dans ses *Mémoires* avec la simplicité la plus naïve. » Il ajoute très-bien : « Quoi qu'en dise Racine le fils, on ne s'exprime pas de la sorte pour plaindre le sort injuste de ceux qu'on estime. »

2. *Dialogue sur l'Amitié*, chapitre XXV.

perdit patience et s'écria : « Eh bien ! oui, j'ai tort ; mais j'aime mieux avoir tort que d'avoir orgueilleusement raison[1]. » Il trouvoit mon père trop enclin à la raillerie. « Dès qu'il n'est plus tragique, disoit-il, il devient satirique, et quand il quitte son style, il me dérobe le mien[2]. »

Il ne pouvoit assez admirer comment son ami, que la vivacité de son esprit et de son tempérament portoit à plusieurs passions dangereuses dans la société, pour soi-même et pour les autres, avoit toujours pu en modérer la violence, ce qu'il attribuoit aux sentiments de religion qu'il avoit eus gravés dans le cœur dès l'enfance, et qui le retinrent contre ses penchants dans les temps même les plus impétueux de sa jeunesse. Sur quoi il disoit : « La raison conduit ordinairement les autres à la foi ; c'est la foi qui a conduit M. Racine à la raison[3]. »

Boileau avoit reçu de la nature un caractère plus propre à la tranquillité et au bonheur. Exempt de toutes passions, il n'eut jamais à combattre contre lui-même. Il n'étoit point satirique dans la conversation : ce qui faisoit dire à Mme de Sévigné qu'il n'étoit cruel qu'en vers[4]. Sans être ce qu'on appelle dévot, il fut exact, dans tous les temps de sa vie, à remplir les principaux devoirs de la religion. Se trouvant, à Pâques, dans la terre d'un ami, il alla à confesse au curé, qui ne le connoissoit pas, et qui étoit un homme fort simple. Avant que d'entendre sa confession, il lui demanda quelles étoient ses occu-

---

1. Le même mot est rapporté dans le *Bolæana*, p. 102 et 103, où l'on trouve en outre ceci : « Je disois un jour à M. Despréaux : « Savez-vous que M. Racine est aussi satirique que vous ? — Dites, « répondit-il, dites qu'il est plus malin que moi. »

2. Ceci, depuis « il trouvoit mon père, etc., » ne se lit que dans l'*Exemplaire corrigé*.

3. Ce mot n'est pas exactement rapporté dans le *Bolæana*. (*Note de L. Racine.*) — Voici le passage du *Bolæana* (p. 107 et 108) ; il est peut-être moins inexact que L. Racine ne le dit : « M. Despréaux nous disoit que M. Racine étoit venu à la vertu par la religion, son tempérament le portant à être railleur, inquiet, jaloux et voluptueux. »

4. « Il (*Despréaux*) est attendri pour le pauvre Chapelain : je lui dis qu'il est tendre en prose, et cruel en vers. » (*Lettre de Mme de Sévigné à Mme de Grignan*, 15 décembre 1673, tome III, p. 318.)

pations ordinaires : « De faire des vers, répondit Boileau. — Tant pis, dit le curé. Et quels vers? — Des satires, ajouta le pénitent. — Encore pis, répondit le confesseur. Et contre qui? — Contre ceux, dit Boileau, qui font mal des vers; contre les vices du temps, contre les ouvrages pernicieux, contre les romans, contre les opéras. — Ah! dit le curé, il n'y a donc pas de mal, et je n'ai plus rien à vous dire. »

On peut bien assurer que ces deux poëtes n'ont jamais rougi de l'Évangile. Mon père, comme chef de famille, se croyoit obligé à une plus grande régularité. Il n'alloit jamais aux spectacles, et ne parloit devant ses enfants ni de comédie, ni de tragédie profane. A la prière qu'il faisoit tous les soirs au milieu d'eux et de ses domestiques, quand il étoit à Paris, il ajoutoit la lecture de l'Évangile du jour, que souvent il expliquoit lui-même par une courte exhortation proportionnée à la portée de ses auditeurs, et prononcée avec cette âme qu'il donnoit à tout ce qu'il disoit.

Pour occuper de lectures pieuses M. de Seignelay, malade, il alloit lui lire les *Psaumes*. Cette lecture le mettoit dans une espèce d'enthousiasme, dans lequel il faisoit sur-le-champ une paraphrase du psaume. J'ai entendu dire à M. l'abbé Renaudot[1], qui étoit un des auditeurs, que cette paraphrase leur faisoit sentir toute la beauté du psaume, et les enlevoit.

Un autre exemple de cet enthousiasme qui le saisissoit dans la lecture des choses qu'il admiroit, est rapporté par M. de Valincour. Il étoit avec lui à Auteuil, chez Boileau, avec M. Nicole et quelques autres amis distingués. On vint à parler de Sophocle, dont il étoit si grand admirateur qu'il n'avoit jamais osé prendre un de ses sujets de tragédie. Plein de cette pensée, il prend un Sophocle grec, et lit la tragédie d'*OEdipe*, en la traduisant sur-le-champ. Il s'émut à tel point, dit M. de Valincour[2], que tous les auditeurs éprouvèrent les sentiments de terreur et de pitié dont cette pièce est pleine. « J'ai vu,

1. Eusèbe Renaudot, de l'Académie française et de l'Académie des inscriptions. Il était très-lié avec Racine et avec Boileau. Celui-ci lui a dédié son épître *sur l'Amour de Dieu*.
2. Lettre à M. l'abbé d'Olivet. *Histoire de l'Académie françoise*. (*Note de L. Racine.*)

ajoute-t-il, nos meilleures pièces représentées par nos meilleurs acteurs : rien n'a jamais approché du trouble où me jeta ce récit ; et au moment que j'écris, je m'imagine voir encore Racine le livre à la main, et nous tous consternés autour de lui. » Voilà sans doute ce qui a fait croire qu'il avoit le dessein de composer un *OEdipe* ¹.

Un morceau d'éloquence qui le mettoit dans l'enthousiasme, étoit la prière à Dieu qui termine le livre contre M. Mallet². Il aimoit à la lire ; et lorsqu'il se trouvoit avec des personnes disposées à l'entendre, il les attendrissoit, suivant ce que m'a raconté M. Rollin, qui avoit été présent à une de ces lectures.

Dans l'écrit intitulé *le Nouvel Absalon*³, etc., qui fut imprimé par ordre de Louis XIV, il reconnoissoit l'éloquence de Démosthène contre Philippe ; et l'on sait quelle admiration il avoit pour Démosthène : « Ce bourreau fera tant qu'il lui donnera de l'esprit, » dit-il un jour, en entendant M. de Tourreil⁴ qui proposoit différentes manières d'en traduire une

---

1. Voyez ci-dessus, p. 260, note 3.

2. Charles Mallet, docteur de Sorbonne, chanoine et archidiacre de Rouen, avait écrit contre la traduction du *Nouveau Testament* de Mons. La réfutation dont il est question ici est d'Antoine Arnauld. En voici le titre : « *Nouvelle Défense de la traduction du Nouveau Testament imprimé à Mons...*, à Cologne, chez Symon Schouten, M.DC.LXXX, 2 vol. in-8. » *L'invocation à Dieu*, dont Racine admirait si justement l'éloquence, est à la fin du second volume, chapitre XII du livre XII, p. 601-605. M. Sainte-Beuve (*Port-Royal*, tome V, p. 142-144) a cité une partie de cette belle conclusion du livre.

3. C'est un pamphlet d'Antoine Arnauld contre Guillaume d'Orange. Il a pour titre : *le Véritable portrait de Guillaume-Henry de Nassau, nouvel Absalom, nouvel Hérode, nouveau Cromwel, nouveau Néron* (in-4º de 21 pages, sur deux colonnes). On comprend difficilement le jugement que L. Racine prête à son père sur ce libelle peu digne de la plume de son auteur ; mais si réellement Racine le vantait outre mesure, c'était peut-être pour que le Roi en tînt d'autant plus compte à Arnauld.

4. Jacques de Tourreil de l'Académie des inscriptions, reçu à l'Académie française en 1692. Il avait publié en 1691 une traduction des *Harangues de Démosthène*. D'Olivet tenait aussi de Boileau lui-même le mot de Racine qui est rapporté ici. En 1709, comme

phrase. Boileau avoit la même admiration pour Démosthène : « Toutes les fois, disoit-il, que je relis l'*Oraison pour la couronne*, je me repens d'avoir écrit. »

M. de Valincour rapporte encore que quand mon père avoit un ouvrage à composer, il alloit se promener ; qu'alors, se livrant à son enthousiasme, il récitoit ses vers à haute voix ; et que travaillant ainsi à la tragédie de *Mithridate* dans les Tuileries, où il se croyoit seul, il fut surpris de se voir entouré d'un grand nombre d'ouvriers, qui, occupés au jardin, avoient quitté leur ouvrage pour venir à lui. Il ne se crut pas un Orphée, dont les chants attiroient ces ouvriers pour les entendre, puisqu'au contraire, au rapport de M. de Valincour, ils l'entouroient, craignant que ce ne fût un homme au désespoir prêt à se jeter dans le bassin. M. de Valincour eût pu ajouter qu'au milieu même de cet enthousiasme, sitôt qu'il étoit abordé par quelqu'un, il revenoit à lui, n'avoit plus rien de poëte, et étoit tout entier à ce qu'on lui disoit.

Segrais, qui admiroit avec raison Corneille, mais qui n'avoit pas raison de le louer aux dépens de Boileau et de mon père, avance, dans ses *Mémoires*[1], que cette maxime de la Rochefoucauld : « C'est une grande pauvreté de n'avoir qu'une sorte d'esprit, » fut écrite à leur occasion ; « parce que, dit Segrais, tout leur entretien roule sur la poésie : ôtez-les de là, ils ne savent plus rien. » Ce reproche, injuste à l'égard de Boileau même, l'est encore plus à l'égard de mon père. Un homme qui n'eût été que poëte, et qui n'eût parlé que vers, n'eût pas longtemps réussi à la cour. Il évitoit toujours, comme je l'ai

---

M. de Tourreil venait de quitter d'Olivet et Boileau, celui-ci dit : « Ce n'est pas même assez qu'un traducteur ait de l'esprit, s'il n'a la sorte d'esprit de son original ; car l'homme qui sort d'ici n'est pas un sot, à beaucoup près ; et cependant quel monstre que son Démosthène ! Je dis monstre, parce qu'en effet c'est un monstre qu'un homme démesurément grand et bouffi ! Un jour que Racine étoit à Auteuil chez moi, Tourreil y vint, et nous consulta sur un endroit qu'il avoit traduit de cinq ou six façons, toutes moins naturelles et plus guindées les unes que les autres. *Ah! le bourreau! il fera tant qu'il donnera de l'esprit à Démosthène*, me dit Racine tout bas. » (*Histoire de l'Académie françoise*, tome II, p. 110.)

1. C'est-à-dire dans le *Segraisiana*, p. 86.

déjà dit, de parler de ses ouvrages; et lorsque quelques auteurs venoient pour lui montrer les leurs, il les renvoyoit à Boileau, en leur disant que pour lui, il ne se mêloit plus de vers. Quand il en parloit, c'étoit avec modestie, et lorsqu'il se trouvoit avec ce petit nombre de gens de lettres dont, ainsi que Boileau, il cultivoit la société. Ceux qu'ils voyoient le plus souvent étoient les PP. Bourdaloue, Bouhours, et Rapin, le comte de Tréville[1], MM. Nicole, Valincour, la Bruyère, la Fontaine, et Bernier. Ils perdirent ce dernier en 1688. Sa mort eut pour cause une plaisanterie qu'il essuya de la part de M. le premier président de Harlai, étant à sa table[2]. Ce philosophe, que ses voyages et les principes de Gassendi avoient mis au-dessus de beaucoup d'opinions communes, n'eut pas la fermeté de soutenir une raillerie assez froide. Comme il étoit d'un commerce fort doux, sa mort fut très-sensible à Boileau et à mon père.

Leurs amis étoient communs comme leurs sentiments. Tous deux respectoient autant qu'ils le devoient le R. P. Bourdaloue. Les grands hommes s'estiment mutuellement, quoique leurs talents soient différents. Boileau a publié combien l'estime du P. Bourdaloue étoit honorable pour lui, quand il a dit :

> Ma franchise surtout gagna sa bienveillance :
> Enfin, après Arnauld, ce fut l'illustre en France
> Que j'admirai le plus, et qui m'aima le mieux[3].

En parlant de sa franchise, il en donne un exemple dans ces vers mêmes. Il eut, au rapport de Mme de Sévigné, à un dîner chez M. de Lamoignon, une dispute fort vive avec le compagnon du P. Bourdaloue, en présence de ce père, de deux évêques, et de Corbinelli. Voici l'histoire de cette dispute, écrite par Mme de Sévigné[4] :

---

1. « Le comte de Tréville » a été ajouté dans l'*Exemplaire corrigé*.
2. Les plaisanteries de M. de Harlai étaient souvent terribles. Voyez les *Mémoires* de Saint-Simon, tome V, p. 382-384.
3. Ce sont les derniers vers de la petite pièce adressée à *Madame la présidente de Lamoignon sur le portrait du P. Bourdaloue*.
4. Lettre du 15 janvier 1690. (*Note de L. Racine.*) — Voyez les *Lettres de Mme de Sévigné*, tome IX, p. 415-417. On y trouvera le vrai texte, qui n'est ici ni complet, ni tout à fait exact.

« On parla des ouvrages des anciens et des modernes. Despréaux soutint les anciens, à la réserve d'un seul moderne, qui surpasse, à son goût, et les vieux et les nouveaux. Le compagnon du Bourdaloue, qui faisoit l'entendu, lui demanda quel étoit donc ce livre si distingué dans son esprit; il ne voulut pas le nommer. Corbinelli lui dit : « Monsieur, « je vous conjure de me le dire, afin que je le lise toute la « nuit. » Despréaux lui répondit en riant : « Ah! Monsieur, « vous l'avez lu plus d'une fois, j'en suis assuré. » Le jésuite reprend, et presse Despréaux de nommer cet auteur si merveilleux, avec un air dédaigneux, un *cotal riso amaro*. Despréaux lui dit : « Mon père, ne me pressez point. » Le père continue. Enfin Despréaux le prend par le bras, et, le serrant bien fort, lui dit : « Mon père, vous le voulez : eh bien! « c'est Pascal, morbleu! — Pascal! dit le père tout étonné; « Pascal est beau autant que le faux le peut être. — Le faux! « dit Despréaux, le faux! Sachez qu'il est aussi vrai qu'il est « inimitable : on vient de le traduire en trois langues. » Le père répond : « Il n'en est pas plus vrai pour cela. » Despréaux entame une autre dispute : le père s'échauffe de son côté; et après quelques discours fort vifs de part et d'autre, Despréaux prend Corbinelli par le bras, s'enfuit au bout de la chambre; puis revenant et courant comme un forcené, il ne voulut jamais se rapprocher du père, et alla rejoindre la compagnie. Ici finit l'histoire, le rideau tombe[1]. » J'ignore si Mme de Sévigné n'a point orné son récit; mais je sais que le P. Bouhours, s'entretenant avec Boileau sur la difficulté de bien écrire en françois, lui nommoit ceux de nos écrivains qu'il regardoit comme ses modèles, pour la pureté de la langue. Boileau rejetoit tous ceux qu'il nommoit, comme mauvais modèles. « Quel est donc, selon vous, lui dit le P. Bouhours, l'écrivain parfait? Que lirons-nous? — Mon père, reprit Boileau, lisons les *Lettres provinciales*, et, croyez-moi, ne lisons pas d'autre livre. » Le même père, en se plaignant à lui de quelques critiques imprimées contre sa traduction du *Nouveau*

---

1. On a, par erreur, dans les diverses éditions, fermé les guillemets avant cette dernière phrase, la donnant ainsi à Louis Racine. Elle est dans la lettre de Mme de Sévigné.

Testament, lui disoit : « Je sais d'où elles partent ; je connois mes ennemis, je saurai me venger d'eux. — Gardez-vous-en bien, reprit Boileau ; ce seroit alors qu'ils auroient raison de dire que vous n'avez pas entendu votre original, qui ne prêche que le pardon des ennemis. »

Mon père avoit plus d'attention que Boileau à ne rien dire aux personnes à qui il parloit, qui fût contraire à leur manière de penser. D'ailleurs il étoit moins souvent que lui dans le monde. Lorsqu'il pouvoit s'échapper de Versailles, il venoit s'enfermer dans son cabinet, où il employoit son temps à travailler à l'histoire du Roi, qu'il ne perdoit jamais de vue, ou à lire l'Écriture sainte, qui lui inspiroit des réflexions pieuses, qu'il mettoit quelquefois par écrit. Il lisoit avec admiration les ouvrages de M. Bossuet, et n'avoit pas, à beaucoup près, le même respect pour ceux de M. Huet. Il n'approuvoit pas l'usage que ce savant écrivain vouloit faire, en faveur de la religion, de son érudition profane. Il appliquoit au livre de *la Démonstration évangélique* ce vers de Térence :

Te cum tua
Monstratione magnus perdat Jupiter[1].

Il désapprouvoit surtout le livre du même auteur, intitulé *Quæstiones Alnetanæ*, dont il a fait un extrait[2].

Quoiqu'il se fût fait depuis plusieurs années un devoir de religion de ne plus penser à la poésie, il s'y vit cependant rappelé par un devoir de religion auquel il ne s'attendoit pas. Mme de Maintenon, attentive à tout ce qui pouvoit procurer aux jeunes demoiselles de Saint-Cyr une éducation convenable à leur naissance, se plaignit du danger qu'on trouvoit à leur apprendre à chanter et à réciter des vers, à cause de la nature de nos meilleurs vers et de nos plus beaux airs. Elle communiqua sa peine à mon père, et lui demanda s'il ne seroit pas possible de réconcilier la poésie et la musique avec la piété. Le projet l'édifia et l'alarma. Il souhaita que tout autre que lui fût chargé de l'exécution. Ce n'étoit point le reproche

---

1. « Que le grand Jupiter te confonde, toi et ta démonstration. » (*Les Adelphes*, vers 717 et 718.)

2. Cet extrait se trouve parmi les manuscrits de Racine, qui sont à la Bibliothèque impériale.

de sa conscience qu'il craignoit dans ce travail : il craignoit pour sa gloire. Il avoit une réputation acquise, et il pouvoit la perdre, puisqu'il avoit perdu l'habitude de faire des vers, et qu'il n'étoit plus dans la vigueur de l'âge. Que diroient ses ennemis, et que se diroit-il à lui-même, si, après avoir brillé sur le théâtre profane, il alloit échouer sur un théâtre consacré à la piété? Je vais rapporter ce qu'une plume meilleure que la mienne a écrit sur ses craintes, sur l'origine de la tragédie d'*Esther* et sur celle d'*Athalie*.

Une aimable élève de Saint-Cyr, quoique sortie depuis peu de cette maison, et mariée à M. le comte de Caylus, exécuta le prologue de la Piété, fait pour elle, et plusieurs fois le rôle d'Esther. Par les charmes de sa personne et de sa déclamation, elle contribua au succès de cette pièce, dont elle a parlé dans le recueil qu'elle fit un an avant sa mort, et qu'elle intitula : *mes Souvenirs*, parce qu'elle y rassembla ce que lui rappela sa mémoire de plusieurs événements arrivés de son temps à la cour. C'est de ces *Souvenirs*, recueil si estimé des personnes qui en ont connoissance, qu'est tiré le morceau suivant, et un autre que je donnerai encore[1] :

« Mme de Brinon, première supérieure de Saint-Cyr, aimoit les vers et la comédie; et au défaut des pièces de Corneille et de Racine, qu'elle n'osoit faire jouer, elle en composoit de détestables à la vérité, mais c'est cependant à elle et à son goût pour le théâtre qu'on doit les deux belles pièces que Racine a faites pour Saint-Cyr. Mme de Brinon avoit de l'esprit, et une facilité incroyable d'écrire et de parler; car elle faisoit aussi des espèces de sermons fort éloquents; et tous les dimanches, après la messe, elle expliquoit l'évangile comme auroit pu faire M. le Tourneux.

« Mais je reviens à l'origine de la tragédie de Saint-Cyr. Mme de Maintenon voulut voir une des pièces de Mme de Brinon. Elle la trouva telle qu'elle étoit, c'est-à-dire si mau-

---

[1]. Le style de Mme la comtesse de Caylus rend ces deux morceaux précieux ; je les dois à M. le comte de Caylus, son fils, dont le zèle officieux est connu de tout le monde. (*Note de L. Racine.*) On sait que depuis les *Souvenirs* de Mme de Caylus ont été publiés. La première édition est d'Amsterdam, chez Jean Robert, M.DCC.LXX. Voltaire en fut l'éditeur.

vaise, qu'elle la pria de n'en plus faire jouer de semblables, et de prendre plutôt quelque belle pièce de Corneille ou de Racine, choisissant seulement celles où il y auroit le moins d'amour. Ces petites filles représentèrent *Cinna* assez passablement pour des enfants qui n'avoient été formées au théâtre que par une vieille religieuse. Elles jouèrent aussi *Andromaque*; et soit que les actrices en fussent mieux choisies, ou qu'elles commençassent à prendre des airs de la cour, dont elles ne laissoient pas de voir de temps en temps ce qu'il y avoit de meilleur, cette pièce ne fut que trop bien représentée au gré de Mme de Maintenon, et elle lui fit appréhender que cet amusement ne leur insinuât des sentiments opposés à ceux qu'elle vouloit leur inspirer. Cependant, comme elle étoit persuadée que ces sortes d'amusements sont bons à la jeunesse, qu'ils donnent de la grâce, apprennent à mieux prononcer, et cultivent la mémoire (car elle n'oublioit rien de tout ce qui pouvoit contribuer à l'éducation de ces demoiselles, dont elle se croyoit avec raison particulièrement chargée), elle écrivit à M. Racine, après la représentation d'*Andromaque* : « Nos pe-
« tites filles viennent de jouer votre *Andromaque*, et l'ont si
« bien jouée, qu'elles ne la joueront de leur vie, ni aucune
« autre de vos pièces. » Elle le pria dans cette même lettre de lui faire, dans ses moments de loisir, quelque espèce de poëme moral ou historique, dont l'amour fût entièrement banni, et dans lequel il ne crût pas que sa réputation fût intéressée, parce que la pièce resteroit ensevelie à Saint-Cyr, ajoutant qu'il lui importoit peu que cet ouvrage fût contre les règles, pourvu qu'il contribuât aux vues qu'elle avoit de divertir les demoiselles de Saint-Cyr, en les instruisant. Cette lettre jeta Racine dans une grande agitation. Il vouloit plaire à Mme de Maintenon; le refus étoit impossible à un courtisan, et la commission délicate pour un homme qui comme lui avoit une grande réputation à soutenir, et qui, s'il avoit renoncé à travailler pour les comédiens, ne vouloit pas du moins détruire l'opinion que ses ouvrages avoient donnée de lui. Despréaux, qu'il alla consulter, décida brusquement pour la négative. Ce n'étoit pas le compte de Racine. Enfin, après un peu de réflexions, il trouva dans le sujet d'Esther tout ce qu'il falloit pour plaire à la cour. Despréaux lui-même en fut en-

chanté, et l'exhorta à travailler avec autant de zèle qu'il en avoit eu pour l'en détourner.

« Racine ne fut pas longtemps sans porter à Mme de Maintenon, non-seulement le plan de sa pièce (car il avoit accoutumé de les faire en prose, scène pour scène, avant que d'en faire les vers), il porta le premier acte tout fait. Mme de Maintenon en fut charmée, et sa modestie ne put l'empêcher de trouver dans le caractère d'Esther, et dans quelques circonstances de ce sujet, des choses flatteuses pour elle. La Vasty avoit ses applications, Aman des traits de ressemblance; et indépendamment de ces idées, l'histoire d'Esther convenoit parfaitement à Saint-Cyr. Les chœurs, que Racine, à l'imitation des Grecs, avoit toujours en vue de remettre sur la scène, se trouvoient placés naturellement dans *Esther* ; et il étoit ravi d'avoir eu cette occasion de les faire connoître et d'en donner le goût. Enfin je crois que si l'on fait attention au lieu, au temps et aux circonstances, on trouvera que Racine n'a pas moins marqué d'esprit en cette occasion que dans d'autres ouvrages plus beaux en eux-mêmes [1].

« *Esther* fut représentée un an après la résolution que Mme de Maintenon avoit prise de ne plus laisser jouer de pièces profanes à Saint-Cyr. Elle eut un si grand succès, que le souvenir n'en est pas encore effacé.

« Jusque-là il n'avoit point été question de moi, et on n'imaginoit pas que je dusse y représenter un rôle ; mais me trouvant présente aux récits que M. Racine venoit faire à Mme de Maintenon de chaque scène à mesure qu'il les composoit, j'en retenois des vers ; et comme j'en récitai un jour à M. Racine, il en fut si content, qu'il demanda en grâce à Mme de Maintenon de m'ordonner de faire un personnage : ce qu'elle fit. Mais je ne voulus point de ceux qu'on avoit déjà destinés : ce qui l'obligea de faire pour moi le prologue de sa pièce. Ce-

---

1. Voilà parler en personne éclairée. Les ennemis de l'auteur ne parlèrent pas de même. Ils disoient qu'il entendoit mieux à parler d'amour que de Dieu. Ainsi ses premières craintes avoient été bien fondées, puisque *Esther*, malgré son succès, fut très-critiquée. (*Note de L. Racine.*) — L. Racine parle un peu plus bas de ces critiques. Nous croyons cependant que cette fois elles ne se produisirent que très-timidement.

pendant ayant appris, à force de les entendre, tous les autres rôles, je les jouai successivement, à mesure qu'une des actrices se trouvoit incommodée; car on représenta *Esther* tout l'hiver; et cette pièce, qui devoit être renfermée dans Saint-Cyr, fut vue plusieurs fois du Roi et de toute la cour, toujours avec le même applaudissement. »

Esther fut représentée en 1689. Les demoiselles avoient été formées à la déclamation par l'auteur même, qui en fit d'excellentes actrices. Pour cette raison, il étoit tous les jours, par ordre de Mme de Maintenon, dans la maison de Saint-Cyr ; et la mémoire qu'il y a laissée lui fait tant d'honneur, qu'il m'est permis d'en parler. J'ose dire qu'elle y est chérie et respectée, à cause de l'admiration qu'eurent toutes ces dames pour la douceur et la simplicité de ses mœurs. J'eus l'honneur d'entretenir, il y a deux mois, quelques-unes de celles qui l'y virent alors; elles m'en parlèrent avec une espèce d'enthousiasme, et toutes me dirent d'une commune voix : « Vous êtes fils d'un homme qui avoit un grand génie, et une grande simplicité. » Elles ont eu la bonté de chercher parmi les lettres de Mme de Maintenon celles où il étoit fait mention de lui, et m'en ont communiqué quatre, que je joins au recueil des lettres.

Des applications particulières contribuèrent encore au succès de la tragédie d'*Esther* : *Ces jeunes et tendres fleurs transplantées* étoient représentées par les demoiselles de Saint-Cyr. La Vasty, comme dit Mme de Caylus, avoit quelque ressemblance. Cette Esther, qui *a puisé ses jours* dans la race proscrite par Aman, avoit aussi sa ressemblance; quelques paroles échappées à un ministre [1] avoient, dit-on, donné lieu à ces vers :

Il sait qu'il me doit tout, etc.

On prétendoit aussi expliquer ces *ténèbres jetées sur les yeux les plus saints* [2], dont il est parlé dans le prologue : en sorte que l'auteur avoit suivi l'exemple des anciens, dont les tragédies ont souvent rapport aux événements de leur temps.

1. A Louvois.
2. Comment L. Racine les expliquait-il? Dans ses *Remarques* sur *Esther* il n'y veut pas voir une allusion aux démêlés d'Innocent XI avec le Roi.

Mme de Sévigné parle dans ses lettres des applaudissements que reçut cette tragédie : « Le Roi et toute la cour sont, dit-elle[1], charmés d'*Esther*. Monsieur le Prince y a pleuré. Mme de Maintenon et huit jésuites, dont étoit le P. Gaillard, ont honoré de leur présence la dernière représentation. Enfin c'est un chef-d'œuvre de Racine. » Elle dit encore dans un autre endroit[2] : « Racine s'est surpassé; il aime Dieu comme il aimoit ses maîtresses[3]; il est pour les choses saintes comme il étoit pour les profanes. La sainte Écriture est suivie exactement. Tout est beau, tout est grand, tout est écrit avec dignité. »

Les grandes leçons que contient cette tragédie pour les rois que leurs ministres trompent souvent, pour les ministres qu'aveugle leur fortune, et pour les innocents qui, prêts à périr, voient le ciel prendre leur défense; les applaudissements réitérés de la cour, et surtout ceux du Roi, qui honora plusieurs fois cette pièce de sa présence, devoient fermer la bouche aux critiques. Cependant elle fut vivement attaquée. Plusieurs même de ceux qui avoient répété si souvent dans leurs épîtres dédicatoires, ou dans leurs discours académiques, que le Roi étoit au-dessus des autres hommes autant par la justesse de son esprit que par la grandeur de son rang, ne regardèrent pas, dans cette occasion, sa décision comme une loi pour eux. Je juge de la manière dont cette tragédie fut critiquée, par une apologie qui en fut faite dans ce temps, et que j'ai trouvée par hasard.

L'auteur de cette apologie manuscrite, après avoir avoué que le jugement du public n'est pas favorable à la pièce, et qu'il est même déjà un peu tard pour en appeler, entreprend de montrer qu'elle a été jugée sans examen, et que tout son mérite n'est pas connu. Après l'avoir relevée par la grandeur du

---

1. Lettre 512. (*Note de L. Racine.*) C'est la *lettre à Mme de Grignan*, du 28 janvier 1689. L. Racine renvoie à l'édition de Perrin de 1737; mais il mêle ici deux lettres, celle du 28 et celle du 31 janvier 1689. Voyez tome VIII, p. 436 et 437, 444 et 445.

2. Lettre 516. (*Note de L. Racine.*) C'est la *lettre à Mme de Grignan*, du 7 février 1689, tome VIII, p. 458.

3. Lorsque Mme de Sévigné parle de *maîtresses*, elle n'eût pu en nommer une autre que la Channmélay, et elle parle suivant le préjugé dont j'ai fait voir plus haut la cause et la fausseté. (*Note de L. Racine.*) — Voyez ci-dessus, p. 256 et suivantes.

sujet, par les caractères, et la régularité de la conduite, il s'arrête à faire observer ce que les connoisseurs y remarquèrent d'abord, cette manière admirable et nouvelle de faire parler d'amour, en conservant à un sujet saint toute sa sainteté, et en conservant à Assuérus toute la majesté d'un roi de Perse. L'amour s'accorde difficilement avec la fierté, encore plus difficilement avec la sagesse ; cependant ce roi idolâtre parle d'amour de manière que rien n'est si pur ni si chaste, parce que devant Esther il est comme amoureux de la vertu même.

L'auteur de cette pièce fit, cette même année [1], pour la maison de Saint-Cyr, quatre cantiques tirés de l'Écriture sainte, qui auroient été plus utiles aux demoiselles de cette maison, si la musique avoit répondu aux paroles; mais le musicien [2] à qui ils furent donnés, et qui avoit déjà mis en chant les chœurs d'*Esther*, n'avoit pas le talent de Lulli.

Le Roi fit exécuter plusieurs fois ces cantiques devant lui; et la première fois qu'il entendit chanter ces paroles :

> Mon Dieu, quelle guerre cruelle !
> Je trouve deux hommes en moi :
> L'un veut que plein d'amour pour Toi,
> Mon cœur te soit toujours fidèle ;
> L'autre à tes volontés rebelle
> Me révolte contre ta loi,

il se tourna vers Mme de Maintenon, en lui disant : « Madame, voilà deux hommes que je connois bien. »

La lettre suivante fut écrite, au sujet de ces cantiques, par un homme très-connu alors par son esprit et sa piété [3] :

1. D'Olivet aussi (voyez l'*Histoire de l'Académie françoise*, tome II, p. 533) croyait les *Cantiques* de 1689; ils sont de 1694.
2. Moreau, maître de musique de la chambre du Roi.
3. Cette lettre et la suivante ont été insérées dans les OEuvres de Racine, édition de 1807, tome VII, p. 541 et 542, sous ce titre : *Lettres de Fénelon*. Depuis, on les cite toujours comme étant de ce prélat. On aurait pu remarquer cependant que si Louis Racine avait voulu désigner Fénelon par ces mots : « un homme très-connu alors par son esprit et par sa piété, » il se serait exprimé de la façon la plus bizarre. Fénelon n'était pas seulement *un homme très-connu alors*. Et pourquoi Louis Racine ne l'eût-il pas nommé? Ne devait-on

« Que ces cantiques sont beaux ! qu'ils sont admirables, tendres, naturels, pleins d'onction ! Ils élèvent l'âme, et la portent où l'auteur l'a voulu porter, jusqu'au ciel, jusqu'à Dieu. J'augure un grand bien de ces cantiques autorisés par l'approbation du monarque, et de son goût, qui sera le goût de tout le monde. Je regarde l'auteur comme l'apôtre des Muses et le prédicateur du Parnasse, dont il semble n'avoir appris le langage que pour leur prêcher en leur langue l'Évangile, et leur annoncer le Dieu inconnu. Je prie Dieu qu'il bénisse sa mission, et qu'il daigne le remplir de plus en plus des vérités qu'il fait passer si agréablement dans les esprits des gens du monde. »

Le même homme écrivit encore une lettre fort belle[1], lors-

---

pas regarder comme plus vraisemblable que le nom tu par Louis Racine était celui de quelqu'un de mal noté pour son attachement à Port-Royal, et qui d'ailleurs pouvait, plus naturellement que Fénelon, appeler Racine « l'illustre ami ? » car cette expression semble un peu plus forte que ne l'auraient permis les relations qui existaient entre Fénelon et Racine. Ces relations étaient bonnes sans doute. Nous voyons qu'à l'occasion des sévérités de Bossuet contre le docteur du Pin, Racine eut en 1692 plusieurs entretiens avec Fénelon, dont il désirait l'intervention en faveur de son parent. (*Lettres de Fénelon à Bossuet*, 3 mars, 23 mars et 4 mai 1692.) Lorsque le fils aîné de Racine passa par Cambrai en 1698, l'Archevêque lui fit bon accueil, et dans des lettres qu'il écrivit à son père, rendit bon témoignage de lui. (*Lettre de Racine à son fils*, 26 janvier 1698.) Mais d'une intime amitié entre Fénelon et Racine nous ne trouvons nulle trace. Ces réflexions nous étaient venues à l'esprit lorsqu'une obligeante communication de M. le Brun-Dalbanne, membre de la Société académique de l'Aube, les a justifiées. Parmi divers papiers appartenant à la bibliothèque de Troyes et relatifs à Racine, dont il a bien voulu nous donner pour cette édition des copies très-exactes, nous avons trouvé la seconde des lettres citées ici par L. Racine. C'est une ancienne copie, provenant du collège de l'Oratoire de Troyes (liasse n° 2337 des manuscrits de la bibliothèque de Troyes). En tête de cette copie on lit : « Extrait d'une lettre du P. Quesnel du 14 février 1697. »

1. Cette lettre, que L. Racine et la copie ci-dessus mentionnée datent du 14 février 1697, est ainsi datée par les éditeurs de 1807 : « Cambrai, ce 17 novembre 1698. » De même qu'ils ont ajouté *Cambrai*, pour autoriser l'attribution qu'ils ont faite à Fénelon de la lettre, ils en ont changé la date, parce qu'ils ont pensé qu'il s'y agissait

qu'il apprit qu'une de mes sœurs se faisoit religieuse; et l'heureuse application qu'il y fait de quelques vers de ces cantiques m'engage à la rapporter ici.

« Du 14 février 1697.

« Je prends, en vérité, beaucoup de part à la douleur et à la joie de l'illustre ami. Car il y a en cette occasion obligation d'unir ce que saint Paul sépare, *flere cum flentibus, gaudere cum gaudentibus*[1]. La nature s'afflige, et la foi se réjouit dans le même cœur. Mais je m'assure que la foi l'emportera bientôt, et que sa joie, se répandant sur la nature, en noiera tous les sentiments humains. Il est impossible qu'une telle séparation n'ait fait d'abord une grande plaie dans un cœur paternel; mais le remède est dans la plaie; et cette affliction est la source de consolations infinies pour l'avenir, et dès à présent. Je ne doute point qu'il ne conçoive combien il a d'obligation à la bonté de Dieu, d'avoir daigné choisir dans son petit troupeau une victime qui lui sera consacrée et immolée toute sa vie en un holocauste d'amour et d'adoration, et de l'avoir cachée dans le secret de sa face, pour y mettre à couvert de la corruption du siècle toutes les bonnes qualités qui ne lui ont été données que pour Dieu. Au bout du compte, il s'en doit prendre un peu à lui-même. La bonne éducation qu'il lui a donnée et les sentiments de religion qu'il lui a inspirés l'ont conduite à l'autel du sacrifice. Elle a cru ce qu'il lui a dit, que de ces deux hommes qui sont en nous,

> L'un, tout esprit et tout céleste,
> Veut qu'au ciel sans cesse attaché,
> Et des biens éternels touché,
> On compte pour rien tout le reste.

d'Anne Racine, qui fit profession aux Ursulines de Melun le 6 novembre 1698. Cependant la date était bonne. Marie-Catherine, fille aînée de Racine, était entrée aux Carmélites le 29 décembre 1696. Ce n'était pas encore, il est vrai, pour y prendre le voile; mais Racine croyait alors à une séparation fermement résolue, et nous savons par une de ses lettres que son affliction avait été vive. L. Racine, un peu plus loin, rapporte lui-même la lettre à l'entrée en religion d'Anne Racine, ce qui ne peut se concilier avec la date qu'il donne.

1. *Épître aux Romains*, chapitre XII, verset 15.

Elle l'a de bonne foi compté pour rien sur sa parole, et plus encore sur celle de Dieu, et s'est résolue d'être sans cesse attachée au ciel et aux biens éternels. Il n'y a donc qu'à louer et à bénir Dieu, et à profiter de cet exemple de détachement des choses du monde que Dieu nous met à tous devant les yeux dans cette généreuse retraite.

« Je vous prie d'assurer cet heureux père que j'ai offert sa victime à l'autel, et que je suis, avec beaucoup de respect, tout à lui. »

Ce père si tendre fut présent au sacrifice de sa fille, et pleuroit encore quand il en écrivit le récit dans une lettre qu'on trouvera la dernière de toutes ses lettres[1]. Il n'est pas étonnant qu'une victime qui étoit de son troupeau lui ait coûté beaucoup de larmes, puisqu'il n'assistoit jamais à une pareille cérémonie sans pleurer, quoique la victime lui fût indifférente : c'est ce qu'on apprendra par une des lettres de Mme de Maintenon, qui écrivoit à Saint-Cyr, pour demander le jour de la profession d'une jeune personne, où elle vouloit assister. « Racine, qui veut pleurer, dit-elle, viendra à la profession de la sœur Lalie. » La tendresse de son caractère paroissoit en toute occasion. Dans une représentation d'*Esther* devant le Roi, la jeune actrice qui faisoit le rôle d'Élise manqua de mémoire : « Ah! Mademoiselle, s'écria-t-il, quel tort vous faites à ma pièce ! » La demoiselle, consternée de la réprimande, se mit à pleurer. Aussitôt il courut à elle, prit son mouchoir, essuya ses pleurs, et en répandit lui-même. Je ne crains point d'écrire de si petites choses, parce que cette facilité à verser des larmes fait connoître la bonté d'un caractère, suivant cette maxime des anciens : ἀγαθοὶ δ' ἀριδάκρυες ἄνδρες [2].

Les applaudissements que sa tragédie avoit reçus ne l'empêchoient pas de reconnoître qu'elle n'étoit pas dans toute la grandeur du poëme dramatique. L'unité de lieu n'y étoit pas observée, et elle n'étoit qu'en trois actes : c'est mal à propos que dans quelques éditions on l'a partagée en cinq. Il avoit

---

1. C'est la lettre à la mère Agnès de Sainte-Thècle, du 9 novembre 1698, sur l'entrée en religion d'Anne Racine.

2. « Les hommes qui pleurent facilement ont le cœur bon; » antique adage que les grammairiens grecs nous ont conservé.

trouvé l'art d'y lier, comme les anciens, les chœurs avec l'action, mais il terminoit l'action par un chœur : chose inconnue aux anciens, et contraire à la nature du poëme dramatique, qui ne doit pas finir par des chants[1].

Il entreprit de traiter un autre sujet de l'Écriture sainte, et de faire une tragédie plus parfaite. Mme de Sévigné doutoit qu'il y pût réussir, et disoit dans une de ses lettres : « Il aura de la peine à faire mieux qu'*Esther* : il n'y a plus d'histoire comme celle-là. C'étoit un hasard, et un assortiment de toutes choses ; car Judith, Booz et Ruth ne sauroient rien faire de beau. Racine a pourtant bien de l'esprit ; il faut espérer[2]. » Elle n'avoit point tort de penser ainsi. Elle ne s'attendoit pas que dans un chapitre du quatrième livre des *Rois*, il dût trouver le plus grand sujet qu'aucun poëte eût encore traité, et en faire une tragédie, qui, sans amour, sans épisodes, sans confidents, intéresseroit toujours, dans laquelle le trouble iroit croissant de scène en scène jusqu'au dernier moment, et qui seroit dans toute l'exactitude des règles.

Le mérite cependant de cette tragédie fut longtemps ignoré. Elle n'eut point le secours des représentations, qui font pour un temps la fortune des pièces médiocres. On avoit fait un scrupule à Mme de Maintenon des représentations d'*Esther*, en lui disant que ces spectacles, où de jeunes demoiselles, parées magnifiquement, paroissoient devant toute la cour, étoient dangereux pour les spectateurs et pour les actrices mêmes. On ne songeoit point à faire exécuter *Athalie* sur le théâtre des comédiens ; l'auteur y avoit mis ordre, en faisant insérer dans le privilége d'*Esther*[3] la défense aux comédiens de représenter une tragédie faite pour Saint-Cyr. De pareils sujets ne conviennent point à de pareils acteurs : il falloit, comme dit Mme de Sévigné, lettre 533[4], « des personnes

1. Règle bien douteuse, qu'Eschyle certainement n'observait pas.
2. *Lettre à Mme de Grignan*, 21 mars 1689, tome VIII, p. 539.
3. Le privilége, daté du 3 février 1689, est accordé aux Dames de Saint-Cyr, et non pas à l'auteur ; et il y est dit : « Ayant vu nous-même plusieurs représentations dudit ouvrage, dont nous avons été satisfait, nous avons donné par ces présentes aux Dames de Saint-Cyr, avec défense à tous acteurs, etc. » (*Note de L. Racine.*)
4. C'est la même lettre d'où la précédente citation a été tirée.

innocentes pour chanter les malheurs de Sion ; la Chammélay nous eût fait mal au cœur. »

Mme la comtesse de Caylus a pensé de même ; et on lira avec plaisir ce qu'elle a écrit sur *Athalie*, dans ses *Souvenirs*, recueil dont j'ai parlé :

« Le grand succès d'*Esther* mit Racine en goût : il voulut composer une autre pièce ; et le sujet d'Athalie (c'est-à-dire de la mort de cette reine, et la reconnoissance de Joas) lui parut le plus beau de tous ceux qu'il pouvoit tirer de l'Écriture sainte. Il y travailla sans perdre de temps ; et l'hiver suivant, cette nouvelle pièce se trouva en état d'être représentée ; mais Mme de Maintenon reçut de tous côtés tant d'avis et tant de représentations des dévots, qui agissoient en cela de bonne foi, et de la part des poëtes jaloux de Racine, qui, non contents de faire parler les gens de bien, écrivirent plusieurs lettres anonymes, qu'ils empêchèrent enfin *Athalie* d'être représentée sur le théâtre de Saint-Cyr. On disoit à Mme de Maintenon qu'il étoit honteux à elle de faire monter sur un théâtre des demoiselles rassemblées de toutes les parties du royaume pour recevoir une éducation chrétienne, et que c'étoit mal répondre à l'idée que l'établissement de Saint-Cyr avoit fait concevoir. J'avois part aussi à ces discours, et on trouvoit encore qu'il étoit indécent à elle de me faire voir à toute la cour sur un théâtre.

« Le lieu, le sujet des pièces, et la manière dont les spectateurs s'étoient introduits à Saint-Cyr, devoient justifier Mme de Maintenon, et elle auroit pu ne pas s'embarrasser de discours qui n'étoient fondés que sur l'envie et la malignité ; mais elle pensa différemment, et arrêta ces spectacles dans le temps que tout étoit prêt pour jouer *Athalie*. Elle fit seulement venir à Versailles, une fois ou deux, les actrices pour jouer dans sa chambre devant le Roi, avec leurs habits ordinaires. Cette pièce est si belle, que l'action n'en parut pas refroidie ; il me semble même qu'elle produisit alors plus d'effet qu'elle n'en a produit sur le théâtre de Paris. Oui, je crois que M. Racine auroit été fâché de la voir aussi défigurée qu'elle m'a paru l'être par une Josabeth fardée, par une Athalie outrée, et par un grand prêtre plus capable d'imiter les capucinades du petit Père Honoré que la majesté d'un prophète divin[1]. Il faut ajouter encore que les chœurs, qui manquoient aux représentations faites à Paris, ajoutoient une grande beauté à la pièce, et que les spectateurs, mêlés et confondus avec les acteurs, refroidissent infiniment l'action ; mais malgré ces défauts et ces inconvénients, elle a été admirée, et le sera toujours.

« On fit après, à l'envi de M. Racine, plusieurs pièces pour Saint-Cyr ; mais elles y sont ensevelies. La *Judith*, pièce que M. l'abbé Testu fit faire par Boyer, à laquelle il travailla lui-même, fut jouée ensuite[2] sur le théâtre de Paris avec le succès marqué dans l'épigramme :

« A sa *Judith*, Boyer par aventure, etc. »

Athalie fut exécutée deux fois devant Louis XIV et devant Mme de Maintenon, dans une chambre sans théâtre, par les demoiselles de Saint-Cyr, vêtues de ces habits modestes et uniformes qu'elles portent dans la maison. De pareilles représentations étoient bien différentes de celles d'*Esther*, qui se faisoient avec une grande dépense pour les habits, les décorations et la musique.

Mme de Caylus fait peut-être une prédiction véritable, lorsqu'elle dit qu'*Athalie* sera toujours admirée ; mais elle ne le fut pas d'abord du public ; et lorsqu'elle parut imprimée en 1691, elle fut très-peu recherchée. On avoit entendu dire qu'elle étoit faite pour Saint-Cyr, et qu'un enfant y faisoit un principal personnage : on se persuada que c'étoit une pièce qui n'étoit que pour des enfants, et les gens du monde furent peu empressés de la lire. Ceux qui la lurent parurent froids d'abord ; et M. Arnauld, en la trouvant fort belle, la mettoit au-dessous d'*Esther*. Un docteur de Sorbonne peut aisément se tromper en jugeant de tragédies ; mais la manière dont il avoit parlé de *Phèdre* faisoit voir qu'en ces matières même il n'avoit pas coutume de se tromper. Voici la lettre qu'il écrivit à ce sujet[3] :

1. Elle parle de la Duclos, de la Desmare, et de Beaubour. Le vieux Baron fit après lui le rôle du grand prêtre bien différemment. (*Note de L. Racine.*)
2. En 1695.
3. Elle est adressée à M. Willard, en date du 10 avril 1691.

« J'ai reçu *Athalie*, et l'ai lue aussitôt deux ou trois fois avec une grande satisfaction. Si j'avois plus de loisir, je vous marquerois plus au long ce qui me la fait admirer. Le sujet y est traité avec un art merveilleux, les caractères bien soutenus, les vers nobles et naturels. Ce qu'on y fait dire aux gens de bien, inspire du respect pour la religion et pour la vertu; et ce qu'on fait dire aux méchants n'empêche point qu'on n'ait horreur de leur malice : en quoi je trouve que beaucoup de poëtes sont blâmables, mettant tout leur esprit à faire parler leurs personnages d'une manière qui peut rendre leur cause si bonne, qu'on est plus porté à approuver ou à excuser les plus méchantes actions qu'à en avoir de la haine. Mais comme il est bien difficile que deux enfants d'un même père soient si également parfaits qu'il n'ait pas plus d'inclination pour l'un que pour l'autre, je voudrois bien savoir laquelle de ces deux pièces il aime davantage[1]. Pour moi, je vous dirai franchement que les charmes de la cadette n'ont pu m'empêcher de donner la préférence à l'aînée. J'en ai beaucoup de raisons, dont la principale est que j'y trouve beaucoup plus de choses très-édifiantes, et très-capables d'inspirer de la piété. »

Un pareil jugement, quelque flatteur qu'il soit, ne satisfait point un auteur, toujours plus content, suivant la coutume, de son dernier ouvrage que des autres, surtout lorsqu'il en a de si justes raisons. Étonné de voir que sa pièce, loin de faire dans le public l'éclat qu'il s'en étoit promis, restoit presque dans l'obscurité, il s'imagina qu'il avoit manqué son sujet ; et il l'avouoit sincèrement à Boileau, qui lui soutenoit au contraire qu'*Athalie* étoit son chef-d'œuvre : « Je m'y connois, lui disoit-il, et le public y reviendra. » Sur ces espérances, l'auteur se rassuroit : il a cependant été toujours convaincu que, s'il avoit fait quelque chose de parfait, c'étoit *Phèdre*[2] ; et sa prédilection

---

1. Dans le texte de la lettre il y a : « votre voisin aime davantage. » Willard demeurait alors dans le voisinage de Racine. Voyez la *Notice biographique*, p. 134 et 135.

2. « Je demandai à M. Racine quelle étoit celle de ses tragédies qu'il estimoit le plus. Il répondit : « Je suis pour *Phèdre*, et M. le « prince de Conti est pour *Athalie*. » (Brossette, *Recueil des mémoires*

pour cette pièce étoit fondée sur des raisons très-fortes; car, quoique l'action d'*Athalie* soit bien plus grande, le caractère de Phèdre est, comme celui d'OEdipe, un de ces sujets rares qui ne sont pas l'ouvrage des poëtes, et qu'il faut que la fable ou l'histoire leur fournissent. Tout le monde sait que la principale qualité qu'Aristote, ou plutôt que la tragédie demande dans son héros, est qu'il ne soit ni tout à fait vicieux ni tout à fait vertueux, parce qu'un scélérat, quelque malheur qui lui arrive, ne fait jamais pitié, et qu'un homme tout à fait exempt de foiblesse, et qui ne s'est attiré son malheur par aucune faute, cause plus de chagrin que de pitié; au lieu que le malheureux qui mérite de l'être, et qui en même temps mérite d'être plaint, intéresse toujours; et c'est ce qui se trouve admirablement dans Phèdre, qui dévorée par une infâme passion, est toute la première à se prendre en horreur. Je ne sais même si par là son caractère n'est pas beaucoup plus tragique que celui d'OEdipe, qui dans le fond n'est qu'un homme fort ordinaire, à qui le hasard a fait commettre de grands crimes, sans qu'il en ait eu l'intention, et chez qui l'on ne peut voir cette *douleur vertueuse* qui fait la beauté du caractère de Phèdre. Mais on peut dire aussi que ce caractère est le seul qui soit dans cette tragédie; au lieu que dans *Athalie*, où se trouvent à la fois plusieurs grands caractères, l'action est plus grande, plus intéressante, et conduite avec plus d'art : en sorte qu'on pourroit, à mon avis, concilier les deux sentiments en disant que le personnage de Phèdre est le plus parfait des personnages tragiques, et qu'*Athalie* est la plus parfaite des tragédies.

On en reconnut enfin le mérite; mais la prédiction de Boileau n'eut son accomplissement que fort tard, et longtemps après la mort de l'auteur. Les vrais connoisseurs vantèrent le mérite de cette pièce. Monsieur le duc d'Orléans, régent du royaume, voulut connoître quel effet elle produiroit sur le théâtre; et malgré la clause insérée dans le privilége, ordonna aux comé-

touchant la vie et les ouvrages de Boileau Despréaux, p. 496; manuscrit appartenant à M. Feuillet de Conches.) — Sur l'opinion de Boileau, Brossette (*ibidem*) ne semble pas d'accord avec L. Racine : « M. Despréaux nommoit aussi *Phèdre* la première, et *Andromaque* la seconde. » Mais n'était-ce pas les pièces saintes à part?

diens de l'exécuter[1]. Le succès fut étonnant; et les premières représentations faites à la cour[2] donnoient un nouveau prix à cette pièce, parce que le Roi étant à peu près de l'âge de Joas, on ne pouvoit, sans s'attendrir sur lui, entendre quelques vers comme ceux-ci :

> Voilà donc votre roi, votre unique espérance.
> J'ai pris soin jusqu'ici de vous le conserver....
> Du fidèle David c'est le précieux reste....
> Songez qu'en cet enfant tout Israël réside....

Voilà quel fut le sort de cette fameuse tragédie, qui, du côté de l'intérêt, n'ayant rien produit à l'auteur ni à sa famille, a été si utile depuis aux libraires et aux comédiens; et du côté de la gloire, en a acquis une si éloignée du temps de l'auteur qu'il n'a jamais pu la prévoir. Il étoit heureusement détaché depuis longtemps de l'amour de la gloire humaine : il en devait connoître mieux qu'un autre la vanité. *Bérénice*, dans sa naissance, fit plus de bruit qu'*Athalie*.

S'il ne fut pas récompensé de ses deux tragédies saintes par les éloges du public, il en fut récompensé par la satisfaction que Louis XIV témoigna en avoir reçue, et il en eut pour preuve, au mois de décembre 1690, l'agrément d'une charge de gentilhomme ordinaire de Sa Majesté[3]. Il eut encore l'avantage de contenter Mme de Maintenon, la seule protection qu'il ait cultivée. Enfin il acquit l'estime des Dames de Saint-Cyr, qui, dans le voyage dont j'ai parlé plus haut, m'en parlèrent avec tant de zèle, que leurs discours m'ont plus appris à l'admirer, que ses ouvrages ne me l'avoient encore fait ad-

---

1. *Athalie* fut jouée pour la première fois par les comédiens sur le Théâtre-Français, à Paris, le mardi 3 mars 1716.

2. Dangeau, dans son *Journal*, parle de la première de ces représentations, à la date du 30 avril 1716.

3. A condition de payer à Mme Torff, veuve de celui dont on lui donnoit la charge, dix mille livres, qui lui furent payées le 23 du même mois. (*Note de L. Racine.*) — On lit en effet dans le *Journal* de Dangeau : « Mercredi 13 décembre 1690, à Versailles. - Le Roi a donné à Racine la charge d'ordinaire que Torf avoit. Il donnera dix mille francs à la veuve. La dernière de ces charges qui a été vendue, a été vendue cinquante-trois mille francs. »

mirer. Une des lettres de Mme de Maintenon, que je donne à la suite de ces *Mémoires*, apprend qu'il revit avec Boileau les constitutions de cette maison, pour corriger les fautes de style.

Dégoûté plus que jamais de la poésie par le malheureux succès d'*Athalie*, et résolu de ne plus s'occuper de vers, il fit la campagne de Namur, où il suivit de près toutes les opérations du siége. Ses lettres écrites à Boileau, du camp devant Namur, font bien connoître qu'il ne songeoit plus qu'à être historien.

Boileau étoit alors occupé de la poésie, et il y étoit retourné à peu près dans le même temps que son ami. De fortes[1] raisons l'y avoient rappelé: Perrault, après avoir lu à l'Académie son poëme du *Siècle de Louis le Grand*, fit imprimer les *Parallèles des anciens et des modernes*[2]. Les amateurs du bon goût furent indignés de voir les anciens traités avec tant de mépris par un homme qui les connoissoit si peu. On animoit Boileau à prendre leur défense et la sienne[3]. « S'il ne lui répond pas, dit M. le prince de Conti[4] à mon père, vous pouvez l'assurer que j'irai à l'Académie écrire sur son fauteuil : *Tu dors, Bru-*

1. Les deux éditions ont : « des raisons. » C'est seulement dans l'*Exemplaire corrigé* qu'on lit : « de fortes raisons. »
2. Charles Perrault avait lu son poëme du *Siècle de Louis le Grand* à l'Académie, dans la séance du 27 janvier 1687. Il fit paraître son premier volume des *Parallèles des anciens et des modernes* en octobre 1688. Voyez l'*Histoire de la querelle des anciens et des modernes*, dans les Œuvres d'Hippolyte Rigault, tome I, p. 150 et 188. — L. Racine, dans l'*Exemplaire corrigé*, avait commencé à modifier ainsi ce passage : « Lorsqu'en 1687 Perrault fit la lecture (du *Siècle de Louis le Grand*), quoiqu'il eût beaucoup souffert d'entendre applaudir dans l'Académie un si mauvais ouvrage, rempli de vers prosaïques, il avoit gardé le silence; mais quand Perrault eut fait imprimer ses *Parallèles*, il s'y vit attaquer avec les anciens. » Nous n'avons pu introduire dans notre texte cette correction inachevée.
3. Les deux éditions ont seulement : « On animoit Boileau à lui répondre. » Nous avons suivi l'*Exemplaire corrigé*.
4. Le *Bolæana*, p. 24, raconte la même chose. — François-Louis prince de Conti, né en 1664, mort le 21 février 1709. Son esprit était célèbre. Voyez le portrait que fait de lui Saint-Simon (*Mémoires*, tome VII, p. 83 et suivantes).

tus. » Il se réveilla, et composa son *Ode sur la prise de Namur*, pour donner une idée de l'enthousiasme de Pindare, maltraité par M. Perrault. Il acheva la *Satire contre les femmes*, ouvrage projeté et abandonné plusieurs années auparavant; il donna contre M. Perrault les *Réflexions* sur Longin, et composa ensuite sa onzième satire et ses trois dernières épîtres[1].

En se réveillant, il réveilla ses ennemis. L'*Ode sur Namur* ne produisit pas l'effet qu'il avoit en vue, qui étoit de faire admirer Pindare. La *Satire contre les femmes*, qu'on imprima séparément[2], fut si prodigieusement vendue et critiquée, que, tandis que le libraire étoit content, l'auteur se désespéroit. « Rassurez-vous, lui disoit mon père; vous avez attaqué un corps très-nombreux, et qui n'est que langues : l'orage passera. » Il fut long, quoique Boileau, en attaquant les femmes, eût mis pour lui Mme de Maintenon par ces vers :

J'en sais une, chérie et du monde et de Dieu, etc.[3]

M. Arnauld, qui, à l'occasion de cette satire, écrivit en 1694 à M. Perrault la lettre que Boileau appela son *apologie*, ne fut pas son apologiste en tout, puisqu'après avoir lu les *Réflexions* sur Longin, il écrivit la lettre suivante, qui n'a jamais été imprimée, à ce que je crois, et qui mérite d'être connue :

« Je n'eus pas plus tôt reçu les *OEuvres diverses*, que je me mis à lire ce qu'il y a de nouveau. J'en ai été merveilleusement satisfait, et je doute que le bon Homère ait jamais eu un plus exact et plus judicieux apologiste. C'est tout le remer-

---

1. Boileau composa l'*Ode sur Namur* en 1693, et les neuf premières de ses *Réflexions critiques* sur Longin la même année. On pourra trouver qu'il mit du temps à *se réveiller;* mais il ne faut pas oublier que le troisième volume des *Parallèles* de Perrault, qui provoqua surtout ces représailles, n'avait été publié que vers la fin de 1692, le deuxième en 1690. — Quant aux autres ouvrages de Boileau dont L. Racine parle ici, la *Satire contre les femmes* fut composée en 1692 et 1693, la *onzième satire* en 1698 et 1699, les trois dernières *épîtres* de 1695 à 1697.
2. Elle fut publiée en 1694, à Paris, chez Thierry, dans trois formats différents, in-4°, in-8° et in-12.
3. Vers 516 et suivants.

cîment que je vous supplie de faire de ma part à l'auteur, et d'y ajouter seulement que j'estime trop notre amitié pour la mettre au nombre de ces amitiés vulgaires qui ont besoin de compliments pour s'entretenir. Je passe encore plus loin, et j'ose m'assurer qu'il ne trouvera pas mauvais que je lui remarque ce que j'ai trouvé dans ses *Réflexions critiques*, que je souhaiterois qui n'y fût pas, et ce qui n'auroit pas dû y être, s'il avoit fait plus d'attention à cette belle règle qu'il a donnée dans sa dixième[1] épître :

> Rien n'est beau que le vrai : le vrai seul est aimable;
> Il doit régner partout, et même dans la fable.
> De toute fiction l'adroite fausseté
> Ne tend qu'à faire aux yeux briller la vérité.

Ce que je souhaiterois qui ne fût pas dans les *Réflexions*, est ce que j'y ai trouvé de M. P.[2] le médecin. On dit, sur la foi d'un célèbre architecte, que la façade du Louvre n'est pas de lui, mais du sieur le Vau, et que ni l'Arc de triomphe, ni l'Observatoire ne sont pas l'ouvrage d'un médecin de la Faculté. Cela ne me paroît avoir aucune vraisemblance, bien loin d'être vrai. Comment donc pourra-t-il plaire, s'il n'y a que la vérité qui plaise ? Je ne crois pas de plus qu'il soit permis d'ôter à un homme de mérite, sur un ouï-dire, l'honneur d'avoir fait ces ouvrages. Les règles qu'on a établies dans le premier chapitre du dernier livre contre M. Malet ne pourroient pas servir à autoriser cet endroit des *Réflexions*. Je souhaiterois aussi qu'il fût disposé à déclarer que ce qu'il a dit du médecin de Florence n'est qu'une exagération poétique, que les poëtes ont accoutumé d'employer contre tous les médecins, qu'ils savent bien qu'on ne prendra pas pour leur vrai sentiment; et qu'après tout, il reconnoît que M. Perrault le médecin a passé parmi ses confrères pour médecin habile. »

Boileau avoit sans doute vu cette lettre quand il écrivit son

---

1. Ce n'est pas dans la dixième, mais dans la neuvième épître, vers 43-46. Aussi quelques éditeurs ont-ils substitué ici *neuvième* à *dixième*.

2. M. Perrault. Il est nommé plus loin en toutes lettres.

remercîment à M. Arnauld, à la fin duquel il lui dit : « Puisque vous prenez un si grand intérêt à la mémoire de feu M. Perrault le médecin, à la première édition de mon livre, il y aura dans la préface un article exprès en faveur de ce médecin, qui sûrement n'a point fait la façade du Louvre, ni l'Observatoire, ni l'Arc de triomphe, comme on le prouvera démonstrativement, mais qui au fond étoit un homme de beaucoup de mérite, grand physicien, et ce que j'estime encore plus que tout cela, qui avoit l'honneur d'être votre ami. »

M. Arnauld mourut peu après avoir écrit la lettre que je viens de donner, et son cœur fut apporté à Port-Royal à la fin de 1694. Mon père crut qu'à cette cérémonie, où quelques parents invités ne vinrent pas, il pouvoit d'autant moins se dispenser d'assister, que la mère Racine y présidoit en qualité d'abbesse. Il y alla donc, et composa deux petites pièces de vers : l'une, qui commence ainsi :

> Sublime en ses écrits, etc.,

et qui se trouve dans la dernière édition de ses *Œuvres;* l'autre, qui, dans le *Nécrologe* de Port-Royal, est attribuée par erreur à M. l'abbé Regnier, et dont voici les deux premiers vers :

> Haï des uns, chéri des autres,
> Estimé de tout l'univers, etc.

Tout le monde sait les beaux vers que fit Santeul sur ce cœur rapporté à Port-Royal :

> *Ad sanctas rediit sedes, ejectus et exul, etc.;*

et l'épitaphe faite depuis par Boileau :

> Aux pieds de cet autel de structure grossière, etc.

Un de nos savants, à l'imitation des anciens, qui, dans les inscriptions sur leurs tombeaux, demandoient que leurs corps ne fussent point chargés d'une terre trop pesante, demanda, par une épigramme, que ses os ne fussent point chargés de mauvais vers :

> *Sint modo carminibus non onerata malis.*

Ce malheur n'arriva pas à M. Arnauld, célébré après sa mort par Santeul, Boileau et mon père.

De ces trois poëtes, Santeul fut le seul qui, effrayé de ce qu'il avoit fait, rendit ses craintes si publiques, qu'elles donnèrent lieu à la pièce en vers latins intitulée *Santolius pœnitens*. Cette pièce, composée par M. Rollin, fut bientôt traduite en vers françois; et les vers de cette traduction, étant bien faits, furent attribués à mon père. M. Boivin le jeune, qui en étoit l'auteur, fut charmé de cette méprise, et adressa à mon père une petite pièce de vers fort ingénieuse, par laquelle il le prioit de laisser quelque temps le public dans l'erreur.

Mon père, bien éloigné des frayeurs de Santeul, fut chargé de lire au Roi les trois dernières épîtres de Boileau, qui avoit coutume de lire lui-même tous ses ouvrages à Sa Majesté, mais qui ne venoit plus à la cour à cause de ses infirmités. Mon père fut charmé de faire valoir les vers de son ami; et lorsqu'en les lisant il vint à celui-ci :

> Arnauld, le grand Arnauld, fit mon apologie[1],

il fit sentir, par le ton qu'il prit, qu'il le lisoit avec satisfaction.

Louis XIV ne parut jamais désapprouver en lui cet attachement que la reconnoissance lui inspiroit pour ses anciens maîtres, et pour la maison dans laquelle il avoit été élevé. Il y alloit souvent; et tous les ans, le jour de la fête du Saint-Sacrement, il y menoit sa famille pour assister à la procession. L'humilité avec laquelle il pratiquoit tous les exercices de la religion, jusqu'à être exact aux plus petites choses, faisoit voir qu'il en connoissoit la grandeur.

Il n'étoit pas homme à se mêler de questions de doctrine; mais quand il s'agissoit de rendre aux religieuses de Port-Royal quelque service dans leurs affaires temporelles, il étoit prêt; et ce bon cœur qu'il avoit pour tous ses amis l'emportoit chez le P. de la Chaise, dont il fut toujours très-bien reçu. Quoiqu'il ne fût plus permis à ce monastère de recevoir des pensionnaires, il obtint une permission particulière pour y mettre pour quelque temps deux de mes sœurs.

J'ai déjà dit qu'il étoit lié avec le P. Bouhours; et ce père donna une preuve de son zèle pour lui lorsqu'il fut vivement attaqué au collège de Louis-le-Grand, dans un discours public,

---

1. *Épître* X, vers 122.

prononcé par un jeune régent. Ce fut particulièrement contre ses tragédies que cet orateur, dont il est inutile de rapporter le nom, déclama d'une manière si passionnée, que le P. Bouhours, en l'absence de mon père, qui étoit à Versailles, alla trouver Boileau, et l'assura que non-seulement il désapprouvoit ce régent, mais qu'il avoit porté ses plaintes au Père recteur, demandant qu'on fît satisfaction à mon père. Boileau, édifié de la vivacité du P. Bouhours, en rendit compte à mon père, et en eut cette réponse, que je copie avec une grande satisfaction, parce qu'on y voit le chrétien ne pas faire attention aux offenses que reçoit le poëte.

« A Versailles, le 4 avril 1696.

« Je suis très-obligé au P. Bouhours de toutes les honnêtetés qu'il vous a prié de me faire de sa part, et de la part de sa compagnie. Je n'avois point encore entendu parler de la harangue de leur régent ; et comme ma conscience ne me reprochoit rien à l'égard des jésuites, je vous avoue que j'ai été un peu surpris que l'on m'eût déclaré la guerre chez eux. Vraisemblablement ce bon régent est du nombre de ceux qui m'ont très-faussement attribué la traduction du *Santolius pœnitens*; et il s'est cru engagé d'honneur à me rendre injure pour injure. Si j'étois capable de lui vouloir quelque mal, et de me réjouir de la forte réprimande que le P. Bouhours dit qu'on lui a faite, ce seroit sans doute pour m'avoir soupçonné d'être l'auteur d'un pareil ouvrage; car pour mes tragédies, je les abandonne volontiers à sa critique. Il y a longtemps que Dieu m'a fait la grâce d'être assez peu sensible au bien et au mal qu'on en peut dire, et de ne me mettre en peine que du compte que j'aurai à lui en rendre quelque jour.

« Ainsi, Monsieur, vous pouvez assurer le P. Bouhours et tous les jésuites de votre connoissance que, bien loin d'être fâché contre le régent qui a tant déclamé contre mes pièces de théâtre, peu s'en faut que je ne le remercie et d'avoir prêché une si bonne morale dans leur collége, et d'avoir donné lieu à sa compagnie de marquer tant de chaleur pour mes intérêts ; et qu'enfin, quand l'offense qu'il m'a voulu faire seroit plus grande, je l'oublierois avec la même facilité, en considération de tant d'autres pères dont j'honore le mérite, et surtout en considération du R. P. de la Chaise, qui me témoigne tous les jours mille bontés, et à qui je sacrifierois bien d'autres injures. Je suis, etc. »

La liaison des faits m'a empêché de parler de la perte que Boileau et mon père firent l'année précédente[1] de leur ami commun la Fontaine. Leurs sages instructions avoient beaucoup contribué à faire peu à peu naître en lui les grands sentiments de pénitence dont il fut pénétré les deux dernières années de sa vie. J'ai rapporté ailleurs[2] de quelle manière la femme qui le gardoit malade reçut ces deux amis, qui alloient le voir dans le dessein de lui parler de Dieu. Autant il étoit aimable par la douceur du caractère, autant il l'étoit peu par les agréments de la société. Il n'y mettoit jamais rien du sien, et mes sœurs, qui dans leur jeunesse l'ont souvent vu à table chez mon père, n'ont conservé de lui d'autre idée que celle d'un homme fort malpropre et fort ennuyeux. Il ne parloit point, ou vouloit toujours parler de Platon, dont il avoit fait une étude particulière dans la traduction latine. Il cherchoit à connoître les anciens par la conversation, et mettoit à profit celle de mon père, qui lui faisoit lire quelquefois des morceaux d'Homère dans la traduction latine. Il n'étoit pas nécessaire de lui en faire sentir les beautés, il les saisissoit : tout ce qui étoit beau le frappoit. Mon père le mena un jour à Ténèbres ; et, s'apercevant que l'office lui paroissoit long, il lui donna, pour l'occuper, un volume de la Bible qui contenoit les Petits Prophètes. Il tombe sur la prière des Juifs dans Baruch ; et ne pouvant se lasser de l'admirer, il disoit à mon père : « C'étoit un beau génie que Baruch : qui étoit-il ? » Le lendemain, et plusieurs jours suivants, lorsqu'il rencontroit dans la rue quelque personne de sa connoissance, après les compliments ordinaires, il élevoit sa voix pour dire : « Avez-vous lu Baruch ? C'étoit un beau génie. »

Après avoir mangé son bien, il conserva toujours son caractère de désintéressement. Il entroit à l'Académie, et la barre étant tirée au bas des noms, il ne devoit pas, suivant l'usage, avoir part aux jetons de cette séance. Les académiciens, qui

---

1. Le 13 avril 1695.
2. *Réflexions sur la poésie*, chapitre v. (*Note de L. Racine.*)

l'aimoient tous, dirent d'un commun accord qu'il falloit, en sa faveur, faire une exception à la règle : « Non, Messieurs, leur dit-il, cela ne seroit pas juste. Je suis venu trop tard, c'est ma faute. » Ce qui fut d'autant mieux remarqué, qu'un moment auparavant un académicien extrêmement riche, et qui, logé au Louvre, n'avoit que la peine de descendre de son appartement pour venir à l'Académie, en avoit entr'ouvert la porte, et ayant vu qu'il arrivoit trop tard, avoit refermé la porte, et étoit remonté chez lui. Une autre fois la Fontaine alla de trop bonne heure à l'Académie par une raison différente. Étant à table chez M. le Verrier[1], il s'ennuie de la conversation, et se lève. On lui demande où il va ; il répond : « A l'Académie. » On lui représente qu'il n'est encore que deux heures : « Je le sais bien, dit-il ; aussi je prendrai le plus long. »

Si je voulois rapporter plusieurs traits de son inconcevable simplicité, je m'écarterois dans une digression qui ne seroit pas ennuyeuse, mais qui deviendroit trop longue. Je n'en rapporterai que deux.

Le fait de M. Poignan, que M. l'abbé d'Olivet raconte dans son *Histoire de l'Académie françoise*, est très-véritable. Ce M. Poignan, ancien capitaine de dragons, étoit de la Ferté-Milon, et, ami de mon père dès l'enfance[2], le fit son héritier en partant pour sa première campagne. Il lui laissoit, par son testament, un petit bien qu'il avoit à la Ferté-Milon. Il mourut après avoir mangé ce bien ; et mon père paya les frais de sa maladie et de son enterrement par reconnoissance pour le testament. Voici comme j'ai entendu raconter l'affaire singulière qu'eut avec lui la Fontaine. Quelqu'un s'avise de lui demander pourquoi il souffre que M. Poignan aille chez lui tous les jours : « Eh ! pourquoi, dit la Fontaine, n'y viendroit-il pas ? C'est mon meilleur ami. — Ce n'est pas, répond-on, ce que dit le

---

1. Sur ce financier, homme d'esprit et grand ami de Boileau, voyez l'*Histoire de la vie et des ouvrages de J. de la Fontaine* par C. A. Walckenaer, 1 vol. in-8º, Paris, chez Nepveu et de Bure, M.DCCC.XXIV (3ᵉ édition), p. 349. Parmi les lettres de Boileau, il y en a deux adressées à le Verrier en 1703.

2. Poignan, ou plutôt *Poignant*, n'était pas seulement ami, mais parent de Racine. Il était cousin germain de Jeanne Sconin, mère de Racine. Voyez la *Notice biographique*, p. 37.

public : on prétend qu'il ne va chez toi que pour Mme de la Fontaine. — Le public a tort; reprend-il; mais que faut-il que je fasse à cela ? » On lui fait entendre qu'il faut demander satisfaction, l'épée à la main, à celui qui nous déshonore : « Eh bien ! dit la Fontaine, je la demanderai. » Il va le lendemain, à quatre heures du matin, chez M. Poignan, et le trouve au lit : « Lève-toi, lui dit-il, et sortons ensemble. » Son ami lui demande en quoi il a besoin de lui, et quelle affaire pressée l'a rendu si matineux : « Je t'en instruirai, répond la Fontaine, quand nous serons sortis. » Poignan se lève, s'habille, sort avec lui, et le suit jusqu'aux Chartreux, en lui demandant toujours où il le mène : « Tu vas le savoir, » répondit la Fontaine, qui lui dit enfin, quand ils furent derrière les Chartreux : « Mon ami, il faut nous battre. » Poignan, surpris, lui demande en quoi il l'a offensé, et lui représente que la partie n'est pas égale : « Je suis un homme de guerre, lui dit-il, et toi tu n'as jamais tiré l'épée. — N'importe, dit la Fontaine, le public veut que je me batte avec toi. » Poignan, après avoir résisté inutilement, tire son épée par complaisance, se rend aisément le maître de celle de la Fontaine, et lui demande de quoi il s'agit. « Le public prétend, lui dit la Fontaine, que ce n'est pas pour moi que tu viens tous les jours chez moi, mais pour ma femme. — Eh ! mon ami, répond Poignan, je ne t'aurois pas soupçonné d'une pareille inquiétude, et je proteste que je ne mettrai plus les pieds chez toi. — Au contraire, reprend la Fontaine en lui serrant la main, j'ai fait ce que le public vouloit : maintenant je veux que tu viennes chez moi tous les jours, sans quoi je me battrai encore avec toi. »

Lorsque Mme de la Fontaine, ennuyée de vivre avec son mari, se fut retirée à Château-Thierry, Boileau et mon père dirent à la Fontaine que cette séparation ne lui faisoit pas honneur, et l'engagèrent à faire un voyage à Château-Thierry, pour s'aller réconcilier avec sa femme. Il part dans la voiture publique, arrive chez lui, et la demande. Le domestique, qui ne le connoissoit pas, répond que Madame est au salut. La Fontaine va ensuite chez un ami, qui lui donne à souper et à coucher, et le régale pendant deux jours. La voiture publique retourne à Paris; il s'y met, et ne songe plus à sa femme. Quand ses amis de Paris le revoient, ils lui demandent s'il est réconcilié avec elle : « J'ai été pour la voir, leur dit-il ; mais je ne l'ai pas trouvée : elle étoit au salut. »

Mon père, de retour de l'armée, alloit souvent se délasser de ses fatigues dans le Tibur de son cher Horace. Boileau, né sans fortune, comme il nous l'apprend dans ses vers, et comme son frère aîné l'avocat le dit dans cette épigramme sur un père qui laisse à ses enfants

> Beaucoup d'honneur, peu d'héritage,
> Dont son fils l'avocat enrage,

Boileau, par les bienfaits du Roi, ménagés avec beaucoup d'économie, étoit devenu un poëte opulent [1]. Il fit, pour environ huit mille livres, l'acquisition d'une maison de campagne à Auteuil [2]; et ce lieu de retraite, dont il fut enchanté, le jeta les premières années dans la dépense. Il l'embellit, fit son plaisir d'y rassembler quelquefois ses amis, et y tint table. On juge aisément que ce qui faisoit chercher ses repas, c'étoit moins la chère, quoiqu'elle y fût bonne, que les entretiens. Ils rouloient toujours sur des matières agréables. Les conviés étoient charmés d'entendre les décisions de Boileau, qui n'étoient pas infaillibles quand il parloit de la peinture et de la musique, quoiqu'il prétendît s'y connoître. Il n'avoit ni pour la peinture des yeux savants, ni pour l'harmonie de la musique les mêmes oreilles que pour l'harmonie des vers ; au lieu qu'il avoit un jugement exquis pour juger des ouvrages d'esprit : non qu'il ne fût capable, comme un autre, de se tromper ; mais il se trompoit moins souvent qu'un autre. Il fut parmi nous comme le créateur du bon goût ; ce fut lui, avec Molière, qui fit tomber tous les bureaux du faux bel-esprit. La protec-

---

1. « Il avait, dit M. Berriat-Saint-Prix, plus de dix mille cinq cents livres de rente, ce qui équivaut peut-être à une valeur double de notre temps. » (*OEuvres de Boileau*, tome I, p. xxix.) Le même éditeur de Boileau estime, d'après l'inventaire qui fut fait à la mort du poëte, que l'actif de sa succession était au moins de cent quatre-vingt-cinq mille livres. (*Ibidem*, p. xxx.)

2. Boileau avait acheté la maison d'Auteuil le 10 août 1685, au prix de huit mille livres, d'après l'acte de vente. Il la vendit le 2 janvier 1709 à M. le Verrier, dont on a parlé ci-dessus, p. 327, note 1.

tion de l'hôtel de Rambouillet fut inutile à l'abbé Cotin, qui ne se releva jamais du dernier coup que Molière lui avoit porté [1].

On n'osoit louer devant Boileau les ouvrages de Saint-Évremont, qui alors séduisoient encore plusieurs admirateurs : de pareils ouvrages, selon lui, ne devoient pas vivre longtemps. Il ne parloit qu'avec éloge de ceux de la Bruyère, quoiqu'il le trouvât quelquefois obscur, et disoit qu'il s'étoit épargné le plus difficile d'un ouvrage en s'épargnant les transitions. Il assuroit que Chapelle avoit acquis à bon marché sa réputation, et qu'excepté son petit *Voyage*, qui étoit excellent, le reste de ses ouvrages étoit médiocre.

La *Pompe funèbre* de Voiture, par Sarrasin, lui paroissoit le modèle d'un ingénieux badinage. Il prétendoit que la *Conspiration de Valstein*, par le même auteur, étoit un pur ouvrage d'imagination; que Sarrasin, qui n'avoit eu aucuns mémoires, n'avoit voulu qu'imiter Salluste dans son *Histoire de la conjuration de Catilina*, à qui personne n'avoit moins ressemblé que Valstein, qui étoit fort honnête homme, et qui, après avoir servi fidèlement l'Empereur, périt par les artifices de quelques ennemis, qui firent croire à l'Empereur, dont ils gouvernoient l'esprit, que Valstein avoit voulu se faire roi de Bohême : ce qu'on n'a jamais pu prouver.

Boileau ne faisoit nul cas des *Césars* de Julien : non qu'il ne trouvât de l'esprit dans cette satire, mais il n'y trouvoit point de plaisanterie; et la fine plaisanterie étoit, selon lui, l'âme de ces sortes d'ouvrages. Par la même raison il condamnoit des Dialogues de morts où le sérieux lui paroissoit régner : « Lucien, disoit-il, plaisante toujours. »

Il détestoit la basse plaisanterie. J'ai déjà assez fait connoître son animosité contre Scarron : « Votre père, me dit-il un jour, avoit la foiblesse de lire quelquefois le *Virgile travesti*, et de rire; mais il se cachoit bien de moi. »

Il étoit ami de M. Dacier, ce qui ne l'empêchoit pas d'en critiquer les traductions : « Il fuit les Grâces, disoit-il, et les Grâces le fuient. » Et mon père, en parlant des ouvrages que M. et Mme Dacier donnoient au public comme ouvrages com-

1. Dans le rôle de Trissotin des *Femmes savantes*.

muns, faits par eux deux, disoit « que, dans leurs productions d'esprit, Mme Dacier étoit le père [1]. »

Boileau disoit de M. Dacier, en parlant de la traduction d'Horace, qu'il avoit trouvé le secret de morfondre un poëte plein de feu, et il appeloit *les révélations de M. Dacier* certains endroits que le commentateur explique d'une façon singulière [2].

Rien ne montre mieux le cas que les auteurs faisoient du suffrage de Boileau que la deux cent dix-septième lettre de Bayle, dans laquelle il écrivit à un ami : « Vous m'apprenez que mon *Dictionnaire* n'a point déplu à M. Despréaux ; c'est un bien si grand, c'est une gloire si relevée, que je n'avois garde de l'espérer. Il y a longtemps que j'applique à ce grand homme un éloge plus étendu que celui que Phèdre donne à Ésope : *Naris emunctæ, natura numquam cui potuit verba dare* [3]. Il me semble aussi que l'industrie la plus artificieuse des auteurs ne peut le tromper : à plus forte raison ai-je dû voir que je ne

---

[1]. Ce mot que L. Racine attribue à son père pourrait faire croire que celui-ci est l'auteur de l'épigramme où la même raillerie est rimée :

> Quand Dacier et sa femme engendrent de leurs corps,
> Et que de ce beau couple il naît enfants, alors
>   Madame Dacier est la mère ;
>   Mais quand ils engendrent d'esprit,
>   Et font des enfants par écrit,
>   Madame Dacier est le père.

Mais, si cela était, Boileau l'aurait su, et il croyait ces vers de l'abbé Tallemant : « Pour ce qui est, écrivait-il à Brossette (12 mars 1707), de l'épigramme contre M. et Mme Dacier, je ne sais ce que c'est, et ils sont tous deux mes amis. Peut-être est-ce une épigramme où l'on veut faire entendre que Mme Dacier est celle qui porte le grand chapeau dans les ouvrages qu'ils font ensemble, et qui y a la principale part. Supposé que cela soit, je vous dirai que je l'ai vue, et qu'elle m'a paru très-abominable. On l'attribue positivement à M. l'abbé Tallemant. »

[2]. Ceci, depuis les mots : « Boileau disoit de M. Dacier…, » a été ajouté dans l'*Exemplaire corrigé*. L. Racine y répète ce que l'on trouve dans le *Bolæana*, p. 26 et 27.

[3]. « Qui a le nez fin, et à qui la nature n'a jamais pu en donner à garder. » (*Fables de Phèdre*, livre III, fable III.)

surprendrai pas son suffrage, en compilant bonnement et à l'allemande, et sans me gêner beaucoup sur le choix, une grande quantité de choses. Mon *Dictionnaire* me paroît, à son égard, un vrai voyage de caravane, où l'on fait vingt ou trente lieues sans trouver un arbre fruitier ou une fontaine[1]. » Personne n'a mieux jugé de ce *Dictionnaire* que Bayle lui-même.

Boileau lisoit parfaitement ses vers, et étoit attentif, en les lisant, à la contenance de ses auditeurs, pour apprendre dans leurs yeux les endroits qui les frappoient davantage. Il eut un jour dans M. le premier président de Harlai un auditeur immobile, qui, après la lecture de la pièce, dit froidement : « Voilà de beaux vers[2]. » La critique la plus vive l'eût moins irrité que cet éloge. Il s'en vengea en mettant dans sa onzième satire ce portrait qu'il commençoit toujours, quand il le lisoit, par cet hémistiche :

En vain ce faux Caton[3], etc.

Mon père ayant obtenu pour mon frère aîné la survivance de la charge de gentilhomme ordinaire de Sa Majesté, le produisit à la cour, et eut dessein de l'attacher à la connoissance des affaires étrangères, sous la protection de M. de Torcy. Mon frère fut chargé de porter à M. de Bonrepaux, ambassadeur de France en Hollande, les dépêches de la cour, et recommandé particulièrement par M. de Torcy à cet ambassadeur. Après son départ, la maison fut comme celle de Tobie après le départ du fils. Ce n'étoient qu'inquiétudes sur la santé du voyageur et

---

1. Cette lettre (*à M. Marais*, 2 octobre 1698) a le numéro 167, et non 217, dans les *Lettres choisies* de Bayle (M.DCC.XIV, 3. vol. in-12).

2. Cette anecdote est dénaturée dans le *Bolæana*, p. 125. Il y est dit que la lecture de Boileau fut faite à Bâville, et que l'auditeur dédaigneux dont le poëte s'est vengé était un grand seigneur.

3. *Satire* XI, vers 37-42. Au lieu de : « En vain ce faux Caton..., » le texte imprimé porte :

« En vain ce misanthrope, aux yeux tristes et sombres. »

On peut voir deux admirables portraits du premier président de Harlai dans les *Mémoires* de Saint-Simon : l'un au tome I, p. 142 et 143 ; l'autre au tome V, p. 380. Ils sont d'un pinceau plus énergique, mais confirment l'exactitude du portrait fait par Boileau.

sur sa conduite. Ces alarmes paternelles remplissent les lettres que je donne dans le troisième recueil. Toutes ces lettres, ainsi que celles de Boileau, font mieux connoître ces deux hommes que tout autre portrait, parce qu'elles sont écrites à la hâte, de même que celles de Cicéron font connoître quel étoit son cœur : au lieu que les lettres de Pline, travaillées avec soin, et recueillies par lui-même, ne nous peuvent faire juger que de son esprit.

Tandis que mon père espéroit, par les protections qu'il avoit à la cour, y faire avancer son fils aîné, et lui abréger les premières peines de la carrière, il étoit près de finir la sienne. Boileau a conduit fort loin une santé toujours infirme : son ami, plus jeune et beaucoup plus robuste, a beaucoup moins vécu. Au reste, sa vie a suffi pour sa gloire, comme dit Tacite [1] de celle de son beau-père, puisqu'il étoit rempli des véritables biens, qui sont ceux de la vertu.

Il y a grande apparence que sa trop grande sensibilité abrégea ses jours. La connoissance qu'il avoit des hommes, et le long usage de la cour ne lui avoient point appris à déguiser ses sentiments. Il est des hommes dont le cœur veut toujours être libre comme leur génie. Peut-être ne connoissoit-il pas assez la timide circonspection et la défiance ;

> Mais cette défiance
> Fut toujours d'un grand cœur la dernière science [2].

Il étoit d'ailleurs naturellement mélancolique, et s'entretenoit plus longtemps des sujets capables de le chagriner, que des sujets propres à le réjouir. Il avoit ce caractère que se donne Cicéron dans une de ses lettres, plus porté à craindre les événements malheureux qu'à espérer d'heureux succès : *Semper magis adversos rerum exitus metuens quam sperans*

---

1. « Quantum ad gloriam, longissimum ævum peregit, quippe et « vera bona, quæ in virtutibus sita sunt, impleverat. » (*Note de L. Racine.*) « Si l'on ne regarde qu'à la gloire, il fournit une longue carrière, puisqu'il avait possédé l'abondance des vrais biens qui consistent dans la vertu. » (*Vie d'Agricola*, chapitre XLIV.)

2. *Britannicus*, acte I, scène IV, vers 339 et 340. Au second de ces vers le texte de Racine porte : « Est toujours, » au lieu de : « Fut toujours. »

secundos[1]. L'événement que je vais rapporter le frappa trop vivement, et lui fit voir comme présent un malheur qui étoit fort éloigné. Les marques d'attention de la part du Roi, dont il fut honoré pendant sa dernière maladie, durent bien le convaincre qu'il avoit toujours le bonheur de plaire à ce prince. Il s'étoit cependant persuadé que tout étoit changé pour lui, et n'eut pour le croire d'autre sujet que ce qu'on va lire.

Mme de Maintenon, qui avoit pour lui une estime particulière, ne pouvoit le voir trop souvent, et se plaisoit à l'entendre parler de différentes matières, parce qu'il étoit propre à parler de tout. Elle l'entretenoit un jour de la misère du peuple : il répondit qu'elle étoit une suite ordinaire des longues guerres ; mais qu'elle pourroit être soulagée par ceux qui étoient dans les premières places, si on avoit soin de la leur faire connoître. Il s'anima sur cette réflexion ; et comme dans les sujets qui l'animoient il entroit dans cet enthousiasme dont j'ai parlé, qui lui inspiroit une éloquence agréable, il charma Mme de Maintenon, qui lui dit que, puisqu'il faisoit des observations si justes sur-le-champ, il devroit les méditer encore, et les lui donner par écrit, bien assuré que l'écrit ne sortiroit pas de ses mains. Il accepta malheureusement la proposition, non par une complaisance de courtisan, mais parce qu'il conçut l'espérance d'être utile au public. Il remit à Mme de Maintenon un mémoire aussi solidement raisonné que bien écrit. Elle le lisoit, lorsque le Roi entrant chez elle, le prit, et, après en avoir parcouru quelques lignes, lui demanda avec vivacité qui en étoit l'auteur[2]. Elle répondit qu'elle avoit promis le secret. Elle fit une résistance inutile : le Roi expliqua sa volonté en termes si précis, qu'il fallut obéir. L'auteur fut nommé.

Le Roi, en louant son zele, parut désapprouver qu'un homme de lettres se mêlât de choses qui ne le regardoient pas. Il ajouta même, non sans quelque air de mécontentement : « Parce qu'il sait faire parfaitement des vers, croit-il tout savoir ? et parce qu'il est grand poëte, veut-il être ministre ? » Si le Roi eût pu

---

1. *Lettre de Cicéron à Ligarius.* (*Epistolæ ad familiares*, lib. VI, ep. xiv.)

2. C'est le texte de 1750. L'édition de 1747 porte : « quel en étoit l'auteur. »

prévoir l'impression que firent ces paroles, il ne les eût point dites. On n'ignore pas combien il étoit bon pour tous ceux qui l'environnoient : il n'eut jamais intention de chagriner personne; mais il ne pouvoit soupçonner que ces paroles tomberoient sur un cœur si sensible.

Mme de Maintenon, qui fit instruire l'auteur du mémoire de ce qui s'étoit passé, lui fit dire en même temps de ne la pas venir voir jusqu'à nouvel ordre. Cette nouvelle le frappa vivement. Il craignit d'avoir déplu à un prince dont il avoit reçu tant de marques de bonté. Il ne s'occupa plus que d'idées tristes; et quelque temps après, il fut attaqué d'une fièvre assez violente, que les médecins firent passer à force de quinquina. Il se croyoit guéri, lorsqu'il lui perça à la région du foie une espèce d'abcès qui jetoit de temps en temps quelque matière : les médecins lui dirent que ce n'étoit rien. Il y fit moins d'attention, et retourna à Versailles, qui ne lui parut plus le même séjour, parce qu'il n'avoit plus la liberté d'y voir Mme de Maintenon.

Dans ce même temps, les charges de secrétaires du Roi furent taxées; et comme il s'étoit incommodé pour achever le payement de la sienne, il se trouvoit fort embarrassé d'en payer encore la taxe. Il espéra que le Roi l'en dispenseroit, et il avoit lieu de l'espérer, parce que, lorsqu'en 1685 il eut contribué à une somme de cent mille livres, que le bureau des finances de Moulins avoit payée en conséquence de la déclaration du 28 avril 1684, il avoit obtenu du Roi une ordonnance sur le trésor royal, pour y aller reprendre sa part, qui montoit environ à quatre mille livres. Pour obtenir la même grâce, il fit un placet; et n'osant le présenter lui-même, il eut recours à des amis puissants, qui voulurent bien le présenter. « Cela ne se peut, » répondit d'abord le Roi, qui ajouta un moment après : « S'il se trouve dans la suite quelque occasion de le dédommager, j'en serai fort aise. » Ces dernières paroles devoient le consoler entièrement. Il ne fit attention qu'aux premières; et ne doutant plus que l'esprit du Roi ne fût changé à son égard, il n'en pouvoit trouver la raison. Le mémoire que l'amour du bien public lui avoit inspiré, qu'il avoit écrit par obéissance, et confié sous la promesse du secret, ne lui paroissoit pas un crime. Ce n'est point à moi à examiner s'il se trompoit ou non : je ne suis qu'historien. Trop souvent occupé de son malheur, il cherchoit toujours en lui-même quel étoit son crime ; et ne pouvant soupçonner le véritable, il s'en fit un dans son imagination. Il se figura qu'on avoit rendu suspecte sa liaison avec Port-Royal. Pour justifier une liaison si naturelle avec une maison où il avoit été élevé, et où il avoit une tante, il écrivit à Mme de Maintenon la lettre suivante, que je ne rapporte pas entière, parce qu'elle est un peu longue [1] :

« A Marly, le 4 mars 1698.

« Madame,

« J'avois pris le parti de vous écrire au sujet de la taxe qui a si fort dérangé mes petites affaires. Mais, n'étant pas content de ma lettre, j'avois dressé un mémoire, que M. le maréchal de.... s'offrit généreusement de vous remettre entre les mains.... Voilà tout naturellement comme je me suis conduit dans cette affaire ; mais j'apprends que j'en ai une autre bien plus terrible sur les bras....

« Je vous avoue que lorsque je faisois tant chanter dans *Esther* : *Rois, chassez la calomnie*, je ne m'attendois pas que je serois moi-même un jour attaqué par la calomnie.... Ayez la bonté de vous souvenir, Madame, combien de fois vous avez dit que la meilleure qualité que vous trouviez en moi, c'étoit une soumission d'enfant pour tout ce que l'Église croit et ordonne, même dans les plus petites choses. J'ai fait par votre ordre plus de trois mille vers sur des sujets de piété. J'y ai parlé assurément de l'abondance de mon cœur, et j'y ai mis tous les sentiments dont j'étois le plus rempli. Vous est-il jamais revenu qu'on y ait trouvé un seul endroit qui approchât de l'erreur ?...

« Pour la cabale, qui est-ce qui n'en peut point être accusé, si on en accuse un homme aussi dévoué au Roi que je le suis, un homme qui passe sa vie à penser au Roi, à s'informer des grandes actions du Roi, et à inspirer aux autres les sentiments d'amour et d'admiration qu'il a pour le Roi ? J'ose dire que les grands seigneurs m'ont bien plus recherché que je ne les re-

---

1. On la trouvera, dans toute son étendue, au volume de cette édition, qui contient la correspondance.

cherchois moi-même; mais dans quelque compagnie que je me sois trouvé, Dieu m'a fait la grâce de ne rougir jamais ni du Roi ni de l'Évangile. Il y a des témoins encore vivants qui pourroient vous dire avec quel zèle on m'a vu souvent combattre de petits chagrins qui naissent quelquefois dans l'esprit des gens que le Roi a le plus comblés de ses grâces. Hé quoi, Madame? avec quelle conscience pourrai-je déposer à la postérité que ce grand prince n'admettoit point les faux rapports contre les personnes qui lui étoient le plus inconnues, s'il faut que je fasse moi-même une si triste expérience du contraire? Mais je sais ce qui a pu donner lieu à cette accusation. J'ai une tante qui est supérieure de Port-Royal, et à laquelle je crois avoir des obligations infinies. C'est elle qui m'apprit à connoître Dieu dans mon enfance, et c'est elle aussi dont Dieu s'est servi pour me retirer de l'égarement et des misères où j'ai été engagé pendant quinze années.... Elle m'a demandé dans quelque occasion mes services. Pouvois-je, sans être le dernier des hommes, lui refuser mes petits secours? Mais à qui est-ce, Madame, que je m'adressai pour la secourir? J'allai trouver le P. de la Chaise, qui parut très-content de ma franchise, et m'assura en m'embrassant qu'il seroit toute sa vie mon serviteur et mon ami....

« Du reste, je puis vous protester devant Dieu que je ne connois ni ne fréquente aucun homme qui soit suspect de la moindre nouveauté. Je passe ma vie le plus retiré que je puis dans ma famille, et ne suis, pour ainsi dire, dans le monde que lorsque je suis à Marly. Je vous assure, Madame, que l'état où je me trouve est très-digne de la compassion que je vous ai toujours vue pour les malheureux. Je suis privé de l'honneur de vous voir. Je n'ose presque plus compter sur votre protection, qui est pourtant la seule que j'aie tâché de mériter. Je cherchois du moins ma consolation dans mon travail; mais jugez quelle amertume doit jeter sur ce travail la pensée que ce même grand prince dont je suis continuellement occupé, me regarde peut-être comme un homme plus digne de sa colère que de ses bontés.

« Je suis avec un profond respect, etc. »

Cette lettre, quoique bien écrite, ne fut point approuvée de tous ses amis. Quelques-uns lui représentèrent qu'il y annonçoit des frayeurs qu'il ne devoit point avoir, et qu'il se justifioit lorsqu'il n'étoit pas même soupçonné. Et de quoi soupçonner en effet un homme qui marche par des voies si unies ?

Il avoit à la vérité essuyé quelques railleries faites innocemment. Comme il étoit bon, et empressé à rendre service, les paysans des environs de Port-Royal qui l'y voyoient venir, et entendoient dire qu'il demeuroit à Versailles, alloient, à cause du voisinage, l'y chercher pour lui recommander leurs affaires. Ces bonnes gens le croyoient un homme très-puissant à la cour, et alloient implorer sa protection, les uns pour quelques procès, les autres pour quelque diminution de tailles. S'ils n'en étoient pas toujours secourus, ils en étoient toujours bien reçus. Ces fréquentes visites lui attirèrent quelques plaisanteries : Mme de Maintenon en faisoit elle-même ; on le verra par un endroit de ses lettres que je rapporte. On y verra aussi ce qu'elle y dit de sa mort toute chrétienne, et combien elle en fut édifiée. Elle le plaisantoit parce qu'elle connoissoit sa droiture, et qu'elle a toujours dit de lui que dans la religion il étoit un enfant.

Boileau, par cette même raison, le plaisantoit aussi. Ni l'un ni l'autre, comme je l'ai déjà remarqué, n'étoient pas fins courtisans ; et tous deux, en fréquentant la cour, pouvoient se dire l'un à l'autre :

Quel séjour étranger, et pour vous et pour moi[1] !

Boileau, qui y portoit sa franchise étonnante, ne retenoit rien de ce qu'il pensoit. Le Roi lui disoit un jour : « Quel est un prédicateur qu'on nomme le Tourneux ? On dit que tout le monde y court : est-il si habile ? — Sire, reprit Boileau, Votre Majesté sait qu'on court toujours à la nouveauté : c'est un prédicateur qui prêche l'Évangile. » Le Roi lui demanda d'en dire sérieusement son sentiment. Il répondit : « Quand il monte en chaire, il fait si peur par sa laideur, qu'on voudroit l'en voir sortir ; et quand il a commencé à parler, on craint qu'il n'en sorte. » On disoit devant lui à la cour que le Roi faisoit

---

1. *Britannicus*, acte V, scène 1, vers 1526.

chercher M. Arnauld pour le faire arrêter : « Le Roi, dit-il, est trop heureux pour le trouver. » Une autre fois on lui disoit que le Roi alloit traiter fort durement les religieuses de Port-Royal ; il répondit : « Et comment fera-t-il pour les traiter plus durement qu'elles se traitent elles-mêmes ? »

« Vous avez, lui disoit un jour mon père, un privilége que je n'ai point : vous dites des choses que je ne dis jamais. Vous avez plus d'une fois loué dans vos vers des personnes dont les miens ne disent rien. Tout le monde devine aisément votre rime à l'*ostracisme*[1]. C'est vous qu'on doit accuser, et cependant c'est moi qu'on accuse. Quelle en peut être la raison ? — Elle est toute naturelle, répondit Boileau : vous allez à la messe tous les jours, et moi je n'y vais que les fêtes et les dimanches. » C'étoit ainsi que ses meilleurs amis le plaisantoient sur ses inquiétudes mal fondées, qui augmentèrent cependant par le chagrin de ne plus voir Mme de Maintenon, à laquelle il étoit sincèrement attaché.

Elle avoit aussi une grande envie de lui parler; mais comme il ne lui étoit plus permis de le recevoir chez elle, l'ayant aperçu un jour dans le jardin de Versailles, elle s'écarta dans une allée, pour qu'il pût l'y joindre. Sitôt qu'il fut près d'elle, elle lui dit : « Que craignez-vous ? C'est moi qui suis cause de votre malheur; il est de mon intérêt et de mon honneur de réparer ce que j'ai fait. Votre fortune devient la mienne. Laissez passer ce nuage : je ramènerai le beau temps. — Non, non, Madame, lui répondit-il, vous ne le ramènerez jamais pour moi. — Et pourquoi, reprit-elle, avez-vous une pareille pensée ? Doutez-vous de mon cœur, ou de mon crédit ? » Il lui répondit : « Je sais, Madame, quel est votre crédit, et je sais quelles bontés vous avez pour moi; mais j'ai une tante qui m'aime d'une façon bien différente. Cette sainte fille demande tous les jours à Dieu pour moi des disgrâces, des hu-

---

1. Voyez la satire XI de Boileau, vers 145 et 146. La remarque sur la hardiesse de ces vers, que L. Racine a mise, par une fiction peut-être, dans la bouche de son père, ne supposerait-elle pas que la satire XI était déjà imprimée? Or elle ne le fut qu'en 1701. On pense qu'elle fut composée en 1697; peut-être, mais moins probablement, en 1698. On peut voir à ce sujet les *OEuvres de Boileau* (édition de M. Berriat-Saint-Prix), tome I, p. 39, note 3.

miliations, des sujets de pénitence; et elle a plus de crédit que vous[1]. » Dans le moment qu'il parloit, on entendit le bruit d'une calèche : « C'est le Roi qui se promène, s'écria Mme de Maintenon, cachez-vous. » Il se sauva dans un bosquet.

Il fit trop de réflexions sur le changement de son état à la cour; et quoique pénétré de joie, comme chrétien, de ce que Dieu lui envoyoit des humiliations, l'homme est homme, et dans un cœur trop sensible le chagrin a bientôt porté son coup mortel. Sa santé s'altéra tous les jours, et il s'aperçut que le petit abcès qu'il avoit près du foie étoit refermé[2] : il en craignit des suites fâcheuses, et auroit pris sur-le-champ le parti de se retirer pour toujours de la cour, sans la considération de sa famille, qui, n'étant pas riche, avoit un très-grand besoin de lui. Dans le bas âge où j'étois, j'en avois plus besoin qu'un autre. Il projetoit de s'occuper dans sa retraite de mon éducation; et quel précepteur j'aurois eu! Mais il pensoit en même temps qu'il me deviendroit inutile dans la suite, s'il cessoit de cultiver les protecteurs qu'il avoit à la cour : c'étoit cette seule raison qui depuis un an l'y faisoit rester. Il y retourna encore plusieurs fois, et il avoit toujours l'honneur d'approcher de Sa Majesté. Mais on verra dans ses dernières lettres le peu d'empressement qu'il avoit de se montrer à la cour, parce qu'il n'y paroissoit plus avec cet air de contentement qu'il avoit toujours eu. Il ne savoit pas l'affecter; et pour déguiser son visage, il n'avoit point cet art qu'il avoit lui-même recommandé aux courtisans, dans *Esther* :

> Quiconque ne sait pas dévorer un affront,
> Ni de fausses couleurs se déguiser le front,

---

1. Dans l'édition de 1747 : « et elle aura plus de crédit que vous. » Nous donnons le texte de 1750.

2. « Il s'écria, dit M. de Valincour, qu'il étoit un homme mort, descendit dans sa chambre, et se mit au lit. » Il eut raison de s'effrayer; mais quand on n'a encore ni fièvre, ni aucun mal, on ne se met point au lit, ou l'on n'y reste pas. Tout cet endroit de la lettre de M. de Valincour montre qu'il étoit fort distrait quand il l'écrivit. (*Note de L. Racine.*) — « *Ou l'on* n'y reste pas » est dans l'*Exemplaire corrigé*. Dans les deux éditions il y a : « on n'y reste pas, » sans *ou*.

Loin de l'aspect des rois qu'il s'écarte, qu'il fuie :
Il est des contre-temps qu'il faut qu'un sage essuie [1]

Il n'avoit plus d'autre plaisir que celui de mener une vie retirée dans son ménage, et de s'y dissiper avec ses enfants.

Enfin, un matin, étant à travailler dans son cabinet, il se sentit accablé d'un grand mal de tête ; et voyant qu'il feroit mieux de se coucher que de continuer à lire, il descendit dans sa chambre. J'y étois, et je me souviens qu'il nous dit, pour ne nous point effrayer : « Mes enfants, je crois que j'ai un peu de fièvre ; mais ce n'est rien, je vais pour quelque temps me mettre au lit. » Il s'y mit, et n'en sortit plus : sa maladie fut longue. On n'en soupçonna pas d'abord la cause, quoiqu'il se plaignît toujours d'une douleur au côté droit, et qu'il eût souvent dans sa chambre les médecins de la cour, qui le venoient voir par amitié. Il fut honoré aussi des visites de plusieurs grands seigneurs, qui l'assuroient que le Roi leur demandoit souvent de ses nouvelles. Ils ne disoient rien que de vrai. Louis XIV eut même la bonté de lui faire connoître l'intérêt qu'il prenoit à sa santé ; et je ne fais ici que copier M. Perrault dans ses *Hommes illustres* : « Sa Majesté envoya très-souvent savoir de ses nouvelles pendant sa maladie, et témoigna du déplaisir de sa mort, qui fut regrettée de toute la cour et de toute la ville. »

Ses douleurs commençant à devenir très-aiguës, il les reçut de la main de Dieu avec autant de douceur que de soumission ; et l'on ne doit point croire ce que le P. Niceron a copié d'après M. de Valincour, et ce que je contredis, parce que je m'en suis exactement informé. Il n'est point vrai qu'il ait jamais demandé s'il n'étoit pas permis de faire cesser sa maladie et sa vie par quelques remèdes [2]. J'ai toujours trouvé dans M. de Valincour un ami fort vif pour moi, et je lui ai eu dans ma jeunesse plusieurs obligations. Il a des droits sur mon cœur [3] ;

---

1. *Esther*, acte III, scène 1, vers 838-841.
2. Un malade plein de religion, et aussi éclairé, ne demande point si la chose est permise ; il peut dire seulement que si elle étoit permise, la douleur l'y forceroit : c'est peut-être ce que M. de Valincour a voulu dire. (*Note de L. Racine.*)
3. Les sentiments de Jean-Baptiste Racine pour Valincour étaient

mais la vérité en a davantage, et je suis obligé, en pareille occasion, de dire qu'il s'est trompé. Tous ceux qui venoient consoler le malade étoient d'autant plus édifiés de sa patience, qu'ils connoissoient la vivacité de son caractère. Tourmenté pendant trois semaines d'une cruelle sécheresse de langue et de gosier, il se contentoit de dire : « J'offre à Dieu cette peine : puisse-t-elle expier le plaisir que j'ai trouvé souvent aux tables des grands ! » Un prêtre de Saint-André-des-Arcs[1], son confesseur depuis longtemps, le soutenoit par ses exhortations ; et M. l'abbé Boileau, chanoine de Saint-Honoré[2], y venoit joindre les siennes.

J'étois souvent dans la chambre d'un malade si cher ; et ma mémoire me rappelle les fréquentes lectures de piété qu'il me faisoit faire auprès de son lit, dans les livres à ma portée. Il pria M. Rollin de veiller sur mon éducation, quand je serois en âge de profiter de ses leçons ; et M. Rollin a eu dans la suite cette bonté.

Lorsqu'il fut persuadé que sa maladie finiroit par la mort, il chargea mon frère d'écrire une lettre à M. de Cavoie pour le prier de solliciter le payement de ce qui lui étoit dû de sa pension, afin de laisser quelque argent comptant à sa famille. Mon frère fit la lettre, et vint la lui lire : « Pourquoi, lui dit-il, ne demandez-vous pas aussi le payement de la pension de Boileau ? Il ne faut point nous séparer. Recommencez votre lettre ; et faites connoître à Boileau que j'ai été son ami jusqu'à la mort. » Lorsqu'il lui fit son dernier adieu, il se leva sur son lit, autant

loin d'être les mêmes, comme on peut le voir par sa lettre à son frère du 6 novembre [1742], que nous publions dans cette édition.

1. Ce n'était donc pas exactement, comme le dit Mme de Maintenon, dans sa lettre à Mme de la Maisonfort, un prêtre de *sa paroisse*. Mais Racine avait été longtemps sur la paroisse Saint-André-des-Arcs.

2. Jean-Jacques Boileau, chanoine de la collégiale de Saint-Honoré à Paris. Nous avons déjà averti de ne pas confondre l'abbé Charles Boileau, prédicateur de Louis XIV, avec Jacques Boileau, frère de Despréaux. Il ne faut confondre ni avec l'un ni avec l'autre le chanoine de Saint-Honoré. Celui-ci était un ami de Port-Royal, le directeur de du Guet, le conseiller du cardinal de Noailles, dont il avait toute la confiance.

que pouvoit lui permettre le peu de forces qu'il avoit, et lui dit, en l'embrassant : « Je regarde comme un bonheur pour moi de mourir avant vous. »

On s'étoit enfin aperçu que cette maladie étoit causée par un abcès au foie; et quoiqu'il ne fût plus temps d'y apporter remède, on résolut de lui faire l'opération. Il s'y prépara avec une grande fermeté, et en même temps il se prépara à la mort. Mon frère s'étant approché pour lui dire qu'il espéroit que l'opération lui rendroit la vie : « Et vous aussi, mon fils, lui répondit-il, voulez-vous faire comme les médecins, et m'amuser? Dieu est le maître de me rendre la vie; mais les frais de la mort sont faits[1]. »

Il en avoit eu toute sa vie d'extrêmes frayeurs, que la religion dissipa entièrement dans sa dernière maladie : il s'occupa toujours de son dernier moment, qu'il vit arriver avec une tranquillité qui surprit et édifia tous ceux qui savoient combien il l'avoit appréhendé.

L'opération fut faite trop tard; et trois jours après il mourut, le 21 avril 1699, âgé de cinquante-neuf ans et quatre mois[2], après avoir reçu ses sacrements avec de grands sentiments de piété, et avoir recommandé à ses enfants beaucoup d'union entre eux, et de respect pour leur mère.

1. L. Racine aurait mieux fait de ne pas changer un seul mot aux paroles de son père, telles qu'elles lui avaient été transmises par son frère aîné, dont il avait consulté les souvenirs. Jean-Baptiste lui écrivait dans sa lettre du 6 novembre [1742] : « Il n'y a pas un mot de vrai dans ce que vous me mandez de l'exclamation de mon père sur la douleur. Jamais homme ne l'a plus crainte et même soufferte plus impatiemment; et jamais homme ne l'a reçue de la main de Dieu avec plus de soumission; si bien que quelques jours avant sa mort il me dit ces belles paroles, sur ce que je lui disois que tous les médecins espéroient de le tirer d'affaire : *Ils diront ce qu'ils voudront, laissons-les dire; mais vous, mon fils, voulez-vous me tromper, et vous entendez-vous avec eux? Dieu est le maître; mais je puis vous assurer que s'il me donnoit le choix ou de la vie ou de la mort, je ne sais ce que je choisirois : les frais en sont faits.* Ce furent ses propres paroles. Jugez si c'est là le langage d'un homme qui succombe à la douleur. »

2. Les mots « et quatre mois » sont ajoutés dans l'*Exemplaire corrigé*.

Il avoit depuis longtemps écrit ses dernières dispositions dans cette lettre, datée du 28 octobre 1685 :

« Comme je suis incertain de l'heure à laquelle il plaira à Dieu de m'appeler, et que je puis mourir sans avoir le temps de déclarer mes dernières intentions, j'ai cru que je ferois bien de prier ici ma femme de plusieurs choses, auxquelles j'espère qu'elle ne voudra pas manquer, etc.[1]. »

Le reste de la lettre contient plusieurs legs pieux, et l'ordre de remettre à Boileau tous les papiers concernant l'histoire du Roi.

Avec cette lettre on trouva un testament, que je rapporte, quoique déjà inséré dans son éloge par M. Perrault[2] :

AU NOM DU PÈRE ET DU FILS ET DU SAINT-ESPRIT.

« Je desire qu'après ma mort mon corps soit porté à Port-Royal des Champs, et qu'il y soit inhumé dans le cimetière, aux pieds de la fosse de M. Hamon. Je supplie très-humblement la mère abbesse et les religieuses de vouloir bien m'accorder cet honneur, quoique je m'en reconnoisse très-indigne, et par les scandales de ma vie passée, et par le peu d'usage que j'ai fait de l'excellente éducation que j'ai reçue autrefois dans cette maison, et des grands exemples de piété et de pénitence que j'y ai vus, et dont je n'ai été qu'un stérile admirateur. Mais plus j'ai offensé Dieu, plus j'ai besoin des prières d'une si sainte communauté pour attirer sa miséricorde sur moi. Je prie aussi la mère abbesse et les religieuses de vouloir accepter une somme de huit cents livres. Fait à Paris, dans mon cabinet, le 10 octobre 1698.

« *Signé :* RACINE. »

Comme M. Hamon avoit pris soin de ses études après la mort de M. le Maître[3], et avoit été comme son précepteur, il

---

1. Nous donnons ailleurs cette pièce en son entier.
2. Dans ses *Hommes illustres*, tome II, p. 82.
3. Voyez ci-dessus, p. 211, note 2. M. le Maître ne mourut

avoit conservé un grand respect pour sa mémoire. Ce fut par cette raison, et parce que d'ailleurs il vouloit être dans le cimetière du dehors, qu'il demanda d'être enterré à ses pieds.

En exécution de ce testament, son corps, qui fut d'abord porté à Saint-Sulpice, sa paroisse, et mis en dépôt pendant la nuit dans le chœur de cette église, fut transporté le jour suivant à Port-Royal, où les deux prêtres de Saint-Sulpice qui l'accompagnèrent le présentèrent avec les cérémonies et les compliments ordinaires. Quelques personnes de la cour s'entretenant du lieu où il avoit voulu être enterré : « C'est ce qu'il n'eût point fait de son vivant, » dit un seigneur connu par des réflexions de cette nature[1].

Louis XIV parut sensible à la nouvelle de sa mort; et ayant appris qu'il laissoit à une famille composée de sept enfants plus de gloire que de richesses, il eut la bonté d'accorder une pension de deux mille livres, qui seroit partagée entre la veuve et les enfants jusqu'au dernier survivant.

Ma mère, après avoir été faire les remercîments de cette grâce, résolue à vivre en veuve vraiment veuve, ne fut point obligée, pour exécuter le précepte de saint Paul[2], de rien changer à sa façon de vivre : elle fut encore pendant trente-trois ans uniquement occupée du soin de ses enfants et des pauvres, vit avec sa tranquillité ordinaire périr en partie, dans les temps du Système[3], le peu de bien qu'elle avoit tâché, pour l'amour de nous, d'augmenter par ses épargnes; et la mort, qui, sans s'être annoncée par aucune infirmité, vint à elle tout à coup, le 15 novembre 1732, la trouva prête dès longtemps.

La mère Sainte-Thècle Racine ne survécut que peu de mois à son cher neveu. Elle mourut âgée de soixante-quatorze ans, dont pendant l'espace de plus de vingt-six, soit comme prieure, soit comme abbesse, elle avoit gouverné le monastère, où elle

---

que le 4 novembre 1658. Racine était sorti de Port-Royal au mois d'octobre de la même année.

1. Le comte de Roucy. Voyez la *Notice biographique*, p. 129.

2. Voyez dans l'*Épître à Timothée*, chapitre v, versets 3-10, les devoirs des veuves « qui sont vraiment veuves. »

3. Il s'agit du système de Law.

étoit entrée à l'âge de neuf ans[1], ayant quitté le monde avant que de le connoître.

Quelques jours après la mort de mon père, Boileau, qui depuis longtemps ne paroissoit plus à la cour, y retourna pour recevoir les ordres de Sa Majesté par rapport à son histoire, dont il se trouvoit seul chargé; et comme il lui parloit de l'intrépidité chrétienne avec laquelle mon père avoit vu la mort s'approcher : « Je le sais, répondit le Roi, et j'en ai été étonné; il la craignoit beaucoup, et je me souviens qu'au siége de Gand vous étiez le plus brave des deux[2]. » Lui ayant fait ensuite regarder sa montre, qu'il tenoit par hasard : « Souvenez-vous, ajouta-t-il, que j'ai toujours une heure par semaine à vous donner, quand vous voudrez venir. » Ce fut pourtant la dernière fois que Boileau parut devant un prince qui recevoit si favorablement les grands poëtes. Il ne retourna jamais à la cour; et lorsque ses amis l'exhortoient à s'y montrer du moins de temps en temps : « Qu'irai-je y faire? leur disoit-il, je ne sais plus louer. »

J'ai parlé jusqu'à présent de tous les ouvrages de mon père, excepté de celui que Boileau, suivant le *Supplément* de Moréri, regardoit comme le plus parfait morceau d'histoire que nous eussions dans notre langue, et que M. l'abbé d'Olivet, dans l'*Histoire de l'Académie françoise*[3], juge lui devoir donner, parmi ceux de nos auteurs qui ont le mieux écrit en prose, le même rang qu'il tient parmi nos poëtes. J'espère qu'il auroit ce rang si les grands morceaux qu'il avoit composés sur l'histoire du Roi subsistoient encore; mais pour revenir à cette histoire particulière, dont il n'a jamais parlé dans sa famille, voici ce que nous en avons appris par Boileau.

Les religieuses de Port-Royal ayant été obligées de présenter un mémoire à Monsieur l'archevêque de Paris, au sujet du partage de leurs biens avec la maison de Port-Royal de Paris, mon père, toujours disposé à leur rendre service dans leurs affaires

---

1. L. Racine s'en est rapporté pour ces détails sur la vie religieuse de la mère Sainte-Thècle aux indications inexactes du *Nécrologe*. Voyez ci-dessus la note 1, p. 4 de la *Notice biographique*.
2. Ce mot du Roi est aussi dans le *Bolæana*, p. 21.
3. Tome II, p. 343.

temporelles (comme je l'ai dit), fit pour elles ce mémoire; et quoiqu'il ne contînt qu'une explication en peu de mots de leur recette et de leur dépense, les premières copies de ce mémoire, écrites de sa main, m'ont fait juger par les ratures dont elles sont remplies, que ces sortes d'écrits, où il faut éviter tout ornement d'esprit, en se bornant à un style précis et pur, lui coûtoient plus de peine que d'autres[1]. C'est dans ce même style qu'il a composé en prose l'épitaphe de Mlle de Vertus[2], dont la longue pénitence l'avoit pénétré d'admiration. Monsieur l'archevêque de Paris ayant apparemment goûté le style de ce mémoire, et voyant quelquefois mon père à la cour, lui dit que, puisqu'il avoit été élevé à Port-Royal, personne ne pouvoit mieux que lui le mettre au fait d'une maison dont il entendoit parler de plusieurs manières très-différentes, et qu'il lui demandoit un mémoire historique, qui l'instruisît de ce qui s'y étoit passé.

Tous ceux qui ont eu quelque liaison avec mon père ont toujours reconnu la même simplicité dans ses mœurs que dans sa foi, et ont en même temps admiré le zèle avec lequel il se portoit à servir ses amis. Lorsque M. de Cavoie, tombé dans une espèce de disgrâce, vint lui confier ce qui avoit indisposé contre lui Sa Majesté, il lui conseilla de se justifier par une lettre qu'il offrit de faire lui-même; et nous fûmes témoins de l'agitation dans laquelle il passa les deux jours qu'il employa à composer cette lettre, dans laquelle il mit tout l'art que son esprit put lui fournir, pour faire paroître innocent un seigneur malheureux. Avec ce même zèle il écrivit l'histoire de Port-Royal, dans l'espérance de rendre favorables à ces religieuses les sentiments de leur archevêque[3], et sans intention, selon les apparences, de la rendre publique. Il remit cette histoire la veille de sa mort à un ami[4]. J'ai eu plus d'une fois la curiosité

---

1. L'état des manuscrits qui sont aujourd'hui à la Bibliothèque impériale et à celle du Louvre atteste la vérité de cette remarque.

2. Mlle de Vertus, fille de Claude d'Avaugour et de Catherine Fouquet de la Varenne, et sœur de la belle Montbazon. Sur sa conversion l'on peut voir le *Port-Royal* de M. Sainte-Beuve, tome IV, p. 497-514. Elle mourut le 21 novembre 1692.

3. Sur ce fait que L. Racine tenait de son frère aîné, mais qui ne paraît pas exact, voyez la *Notice biographique*, p. 137.

4. Cet ami était M. Dodart.

d'en demander des nouvelles aux personnes capables de m'en donner ; leurs réponses m'avoient fait croire qu'elle ne subsistoit plus, et je croyois l'ouvrage anéanti, lorsque j'appris, en 1742, qu'on en avoit imprimé la première partie. J'ai cherché inutilement de quelles ténèbres sortoit cette première partie, et par quelles mains elle en avoit été tirée quarante ans après la mort de l'auteur. Les personnes curieuses de savoir s'il a achevé cette histoire, c'est-à-dire s'il l'a conduite, comme on le prétend, jusqu'à la paix de Clément IX[1], n'en trouveront aucun éclaircissement dans la famille[2].

Pour finir ces *Mémoires*, communs à deux hommes étroitement unis depuis l'âge de dix-sept ou dix-huit ans[3], il me reste à écrire quelques particularités de la vie de Boileau. Les onze années qu'il survécut furent onze années d'infirmités et de retraite. Il les passa tantôt à Paris, tantôt à Auteuil, où il ne recevoit plus les visites que d'un très-petit nombre d'amis. Il vouloit bien y recevoir quelquefois la mienne, et s'amusoit même à jouer avec moi aux quilles; il excelloit à ce jeu, et je l'ai vu souvent abattre toutes les neuf d'un seul coup de boule : « Il faut avouer, disoit-il à ce sujet, que j'ai deux grands talents, aussi utiles l'un que l'autre à la société et à un État : l'un de bien jouer aux quilles, l'autre de bien faire des vers. » La bonté qu'il avoit de se prêter à ma conversation flattoit infiniment mon amour-propre, qui fut cependant fort humilié dans une de ces visites, que je lui rendis malgré moi.

J'étois en philosophie, au collége de Beauvais, et j'avois fait une pièce de douze vers françois, pour déplorer la destinée

---

1. La paix de Clément IX est du mois d'octobre 1668. Ce que nous avons de l'*Abrégé de l'histoire de Port-Royal* ne dépasse pas 1665.

2. Il n'est pas douteux que la *seconde partie* de cette histoire ne soit réellement l'ouvrage de Racine, puisque plusieurs pages du manuscrit original, qui est à la Bibliothèque impériale, sont de sa main. Louis Racine savait même depuis longtemps par une lettre de son frère que cette *seconde partie* avait été imprimée. Mais sans doute il ne croyait pas alors prouvé qu'elle fût de son père. Voyez la *Notice* sur l'*Abrégé de l'histoire de Port-Royal*.

3. Ce n'est pas tout à fait exact : Racine avait vingt-quatre ans, Boileau vingt-sept, quand leur liaison se forma.

d'un chien qui avoit servi de victime aux leçons d'anatomie qu'on nous donnoit. Ma mère, qui avoit souvent entendu parler du danger de la passion des vers, et qui la craignoit pour moi, après avoir porté cette pièce à Boileau, et lui avoir représenté ce qu'il devoit à la mémoire de son ami, m'ordonna de l'aller voir. J'obéis, j'allai chez lui en tremblant, et j'entrai comme un criminel. Il prit un air sévère; et après m'avoir dit que la pièce qu'on lui avoit montrée étoit trop peu de chose pour lui faire connoître si j'avois quelque génie : « Il faut, ajouta-t-il, que vous soyez bien hardi pour oser faire des vers avec le nom que vous portez. Ce n'est pas que je regarde comme impossible que vous deveniez un jour capable d'en faire de bons; mais je me méfie de tout ce qui est sans exemple; et depuis que le monde est monde, on n'a point vu de grand poëte, fils d'un grand poëte. Le cadet de Corneille n'étoit point tout à fait sans génie; il ne sera jamais cependant que le très-petit Corneille. Prenez bien garde qu'il ne vous en arrive autant. Pourrez-vous d'ailleurs vous dispenser de vous attacher à quelque occupation lucrative; et croyez-vous que celle des lettres en soit une? Vous êtes le fils d'un homme qui a été le plus grand poëte de son siècle, et d'un siècle où le prince et les ministres alloient au-devant du mérite pour le récompenser : vous devez savoir mieux qu'un autre à quelle fortune conduisent les vers. » La sincérité qui a régné dans cet ouvrage m'a fait rapporter[1] ce sermon dont j'ai fort mal profité.

L'auteur du *Bolæana* n'étoit pas lié assez particulièrement avec lui, pour bien faire le recueil qu'il a voulu faire. Il avoit donné au public quelques satires dont Boileau n'avoit pas parlé avec admiration, ce qui avoit jeté beaucoup de froideur entre eux deux[2]. « Il me vient voir rarement, disoit Boileau, parce que, quand il est avec moi, il est toujours embarrassé de son mérite et du mien. »

---

1 Dans les deux éditions il y a « rappeler. » L'*Exemplaire corrigé* donne « rapporter. »

2. Jacques de Losme de Monchesnay, auteur du *Bolæana*, avait publié ses *Satires nouvelles* en 1698. Il avait composé aussi des *épîtres*, des *épigrammes* et des *satires*, qui sont restées manuscrites.

Le P. Malebranche s'entretenoit avec lui de sa dispute avec M. Arnauld sur les idées, et prétendoit que M. Arnauld ne l'avoit jamais entendu : « Eh ! qui donc, mon père, reprit Boileau, voulez-vous qui vous entende ? »

Lorsqu'il avoit donné au public un nouvel ouvrage, et qu'on venoit lui dire que les critiques en parloient fort mal : « Tant mieux, répondoit-il, les mauvais ouvrages sont ceux dont on ne parle pas. » La manière dont on critique encore aujourd'hui les siens fait assez voir qu'on en parle toujours.

Ce grand poëte, qui de son vivant triompha de l'envie sur un amas prodigieux d'éditions [1] qui se renouveloient tous les ans, certain du contentement du public, s'est presque vu dans sa postérité. Il est pourtant le seul de nos poëtes qui par sa mort n'ait pas fait taire l'envie, dont il triomphe encore par les éditions de ses ouvrages, qui se renouvellent sans cesse parmi nous, ou dans les pays étrangers. Jamais poëte n'a été plus imprimé, traduit, commenté et critiqué ; et il y a apparence qu'il vivra toujours, parce que, comme il réunit le vrai de la pensée à la justesse de l'expression, ses vers restent aisément dans la mémoire : en sorte que ceux mêmes qui ne l'admirent pas le savent par cœur.

L'écrivain qui a fait de lui l'éloge qui se trouve dans le *Supplément au Nécrologe de Port-Royal*, le loue « d'avoir asservi aux lois de la pudeur la plus scrupuleuse un genre de poésie qui jusques à lui n'avoit emprunté presque tous ses agréments que des charmes dangereux que la licence et le libertinage offrent aux cœurs corrompus. » Il est dit encore dans cet éloge que « l'équité, la droiture et la bonne foi présidèrent à toutes ses actions ; » et on en donne pour exemple la restitution des revenus du bénéfice dont j'ai parlé au commencement de ces *Mémoires*, restitution qu'il fit sans consulter personne. « Ne prenant avis que de la crainte de Dieu, qui fut toujours présente à son cœur, il se démit du bénéfice entre les mains de M. de Buzanval, qui en étoit le collateur, ne voulant pas même charger sa conscience du choix de son successeur. »

---

1. M. Berriat-Saint-Prix (*OEuvres de Boileau*, tome I, p. ccxx, note 2) porte à cent trente-trois le nombre de ces éditions publiées du vivant de Boileau.

Boursault, dans ses *Lettres*[1], rapporte sa conversation sur les bénéfices avec un abbé qui en avoit plusieurs, et qui lui disoit : « Cela est bien bon pour vivre. — Je n'en doute point, lui répondit Boileau; mais pour mourir, Monsieur l'abbé ! pour mourir ! »

Interrogé dans sa vieillesse s'il n'avoit point changé d'avis sur le Tasse, il assura que, loin de se repentir de ce qu'il en avoit dit, il n'en avoit point assez dit, et en donna des raisons que rapporte M. l'abbé d'Olivet dans l'*Histoire de l'Académie françoise*[2].

La réponse d'Antoine, son jardinier d'Auteuil, au P. Bouhours, fut telle que Brossette la rapporte dans son commentaire[3]. Antoine condamnoit le second mot de l'épître qui lui étoit adressée, prétendant qu'un jardinier n'étoit pas un valet. C'étoit le seul mot qu'il trouvoit à critiquer dans les ouvrages de son maître.

Quoique Boileau aimât toujours sa maison d'Auteuil, et n'eût aucun besoin d'argent, M. le Verrier lui persuada de la lui vendre, en l'assurant qu'il y seroit toujours également le maître, et lui faisant promettre qu'il s'y conserveroit une chambre qu'il viendroit souvent occuper. Quinze jours après la vente, il y retourne, entre dans le jardin; et n'y trouvant plus un berceau sous lequel il avoit coutume d'aller rêver, appelle Antoine et lui demande ce qu'est devenu son berceau. Antoine lui répond qu'il a été détruit par ordre de M. le Verrier. Boileau, après avoir rêvé un moment, remonte dans son carrosse, en disant : « Puisque je ne suis plus le maître ici, qu'est-ce que j'y viens faire? » Il n'y revint plus.

1. Aux pages 448-450 des *Lettres nouvelles*.
2. Tome II, p. 253 et 254.
3. Voici la note de Brossette sur le vers 3 de l'épître XI : « Après la composition de cette épître, la plupart des personnes qui alloient voir l'auteur, félicitoient maître Antoine de l'honneur que son maître lui avoit fait.... Le P. Bouhours, jésuite, lui en fit compliment comme les autres : *N'est-il pas vrai, maître Antoine,* lui dit-il d'un air railleur, *que l'Épître que votre maître vous a adressée est la plus belle de ses poésies? — Nenni da, mon Père,* répondit maître Antoine, *c'est celle de* l'Amour de Dieu. » (*OEuvres de Boileau*, 1716, tome I, p. 270.)

On sait que dans ses dernières années il s'occupa de sa satire *sur l'Équivoque*[1], pour laquelle il eut cette tendresse que les auteurs ont ordinairement pour les productions de leur vieillesse. Il la lisoit à ses amis, mais il ne vouloit plus que leurs applaudissements : ce n'étoit plus ce poëte qui autrefois demandoit des critiques, et qui disoit aux autres :

Écoutez tout le monde, assidu consultant[2].

Il redevint même amoureux de plusieurs vers qu'il avoit retranchés de ses ouvrages par le conseil de mon père : il les y fit rentrer, lorsqu'il donna sa dernière édition [3].

Il la revit avec soin, et dit à un ami qui le trouva attaché à ce travail : « Il est bien honteux de m'occuper encore de rimes et de toutes ces niaiseries du Parnasse, quand je ne devrois songer qu'au compte que je suis près d'aller rendre à Dieu. » On a toujours vu en lui le poëte et le chrétien [4].

Monsieur le duc d'Orléans l'invita à dîner : c'étoit un jour maigre, et on n'avoit servi que du gras sur la table. On s'aperçut qu'il ne touchoit qu'à son pain : « Il faut bien, lui dit le prince, que vous mangiez gras comme les autres ; on a oublié le maigre. » Boileau lui répondit : « Vous n'avez qu'à frapper du pied, Monseigneur, et les poissons sortiront de terre. » Cette allusion au mot de Pompée fit plaisir à la compagnie, et sa constance à ne point vouloir toucher au gras lui fit honneur.

Il se félicitoit avec raison de la pureté de ses ouvrages : « C'est une grande consolation, disoit-il, pour un poëte qui va mourir, de n'avoir jamais offensé les mœurs. » A quoi on pourroit ajouter, et de n'avoir jamais offensé personne.

1. Boileau l'avait achevée au mois de novembre 1705. Elle ne put être publiée qu'après sa mort, en 1711.
2. *Art poétique*, chant IV, vers 49.
3. Et de même à un illustre magistrat, dont il respectoit les lumières, il répondit d'un ton chagrin : « Ce ne sont pas vos critiques que je crains, ce sont celles que je me fais à moi-même. » (*Note de L. Racine, dans l'Exemplaire corrigé.*)
4. Dans une compagnie où de prétendus esprits forts débitoient quelques sophismes contre la religion, il s'écria : « Il faut avouer que Dieu a de sots ennemis. » (*Note de L. Racine, dans l'Exemplaire corrigé.*)
— On trouve un mot semblable de Boileau, dans le *Bolæana*, p. 14.

M. le Noir, chanoine de Notre-Dame, son confesseur ordinaire, l'assista à la mort, à laquelle il se prépara en très-sincère chrétien; il conserva en même temps, jusqu'au dernier moment, le caractère de poëte. M. le Verrier crut l'amuser par la lecture d'une tragédie, qui dans sa nouveauté faisoit beaucoup de bruit[1]. Après la lecture du premier acte, il dit à M. le Verrier : « Eh! mon ami, ne mourrai-je pas assez promptement? Les Pradons dont nous nous sommes moqués dans notre jeunesse étoient des soleils auprès de ceux-ci. » Comme la tragédie qui l'irritoit se soutient encore aujourd'hui avec honneur, on doit attribuer sa mauvaise humeur contre elle à l'état où il se trouvoit : il mourut deux jours après.

Lorsqu'on lui demandoit ce qu'il pensoit de son état, il répondoit par ce vers de Malherbe[2] :

Je suis vaincu du temps, je cède à ses outrages.

Un moment avant sa mort, il vit entrer M. Coutard[3], et lui dit, en lui serrant la main : « Bonjour et adieu; l'adieu sera bien long. » Il mourut d'une hydropisie de poitrine, le 13 mars 1711[4], et laissa par son testament presque tout son bien aux pauvres.

La compagnie qui suivit son convoi, et dans laquelle j'étois, fut fort nombreuse, ce qui étonna une femme du peuple, à qui j'entendis dire : « Il avoit bien des amis; on assure cependant qu'il disoit du mal de tout le monde. »

Il fut enterré dans la chapelle basse de la Sainte-Chapelle[5],

---

1. C'était le *Rhadamiste* de Crébillon, joué en 1711. Il est dit dans le *Bolæana* (p. 146) que le Verrier n'en lut à Boileau que deux scènes.

2. Ode *pour le Roi allant châtier la rébellion des Rochelois*, vers 137. Œuvres de Malherbe (Collection des grands écrivains), tome I, p. 283. — Le *Bolæana* (p. 146) met la même citation dans la bouche de Boileau.

3. Conseiller au Parlement, ami de Boileau. C'était lui qui avait fait peindre le poëte par Rigaud, et ensuite graver le portrait. Voyez la lettre de Boileau à Brossette du 16 juin 1708.

4. L'édition de 1747 porte, par erreur : « 1721. »

5. Et non pas Saint-Jean le Rond, sa paroisse, comme il est dit dans le *Supplément au Nécrologe de Port-Royal*. (Note de L. Racine.)

immédiatement au-dessous de la place qui, dans la chapelle haute, est devenue fameuse par le lutrin qu'il a chanté [1].

Cette même année, nous obtînmes, après la destruction de Port-Royal, la permission de faire exhumer le corps de mon père, qui fut apporté à Paris le 2 décembre 1711, dans l'église de Saint-Étienne du Mont, notre paroisse alors, et placé derrière le maître-autel, en face de la chapelle de la Vierge, auprès de la tombe de M. Pascal. L'épitaphe latine qui avoit été placée dans le cimetière de Port-Royal ne subsistant plus, je la vais rapporter avec celle en françois, telle que Boileau l'avoit faite; celle que ses commentateurs [2] ont mise dans ses Œuvres n'est point la véritable, ce qu'on reconnoîtra aisément par la différence du style [3].

D. O. M.

Hic jacet vir nobilis Joannes Racine, Franciæ thesauris præfectus, Regis a secretis atque a cubiculo, necnon unus e quadraginta gallicanæ Academiæ viris :	Ici repose le corps de Messire Jean Racine, trésorier de France, secrétaire du Roi, gentilhomme ordinaire de sa chambre, et l'un des quarante de l'Académie françoise :

1. M. Berriat-Saint-Prix, dans son Essai sur Boileau (Œuvres de Boileau, tome I, p. XXXI et XXXII), démontre que L. Racine se trompe, et que la sépulture de Boileau n'était pas au-dessous de la place où dans la chapelle haute était le lutrin.

2. Tout ce passage, tel que nous le donnons, a été refait par L. Racine dans l'Exemplaire corrigé, depuis les mots : « L'épitaphe latine.... » Dans les deux éditions, il se lit ainsi : « L'épitaphe latine, que Boileau avoit faite, et qui avoit été placée dans le cimetière de Port-Royal, ne subsistant plus, je la vais rapporter avec la traduction françoise faite par le même Boileau : la traduction que ses commentateurs..., etc. » — Le texte qui suit, des épitaphes latine et française, n'est pas entièrement correct ; mais nous laissons à L. Racine ce qui lui appartient. Nous rétablissons ce texte, et nous en faisons en même temps l'historique, dans une note que nous rejetons à la suite des Mémoires.

3. J'avois jusqu'ici cru Boileau auteur de l'épitaphe latine et françoise, et je l'avois dit dans la première édition. J'ai été depuis mieux instruit. Boileau la fit en françois, telle que je la donne ici, et M. Dodart la mit en latin. (Note ajoutée par L. Racine dans l'Exemplaire corrigé.)

Qui, postquam profana tragœdiarum argumenta diu cum ingenti hominum admiratione tractasset, musas tandem suas uni Deo consecravit, omnemque ingenii vim in eo laudando contulit, qui solus laude dignus est. Cum eum vitæ negotiorumque rationes multis nobilibus aulæ tenerent addictum, tamen in frequenti hominum commercio omnia pietatis ac religionis officia coluit A christiano rege Ludovico Magno selectus una cum familiari ipsius amico fuerat, qui res, eo regnante, præclare ac mirabiliter gestas perscriberet. Huic intentus operi, repente in gravem æque ac diuturnum morbum implicitus est, tandemque ab hac sede miseriarum in melius domicilium translatus, anno ætatis suæ LX[1]. Qui mortem longo adhuc intervallo remotam valde horruerat, ejusdem præsentis aspectum placida fronte sustinuit; obiitque spe multo magis et pia in Deum fiducia erectus, quam fractus metu. Ea jactura omnes illius amicos, quorum nonnulli inter regni primores eminebant, acerbissimo dolore perculit. Manavit etiam ad ipsum regem tanti viri desiderium. Fecit modestia ejus singularis, et præcipua in hanc Portus-Regii domum benevolentia, ut in ea sepeliri voluerit, ideoque testamento cavit ut corpus

Qui, après avoir longtemps charmé la France par ses excellentes poésies profanes, consacra ses muses à Dieu, et les employa uniquement à louer le seul objet digne de louange. Les raisons indispensables qui l'attachoient à la cour l'empêchèrent de quitter le monde; mais elles ne l'empêchèrent pas de s'acquitter, au milieu du monde, de tous les devoirs de la piété et de la religion. Il fut choisi avec un de ses amis par le roi Louis le Grand, pour rassembler en un corps d'histoire les merveilles de son règne, et il étoit occupé à ce grand ouvrage, lorsque tout à coup il fut attaqué d'une longue et cruelle maladie, qui à la fin l'enleva de ce séjour de misères, en sa 60e année. Bien qu'il eût extrêmement redouté la mort lorsqu'elle étoit encore loin de lui, il la vit de près sans s'étonner, et mourut beaucoup plus rempli d'espérance que de crainte, dans une entière résignation à la volonté de Dieu. Sa perte toucha sensiblement ses amis, entre lesquels il pouvoit compter les premières personnes du royaume; et il fut regretté du Roi même. Son humilité, et l'affection particulière qu'il eut toujours pour cette maison de Port-Royal des Champs, lui firent souhaiter d'être enterré sans aucune pompe dans ce cimetière, avec les humbles serviteurs

---

1. C'est dans l'*Exemplaire corrigé* qu'on lit « LX, » au lieu de « LIX, » qui est dans les deux éditions. De même la traduction porte dans les éditions : « 59e »; dans l'*Exemplaire corrigé* : « 60e. »

suum, juxta piorum hominum qui hic sunt corpora, humaretur.

Tu vero, quicumque es quem in hanc domum pietas adducit, tuæ ipse mortalitatis ad hunc aspectum recordare, et clarissimam tanti viri memoriam precibus potius quam elogiis prosequere.

de Dieu qui y reposent, et auprès desquels il a été mis, selon qu'il l'avoit ordonné par son testament.

O toi, qui que tu sois, que la piété attire en ce saint lieu, plains dans un si excellent homme la triste destinée de tous les mortels; et quelque grande idée que puisse te donner de lui sa réputation, souviens-toi que ce sont des prières, et non pas de vains éloges qu'il te demande.

FIN DE LA DERNIÈRE PARTIE

NOTE

SUR L'ÉPITAPHE FRANÇAISE ET SUR L'ÉPITAPHE LATINE DE RACINE.

Nous croyons que L. Racine, ainsi qu'il le dit dans la dernière note de l'*Exemplaire corrigé*, était « mieux instruit » quand il cessa de regarder l'épitaphe latine de Racine comme l'épitaphe originale due à la plume de Boileau. Sa rectification à ce sujet, qui ne fut apparemment faite que sur des informations décisives, est d'un grand poids. Déjà en 1740, l'éditeur des *OEuvres de Boileau*, imprimées à Paris en 2 volumes grand in-4°, (l'abbé Souchay) avait dit : « M. Despréaux a composé cette épitaphe en françois, et M. Dodart la tourna en latin. L'épitaphe latine fut gravée sur une pierre, que l'on posa dans le cimetière des domestiques de Port-Royal des Champs. » Saint-Marc, dans l'édition qu'à son tour il donna de Boileau (Paris, 1747, 5 vol. in-12), prétendit, dans une note du tome III, p. 199, que l'éditeur de 1740 « n'avoit rien avancé que de faux. » Mais bien qu'il dise « avoir fait tout ce qu'il falloit pour savoir au juste à quoi s'en tenir, » il ne produit pas, à l'appui de sa dénégation tranchante, une seule preuve sérieuse. Vouloir reconnaître, à la latinité de l'inscription, qu'elle ne peut être que de Boileau, et non de Dodart, c'est beaucoup s'aventurer. Saint-Marc montre d'ailleurs dans cette même note qu'il était beaucoup moins bien informé que Souchay, puisqu'il y affirme que l'épitaphe de Boileau ne fut point gravée sur le tombeau de Racine, et qu'on y mit seulement celle de M. Michel Tronchai, mort chanoine de Laval.

M. Berriat-Saint-Prix (*OEuvres de Boileau*, tome III, p. 144, note 4) avait très-bien remarqué que toute une ligne du texte français, tel qu'il s'est retrouvé dans les papiers de Boileau, n'a rien qui lui corresponde dans le texte latin; c'est celle qui suit ces mots : « pour cette maison de Port-Royal des Champs, » et que voici : « où il avoit reçu dans sa jeunesse les premières instructions du christianisme. » Il note également qu'à la fin du texte français, dans le membre de phrase : « et non pas de vains éloges qu'il te demande, » le mot *vains* n'a point de correspondant dans le latin. « On pourroit, dit-il, induire de là que ce texte (*latin*) n'est pas l'original, mais la traduction de l'épitaphe, d'autant plus que, soit dans l'autographe, soit dans la copie de l'abbé Boileau, cette pièce ne porte point pour titre *Traduction*, mais *Épitaphe de M. Racine*. » Mais M. Berriat-Saint-Prix, qui avait entrevu la vérité, ne s'y est pas arrêté, faute de renseignements suffisants. S'il avait connu l'addition manuscrite faite par L. Racine à ses *Mémoires*, nous pensons qu'elle eût levé tous ses doutes.

L'autographe, et la *copie de l'abbé Boileau*, dont parle cet éditeur, nous ont été conservés dans les papiers que Boileau a laissés à sa mort, et que l'abbé Boileau son frère donna à Brossette. M. Laverdet a reproduit ces deux pièces aux p. 367 et suivantes de sa *Correspondance de Brossette*. Non-seulement, dans ces papiers de Boileau, le texte français a pour titre *Épitaphe*, et non pas *Traduction*, mais il n'y a pas trace du texte latin. Les corrections faites de la main de Boileau sur la copie de son frère s'écartent très-librement du texte latin. Si Boileau n'eût voulu que traduire, même son propre ouvrage, eût-il pris cette licence? Le style ferme de la prétendue traduction est un argument de plus : il nous semble qu'on y reconnaît l'original, quel que soit le mérite de la traduction latine.

Nous allons donc donner d'abord le texte de l'épitaphe française, tel que Boileau l'a écrit de sa main, en indiquant les corrections qu'il y a faites sur la copie de son frère. Louis Racine avait publié ce texte à peu près exactement; nous indiquerons les changements peu nombreux qu'il y a introduits.

Nous ne voyons aucune bonne raison d'y joindre la très-faible traduction française, faite sur la traduction latine, que Souchay, dans son édition de 1735, et après lui MM. Daunou, Berriat-Saint-Prix et quelques autres éditeurs de Boileau ont donnée. C'est celle qui se trouve dans le *Supplément au Nécrologe* de 1735 (article *Racine*, p. 576), et non, comme le dit M. Berriat-Saint-Prix, dans le *Nécrologe* de 1723. Ce dernier *Nécrologe* (p. 166-168) a une autre traduction, plus mauvaise encore et plus inexacte, commençant ainsi : « Ici repose Messire Jean Racine, issu d'une famille noble.... »

Voici l'épitaphe écrite de la main de Boileau :

ÉPITAPHE [1].

« Ici repose le corps de Messire Jean Racine, trésorier de France, secrétaire du Roi, gentilhomme ordinaire de sa maison [2], et l'un des

---

1. Boileau a effacé après « ÉPITAPHE » les mots : « de M. Racine, » et écrit cette note : « Il faut supprimer ceci. »
2. « De sa chambre, » dans le texte de L. Racine.

quarante de l'Académie françoise, qui, après avoir longtemps charmé la France [1] par ses excellentes poésies profanes, consacra ses muses à Dieu, et les employa uniquement à louer le seul objet digne de louange [2]. Les raisons indispensables qui l'attachoient à la cour l'empêchèrent de quitter le monde ; mais elles ne l'empêchèrent pas de s'acquitter exactement [3] au milieu du monde de tous les devoirs de la piété et de la religion. Il fut choisi avec un de ses amis [4] par le roi Louis le Grand pour rassembler en un corps d'histoire les merveilles de son règne, et il étoit occupé à ce grand ouvrage, lorsque tout à coup il fut attaqué d'une longue [5] et cruelle maladie, qui à la fin l'enleva de ce séjour de misères, dans [6] sa cinquante-neuvième [7] année. Bien qu'il eût extrêmement redouté la mort, lorsqu'elle étoit [8] encore loin de lui, il la vit de près sans s'étonner, et mourut beaucoup plus rempli d'espérance que de crainte, dans une entière résignation à la volonté de Dieu. Sa perte affligea [9] sensiblement ses amis, entre lesquels il pouvoit compter les plus considérables personnes [10] du royaume, et il fut regretté du Roi même. Son humilité et l'affection particulière qu'il eut toujours pour cette maison [11], où il avoit reçu dans sa jeunesse les premières instructions du christianisme [12], lui firent souhaiter d'être enterré sans pompe au-

1. Dans la copie de l'abbé Boileau, « charmé la France » est biffé ; Boileau y a substitué de sa main : « brillé aux yeux des hommes. »
2. Dans la même copie, Boileau a biffé : « consacra ses muses à Dieu, etc., » jusqu'à « digne de louange, » et mis à la place : « renonça à cette vaine gloire, et employa uniquement ses vers à célébrer les louanges de Dieu. » Craignit-il qu'à la cour on ne trouvât trop forts ces mots : « le seul objet digne de louange, » qui rappellent le : *Dieu seul est grand, mes frères*, de Massillon ?
3. L. Racine a omis « exactement. »
4. L'abbé Boileau a écrit en marge : « C'étoit l'auteur. »
5. Il y avait d'abord dans l'autographe « lente, » que Boileau a effacé.
6. Dans la copie de l'abbé Boileau il y a « en, » au lieu de « dans. »
7. Boileau, dans la copie de son frère, a corrigé lui-même « cinquante-huitième, » qu'il avait d'abord donné, en « cinquante-neuvième. » L. Racine, dans l'*Exemplaire corrigé*, a mis : « en sa soixantième année, » ce qui seul est vrai.
8. Boileau a effacé « dans le temps qu'elle étoit, » comme il avait d'abord écrit.
9. « Toucha, » dans L. Racine.
10. « Les premières personnes, » dans L. Racine.
11. Boileau, après « cette maison, » a effacé « de Port-Royal des Champs, » que L. Racine a conservé. On lit dans la copie de l'abbé Boileau : « qu'il avoit pour cette maison de Port-Royal des Champs. »
12. L. Racine a effacé « où il avoit reçu dans sa jeunesse les premières instructions du christianisme. »

cune.[1] dans le [2] cimetière, avec les humbles serviteurs de Dieu qui y reposent et auprès desquels il a été mis, selon qu'il l'avoit ordonné par son testament.

O toi, qui que tu sois, que la piété attire en ce saint lieu, plains dans un si excellent homme la courte [3] destinée de tous les mortels, et quelque grande idée que te puisse donner [4] de lui sa réputation, souviens-toi que ce sont des prières, et non pas de vains [5] éloges qu'il te demande. »

Le texte de l'épitaphe latine nous est donné par un monument authentique, la pierre tumulaire, trouvée, comme nous l'avons dit, dans l'église de Magny-Lessart. Cette pierre est aujourd'hui encore à Saint-Étienne du Mont, scellée dans le mur, à gauche de celle où est gravée l'épitaphe de Pascal, à droite de la porte de la petite sacristie des Dames de la confrérie de Sainte-Geneviève. M. Laverdet, dans son livre de la *Correspondance de Brossette* (voyez p. 499 et suivantes), a donné la copie de l'inscription, après l'avoir fait graver sur bois d'après un calque pris sur la pierre elle-même. Nous avons, à notre tour, consulté le monument, pour vérifier l'exactitude du texte.

Mais en appelant *authentique* ce monument, n'avons-nous pas trop dit? L'épitaphe, qui n'était plus intacte lorsqu'on la transporta de Magny-Lessart à Paris en 1818, n'a-t-elle pas été refaite? On lit dans le *Journal des Débats* du 17 avril 1818 : « Toutes les anciennes lettres laissées dans l'état où on les découvrit sont teintes en noir; quant aux lettres usées ou qui manquent, on les a remplacées en caractères neufs; mais, afin de les distinguer, on les a teintes en rouge. Ces corrections et remplacements ont été faits à l'hôtel de ville sous la direction de M. Walckenaer, membre de l'Académie des inscriptions et belles-lettres et secrétaire général de la préfecture, après un examen critique et approfondi des différents textes. » Aujourd'hui il ne nous a pas paru possible de distinguer les anciens caractères de

---

1. « Sans aucune pompe, » dans L. Racine. Boileau avait d'abord écrit « sans nulle pompe, » qu'il a effacé.

2. « Ce, » au lieu de « le, » dans la copie de l'abbé Boileau et dans L. Racine.

3. Il y avait d'abord dans l'autographe « triste, » au lieu de « courte, » qui est une correction de Boileau. L. Racine et la copie de l'abbé Boileau ont conservé « triste. »

4. « Que puisse te donner, » dans L. Racine.

5. « Vains, » que donnent les deux manuscrits et le texte de L. Racine, a été retranché dans plusieurs éditions récentes des *OEuvres de Boileau*, sans doute pour se rapprocher de la phrase de l'épitaphe latine.

ceux qui ont été refaits. Cet examen critique, auquel on a dû se livrer, semble peu rassurant, et s'il a fallu consulter les anciens textes, ceux-ci méritent au moins autant de confiance que la pierre. Il faut dire cependant qu'en 1810 l'épitaphe, non encore réparée ni déplacée, n'a pas été trouvée impossible à lire, et qu'elle a été lue dans l'église même de Magny-Lessart exactement telle qu'elle est à Saint-Étienne du Mont. C'est ce qu'atteste la note dont nous avons déjà parlé, insérée dans le *Magasin encyclopédique* de 1810, et dans le *Mercure de France* de la même année. Le texte qu'elle donne ne diffère en rien du texte que nous avons, et elle en affirme l'exactitude en ces termes : « On peut ajouter foi au texte ; il a été copié littéralement et collationné sur le lieu même, le 17 juin 1810. » Du reste l'épitaphe qu'on lit aujourd'hui sur la pierre est presque entièrement conforme à celle que l'on trouve dans le *Nécrologe* de 1723, surtout si l'on tient compte, ce que l'on n'a pas toujours fait, de l'*errata* donné par le *Supplément au Nécrologe*, p. 576, et où l'on a corrigé trois fautes : *et*, pour *atque*, à la seconde ligne de la pierre ; *nobilibus*, pour *nominibus*, à la dixième ligne ; *magis*, pour *potius*, à la dernière. Louis Racine s'éloigne un peu plus du texte de la pierre.

Voici l'épitaphe de Saint-Étienne du Mont, avec l'indication des variantes du *Nécrologe* et des *Mémoires* de L. Racine :

D.   O.   M.[1]

HIC JACET NOBILIS VIR[2] JOANNES[3] RACINE, FRANCIÆ
THESAURIS PRÆFECTUS, REGI[4] A SECRETIS ATQUE
A CUBICULO, NECNON UNUS E QUADRAGINTA[5]
GALLICANÆ ACADEMIÆ VIRIS : QUI POSTQUAM PROFANA[6]
TRAGOEDIARUM ARGUMENTA DIU CUM INGENTI
HOMINUM ADMIRATIONE TRACTASSET, MUSAS TANDEM
SUAS UNI DEO CONSECRAVIT, OMNEMQUE INGENII VIM
IN EO LAUDANDO CONTULIT QUI SOLUS LAUDE
DIGNUS[7]. CUM EUM VITÆ NEGOTIORUMQUE RATIONES
MULTIS NOMINIBUS[8] AULÆ TENERENT ADDICTUM, TAMEN

1. *Deo optimo maximo*, « à Dieu très-bon et très-grand. »
2. « VIR NOBILIS, » dans L. Racine.
3. « JOHANNES, » dans le *Nécrologe*. Les mots JACET et JOANNES RACINE ont été effacés sur la pierre, puis restitués au-dessus de la ligne.
4. « REGIS, » dans L. Racine.
5. « 40, » en chiffre, dans le *Nécrologe*.
6. « PROFANA, » omis par le *Nécrologe*.
7. « DIGNUS EST, » dans L. Racine.
8. « NOBILIBUS, » dans L. Racine. Le *Nécrologe* avait d'abord, nous l'avons dit, fait la même faute ; mais dans le *Supplément au Nécrologe* elle est corrigée.

IN FREQUENTI HOMINUM CONSORTIO [1] OMNIA PIETATIS
AC RELIGIONIS OFFICIA COLUIT. A CHRISTIANISSIMO [2] REGE
LUDOVICO MAGNO SELECTUS, UNA CUM FAMILIARI
IPSIUS AMICO FUERAT, QUI RES EO REGNANTE PRÆCLARE
AC MIRABILITER GESTAS PERSCRIBERET, HUIC INTENTUS
OPERI, REPENTE IN GRAVEM ÆQUE ET [3] DIUTURNUM
MORBUM IMPLICITUS EST, TANDEMQUE [4] AB HAC SEDE
MISERIARUM IN MELIUS [5] DOMICILIUM TRANSLATUS,
ANNO ÆTATIS SUÆ LIX [6]. QUI MORTEM LONGIORI [7] ADHUC
INTERVALLO REMOTAM VALDE HORRUERAT, EJUSDEM
PRÆSENTIS ASPECTUM PLACIDA FRONTE SUSTINUIT,
OBIITQUE SPE MULTO [8] MAGIS ET [9] PIA IN DEUM FIDUCIA
ERECTUS, QUAM FRACTUS METU [10]. EA JACTURA OMNES
ILLIUS AMICOS, E QUIBUS [11] NONNULLI INTER REGNI
PRIMORES EMINEBANT [12], ACERBISSIMO DOLORE PERCULIT.
MANAVIT ETIAM AD IPSUM REGEM TANTI VIRI
DESIDERIUM. FECIT MODESTIA EJUS SINGULARIS ET
PRÆCIPUA IN HANC PORTUS REGII DOMUM BENEVOLENTIA
UT IN ISTO COEMETERIO PIE MAGIS QUAM MAGNIFICE
SEPELIRI VELLET [13], ADEOQUE [14] TESTAMENTO CAVIT UT
CORPUS SUUM JUXTA PIORUM HOMINUM QUI HIC

1. « COMMERCIO, » dans L. Racine.
2. « CHRISTIANO, » dans L. Racine. Le *Nécrologe* a CHRISTIANISSIMO. On voit que sur la pierre l'H manque.
3. « ATQUE, » dans le *Nécrologe*, au lieu de ÆQUE ET; « ÆQUE AC, » dans L. Racine.
4. M. Berriat-Saint-Prix donne « TANDEM » dans son texte copié cependant sur la pierre, et « TANDEMQUE » comme une variante de L. Racine et du *Nécrologe*, Il y a bien « TANDEMQUE » sur la pierre.
5. La pierre a une s après MELIUS : « MELIUS S. »
6. C'était aussi le texte de L. Racine. Il n'a mis LX que dans l'*Exemplaire corrigé*.
7. « LONGO, » dans L. Racine.
8. « MULTO » est omis par le *Nécrologe*.
9. « ET » est en petit caractère sur la pierre, et semble une addition faite après coup.
10. M. Berriat-Saint-Prix dit que la pierre a ici une faute de gravure : MUTU, pour METU. L'U pour E est un peu incertain ; il y a une correction.
11. « QUORUM, » au lieu de E QUIBUS, dans L. Racine.
12. La pierre a « EMIEBANT, » et une petite N au-dessus de la ligne, entre l'I et l'E.
13. « UT IN EA SEPELIRI VOLUERIT, » dans L. Racine.
14. « IDEOQUE, » dans L. Racine. — La pierre porte « ADOQUE. » Un petit E a été ajouté au-dessus de la ligne.

JACENT[1] CORPORA HUMARETUR.
TU VERO, QUICUMQUE ES, QUEM IN HANC[2] DOMUM PIETAS
ADDUCIT, TUÆ IPSE[3] MORTALITATIS AD HUNC ASPECTUM
RECORDARE, ET CLARISSIMAM[4] TANTI VIRI MEMORIAM
PRECIBUS POTIUS QUAM ELOGIIS PROSEQUERE.

Sur la pierre, au-dessus de l'épitaphe, est gravé le cygne des armes de Racine.

Au bas de la pierre tumulaire, une plaque de marbre noir rappelle en ces termes la translation de l'épitaphe à Saint-Étienne du Mont, et la cérémonie du 21 avril 1818 :

EPITAPHIUM QUOD NICOLAUS BOILEAU, AD
AMICI MEMORIAM RECOLENDAM, MONUMENTO EJUS
IN PORTUS REGII ECCLESIA INSCRIPSERAT, EX
ILLARUM ÆDIUM RUDERIBUS, ANNO M.DCCC.VIII
EFFOSSUM, G. J. G. COMES CHABROL DE VOLVIC,
PRÆFECTUS URBI, HEIC UBI SUMMI VIRI RELIQUIÆ
DENUO DEPOSITÆ SUNT, INSTAURATUM TRANSFERRI
ET LOCARI CURAVIT, A. R. S. M.DCCC.XVIII.

Il n'est pas tout à fait exact, comme le dit cette inscription, que la pierre de l'épitaphe ait été retirée de dessous les décombres de l'abbaye ruinée; et il ne fallait pas donner à entendre dans une phrase au moins équivoque que les restes de Racine n'avaient été transférés à Saint-Étienne qu'en 1818, en même temps que cette pierre. Il semble aussi que l'inscription de M. le comte de Chabrol désigne mal la véritable place où repose Racine, puisque cette place est assez éloignée de l'épitaphe. Cependant il faut remarquer qu'en 1818 l'épitaphe ne fut pas placée où on la voit aujourd'hui. M. Berriat-Saint-Prix (OEuvres de Boileau, tome III, p. 142, note 4) nous apprend que « vers 1821 à 1824 on fit quelques réparations à une chapelle voisine, à la suite desquelles l'on déplaça l'inscription. » Cette chapelle voisine est celle de la Vierge, derrière le chœur, où les épitaphes de Racine et de Pascal avaient été placées en regard l'une de l'autre, comme l'attestent les journaux du temps.

---

1. « SUNT, » dans L. Racine.
2. On a gravé sur la pierre « HUNC » par erreur.
3. « IPSIUS, » dans le *Nécrologe*.
4. La pierre a « CLARISIMAM ». L's omise a été ajoutée en petit caractère au-dessus de la ligne.

LA THÉBAÏDE

ou

LES FRÈRES ENNEMIS

TRAGÉDIE

1664

NOTICE.

La Thébaïde fut jouée, pour la première fois, le vendredi 20 juin 1664, par la troupe de Monsieur, ainsi que l'attestent les registres du comédien la Grange. La troupe de Monsieur, que dirigeait Molière, et qui, à son arrivée à Paris, donna d'abord ses représentations dans la salle du Petit-Bourbon, avait commencé le 20 janvier 1661 à les donner sur le théâtre du Palais-Royal. C'est là que fut représentée la première tragédie de Racine. Dans les *OEuvres de Racine*, avec commentaires de la Harpe (1807), on dit à tort que la troupe de Molière n'avait joué jusque-là que la comédie, et que *la Thébaïde* fut son premier essai dans le genre tragique. Sans parler de la tragi-comédie de *Nicomède*, qui, représentée au Louvre devant le Roi, le 24 octobre 1658, fut le début à Paris de ces comédiens, on trouve, dans les registres de la Grange, plusieurs tragédies, telles que *Cinna*, *Sertorius*, *Héraclius*, jouées par cette troupe, soit dans la salle du Petit-Bourbon, soit dans celle du Palais-Royal, avant l'année 1664. Il est seulement vrai que les comédiens du Roi, établis à l'Hôtel de Bourgogne, passaient pour supérieurs à leurs rivaux dans la représentation des tragédies.

M. Aimé-Martin, dans son édition des *OEuvres de Racine*, a voulu donner pour *la Thébaïde*, comme pour les autres pièces de notre poëte, les noms des acteurs qui en ont créé les principaux rôles. Étéocle, suivant cet éditeur, aurait été représenté par Molière lui-même; Polynice, par la Grange; Jocaste, par Madeleine Béjart; Antigone, par Mlle de Brie; Créon, par la Thorillière; Hémon, par Hubert. Molière interprétant Racine dans sa première tragédie! voilà un spectacle qui plaît à l'imagination. Mais à quelle source M. Aimé-Martin a-t-il puisé ces renseignements? Il ne l'a pas dit, et l'on sait qu'en pareil cas il a trop souvent donné ses conjectures pour des faits. Les frères Parfait, dans leur *Histoire du Théâtre françois*, ne nous apprennent rien sur la distribution des rôles de *la Thébaïde* au théâtre du Palais-Royal ; et les indications que les gazettes rimées nous fournissent sur les noms des comédiens qui ont joué d'original dans les pièces suivantes de Racine, nous sont ici refusées. C'est seulement dans le *Mercure* de l'année 1721 qu'à propos d'une reprise de *la Thébaïde*, au mois d'octobre, nous trouvons comment les rôles furent distribués en 1664. A défaut de témoignage contemporain, celui-ci du moins est assez ancien pour inspirer quelque confiance. Si la liste que donne le *Mercure* est, comme nous le croyons, plus authentique que celle de M. Aimé-Martin, ce fut Hubert[1], et non Molière, qui créa le rôle d'Étéocle ; et le rôle d'Hémon, au lieu d'être joué par ce même Hubert, le fut par Béjart. La distribution des autres rôles fut telle que le dit M. Aimé-Martin. Voici la liste du *Mercure* :

ÉTÉOCLE,	Hubert.
POLYNICE,	la Grange.
JOCASTE,	Mlle Béjart.
ANTIGONE,	Mlle de Brie.
CRÉON,	la Thorillière.
HÉMON,	Béjart.

Racine, dans sa préface[2] des *Frères ennemis*, parle de « quelques personnes d'esprit qui l'excitèrent à faire une tragédie et lui proposèrent le sujet de *la Thébaïde*. » Est-ce Molière qu'il a voulu désigner ? On aurait lieu de le croire, si l'on regardait comme suffisamment attestée une anecdote littéraire, répétée depuis longtemps par tout le monde ; et il resterait seulement à regretter que, sous une allusion si discrète, Racine eût trop bien caché le nom de l'illustre ami dont il

---

1. André Hubert avait, au mois d'avril 1664, quitté, pour entrer dans la troupe de Molière, le théâtre du Marais, où il jouait dans les tragédies de Corneille.

2. Cette préface ne fut écrite que longtemps après la première publication de *la Thébaïde*, comme le prouve cette phrase : « J'étois tout jeune quand je la fis. » L'édition la plus ancienne où on la

pouvait s'honorer d'avoir suivi les conseils. Mais il faut examiner quelle est la valeur de cette anecdote.

« Une tradition constante, disent les frères Parfait[1], veut que le sujet de cette tragédie ait été donné par Molière à Racine. » D'où vient cette tradition? Nos recherches n'ont pu en faire remonter le témoignage écrit plus haut que la *Vie de Molière* par Grimarest, publiée en 1705. On va juger si son récit est vraisemblable. Après avoir dit que Molière, mécontent de voir les auteurs tragiques porter à l'Hôtel de Bourgogne presque tous leurs ouvrages, s'était mis en tête d'avoir une tragédie prête dans deux mois, pour rivaliser avec les autres comédiens qui allaient en donner aussi une nouvelle, il continue ainsi :
« Il se souvint qu'un an auparavant un jeune homme lui avoit apporté une pièce intitulée *Théagène et Chariclée*, qui à la vérité ne valoit rien, mais qui lui avoit fait voir que ce jeune homme, en travaillant, pouvoit devenir un excellent auteur. Il ne le rebuta point.... et lui dit de revenir le trouver dans six

---

trouve est celle de 1676 (première édition collective des *OEuvres*). Il n'y a pas de préface dans l'édition de 1664, dont voici le titre :

La
Thebayde
Ov
Les freres
Ennemis.
Tragedie.

A Paris,
Chez Claude Barbin....
M.DC.LXIV.
Auec Priuilege du Roy.

Elle a 4 feuillets pour le titre, l'épître au duc de Saint-Aignan, et la liste des acteurs, et 70 pages numérotées. Les exemplaires portant le nom de Barbin, que nous avons pu voir, ne contiennent ni extrait de privilége, ni Achevé d'imprimer; mais d'autres publiés « chez Gabriel Quinet, au Palais, dans la galerie des prisonniers, à l'Ange Gabriel, » ont un dernier feuillet de plus, où se trouve l'extrait du privilége du Roi. L'Achevé d'imprimer pour la première fois y porte la date du 30 octobre 1664.

1. *Histoire du Théâtre françois*, tome IX, p. 304.

mois. Pendant ce temps-là, Molière fit le dessein des *Frères ennemis*; mais le jeune homme n'avoit point encore paru, et lorsque Molière en eut besoin, il ne savoit où le prendre; il dit à ses comédiens de le lui déterrer à quelque prix que ce fût. Ils le trouvèrent. Molière lui donna son projet, et le pria de lui en apporter un acte par semaine, s'il étoit possible. Le jeune auteur, ardent et de bonne volonté, répondit à l'empressement de Molière ; mais celui-ci remarqua qu'il avoit pris presque tout son travail dans *la Thébaïde* de Rotrou. On lui fit entendre que l'on n'avoit point d'honneur à remplir son ouvrage de celui d'autrui ; que la pièce de Rotrou étoit assez récente[1] pour être encore dans la mémoire des spectateurs.... Mais comme le temps pressoit, Molière lui aida à changer ce qu'il avoit pillé, et à achever la pièce, qui fut prête dans le temps[2]. »

La Grange-Chancel est d'accord, en plusieurs points, avec ce récit de Grimarest. Voici comment il s'exprime dans la préface de l'édition de ses *OEuvres*[3], donnée en 1735 : « J'avois ouï dire aux amis particuliers de Racine que lorsqu'il fit *la Thébaïde*, dont Molière lui avoit donné le plan, il n'avoit presque rien changé à deux récits admirables qui sont dans l'*Antigone* de Rotrou, soit qu'il crût ne pouvoir mieux faire que de retirer deux si beaux morceaux de la poussière où ils étoient ensevelis, soit que, Molière ne lui ayant donné que six semaines pour achever cette pièce, il ne lui fût pas possible de faire autrement ; mais l'ayant fait imprimer quelque temps après qu'elle eut été représentée, il la mit en l'état où nous la voyons aujourd'hui. »

Nous ne nous arrêtons pas à quelques détails ridiculement invraisemblables du récit de Grimarest. Laissons aussi de côté la collaboration qu'il attribue à Molière dans les morceaux de *la Thébaïde* qui furent refaits. Contentons-nous des assertions communes au biographe de Molière et à la Grange-Chancel. Non-seulement Molière aurait indiqué à Racine le sujet de *la Thébaïde*, il lui en aurait même tracé le plan ; et pressé de

---

1. L'*Antigone* de Rotrou est de 1638.
2. *La Vie de M. de Molière* (à Paris, 1705), p. 57-61.
3. Page xxxviii.

faire jouer cette pièce sur son théâtre, il n'aurait donné au jeune auteur que quelques semaines pour l'achever. La Grange-Chancel ne dit point qu'il copie Grimarest, autorité fort sujette à caution; il prétend ne faire que répéter ce qu'il a entendu dire à des hommes qui avaient très-familièrement connu Racine. Nous savons qu'en général il est sage de tenir quelque compte des vieilles traditions. Cependant la critique ne perd pas tous ses droits; elle n'ignore pas que souvent ces prétendues traditions ne sont que des légendes venues on ne sait d'où, formées on ne sait comment[1].

Il y a sur Molière une autre anecdote rapportée par Germain Garnier[2]. « Plusieurs personnes, dit-il, ont entendu raconter à Montesquieu un fait qui passait pour constant à Bordeaux : c'est que Molière, n'étant encore que comédien de campagne, avait fait représenter dans cette ville une tragédie de sa façon, intitulée *la Thébaïde*, dont le peu de succès l'avait dégoûté de faire des tragédies. » En vérité, une telle mésaventure devait beaucoup encourager Molière à proposer comme excellent le sujet de *la Thébaïde*, et surtout à en faire lui-même le plan! Mais il ne faut pas contre une anecdote s'armer d'une anecdote. Nous avons des difficultés plus sérieuses à opposer au récit de Grimarest et de la Grange-Chancel.

Si Louis Racine n'a pu toujours être bien informé des faits qui se rapportent à la jeunesse de son père, il s'appuyait du moins, lui aussi, sur une tradition, et sur la moins éloignée, sur la plus directe. Dans une note sur une lettre de Racine écrite en novembre 1663, il dit : « Il se préparoit à faire jouer *les Frères ennemis*, qu'il avoit composés en Languedoc. »

---

1. Voltaire, qui adopte la légende, en a brodé quelques circonstances dans sa *Vie de Molière* : « C'est peut-être à Molière que la France doit Racine. Il engagea le jeune Racine, qui sortait du Port-Royal, à travailler pour le théâtre dès l'âge de dix-neuf ans. Il lui fit composer la tragédie de *Théagène et Chariclée*; et quoique cette pièce fût trop faible pour être jouée, il fit présent au jeune auteur de cent louis, et lui donna le plan des *Frères ennemis*. » — Dans l'édition de 1725 du *Moréri* on va jusqu'à dire que Molière passait pour avoir eu plus de part que Racine à *la Thébaïde*.

2. *OEuvres de Racine* (édition de 1807), tome III, p. 352, à la note.

Dans ses *Mémoires* également, il rapporte la composition de cette tragédie à l'époque du séjour à Uzès. « Il retourna, dit-il, à Euripide, et y prit le sujet de *la Thébaïde*, qu'il avança beaucoup en même temps qu'il s'appliquoit à la théologie.... Il revint à Paris, où il fit connoissance avec Molière, et acheva *la Thébaïde.* » L'abbé Dubos, dont le témoignage est plus ancien que celui de Louis Racine, dit aussi dans ses *Réflexions critiques* [1] : « Racine portoit encore l'habit de la plus sérieuse des professions, quand il composa sa tragédie des *Frères ennemis.* » Si donc Louis Racine et l'abbé Dubos ne se sont pas trompés, la tragédie de Racine, commencée en Languedoc, était à peu près faite lorsqu'il connut Molière : il ne dut pas à celui-ci, mais directement à Euripide, ce sujet qui le tenta, comme, après lui, d'autres poëtes [2].

Cette version devient infiniment plus vraisemblable que l'autre, si l'on consulte la plus incontestable des autorités, celle de Racine lui-même, écrivant à un ami, au moment où sa pièce s'achevait. On a, dans trois de ses lettres à le Vasseur, datées de la fin de 1663, quelques détails sur la composition de sa première tragédie et sur les espérances qu'il avait de la faire bientôt jouer. Molière est nommé deux fois dans l'une de ces lettres ; mais dans aucune d'elles il n'est dit un mot de la part qu'il aurait prise à l'œuvre du jeune poëte. Il y a plus : nous apprenons là que *la Thébaïde* devait être jouée, non au Palais-Royal, mais à l'Hôtel de Bourgogne, où la Beauchâteau, confidente depuis longtemps des premiers travaux de Racine pour la scène, s'était chargée du rôle d'Antigone, et où la pièce était déjà annoncée [3]. On le voit, cette tragédie, dont

---

1. *Réflexions critiques sur la poésie et sur la peinture* (à Paris, chez Jean Mariette, M.DCC.XIX, 2 vol. in-12), tome II, p. 27.

2. Alfieri, dans son *Polynice* (1783); Legouvé, dans son *Étéocle* (1799).

3. M. Édouard Fournier a donné dans son *Racine à Uzès* (p. 82 et 83) une note qui anéantirait ce témoignage des lettres de Racine pris dans le sens où nous l'interprétons. Selon lui, Racine, lorsqu'il dit à le Vasseur qu'on annonce *la Thébaïde* à l'Hôtel, parle non de la sienne, mais de celle de Boyer. M. Fournier s'appuie sur un passage de Brossette que nous citerons plus loin (p. 382). Mais là nous dirons par quelle erreur on a supposé l'existence de cette *Thébaïde* de Boyer. On

NOTICE.

Molière avait indiqué le sujet et donné le plan, qu'il avait demandée à Racine pour ses comédiens, et dont il pressait si fort l'achèvement qu'il n'accordait à l'auteur que cinq ou six semaines, c'était la troupe rivale qui allait la représenter; presque terminée vers le 15 novembre 1663, Racine la polissait et, comme il dit, *la retouchoit continuellement* le mois suivant; et elle ne devait être représentée que six mois plus tard.

Il nous paraît donc douteux que ce soit Molière qui ait proposé à Racine le sujet de *la Thébaïde*, et tout à fait invraisemblable qu'il ait tracé le plan, et souvent même dicté les corrections d'une pièce qui n'était pas destinée à son théâtre. Racine recevait certainement des conseils de plusieurs « personnes d'esprit. » Dans la grande scène du quatrième acte, telle qu'il l'avait d'abord faite, les deux frères, animés par leurs défis mutuels, tiraient l'épée en présence de leur mère; et sans doute Créon et Hémon dégainaient aussi, pour les séparer. Racine nous apprend que cette scène trouva plusieurs censeurs : « Je ne goûtois point, *ni les autres non plus*, toutes les épées tirées. » Et, pour contenter ses Aristarques, il retrancha plus de deux cents vers. Il parle aussi au pluriel, dans ses lettres, de ceux qui lui demandèrent des stances, et qui le persuadèrent ensuite d'en sacrifier quelques-unes. Nous de-

répondra sans doute que de Boyer ou de tout autre, il peut bien, sans qu'il en soit resté de trace, y avoir eu une *Thébaïde* représentée en ce temps par les comédiens du Roi, et que c'est là justement *la tragédie nouvelle* dont parle Grimarest. Voyons cependant ce que dit Racine dans une de ses lettres de décembre 1663 ; il envoie à son ami un morceau de son cinquième acte *tantôt achevé* : « Ne le montrez à personne.... on seroit moins surpris quand on le récitera. La déhanchée (*la Beauchâteau de l'Hôtel de Bourgogne*) fait la jeune princesse. Vous savez bien, je crois, et qui est cette déhanchée et qui sera cette princesse. » Ainsi lu de suite, ce passage permet-il des doutes ? Est-il possible de croire que Racine ait écrit si confusément, ne laissant pas distinguer les nouvelles qu'il donne de sa pièce et celles qui ont trait à la pièce rivale? Dans la lettre suivante du même mois, il ne paraît pas moins clair qu'il parle uniquement de sa tragédie : « Le cinquième acte n'est tout achevé que d'hier.... J'ai tout réduit à cinq stances, et ôté celle de l'*Ambition*, qui me servira peut-être ailleurs. On promet depuis hier *la Thébaïde* à l'Hôtel; mais ils ne la promettent qu'après trois autres pièces. »

vons donc, au moment où il travaillait à ses *Frères ennemis*, nous le représenter entouré d'amis qu'il consultait; Molière put être du nombre; cela est même vraisemblable, puisque Racine (il nous l'apprend lui-même) allait alors le visiter quelquefois, et que la double expérience du poëte comédien devait donner à ses avis une grande autorité. Mais si, dans le temps où le jeune auteur était le plus occupé des changements qu'il faisait à sa tragédie, il restait, comme il le dit, *huit jours* sans voir Molière; si, dans ses lettres toutes pleines de *la Thébaïde*, il ne semble rencontrer le souvenir de Molière qu'à propos du succès de l'*Impromptu de Versailles*, dont il fallait aller le féliciter, et à propos aussi de la requête haineuse du comédien Montfleury, est-il à croire qu'il travaillât pour lui, avec lui, et comme sous sa direction unique? L'acte réclamé par semaine est, à n'en pas douter, un conte; et nous admettons difficilement l'emprunt fait à Rotrou de ses deux grands récits tout entiers. Il nous semble que Racine avait déjà trop de bon goût, trop de respect de lui-même et de conscience de ses forces, qu'il commençait trop bien à se faire sa propre langue, très-différente de la langue déjà fort vieillie de Rotrou, pour songer à un tel plagiat. Et, quand il ôtait deux cents vers d'une scène, « ce qui est malaisé, » comme il le fait remarquer; quand il trouvait le temps d'ajouter des stances, d'en retrancher, enfin de « retoucher continuellement » son œuvre, il n'était pas si pressé d'achever sa pièce n'importe comment et au prix d'un trop visible larcin.

Nous ignorons comment il se fit que la tragédie de Racine, destinée à l'Hôtel de Bourgogne, fut jouée par la troupe de Molière. On peut conjecturer que le jeune auteur, qui devait, nous dit-il, voir passer trois pièces devant la sienne, fut ennuyé des retards. Lié d'amitié d'ailleurs avec Molière, qui ne pouvait manquer de goûter son esprit, et d'apprécier dans son œuvre des qualités déjà très-brillantes, il se laissa sans doute gagner par lui. Molière devait être fort aise d'attirer à lui et de conquérir pour son théâtre un poëte dont le début promettait beaucoup, et de l'arracher à une scène rivale.

Lorsque Racine écrivit *la Thébaïde*, il avait vingt-quatre ans. Il n'avait encore publié que quelques odes, faibles essais qui lui avaient valu de légers encouragements, et des protecteurs à la cour. Cependant il avait aussi tenté déjà de travailler pour le théâtre[1]. Ces premières tentatives, condamnées à l'oubli, avaient du moins exercé sa plume. Les comédiens et comédiennes, à qui il lui avait fallu soumettre ses productions, avaient dû donner quelques conseils utiles à son inexpérience de la scène. Mais il en avait de meilleurs à recevoir et de son génie naissant, et de ces poëtes de la Grèce qu'il avait déjà si bien étudiés. Le sujet de *la Thébaïde* le mettait en face d'Euripide, celui des tragiques grecs que, dans la suite, il a pris particulièrement pour guide, et en face d'Eschyle, dont le génie grandiose et trop simple pour notre scène convenait moins à son imitation, mais qui pouvait, dans cette tragédie des *Frères ennemis*, lui fournir des traits énergiques et de nobles pensées, et lui inspirer de fiers accents.

La forte préparation que Racine avait reçue de ses études grecques ne fut certes pas inutile à sa *Thébaïde*. Il était impossible qu'un esprit comme le sien n'eût rien appris à si bonne école, ni pour la vérité et la vie du dialogue, ni pour le naturel et la profondeur des sentiments, ni pour l'habileté de la composition ; mais les modèles grecs n'étaient pas les seuls que Racine eût étudiés depuis qu'il avait quitté Port-Royal. Il s'était beaucoup nourri des poëtes italiens et espagnols, et des vers mollement élégants et trop spirituels d'Ovide, et il avait aussi, tout naturellement, pris des guides plus rapprochés de lui, les auteurs de son temps. Par la suite, tout en transformant beaucoup et francisant les tragiques de la Grèce, même le plus moderne de tous, Euripide, il se tint beaucoup plus près d'eux ; car il avait alors, non plus seulement un vague instinct, mais la pleine conscience de leur supériorité. Dans *la Thébaïde*, comme dans l'*Alexandre*, il s'inspire trop peu de ces grands modèles, et cependant il n'est pas encore lui-même.

Si l'on s'en rapportait à sa préface de *la Thébaïde*, il aurait *dressé le plan* de cette pièce *sur les Phéniciennes d'Euripide*. Il rend justice à l'*Antigone* de Rotrou pour *quantité de beaux endroits* ; mais il ne semblerait pas, à l'entendre, qu'il eût fait

---

1. Voyez la *Notice biographique*, p. 36.

beaucoup d'emprunts à notre vieux poëte. De la tragédie de Sénèque il ne parle qu'avec un extrême dédain.

Il faut avouer que tout cela n'est pas exempt d'illusion, sinon d'injustice [1]. Racine doit beaucoup plus à Rotrou et un peu plus à Sénèque qu'il ne le dit; et il s'est bien plus éloigné d'Euripide qu'il ne paraît le croire. Ce que l'on remarque sans peine dans *la Thébaïde*, c'est l'imitation directe de Rotrou pour la conception et la composition de plusieurs scènes, comme pour les détails du dialogue; beaucoup de traits heureux, et vraiment tragiques, fournis par Sénèque; enfin l'influence de Corneille, plus sensible sans doute dans la pièce suivante, déjà cependant très-marquée, mais qui a pu agir à l'insu du jeune poëte, encore dominé par le génie d'un tel maître.

Quant à Euripide, les quelques vers de ses *Phéniciennes* qu'on peut rapprocher des vers de *la Thébaïde* avaient déjà, à peu d'exceptions près, été imités par Sénèque ou par Rotrou, et on est en droit de douter que notre auteur les ait toujours pris à la première source, bien qu'un exemplaire du poëte grec où *les Phéniciennes* sont chargées de notes françaises écrites à la marge de la main de Racine, nous atteste avec quel soin il avait étudié cette pièce [2]. Le plan d'Euripide ne ressemble nullement

---

[1]. Louis Racine dans son *Examen* des *Frères ennemis* va bien au delà des réticences de la préface de son père. Ces réticences sur les emprunts faits à Sénèque et à Rotrou, il les change en dénégations très-absolues : « Ce que l'auteur a dit dans sa préface est exactement vrai : sa pièce n'a aucun rapport avec la misérable déclamation, sur le même titre, qu'on attribue à Sénèque, ni avec l'*Antigone* de Rotrou. » Le P. Brumoy, examinant *la Thébaïde* à propos des *Phéniciennes* d'Euripide, avait combattu la prétention de Racine d'avoir suivi le plan du tragique grec, et fait remarquer, non sans raison, que notre poëte a surtout imité Sénèque et Rotrou. Toutefois dire que Racine, dans sa pièce, *s'est rendu esclave* de ce dernier poëte, c'était beaucoup exagérer. Louis Racine opposa au P. Brumoy le démenti que nous venons de citer; mais il allait trop loin à son tour dans son apologie, et il avait trop négligé de s'assurer par lui-même de la vérité.

[2]. Cet exemplaire appartient à la bibliothèque publique de Toulouse, dite du Collége royal. L'édition est de Paul Estienne, 1602. M. Félix Ravaisson a transcrit en 1841 ces notes de Racine sur *les*

à celui de Racine. L'entrevue de Jocaste et de Polynice, et la scène de la conférence des deux frères, en présence de leur mère, voilà tout ce que l'on trouve de commun entre la pièce grecque et la nôtre. Et combien la première de ces deux scènes est autrement conçue et d'un ton différent chez les deux poëtes! Les autres scènes d'Euripide, celle où Antigone, regardant l'armée argienne déployée dans la plaine, se fait nommer les chefs par le pédagogue, celle du conseil de guerre tenu entre Étéocle et Créon, celle du devin Tirésias, n'ont rien qui leur corresponde dans la tragédie de Racine. La fin des deux tragédies surtout diffère entièrement. Après le récit où Créon vient apprendre à Antigone la mort d'Étéocle et de Polynice, *la Thébaïde* de Racine est réellement finie; ce qui suit n'est plus rien : l'auteur complète, comme il peut, son dénoûment, et se débarrasse à la hâte et pour la forme des survivants de sa tragédie. Dans *les Phéniciennes*, quand le messager est venu raconter le dernier combat, le poëte a encore à nous montrer, entre OEdipe, Antigone et Créon, une suite nouvelle de scènes aussi pleines d'intérêt que celles qui ont précédé. Par là peut-être la duplicité d'action que Racine reproche à Rotrou, moins marquée sans doute dans le plan d'Euripide, n'y est pas cependant tout à fait évitée. Racine, qui s'est interdit ce moyen de remplir sa tragédie, en a comblé les vides par les amours, peu intéressants chez lui, d'Antigone et d'Hémon, et par la passion, plus fâcheuse encore, de Créon pour Antigone. Nous sommes loin du théâtre grec.

Nous avons dit que la ressemblance avec l'*Antigone* de Rotrou est beaucoup plus grande. Dans nos notes sur *la Thébaïde* nous indiquons des rapports frappants entre plusieurs scènes des deux pièces. Barbier d'Aucourt, dans sa misérable satire intitulée *Apollon charlatan*[1], exagérant beaucoup la part qui revient à Rotrou dans l'œuvre de Racine, soit pour l'in-

---

Phéniciennes. Elles ont été publiées dans la *Nouvelle Revue encyclopédique* (octobre 1846). Il faut remarquer d'ailleurs qu'on ignore à quelle époque Racine les a écrites, et si c'est avant d'avoir composé *la Thébaïde*.

1. On la trouve aussi avec le titre d'*Apollon vendeur de mithridate*. Elle est de 1675.

vention de la fable, soit pour celle des détails, crie au plagiat dans ce style burlesque :

> De deux frères trop inhumains
> Dont Thèbes éprouva la rage
> Elle [1] envenima le courage....
> Mais, pour dire la vérité,
> Phœbus par *la Racine* en fut si peu la cause,
> Qu'Apollon par un autre avoit tout inventé.

Il ne faut pas l'en croire. Racine a beaucoup modifié le plan de Rotrou, de même qu'en s'appropriant souvent ses pensées, il en a non-seulement rajeuni le style, mais les a revêtues d'une richesse et d'une élégance d'expression qui pouvait déjà faire prévoir un art nouveau. Ajoutons que si au premier abord on est tenté de trouver Rotrou plus énergique, parce qu'il est plus rude et plus concis, Racine, à y bien regarder, ne lui reste pas inférieur en force. Mais chez lui cette force se dissimule sous l'éclat harmonieux d'un coloris égal et sans tons heurtés. Telle était la nature de son génie, qui se fit connaître dès lors. Sa vigueur se voilait d'élégance.

Tout en suivant quelquefois Rotrou, et en reproduisant plusieurs des situations de sa tragédie, Racine avait beaucoup à tirer de lui-même pour la construction de sa propre pièce, dont il a tout autrement disposé entre elles et enchaîné les scènes. En outre l'action à laquelle il a voulu se borner s'arrête chez son prédécesseur après la seconde scène du troisième acte; et les actes de Rotrou sont assez courts. Adraste et Argie, personnages que n'a pas admis Racine, ont un rôle dans l'*Antigone* : la place qu'ils y tiennent devait, dans *la Thébaïde*, être autrement remplie. Assurément dans ce que Racine a innové tout n'est pas heureux ; mais, d'un autre côté, il a déjà dans sa marche, dans la contexture de son action, une habileté supérieure à celle de Rotrou; elle fait pressentir le poëte qui saura si bien tenir en main son sujet, qui le développera avec tant d'aisance et de clarté. L'adresse, la netteté, la fécondité de son esprit se révèlent dès ce premier essai.

1. *La Racine.* Nous n'avons pas besoin de dire que c'est par ce spirituel jeu de mots que Barbier d'Aucourt désigne notre poëte.

Rotrou avait eu lui-même sur la scène française des devanciers dans ce sujet de *la Thébaïde*. Tout n'est pas à dédaigner dans ces vieux tragiques de l'école de Ronsard. Ils déclamaient longuement à la façon de Sénèque, qui était surtout leur modèle ; ils cherchaient à refondre dans le moule grec et latin notre langue poétique ; et leur tentative n'a pas eu de succès durable. Mais, dans leur verve indiscrète et inexpérimentée, ils ont trouvé, plus souvent qu'on ne croit, des accents de vraie poésie qui ont manqué à la platitude des Coras et des Pradon. On pourrait citer plus d'un trait vigoureux, plus d'un passage où brillent quelques lueurs d'éloquence, soit dans *la Thébaïde* de Jean Robelin, imprimée en 1584 [1], soit dans la tragédie de Robert Garnier [2], intitulée *Antigone ou la piété*. Il est fort probable que Racine n'a rien connu de ces œuvres d'un autre âge, déjà bien oubliées. Mais Rotrou n'a pas pu ignorer la pièce de Garnier, ce poëte que Ronsard et Baïf regardaient comme si grand, et que Robert Estienne plaçait au-dessus des trois grands tragiques de la Grèce. Il est très-possible que Rotrou lui ait emprunté l'idée de mêler, pour en faire une seule tragédie, l'*Antigone* de Sophocle aux *Phéniciennes* d'Euripide, ou plutôt aux *Phéniciennes* de Sénèque. C'est ainsi que dans l'histoire littéraire on rencontre souvent un enchaînement, une sorte de filiation imprévue. Par l'intermédiaire de l'*Antigone* de Rotrou, *la Thébaïde* de Racine se rattache à l'*Antigone* de Garnier.

Quoique le plus souvent ce soit aussi à travers Rotrou que Sénèque a été imité par Racine, celui-ci, en plus d'un passage, s'est inspiré directement de l'écrivain latin. Il a fait beaucoup plus d'emprunts à sa tragédie qu'à *la Thébaïde* de Stace, dont il ne paraît guère s'être souvenu que dans le grand récit du combat d'Étéocle et de Polynice. Dans sa préface, Racine se range au jugement sévère d'Heinsius sur la tragédie attribuée à

---

1. *La Thebaïde*, tragédie composée par Jean Robelin du comté de Bourgoigne, au Pont-à-Mousson, par Martin Marchant, imprimeur de Mgr le duc de Lorraine, M.D.LXXXIIII.

2. L'*Antigone* de Garnier est de 1580. — Quant à l'*Antigone* de Baïf (1573), qu'on a aussi quelquefois nommée à propos de *la Thébaïde* de Racine, le sujet en est entièrement différent : c'est une imitation de l'*Antigone* de Sophocle.

Sénèque sous le titre tantôt de *la Thébaïde,* tantôt des *Phéniciennes*[1]. Il est très-vrai que l'auteur de cette pièce « ne savoit ce que c'étoit que tragédie; » mais à peu près toutes les pièces qui nous ont été conservées sous le nom de Sénèque sont aussi peu de véritables tragédies. Et toutefois dans ces *Phéniciennes,* comme dans les autres œuvres qui passent pour être du même auteur, il y a d'incontestables beautés. Il est étrange que, dans ces déclamations verbeuses, pédantesques, auxquelles, dans l'ensemble, manque toute vie; dans ces jeux d'école qui auraient été insupportables sur n'importe quelle scène, on rencontre tant de vers si tragiques, tant d'idées non-seulement grandes et belles, mais vraiment dramatiques, qui ont souvent été admirées sur notre théâtre; car nos poëtes n'ont pas dédaigné de puiser à cette source. Mais Racine avouait Euripide et non Sénèque; et quoiqu'il ait été plus redevable encore au poëte latin dans sa *Phèdre* que dans sa *Thébaïde,* il ne s'est pas plus soucié de confesser les emprunts qu'il a faits à son *Hippolyte* que ceux dont ses *Phéniciennes* l'ont enrichi.

Il est à regretter que Racine, qui connaissait bien Eschyle, qui l'avait étudié et annoté sur un exemplaire encore aujourd'hui conservé [2], n'ait tenté de lui rien dérober; nous disons rien, car l'imitation de deux passages des *Sept chefs,* que nous avons signalés dans nos notes, est, tout au moins, très-douteuse. Il est vrai que l'extrême simplicité du plan de cette vieille tragédie ne pouvait convenir à notre scène, et que ses beautés, plutôt épiques et lyriques que dramatiques, le souffle tout patriotique et guerrier qui l'anime, la placent dans une région où le spectateur français eût été trop dépaysé. Nous croyons cependant que Racine, même en travaillant sur un tout autre plan, aurait pu, comme nous l'avons dit plus haut, recevoir du vieux tragique grec plus d'une heureuse inspiration. Mais, soit dissemblance trop complète entre les deux

1. Racine, dans sa préface, donne à la pièce de Sénèque le titre de *Thébaïde;* nous l'avons désignée, dans les notes sur la tragédie de Racine, par celui de *Phéniciennes,* plus généralement adopté.

2. C'est un exemplaire appartenant à Mgr le duc d'Aumale, de l'édition imprimée à Paris, chez Adrien Turnèbe, M.D.LII. Il est chargé d'annotations marginales sur *le Prométhée* et sur *les Sept chefs.* Ce sont des gloses toutes en grec, écrites de la main de Racine.

génies, soit timidité de l'esprit français, qu'une grandeur si naïve a longtemps étonné, notre poëte n'a jamais engagé de lutte avec Eschyle ; et d'ailleurs la seule fois où, dans un de ses sujets de tragédie, il l'ait rencontré de près, il était bien jeune, sinon pour oser une telle lutte (à cet âge que n'ose-t-on point?), au moins pour en avoir le goût.

Pour la postérité, Racine ne date vraiment que de l'*Andromaque*. Ceux qui sont curieux des commencements d'un grand poëte, comptent encore *Alexandre ;* mais en général on n'aime guère à remonter plus haut, et *la Thébaïde* est comme exclue. C'est pour cela que dans ses *Remarques de grammaire* sur les œuvres de Racine, d'Olivet la laisse de côté, comme un devoir d'écolier trop difficile à corriger. Il lui rend cependant cette justice : « qu'elle n'est pas à mépriser. » Louis Racine, bien averti par sa piété filiale, a eu raison de ne point condamner la première tragédie de son père à une dédaigneuse omission, et de dire « qu'elle n'est pas indigne d'examen. » Il ne nous semble que juste en la nommant « le coup d'essai d'un génie qui donne de grandes espérances. » D'autres critiques, à son exemple, tels que la Harpe et Geoffroy, ont cru, en l'étudiant de près, ne pas perdre leur temps, et y ont admiré de grandes beautés. Non-seulement, en effet, on en pourrait citer de très-beaux vers qui feraient honneur aux tragédies du premier ordre ; mais quoique le poëte, à ce début, ait eu les yeux fixés sur Corneille et sur Rotrou, comme sur ses maîtres, ces beaux vers ont un caractère tout nouveau. Leur élégance noble et brillante y est la marque particulière de Racine ; et malgré des taches, des négligences et des fautes de goût, qu'on est peut-être disposé à trouver plus nombreuses qu'elles ne sont, parce qu'il s'agit de l'écrivain le plus correct et le plus pur, on peut dire que cette élégance règne et se soutient généralement dans toute la pièce. Le poëte y parle déjà la langue qui est bien la sienne, cette langue hardie presque sans le paraître, et toujours si naturelle, quoique pleine de secrets qui n'appartiennent qu'à lui. On y sent couler de source et largement l'éloquence abondante et facile ; et même la facilité est telle que pour l'arrêter un peu et la régler, il faudra la sévérité d'un censeur scrupuleux. Ce censeur manquait encore à Racine lorsqu'il composa *la Thébaïde*. Il venait justement de l'achever au moment où on lui fit faire la connaissance de Boileau. Celui-ci, lié bientôt après avec Racine de la plus intime amitié, eut sans doute, par ses conseils, quelque part aux changements qui, par la suite, furent faits à *la Thébaïde*[1]. Dès ce premier essai, son sentiment si juste des bons et des mauvais ouvrages dut lui révéler le génie naissant de son nouvel ami.

1. Quoique la dernière lettre de Racine à le Vasseur (décembre 1663) prouve qu'il acheva *la Thébaïde* avant d'avoir jamais vu Boileau, il se pourrait qu'après l'avoir achevée, et avant de la faire jouer, il la lui eût montrée, et eût reçu de lui des conseils. On n'en saurait même douter, si l'on s'en rapportait à Brossette. Ce serait, suivant lui, cette tragédie, et non l'ode de *la Renommée*, que l'abbé le Vasseur aurait portée à Boileau, pour la soumettre à son examen. Cela nous paraît une interprétation incertaine, fort admissible toutefois, de la dernière lettre de Racine à le Vasseur (voyez la *Notice biographique*, p. 60). Mais il faut dire que le passage où Brossette nous fournit ce renseignement ou cette conjecture, renferme du reste des erreurs, qui rappellent trop les anecdotes de Grimarest sur *la Thébaïde*. Citons-le tel que nous le trouvons dans le manuscrit de Brossette appartenant à la Bibliothèque impériale, p. 42 :

« Ce fut Molière qui engagea M. Racine à faire des tragédies. Boyer avoit fait *la Thébaïde*, qui étoit très-mauvaise. Molière dit à Racine que s'il vouloit rajuster l'*Antigone* de Rotrou, elle effaceroit *la Thébaïde* de Boyer.

« Racine y travailla. Il apprit, en ce temps-là, que M. Despréaux, qui étoit fort jeune aussi bien que lui, et qu'il ne connoissoit pas, passoit pour un critique judicieux, et quoiqu'il n'eût fait encore aucun ouvrage, jugeoit fort bien des ouvrages d'esprit. Il lui fit présenter sa pièce par un abbé nommé le Vasseur. M. Despréaux fit ses corrections, et Racine les approuva.... M. Racine, en travaillant sur la pièce de Rotrou, avoit conservé le récit que ce poëte fait de la mort (*des deux frères*). M. Despréaux n'approuva pas cela, et encouragea M. Racine à faire lui-même ce récit. M. Racine le fit, et c'est le plus bel endroit de *la Thébaïde*. » Nous connaissons déjà l'histoire des *récits* empruntés à Rotrou. Cette fois, du moins, il n'y en a plus qu'un.

Quant à *la Thébaïde* de Boyer, nous ne trouvons dans le théâtre de cet auteur aucune pièce qui ait ce titre. Il paraît bien que cette prétendue *Thébaïde* est une *Antigone*, dont le sujet est tout autre que celui des *Frères ennemis;* et cette *Antigone*, jouée seulement en 1686, et attribuée par erreur à Boyer, parce qu'elle se trouve imprimée dans les recueils de ses pièces, est de Pader d'Assezan.

La conception du sujet, dans *la Thébaïde*, n'est pas difficile à critiquer, et nous avons déjà reconnu que quelques-uns des ressorts de l'intrigue, qui sont, il est vrai, secondaires, n'ont pas été heureusement inventés : ils auraient, dans ce sujet grec, bien étonné les Grecs, qui n'en connaissaient pas de pareils. Racine lui-même a confessé sa faute. Il a du moins avoué qu'il y avait assez d'amour dans sa pièce, et il l'a dit du ton d'un homme qui est d'avis qu'il y en a beaucoup trop, qu'il ne devait pas du tout y en avoir. Il eût pu sans doute alléguer que l'amour d'Hémon pour Antigone est dans l'*Antigone* de Sophocle ; mais chez le poëte grec quelle réserve, quelle noble et chaste discrétion dans l'expression d'un amour qui va cependant jusqu'au suicide ! quelle condamnation de notre galanterie française dans de tels sujets ! Racine a donc eu raison de ne pas citer Sophocle pour son excuse. Quant à l'amour de l'ambitieux Créon, il eût été bien plus difficile encore de le justifier. Racine a eu le mérite de s'avouer que de la peinture d'une passion si déplacée au milieu des « intérêts de cette fameuse haine » il n'avait pu tirer que de « médiocres effets. » Il n'a pas été non plus le dernier à se railler de toutes les tueries de sa catastrophe. Mais il ne faut pas croire pour cela que la pièce soit mal conduite. Elle marche bien, et se développe clairement et simplement. Tout y est adroitement enchaîné. On ne peut contester que le poëte dramatique ne possède dès lors les ressources de son art.

Les caractères sans doute sont faiblement tracés ; mais on rencontre des traits de passion qui sont d'une énergique vérité. Le poëte, encore bien jeune, montrait une connaissance du cœur humain qu'on peut dire instinctive. Ce sera le don le plus rare de cet heureux génie. Louis Racine ne se trompait pas lorsqu'il a dit : « Il a si bien peint la haine dans cette pièce qu'elle dut annoncer un grand peintre des passions. »

A ne parler de *la Thébaïde* qu'historiquement, le coup d'essai de Racine ne fut point un coup d'éclat. Les mérites du style, qui en faisaient surtout une œuvre distinguée et d'un caractère nouveau, durent passer presque inaperçus, faute de juges. Ce n'était pas là d'ailleurs un de ces chefs-d'œuvre qui saisissent tout à coup et transportent le public, même le plus inexpérimenté. Si Loret, qui écrivait alors sa gazette rimée, n'a pas, dans son silence sur *la Thébaïde*, obéi à quelque conspiration de coterie, ce silence est remarquable. Il prouverait tout au moins que la représentation de cette tragédie n'aurait pas été un événement. Non-seulement Loret n'en dit pas un mot lorsqu'elle fut jouée pour la première fois, mais un peu plus tard il manque une occasion toute naturelle de réparer son oubli. Nous savons, par les registres de la Grange, que *la Thébaïde* fut jouée devant le Roi et devant Monsieur, à Villers-Cotterets, entre le 20 et le 27 septembre 1664, pendant la semaine où la troupe de Molière y donna des représentations. Loret, dans sa lettre en vers du 28 septembre, parle ainsi de la visite du Roi à son frère, et des comédiens que l'on fit venir :

> Le Roi, par un temps assez frais,
> Alla donc à Villers-Cotrais....
> De quelques amis nous tenons
> Que Molière et ses compagnons
> Y firent, de leurs jeux comiques,
> Rire les plus mélancoliques;
> Et de tout ce qui se fit là,
> Je n'ai (ma foi!) su que cela.

Le gazetier est cette fois peu informé; ou, parmi ces « jeux comiques, » *la Thébaïde* n'attira guère l'attention.

Cependant, il est hors de doute qu'un succès, sinon éclatant, honorable du moins, ne manqua pas à la pièce. Racine, dans son épître dédicatoire au duc de Saint-Aignan, dit que *la Thébaïde* « a reçu quelques applaudissements, » ce qui doit signifier qu'on lui en a donné beaucoup. Il y parle aussi « d'ennemis » qu'elle a peut-être, et donne à entendre qu'ils sont nombreux. Des ennemis déjà, c'est bon signe. Au surplus, les registres de la Comédie rendent témoignage. Du 20 juin 1664 au 18 juillet, *la Thébaïde* eut douze représentations. La troupe étant partie le 21 juillet pour Fontainebleau, où elle donna quatre représentations, *la Thébaïde* y fut jouée une fois. Et lorsque le théâtre fut rouvert à Paris, le 24 août, la pièce de Racine y reparut ce jour-là et le surlendemain 26. Nous avons déjà dit qu'elle fut jouée à Villers-Cotterets, en septembre, devant la cour; elle eut le même honneur à Versailles, au mois d'octobre. Nous la trouvons encore représentée au Palais-Royal, le 6 février et le 17 avril 1665. A la fin de cette année, elle fit place à l'*Alexandre*, et l'auteur s'étant alors brouillé avec le théâtre de Molière, *la Thébaïde* n'y fut pas reprise. On ne vit plus les tragédies de Racine représentées par l'ancienne troupe de Molière qu'après la mort de son illustre directeur, lorsque cette troupe, établie rue Mazarine, au théâtre Guénégaud, se fut réunie à celle du Marais; et ce ne fut même pas dès les premières années de cette réunion, mais seulement en 1678, c'est-à-dire à une époque où Racine avait renoncé à travailler pour la scène. Nous ignorons si *la Thébaïde* fut jouée à l'Hôtel de Bourgogne, dans les années où ce théâtre représenta successivement toutes les nouvelles pièces de Racine. En tout cas l'éclat de ces chefs-d'œuvre était trop grand pour ne pas éclipser et laisser dans l'ombre ce premier essai, que le poëte ne devait pas être fort jaloux de faire reparaître devant un public dont il avait lui-même si fort élevé le goût. Les registres de la Grange nous apprennent seulement qu'après la réunion des comédiens de l'Hôtel de Bourgogne à ceux de Guénégaud, réunion qui eut lieu en 1680, on reprit de loin en loin *la Thébaïde*, une fois en 1681 (4 juillet), une fois en 1682 (9 juillet), une fois en 1684 (11 juillet). Quatre ans après la mort de Racine, sa première tragédie, qui devait être redevenue une nouveauté, reparut sur le théâtre de la cour, à Fontainebleau. Ce fut le 24 septembre 1703. Le grand Dauphin, Madame, et la duchesse de Bourgogne, comme nous l'apprend Dangeau dans son *Journal* à cette date, vinrent ce jour-là à la comédie. Le *Mercure* de septembre 1703 a conservé le souvenir de cette représentation, où fut jouée, avec *la Thébaïde*, la petite comédie de *l'Été des coquettes*. Y eut-il dans le même temps une reprise de *la Thébaïde* sur le théâtre de la ville? Nous le croyons vraisemblable. Quoi qu'il en soit, cette résurrection d'un moment était oubliée en 1721, où *la Thébaïde* fut jouée de nouveau : « *Il y avoit plus de trente ans*, disent les frères Parfait[1], qu'elle n'avoit été représentée, lorsque le vendredi 17 octobre 1721 on la remit au

---

1. *Histoire du Théâtre françois*, tome XV, p. 476 et 477. — Les frères Parfait avaient sous les yeux le *Mercure* d'octobre 1721, qui donne exactement les mêmes détails.

théâtre. Elle eut quatre représentations…. On la reçut assez bien, et les trois derniers actes parurent faire beaucoup de plaisir. » Les mêmes auteurs nous font connaître aussi la distribution des rôles : Dufresne joua Étéocle ; Quinault, Polynice ; Mlle Aubert, Jocaste ; Mlle le Couvreur, Antigone ; Baron fit le personnage de Créon ; Duclos, celui d'Hémon.

De notre temps même, tout récemment (le 21 décembre 1864), on a voulu, pour célébrer le jour anniversaire de la naissance de Racine, faire connaître sur la scène la première tragédie de notre poëte à une génération qui ne l'y avait jamais vue, dont une bonne partie peut-être avait négligé de la lire. On a d'ailleurs pensé que les deux derniers actes suffiraient à la curiosité publique. Le succès qu'a eu cette louable tentative de la Direction du théâtre français n'a point étonné ceux qui savaient que Racine, à son début, et avant d'avoir pu se trouver lui-même tout entier, avait déjà montré quelques-unes des qualités d'un grand poëte tragique. On s'était demandé d'abord, nous a-t-on dit, si au grand récit de la scène III du cinquième acte on ne substituerait pas celui de l'*Antigone* de Rotrou, que les acteurs auraient préféré, à cause de la vigueur de quelques vers tels que ceux-ci :

> Attends-moi, traître, attends, je vais suivre tes pas,
> Et plus ton ennemi que je ne fus en terre,
> Te porter chez les morts une immortelle guerre.
> Là nos âmes feront ce qu'ici font nos corps :
> Nous nous battons vivants, et nous nous battrons morts.

Ce qui sans doute paraissait justifier ce désir des acteurs, c'était l'opinion, très-accréditée, qu'aux premières représentations de *la Thébaïde*, Racine avait conservé le récit de Rotrou ; mais on se serait aperçu, nous le croyons, que la disparate du style des deux poëtes ne pouvait produire un heureux effet ; et dans un jour où l'on fêtait la gloire de Racine, il eût été fâcheux de rejeter, comme inférieur, son récit, qui ne manque pas non plus d'énergie, et qui étincelle de si frappantes beautés. M. Maubant, si vivement applaudi, à la représentation du 21 décembre 1864, dans ce grand morceau du rôle de Créon, a pu juger qu'on n'avait rien perdu à ne pas dédaigner les vers de Racine.

NOTICE.

Rappelons, en terminant cette *Notice*, ce qu'on a lu déjà dans une note de Louis Racine sur un passage de ses *Mémoires*[1], le témoignage singulier et très-inattendu que Port-Royal lui-même a rendu à la grande renommée de *la Thébaïde*. Un bruit vague du succès de cet ouvrage s'était répandu jusque dans les saintes retraites, et les bons solitaires ont constaté ce succès profane, trompés par un nom qui leur rappelait leur cher désert. Ceux qui ont rédigé l'article *Racine* dans le *Nécrologe*, se figurant naïvement que cette fameuse *Thébaïde* était quelque pieux souvenir d'une enfance passée à l'ombre de leurs cloîtres, ont écrit ces lignes qui font sourire : « Bientôt il fit paroître qu'il avoit apporté en naissant de grandes dispositions pour les sciences, qu'il eut occasion de cultiver et de perfectionner avec les savants solitaires qui habitoient ce désert. La solitude qu'il y trouva lui fit produire sa *Thébaïde*, qui lui acquit une très-grande réputation dans un âge peu avancé[2]. » De toutes les œuvres de notre poëte, c'est la seule que nomme le *Nécrologe*. Voilà ce que Racine a gagné à donner à sa pièce, en dépit d'Heinsius, le titre de *Thébaïde*[3], que le savant philologue, honorablement cité dans sa préface, avait déclaré très-mal convenir au sujet tragique de la lutte fratricide des enfants d'OEdipe.

1. Page 221, note 1.
2. *Nécrologe de l'abbaye de Port-Royal des Champs* (1723), p. 166.
3. Ce titre parut sans doute insuffisant à Racine lui-même, puisqu'il le fit suivre de cet autre : *ou les Frères ennemis*. Ce second titre semblerait avoir été celui que, du vivant de l'auteur, l'usage avait fait prévaloir : il est remarquable que le titre courant de la pièce, qui, dans l'édition originale (1664), est *la Thebayde ou les Freres ennemis*, n'est plus, dans les éditions de 1676, 1687 et 1697, que *les Freres ennemis*.

Le texte que nous avons suivi pour *la Thébaïde*, comme pour toutes les autres pièces, est celui de l'édition des *OEuvres de Racine*, à Paris, chez Claude Barbin, M.DC.XCVII (in-12). C'est la dernière des éditions publiées du vivant de l'auteur.

Les éditions auxquelles nous renvoyons pour les variantes de *la Thébaïde* sont :

1° L'édition séparée de 1664, à Paris, chez Claude Barbin et chez Gabriel Quinet, in-12.

2° Les *OEuvres de Racine*, à Paris, chez Claude Barbin et chez Jean Ribou, 1676, in-12.

3° Les *OEuvres de Racine*, à Paris, chez Pierre Trabouillet, 1687, in-12. C'étaient les seules éditions qui pouvaient donner de véritables variantes.

Pour les autres éditions citées parfois dans les notes, voyez dans l'*Avertissement* placé en tête de ce volume, et dans la *Notice bibliographique*, ce que nous avons dit de chacune d'elles, et des motifs que nous avions d'en tenir compte.

A MONSEIGNEUR

LE DUC DE SAINT-AIGNAN[1],

PAIR DE FRANCE[2].

Monseigneur,

Je vous présente un ouvrage qui n'a peut-être rien de considérable que l'honneur de vous avoir plu. Mais véri-

---

1. De toutes les éditions publiées du vivant de Racine, la première (1664) est, suivant la remarque générale faite dans l'*Avertissement*, la seule qui contienne cette épître dédicatoire. C'est le texte de cette première impression que nous donnons ici. Nous l'avons comparé avec un manuscrit qui fait partie de la précieuse collection d'autographes de M. Boutron-Charlard, et qui nous a été fort obligeamment communiqué par lui. La suscription de ce manuscrit est : *Pour Monseigneur le duc de Saint-Aignan*. Au bas de la lettre, après la signature, se trouve la date : *A Paris, le* 13 *novembre* 1664. Cette date peut étonner, ce nous semble, car l'Achevé d'imprimer de l'édition originale est du 30 octobre 1664 ; et, nous venons de le dire, cette épître y est imprimée. Un autre sujet d'étonnement, c'est que le manuscrit est conforme non pas à l'édition de 1664, mais à celle de 1736, le premier recueil, à notre connaissance, où l'épître ait été insérée après la mort de Racine. Sur un manuscrit semblable, voyez, au tome II, la note 1 de l'*Épître dédicatoire* de *Britannicus*.

2. François de Beauvilliers, duc de Saint-Aignan, pair de France, né le 30 octobre 1610, mort le 16 juin 1687. Il fut chevalier des ordres du Roi et premier gentilhomme de sa chambre. Protecteur des gens de lettres, cultivant les lettres lui-même, il entra à l'Académie française le 8 juillet 1663. On trouve de ses poésies dans le *Mercure galant* et dans un assez grand nombre de recueils du temps. Une tragédie-comédie de *Bradamante*, imprimée sans nom d'auteur en 1637, lui a été attribuée. Ce fut lui qui conçut l'idée et traça le plan des divertissements royaux, si célèbres sous le nom de *Plaisirs de l'île enchantée*, et donnés à Versailles au mois de mai 1664. Il y fut le collaborateur des plus beaux esprits de cette époque. Racine,

tablement cet honneur est quelque chose de si grand pour moi que quand ma pièce ne m'auroit produit que cet avantage, je pourrois dire que son succès auroit passé mes espérances. Et que pouvois-je[1] espérer de plus glorieux que l'approbation d'une personne qui sait donner aux choses un si juste prix[2], et qui est lui-même l'admiration de tout le monde ? Aussi, Monseigneur, si *la Thébaïde* a reçu quelques applaudissements, c'est sans doute qu'on n'a pas osé démentir le jugement que vous avez donné en sa faveur ; et il semble que vous lui ayez communiqué ce don de plaire qui accompagne toutes vos actions.

J'espère qu'étant dépouillée des ornements du théâtre, vous ne laisserez pas de la regarder encore favorablement. Si cela est, quelques ennemis qu'elle puisse avoir, je n'appréhende rien pour elle, puisqu'elle sera assurée d'un Protecteur que le nombre des ennemis n'a pas accoutumé d'ébranler. On sait, Monseigneur, que si vous avez une parfaite connoissance des belles choses, vous n'entreprenez pas les grandes avec un courage moins élevé[3], et que vous avez réuni en vous ces deux excellentes qualités qui

---

qu'il avait encouragé par l'approbation donnée à son *Ode de la Renommée aux Muses*, devait à ce protecteur l'hommage de sa première tragédie. Personne ne reçut plus de dédicaces que le duc de Saint-Aignan. Quinault lui dédia *le Fantôme amoureux*; Tristan, *la Mort de Sénèque*; des Fontaines, *la Véritable Sémiramis*, etc., etc. Corneille, Molière et Scarron éprouvèrent souvent sa bienveillance. On a dit, mais sans vraisemblance, que Molière l'avait eu en vue dans le personnage d'Oronte de son *Misanthrope*.

1. Dans l'édition de 1736 : « et que pourrois-je. »
2. Dans l'édition de 1736 : « un juste prix ; » c'est aussi la leçon suivie par M. Aimé-Martin (5ᵉ édition, M.DCCC.XLIV).
3. Le duc de Saint-Aignan s'était distingué au combat de Vaudrevange en Lorraine (1635), à la retraite de Mayence, au siége de Dôle et à la reprise de Corbie (1636), au siége de Landrecies (1637). Au temps de la Fronde, il avait rendu, comme lieutenant général, de grands services à la cause royale.

ont fait séparément tant de grands hommes. Mais je dois craindre que mes louanges ne vous soient aussi importunes que les vôtres m'ont été avantageuses : aussi bien je ne vous dirois que des choses qui sont connues de tout le monde, et que vous seul voulez ignorer. Il suffit que vous me permettiez de vous dire avec un profond respect que je suis,

    MONSEIGNEUR,

        Votre très-humble et très-obéissant serviteur,

                                  R<small>ACINE</small>.

PRÉFACE[1].

Le lecteur me permettra de lui demander un peu plus d'indulgence pour cette pièce que pour les autres qui la suivent. J'étois fort jeune quand je la fis. Quelques vers que j'avois faits alors tombèrent par hasard entre les mains de quelques personnes d'esprit. Ils[2] m'excitèrent à faire une tragédie, et me proposèrent le sujet de la Thébaïde. Ce sujet avoit été autrefois traité par Rotrou sous le nom d'*Antigone*. Mais il faisoit mourir les deux frères dès le commencement de son troisième acte[3]. Le reste étoit en quelque sorte le commencement d'une autre tragédie, où l'on entroit dans des intérêts tout nouveaux. Et il avoit réuni en une seule pièce deux actions différentes, dont l'une sert de matière aux *Phéniciennes* d'Euripide[4],

1. Cette préface a paru pour la première fois dans l'édition collective de 1676.
2. Toutes les éditions imprimées du vivant de Racine ont *ils*, et non pas *elles*, que donnent plusieurs éditions récentes, entre autres celle de M. Aimé-Martin. Voyez le *Lexique*, au mot Personne.
3. Le récit de leur mort se trouve dans la scène II de l'acte III d'*Antigone*. C'est après cette scène que Rotrou introduit la seconde action de sa tragédie.
4. Il faut remarquer toutefois que la tragédie d'Euripide n'est pas terminée non plus après la mort d'Étéocle, de Polynice et de Jocaste. Dans une sorte d'épilogue, qui a environ trois cents vers, le poëte nous montre OEdipe chassé de Thèbes par Créon, et partant pour l'exil accompagné de sa fille dévouée ; et d'un autre côté, ainsi que dans *les Sept chefs* d'Eschyle, Antigone résistant aux ordres de Créon, qui défend de donner la sépulture à Polynice. C'est à la fois comme une introduction à l'*OEdipe à Colone* et une première esquisse de l'*Antigone* de Sophocle. Rotrou, en ajoutant l'action de cette dernière tragédie à celle qu'il a développée jusqu'à la scène III de son II⁰ acte, ne s'est donc pas éloigné d'Euripide autant que Racine semble le dire.

et l'autre à l'*Antigone* de Sophocle. Je compris que cette duplicité d'actions[1] avoit pu nuire à sa pièce, qui d'ailleurs étoit remplie de quantité de beaux endroits. Je dressai à peu près[2] mon plan sur *les Phéniciennes* d'Euripide. Car pour *la Thébaïde* qui est dans Sénèque, je suis un peu de l'opinion d'Heinsius[3], et je tiens, comme lui, que non-seulement ce n'est point une tragédie de Sénèque, mais que c'est plutôt l'ouvrage d'un déclamateur, qui ne savoit ce que c'étoit que tragédie.

La catastrophe de ma pièce est peut-être un peu trop sanglante. En effet, il n'y paroît presque pas un acteur qui ne meure à la fin. Mais aussi c'est *la Thébaïde*. C'est[4] à dire le sujet le plus tragique de l'antiquité.

1. On lit *actions* dans toutes les anciennes impressions. C'est à tort que dans plusieurs éditions récentes on a mis le singulier *action*.
2. Racine a raison de dire *à peu près*; et encore cet *à peu près* pourrait passer pour une illusion. Il est vrai qu'il n'a pas suivi davantage le plan de *la Thébaïde* attribuée à Sénèque. Mais cet ouvrage sur lequel il adopte l'opinion sévère d'Heinsius est, avec celui de Rotrou, celui qu'il a le plus imité dans le détail, comme nous l'avons dit dans la *Notice*.
3. Daniel Heinsius, philologue, né à Gand en 1580, mort à Leyde en 1665. Il a donné une édition de Sénèque le tragique, avec remarques, à Leyde, 1611. Les *remarques* sur *la Thébaïde* (titre souvent donné, au lieu de celui de *Phéniciennes*, à la tragédie qu'il examinait) commencent ainsi : « Fabula declamatoris, ideoque indigna « prorsus ista laude quam non nemo e vulgo ei tribuit. » Elles contiennent dès la seconde phrase une observation dont Racine n'a pas voulu tenir compte : « Et d'abord le titre de la pièce (*Thébaïde*) est très-impropre (*inscriptio inepta est*). » Heinsius fait observer que ce titre conviendrait aussi bien à l'*Hercule furieux*, à l'*OEdipe roi*, aux *Bacchantes*, etc. Mais Racine le trouvait adopté déjà sur la scène française.
4. Notre ponctuation (un point devant *c'est a dire*) est celle des éditions publiées du vivant de Racine; elle fait bien sentir le sens plus fort et plus détaché qu'avait dans l'origine cette locution. Dans la deuxième phrase de l'*Épître* qui est en tête d'*Alexandre*, les anciennes éditions mettent, comme nous faisons aujourd'hui, une simple virgule devant *c'est à dire*. Voyez le *Lexique*.

L'amour, qui a d'ordinaire tant de part dans les tragédies, n'en a presque point ici. Et je doute que je lui en donnasse davantage si c'étoit à recommencer. Car il faudroit ou que l'un des deux frères fût amoureux, ou tous les deux ensemble. Et quelle apparence de leur donner d'autres intérêts que ceux de cette fameuse haine qui les occupoit tout entiers? Ou bien il faut jeter l'amour sur un des seconds personnages, comme j'ai fait. Et alors cette passion qui devient comme étrangère au sujet, ne peut produire que de médiocres effets. En un mot, je suis persuadé que les tendresses ou les jalousies des amants ne sauroient trouver que fort peu de place parmi les incestes, les parricides et toutes les autres horreurs qui composent l'histoire d'OEdipe et de sa malheureuse famille.

ACTEURS.

ÉTÉOCLE, roi de Thèbes.
POLYNICE[1], frère d'Étéocle.
JOCASTE[2], mère de ces deux princes et d'Antigone.
ANTIGONE, sœur d'Étéocle et de Polynice.
CRÉON, oncle des princes et de la princesse.
HÉMON, fils de Créon, amant d'Antigone.
OLYMPE, confidente de Jocaste.
ATTALE, confident de Créon.
Un Soldat de l'armée de Polynice[3].
Gardes[4].

La scène est à Thèbes, dans une salle du palais royal.

---

1. Les éditions imprimées du vivant de Racine écrivent *Polinice*.
2. Les éditions de 1664 et 1676 ont Iocaste. Peut-être eût-il mieux valu écrire toujours ainsi, puisque c'est l'orthographe qu'il faut conserver au vers 1509 :

Polynice, Étéocle, Iocaste, Antigone.

3. Les éditions de 1664-1687 ont : Un Soldat grec.
4. Dans l'édition de 1664 il y a : Un Page et des Gardes. Voyez plus loin (p. 398) la note *b* sur la variante du vers 15. — On trouve aussi un page dans la liste des acteurs de l'*Antigone* de Rotrou. Dans *la Thébaïde* de Robelin, Étéocle règne

. . . . en un riche palais,
Suivi de courtisans, de *pages*, de laquais.

LA THÉBAÏDE

ou

LES FRÈRES ENNEMIS.

TRAGÉDIE.

ACTE I.

SCÈNE PREMIÈRE.

JOCASTE, OLYMPE.

JOCASTE.

Ils sont sortis[1], Olympe? Ah mortelles douleurs!
Qu'un moment de repos me va coûter de pleurs!
Mes yeux depuis six mois étoient ouverts aux larmes[2],

---

1. Les mots « Ils sont sortis » n'ont point paru à quelques commentateurs avoir un sens assez clair. Il s'agit des Thébains qui ont fait une sortie pendant le sommeil de Jocaste. Racine avait sous les yeux la première scène de l'*Antigone* de Rotrou, entre Jocaste et Ismène, dont le début peut servir de commentaire aux premiers vers de *la Thébaïde*:

> JOC. Qu'ils ont bien à propos usé de mon sommeil!
> Ils n'ont pas appelé ma voix à leur conseil;
> Et lorsqu'ils ont voulu tenter cette sortie,
> On a bien su garder que j'en fusse avertie.
> C'est bien, ô nuit, c'est bien de tes plus noirs pavots
> Que tu m'as distillé ce funeste repos.
> Mais quel chef les conduit? ISM. Étéocle lui-même.

2. Cette expression : « des yeux ouverts aux larmes, » se retrouvera dans *Andromaque* (vers 449):

> Vous pensez que des yeux toujours ouverts aux larmes, etc.

Et le sommeil les ferme en de telles alarmes ?
Puisse plutôt la mort les fermer pour jamais,   5
Et m'empêcher de voir le plus noir des forfaits¹ !
Mais en sont-ils aux mains ?

OLYMPE.

Du haut de la muraille
Je les ai vus déjà tous rangés en bataille ;
J'ai vu déjà le fer briller de toutes parts ;
Et pour vous avertir j'ai quitté les remparts.   10
J'ai vu, le fer en main, Étéocle lui-même ;
Il marche des premiers, et d'une ardeur extrême
Il montre aux plus hardis à braver le danger.

JOCASTE.

N'en doutons plus, Olympe, ils se vont égorger.
Que l'on coure avertir et hâter la princesse² ;   15

---

1. *Var.* (*a*) Il devoit bien plutôt les fermer pour jamais
   Que de favoriser le plus noir des forfaits. (1664-87)
2. *Var.* Que l'on aille au plus vite avertir la princesse (*b*). (1664)

(*a*) Les chiffres qui sont à la fin des variantes, entre parenthèses, marquent les dates des éditions d'où elles sont tirées. Le premier chiffre seul est entier ; il faut suppléer 16 devant les suivants. 1664-87 signifie que la variante se trouve dans toutes les éditions publiées de 1664 à 1687 inclusivement.

(*b*) Ce vers, dans l'édition de 1664, est précédé de l'indication : « A un page. » — M. le marquis de la Rochefoucauld-Liancourt, dans ses *Études littéraires de Racine*, dit (p. 131) : « J'ai vu beaucoup d'éditions de Racine, et je n'en ai pas vu une seule faite de son vivant, ou même imprimée les trente premières années après sa mort, qui contienne l'indication d'*un page*.... Le plus ancien est né trente-six ans après sa mort. » M. de la Rochefoucauld se trompe en ce point, comme en beaucoup d'autres, où il croit avoir trouvé en faute les derniers éditeurs de Racine. « J'ai eu sous les yeux, dit-il (p. 127), les éditions partielles du *Quærendo de Paris.* » Mais il est bon d'avertir au moins une fois de ce que vaut l'autorité qu'il cite, et de ce qu'il faut entendre par ce *Quærendo de Paris*. Il existe une édition des *OEuvres de Racine* publiée en 1690, à Amsterdam, chez Wolfgang. La vignette, qui est la marque de l'imprimeur, y a pour devise : *Quærendo*. Le titre de chaque pièce porte : *Suivant la copie imprimée* A PARIS. Voilà ce que M. de la Rochefoucauld veut appeler le *Quærendo de Paris*. Il répète en plusieurs passages de son livre que cette édition d'Amsterdam a été faite par Racine lui-même. C'est, entre toutes, celle qui pour lui fait loi. Comme on y lit, au titre des pièces : *Tragédie* ou *Comédie par M. de Racine*, il dit (p. 129) que les éditions que Racine faisait faire de chacune de ses pièces, après les premières représentations, portaient : *Tragédie de M. de Racine* ; ce qui ne se trouve au contraire que dans les éditions d'Amsterdam.

ACTE I, SCÈNE I.

Je l'attends. Juste ciel, soutenez ma foiblesse !
Il faut courir, Olympe, après ces inhumains[1] ;
Il les faut séparer, ou mourir par leurs mains[2].
Nous voici donc, hélas ! à ce jour détestable[3]
Dont la seule frayeur me rendoit misérable !
Ni prières ni pleurs ne m'ont de rien servi,
Et le courroux du sort vouloit être assouvi.
O toi, Soleil, ô toi qui rends le jour au monde[4],
Que ne l'as-tu laissé dans une nuit profonde !
A de si noirs forfaits prêtes-tu tes rayons ?
Et peux-tu sans horreur voir ce que nous voyons ?
Mais ces monstres[5], hélas ! ne t'épouvantent guères :

---

1. *Var.* Il faut, il faut courir après ces inhumains. (1664-87)
2. Ces vers paraissent avoir été inspirés par le passage suivant des *Phéniciennes* (autrement dit *Thébaïde*) de Sénèque, dont le mouvement se retrouve surtout dans la variante : « Il faut, il faut courir.... »

> *Ibo, ibo, et armis obvium opponam caput.*
> *Stabo inter arma : petere qui fratrem volet,*
> *Petat ante matrem....*
> (Vers 407-409.)

Imitant de plus près Sénèque, le vieux poëte Garnier fait ainsi parler Jocaste, dans la scène 1ʳᵉ de l'acte II de son *Antigone* :

> J'iray, j'iray soudaine, et seray toute preste
> D'affronter leurs cousteaux et leur tendre la teste,
> Leur tendre la poitrine, afin que celuy d'eux
> Qui meurtrira son frère, en puisse meurtrir deux.
> S'ils ont quelque bonté, mes pitoyables larmes
> Les devront esmouvoir à mettre bas les armes ;
> Mais s'ils n'en ont aucune, ils devront commencer
> En moy leur parricide....

3. *Var.* Nous voici donc, Olympe, à ce jour détestable. (1664-87)
4. *Var.* O toi, qui que tu sois, qui rends le jour au monde. (1664-87)
— Le prologue des *Phéniciennes* d'Euripide commence par une apostrophe au soleil, que le poëte met également dans la bouche de Jocaste. Cette apostrophe, quoique différente et par le sens et par l'expression, a dû suggérer à Racine l'idée de la sienne. La ressemblance, moins incomplète, il est vrai, que plusieurs commentateurs ont signalée entre ces vers de *la Thébaïde* et les vers 677-679 de l'*Hippolyte* de Sénèque, nous ferait remonter à une source beaucoup plus éloignée et plus indirecte.
5. *Monstres*, dans le sens du latin *monstra* : « ces actions monstrueuses. »

La race de Laïus[1] les a rendus vulgaires[2] ;
Tu peux voir sans frayeur les crimes de mes fils,
Après ceux que le père et la mère ont commis.   30
Tu ne t'étonnes pas si mes fils sont perfides,
S'ils sont tous deux méchants, et s'ils sont parricides :
Tu sais qu'ils sont sortis d'un sang incestueux,
Et tu t'étonnerois s'ils étoient vertueux[3].

SCÈNE II.

JOCASTE, ANTIGONE, OLYMPE.

JOCASTE.

Ma fille, avez-vous su l'excès de nos misères ?   35

ANTIGONE.

Oui, Madame : on m'a dit la fureur de mes frères.

JOCASTE.

Allons, chère Antigone, et courons de ce pas[4]
Arrêter, s'il se peut, leur parricide bras.
Allons leur faire voir ce qu'ils ont de plus tendre ;
Voyons si contre nous ils pourront se défendre,   40

---

1. Ce mot, qui revient aux vers 430 et 1499, est constamment écrit *Lajus* dans l'édition de 1697. Dans les éditions antérieures, il y a tantôt *Laius* et tantôt *Lajus*.

2. *Var.* Le seul sang de Laïus les a rendus vulgaires. (1664-87)

3.   OEDIPUS. *Unde in nefanda specimen egregium domo?...*
. . . . *Aliquis est ex me pius?*
(Sénèque, *Phéniciennes*, vers 80 et 82.)

— Après ce vers on lit dans l'édition de 1664 :

Ce sang, en leur donnant la lumière céleste,
Leur donna pour le crime une pente funeste,
Et leurs cœurs, infectés de ce fatal poison,
S'ouvrirent à la haine avant qu'à la raison.

4. *Var.* Allons, chère Antigone, allons tout de ce pas. (1664-87)
— Dans *les Phéniciennes* d'Euripide (vers 1266-1285), Jocaste invite de même Antigone à venir avec elle séparer ses deux fils.

ACTE I, SCÈNE II.

Ou s'ils oseront bien, dans leur noire fureur,
Répandre notre sang pour attaquer le leur.

ANTIGONE.

Madame, c'en est fait, voici le Roi lui-même.

SCÈNE III.

JOCASTE, ANTIGONE, ÉTÉOCLE, OLYMPE.

JOCASTE.

Olympe, soutiens-moi ; ma douleur est extrême.

ÉTÉOCLE.

Madame, qu'avez-vous? et quel trouble....

JOCASTE.

                          Ah! mon fils[1],
Quelles traces de sang vois-je sur vos habits?
Est-ce du sang d'un frère? ou n'est-ce point du vôtre[2]?

ÉTÉOCLE.

Non, Madame, ce n'est ni de l'un ni de l'autre.
Dans son camp jusqu'ici Polynice arrêté[3],
Pour combattre à mes yeux ne s'est point présenté. 50
D'Argiens seulement une troupe hardie

---

1. *Var.* ÉTÉO. Madame, qu'avez-vous? Et quel mal si caché....
JOC. Ah! mon fils, de quel sang êtes-vous là taché? (1664)
Var. ÉTÉO. Madame, qu'avez-vous? Et quel mal si caché....
JOC. Ah! mon fils, de quel sang revenez-vous taché? (1676-87)
2. *Var.* Est-ce de votre frère, ou n'est-ce point du vôtre? (1664)
3. *Var.* Polynice à mes yeux ne s'est point présenté,
Et l'on s'est peu battu d'un et d'autre côté.
Seulement quelques Grecs, d'un insolent courage,
M'ayant osé d'abord disputer le passage,
[J'ai fait mordre la poudre à ces audacieux.] (1664)
Var. Polynice à mes yeux ne s'est point présenté,
Et l'on s'est peu battu d'un et d'autre côté.
Du camp des Argiens une troupe hardie
[M'a voulu de nos murs disputer la sortie.] (1676-87)

J. RACINE I

M'a voulu de nos murs disputer la sortie :
J'ai fait mordre la poudre à ces audacieux ;
Et leur sang est celui qui paroît à vos yeux.

JOCASTE.

Mais que prétendiez-vous ? et quelle ardeur soudaine [1]
Vous a fait tout à coup descendre dans la plaine ?

ÉTÉOCLE.

Madame, il étoit temps que j'en usasse ainsi,
Et je perdois ma gloire à demeurer ici [2].
Le peuple, à qui la faim se faisoit déjà craindre,
De mon peu de vigueur commençoit à se plaindre, 60
Me reprochant déjà qu'il m'avoit couronné,
Et que j'occupois mal le rang qu'il m'a donné.
Il le faut satisfaire ; et quoi qu'il en arrive,
Thèbes dès aujourd'hui ne sera plus captive.
Je veux, en n'y laissant aucun de mes soldats, 65
Qu'elle soit seulement juge de nos combats.
J'ai des forces assez pour tenir la campagne,
Et si quelque bonheur nos armes accompagne,
L'insolent Polynice et ses fiers alliés [3]
Laisseront Thèbes libre, ou mourront à mes pieds. 70

1. *Var.* Mais pourquoi donc sortir avecque votre armée ?
   Quel est ce mouvement qui m'a tant alarmée ? (1664-87)
2. Entre ce vers et le suivant on lit dans les éditions de 1664 et de 1676 :

   Je n'ai que trop langui derrière une muraille ;
   Je brûlois de me voir en un champ de bataille.
   Lorsque l'on peut paroître au milieu des hasards,
   Un grand cœur est honteux de garder des remparts.
   J'étois las d'endurer que le fier Polynice
   Me reprochât tout haut cet indigne exercice,
   Et criât aux Thébains, afin de les gagner,
   Que je laissois aux fers ceux qui me font régner.

L'édition de 1687 a également cette variante ; mais le dernier vers s'y lit ainsi :

   Que je laissois périr ceux qui me font régner.

3. *Var.* L'insolent Polynice et ses Grecs orgueilleux
   Laisseront Thèbes libre, ou mourront à ses yeux. (1664)

JOCASTE.

Vous pourriez d'un tel sang, ô ciel! souiller vos armes[1]?
La couronne pour vous a-t-elle tant de charmes[2]?
Si par un parricide il la falloit gagner,
Ah! mon fils, à ce prix voudriez-vous régner?
Mais il ne tient qu'à vous, si l'honneur vous anime,   75
De nous donner la paix sans le secours d'un crime,
Et de votre courroux triomphant aujourd'hui[3],
Contenter votre frère, et régner avec lui.

ÉTÉOCLE.

Appelez-vous régner partager ma couronne,
Et céder lâchement ce que mon droit me donne?   80

JOCASTE.

Vous le savez, mon fils, la justice et le sang[4]
Lui donnent, comme à vous, sa part à ce haut rang.
OEdipe, en achevant sa triste destinée,
Ordonna que chacun régneroit son année;

---

1. *Var.* Vous préserve le ciel d'une telle victoire!
Thèbes ne veut point voir une action si noire.
Laissez là son salut et n'y songez jamais;
La guerre vaut bien mieux que cette affreuse paix.
Dure-t-elle à jamais cette cruelle guerre
Dont le flambeau fatal désole cette terre!
Prolongez nos malheurs, augmentez-les toujours,
Plutôt qu'un si grand crime en arrête le cours!
Vous-même d'un tel sang souilleriez-vous vos armes?
  [La couronne pour vous a-t-elle tant de charmes?] (1664)
Les éditions de 1676 et de 1687 n'ont conservé de cette variante que les quatre premiers vers et le dernier, où l'édition de 1687 a « souillerez-vous, » au lieu de « souilleriez-vous. »
2. Jocaste dit semblablement à Étéocle dans *les Phéniciennes* (vers 549 et 550):

Τί τὴν τυραννίδ', ἀδικίαν εὐδαίμονα,
Τιμᾷς ὑπέρφευ;

3. *Var.* Vous pouvez vous montrer généreux tout à fait,
Contenter votre frère et régner en effet.
ÉTÉO. Appelez-vous régner lui céder ma couronne,
Quand le sang et le peuple à la fois me la donne? (1664-87)
4. *Var.* Vous savez bien, mon fils, que le choix et le sang. (1664)

Et n'ayant qu'un État à mettre sous vos lois, 85
Voulut que tour à tour vous fussiez tous deux rois[1].
A ces conditions vous daignâtes souscrire.
Le sort vous appela le premier à l'empire,
Vous montâtes au trône ; il n'en fut point jaloux :
Et vous ne voulez pas qu'il y monte après vous ? 90

ÉTÉOCLE.

Non, Madame, à l'empire il ne doit plus prétendre[2] ;
Thèbes à cet arrêt n'a point voulu se rendre[3] ;
Et lorsque sur le trône il s'est voulu placer,
C'est elle, et non pas moi, qui l'en a su chasser.
Thèbes doit-elle moins redouter sa puissance, 95
Après avoir six mois senti sa violence ?
Voudroit-elle obéir à ce prince inhumain,
Qui vient d'armer contre elle et le fer et la faim ?
Prendroit-elle pour roi l'esclave de Mycène,
Qui pour tous les Thébains n'a plus que de la haine, 100

---

1. *Var.* Il voulut que tous deux vous en fussiez les rois.
  A ces conditions vous voulûtes souscrire. (1664-87)
2. *Var.* ÉTÉO. Il est vrai, je promis ce que voulut mon père.
  Pour un trône est-il rien qu'on refuse de faire ?
  On promet tout, Madame, afin d'y parvenir ;
  Mais on ne songe après qu'à s'y bien maintenir.
  J'étois alors sujet et dans l'obéissance,
  Et je tiens aujourd'hui la suprême puissance.
  Ce que je fis alors ne m'est plus une loi :
  Le devoir d'un sujet n'est pas celui d'un roi.
  D'abord que sur sa tête il reçoit la couronne,
  Un roi sort à l'instant de sa propre personne :
  L'intérêt du public doit devenir le sien,
  Il doit tout à l'État et ne se doit plus rien.
  JOC. Au moins doit-il, mon fils, quelque chose à sa gloire,
  Dont le soin ne doit pas sortir de sa mémoire ;
  Et quand ce nouveau rang l'affranchiroit des lois,
  Au moins doit-il tenir sa parole à des rois.
  ÉTÉO. Polynice à ce titre auroit tort de prétendre :
  Thèbes sous son pouvoir n'a point voulu se rendre ;
  [Et lorsque sur le trône il s'est voulu placer.] (1664)
3. *Var.* Thèbes sous son pouvoir n'a point voulu se rendre. (1676-87)

Qui s'est au roi d'Argos indignement soumis [1],
Et que l'hymen attache à nos fiers ennemis?
Lorsque le roi d'Argos l'a choisi pour son gendre,
Il espéroit par lui de voir Thèbes en cendre;
L'amour eut peu de part à cet hymen honteux,   105
Et la seule fureur en alluma les feux.
Thèbes m'a couronné pour éviter ses chaînes;
Elle s'attend par moi de voir finir ses peines :
Il la faut accuser si je manque de foi;
Et je suis son captif, je ne suis pas son roi [2].   110
            JOCASTE.
Dites, dites plutôt, cœur ingrat et farouche,
Qu'auprès du diadème, il n'est rien qui vous touche.
Mais je me trompe encor : ce rang ne vous plaît pas,
Et le crime tout seul a pour vous des appas.
Hé bien! puisqu'à ce point vous en êtes avide,   115
Je vous offre à commettre un double parricide :
Versez le sang d'un frère; et si c'est peu du sien,
Je vous invite encore à répandre le mien.
Vous n'aurez plus alors d'ennemis à soumettre,
D'obstacle à surmonter, ni de crime à commettre;   120
Et n'ayant plus au trône un fâcheux concurrent,
De tous les criminels vous serez le plus grand.
            ÉTÉOCLE.
Hé bien, Madame, hé bien, il faut vous satisfaire [3] :

---

1. Polynice avait cherché un asile auprès d'Adraste, roi de Mycènes et d'Argos, qui lui donna sa fille Argie en mariage, et se chargea de le ramener à Thèbes à la tête d'une armée argienne.
2. Imitation évidente de Rotrou :

> Sur le desir des miens mon trône se soutient.
> Je lui cédois l'État, mais l'État me retient.
> J'étois prêt à quitter le sceptre qu'on lui nie :
> Le peuple aime mon règne et craint sa tyrannie;
> Je le possède aussi moins que je ne le sers :
> Les honneurs qu'il me rend sont d'honorables fers.
>   (*Antigone*, acte I, scène III.)

3. Tel est le texte de toutes les éditions publiées du vivant de Racine. C'est

Il faut sortir du trône et couronner mon frère;
Il faut[1], pour seconder votre injuste projet, 125
De son roi que j'étois, devenir son sujet;
Et pour vous élever au comble de la joie,
Il faut à sa fureur que je me livre en proie;
Il faut par mon trépas....

JOCASTE.

Ah ciel! quelle rigueur!
Que vous pénétrez mal dans le fond de mon cœur! 130
Je ne demande pas que vous quittiez l'empire :
Régnez toujours, mon fils, c'est ce que je desire.
Mais si tant de malheurs vous touchent de pitié,
Si pour moi votre cœur garde quelque amitié,
Et si vous prenez soin de votre gloire même, 135
Associez un frère à cet honneur suprême.
Ce n'est qu'un vain éclat qu'il recevra de vous;
Votre règne en sera plus puissant et plus doux.
Les peuples, admirant cette vertu sublime,
Voudront toujours pour prince un roi si magnanime;
Et cet illustre effort, loin d'affoiblir vos droits,
Vous rendra le plus juste et le plus grand des rois.
Ou s'il faut que mes vœux vous trouvent inflexible,
Si la paix à ce prix vous paroît impossible,
Et si le diadème a pour vous tant d'attraits[2], 145
Au moins consolez-moi de quelque heure de paix[3].

à tort que M. Aimé-Martin a changé la construction et mis : « il vous faut satisfaire. »

1. Voici, dans *Andromaque*, un passage presque semblable (acte I, scène IV, vers 364 et suivants) :

> Hé bien, Madame, hé bien, il faut vous obéir :
> Il faut, etc.

2. *Var.* Et que le diadème ait pour vous tant d'attraits. (1664)

3. *Si pacis odium est, furere si bello placet,*
Inducias te mater exiguas rogat.
(Sénèque, *Phéniciennes*, vers 484 et 485.

ACTE I, SCÈNE III.

Accordez cette grâce aux larmes d'une mère[1].
Et cependant, mon fils, j'irai voir votre frère;
La pitié dans son âme aura peut-être lieu,
Ou du moins pour jamais j'irai lui dire adieu.   150
Dès ce même moment permettez que je sorte :
J'irai jusqu'à sa tente, et j'irai sans escorte;
Par mes justes soupirs j'espère l'émouvoir[2].

ÉTÉOCLE.

Madame, sans sortir, vous le pouvez revoir[3];
Et si cette entrevue a pour vous tant de charmes,   155
Il ne tiendra qu'à lui de suspendre nos armes.
Vous pouvez dès cette heure accomplir vos souhaits,
Et le faire venir jusque dans ce palais.
J'irai plus loin encore; et pour faire connaître[4]
Qu'il a tort en effet de me nommer un traître,   160
Et que je ne suis pas un tyran odieux,
Que l'on fasse parler et le peuple et les Dieux.
Si le peuple y consent, je lui cède ma place[5];
Mais qu'il se rende enfin, si le peuple le chasse[6].
Je ne force personne; et j'engage ma foi   165
De laisser aux Thébains à se choisir un roi.

1. *Var.* Accordez quelque trêve à ma douleur amère. (1664-87)
2. *Var.* Dans cette occasion rien ne peut m'émouvoir (*a*). (1664-87)
3. *Var.* Madame, sans sortir, vous le pouvez bien voir. (1664)
4. *Var.* Je ferai plus encore, et pour faire connaître (*b*).... (1664-87)
5. *Var.* Si le peuple le veut, je lui cède ma place. (1664-87)
6. *Var.* Mais qu'il se rende aussi, si le peuple le chasse. (1664 et 1676)

(*a*) Cette variante a été donnée d'une manière fautive par l'édition de 1750 (Amsterdam). On y lit : *l'émouvoir*, au lieu de *m'émouvoir*. M. Aimé-Martin a reproduit cette faute.

(*b*) Les éditions de 1676-97 ont *connaistre*, et non *connoistre*, à cause de la rime avec *traistre*. Voyez ci-après le vers 1127.

SCÈNE IV.

JOCASTE, ÉTÉOCLE, ANTIGONE, CRÉON, OLYMPE.

CRÉON[1].

Seigneur, votre sortie a mis tout en alarmes :
Thèbes, qui croit vous perdre, est déjà toute en larmes :
L'épouvante et l'horreur règnent de toutes parts,
Et le peuple effrayé tremble sur ses remparts. 170

ÉTÉOCLE.

Cette vaine frayeur sera bientôt calmée.
Madame, je m'en vais retrouver mon armée ;
Cependant vous pouvez accomplir vos souhaits,
Faire entrer Polynice, et lui parler de paix.
Créon, la Reine ici commande en mon absence ; 175
Disposez tout le monde à son obéissance ;
Laissez, pour recevoir et pour donner ses lois,
Votre fils Ménecée, et j'en ai fait le choix.
Comme il a de l'honneur autant que de courage[2],
Ce choix aux ennemis ôtera tout ombrage, 180
Et sa vertu suffit pour les rendre assurés.
Commandez-lui, Madame.

(A Créon.)

Et vous, vous me suivrez.

CRÉON.

Quoi ? Seigneur....

ÉTÉOCLE.

Oui, Créon, la chose est résolue.

CRÉON.

Et vous quittez ainsi la puissance absolue ?

---

1. *Var.* CRÉON, *au Roi.* (1664)
2. *Var.* Comme il a de l'honneur autant que du courage.
(1664 et 1687 seulement)

ÉTÉOCLE.

Que je la quitte ou non, ne vous tourmentez pas : 185
Faites ce que j'ordonne, et venez sur mes pas.

SCÈNE V.

JOCASTE, ANTIGONE, CRÉON, OLYMPE.

CRÉON.

Qu'avez-vous fait, Madame ? et par quelle conduite
Forcez-vous un vainqueur à prendre ainsi la fuite ?
Ce conseil va tout perdre.

JOCASTE.

           Il va tout conserver ;
Et par ce seul conseil Thèbes se peut sauver. 190

CRÉON.

Eh quoi, Madame, eh quoi? dans l'état où nous sommes,
Lorsqu'avec un renfort de plus de six mille hommes,
La fortune promet toute chose aux Thébains,
Le Roi se laisse ôter la victoire des mains?

JOCASTE.

La victoire, Créon, n'est pas toujours si belle : 195
La honte et les remords vont souvent après elle.
Quand deux frères armés vont s'égorger entre eux,
Ne les pas séparer, c'est les perdre tous deux.
Peut-on faire au vainqueur une injure plus noire,
Que lui laisser gagner une telle victoire? 200

CRÉON.

Leur courroux est trop grand....

JOCASTE.

                Il peut être adouci.

CRÉON.

Tous deux veulent régner.

JOCASTE.

Ils régneront aussi.

CRÉON.

On ne partage point la grandeur souveraine[1] ;
Et ce n'est pas un bien qu'on quitte et qu'on reprenne.

JOCASTE.

L'intérêt de l'État leur servira de loi.   205

CRÉON.

L'intérêt de l'État est de n'avoir qu'un roi,
Qui d'un ordre constant gouvernant ses provinces,
Accoutume à ses lois et le peuple et les princes.
Ce règne interrompu de deux rois différents,
En lui donnant deux rois, lui donne deux tyrans.   210
Par un ordre souvent l'un à l'autre contraire[2]
Un frère détruiroit ce qu'auroit fait un frère ;
Vous les verriez toujours former quelque attentat,
Et changer tous les ans la face de l'État.
Ce terme limité, que l'on veut leur prescrire,   215
Accroît leur violence en bornant leur empire.

---

1. Voltaire s'est approprié ce vers dans sa tragédie de *Rome sauvée* (acte II, scène III) :

CATILINA. Ah ! crois qu'avec César on partage sans peine.
CÉSAR. On ne partage pas la grandeur souveraine.

Racine a, sous plusieurs formes, reproduit cette même idée dans sa *Thébaïde*. Voyez ci-dessus le vers 79 ; et plus bas, le vers 206, qui rappelle cette sentence d'Homère (*Iliade*, chant II, vers 204) :

Οὐκ ἀγαθὸν πολυκοιρανίη· εἷς κοίρανος ἔστω.

Voyez aussi les vers 1171 et 1172. Corneille, dont Racine s'est peut-être souvenu dans ces différents passages, fait dire à Photin (*Pompée*, acte I, scène II, vers 232-234) :

. . C'est ne régner pas qu'être deux à régner ;
Un roi qui s'y résout est mauvais politique :
Il détruit son pouvoir quand il le communique.

2. *Var.* Vous les verriez toujours l'un à l'autre contraire
Détruire aveuglément ce qu'auroit fait un frère,
L'un sur l'autre toujours former quelque attentat. (1664-87)

ACTE I, SCÈNE V.

Tous deux feront gémir les peuples tour à tour[1] :
Pareils à ces torrents qui ne durent[2] qu'un jour,
Plus leur cours est borné, plus ils font de ravage,
Et d'horribles dégâts signalent leur passage[3].   220

JOCASTE.

On les verroit plutôt par de nobles projets
Se disputer tous deux l'amour de leurs sujets.
Mais avouez, Créon, que toute votre peine
C'est de voir que la paix rend votre attente vaine[4] ;
Qu'elle assure à mes fils le trône où vous tendez,   225
Et va rompre le piége où vous les attendez[5].
Comme, après leur trépas, le droit de la naissance[6]
Fait tomber en vos mains la suprême puissance,
Le sang qui vous unit aux deux princes mes fils
Vous fait trouver en eux vos plus grands ennemis ;   230

---

1. Il y a dans *la Thébaïde* de Stace un passage fort semblable à celui-ci, pour le fond des idées :

> .... *Hancne Ogygiis, ait, aspera rebus*
> *Fata tulere vicem, toties mutare timendos*
> *Alternoque jugo dubitantia subdere colla?...*
> (Livre I, vers 173 et suivants.)

Mais l'énergique concision de quelques-uns des vers de Racine, et le tour sentencieux de cette tirade politique, font moins songer à Stace qu'à Corneille.

2. Il y a *durant*, au lieu de *durent*, dans l'édition de 1664. Est-ce une faute d'impression, ou bien (ce dont il y a d'anciens exemples avec la locution *plus.... plus*) la phrase commençant par une proposition absolue, a-t-elle un double sujet : *qui* et *ils?*

3. *Var.* Et par de grands dégâts signalent leur passage. (1664)

4. C'est Étéocle, dans l'*Antigone* de Rotrou (acte II, scène IV), qui exprime ces soupçons :

> Votre intérêt, Créon, vous meut plus que ma gloire....
> Vous savez qu'après nous le sceptre des Thébains,
> Par ordre et droit de sang, doit tomber en vos mains.

Ce passage de Rotrou a bien pu donner à Racine la première idée du rôle et du caractère de Créon, tels qu'il les a conçus.

5. *Var.* Et qu'en vous éloignant du trône où vous tendez,
   Elle rend pour jamais vos desseins avortés. (1664)

6. *Var.* Comme après mes enfants le droit de la naissance. (1664)

Et votre ambition qui tend à leur fortune
Vous donne pour tous deux une haine commune.
Vous inspirez au Roi vos conseils dangereux,
Et vous en servez un pour les perdre tous deux.

CRÉON.

Je ne me repais point de pareilles chimères.   235
Mes respects pour le Roi sont ardents et sincères ;
Et mon ambition est de le maintenir
Au trône où vous croyez que je veux parvenir.
Le soin de sa grandeur est le seul qui m'anime ;
Je hais ses ennemis, et c'est là tout mon crime :   240
Je ne m'en cache point. Mais à ce que je vois,
Chacun n'est pas ici criminel comme moi.

JOCASTE.

Je suis mère, Créon ; et si j'aime son frère [1],
La personne du Roi ne m'en est pas moins chère.
De lâches courtisans peuvent bien le haïr ;   245
Mais une mère enfin ne peut pas se trahir.

ANTIGONE.

Vos intérêts ici sont conformes aux nôtres :
Les ennemis du Roi ne sont pas tous les vôtres ;
Créon, vous êtes père, et dans ces ennemis
Peut-être songez-vous que vous avez un fils.   250
On sait de quelle ardeur Hémon sert Polynice.

CRÉON.

Oui, je le sais, Madame, et je lui fais justice [2] :
Je le dois, en effet, distinguer du commun,
Mais c'est pour le haïr encor plus que pas un ;

---

1. *Var.* Tant que pour ennemi le Roi n'aura qu'un frère,
   Sa personne, Créon, me sera toujours chère. (1664-87)
2. L'édition de 1750 (Amsterdam) indique ici une variante, où l'on ne pourrait voir, ce semble, qu'une faute d'impression, et que d'ailleurs nous ne trouvons nulle part ; elle reproduit un hémistiche du vers 363 :

   Oui, je le sais, Madame, et je *vous* fais justice.

Et je souhaiterois, dans ma juste colère, 255
Que chacun le haït comme le hait son père.
ANTIGONE.
Après tout ce qu'a fait la valeur de son bras,
Tout le monde en ce point ne vous ressemble pas.
CRÉON.
Je le vois bien, Madame, et c'est ce qui m'afflige;
Mais je sais bien à quoi sa révolte m'oblige[1]; 260
Et tous ces beaux exploits qui le font admirer,
C'est ce qui me le fait justement abhorrer.
La honte suit toujours le parti des rebelles;
Leurs grandes actions sont les plus criminelles :
Ils signalent leur crime en signalant leur bras, 265
Et la gloire n'est point où les rois ne sont pas[2].
ANTIGONE.
Écoutez un peu mieux la voix de la nature.
CRÉON.
Plus l'offenseur m'est cher, plus je ressens l'injure.
ANTIGONE.
Mais un père à ce point doit-il être emporté?
Vous avez trop de haine.
CRÉON.
                    Et vous, trop de bonté. 270
C'est trop parler, Madame, en faveur d'un rebelle.
ANTIGONE.
L'innocence vaut bien que l'on parle pour elle.
CRÉON.
Je sais ce qui le rend innocent à vos yeux.

---

1. On lit dans l'édition de 1689 :

    Mais je sais bien à quoi ce révolté m'oblige.

2. M. de Lamartine s'est-il souvenu de ce vers dans sa *IIe Méditation*, *l'Homme*, à Lord Byron :

    La gloire ne peut être où la vertu n'est pas?

ANTIGONE.

Et je sais quel sujet vous le rend odieux.

CRÉON.

L'amour a d'autres yeux que le commun des hommes.

JOCASTE.

Vous abusez, Créon, de l'état où nous sommes ;
Tout vous semble permis; mais craignez mon courroux :
Vos libertés enfin retomberoient sur vous[1].

ANTIGONE.

L'intérêt du public agit peu sur son âme,
Et l'amour du pays nous cache une autre flamme.   280
Je la sais; mais, Créon, j'en abhorre le cours,
Et vous ferez bien mieux de la cacher toujours.

CRÉON.

Je le ferai, Madame; et je veux par avance
Vous épargner encor jusques à ma présence.
Aussi bien mes respects redoublent vos mépris[2];   285
Et je vais faire place à ce bienheureux fils.
Le Roi m'appelle ailleurs, il faut que j'obéisse[3].
Adieu : faites venir Hémon et Polynice.

JOCASTE.

N'en doute pas, méchant, ils vont venir tous deux;
Tous deux ils préviendront tes desseins malheureux.   290

---

1. *Var.* Vos libertés enfin retomberont (*a*) sur vous. (1687)
2. *Var.* Aussi bien mes devoirs redoublent vos mépris, (1664-87)
3. *Var.* Vous savez que le Roi m'appelle à son service. (1664)

(*a*) On lit aussi *retomberont* dans les éditions de 1681 et de 1689.

SCÈNE VI.

JOCASTE, ANTIGONE, OLYMPE.

ANTIGONE.
Le perfide ! A quel point son insolence monte !
JOCASTE.
Ses surperbes discours tourneront à sa honte.
Bientôt, si nos desirs sont exaucés des cieux,
La paix nous vengera de cet ambitieux[1].
Mais il faut se hâter, chaque heure nous est chère ; 295
Appelons promptement Hémon et votre frère[2] ;
Je suis pour ce dessein prête à leur accorder
Toutes les sûretés qu'ils pourront demander.
Et toi, si mes malheurs ont lassé ta justice,
Ciel, dispose à la paix le cœur de Polynice, 300
Seconde mes soupirs, donne force à mes pleurs,
Et comme il faut enfin fais parler mes douleurs.
ANTIGONE, *demeurant un peu après sa mère*[3].
Et si tu prends pitié d'une flamme innocente,
O ciel, en ramenant Hémon à son amante,
Ramène-le fidèle ; et permets en ce jour 305
Qu'en retrouvant l'amant je retrouve l'amour !

1. *Var.* La paix nous vengera de ces ambitieux. (1664)
— Ce doit être une faute d'impression.
2. *Var.* Appelons au plus vite Hémon et votre frère. (1664)
3. Dans l'édition de 1736 et dans celle de M. Aimé-Martin : « ANTIGONE, *seule.* »

FIN DU PREMIER ACTE.

ACTE II.

SCÈNE PREMIÈRE[1].

ANTIGONE, HÉMON.

HÉMON.

Quoi? vous me refusez votre aimable présence[2]
Après un an entier de supplice et d'absence?
Ne m'avez-vous, Madame, appelé près de vous,
Que pour m'ôter sitôt un bien qui m'est si doux ? 310

ANTIGONE.

Et voulez-vous sitôt que j'abandonne un frère?
Ne dois-je pas au temple accompagner ma mère?
Et dois-je préférer, au gré de vos souhaits,
Le soin de votre amour à celui de la paix?

HÉMON.

Madame, à mon bonheur c'est chercher trop d'obstacles :
Ils iront bien sans nous consulter les oracles.
Permettez que mon cœur, en voyant vos beaux yeux,
De l'état de son sort interroge ses dieux.
Puis-je leur demander, sans être téméraire,
S'ils ont toujours pour moi leur douceur ordinaire? 320
Souffrent-ils sans courroux mon ardente amitié?
Et du mal qu'ils ont fait ont-ils quelque pitié?
Durant le triste cours d'une absence cruelle,

---

1. Il y a une très-grande ressemblance entre cette scène et la scène IV de l'acte Ier de l'*Antigone* de Rotrou.
2. *Var.* Hé quoi! vous me plaignez votre aimable présence. (1664-87)

ACTE II, SCÈNE I.

Avez-vous souhaité que je fusse fidèle ?
Songiez-vous que la mort menaçoit loin de vous
Un amant qui ne doit mourir qu'à vos genoux ?
Ah ! d'un si bel objet quand une âme est blessée,
Quand un cœur jusqu'à vous élève sa pensée,
Qu'il est doux d'adorer tant de divins appas !
Mais aussi que l'on souffre en ne les voyant pas !
Un moment loin de vous me duroit une année ;
J'aurois fini cent fois ma triste destinée,
Si je n'eusse songé jusques à mon retour
Que mon éloignement vous prouvoit mon amour,
Et que le souvenir de mon obéissance
Pourroit en ma faveur parler en mon absence[1],
Et que pensant à moi vous penseriez aussi
Qu'il faut aimer beaucoup pour obéir ainsi.

ANTIGONE.

Oui, je l'avois bien cru, qu'une âme si fidèle[2]
Trouveroit dans l'absence une peine cruelle ;
Et si mes sentiments se doivent découvrir,
Je souhaitois, Hémon, qu'elle vous fît souffrir,
Et qu'étant loin de moi, quelque ombre d'amertume
Vous fît trouver les jours plus longs que de coutume.
Mais ne vous plaignez pas : mon cœur chargé d'ennui
Ne vous souhaitoit rien qu'il n'éprouvât en lui.
Surtout depuis le temps que dure cette guerre,
Et que de gens armés vous couvrez cette terre,
O Dieux ! à quels tourments mon cœur s'est vu soumis,
Voyant des deux côtés ses plus tendres amis[3] !

---

1. Dans l'édition de 1664 on lit : « en son absence ; » dans celles de 1681 et de 1689 : « de mon absence. » Ce sont évidemment des fautes d'impression.
2. *Var.* Oui, je prévoyois bien qu'une âme si fidèle. (1664)
3. *Var.* [Voyant des deux côtés ses plus tendres amis !]
   Lorsqu'on se sent pressé d'une main inconnue,
   On la craint sans réserve, on hait sans retenue :
   Dans tous ces mouvements le cœur n'est pas contraint,

Mille objets de douleur déchiroient mes entrailles;
J'en voyois et dehors et dedans nos murailles;
Chaque assaut à mon cœur livroit mille combats;
Et mille fois le jour je souffrois le trépas.

HÉMON.

Mais enfin qu'ai-je fait, en ce malheur extrême, 355
Que ne m'ait ordonné ma princesse elle-même?
J'ai suivi Polynice; et vous l'avez voulu :
Vous me l'avez prescrit par un ordre absolu.
Je lui vouai dès lors une amitié sincère;
Je quittai mon pays, j'abandonnai mon père; 360
Sur moi par ce départ j'attirai son courroux;
Et pour tout dire enfin, je m'éloignai de vous.

ANTIGONE.

Je m'en souviens, Hémon, et je vous fais justice :
C'est moi que vous serviez en servant Polynice;
Il m'étoit cher alors comme il est aujourd'hui, 365
Et je prenois pour moi ce qu'on faisoit pour lui[1].
Nous nous aimions tous deux dès la plus tendre enfance,
Et j'avois sur son cœur une entière puissance;
Je trouvois à lui plaire une extrême douceur,
Et les chagrins du frère étoient ceux de la sœur. 370

Et se sent soulagé de haïr ce qu'il craint.
Mais voyant attaquer mon pays et mon frère,
La main qui l'attaquoit ne m'étoit pas moins chère;
Mon cœur qui ne voyoit que mes frères et vous,
Ne haïssoit personne, et je vous craignois tous.
[Mille objets de douleur déchiroient mes entrailles.] (1664)

1. Antigone, dans Rotrou, dit de même à Hémon :

A moi bien plus qu'à lui vous rendiez cet office;
Vous sauviez Antigone en sauvant Polynice.
En effet, et vos yeux peut-être en sont témoins,
Une étroite amitié de tous temps nous a joints....
Jamais nos volontés ne faisoient qu'un parti;
Mais je suis toujours même, et lui s'est démenti.

(*Antigone*, acte I, scène IV.)

ACTE II, SCÈNE I.

Ah! si j'avois encor sur lui le même empire[1],
Il aimeroit la paix, pour qui mon cœur soupire.
Notre commun malheur en seroit adouci:
Je le verrois, Hémon; vous me verriez aussi.

HÉMON.

De cette affreuse guerre il abhorre l'image : 375
Je l'ai vu soupirer de douleur et de rage,
Lorsque, pour remonter au trône paternel,
On le força de prendre un chemin si cruel.
Espérons que le ciel, touché de nos misères,
Achèvera bientôt de réunir les frères. 380
Puisse-t-il rétablir l'amitié dans leur cœur,
Et conserver l'amour dans celui de la sœur[2]!

ANTIGONE.

Hélas! ne doutez point que ce dernier ouvrage

---

1. *Var.* Je le chéris toujours, encore qu'il m'oublie.
   HÉM. Non, non, son amitié ne s'est point affoiblie :
   Il vous chérit encor; mais ses yeux ont appris
   Que mon amour pour vous est bien d'un autre prix.
   Quoique son amitié surpasse l'ordinaire,
   Il voit combien l'amant l'emporte sur le frère,
   Et qu'auprès de l'amour dont je ressens l'ardeur,
   La plus forte amitié n'est au plus que tiédeur.
   ANTIG. Mais enfin si sur lui j'avois le (*a*) moindre empire,
   [Il aimeroit la paix, pour qui mon cœur soupire.] (1664)

2. Nous n'avons pu suivre ici le texte de 1697, qui est également celui de 1687 :

   Et conserver l'amour dans celui de sa sœur.

Les éditions de 1664 et de 1676, qui portent « la sœur, » ont seules évidemment le véritable texte. L'édition de 1741, dans une *addition à l'avertissement* (de 1736), fait remarquer avec raison qu'il n'est pas possible d'admettre la leçon « sa sœur, » et signale cette variante dans l'édition de 1667 :

   Et conserver l'amour dans celui de leur sœur.

Mais quelle est cette édition de 1667? Nous ne la trouvons nulle part; et voilà la seule mention que nous en ayons rencontrée. On pourrait croire à une transposition de chiffres, qui aurait changé 1676 en 1667; mais 1676 n'a pas « leur sœur. »

(*a*) Il y a dans le texte de 1664 : « *la* moindre empire, » qui ne peut être qu'une faute d'impression.

Ne lui soit plus aisé que de calmer leur rage.
Je les connois tous deux, et je répondrois bien 385
Que leur cœur, cher Hémon, est plus dur que le mien.
Mais les Dieux quelquefois font de plus grands miracles.

SCÈNE II.

ANTIGONE, HÉMON, OLYMPE.

ANTIGONE.

Hé bien ! apprendrons-nous ce qu'ont dit les oracles ?
Que faut-il faire ?

OLYMPE.

Hélas !

ANTIGONE.

Quoi ? qu'en a-t-on appris ?
Est-ce la guerre, Olympe ?

OLYMPE.

Ah ! c'est encore pis ! 390

HÉMON.

Quel est donc ce grand mal que leur courroux annonce ?

OLYMPE.

Prince, pour en juger, écoutez leur réponse :
« Thébains, pour n'avoir plus de guerres,
Il faut, par un ordre fatal,
Que le dernier du sang royal 395
Par son trépas ensanglante vos terres[1]. »

---

1. Dans *les Phéniciennes* d'Euripide, c'est Tirésias qui vient annoncer à Créon cet oracle. Il en donne une explication qu'à dessein Racine a passée sous silence, jugeant que ces traditions mythologiques seraient sans intérêt sur notre scène moderne : Mars, irrité depuis longtemps contre Cadmus, vouloit venger la mort du dragon enfanté par la terre, et demandait le sang d'une

ANTIGONE.

O Dieux, que vous a fait ce sang infortuné,
Et pourquoi tout entier l'avez-vous condamné?
N'êtes-vous pas contents de la mort de mon père?
Tout notre sang doit-il sentir votre colère[1]?   400

HÉMON.

Madame, cet arrêt ne vous regarde pas;
Votre vertu vous met à couvert du trépas :
Les Dieux savent trop bien connoître l'innocence....

ANTIGONE.

Et ce n'est pas pour moi que je crains leur vengeance.
Mon innocence, Hémon, seroit un foible appui;   405
Fille d'OEdipe, il faut que je meure pour lui.
Je l'attends, cette mort, et je l'attends sans plainte[2];
Et s'il faut avouer le sujet de ma crainte,   [vous.
C'est pour vous que je crains : oui, cher Hémon, pour
De ce sang malheureux vous sortez comme nous;   410
Et je ne vois que trop que le courroux céleste

victime née des dents de ce dragon, le sang d'un *Sparte*. (*Phéniciennes*, vers 933-943.) Stace a dit de même:

> . . *Cadat generis quicumque novissimus exstat*
> *Viperei : datur hoc tantum victoria pacto.*
>   (*Thébaïde*, livre X, vers 613 et 614.)

Racine, de même que Stace, dit que les Dieux demandent la mort « du *dernier* du sang royal » (voyez encore ci-après, vers 631, 645 et 711). Comme il reste d'autres princes du sang des rois et de la race du dragon que Ménecée, le dernier prince (*novissimus* dans Stace) signifie, sans doute, le dernier né, le plus jeune. Et c'est ainsi que, dans son examen de *la Thebaïde* de Racine, l'entend le P. Brumoy : « L'oracle, dit-il, indiquoit assez clairement Ménecée, dernier fils de Créon. » Comment Antigone et Hémon croient-ils donc, dans la scène dont nous nous occupons, qu'il peut s'agir d'un autre que Ménecée? Euripide, chez qui d'ailleurs Tirésias désigne *quelqu'un* (non le *dernier*) du sang des Spartes, Euripide explique (vers 944-948) pourquoi la victime réclamée ne sauroit être ni Hémon ni l'un des enfants d'OEdipe. Mais ici rien ne semble bien clair.

1. *Var.* Tout notre sang doit-il subir votre colère? (1664-87)
2. *Var.* Je l'attends, cette mort, et je l'attends sans plaintes;
   Et s'il faut avouer le sujet de mes craintes.... (1664-76)

Vous rendra, comme à nous, cet honneur bien funeste,
Et fera regretter aux princes des Thébains
De n'être pas sortis du dernier des humains.

HÉMON.

Peut-on se repentir d'un si grand avantage ? 415
Un si noble trépas flatte trop mon courage;
Et du sang de ses rois il est beau d'être issu,
Dût-on rendre ce sang sitôt qu'on l'a reçu.

ANTIGONE.

Eh quoi! si parmi nous on a fait quelque offense,
Le ciel doit-il sur vous en prendre la vengeance ? 420
Et n'est-ce pas assez du père et des enfants,
Sans qu'il aille plus loin chercher des innocents ?
C'est à nous à payer pour les crimes des nôtres :
Punissez-nous, grands Dieux; mais épargnez les autres.
Mon père, cher Hémon, vous va perdre aujourd'hui;
Et je vous perds peut-être encore plus que lui.
Le ciel punit sur vous et sur votre famille
Et les crimes du père et l'amour de la fille ;
Et ce funeste amour vous nuit encore plus
Que les crimes d'OEdipe et le sang de Laïus. 430

HÉMON.

Quoi ? mon amour, Madame ? Et qu'a-t-il de funeste ?
Est-ce un crime qu'aimer une beauté céleste ?
Et puisque sans colère il est reçu de vous,
En quoi peut-il du ciel mériter le courroux ?
Vous seule en mes soupirs êtes intéressée : 435
C'est à vous à juger s'ils vous ont offensée.
Tels que seront pour eux vos arrêts tout-puissants,
Ils seront criminels ou seront innocents[1].

1. *Var.* [Ils seront criminels ou seront innocents.]
Aussi, quand jusqu'à vous j'osai porter ma flamme,
Vos yeux seuls imprimoient la terreur dans mon âme;
Et je craignois bien plus d'offenser vos appas

Que le ciel à son gré de ma perte dispose,
J'en chérirai toujours et l'une et l'autre cause,　　　440
Glorieux de mourir pour le sang de mes rois,
Et plus heureux encor de mourir sous vos lois.
Aussi bien que ferois-je en ce commun naufrage[1]?
Pourrois-je me résoudre à vivre davantage?
En vain les Dieux voudroient différer mon trépas,　　　445
Mon désespoir feroit ce qu'ils ne feroient pas.
Mais peut-être, après tout, notre frayeur est vaine[2];
Attendons.... Mais voici Polynice et la Reine.

    Que le courroux des Dieux que je n'offensois pas.
ANTIG. Autant que votre amour votre erreur est extrême,
Et vous les offensiez beaucoup plus que moi-même.
Quelque rigueur pour vous qui parût en mes yeux,
Hélas! ils approuvoient ce qui fâchoit les Dieux.
Oui, ces Dieux, ennemis de toute ma famille,
Aussi bien que le père en détestoient la fille.
Vous aimâtes, Hémon, l'objet de leur courroux,
Et leur haine pour moi s'étendit jusqu'à vous.
C'est là de vos malheurs le funeste principe;
Fuyez, Hémon, fuyez de la fille d'OEdipe.
Tâchez de n'aimer plus, pour plaire aux Immortels,
Et la fille et la sœur de tant de criminels.
Le crime en sa famille.... HÉM. Ah! Madame, leur crime
Ne fait que relever votre vertu sublime,
Puisque, par un effort dont les Dieux sont jaloux,
Vous brillez d'un éclat qui ne vient que de vous.
[Que le ciel à son gré de ma perte dispose....] (1664)
— Les éditions de 1676-87 n'ont conservé de cette variante que les quatre premiers vers : « Aussi, quand, etc. »
    1. *Var.* Plût aux Dieux seulement que votre amant fidèle
Pût avoir de leur haine une cause nouvelle,
Et que pour vous aimer méritant leur courroux,
Il pût mourir encor pour être aimé de vous!
[Aussi bien que ferois-je en ce commun naufrage?] (1664)
    2. *Var.* Mais peut-être en ce point notre frayeur est vaine. (1664)

SCÈNE III[1].

JOCASTE, POLYNICE, ANTIGONE, HÉMON.

POLYNICE.

Madame, au nom des Dieux, cessez de m'arrêter :
Je vois bien que la paix ne peut s'exécuter.   450
J'espérois que du ciel la justice infinie
Voudroit se déclarer contre la tyrannie,
Et que lassé de voir répandre tant de sang[2],
Il rendroit à chacun son légitime rang.
Mais puisque ouvertement il tient pour l'injustice,   455
Et que des criminels il se rend le complice,
Dois-je encore espérer qu'un peuple révolté,
Quand le ciel est injuste, écoute l'équité?
Dois-je prendre pour juge une troupe insolente,
D'un fier usurpateur ministre violente,   460
Qui sert mon ennemi par un lâche intérêt,
Et qu'il anime encor, tout éloigné qu'il est?
La raison n'agit point sur une populace :
De ce peuple déjà j'ai ressenti l'audace;
Et loin de me reprendre après m'avoir chassé,   465
Il croit voir un tyran dans un prince offensé.
Comme sur lui l'honneur n'eut jamais de puissance,
Il croit que tout le monde aspire à la vengeance.
De ses inimitiés rien n'arrête le cours :
Quand il hait une fois, il veut haïr toujours.   470

---

1. Si l'on compare cette scène avec la première entrevue de Polynice et de Jocaste dans Euripide (*Phéniciennes*, vers 357-442), on verra combien Racine s'est éloigné de la simplicité naïve des sentiments prêtés à Polynice par le tragique grec. Ici Polynice parle un langage tout politique et sentencieux appris à l'école de Corneille.

2. *Var.* Et que lassé de voir tant répandre de sang. (1664)

JOCASTE.

Mais s'il est vrai, mon fils, que ce peuple vous craigne,
Et que tous les Thébains redoutent votre règne,
Pourquoi par tant de sang cherchez-vous à régner
Sur ce peuple endurci que rien ne peut gagner[1] ?

POLYNICE.

Est-ce au peuple, Madame, à se choisir un maître ? 475
Sitôt qu'il hait un roi, doit-on cesser de l'être ?
Sa haine ou son amour, sont-ce les premiers droits
Qui font monter au trône ou descendre les rois ?
Que le peuple à son gré nous craigne ou nous chérisse,
Le sang nous met au trône, et non pas son caprice : 480
Ce que le sang lui donne, il le doit accepter ;
Et s'il n'aime son prince, il le doit respecter.

JOCASTE.

Vous serez un tyran haï de vos provinces.

POLYNICE.

Ce nom ne convient pas aux légitimes princes ;
De ce titre odieux mes droits me sont garants : 485
La haine des sujets ne fait pas les tyrans.
Appelez de ce nom Étéocle lui-même.

JOCASTE.

Il est aimé de tous.

POLYNICE.

C'est un tyran qu'on aime,
Qui par cent lâchetés tâche à se maintenir
Au rang où par la force il a su parvenir ; 490
Et son orgueil le rend, par un effet contraire,
Esclave de son peuple, et tyran de son frère.
Pour commander tout seul il veut bien obéir,
Et se fait mépriser pour me faire haïr.
Ce n'est pas sans sujet qu'on me préfère un traître : 495

---

1. Ce mot est constamment écrit *gaigner* dans l'édition de 1664.

Le peuple aime un esclave, et craint d'avoir un maître ;
Mais je croirois trahir la majesté des rois,
Si je faisois le peuple arbitre de mes droits[1].

JOCASTE.

Ainsi donc la discorde a pour vous tant de charmes ?
Vous lassez-vous déjà d'avoir posé les armes ? 500
Ne cesserons-nous point, après tant de malheurs,
Vous, de verser du sang, moi, de verser des pleurs ?
N'accorderez-vous rien aux larmes d'une mère ?
Ma fille, s'il se peut, retenez votre frère :
Le cruel pour vous seule avoit de l'amitié. 505

ANTIGONE.

Ah ! si pour vous son âme est sourde à la pitié,
Que pourrois-je espérer d'une amitié passée,
Qu'un long éloignement n'a que trop effacée[2] ?
A peine en sa mémoire ai-je encor quelque rang ;
Il n'aime, il ne se plaît qu'à répandre du sang[3]. 510
Ne cherchez plus en lui ce prince magnanime,
Ce prince qui montroit tant d'horreur pour le crime[4],
Dont l'âme généreuse avoit tant de douceur,

---

1. Rotrou (*Antigone*, acte II, scène IV) fait parler à peu près de la même manière Jocaste et Polynice :

> JOC. Mais quoi ? son règne plaît, le vôtre est redouté :
> Il a gagné les cœurs. POLYN. Et moi, moins populaire,
> Je tiens indifférent d'être craint ou de plaire.

2. Antigone dit aussi à Polynice dans la tragédie de Rotrou (acte II, scène II) :

> Cette tendre amitié reçoit donc un refus :
> Elle a perdu son droit et ne vous touche plus.

3. *Var.* Et son cœur n'aime plus qu'à répandre du sang. (1664)

4. Voilà, ce nous semble, avec le vers 1268, le seul passage où Racine marque ce caractère de Polynice. On lui a généralement reproché de n'avoir pas donné aux deux frères une physionomie distincte. Il est remarquable cependant qu'il avait noté dans *les Phéniciennes* d'Euripide les traits différents de Polynice et d'Étéocle. En marge de l'exemplaire du poëte grec, dont nous avons parlé dans la *Notice sur la Thébaïde* (ci-dessus, p. 376), il fait cette remarque sur les vers 430 et 443 : « Il donne de l'honnêteté à Polynice en exprimant sa douleur. — Il donne plus de violence à Étéocle. »

Qui respectoit sa mère et chérissoit sa sœur.
La nature pour lui n'est plus qu'une chimère : 515
Il méconnoît sa sœur, il méprise sa mère ;
Et l'ingrat, en l'état où son orgueil l'a mis,
Nous croit des étrangers, ou bien des ennemis[1].

POLYNICE.

N'imputez point ce crime à mon âme affligée :
Dites plutôt, ma sœur, que vous êtes changée ; 520
Dites que de mon rang l'injuste usurpateur[2]
M'a su ravir encor l'amitié de ma sœur.
Je vous connois toujours, et suis toujours le même[3].

ANTIGONE.

Est-ce m'aimer, cruel, autant que je vous aime,
Que d'être inexorable à mes tristes soupirs, 525
Et m'exposer encore à tant de déplaisirs ?

POLYNICE.

Mais vous-même, ma sœur, est-ce aimer votre frère

---

1. *Var.* [Nous croit des étrangers, ou bien des ennemis.]
Il revient ; mais, hélas ! c'est pour notre supplice.
Je ne vois point mon frère en voyant Polynice.
En vain il se présente à mes yeux éperdus :
Je ne le connois point, il ne me connoît plus. (1664)
2. *Var.* Dites que de mon rang le lâche usurpateur. (1664-87)
3. *Var.* [M'a su ravir encor l'amitié de ma sœur.]
De votre changement ce traître est le complice :
Parce qu'il me déteste, il veut (*a*) qu'on me haïsse.
Aussi, sans imiter votre exemple aujourd'hui,
Votre haine ne fait que m'aigrir contre lui.
[Je vous connois toujours, et suis toujours le même.] (1664)

— Antigone, dans la variante (vers 518 et suivants), a dit : « Je ne le connois point.... » Polynice répond : « Je vous connois toujours. » C'est une faible imitation de ces beaux vers de Corneille :

HOR. Albe vous a nommé, je ne vous connois plus.
CUR. Je vous connois encore, et c'est ce qui me tue.
(*Horace*, acte II, scène III, vers 502 et 503.)

(*a*) Et non *il faut*, comme on l'a imprimé dans les variantes de l'édition de M. Aimé-Martin.

Que de lui faire ici cette injuste prière[1],
Et me vouloir ravir le sceptre de la main ?
Dieux ! qu'est-ce qu'Étéocle a de plus inhumain[2] ?   530
C'est trop favoriser un tyran qui m'outrage.

ANTIGONE.

Non, non, vos intérêts me touchent davantage.
Ne croyez pas mes pleurs perfides à ce point :
Avec vos ennemis ils ne conspirent point.
Cette paix que je veux me seroit un supplice,   535
S'il en devoit coûter le sceptre à Polynice ;
Et l'unique faveur, mon frère, où je prétends,
C'est qu'il me soit permis de vous voir plus longtemps.
Seulement quelques jours souffrez que l'on vous voie ;
Et donnez-nous le temps de chercher quelque voie   540
Qui puisse vous remettre au rang de vos aïeux,
Sans que vous répandiez un sang si précieux.
Pouvez-vous refuser cette grâce légère
Aux larmes d'une sœur, aux soupirs d'une mère ?

JOCASTE.

Mais quelle crainte encor vous peut inquiéter ?   545
Pourquoi si promptement voulez-vous nous quitter ?
Quoi ? ce jour tout entier n'est-il pas de la trêve[3] ?
Dès qu'elle a commencé faut-il qu'elle s'achève ?
Vous voyez qu'Étéocle a mis les armes bas ;

---

1. *Var.* Que de lui faire enfin cette injuste prière. (1664)

— On lit dans l'édition de 1702 :

Que de lui faire ainsi cette injuste prière.

2. L'édition de M. Aimé-Martin donne ici la variante :

Dieux ! qu'est-ce qu'Étéocle a de moins inhumain ?

— Cette variante, disons mieux, cette faute, est également indiquée par d'Olivet dans l'édition de 1750 (Amsterdam) ; ou plutôt, c'est *plus*, au lieu de *moins*, que d'Olivet donne comme variante ; il y a *moins* dans l'édition de 1713 qu'il avait sous les yeux.

3. *Var.* Ce jour-ci tout entier n'est-il pas de la trêve ? (1664)

Il veut que je vous voie, et vous ne voulez pas[1].   550
                    ANTIGONE.
Oui, mon frère, il n'est pas comme vous inflexible :
Aux larmes de sa mère il a paru sensible[2];
Nos pleurs ont désarmé sa colère aujourd'hui.
Vous l'appelez cruel, vous l'êtes plus que lui[3].
                    HÉMON.
Seigneur, rien ne vous presse, et vous pouvez sans peine
Laisser agir encor la princesse et la Reine :
Accordez tout ce jour à leur pressant desir;
Voyons si leur dessein ne pourra réussir.
Ne donnez pas la joie au prince votre frère
De dire que sans vous la paix se pouvoit faire.   560
Vous aurez satisfait une mère, une sœur,
Et vous aurez surtout satisfait votre honneur.
Mais que veut ce soldat? Son âme est toute émue[4] !

1. La Harpe blâme ici, comme trop familière, l'ellipse : « et vous ne voulez pas. » Dans *Phèdre* cependant (vers 825) il loue le vers :

. . . . Je te l'ai prédit, et tu n'as pas voulu.

Il est vrai que dans ce dernier vers l'ellipse est plus forte encore et plus hardie, et, par cette raison, plus poétique.

2. Mêmes reproches d'Antigone à Polynice, dans Rotrou :

Encore à la nature Étéocle défère :
Il se laisse gagner aux plaintes de ma mère;
Il n'a pas dépouillé tous sentiments humains,
Et le fer est tout prêt à tomber de ses mains;
Et vous, plus inhumain et plus inaccessible,
Conservez contre moi le titre d'invincible.
                    (*Antigone*, acte II, scène II.)

— Dans un passage de *la Thébaïde* de Stace, qui peut avoir servi de modèle à Rotrou, sinon à Racine, Antigone adresse de semblables paroles à l'un de ses frères; mais là c'est Polynice qui se laisse le plus facilement désarmer; et c'est à l'inflexible Étéocle que sa sœur parle ainsi :

. . . . . . *Illum gemitu jam supplice mater*
Frangit, et exsertum dimittere dicitur ensem.
                    (Livre XI, vers 375 et 376.)

3. *Var.* Vous l'appelez tyran, vous l'êtes plus que lui. (1664-87)
4. Ici, et plus loin, aux vers 659 et 908, il y a *toute*, au féminin, dans toutes les éditions publiées du vivant de Racine. Voyez le *Lexique*.

SCÈNE IV[1].

JOCASTE, POLYNICE, ANTIGONE, HÉMON,
UN SOLDAT.

UN SOLDAT.

Seigneur, on est aux mains, et la trêve est rompue.
Créon et les Thébains, par l'ordre de leur roi[2],   565
Attaquent votre armée, et violent leur foi.
Le brave Hippomédon[3] s'efforce, en votre absence,
De soutenir leur choc de toute sa puissance.
Par son ordre, Seigneur, je vous viens avertir.

POLYNICE.

Ah! les traîtres! Allons, Hémon, il faut sortir.   570

(A la Reine.)

Madame, vous voyez comme il tient sa parole;
Mais il veut le combat, il m'attaque, et j'y vole.

JOCASTE.

Polynice! Mon fils.... Mais il ne m'entend plus :
Aussi bien que mes pleurs mes cris sont superflus.
Chère Antigone, allez, courez à ce barbare :   575
Du moins, allez prier Hémon qu'il les sépare.
La force m'abandonne, et je n'y puis courir[4];
Tout ce que je puis faire, hélas! c'est de mourir.

---

1. Dans l'indication des acteurs de cette scène, et de même avant le vers 564, l'édition de 1664 a : « UN SOLDAT GREC, » au lieu de : « UN SOLDAT. » — Cette même scène, dans toutes les anciennes éditions, porte le n° V, par erreur, au lieu du n° IV.

2. *Var.* Et les Thébains, conduits par Créon et leur roi. (1664-87)

3. Hippomédon était un des sept chefs venus avec Polynice contre Thèbes. C'est le premier guerrier argien que le vieux gouverneur montre à Antigone dans *les Phéniciennes* d'Euripide (vers 125 et 126). Dans l'énumération des sept chefs, Eschyle le nomme le quatrième (vers 490 des *Sept contre Thèbes*).

4. *Var.* Le courage me manque, et je n'y puis courir. (1664-87)

FIN DU SECOND ACTE.

ACTE III.

SCÈNE PREMIÈRE.

JOCASTE, OLYMPE.

JOCASTE.

Olympe, va-t'en voir ce funeste spectacle :
Va voir si leur fureur n'a point trouvé d'obstacle, 580
Si rien n'a pu toucher l'un ou l'autre parti.
On dit qu'à ce dessein Ménecée[1] est sorti.

OLYMPE.

Je ne sais quel dessein animoit son courage :
Une héroïque ardeur brilloit sur son visage ;
Mais vous devez, Madame, espérer jusqu'au bout. 585

JOCASTE.

Va tout voir, chère Olympe, et me viens dire tout :
Éclaircis promptement ma triste inquiétude.

OLYMPE.

Mais vous dois-je laisser en cette solitude ?

JOCASTE.

Va : je veux être seule en l'état où je suis,
Si toutefois on peut l'être avec tant d'ennuis[2] ! 590

---

1. Racine a pris soin au premier acte (vers 177-181) d'apprendre au spectateur que Ménecée est fils de Créon. Mais la mention qu'il a faite de lui, en passant, a besoin d'être rappelée. Celui des fils de Créon qu'Euripide et Stace nomment aussi *Ménecée* est le même à qui Eschyle et Sophocle donnent le nom de *Mégarée* (*Sept devant Thèbes*, vers 476, et *Antigone*, vers 1303). *Menecee* était aussi le nom du père de Créon.

2. *Var.* Si pourtant on peut l'être avecque tant d'ennuis. (1664-87)

SCÈNE II.

JOCASTE, seule.

Dureront-ils toujours, ces ennuis si funestes?
N'épuiseront-ils point les vengeances célestes?
Me feront-ils souffrir tant de cruels trépas,
Sans jamais au tombeau précipiter mes pas?
O ciel, que tes rigueurs seroient peu redoutables, 595
Si la foudre d'abord accabloit les coupables!
Et que tes châtiments paroissent infinis,
Quand tu laisses la vie à ceux que tu punis!
Tu ne l'ignores pas, depuis le jour infâme
Où de mon propre fils je me trouvai la femme, 600
Le moindre des tourments que mon cœur a soufferts
Égale tous les maux que l'on souffre aux enfers.
Et toutefois, ô Dieux, un crime involontaire
Devoit-il attirer toute votre colère?
Le connoissois-je, hélas! ce fils infortuné? 605
Vous-mêmes dans mes bras vous l'avez amené[1].
C'est vous dont la rigueur m'ouvrit ce précipice.
Voilà de ces grands Dieux la suprême justice!
Jusques au bord du crime ils conduisent nos pas;
Ils nous le font commettre, et ne l'excusent pas! 610
Prennent-ils donc plaisir à faire des coupables,
Afin d'en faire après d'illustres misérables?
Et ne peuvent-ils point, quand ils sont en courroux,
Chercher des criminels à qui le crime est doux[2]?

---

1. *Var.* [Le connoissois-je, hélas! ce fils infortuné,]
Lorsque dedans mes bras vous l'avez amené? (1664)
2. Voltaire a mis de semblables plaintes dans la bouche d'OEdipe. Il avait sans doute présent à la mémoire ce passage de *la Thébaïde*. Quelques-uns des

SCÈNE III.

JOCASTE, ANTIGONE[1].

JOCASTE.

Hé bien! en est-ce fait? L'un ou l'autre perfide 615
Vient-il d'exécuter son noble parricide[2]?
Parlez, parlez, ma fille[3].

vers de Racine ont une énergie que, dans son monologue d'*OEdipe*, Voltaire n'a pas égalée :

> Un Dieu plus fort que moi m'entraînait vers le crime :
> Sous mes pas fugitifs il creusait un abîme,
> Et j'étais, malgré moi, dans mon aveuglement,
> D'un pouvoir inconnu l'esclave et l'instrument.
> Voilà tous mes forfaits; je n'en connais point d'autres.
> Impitoyables Dieux, mes crimes sont les vôtres,
> Et vous m'en punissez!   (*OEdipe*, acte V, scène IV.)

1. C'est Antigone aussi qui, dans la tragédie de Rotrou (acte I, scène II) vient annoncer à Jocaste la mort volontaire de Ménécée. La ressemblance entre la scène de Racine et celle de Rotrou est évidente jusque dans les détails, comme nous le montrerons. Dans *les Phéniciennes* d'Euripide, Ménécée a un rôle. C'est lui qui amène Tirésias à Créon, et c'est en sa présence que le devin révèle l'oracle. La scène est touchante. Louis Racine fait cette remarque fort juste, que dans *la Thébaïde* de son père « on s'intéresse peu à la mort de Ménécée, qu'on n'a pas vu. » Racine eût mieux fait de ne pas suivre Rotrou dans cette faute. L'épisode de Ménécée, dans *la Thébaïde* de Racine, est sans intérêt, non-seulement parce que Ménécée n'est pas un des personnages de la pièce, mais aussi parce que son sacrifice paraît inutile et ne change point l'événement de cette tragédie. Dans Euripide il est dit clairement que Ménécée doit mourir pour que Thèbes ne soit pas détruite, et dans ces antiques légendes que les villes de la Grèce regardaient comme faisant partie de leur histoire, le sort des peuples était un des premiers intérêts : aussi avait-il une grande place dans les tragédies grecques. Mais sur notre théâtre, lorsqu'on y a transporté ces vieilles fables, le point de vue a changé. Racine ne parle que de *la paix rendue à l'État*, du *repos des Thébains* assuré par la mort de Ménécée. Il n'a pas songé que l'oracle, ainsi présenté, reste sans effet et sans accomplissement. Dans ses notes sur *les Phéniciennes* d'Euripide, Racine dit que « la mort de Ménécée méritoit d'être racontée plus au long, au lieu de décrire des boucliers. »

2. JOC. . . . . Comment? ces enragés
   Gisent-ils déjà morts, l'un par l'autre égorgés?
                            (Rotrou, *Antigone*, acte I, scène II.)

3. Var. [Vient-il d'exécuter son noble parricide?]
   D'un triomphe si beau vient-il de s'honorer?

ANTIGONE.

Ah! Madame, en effet
L'oracle est accompli, le ciel est satisfait.

JOCASTE.

Quoi? mes deux fils sont morts?

ANTIGONE.

Un autre sang, Madame,
Rend la paix à l'État, et le calme à votre âme : 620
Un sang digne des rois dont il est découlé,
Un héros pour l'État s'est lui-même immolé[1].
Je courois pour fléchir Hémon et Polynice[2];
Ils étoient déjà loin avant que je sortisse :
Ils ne m'entendoient plus, et mes cris douloureux[3] 625
Vainement par leur nom les rappeloient tous deux.
Ils ont tous deux volé vers le champ de bataille;
Et moi, je suis montée au haut de la muraille[4],

Qui des deux dois-je plaindre, et qui dois-je abhorrer?
Ou n'ont-ils point tous deux, en mourant sur la place,
Confirmé par leur sang la céleste menace?
[Parlez, parlez, ma fille.] (1664)

1. *Var.* Pour l'État et pour nous s'est lui-même immolé. (1664)
2. *Var.* Je sortois pour fléchir Hémon et Polynice. (1664-87)
3. *Var.* Je leur criois d'attendre et d'arrêter leurs pas;
   Mais loin de s'arrêter, ils ne m'entendoient pas.
   Ils ont couru tous deux vers le champ de bataille. (1664-87)
4. ANTIG. Je voyois de la tour le choc des deux armées,
   L'une et l'autre au combat âprement animées.
   (Rotrou, *Antigone*, acte I, scène II.)

— Dans la première scène qui suit le prologue des *Phéniciennes*, l'Antigone d'Euripide, comme celle de Racine et de Rotrou, regarde le combat d'un lieu élevé (du toit de la maison, où elle est montée avec le Gouverneur). C'est un souvenir de l'Hélène d'Homère, lorsque du haut d'une tour elle voit l'armée des Grecs, et en fait connaître les principaux chefs à Priam et aux vieillards troyens (*Iliade*, chant III, vers 161-242). Mais les deux tragiques français, s'ils nous font penser à cette scène intéressante et ingénieuse, si souvent imitée par les poëtes, ne l'ont point transportée sur notre théâtre plus timide. Au reste Racine, dans les notes déjà citées, fait sur les vers 119 et suivants des *Phéniciennes* une remarque qui expliquerait assez pourquoi il n'a pas cru devoir imiter cette scène : « Tout ceci n'est point de l'action; mais le poëte a voulu imiter une chose qui est belle dans Homère, l'entretien d'Hélène et de Priam sur les murs de Troie. »

D'où le peuple étonné regardoit, comme moi,
L'approche d'un combat qui le glaçoit d'effroi. 630
A cet instant fatal, le dernier de nos princes,
L'honneur de notre sang, l'espoir de nos provinces,
Ménecée, en un mot, digne frère d'Hémon,
Et trop indigne aussi d'être fils de Créon¹,
De l'amour du pays montrant son âme atteinte, 635
Au milieu des deux camps s'est avancé sans crainte² ;
Et se faisant ouïr des Grecs et des Thébains³ :
« Arrêtez, a-t-il dit, arrêtez, inhumains ! »
Ces mots impérieux n'ont point trouvé d'obstacle :
Les soldats, étonnés de ce nouveau spectacle, 640
De leur noire fureur ont suspendu le cours ;
Et ce prince aussitôt poursuivant son discours :
« Apprenez, a-t-il dit, l'arrêt des destinées,
Par qui vous allez voir vos misères bornées.

1. Dans les éditions de 1713 et de 1728 on lit :

    Et très-indigne aussi d'être fils de Créon.

— D'Olivet indique cette prétendue variante.
2. *Var.* Au milieu des deux camps est avancé sans crainte. (1664)
3. Ce nom de Grecs, auquel les Thébains ont droit aussi, désigne ici les Argiens, l'armée des sept chefs. Plus loin Racine a plus d'une fois corrigé cette impropriété (voyez ci-après les variantes des vers 703 et 710) ; mais non partout (voyez les vers 1059 et 1354). — Tout ce passage est imité de Rotrou :

    (*Ménecée*) Hardi, s'étant planté sur le bord de la tour,
    Et voyant sans frayeur les bas lieux d'alentour,
    A regardé le camp, et d'une voix profonde
    A fait tourner vers lui les yeux de tout le monde :
    « Arrêtez, a-t-il dit d'un ton impérieux ;
    Arrêtez, je l'ordonne, et de la part des Dieux ;
    Arrêtez ! » Cette voix est à peine entendue
    Que la main aux soldats demeure suspendue.
    Chacun reste interdit, l'œil et le bras levé ;
    Le coup demeure en l'air et n'est point achevé.
                    (*Antigone*, acte I, scène II.)

Rotrou lui-même n'était ici qu'imitateur de Stace (*Thébaïde*, livre X, vers 760 et suivants) :

   Despexitque acies hominum, et clamore profundo
   Convertit campum, jussitque silentia bello, etc.

Je suis le dernier sang de vos rois descendu, 645
Qui par l'ordre des Dieux doit être répandu.
Recevez donc ce sang que ma main va répandre,
Et recevez la paix où vous n'osiez prétendre[1]. »
Il se tait, et se frappe en achevant ces mots;
Et les Thébains, voyant expirer ce héros, 650
Comme si leur salut devenoit leur supplice,
Regardent[2] en tremblant ce noble sacrifice.
J'ai vu le triste Hémon abandonner son rang,
Pour venir embrasser ce frère tout en sang.
Créon, à son exemple, a jeté bas les armes, 655
Et vers ce fils mourant est venu tout en larmes;
Et l'un et l'autre camp, les voyant retirés,
Ont quitté le combat, et se sont séparés.
Et moi, le cœur tremblant, et l'âme toute émue,
D'un si funeste objet j'ai détourné la vue[3], 660
De ce prince admirant l'héroïque fureur.

JOCASTE.

Comme vous je l'admire, et j'en frémis d'horreur.
Est-il possible, ô Dieux, qu'après ce grand miracle
Le repos des Thébains trouve encor quelque obstacle?
Cet illustre trépas ne peut-il vous calmer, 665
Puisque même mes fils s'en laissent désarmer?
La refuserez-vous, cette noble victime?
Si la vertu vous touche autant que fait le crime,
Si vous donnez les prix comme vous punissez,
Quels crimes par ce sang ne seront effacés? 670

---

1.   Thèbes, goûte la paix que je vais t'acheter.
(Rotrou, *Antigone*, acte I, scène II.)

2. Les éditions de 1687, 1697 et 1702 ont : « Regardant, » au lieu de : « Regardent. » C'est une faute d'impression.

3.   A cet objet d'horreur, l'œil troublé, le teint blême,
J'ai demeuré longtemps plus morte que lui-même.
(Rotrou, *Antigone*, acte I, scène II.)

ACTE III, SCÈNE III.

ANTIGONE.

Oui, oui, cette vertu sera récompensée :
Les Dieux sont trop payés du sang de Ménecée ;
Et le sang d'un héros, auprès des Immortels,
Vaut seul plus que celui de mille criminels[1].

JOCASTE.

Connoissez mieux du ciel la vengeance fatale :
Toujours à ma douleur il met quelque intervalle ;
Mais, hélas ! quand sa main semble me secourir,
C'est alors qu'il s'apprête à me faire périr.
Il a mis cette nuit quelque fin à mes larmes[2],
Afin qu'à mon réveil je visse tout en armes.
S'il me flatte aussitôt de quelque espoir de paix,
Un oracle cruel me l'ôte pour jamais.
Il m'amène mon fils ; il veut que je le voie ;
Mais, hélas ! combien cher me vend-il cette joie[3] !
Ce fils est insensible et ne m'écoute pas ;
Et soudain il me l'ôte, et l'engage aux combats.
Ainsi, toujours cruel, et toujours en colère,
Il feint de s'apaiser, et devient plus sévère :
Il n'interrompt ses coups que pour les redoubler,
Et retire son bras pour me mieux accabler.

ANTIGONE.

Madame, espérons tout de ce dernier miracle.

JOCASTE.

La haine de mes fils est un trop grand obstacle[4].

1. *Var.* [Vaut seul plus que celui de mille criminels.]
Ce sont eux dont la main suspend la barbarie
De deux camps animés d'une égale furie ;
Et si de tant de sang ils n'étoient point lassés,
A leur bouillante rage ils les auroient laissés.
[JOC. Connoissez mieux du ciel la vengeance fatale.] (1664)
2. *Var.* Il a mis cette nuit quelque trêve à mes larmes. (1664-87)
3. *Var.* Mais combien chèrement me vend-il cette joie ! (1664)
4. *Var.* [La haine de mes fils est un trop grand obstacle.]
En vain tous les mortels s'épuiseroient le flanc,

Polynice endurci n'écoute que ses droits ;
Du peuple et de Créon l'autre écoute la voix,
Oui, du lâche Créon. Cette âme intéressée 695
Nous ravit tout le fruit du sang de Ménecée[1] ;
En vain pour nous sauver ce grand prince se perd :
Le père nous nuit plus que le fils ne nous sert.
De deux jeunes héros cet infidèle père....

ANTIGONE.

Ah! le voici, Madame, avec le Roi mon frère. 700

SCÈNE IV[2].

JOCASTE, ÉTÉOCLE, ANTIGONE, CRÉON.

JOCASTE.

Mon fils, c'est donc ainsi que l'on garde sa foi?

ÉTÉOCLE.

Madame, ce combat n'est point venu de moi,
Mais de quelques soldats, tant d'Argos que des nôtres[3],
Qui s'étant querellés les uns avec les autres,
Ont insensiblement tout le corps ébranlé, 705
Et fait un grand combat d'un simple démêlé.
La bataille sans doute alloit être cruelle,
Et son événement vidoit notre querelle,
Quand du fils de Créon l'héroïque trépas
De tous les combattants a retenu le bras[4]. 710

Ils se veulent baigner dedans leur propre sang.
Tous deux voulant régner, il faut que l'un périsse :
L'un a pour lui le peuple, et l'autre la justice.
[Polynice endurci n'écoute que ses droits.] (1664)

1. *Var.* Nous ôte tout le fruit du sang de Ménecée. (1664-87)
2. Cette scène répond à la scène III de l'acte I d'*Antigone*. Toutefois entre la scène de Rotrou et celle de Racine il y a de grandes différences dans les détails. En outre le caractère de Créon ne s'y montre pas le même.
3. *Var.* Mais de quelques soldats, tant des Grecs que des nôtres. (1664-87)
4. *Var.* Quand du fils de Créon le funeste trépas
Des Thébains et des Grecs a retenu le bras. (1664-87)

Ce prince, le dernier de la race royale,
S'est appliqué des Dieux la réponse fatale;
Et lui-même à la mort il s'est précipité,
De l'amour du pays noblement transporté.

JOCASTE.

Ah! si le seul amour qu'il eut pour sa patrie 715
Le rendit insensible aux douceurs de la vie,
Mon fils, ce même amour ne peut-il seulement
De votre ambition vaincre l'emportement?
Un exemple si beau vous invite à le suivre.
Il ne faudra cesser de régner ni de vivre : 720
Vous pouvez, en cédant un peu de votre rang,
Faire plus qu'il n'a fait en versant tout son sang.
Il ne faut que cesser de haïr votre frère :
Vous ferez beaucoup plus que sa mort n'a su faire.
O Dieux! aimer un frère, est-ce un plus grand effort 725
Que de haïr la vie et courir à la mort?
Et doit-il être enfin plus facile en un autre
De répandre son sang, qu'en vous d'aimer le vôtre?

ÉTÉOCLE.

Son illustre vertu me charme comme vous,
Et d'un si beau trépas je suis même jaloux; 730
Et toutefois, Madame, il faut que je vous die
Qu'un trône est plus pénible à quitter que la vie :
La gloire bien souvent nous porte à la haïr;
Mais peu de souverains font gloire d'obéir.
Les Dieux vouloient son sang; et ce prince sans crime 735
Ne pouvoit à l'État refuser sa victime;
Mais ce même pays, qui demandoit son sang,
Demande que je règne, et m'attache à mon rang.
Jusqu'à ce qu'il m'en ôte, il faut que j'y demeure :
Il n'a qu'à prononcer, j'obéirai sur l'heure; 740
Et Thèbes me verra, pour apaiser son sort,
Et descendre du trône, et courir à la mort.

CRÉON.

Ah! Ménecée est mort, le ciel n'en veut point d'autre :
Laissez couler son sang sans y mêler le vôtre [1];
Et puisqu'il l'a versé pour nous donner la paix, 745
Accordez-la, Seigneur, à nos justes souhaits.

ÉTÉOCLE.

Eh quoi? même Créon pour la paix se déclare?

CRÉON.

Pour avoir trop aimé cette guerre barbare,
Vous voyez les malheurs où le ciel m'a plongé :
Mon fils est mort, Seigneur.

ÉTÉOCLE.

Il faut qu'il soit vengé. 750

CRÉON.

Sur qui me vengerois-je en ce malheur extrême?

ÉTÉOCLE.

Vos ennemis, Créon, sont ceux de Thèbes même;
Vengez-la, vengez-vous.

CRÉON.

Ah! dans ses ennemis [2]
Je trouve votre frère, et je trouve mon fils !
Dois-je verser mon sang, ou répandre le vôtre? 755
Et dois-je perdre un fils, pour en venger un autre?
Seigneur, mon sang m'est cher, le vôtre m'est sacré :
Serai-je sacrilége, ou bien dénaturé?
Souillerai-je ma main d'un sang que je révère?
Serai-je parricide, afin d'être bon père? 760
Un si cruel secours ne me peut soulager,
Et ce seroit me perdre au lieu de me venger.
Tout le soulagement où ma douleur aspire,
C'est qu'au moins mes malheurs servent à votre empire.

---

1. *Var.* Faites servir son sang sans y joindre le vôtre. (1664-76)
2. *Var.* CRÉON. Ah! dans ces ennemis. (1664-76)

Je me consolerai si ce fils que je plains 765
Assure par sa mort le repos des Thébains.
Le ciel promet la paix au sang de Ménecée;
Achevez-la, Seigneur : mon fils l'a commencée;
Accordez-lui ce prix qu'il en a prétendu ;
Et que son sang en vain ne soit pas répandu. 770
                JOCASTE.
Non, puisqu'à nos malheurs vous devenez sensible,
Au sang de Ménecée il n'est rien d'impossible.
Que Thèbes se rassure après ce grand effort :
Puisqu'il change votre âme, il changera son sort.
La paix dès ce moment n'est plus désespérée : 775
Puisque Créon la veut, je la tiens assurée.
Bientôt ces cœurs de fer se verront adoucis :
Le vainqueur de Créon peut bien vaincre mes fils.
                (A Étéocle.)
Qu'un si grand changement vous désarme et vous touche;
Quittez, mon fils, quittez cette haine farouche ; 780
Soulagez une mère, et consolez Créon :
Rendez-moi Polynice, et lui rendez Hémon.
                ÉTÉOCLE.
Mais enfin c'est vouloir que je m'impose un maître :
Vous ne l'ignorez pas, Polynice veut l'être :
Il demande surtout le pouvoir souverain, 785
Et ne veut revenir que le sceptre à la main [1].

1. *Var.* Et ne reviendra pas que le sceptre à la main. (1664)

SCÈNE V.

JOCASTE, ÉTÉOCLE, ANTIGONE, CRÉON, ATTALE.

ATTALE[1].

Polynice, Seigneur, demande une entrevue :
C'est ce que d'un héraut nous apprend la venue.
Il vous offre, Seigneur, ou de venir ici[2],
Ou d'attendre en son camp.

CRÉON.

                Peut-être qu'adouci   790
Il songe à terminer une guerre si lente,
Et son ambition n'est plus si violente.
Par ce dernier combat il apprend aujourd'hui
Que vous êtes au moins aussi puissant que lui.
Les Grecs mêmes sont las de servir sa colère;   795
Et j'ai su depuis peu que le Roi son beau-père,
Préférant à la guerre un solide repos,
Se réserve Mycène, et le fait roi d'Argos.
Tout courageux qu'il est, sans doute il ne souhaite
Que de faire en effet une honnête retraite.   800
Puisqu'il s'offre à vous voir[3], croyez qu'il veut la paix.
Ce jour-là doit conclure, ou la rompre à jamais.
Tâchez dans ce dessein de l'affermir vous-même;
Et lui promettez tout, hormis le diadème.

ÉTÉOCLE.

Hormis le diadème, il ne demande rien.   805

---

1. Dans l'édition de 1736 : « ATTALE, *à Étéocle.* »
2. *Var.* On ne dit pas pourquoi; mais il s'engage aussi
De vous attendre au camp, ou de venir ici.
CRÉON. Sans doute qu'il est las d'une guerre si lente. (1664-87)
3. Les éditions de 1713, 1728 et 1750 ont : « Puisqu'il *offre* à vous voir. »
— D'Olivet indique la leçon *puisqu'il s'offre* comme une variante.

ACTE III, SCÈNE V.

JOCASTE.

Mais voyez-le du moins.

CRÉON.

Oui, puisqu'il le veut bien :
Vous ferez plus tout seul que nous ne saurions faire ;
Et le sang reprendra son empire ordinaire.

ÉTÉOCLE.

Allons donc le chercher.

JOCASTE.

Mon fils, au nom des Dieux,
Attendez-le plutôt, voyez-le dans ces lieux[1].   810

ÉTÉOCLE.

Hé bien, Madame, hé bien! qu'il vienne, et qu'on lui
Toutes les sûretés qu'il faut pour sa personne.   [donne
Allons.

ANTIGONE.

Ah! si ce jour rend la paix aux Thébains,
Elle sera, Créon, l'ouvrage de vos mains.

SCÈNE VI.

CRÉON, ATTALE.

CRÉON.

L'intérêt des Thébains n'est pas ce qui vous touche,   815
Dédaigneuse princesse ; et cette âme farouche,
Qui semble me flatter après tant de mépris,
Songe moins à la paix qu'au retour de mon fils.
Mais nous verrons bientôt si la fière Antigone
Aussi bien que mon cœur dédaignera le trône ;   820
Nous verrons, quand les Dieux m'auront fait votre roi,
Si ce fils bienheureux l'emportera sur moi.

---

1. *Var.* Attendez-le plutôt, et voyez-le en ces lieux. (1664)

ATTALE.

Et qui n'admireroit un changement si rare?
Créon même, Créon pour la paix se déclare[1]!

CRÉON.

Tu crois donc que la paix est l'objet de mes soins? 825

ATTALE.

Oui, je le crois, Seigneur, quand j'y pensois le moins;
Et voyant qu'en effet ce beau soin vous anime,
J'admire à tous moments cet effort magnanime
Qui vous fait mettre enfin votre haine au tombeau.
Ménecée, en mourant, n'a rien fait de plus beau; 830
Et qui peut immoler sa haine à sa patrie
Lui pourroit bien aussi sacrifier sa vie.

CRÉON.

Ah! sans doute, qui peut d'un généreux effort
Aimer son ennemi peut bien aimer la mort.
Quoi? je négligerois le soin de ma vengeance[2], 835
Et de mon ennemi je prendrois la défense?
De la mort de mon fils Polynice est l'auteur,
Et moi je deviendrois son lâche protecteur?
Quand je renoncerois à cette haine extrême,
Pourrois-je bien cesser d'aimer le diadème? 840
Non, non : tu me verras d'une constante ardeur
Haïr mes ennemis, et chérir ma grandeur.
Le trône fit toujours mes ardeurs les plus chères :

---

1. *Var.* [Et qui n'admireroit un changement si rare,]
De voir que ce grand cœur pour (*a*) la paix se déclare? (1664)
2. *Var.* Et j'abandonnerois avec bien moins de peine
Le soin de mon salut que celui de ma haine.
J'assurerois ma gloire en courant au trépas;
Mais on la (*b*) perd, Attale, en ne se vengeant pas.
[Quoi? je négligerois le soin de ma vengeance.] (1664)

(*a*) M. Aimé-Martin a, dans cette variante : « à la paix, » que nous ne trouvons nulle part.
(*b*) Le texte de 1664 a *le*, au lieu de *la*. C'est évidemment une faute d'impression.

ACTE III, SCÈNE VI.

Je rougis d'obéir où régnèrent mes pères ;
Je brûle de me voir au rang de mes aïeux[1], 845
Et je l'envisageai dès que j'ouvris les yeux.
Surtout depuis deux ans ce noble soin m'inspire ;
Je ne fais point de pas qui ne tende à l'empire.
Des princes mes neveux j'entretiens la fureur,
Et mon ambition autorise la leur. 850
D'Étéocle d'abord j'appuyai l'injustice ;
Je lui fis refuser le trône à Polynice[2].
Tu sais que je pensois dès lors à m'y placer ;
Et je l'y mis, Attale, afin de l'en chasser[3].

ATTALE.

Mais, Seigneur, si la guerre eut pour vous tant de charmes,
D'où vient que de leurs mains vous arrachez les armes ?
Et puisque leur discorde est l'objet de vos vœux,
Pourquoi par vos conseils vont-ils se voir tous deux[4] ?

CRÉON.

Plus qu'à mes ennemis la guerre m'est mortelle,
Et le courroux du ciel me la rend trop cruelle. 860
Il s'arme contre moi de mon propre dessein ;
Il se sert de mon bras pour me percer le sein.
La guerre s'allumoit lorsque, pour mon supplice
Hémon m'abandonna pour servir Polynice[5] :
Les deux frères par moi devinrent ennemis ; 865
Et je devins, Attale, ennemi de mon fils.
Enfin, ce même jour, je fais rompre la trêve,
J'excite le soldat, tout le camp se soulève,
On se bat ; et voilà qu'un fils désespéré
Meurt, et rompt un combat que j'ai tant préparé. 870

---

1. *Var.* Tout mon sang me conduit au rang de mes aïeux. (1664-87)
2. *Var.* Je lui fis refuser l'empire à Polynice. (1664-87)
3. *Var.* Et je le mis au trône, afin de l'en chasser. (1664-87)
4. *Var.* Pourquoi par vos conseils s'embrassent-ils tous deux ? (1664-87)
5. *Var.* Hémon m'abandonna pour suivre Polynice. (1664-76)

Mais il me reste un fils; et je sens que je l'aime,
Tout rebelle qu'il est, et tout mon rival même.
Sans le perdre, je veux perdre mes ennemis :
Il m'en coûteroit trop s'il m'en coûtoit deux fils.
Des deux princes d'ailleurs la haine est trop puissante :
Ne crois pas qu'à la paix jamais elle consente.
Moi-même je saurai si bien l'envenimer,
Qu'ils périront tous deux plutôt que de s'aimer.
Les autres ennemis n'ont que de courtes haines;
Mais quand de la nature on a brisé les chaînes,   880
Cher Attale, il n'est rien qui puisse réunir
Ceux que des nœuds si forts n'ont pas su retenir.
L'on hait avec excès lorsque l'on hait un frère[1].
Mais leur éloignement ralentit leur colère :
Quelque haine qu'on ait contre un fier ennemi[2],   885
Quand il est loin de nous on la perd à demi.
Ne t'étonne donc plus si je veux qu'ils se voient :
Je veux qu'en se voyant leurs fureurs se déploient,
Que rappelant leur haine, au lieu de la chasser,
Ils s'étouffent, Attale, en voulant s'embrasser.   890

ATTALE.

Vous n'avez plus, Seigneur, à craindre que vous-même :
On porte ses remords avec le diadème.

CRÉON.

Quand on est sur le trône, on a bien d'autres soins;
Et les remords sont ceux qui nous pèsent le moins.
Du plaisir de régner une âme possédée   895

---

1. Le germe de ces beaux vers se trouve sans doute dans ces paroles de Polynice (*Phéniciennes* d'Euripide, vers 374 et 375) :

Ὡς δεινὸν ἔχθρα, μῆτερ, οἰκείων φίλων,
Καὶ δυσλύτους ἔχουσα τὰς διαλλαγάς!

Racine, dans son exemplaire d'Euripide, a noté ce passage, en regard duquel il a écrit à la marge : « Haine de parents. »

2. *Var.* Quelque haine qu'on ait pour un fier ennemi. (1664-76)

De tout le temps passé détourne son idée ;
Et de tout autre objet un esprit éloigné
Croit n'avoir point vécu tant qu'il n'a point régné.
Mais allons. Le remords n'est pas ce qui me touche,
Et je n'ai plus un cœur que le crime effarouche : 900
Tous les premiers forfaits coûtent quelques efforts ;
Mais, Attale, on commet les seconds sans remords.

FIN DU TROISIÈME ACTE.

ACTE IV.

SCÈNE PREMIÈRE.

ÉTÉOCLE, CRÉON.

ÉTÉOCLE.

Oui, Créon, c'est ici qu'il doit bientôt se rendre;
Et tous deux en ce lieu nous le[1] pouvons attendre.
Nous verrons ce qu'il veut; mais je répondrois bien   905
Que par cette entrevue on n'avancera rien.
Je connois Polynice et son humeur altière[2];
Je sais bien que sa haine est encor toute entière;
Je ne crois pas qu'on puisse en arrêter le cours;
Et pour moi, je sens bien que je le hais toujours.   910

CRÉON.

Mais s'il vous cède enfin la grandeur souveraine,
Vous devez, ce me semble, apaiser votre haine.

ÉTÉOCLE.

Je ne sais si mon cœur s'apaisera jamais :
Ce n'est pas son orgueil, c'est lui seul que je hais.
Nous avons l'un et l'autre une haine obstinée :   915
Elle n'est pas, Créon, l'ouvrage d'une année;
Elle est née avec nous; et sa noire fureur
Aussitôt que la vie entra dans notre cœur.
Nous étions ennemis dès la plus tendre enfance;

---

1. Il y a *les*, au lieu de *le*, dans l'édition de 1664. C'est une faute évidente.
2. *Var.* Je sais que Polynice est une (*a*) humeur altière. (1664)

(*a*) Et non « d'une, » comme on l'a imprimé ailleurs.

Que dis-je? nous l'étions avant notre naissance[1]. 920
Triste et fatal effet d'un sang incestueux!
Pendant qu'un même sein nous renfermoit tous deux,
Dans les flancs de ma mère une guerre intestine
De nos divisions lui marqua l'origine.
Elles ont, tu le sais, paru dans le berceau, 925
Et nous suivront peut-être encor dans le tombeau.
On diroit que le ciel, par un arrêt funeste,
Voulut de nos parents punir ainsi l'inceste[2];
Et que dans notre sang il voulut mettre au jour
Tout ce qu'ont de plus noir et la haine et l'amour[3]. 930
Et maintenant, Créon, que j'attends sa venue,
Ne crois pas que pour lui ma haine diminue :
Plus il approche, et plus il me semble odieux[4];
Et sans doute il faudra qu'elle éclate à ses yeux.
J'aurois même regret qu'il me quittât l'empire : 935
Il faut, il faut qu'il fuie, et non qu'il se retire.
Je ne veux point, Créon, le haïr à moitié;
Et je crains son courroux moins que son amitié.
Je veux, pour donner cours à mon ardente haine,
Que sa fureur au moins autorise la mienne; 940
Et puisqu'enfin mon cœur ne sauroit se trahir,
Je veux qu'il me déteste afin de le haïr.
Tu verras que sa rage est encore la même,
Et que toujours son cœur aspire au diadème;
Qu'il m'abhorre toujours, et veut toujours régner; 945
Et qu'on peut bien le vaincre, et non pas le gagner.

1. *Var.* Et déjà nous l'étions avecque violence;
   Nous le sommes au trône aussi bien qu'au berceau,
   Et le serons peut-être encor dans le tombeau.
   [On diroit que le ciel, par un arrêt funeste.] (1664-87)
2. *Var.* Voulut de nos parents venger ainsi l'inceste. (1664)
3. *Var.* Tout ce qu'a de plus noir et la haine et l'amour. (1664-87)
4. *Var.* Plus il approche, et plus il allume ses feux. (1664)

CRÉON.

Domptez-le donc, Seigneur, s'il demeure inflexible.
Quelque fier qu'il puisse être, il n'est pas invincible ;
Et puisque la raison ne peut rien sur son cœur,
Éprouvez ce que peut un bras toujours vainqueur. 950
Oui, quoique dans la paix je trouvasse[1] des charmes,
Je serai le premier à reprendre les armes ;
Et si je demandois qu'on en rompît le cours,
Je demande encor plus que vous régniez toujours.
Que la guerre s'enflamme et jamais ne finisse, 955
S'il faut avec la paix recevoir Polynice[2].
Qu'on ne nous vienne plus vanter un bien si doux ;
La guerre et ses horreurs nous plaisent avec vous.
Tout le peuple thébain vous parle par ma bouche ;
Ne le soumettez pas à ce prince farouche : 960
Si la paix se peut faire, il la veut comme moi ;
Surtout, si vous l'aimez, conservez-lui son roi.
Cependant écoutez le prince votre frère,
Et s'il se peut, Seigneur, cachez votre colère ;
Feignez.... Mais quelqu'un vient.

1. Il y a *treuvasse* dans l'édition de 1664.
2. *Var.* La paix est trop cruelle avecque Polynice :
   Sa présence aigriroit ses charmes les plus doux,
   Et la guerre, Seigneur, nous plaît avecque vous.
   La rage d'un tyran est une affreuse guerre .
   Tout ce qui lui déplaît, il le porte par terre ;
   Du plus beau de leur sang il prive les États,
   Et ses moindres rigueurs sont d'horribles combats.
   [Tout le peuple thébain vous parle par ma bouche.] (1664)
Les éditions de 1676-87 n'ont gardé de cette variante que les trois premiers vers. Dans le second, l'édition de 1687 a le mot *puissance*, au lieu de *présence*.

SCÈNE II.

ÉTÉOCLE, CRÉON, ATTALE.

ÉTÉOCLE.

Sont-ils bien près d'ici[1] ? 965
Vont-ils venir, Attale ?

ATTALE.

Oui, Seigneur, les voici.
Ils ont trouvé d'abord la princesse et la Reine,
Et bientôt ils seront dans la chambre prochaine.

ÉTÉOCLE.

Qu'ils entrent. Cette approche excite mon courroux.
Qu'on hait un ennemi quand il est près de nous ! 970

CRÉON[2].

Ah, le voici ! Fortune, achève mon ouvrage,
Et livre-les tous deux aux transports de leur rage !

SCÈNE III[3].

JOCASTE, ÉTÉOCLE, POLYNICE, ANTIGONE, HÉMON, CRÉON.

JOCASTE[4].

Me voici donc tantôt au comble de mes vœux,
Puisque déjà le ciel vous rassemble tous deux.
Vous revoyez un frère, après deux ans d'absence, 975

---

1. *Var.* Mais quelqu'un vient. ÉTÉO. Hé bien ! sont-ils bien près d'ici ? (1664)
2. Dans l'édition de 1736 : « CRÉON, *à part.* »
3. Rotrou (acte II, scène IV d'*Antigone*), Euripide (vers 446-637) et Sénèque (acte IV, vers 443-664) ont une scène semblable.
4. Dans l'édition de 1736 : « JOCASTE, *à Étéocle.* »

Dans ce même palais où vous prîtes naissance;
Et moi, par un bonheur où je n'osois penser,
L'un et l'autre à la fois je vous puis embrasser.
Commencez donc, mes fils¹, cette union si chère;
Et que chacun de vous reconnoisse son frère.   980
Tous deux dans votre frère envisagez vos traits;
Mais pour en mieux juger, voyez-les de plus près.
Surtout que le sang parle et fasse son office.
Approchez, Étéocle; avancez, Polynice....
Hé quoi? loin d'approcher, vous reculez tous deux? 985
D'où vient ce sombre accueil et ces regards fâcheux²?
N'est-ce point que chacun d'une âme irrésolue,
Pour saluer son frère, attend qu'il le salue;
Et qu'affectant l'honneur de céder le dernier,
L'un ni l'autre ne veut s'embrasser le premier?   990
Étrange ambition qui n'aspire qu'au crime,
Où le plus furieux passe pour magnanime!

1. L'édition de 1697, que nous suivons d'ordinaire, et celles de 1702, 1713, 1736, ont dans ce vers : « mon fils, » au lieu de : « mes fils; » mais il est très-vraisemblable que c'est une faute d'impression de 1697. Est-ce pour expliquer ce singulier que l'édition de 1736 porte en tête de ce couplet de la Reine : « JOCASTE, à Étéocle? » Voyez la note précédente.

2. *Var.* Eh! quel est cet abord? Qu'il est peu gracieux!
Pourquoi sur votre frère attachez-vous les yeux?
(Rotrou, *Antigone*, acte II, scène IV.)

Accede propius. . . . .
. . . . Quo vultus refers
Acieque pavida fratris observas manum?
(Sénèque, *Phéniciennes*, vers 467-474.)

Il est difficile de savoir qui Racine a imité ici. Il a pu remonter jusqu'à Euripide; et ce qui le donnerait à penser, c'est qu'il a écrit cette note à côté des vers que nous allons citer : « Aversion d'Étéocle contre son frère très-bien marquée. Ils ne veulent point [se] regarder. »

Σχάσον δὲ δεινὸν ὄμμα καὶ θυμοῦ πνοάς·
Οὐ γὰρ τὸ λαιμότμητον εἰσορᾷς κάρα
Γοργόνος, ἀδελφὸν δ' εἰσορᾷς ἥκοντα σόν.
Σύ τ' αὖ πρόσωπον πρὸς κασίγνητον στρέφε,
Πολύνεικες· ἐς γὰρ ταὐτὸν ὄμμασι βλέπων
Λέξεις τ' ἄμεινον, τοῦδέ τ' ἐνδέξει λόγους.
(*Phéniciennes*, vers 454-459.)

ACTE IV, SCÈNE III.

Le vainqueur doit rougir en ce combat honteux ;
Et les premiers vaincus sont les plus généreux [1],
Voyons donc qui des deux aura plus de courage, 995
Qui voudra le premier triompher de sa rage.
Quoi? vous n'en faites rien? C'est à vous d'avancer ;
Et venant de si loin, vous devez commencer :
Commencez, Polynice, embrassez votre frère [2];
Et montrez....

ÉTÉOCLE.

Hé, Madame! à quoi bon ce mystère?
Tous ces embrassements ne sont guère à propos :
Qu'il parle, qu'il s'explique, et nous laisse en repos.

POLYNICE.

Quoi? faut-il davantage expliquer mes pensées?
On les peut découvrir par les choses passées :
La guerre, les combats, tant de sang répandu, 1005
Tout cela dit assez que le trône m'est dû.

ÉTÉOCLE.

Et ces mêmes combats, et cette même guerre,
Ce sang qui tant de fois a fait rougir la terre,

---

1. Rotrou fait dire semblablement à Jocaste :

> Quelle gloire, bons Dieux! ou plutôt quelle rage
> A faillir le premier met le plus de courage !
> La valeur est honteuse en pareil différend,
> Et la gloire appartient à celui qui se rend.
> (*Antigone*, acte II, scène IV.)

Sénèque avait exprimé la même pensée avec plus de concision :

> *Id gerere bellum cupitis in quo est optimum*
> *Vinci.*
> (*Phéniciennes*, vers 491 et 492.)

Et Garnier, traduisant Sénèque dans son *Antigone* :

> Vous faites une guerre où plus grande est la gloire
> De se trouver vaincu que d'avoir la victoire.
> (Acte II, scène II.)

2. ...... *Junge complexus prior,*
Qui tot labores totque perpessus mala,
Longo parentem fessus exilio vides.
(Sénèque, *Pheniciennes*, vers 464-466.)

Tout cela dit assez que le trône est à moi;
Et tant que je respire, il ne peut être à toi.

POLYNICE.

Tu sais qu'injustement tu remplis cette place.

ÉTÉOCLE.

L'injustice me plaît, pourvu que je t'en chasse[1].

POLYNICE.

Si tu n'en veux sortir, tu pourras en tomber.

ÉTÉOCLE.

Si je tombe, avec moi tu pourras succomber.

JOCASTE.

O Dieux! que je me vois cruellement déçue!
N'avois-je tant pressé cette fatale vue,
Que pour les désunir encor plus que jamais?
Ah! mes fils, est-ce là comme on parle de paix?
Quittez, au nom des Dieux, ces tragiques pensées.
Ne renouvelez point vos discordes passées :
Vous n'êtes pas ici dans un champ inhumain.
Est-ce moi qui vous mets[2] les armes à la main?
Considérez ces lieux où vous prîtes naissance :
Leur aspect sur vos cœurs n'a-t-il point de puissance?
C'est ici que tous deux vous reçûtes le jour;
Tout ne vous parle ici que de paix et d'amour :
Ces princes, votre sœur, tout condamne vos haines;
Enfin moi, qui pour vous pris toujours tant de peines,
Qui pour vous réunir immolerois.... Hélas!
Ils détournent la tête, et ne m'écoutent pas!

---

1. Racine paraît ici avoir imité directement Euripide, ce qui est rare dans cette pièce :

ΠΟΛ. Τοῦ μέρους ἔχων τὸ πλεῖον; 'ΕΤΕΟΚ. Φήμ'. Ἀπαλλάσσου δὲ γῆς.
(*Phéniciennes*, vers 604.)

2. Toutes les éditions imprimées du vivant de Racine ont : « qui vous *met*, » et non : « qui vous *mets*. »

Tous deux, pour s'attendrir, ils ont l'âme trop dure :
Ils ne connoissent plus la voix de la nature[1].

(A Polynice.)

Et vous, que je croyois plus doux et plus soumis....

POLYNICE.

Je ne veux rien de lui que ce qu'il m'a promis :
Il ne sauroit régner sans se rendre parjure.   1035

JOCASTE.

Une extrême justice est souvent une injure[2].
Le trône vous est dû, je n'en saurois douter ;
Mais vous le renversez en voulant y monter.
Ne vous lassez-vous point de cette affreuse guerre ?
Voulez-vous sans pitié désoler cette terre,   1040
Détruire cet empire afin de le gagner[3] ?
Est-ce donc sur des morts que vous voulez régner[4] ?
Thèbes avec raison craint le règne d'un prince
Qui de fleuves de sang inonde sa province.
Voudroit-elle obéir à votre injuste loi ?   1045
Vous êtes son tyran avant qu'être son roi.
Dieux ! si devenant grand souvent on devient pire,

---

1. *Var.* [Ils ne connoissent plus la voix de la nature.]
   La fière ambition qui règne dans leur cœur
   N'écoute de conseils que ceux de la fureur.
   Leur sang même, infecté de sa funeste haleine,
   Ou ne leur parle plus, ou leur parle de haine.
   [Et vous, que je croyois plus doux et plus soumis....] (1664)

2. C'est le vieil adage latin : *Summum jus summa injuria*, que Voltaire a traduit plus littéralement encore dans *Œdipe* (acte III, scène III) :

   Mais l'extrême justice est une extrême injure.

3. Vers imités de Sénèque :

   . . . . *Ne, precor, ferro erue*
   Patriam ac Penates, neve, quas regere expetis,
   Everte Thebas. Quis tenet mentem furor ?
   Patriam petendo perdis : ut fiat tua
   Vis esse nullam ?
                              (*Phéniciennes*, vers 555-559.)

4. *Var.* Est-ce dessus des morts que vous voulez régner ? (1664)

Si la vertu se perd quand on gagne l'empire,
Lorsque vous régnerez, que serez-vous, hélas !
Si vous êtes cruel quand vous ne régnez pas[1] ?   1050

POLYNICE.

Ah ! si je suis cruel, on me force de l'être ;
Et de mes actions je ne suis pas le maître.
J'ai honte des horreurs où je me vois contraint[2] ;
Et c'est injustement que le peuple me craint.
Mais il faut en effet soulager ma patrie ;   1055
De ses gémissements mon âme est attendrie.
Trop de sang innocent se verse tous les jours :
Il faut de ses malheurs que j'arrête le cours ;
Et sans faire gémir ni Thèbes ni la Grèce[3],
A l'auteur de mes maux il faut que je m'adresse :   1060
Il suffit aujourd'hui de son sang ou du mien[4].

JOCASTE.

Du sang de votre frère ?

POLYNICE.

Oui, Madame, du sien.

---

1. Autre imitation de Sénèque :

> .... *Tam ferum et durum geris*
> *Sævumque in iras pectus, et nondum imperas !*
> *Quid sceptra facient ?*
>   (*Phéniciennes*, vers 582-584.)

2. *Var.* Si je suis violent, c'est que je suis contraint (*a*),
[Et c'est injustement que le peuple me craint.]
Je ne me connois plus en ce malheur extrême :
En m'arrachant au trône on m'arrache à moi-même.
Tant que j'en suis dehors, je ne suis plus à moi ;
Pour être vertueux, il faut que je sois roi.
[Mais il faut en effet soulager ma patrie.] (1664)

3. Voyez ci-dessus, p. 435, note 3.

4. Euripide fait tenir à peu près le même langage à Étéocle dans le discours que vient répéter le Messager : voyez ses *Phéniciennes*, vers 1227-1232.

(*a*) Le premier vers de cette variante est ainsi donné par d'Olivet :

Si je suis violent, c'est que j'y suis contraint.

Il faut finir ainsi cette guerre inhumaine.
Oui, cruel, et c'est là le dessein qui m'amène.
Moi-même à ce combat j'ai voulu t'appeler ; 1065
A tout autre qu'à toi je craignois d'en parler ;
Tout autre auroit voulu condamner ma pensée,
Et personne en ces lieux ne te l'eût annoncée.
Je te l'annonce donc. C'est à toi de prouver
Si ce que tu ravis tu le sais conserver[1]. 1070
Montre-toi digne enfin d'une si belle proie.

ÉTÉOCLE.

J'accepte ton dessein, et l'accepte avec joie[2].
Créon sait là-dessus quel étoit mon desir :
J'eusse accepté le trône avec moins de plaisir.
Je te crois maintenant digne du diadème, 1075
Et te le vais porter au bout de ce fer même[3].

JOCASTE.

Hâtez-vous donc, cruels, de me percer le sein ;
Et commencez par moi votre horrible dessein[4].
Ne considérez point que je suis votre mère,

---

1. A ce vers d'Olivet indique une variante qui n'est dans aucune des éditions publiées du vivant de Racine : « tu sais le conserver, » au lieu de : « tu le sais conserver. »

2. Étéocle répond ainsi à la provocation de Polynice dans les Phéniciennes d'Euripide (vers 623) :

.... Κἀμὲ τοῦδ' ἔρως ἔχει.

3. Dans Rotrou c'est Polynice qui dit à son frère :

Et le droit que je veux est au bout de ce fer.
(*Antigone*, acte II, scène IV.)

— Les éditions de 1702, 1713, 1728, 1736, 1750, et celle d'Aimé-Martin donnent ainsi le vers de Racine :

Je te le vais porter au bout de ce fer même.

D'Olivet et Aimé-Martin relèvent comme une variante la leçon que nous avons seule trouvée dans les éditions imprimées du vivant de l'auteur.

4. Plongez, plongez, cruels, vos armes dans mon sein ;
Déployez contre moi votre aveugle colere.
(Rotrou, *Antigone*, acte II, scène IV.)

Considérez en moi celle de votre frère. 1080
Si de votre ennemi vous recherchez le sang,
Recherchez-en la source en ce malheureux flanc[1].
Je suis de tous les deux la commune ennemie,
Puisque votre ennemi reçut de moi la vie :
Cet ennemi sans moi ne verroit pas le jour. 1085
S'il meurt, ne faut-il pas que je meure à mon tour?
N'en doutez point, sa mort me doit être commune :
Il faut en donner deux, ou n'en donner pas une[2];
Et sans être ni doux ni cruel à demi[3],
Il faut me perdre, ou bien sauver votre ennemi. 1090
Si la vertu vous plaît, si l'honneur vous anime,
Barbares, rougissez de commettre un tel crime;
Ou si le crime enfin vous plaît tant à chacun,
Barbares, rougissez de n'en commettre qu'un[4].
Aussi bien, ce n'est point que l'amour vous retienne[5],
Si vous sauvez ma vie en poursuivant la sienne.
Vous vous garderiez bien, cruels, de m'épargner,

1.   Ce flanc dont vous sortez est en butte à vos coups.
      (Rotrou, *Antigone*, acte II, scène IV.)
2.   Perdez-moi toute entière, ou conservez-moi toute.
      (*Ibidem*, acte II, scène IV.)
3. *Var.* Et sans être ni doux ni cruels à demi. (1664-76.)
4. Si le crime vous plaît, un plus grand s'offre à vous.
      (Rotrou, *Antigone*, acte II, scène IV.)

Deux passages des *Phéniciennes* de Sénèque doivent être aussi rapprochés de cet endroit de Racine, le premier aux vers 412-414 :

  . . . . *Nullum teste me fiet nefas;*
  Aut si aliquod et me teste committi potest,
  Non fiet unum....

et le second, aux vers 455-457 :

  . . . . *Sancta si pietas placet,*
  Donate matrem pace; si placuit scelus,
  Majus paratum est : media se opponit parens.

5. *Var.* Aussi bien ce n'est point que l'amitié vous tienne. (1664)
—Après le vers : « Aussi bien ce n'est point.... » les éditions de 1676-87 ont un point, et, après le vers suivant, une virgule. Celle de 1664 ne décide rien sur le sens, ayant des virgules après l'un et l'autre vers.

Si je vous empêchois un moment de régner.
Polynice, est-ce ainsi que l'on traite une mère?

POLYNICE.

J'épargne mon pays.

JOCASTE.

Et vous tuez un frère. 1100

POLYNICE.

Je punis un méchant.

JOCASTE.

Et sa mort aujourd'hui
Vous rendra plus coupable et plus méchant que lui.

POLYNICE.

Faut-il que de ma main je couronne ce traître,
Et que de cour en cour j'aille chercher un maître;
Qu'errant et vagabond, je quitte mes États, 1105
Pour observer des lois qu'il ne respecte pas[1]?
De ses propres forfaits serai-je la victime?
Le diadème est-il le partage du crime?
Quel droit ou quel devoir n'a-t-il point violé?
Et cependant il règne, et je suis exilé[2]! 1110

---

1. Dans l'*Antigone* de Rotrou, Polynice dit de même à Adraste :

> Que doit plus la nature à mon frère qu'à moi,
> Pour me lier les mains lorsqu'il me rompt sa foi,
> Et pour vouloir que j'erre et que je me retire.
> Quand mon armée arrive et m'appelle à l'empire?
> (Acte I, scène VI.)

2. Il faut qu'un traître règne, et que je sois banni !
(Rotrou, *Antigone*, acte II, scène IV.)

Rotrou avait lui-même imité Sénèque :

> *Ut profugus errem semper ? ut patria arcear,*
> *Opemque gentis hospes externæ sequar ?*
> *Quid paterer aliud, si fefellissem fidem,*
> *Si pejerassem ? fraudis alienæ dabo*
> *Pœnas; at ille præmium scelerum feret?*
> (*Phéniciennes*, vers 586-590.)

Garnier a rendu ainsi ces vers de Sénèque :

> Seray-je donc toujours errant parmy le monde?

JOCASTE.

Mais si le roi d'Argos vous cède une couronne[1]....

POLYNICE.

Dois-je chercher ailleurs ce que le sang me donne ?
En m'alliant chez lui n'aurai-je rien porté,
Et tiendrai-je mon rang de sa seule bonté ?
D'un trône qui m'est dû faut-il que l'on me chasse, 1115
Et d'un prince étranger que je brigue la place ?
Non, non : sans m'abaisser à lui faire la cour,

> Traîneray-je ma vie à jamais vagabonde ?...
> . . . . Quelle peine plus dure
> Eussé-je dû porter si j'eusse été parjure
> Comme cet affronteur ?
> (*Antigone*, acte II, scène II.)

1. L'offre de cette cession a déjà été mentionnée (vers 796-798). Dans l'*Antigone* de Rotrou, Adraste lui-même dit à Polynice :

> Si votre ambition ne va qu'à la couronne,
> Je dépouille pour vous l'éclat qui m'environne.
> (Acte I, scène VI.)

Racine avait d'abord, depuis le vers 1111, autrement traité ce passage :

> JOC. Un exil innocent vaut mieux qu'une couronne
> Que le crime noircit, que le parjure donne.
> Votre bannissement vous rendra glorieux,
> Et le trône, mon fils, vous rendroit odieux.
> Si vous n'y montez pas, c'est le crime d'un autre ;
> Mais si vous y montez, ce sera par le vôtre.
> Conservez votre gloire. ANTIG. Ah ! mon frère, en effet
> Pouvez-vous concevoir cet horrible forfait ?
> Ainsi donc tout à coup l'honneur vous abandonne ?
> O Dieux ! est-il si doux de porter la couronne ?
> Et pour le seul plaisir d'en être revêtu,
> Peut-on se dépouiller de toute sa vertu ?
> Si la vertu jamais eût régné dans votre âme,
> En feriez-vous au trône un sacrifice infâme ?
> Quand on l'ose immoler, on la connoît bien peu ;
> Et la victime, hélas ! vaut bien plus que le dieu.
> HÉM. Seigneur, sans vous livrer à ce malheur extrême,
> Le ciel à vos desirs offre le diadème.
> Vous pouvez, sans répandre une goutte de sang,
> Dès que vous le voudrez monter à ce haut rang,
> Puisque le roi d'Argos vous cède une couronne.
> POLYN. [Dois-je chercher ailleurs ce que le sang me donne ?] (1664)

Je veux devoir le sceptre à qui je dois le jour.
   JOCASTE.
Qu'on le tienne, mon fils, d'un beau-père ou d'un père¹,
La main de tous les deux vous sera toujours chère.   1120
   POLYNICE.
Non, non, la différence est trop grande pour moi :
L'un me feroit esclave, et l'autre me fait roi.
Quoi? ma grandeur seroit l'ouvrage d'une femme² ?
D'un éclat si honteux je rougirois dans l'âme.
Le trône, sans l'amour, me seroit donc fermé?   1125
Je ne régnerois pas, si l'on ne m'eût aimé?
Je veux m'ouvrir le trône, ou jamais n'y paraître³ ;
Et quand j'y monterai, j'y veux monter en maître,
Que le peuple à moi seul soit forcé d'obéir,
Et qu'il me soit permis de m'en faire haïr.   1130
Enfin de ma grandeur je veux être l'arbitre,
N'être point roi, Madame, ou l'être à juste titre⁴ ;
Que le sang me couronne; ou, s'il ne suffit pas,
Je veux à son secours n'appeler que mon bras.
   JOCASTE.
Faites plus, tenez tout de votre grand courage :   1135
Que votre bras tout seul fasse votre partage ;
Et dédaignant les pas des autres souverains,
Soyez, mon fils, soyez l'ouvrage de vos mains.

---

1. *Var.* HÉM. Qu'on le tienne, Seigneur, d'un beau-père ou d'un père,
  [La main de tous les deux vous sera toujours chère.]
   POLYN. Hémon, la différence est trop grande pour moi. (1664)
2. Polynice, dans *les Phéniciennes* de Sénèque (vers 595-598), répond de même à Jocaste :

. . . . . . *Conjugi donum datus,*
Arbitria thalami dura felicis feram,
Humilisque socerum lixa dominantem sequar?
In servitutem cadere de regno grave est.

3. Les éditions de 1676-1697 ont *paraistre*, rimant avec *maistre*. Celle de 1664 donne *paroistre*. Voyez plus haut, p. 407, note (*b*) de la variante 4.
4. *Var.* Être roi, cher Hémon, et l'être à juste titre. (1664)

Par d'illustres exploits couronnez-vous vous-même :
Qu'un superbe laurier soit votre diadème ; 1140
Régnez et triomphez, et joignez à la fois
La gloire des héros à la pourpre des rois.
Quoi? votre ambition seroit-elle bornée
A régner tour à tour l'espace d'une année?
Cherchez à ce grand cœur, que rien ne peut dompter,
Quelque trône où vous seul ayez droit de monter.
Mille sceptres nouveaux s'offrent à votre épée,
Sans que d'un sang si cher nous la voyions[1] trempée[2].
Vos triomphes pour moi n'auront rien que de doux,
Et votre frère même ira vaincre avec vous[3]. 1150

POLYNICE.

Vous voulez que mon cœur, flatté de ces chimères,
Laisse un usurpateur au trône de mes pères?

JOCASTE.

Si vous lui souhaitez en effet tant de mal,
Élevez-le vous-même à ce trône fatal.
Ce trône fut toujours un dangereux abîme : 1155
La foudre l'environne aussi bien que le crime.

---

1. L'édition de 1687 a *voyions*; celles de 1664, 1676 et 1697 : *voyons*.
2. Racine suit ici Rotrou d'assez près :

> Je sçais qu'à votre tête il faut une couronne;
> Mais que hors de chez vous votre main vous la donne.
> Faut-il que d'un seul lieu vos desseins soient bornés?
> Et ne sçaurois-je avoir deux enfants couronnés?...
> Osez ce qu'ont osé tant d'autres conquérants :
> Tenez tout de vous seul, et rien de vos parents.
> Encore en tiendrez-vous ce grand cœur en partage,
> Ce cœur qui vous peut faire un si bel héritage,
> Qui vous peut au besoin donner un si beau rang,
> Sans que vous le cherchiez dans votre propre sang.
>
> (*Antigone*, acte II, scène IV.)

3. Vers imités de Sénèque (*Phéniciennes*, vers 619-624) :

> .... *Melius istis viribus*
> *Nova regna nullo scelere maculata appetes.*
> *Quin ipse frater, arma comitatus tua,*
> *Tibi militabit. Vade, et id bellum gere*
> *In quo pater materque pugnanti tibi*
> *Favere possint.*

Votre père et les rois qui vous ont devancés,
Sitôt qu'ils y montoient, s'en sont vus[1] renversés[2].
POLYNICE.
Quand je devrois au ciel rencontrer le tonnerre[3],
J'y monterois plutôt que de ramper à terre.   1160
Mon cœur, jaloux du sort de ces grands malheureux,
Veut s'élever, Madame, et tomber avec eux[4]
ÉTÉOCLE.
Je saurai t'épargner une chute si vaine.
POLYNICE.
Ah! ta chute, crois-moi, précédera la mienne[5]!
JOCASTE.
Mon fils, son règne plaît[6].
POLYNICE.
                    Mais il m'est odieux.   1165

---

1. L'édition de 1697 a *vu*, sans accord. Les précédentes portent toutes *vus*.
2. Rotrou et Sénèque ont ici encore servi de modèles à Racine :

POLYN. Que Thèbes lui demeure, et que je me retire!
JOC. Thèbes, vous le savez, est un fatal empire,
Et son trône est un lieu bien funeste à son roi.
Les exemples de Laye et d'OEdipe en font foi.
        (*Antigone*, acte II, scène IV.)

POLYN. . . . . . *Sceleris et fraudis suæ*
Pœnas nefandus frater ut nullas ferat?
JOC. *Ne metue : pœnas, et quidem solvet graves :*
Regnabit. . . . .
. . . . . . *Sceptra Thebarum fuit*
Impune nulli gerere.
        (*Phéniciennes*, vers 643-649.)

3. Ce cri hyperbolique de l'ambition rappelle celui qu'Euripide a mis dans la bouche d'Étéocle. C'est là sans doute que Racine a puisé son inspiration :

Ἄστρων ἂν ἔλθοιμ' αἰθέρος πρὸς ἀντολὰς
Καὶ γῆς ἔνερθε, δυνατὸς ὢν δρᾶσαι τάδε,
Τὴν θεῶν μεγίστην ὥστ' ἔχειν τυραννίδα.
        (*Phéniciennes*, vers 504-506.)

4. . . . . *Est tanti mihi*
Cum regibus jacere....
        (Sénèque, *Phéniciennes*, vers 651 et 652.)

5. *Var.* Ah! ta chute bientôt précédera la mienne. (1664-87)
6. Le passage de Rotrou :

Mais quoi? son règne plaît, le vôtre est redouté,

que nous avons cité déjà au vers 498, paraît avoir été imité ici une seconde fois.

LA THÉBAÏDE.

JOCASTE.

Il a pour lui le peuple.

POLYNICE.

Et j'ai pour moi les Dieux.

ÉTÉOCLE.

Les Dieux de ce haut rang te vouloient interdire,
Puisqu'ils m'ont élevé le premier à l'empire :
Ils ne savoient que trop, lorsqu'ils firent ce choix,
Qu'on veut régner toujours quand on règne une fois.
Jamais dessus le trône on ne vit plus d'un maître;
Il n'en peut tenir deux, quelque grand qu'il puisse être :
L'un des deux tôt ou tard se verroit renversé,
Et d'un autre soi-même on y seroit pressé.
Jugez donc, par l'horreur que ce méchant me donne[1],
Si je puis avec lui partager la couronne.

POLYNICE.

Et moi je ne veux plus, tant tu m'es odieux,
Partager avec toi la lumière des cieux.

JOCASTE.

Allez donc, j'y consens, allez perdre la vie[2].
A ce cruel combat tous deux je vous convie.   1180
Puisque tous mes efforts ne sauroient vous changer,
Que tardez-vous? allez vous perdre et me venger.

---

1. D'Olivet et M. Aimé-Martin donnent cette variante, que nous n'avons rencontrée nulle part :

Jugez donc par l'horreur que ce méchant nous donne.

2. Jocaste, dans l'*Antigone* de Rotrou, fait éclater son désespoir de la même manière; elle menace également ses fils de sa mort. Le mouvement des deux morceaux est tout semblable :

Bien ! puisque ni sanglots, ni prières, ni larmes
Ne peuvent de vos mains faire tomber les armes....
Ma constance est à bout, la nature se tait....
Adieu, non plus mes fils, mais odieuses pestes....
Vous ne mourrez pas seuls, et je suivrai vos pas.

(Acte II, scène IV.)

Surpassez, s'il se peut, les crimes de vos pères[1] ;
Montrez en vous tuant comme vous êtes frères [2] :
Le plus grand des forfaits vous a donné le jour ;   1185
Il faut qu'un crime égal vous l'arrache à son tour.
Je ne condamne plus la fureur qui vous presse ;
Je n'ai plus pour mon sang ni pitié ni tendresse.
Votre exemple m'apprend à ne le plus chérir ;
Et moi je vais, cruels, vous apprendre à mourir[3].   1190

ANTIGONE.

Madame.... O ciel ! que vois-je ? Hélas ! rien ne les touche[4] !

HÉMON.

Rien ne peut ébranler leur constance farouche.

ANTIGONE.

Princes....

ÉTÉOCLE.

Pour ce combat choisissons quelque lieu.

POLYNICE.

Courons. Adieu, ma sœur.

ÉTÉOCLE.

Adieu, Princesse, adieu.

ANTIGONE.

Mes frères, arrêtez. Gardes, qu'on les retienne ;   1195

---

1. OEdipe apostrophe ainsi ses enfants absents, dans *les Phéniciennes* de Sénèque (vers 334-338) :

> *Agite, o propago clara, generosam indolem*
> *Probate factis : gloriam ac laudes meas*
> *Superate* . . . .
> *Sic estis orti....*

2. « Ils sont bien frères, » κάρτα δ' εἴσ' ὅμαιμοι, dit le chœur, dans *les Sept chefs* d'Eschyle, vers 921. Racine, qui ne paraît guère s'être souvenu d'Eschyle dans le reste de la pièce, lui a-t-il fait ici un emprunt ? Cela est d'autant plus douteux que l'idée n'est pas tout à fait la même. Il semble bien que l'expression du poète grec a un double sens : il n'en est pas de même dans Racine.

3. *Var.* Après ce vers commence une scène IV, dans l'édition de 1736, et dans celle de M. Aimé-Martin.

4. *Var.* CRÉON. Heureux emportement ! ANT. Hélas ! rien ne les touche. (1664)

Joignez, unissez tous vos douleurs à la mienne[1].
C'est leur être cruels que de les respecter.

HÉMON.

Madame, il n'est plus rien qui les puisse arrêter.

ANTIGONE.

Ah! généreux Hémon, c'est vous seul que j'implore.
Si la vertu vous plaît, si vous m'aimez encore,   1200
Et qu'on puisse arrêter leurs parricides mains,
Hélas! pour me sauver, sauvez ces inhumains.

1. *Var.* Et n'obéissez pas à leur rage inhumaine.
   C'est leur être cruels que de les contenter. (1664)

FIN DU QUATRIÈME ACTE.

ACTE V.

SCÈNE PREMIÈRE[1].

ANTIGONE, seule.

A quoi te résous-tu, princesse infortunée[2] ?
   Ta mère vient de mourir dans tes bras :
      Ne saurois-tu suivre ses pas,   1205
Et finir en mourant ta triste destinée ?
A de nouveaux malheurs te veux-tu réserver ?
Tes frères sont aux mains, rien ne les peut sauver
      De leurs cruelles armes.
Leur exemple t'anime à te percer le flanc ;   1210

---

1. Cette scène a été inspirée par celle qui, dans Rotrou, commence l'acte III, et dans laquelle Antigone, qui est seule, *en deuil, dans sa chambre*, récite aussi des stances. Le morceau lyrique de Rotrou n'est qu'une longue apostrophe à la Fortune, dont Antigone accuse les rigueurs.

2. Racine, dans une lettre à l'abbé le Vasseur (décembre 1663), cite la stance suivante, qui, dit-il, était la première :

    Cruelle ambition, dont la noire malice
       Conduit tant de monde au trépas,
  Et qui feignant d'ouvrir le trône sous nos pas,
       Ne nous ouvres qu'un précipice,
       Que tu causes d'égaremens !
Qu'en d'étranges malheurs tu plonges tes amants !
       Que leurs chutes sont déplorables !
Mais que tu fais périr d'innocents avec eux,
       Et que tu fais de misérables
       En faisant un ambitieux !

Il se décida avec peine à retrancher cette stance, ainsi qu'à changer toutes celles qu'il avait d'abord composées. Dans une autre lettre, adressée au même le Vasseur, et datée du même mois, il dit qu'il a tout réduit à cinq stances. Nous n'en avons plus que trois.

Et toi seule verses des larmes,
Tous les autres versent du sang.

Quelle est de mes malheurs l'extrémité mortelle ?
Où ma douleur doit-elle recourir ?
Dois-je vivre ? dois-je mourir ? 1215
Un amant me retient, une mère m'appelle :
Dans la nuit du tombeau je la vois qui m'attend.
Ce que veut la raison, l'amour me le défend
Et m'en ôte l'envie.
Que je vois de sujets d'abandonner le jour ! 1220
Mais, hélas ! qu'on tient à la vie,
Quand on tient si fort à l'amour !

Oui, tu retiens, Amour, mon âme fugitive ;
Je reconnois la voix de mon vainqueur :
L'espérance est morte en mon cœur, 1225
Et cependant tu vis, et tu veux que je vive.
Tu dis que mon amant me suivroit au tombeau,
Que je dois de mes jours conserver le flambeau
Pour sauver ce que j'aime.
Hémon, vois le pouvoir que l'amour a sur moi : 1230
Je ne vivrois pas pour moi-même,
Et je veux bien vivre pour toi.

Si jamais tu doutas de ma flamme fidèle....
Mais voici du combat la funeste nouvelle.

SCÈNE II.

ANTIGONE, OLYMPE.

ANTIGONE.

Hé bien ! ma chère Olympe, as-tu vu ce forfait ? 1235

ACTE V, SCÈNE II.

OLYMPE

J'y suis courue en vain : c'en étoit déjà fait.
Du haut de nos remparts j'ai vu descendre en larmes
Le peuple qui couroit et qui crioit aux armes;
Et pour vous dire enfin d'où venoit sa terreur,
Le Roi n'est plus, Madame, et son frère est vainqueur[1].
On parle aussi d'Hémon : l'on dit que son courage
S'est efforcé longtemps de suspendre leur rage,
Mais que tous ses efforts ont été superflus :
C'est ce que j'ai compris de mille bruits confus.

ANTIGONE.

Ah! je n'en doute pas, Hémon est magnanime : 1245
Son grand cœur eut toujours trop d'horreur pour le crime.
Je l'avois conjuré d'empêcher ce forfait;
Et s'il l'avoit pu faire, Olympe, il l'auroit fait.
Mais, hélas! leur fureur ne pouvoit se contraindre :
Dans des ruisseaux de sang elle vouloit s'éteindre. 1250
Princes dénaturés, vous voilà satisfaits :
La mort seule entre vous pouvoit mettre la paix[2].
Le trône pour vous deux avoit trop peu de place;
Il falloit entre vous mettre un plus grand espace,

---

1. L'idée de ce faux rapport, qui suspend la connaissance du dénoûment, n'est ni dans Euripide, ni dans Sénèque, ni dans Rotrou : elle appartient à Racine; ou plutôt, comme plusieurs critiques l'ont déjà fait remarquer, elle appartient à Corneille, qui dans *Horace* (acte III, scène VI) en avait fait, avant Racine, un usage si heureux.

2. Pour la seconde fois, on pourrait croire que l'on surprend la trace d'un emprunt fait à Eschyle (*Sept devant Thèbes*, vers 867 et 868). S'il n'y a qu'une rencontre fortuite, elle n'en mérite pas moins d'être signalée :

.... Ἤδη διήλ-
λαχθε σὺν σιδάρῳ.

« C'est le fer qui maintenant a mis la paix entre vous. » Les anciennes éditions, les seules que Racine pouvait avoir sous les yeux, ajoutent : « Ce n'est pas cette fois l'amitié, » Οὐκέτ' ἐπὶ φιλίᾳ. — On trouve aussi plus bas, dans cette tragédie des *Sept chefs* (vers 922-924), la même idée exprimée :

Πικρὸς λυτὴρ νεικέων....
θηκτὸς σίδαρος.

Et que le ciel vous mît, pour finir vos discords, 1255
L'un parmi les vivants, l'autre parmi les morts.
Infortunés tous deux, dignes qu'on vous déplore!
Moins malheureux pourtant que je ne suis encore,
Puisque, de tous les maux qui sont tombés sur vous,
Vous n'en sentez aucun, et que je les sens tous[1]! 1260

OLYMPE.

Mais pour vous ce malheur est un moindre supplice,
Que si la mort vous eût enlevé Polynice.
Ce prince étoit l'objet qui faisoit tous vos soins;
Les intérêts du Roi vous touchoient beaucoup moins.

ANTIGONE.

Il est vrai, je l'aimois d'une amitié sincère : 1265
Je l'aimois beaucoup plus que je n'aimois son frère;
Et ce qui lui donnoit tant de part dans mes vœux[2],
Il étoit vertueux, Olympe, et malheureux.
Mais, hélas! ce n'est plus ce cœur si magnanime,
Et c'est un criminel qu'a couronné son crime. 1270
Son frère plus que lui commence à me toucher :
Devenant malheureux, il m'est devenu cher.

OLYMPE.

Créon vient.

---

1. *Var.* [Vous n'en sentez aucun, et que je les sens tous!]
   Quand on est au tombeau, tous nos tourments s'apaisent;
   Quand on est furieux, tous nos crimes nous plaisent;
   Des plus cruels malheurs le trépas vient à bout;
   La fureur ne sent rien, mais la douleur sent tout.
   Cette vive douleur, dont je suis la victime,
   Ressent la mort de l'un, et de l'autre le crime.
   Le sort de tous les deux me déchire le cœur;
   Et plaignant le vaincu, je pleure le vainqueur.
   A ce cruel vainqueur quel accueil dois-je faire?
   S'il est mon frère, Olympe, il a tué mon frère.
   La nature est confuse et se tait aujourd'hui :
   Elle n'ose parler pour lui, ni contre lui.
   [OL. Mais pour vous ce malheur est un moindre supplice.] (1664)

2. *Var.* Et ce qui le rendoit agréable à mes yeux. (1664)

ACTE V, SCÈNE II.

ANTIGONE.
Il est triste, et j'en connois la cause :
Au courroux du vainqueur la mort du Roi l'expose;
C'est de tous nos malheurs l'auteur pernicieux.   1275

SCÈNE III.
ANTIGONE, CRÉON, ATTALE, OLYMPE[1].

CRÉON.
Madame, qu'ai-je appris en entrant dans ces lieux?
Est-il vrai que la Reine....
ANTIGONE.
Oui, Créon, elle est morte.
CRÉON.
O Dieux! puis-je savoir de quelle étrange sorte
Ses jours infortunés ont éteint leur flambeau?
OLYMPE.
Elle-même, Seigneur, s'est ouvert le tombeau;   1280
Et s'étant d'un poignard en un moment saisie,
Elle en a terminé ses malheurs et sa vie.
ANTIGONE.
Elle a su prévenir la perte de son fils.
CRÉON.
Ah! Madame, il est vrai que les Dieux ennemis....
ANTIGONE.
N'imputez qu'à vous seul la mort du Roi mon frère,
Et n'en accusez point la céleste colère.
A ce combat fatal vous seul l'avez conduit :
Il a cru vos conseils; sa mort en est le fruit.
Ainsi de leurs flatteurs les rois sont les victimes;
Vous avancez leur perte, en approuvant leurs crimes;

---

1. A ces personnages 1736 ajoute : « GARDES. »

De la chute des rois vous êtes les auteurs ;
Mais les rois en tombant entraînent leurs flatteurs.
Vous le voyez, Créon, sa disgrâce mortelle
Vous est funeste autant qu'elle nous est cruelle :
Le ciel, en le perdant, s'en est vengé sur vous, 1295
Et vous avez peut-être à pleurer comme nous.

CRÉON.

Madame, je l'avoue ; et les destins contraires
Me font pleurer deux fils, si vous pleurez deux frères.

ANTIGONE.

Mes frères et vos fils ! Dieux ! que veut ce discours ?
Quelqu'autre qu'Etéocle a-t-il fini ses jours ? 1300

CRÉON.

Mais ne savez-vous pas cette sanglante histoire ?

ANTIGONE.

J'ai su que Polynice a gagné la victoire,
Et qu'Hémon a voulu les séparer en vain.

CRÉON.

Madame, ce combat est bien plus inhumain.
Vous ignorez encor mes pertes et les vôtres ; 1305
Mais, hélas ! apprenez les unes et les autres.

ANTIGONE.

Rigoureuse Fortune, achève ton courroux.
Ah ! sans doute, voici le dernier de tes coups.

CRÉON.

Vous avez vu, Madame, avec quelle furie
Les deux princes sortoient pour s'arracher la vie ; 1310
Que d'une ardeur égale ils fuyoient de ces lieux [1],
Et que jamais leurs cœurs ne s'accordèrent mieux.
La soif de se baigner dans le sang de leur frère
Faisoit ce que jamais le sang n'avoit su faire :
Par l'excès de leur haine ils sembloient réunis ; 1315

---

1. *Var.* Que d'une égale ardeur ils y couroient tous deux. (1664)

Et prêts à s'égorger, ils paroissoient amis[1].
Ils ont choisi d'abord pour leur champ de bataille
Un lieu près des deux camps, au pied de la muraille.
C'est là que reprenant leur première fureur,
Ils commencent enfin ce combat plein d'horreur.   1320
D'un geste menaçant, d'un œil brûlant de rage,
Dans le sein l'un de l'autre ils cherchent un passage[2];
Et la seule fureur précipitant leurs bras[3],
Tous deux semblent courir au-devant du trépas.
Mon fils, qui de douleur en soupiroit dans l'âme,   1325
Et qui se souvenoit de vos ordres, Madame,
Se jette au milieu d'eux, et méprise pour vous
Leurs ordres absolus qui nous arrêtoient tous[4].
Il leur retient le bras, les repousse, les prie,
Et pour les séparer s'expose à leur furie;   1330

---

1. La même pensée est dans Stace. Polynice crie à son frère :

>   O mihi nunc primum longo post tempore frater,
>   Congredere.
>   (Thebaïde, livre XI, vers 394 et 395.)

2. Voltaire dans la *Henriade* (chant VI, vers 251 et 252) a fait son profit de ces deux vers, du premier surtout :

>   D'un bras déterminé, d'un œil brûlant de rage,
>   Parmi ses ennemis chacun s'ouvre un passage.

Le second a trouvé place au chant VIII, vers 245 et 246 :

>   Mais un destin funeste enflamme leur courage;
>   Dans le cœur l'un de l'autre ils cherchent un passage.

Stace avait dit :

>   . . . . *Ignescentia cernunt*
>   *Per galeas odia, et vultus rimantur acerbo*
>   *Lumine.*
>   (Thébaïde, livre XI, vers 525-527.)

Et Rotrou :

>   Pareils à deux lions, et plus cruels encore,
>   Du geste chacun d'eux l'un l'autre se dévore.
>   Avant qu'en être aux mains, ils combattent des yeux,
>   Et se lancent d'abord cent regards furieux.
>   (*Antigone*, acte III, scène II.)

3. *Var.* Et la seule fureur précipitant leur bras. (1664-87)
4. *Var.* Leurs ordres absolus qui nous retenoient tous. (1664-87)

Mais il s'efforce en vain d'en arrêter le cours;
Et ces deux furieux se rapprochent toujours.
Il tient ferme pourtant, et ne perd point courage;
De mille coups mortels il détourne l'orage,
Jusqu'à ce que du Roi le fer trop rigoureux,   1335
Soit qu'il cherchât son frère, ou ce fils malheureux,
Le renverse à ses pieds prêt à rendre la vie[1].

ANTIGONE.

Et la douleur encor ne me l'a pas ravie!

CRÉON.

J'y cours, je le relève, et le prends dans mes bras;
Et me reconnoissant : « Je meurs, dit-il tout bas,   1340
Trop heureux d'expirer pour ma belle princesse.
En vain à mon secours votre amitié s'empresse :
C'est à ces furieux que vous devez courir.
Séparez-les, mon père, et me laissez mourir. »
Il expire à ces mots. Ce barbare spectacle   1345
A leur noire fureur n'apporte point d'obstacle;
Seulement Polynice en paroît affligé :
« Attends, Hémon, dit-il, tu vas être vengé. »
En effet sa douleur renouvelle sa rage,
Et bientôt le combat tourne à son avantage.   1350
Le Roi, frappé d'un coup qui lui perce le flanc,
Lui cède la victoire, et tombe dans son sang.
Les deux camps aussitôt s'abandonnent en proie,
Le nôtre à la douleur, et les Grecs à la joie;
Et le peuple, alarmé du trépas de son roi,   1355
Sur le haut de ses tours témoigne son effroi.
Polynice, tout fier du succès de son crime,

---

1. Cette mort d'Hémon, au milieu du combat d'Étéocle et de Polynice, est de l'invention de Racine. Dans Rotrou, comme dans Euripide, Hémon survit aux deux frères. On sait qu'il joue un rôle dans l'*Antigone* de Sophocle, dont l'action est postérieure en date à celle de toutes ces tragédies des *Frères ennemis*.

ACTE V, SCÈNE III.

Regarde avec plaisir expirer sa victime;
Dans le sang de son frère il semble se baigner:
« Et tu meurs, lui dit-il, et moi je vais régner. 1360
Regarde dans mes mains l'empire et la victoire[1];
Va rougir aux enfers de l'excès de ma gloire;
Et pour mourir encore avec plus de regret,
Traître, songe en mourant que tu meurs mon sujet[2]. »
En achevant ces mots, d'une démarche fière 1365
Il s'approche du Roi couché sur la poussière,
Et pour le désarmer il avance le bras.
Le Roi, qui semble mort, observe tous ses pas:
Il le voit, il l'attend, et son âme irritée
Pour quelque grand dessein semble s'être arrêtée[3]. 1370
L'ardeur de se venger flatte encor ses desirs,

---

1. Racine a encore ici imité Rotrou, mais l'a surpassé :

   Polynice, ravi d'une fausse victoire,...
   Levant les mains au ciel, s'écrie à haute voix :
   « Soyez bénis, ô Dieux, justes juges des rois!
   Thèbes, dessus ma tête apporte ta couronne....
   Apporte, cette vue hâtera son trépas. »
   (*Antigone*, acte III, scène II.)

Mais il serait peut-être plus juste de dire qu'ici le modèle de Racine a été le récit de Stace. Dans les paroles de joie haineuse et triomphante que Racine et Rotrou prêtent à Polynice, il est facile de reconnaître ces vers de *la Thébaïde* latine :

   . . . . *Dum me moriens hic sceptra tenentem*
   Linquat, et hunc secum portet minor umbra dolorem.
   (*Thébaïde*, livre XI, vers 507 et 508.)

2. On peut encore rapprocher de ce passage quelques vers de Rotrou, dans la prière que Polynice, avant le combat, adresse aux Dieux :

   Guidez ce bras vengeur et soutenez mon crime.
   Après, pour l'expier, à moi-même inhumain,
   Dedans mon propre sang je laverai ma main,
   Si ce traître y peut voir le sceptre qu'il me nie,
   Avant que de son corps son âme soit bannie,
   Et s'il peut en mourant emporter avec soi
   Le regret de savoir que je survis roi.
   (*Antigone*, acte III, scène II.)

3. Stace a le premier trouvé les principaux traits de cette énergique peinture :

   . . . . *Hæc dicens, gressus admovit et arma,*...

Et retarde le cours de ses derniers soupirs.
Prêt à rendre la vie, il en cache le reste,
Et sa mort au vainqueur est un piége funeste[1];
Et dans l'instant fatal que ce frère inhumain   1375
Lui veut ôter le fer qu'il tenoit à la main,
Il lui perce le cœur; et son âme ravie,
En achevant ce coup, abandonne la vie.
Polynice frappé pousse un cri dans les airs,
Et son âme en courroux s'enfuit dans les enfers[2].   1380
Tout mort qu'il est, Madame, il garde sa colère;

> *Arma etiam spoliare cupit. Nondum ille peructis*
> *Manibus, ultrices animam servabat in iras.*
> (*Thébaïde*, livre XI, vers 560-563.)

Rotrou a ainsi rendu les mêmes idées :

> Le Roi tombe, et son sang coule sur la poussière;
> Mais en sa chute encor sa haine se soutient....
> Couleur ni mouvement ne reste à son visage :
> Il semble que des sens il ait perdu l'usage;
> Il le réserve tout pour un dernier effort,
> Et sait encor tromper dans les bras de la mort.
> (*Antigone*, acte III, scène II.)

1. . . . . *Sponte ruit, fraudemque supremam*
In media jam morte parat.
(*Thébaïde*, livre XI, vers 554 et 555.)

Rotrou raconte ainsi la ruse d'Étéocle et la mort des deux frères :

> Il (*Polynice*) s'approche à ces mots, lui veut ôter l'épée;
> Mais sa main est à peine à cette œuvre occupée,
> Que l'autre, ramassant un reste de vigueur,
> Que la haine entretient à l'entour de son cœur,
> Retire un peu le bras, puis le poussant d'adresse,
> Lui met le fer au sein, que mourant il y laisse.
> (*Antigone*, acte III, scène II.)

Il faut remarquer que dans Euripide c'est Polynice qui tombe le premier, c'est Étéocle qui se croit vainqueur, et qui reçoit le coup mortel de la main de son frère, tandis qu'il s'est approché pour le dépouiller (*Phéniciennes*, vers 1416-1425). Mais dans Stace et dans Rotrou, comme dans Racine, les rôles sont intervertis.

2. C'est une imitation du dernier vers de l'*Énéide* de Virgile :

> *Vitaque cum gemitu fugit indignata sub umbras.*

Voltaire (*Henriade*, chant VIII, vers 391) a dit :

> Et son âme en courroux s'envola chez les morts.

ACTE V, SCÈNE III.

Et l'on diroit qu'encore il menace son frère.
Son visage, où la mort a répandu ses traits,
Demeure plus terrible et plus fier que jamais.

ANTIGONE.

Fatale ambition, aveuglement funeste[1] ! 1385
D'un oracle cruel suite trop manifeste !
De tout le sang royal il ne reste que nous ;
Et plût aux Dieux, Créon, qu'il ne restât que vous,
Et que mon désespoir, prévenant leur colère,
Eût suivi de plus près le trépas de ma mère[2] ! 1390

CRÉON.

Il est vrai que des Dieux le courroux embrasé
Pour nous faire périr semble s'être épuisé ;
Car enfin sa rigueur, vous le voyez, Madame,
Ne m'accable pas moins qu'elle afflige votre âme.
En m'arrachant mes fils....

ANTIGONE.

Ah ! vous régnez, Créon ;
Et le trône aisément vous console d'Hémon.
Mais laissez-moi, de grâce, un peu de solitude,
Et ne contraignez point ma triste inquiétude.
Aussi bien mes chagrins passeroient jusqu'à vous ;
Vous trouverez[3] ailleurs des entretiens plus doux. 1400
Le trône vous attend, le peuple vous appelle ;
Goûtez tout le plaisir[4] d'une grandeur nouvelle.
Adieu : nous ne faisons tous deux que nous gêner.

---

1. Maudite ambition, abominable peste,
   Monstre altéré de sang, que ton fruit est funeste !
   (Rotrou, *Antigone*, acte I, scène III.)

2. Antigone dit de même dans Rotrou :

   Que votre mort, ma mère, est un bien que j'envie,
   Et qu'il me seroit doux de vous avoir suivie !
   (*Antigone*, acte III, scène II.)

3. Dans l'édition de 1664 : « Vous treuverez. »
4. L'édition de M. Aimé-Martin donne : « tous les plaisirs. »

Je veux pleurer, Créon, et vous voulez régner.
CRÉON, arrêtant Antigone.
Ah! Madame, régnez, et montez sur le trône :
Ce haut rang n'appartient qu'à l'illustre Antigone.
ANTIGONE.
Il me tarde déjà que vous ne l'occupiez :
La couronne est à vous.
CRÉON.
Je la mets à vos piés.
ANTIGONE.
Je la refuserois de la main des Dieux même;
Et vous osez, Créon, m'offrir le diadème!
CRÉON.
Je sais que ce haut rang n'a rien de glorieux
Qui ne cède à l'honneur de l'offrir à vos yeux [1].
D'un si noble destin je me connois indigne;
Mais si l'on peut prétendre à cette gloire insigne,
Si par d'illustres faits on la peut mériter,
Que faut-il faire enfin, Madame?
ANTIGONE.
M'imiter.
CRÉON.
Que ne ferois-je point pour une telle grâce!
Ordonnez seulement ce qu'il faut que je fasse :
Je suis prêt....
ANTIGONE, en s'en allant.
Nous verrons.
CRÉON, la suivant.
J'attends vos lois ici.
ANTIGONE, en s'en allant.
Attendez.

---

1. Racine s'est servi dans *Phèdre* (vers 239 et 240) d'un tour semblable :
Et que me direz-vous qui ne cède, grands Dieux !
A l'horreur de vous voir expirer à mes yeux ?

SCÈNE IV.

CRÉON, ATTALE[1].

ATTALE.

Son courroux seroit-il adouci?   1420
Croyez-vous la fléchir?

CRÉON.

Oui, oui, mon cher Attale :
Il n'est point de fortune à mon bonheur égale,
Et tu vas voir en moi, dans ce jour fortuné,
L'ambitieux au trône, et l'amant couronné[2].
Je demandois au ciel la princesse et le trône :   1425
Il me donne le sceptre et m'accorde Antigone.
Pour couronner ma tête et ma flamme en ce jour,
Il arme en ma faveur et la haine et l'amour;
Il allume pour moi deux passions contraires;
Il attendrit la sœur, il endurcit les frères;   1430
Il aigrit leur courroux, il fléchit sa rigueur,
Et m'ouvre en même temps et leur trône et son cœur.

ATTALE.

Il est vrai, vous avez toute chose prospère[3],
Et vous seriez heureux si vous n'étiez point père.
L'ambition, l'amour n'ont rien à desirer;   1435
Mais, Seigneur, la nature a beaucoup à pleurer.
En perdant vos deux fils....

---

1. Dans l'édition de 1736 : « CRÉON, OLYMPE, ATTALE, GARDES. »
2. Les éditions de 1713 et de 1728 donnent ce vers ainsi :

L'ambition au trône et l'amour couronné.

— D'Olivet indique cette variante.
3. Dans les éditions de 1713 et de 1728, on lit :

Il est vrai, vous avez toujours chose prospère.

CRÉON.

Oui, leur perte m'afflige,
Je sais ce que de moi le rang de père exige;
Je l'étois; mais surtout j'étois né pour régner;
Et je perds beaucoup moins que je ne crois gagner[1].
Le nom de père, Attale, est un titre vulgaire :
C'est un don que le ciel ne nous refuse guère.
Un bonheur si commun n'a pour moi rien de doux :
Ce n'est pas un bonheur, s'il ne fait des jaloux.
Mais le trône est un bien dont le ciel est avare ; 1445
Du reste des mortels ce haut rang nous sépare ;
Bien peu sont honorés d'un don si précieux :
La terre a moins de rois que le ciel n'a de Dieux.
D'ailleurs tu sais qu'Hémon adoroit la princesse,
Et qu'elle eut pour ce prince une extrême tendresse.
S'il vivoit, son amour au mien seroit fatal :
En me privant d'un fils, le ciel m'ôte un rival.
Ne me parle donc plus que de sujets de joie,
Souffre qu'à mes transports je m'abandonne en proie ;
Et sans me rappeler des ombres des enfers, 1455
Dis-moi ce que je gagne, et non ce que je perds.
Parle-moi de régner, parle-moi d'Antigone ;
J'aurai bientôt son cœur, et j'ai déjà le trône.
Tout ce qui s'est passé n'est qu'un songe pour moi :
J'étois père et sujet, je suis amant et roi. 1460
La princesse et le trône ont pour moi tant de charmes,
Que.... Mais Olympe vient.

ATTALE.

Dieux ! elle est toute en larmes.

1. Voyez ci-dessus, p. 425, note 1.

SCÈNE V.

CRÉON, OLYMPE, ATTALE[1].

OLYMPE.

Qu'attendez-vous, Seigneur? la princesse n'est plus.

CRÉON.

Elle n'est plus, Olympe?

OLYMPE.

Ah! regrets superflus!
Elle n'a fait qu'entrer dans la chambre prochaine, 1465
Et du même poignard dont est morte la Reine,
Sans que je pusse voir son funeste dessein,
Cette fière princesse a percé son beau sein.
Elle s'en est, Seigneur, mortellement frappée,
Et dans son sang, hélas! elle est soudain tombée. 1470
Jugez à cet objet ce que j'ai dû sentir.
Mais sa belle âme enfin, toute prête à sortir :
« Cher Hémon, c'est à toi que je me sacrifie, »
Dit-elle; et ce moment a terminé sa vie.
J'ai senti son beau corps tout froid entre mes bras, 1475
Et j'ai cru que mon âme alloit suivre ses pas :
Heureuse mille fois si ma douleur mortelle
Dans la nuit du tombeau m'eût plongée avec elle!

(Elle s'en va.)

---

1. Dans l'édition de 1736 : « CRÉON, OLYMPE, ATTALE, GARDES. »

SCÈNE VI.

CRÉON, ATTALE[1].

CRÉON.

Ainsi donc vous fuyez un amant odieux,
Et vous-même, cruelle, éteignez vos beaux yeux[2] ! 1480
Vous fermez pour jamais ces beaux yeux que j'adore ;
Et pour ne me point voir, vous les fermez encore !
Quoique Hémon vous fût[3] cher, vous courez au trépas
Bien plus pour m'éviter que pour suivre ses pas.
Mais dussiez-vous encor m'être aussi rigoureuse, 1485
Ma présence aux enfers vous fût-elle odieuse,
Dût après le trépas vivre votre courroux,
Inhumaine, je vais y descendre après vous.
Vous y verrez toujours l'objet de votre haine ;
Et toujours mes soupirs vous rediront ma peine 1490
Ou pour vous adoucir ou pour vous tourmenter,
Et vous ne pourrez plus mourir pour m'éviter.
Mourons donc....

ATTALE et des Gardes[4].

Ah ! Seigneur, quelle cruelle envie !

CRÉON.

Ah ! c'est m'assassiner que me sauver la vie[5].
Amour, rage, transports, venez à mon secours ; 1495

---

1. Dans l'édition de 1736 : « CRÉON, ATTALE, GARDES. »
2. *Var.* Et vous mourez ainsi, beau sujet de mes feux ! (1664)
3. Il y a *fut*, à l'indicatif, dans l'édition de 1664.
4. Dans l'édition de M. Aimé-Martin : « ATTALE, *lui arrachant son épée.* »
5. Horace (*Épître aux Pisons*, vers 467) a dit :

Invitum qui servat idem facit occidenti ;

mais il est probable que Racine a surtout songé à cette sentence des *Phéniciennes* de Sénèque (vers 100) :

Occidere est, vetare cupientem mori.

ACTE V, SCÈNE VI.

Venez, et terminez mes détestables jours;
De ces cruels amis trompez tous les obstacles.
Toi, justifie, ô ciel, la foi de tes oracles :
Je suis le dernier sang du malheureux Laïus;
Perdez-moi, Dieux cruels, ou vous serez déçus.   1500
Reprenez, reprenez cet empire funeste :
Vous m'ôtez Antigone, ôtez-moi tout le reste.
Le trône et vos présents excitent mon courroux;
Un coup de foudre est tout ce que je veux de vous.
Ne le refusez pas à mes vœux, à mes crimes[1];   1505
Ajoutez mon supplice à tant d'autres victimes.
Mais en vain je vous presse, et mes propres forfaits
Me font déjà sentir tous les maux que j'ai faits.
Polynice, Étéocle, Iocaste, Antigone[2],
Mes fils, que j'ai perdus pour m'élever au trône,   1510
Tant d'autres malheureux dont j'ai causé les maux,
Font déjà dans mon cœur l'office des bourreaux.
Arrêtez.... Mon trépas va venger votre perte;
La foudre va tomber, la terre est entr'ouverte;
Je ressens à la fois mille tourments divers,   1515
Et je m'en vais chercher du repos aux enfers.

(Il tombe entre les mains des Gardes.)

1. *Var.* Accordez-le à mes vœux, accordez-le à mes crimes. (1664)
2. Voyez ci-dessus, p. 396, note 2. — Dans l'édition de 1690 (Amsterdam, chez Wolfgang) on a ainsi refait ce vers :

   Jocaste, Polinice, Étéocle, Antigone,

ce qui fait dire à M. de la Rochefoucauld-Liancourt (*Études littéraires de Racine*, p. 130) que Racine n'a jamais écrit *Iocaste*.

FIN DU CINQUIÈME ET DERNIER ACTE.

ALEXANDRE LE GRAND

TRAGÉDIE

1665

NOTICE.

Racine entrait avec ardeur dans la carrière qu'un premier succès lui avait ouverte. Quelques mois seulement après que la Thébaïde avait paru sur la scène, une seconde tragédie était presque achevée. Au commencement de l'année 1665, à l'hôtel de Nevers, le jeune poëte lisait trois actes et demi de sa pièce nouvelle. Boileau était là; il était venu réciter ses satires; et les applaudissements furent partagés entre les deux amis, qui, déjà très-étroitement liés, s'étaient sans doute prêté pour ces ouvrages nouveaux le mutuel secours de leurs conseils. Ils trouvèrent dans la brillante assemblée réunie chez Mme du Plessis-Guénégaud des approbateurs tels que plus tard Boileau, dans son épître à Racine, en souhaitait à ses vers et à ceux de son ami, un auditoire qui, digne de les entendre, *se laissât*, comme il le disait, *pénétrer à leurs traits délicats*. Parmi ceux qui eurent ainsi les prémices de l'*Alexandre* inachevé étaient la Rochefoucauld, Pompone, nommés tous deux comme des arbitres du bon goût dans le passage de l'*Épître* VII, que nous venons de rappeler, Mme de la Fayette, Mme et Mlle de Sévigné. Pompone[1], qui est ici notre témoin, jugea que la *Comédie de Porus* (c'est ainsi qu'il nomme la nouvelle tragédie de Racine) « étoit assurément d'une fort grande beauté. » Un suffrage donné d'une manière si décisive, au sortir d'un cercle dont le jugement faisait loi, doit être regardé comme le suffrage de tous ceux qui assistèrent alors à la lecture de l'*Alexandre*.

---

1. C'est lui qui, dans une lettre à Arnauld d'Andilly, écrite le 4 février 1665, nous a laissé les intéressants détails de cette lecture de l'*Alexandre*. Cette lettre a été publiée en 1820 par M. Monmerqué, à la suite des *Mémoires* de Coulanges, p. 382-384.

La pièce, ainsi applaudie et vantée d'avance par de si bons juges, était attendue par le public avec impatience; on en prédisait le brillant succès. Quelques jours avant la première représentation, Subligny, dans sa gazette rimée [1] du 29 novembre 1665, s'exprimait ainsi :

> Si bientôt le *Grand Alexandre*,
> Ouvrage, dit-on, sans égal,
> Ne se joue au Palais-Royal,
> Je crains pour se trop faire attendre
> Que ce héros s'en trouve mal.

Le poëte, dont l'ouvrage excitait une telle attente et allait paraître au milieu de préventions si favorables, en devait donc regarder le triomphe comme assuré.

Le vendredi 4 décembre 1665 fut le jour de l'épreuve. La troupe de Molière donna ce jour-là, pour la première fois [2], la seconde tragédie de Racine, dont le titre n'était pas celui que nous trouvons dans la lettre de Pompone, mais au lieu de *Porus*, *Alexandre le Grand* [3]. L'assemblée était brillante. Monsieur, frère du Roi, et Madame (Henriette d'Angleterre), le grand Condé, le duc d'Enghien, son fils, Anne de Gonzague, princesse palatine, y assistaient. Nous devons ces renseignements à la *Muse de la cour* du 7 décembre de cette année. Subligny, dans cette gazette en vers, écrivait trois jours après la première représentation :

> Le vendredi leurs Altesses royales
> Virent dans leur Palais-Royal
> Représenter enfin l'ouvrage sans égal
> D'une des plumes sans égales.
> Alexandre a parlé devant nos conquérants....
> Un des foudres de notre Prince,

---

1. *La Muse de la cour*, à Paris, chez Alexandre Lesselin, au coin de la rue Dauphine, devant le Palais.
2. Registre de la Grange.
3. Cependant, si la pièce imprimée n'a d'autre titre qu'*Alexandre le Grand*, il faut remarquer que le registre de la Grange la désigne ainsi, sous un double titre : « Vendredi, 4ᵉ décembre, première représentation du *Grand Alexandre*, de *Porus*. »

> L'intrépide Condé, qui lui doit faire un jour
>   De cent pays une seule province,
>   Dont il verra grossir sa cour,
>   Dans cette valeur ancienne
>   A vu le crayon de la sienne.
> D'Anguien y remarqua des exemples pour lui.
>   Cent jeunes guerriers d'aujourd'hui
>   Y prirent de nobles idées....
> Cent beautés furent voir cette pièce divine,
>   Et si mes yeux ne me trompèrent pas,
>   J'y vis une âme et délicate et fine
>   Sous les majestueux appas
>   De la princesse Palatine.

Si l'on s'en rapporte au même Subligny, tout aurait été admirable, le jeu des acteurs, comme la pièce. Le poëte, ce qui est assez piquant, lui parut un héros; c'est ainsi que plus tard les tendres sentiments des tragédies qui suivirent devaient faire passer Racine pour un parfait amant.

>   Tous les acteurs faisoient un jeu
>   Que toute la cour idolâtre.
>   Jamais tragédie au théâtre
>   Ne pourra faire un plus beau feu.
> Il faut que son auteur soit homme de courage :
> On le voyoit dépeint dans chaque personnage;
>   Ses sentiments y sont hardis;
>   Et surtout l'on y fut surpris
> De voir le roi Porus, à qui tout autre cède,
> Y pousser la fierté de l'air d'un Nicomède.

Mais si l'autorité de ce témoin oculaire est infaillible, quand il nous nomme les spectateurs, nous ne devons pas aussi facilement accepter ses jugements, surtout sur l'excellence des comédiens, dont l'éloge, dans les gazettes du temps, est toujours banal. Il est difficile de croire que dans cette représentation tout ait réussi à souhait, puisque deux semaines seulement après, le vendredi 18 décembre, l'*Alexandre* se montrait sur une nouvelle scène, à l'Hôtel de Bourgogne.

Louis Racine, dans ses *Mémoires*, ne donne pas les dates, mais rapporte le fait à peu près exactement : « L'*Alexandre*, dit-il, fut joué d'abord par la troupe de Molière; mais l'auteur, mécontent des acteurs, leur retira sa pièce, et la donna aux comédiens de l'Hôtel de Bourgogne. » Racine ne retira pas sa pièce aux acteurs du Palais-Royal, qui après le 18 décembre la jouèrent encore trois fois, le 20, le 22 et le 27 décembre. A ce détail près, Louis Racine avait raison contre les frères Parfait. Ceux-ci, dans leur *Histoire du Théâtre françois*[1], avaient avancé que la tragédie d'*Alexandre* fut jouée pour la première fois, le même jour, sur les deux théâtres. Ils s'appuyaient sur l'autorité de la gazette rimée de Robinet, qui, dans sa lettre du 27 décembre 1665, avait dit :

> . . . . Le fameux Alexandre
> Paroît, comme on sait, à la fois
> Sur nos deux théâtres françois.
> De l'auteur admirez l'adresse ;
> Car pour ce vainqueur de la Grèce
> Ce n'est pas trop de ces deux lieux.

Dans la préface de leur tome XIII, ils soutinrent que Louis Racine se trompait, et qu'eux seuls avaient été historiens exacts; mais ils avaient mal interprété les vers de Robinet, dont on ne peut rien induire, sinon la représentation simultanée de l'*Alexandre* au Palais-Royal et à l'Hôtel de Bourgogne, au moment où le gazetier écrivait. Il ne reste aucun doute sur leur erreur, après les citations que nous avons faites de la *Muse de la cour* et du registre de la Grange. Ce même registre constate en ces termes la défection de Racine et le mécontentement de la troupe de Molière : « Ce même jour (le 18 décembre, jour de la sixième représentation d'*Alexandre* au Palais-Royal), ce même jour la troupe fut surprise que la même pièce d'*Alexandre* fût jouée sur le théâtre de l'Hôtel de Bourgogne. Comme la chose s'étoit faite de complot avec M. Racine, la troupe ne crut pas devoir les parts d'auteur audit M. Racine, qui en usoit si mal que d'avoir donné et fait apprendre la pièce aux autres comédiens. »

Plus d'un écrivain, de nos jours même, a épousé la querelle des comédiens du Palais-Royal, et s'est engagé dans leur ressentiment. On a accusé Racine d'ingratitude envers Molière, en rappelant les cent louis prêtés ou donnés. L'anecdote des cent

---

[1] Tome IX, p. 386-388.

louis ne nous paraît pas assez prouvée. On a vu aussi, dans notre *Notice* sur *la Thébaïde*, que les encouragements et les conseils que Racine aurait reçus de Molière, quand il composa cette pièce, sont loin d'être un fait littéraire bien démontré. Quoi qu'il en soit, le refroidissement qui s'ensuivit entre deux grands poëtes, qui jusque-là avaient été amis, est assurément fâcheux; et puisque la troupe du Palais-Royal fut *surprise* de la concurrence qu'on lui faisait, Racine paraît avoir eu tout au moins un tort : ce fut de porter sa tragédie à un autre théâtre secrètement et sans en avertir ceux qui avaient accueilli son premier essai. Molière fut regardé comme trahi; et son noble caractère, en intéressant pour lui la postérité, l'a rendue sévère pour Racine. Sans prétendre excuser entièrement celui-ci, il faut reconnaître qu'un jeune auteur, avide de gloire et qui sentait ses forces, devait souffrir impatiemment d'être mal joué. Il croyait sans doute qu'un poëte a sur les œuvres de son esprit des droits que nul ne peut confisquer à son profit[1]. L'ardeur qui l'entraînait vers les succès de la scène lui avait fait rompre des

---

1. Il est vrai que les droits de Racine sur sa pièce ne pouvaient aller jusqu'à la faire jouer par une autre troupe que celle du Palais-Royal, s'il eût été engagé envers celle-ci par quelque contrat, ou si quelque règlement administratif eût alors assuré aux théâtres un privilége, au moins temporaire, pour la représentation des pièces qu'ils montaient les premiers. Mais il paraît bien que les choses ne se passaient pas ainsi. Les frères Parfait disent seulement (tome IX, p. 105) à propos du *Sertorius* de Corneille, joué sur le théâtre de Molière, après l'avoir été à l'Hôtel de Bourgogne : « L'usage observé de tout temps entre tous les comédiens françois étoit de n'entreprendre point de jouer, au préjudice d'une troupe, les pièces dont elle étoit en possession, et qu'elle avoit mises au théâtre à ses frais particuliers, pour en retirer les premiers avantages, jusqu'à ce qu'elle fût rendue publique par l'impression. » Toutefois il n'est pas bien sûr que *Sertorius* n'ait pas été joué à la fois, dès les premières représentations, sur le théâtre du Marais et à l'Hôtel de Bourgogne (voyez dans les *Œuvres de Corneille*, tome VI, p. 355, la *Notice* de M. Marty-Laveaux sur *Sertorius*). Mais en admettant comme exacte l'assertion des frères Parfait, Racine aurait manqué, il est vrai, à un usage, mais à un *usage* seulement. Il n'y aurait pas eu violation d'un droit des comédiens, d'un engagement formel. La Grange ne lui reproche qu'un mauvais procédé : « M. Racine, qui en usoit si mal.... »

liens bien plus chers que ceux qui l'attachaient à Molière. Une ingratitude sans doute n'est pas justifiée par une ingratitude plus évidente encore et plus affligeante. Mais si l'on n'a point le courage de regretter que le poëte, qui portait en lui tant de chefs-d'œuvre et en avait le pressentiment, ait passé par-dessus l'obstacle de Port-Royal, il ne faut peut-être pas trop se scandaliser d'une rupture avec Molière, par laquelle il croyait échapper à de trop faibles interprètes, et sauver sa renommée compromise. L'égoïsme d'un grand talent n'est pas le beau idéal; il ne faut pas le louer, mais y compatir quelque peu comme à une tentation bien puissante.

Lorsque Racine, avec sa tragédie d'*Alexandre*, passa à l'ennemi, sa désertion ne fut certainement pas un caprice. Il serait difficile de prendre à la lettre ce qui a été dit, que la pièce tomba à la première représentation; car aux seconde, troisième et quatrième, les recettes se soutiennent bien[1]. Mais, faiblement jouée, elle ne fit pas tout l'effet sur lequel il avait été juste de compter. Si elle n'eût pas été mise en danger par des acteurs insuffisants, comment expliquerait-on que Racine se fût si fort hâté de la porter à un autre théâtre? Il faut bien qu'il se soit décidé à ce divorce dès le lendemain de la première représentation; car du 5 décembre au 18 les comédiens de l'Hôtel de Bourgogne n'eurent pas trop de temps pour distribuer et apprendre les rôles. Mais nous avons tort de dire du 5 au 18. La troupe royale, ce dont le registre de la Grange ne parle pas, avait joué l'*Alexandre* dès le 14, non pas, il est vrai, à l'Hôtel, mais chez la comtesse d'Armagnac, devant le Roi.

Cette représentation, donnée dix jours seulement après la première du théâtre de Molière, est un fait curieux et qu'on n'avait pas remarqué jusqu'ici. Nous l'avons trouvé d'abord constaté par Subligny. La *Muse de la cour*, à la date du 20 décembre 1665, après avoir mentionné le souper que le duc de Montausier donna à la Reine le lundi 14 décembre, ajoute :

> Sa Majesté, Monsieur, Madame,
> Le même soir soupèrent tous

---

1. Première représentation, 1294 liv.; seconde, 1262 liv.; troisième, 943 liv.; quatrième, 1165 liv. (*Registre de la Grange*.)

>Chez une autre adorable femme
Dont l'illustre Armagnac est le charmant époux.
Grand festin, bal et comédie....
On y vit le *Grand Alexandre*
Représenté par Floridor ;
Et nommer cet acteur, qui vaut son pesant d'or,
C'est dire encore assez qu'on se plut à l'entendre.

Floridor, qui passait pour le meilleur acteur de son temps, était, comme on sait, de la troupe de l'Hôtel, où il joua bientôt après ce même rôle d'Alexandre. La *Gazette de France* du 19 décembre 1665 confirme le témoignage de Subligny : « Le 14 décembre la comtesse d'Armagnac traita le Roi à souper avec toute la magnificence possible. Ce superbe festin, où étoient aussi Monsieur et Madame, avoit été précédé de la représentation du *Grand Alexandre* par la troupe royale, et suivi d'un bal. » Pourquoi donc, après la représentation du 14, les acteurs du Palais-Royal se montrèrent-ils si fort surpris de celle du 18 à l'Hôtel de Bourgogne? Pourquoi seulement alors crièrent-ils à la trahison? Ignoraient-ils que l'*Alexandre* avait déjà été joué chez Mme d'Armagnac par les comédiens du Roi? Ou serait-ce que ceux-ci ne violaient ni un droit ni un usage, tant qu'ils ne le représentaient que hors de chez eux? et les autres comédiens étaient-ils encore autorisés à penser que Racine était étranger jusque-là à la concurrence qu'on leur faisait? Devons-nous plutôt penser qu'ils n'avaient osé se plaindre, quand cette plainte eût été la critique d'une fête donnée au Roi? Pour répondre à ces questions, il faudrait mieux connaître que nous ne le pouvons aujourd'hui, les coutumes du théâtre d'alors. Si l'on ne croit pas impossible qu'en vertu d'un privilége de leur troupe royale, les comédiens de l'Hôtel aient eu le droit de représenter l'*Alexandre* devant le Roi, même sans le consentement de l'auteur, ce fut seulement peut-être après avoir été informé de leur succès que Racine, mécontent du jeu de l'autre troupe, se décida à faire jouer par eux sa tragédie. Quoi qu'il en soit, c'eût été à eux tout d'abord qu'il l'eût confiée, s'il eût suivi les conseils de quelques amis. Brossette nous l'apprend dans sa note sur le vers 185 de la satire III de Boileau : « Quand M. Racine eut fait sa tragédie d'*Alexandre le Grand*, l'abbé de Bernay[1], chez qui il demeuroit, souhaita qu'elle fût représentée par les comédiens de l'Hôtel de Bourgogne; et M. Racine vouloit que ce fût par la troupe de Molière. Comme ils étoient en grande contestation là-dessus, M. Despréaux intervint, et décida par une plaisanterie, disant *qu'il n'y avoit plus de bons acteurs à l'Hôtel de Bourgogne : qu'à la vérité il y avoit encore le plus habile moucheur de chandelles qui fût au monde, et que cela pouvoit bien contribuer au succès d'une pièce*. Cette plaisanterie seule fit revenir l'abbé de Bernay, qui étoit d'ailleurs très-obstiné; et la pièce fut donnée à la troupe de Molière. » Boileau ne jugeait peut-être si sévèrement l'Hôtel de Bourgogne que pour rendre un bon office à Molière, son ami; et Racine se fût-il laissé persuader si facilement par un badinage, s'il ne l'eût ainsi interprété, et s'il n'eût, de son côté, obéi à un scrupule de son amitié pour Molière? Mais il eut bientôt de fortes raisons de revenir à l'avis qu'il avait d'abord repoussé. Monchesnay, dans son *Bolæana*, dit que la pièce « fut jouée trop lâchement » au Palais-Royal, et que les conseils des amis de Racine le décidèrent à la confier aux grands comédiens, chez qui « elle eut en effet tout le succès qu'elle méritoit[2]. » Le tort que la faiblesse de la troupe de Molière fit à la représentation d'*Alexandre* est attesté par un autre recueil d'anecdotes, plus ancien que celui de Monchesnay, et qui fut composé et publié du vivant même de Racine, dans le *Furetiriana*[3]. Le récit que nous trouvons dans ce petit livre est d'une forme assez piquante pour qu'il mérite d'être cité. Un monsieur de ***, conduit par un prince à un sermon, refuse d'abord d'en porter un jugement. « Il se défendit de dire son sentiment, en disant qu'il avoit été fort distrait au sermon par les exclamations que faisoit de temps en temps un jeune ecclésiastique, appuyé contre un pilier.... Cet homme, ajouta-t-il, faisoit des postures de désespéré, en s'écriant : « O Monsieur

---

1. Cet abbé de Bernay est évidemment celui dont Brossette (*Recueil* manuscrit de la Bibliothèque impériale, p. 282) parle comme d'un grand admirateur de la traduction de la *Jérusalem délivrée*, par Leclerc.

2. *Bolæana*, p. 104 et 105.

3. *Furetiriana* (Paris, 1696), p. 103-106. L'Achevé d'imprimer de ce livre est du 2 janvier 1696.

« Racine! ô Monsieur Racine! — Pourquoi faisoit-il cela? dit le
« prince. — C'est, répondit M. de ***, ce que je lui ai demandé
« lorsque le sermon a été fini. — Quoi! Monsieur, m'a dit cet
« ecclésiastique, vous ne savez pas ce qui arriva à M. Racine au
« sujet de sa pièce d'*Alexandre*, qui est un ouvrage achevé? Ses
« amis l'avoient tous assuré de la bonté de sa pièce : ils avoient
« raison. Lui, sur cette confiance, la met dans les mains de la
« troupe de Molière. Qu'arriva-t-il? Cette pièce si belle tomba
« à la première représentation. M. Racine, au désespoir d'un
« si mauvais succès, s'en prend à ses amis qui lui en avoient
« donné une si bonne opinion. A cela les amis répondent :
« Votre pièce est excellente; mais vous la donnez à jouer à une
« troupe qui ne sait jouer que le comique.... Donnez-la à
« l'Hôtel de Bourgogne, vous verrez quel succès elle aura. »
Ce conseil fut suivi, et cette pièce lui donna une grande réputation. « Voilà, continua cet homme, ce qui m'est arrivé. J'avois
« composé ce sermon que vous venez d'entendre. C'est, au dire
« des connoisseurs, une pièce achevée; cependant je l'ai donné
« à déclamer à ce bourreau; voyez quel effet cela produit dans
« sa bouche.... Mais je ferai comme M. Racine; je lui ôterai
« mon sermon, et je le ferai prêcher par quelqu'un qui s'en
« acquittera mieux que lui. »

Voici quels furent, au Palais-Royal, les malheureux comédiens, que le *Furetiriana* compare au mauvais prédicateur.

La Grange joua Alexandre; la Thorillière, Porus; Hubert[1],
Taxile; Mlle du Parc, Axiane; Mlle Molière, Cléofile; du
Croisy, Éphestion. Cette distribution des rôles est indiquée
dans la gazette en vers de Robinet[2], qui avait assisté à la représentation du dimanche 20 décembre, et en rend compte
dans sa lettre du 27. Il paraît avoir trouvé cette représentation
très-brillante; mais, ce qu'il y loue surtout, c'est la beauté des
deux comédiennes et la richesse de leur parure. Il ne dit rien

---

1. M. Aimé-Martin, dans sa cinquième édition, l'appelle *Imbert*;
c'est sans doute une faute d'impression.

2. Les noms des acteurs y sont donnés en marge de la lettre du
27 décembre.

de leur talent ni de celui des comédiens. Et cependant il conclut ainsi :

> . . . . Il est difficile
> De pouvoir rien trouver de tel,
> Si ce n'est peut-être à l'Hôtel.

C'est du reste une habitude chez lui de dire tous les acteurs admirables.

Il semble qu'au Palais-Royal un rôle au moins de la pièce fut bien rempli, celui d'Axiane. Mlle du Parc était la meilleure actrice de la troupe de Molière. Peut-être, il est vrai, avait-elle conquis la faveur du public par sa beauté et par ses grâces, plus que par la perfection de son jeu : c'est la réputation qu'elle a laissée. Quelle qu'ait été la cause de son succès dans l'*Alexandre*, les frères Parfait le constatent[1], et disent que Racine charmé forma dès lors le dessein de la faire passer à l'Hôtel de Bourgogne.

Les comédiens de l'Hôtel avaient, dans la tragédie, suivant les témoignages que nous avons déjà cités, une bien plus grande célébrité que leurs rivaux. Sur leur théâtre, le rôle d'Alexandre fut rempli par Floridor; celui d'Axiane par Mlle des OEillets, beaucoup moins belle, il est vrai, que Mlle du Parc, et de petite taille, mais qui cependant excellait dans les grands rôles d'héroïnes[2], et plaisait par le naturel de son jeu et par le goût et l'art de son ajustement[3]. Dans cette occasion, elle paraît avoir lutté de magnificence avec l'Axiane et la Cléofile du Palais-Royal[4]. Montfleury fit le personnage de Porus; Mlle d'Ennebaut celui de Cléofile; Brécourt, qui avait quitté en 1664 la troupe de Molière, fut chargé du rôle de Taxile; Hauteroche de celui d'Éphestion. Cette distribution des rôles est certaine;

---

1. *Histoire du Théâtre françois*, dans une note sur la du Parc (tome X, p. 369 et 370).
2. Robinet, *Lettre en vers* du 1er novembre 1670.
3. *Histoire du Théâtre françois*, tome XI, p. 52.
4. . . . . L'excellente des OEillets,
Dont l'habit fut fait à grands frais.
(Robinet, *Lettre en vers* du 3 janvier 1666.)

c'est encore le témoignage contemporain du gazetier burlesque Robinet[1] qui nous la fait connaître.

L'Hôtel de Bourgogne fut bientôt seul à jouer l'*Alexandre*, qui ne reparut plus au Palais-Royal après la représentation du 27 décembre 1665. Chez les heureux concurrents de la troupe de Molière le succès de la nouvelle tragédie fut certainement très-grand et ne dut pas s'épuiser promptement[2]. Après la réunion des deux troupes, nous trouvons, dans le registre de la Grange, qu'elle n'était pas encore déchue de la faveur publique, et qu'elle fut jouée assez souvent sur le théâtre de Guénégaud. En 1682 elle eut sept représentations : deux en 1683, trois en 1684, trois en 1685, année au milieu de laquelle s'arrête le registre.

Sur ces quinze représentations, quatre furent données devant la cour, à Versailles ou à Saint-Germain[3]. Louis XIV aimait sans doute à voir cette pièce, dont le galant héros semblait avoir été fait à sa ressemblance, et dont il avait accepté l'adroite et flatteuse dédicace. D'autres suffrages très-glorieux s'étaient joints au suffrage royal. Racine, dans la plus ancienne des

---

1. Voyez la *Lettre en vers* du 3 janvier 1666.
2. Une preuve remarquable du grand succès d'*Alexandre* et de la durée de ce succès se trouve dans une lettre de Mme de Sévigné du 16 mars 1672 : « Jamais, dit Mme de Sévigné à sa fille, Racine n'ira plus loin qu'*Alexandre* et qu'*Andromaque*. » La prophétie n'était pas plus juste que bienveillante ; mais parler ainsi après *Britannicus*, *Bérénice* et *Bajazet*, et mettre *Alexandre* seul à côté d'*Andromaque* à une hauteur que Racine, dit-on, ne dépassera point, n'est-ce pas nous apprendre combien la seconde tragédie du poëte avait été admirée?
3. En 1703, le vendredi 12 octobre, il y eut sur le théâtre de la cour, à Fontainebleau, une représentation de l'*Alexandre*. On joua en même temps *le Concert ridicule* de Palaprat (voir le *Mercure* de novembre 1703). C'était le temps de ces représentations auxquelles assistait le jeune roi d'Angleterre (on donnait alors ce titre, à la cour de France, au chevalier de Saint-Georges), qui, « avant ce voyage de Fontainebleau, n'avoit jamais vu aucune comédie, n'en avoit même jamais lu. » (Dangeau, *Journal*, à la date du 4 et du 12 octobre 1703.) Le même Dangeau donne ce détail sur la représentation du vendredi 12 octobre : « Monseigneur le duc de Bourgogne y vint ; et il paroît que le roi d'Angleterre s'y divertit fort. » Louis XIV n'y alla point. Il avait commencé dès lors à se tenir éloigné de la comédie.

deux préfaces de l'*Alexandre* [1], dit que « les premières personnes de la terre et les Alexandres du siècle s'étoient hautement déclarés pour cette tragédie. » Ces Alexandres du siècle étaient, sans parler du Roi lui-même, Monsieur, frère du Roi, le grand Condé, et quelques autres sans doute parmi les « cent jeunes guerriers » qui, au témoignage de Subligny, assistèrent à la première représentation.

Si l'*Alexandre* trouva les plus puissants appuis et les plus hautes approbations, il eut en même temps affaire à des censeurs très-sévères, et même, comme nous l'apprend l'auteur, à des brigues jalouses. Racine combat, avec une âpreté très-mordante, dans sa première préface, l'injustice de cette cabale; car il avait alors, au plus haut degré, l'humeur irritable d'un poëte et d'un jeune homme, et il était, pour repousser les critiques, bien armé de redoutable ironie et de vivacité dans la riposte.

1. Cette préface, qui a été conservée, sauf plusieurs suppressions, dans l'édition de 1672, se trouve dans la première édition de la pièce donnée au commencement de 1666, et dont voici le titre :

ALEXANDRE
LE GRAND,
TRAGEDIE.

A PARIS,
Chez PIERRE TRABOUILLET, dans la Salle
Dauphine, à la Fortune.
M.DC.LXVI.
AVEC PRIVILEGE DU ROY.

Sur le feuillet du titre, après le mot TRAGEDIE, il y a une vignette représentant une Minerve qui terrasse le démon de l'Envie, avec la devise : *Virtus invidiam superat*.

Douze feuillets sans pagination pour le titre, l'épître au Roi, la préface, un extrait du privilége et la liste des acteurs ; quatre-vingt-quatre pages numérotées.

Le privilége a été donné le 30 décembre 1665, et au bas de l'extrait de ce privilége on lit : « Fait à Paris, le 7 janvier 1666. » L'Achevé d'imprimer est du 13 janvier 1666.—D'autres exemplaires, tout semblables d'ailleurs, de la même édition, portent au titre : « Chez THEODORE GIRARD, » au lieu de : « Chez PIERRE TRABOUILLET, etc. » C'est à ces deux libraires que Racine avait « fait transport de son privilége, » comme nous le lisons à la suite de l'extrait de ce privilége.

Comment s'était déchaîné l'orage auquel il dut tenir tête? Une renommée qui grandissait ne pouvait manquer de chagriner bien des envieux. Sans doute aussi le zèle imprudent des amis du jeune poëte irrita bien des personnes qui n'étaient pas disposées à la malveillance. On voulut dans le triomphe de ce talent naissant, et qui n'en était encore qu'aux promesses, ensevelir la gloire vieillie de Corneille. Les admirateurs du grand poëte regardèrent avec inquiétude, et s'indignèrent. Avant la représentation de sa pièce, Racine, avec une juste déférence, et le désir d'obtenir le suffrage et les encouragements de son illustre devancier, était allé le trouver, et avait soumis l'*Alexandre* à son jugement. Après que le jeune poëte eut achevé la lecture de sa pièce, Corneille lui donna beaucoup de louanges, mais apparemment sur l'élégance de la versification; car à ses éloges il ajouta le conseil d'appliquer son talent à tout autre genre de poésie, l'assurant qu'il n'était pas propre à la poésie dramatique. Tel est le récit que fait Valincour dans sa lettre à l'abbé d'Olivet[1], et qu'il dit tenir de Racine lui-même. Il ajoute que si Corneille parlait ainsi, c'est qu'il pensait ce qu'il disait; car il était incapable d'une basse jalousie. On peut dire aussi justement que Racine n'était pas capable de la basse rancune et de la sotte vanité d'un Oronte. Mais les passions ont bien des degrés. Ce qu'elles ont de plus vil, ou seulement de plus mesquin, ne doit sans doute pas être soupçonné dans les grands esprits et les nobles âmes. N'oublions pas cependant que nul n'échappe entièrement aux faiblesses de l'amour-propre,

Et que dans tous les cœurs il est toujours de l'homme.

Nous ne croyons faire injure ni à Corneille ni à Racine en nous figurant qu'en cette circonstance le premier était, à son insu, peu disposé à l'indulgence, à l'équité même, et que le second fut blessé par une manifeste injustice. Corneille avait la défiance inquiète et chagrine du génie et de la gloire déjà menacés du déclin; Racine, la confiance superbe d'un jeune talent qui se sent grandir. Ajoutons que la différence des esprits, la diversité des dons naturels était entre les deux poëtes

---

1. *Histoire de l'Académie françoise*, tome II, p. 336.

une cause de mésintelligence. Pour Corneille, la tragédie habitait la région du sublime ; elle aimait à parler une langue mâle, énergique, pleine de grandeur, non sans quelque emphase ; les sentiments héroïques en étaient la véritable inspiration. Il devait lui paraître, en écoutant la lecture de l'*Alexandre*, que les efforts de Racine pour le suivre dans cette voie n'atteindraient pas au but, et qu'il ne serait jamais un vrai poëte tragique, parce qu'il ne serait pas Corneille. Racine, de son côté, tout en se faisant encore une fois, et plus décidément peut-être que dans *la Thébaïde*, le disciple du vieux maître, avait entrevu dès lors une nouvelle forme de l'art, quelque chose de plus souple, de moins inégal, de plus pur, d'une vérité plus humaine et plus touchante ; et sa conscience lui disait que, sans être Corneille, il pouvait se créer, dans la tragédie, un empire à côté du sien. La rencontre de ces deux beaux génies le jour où l'*Alexandre* fut lu à Corneille annonça donc qu'une lutte allait s'engager, et malheureusement ne ressembla pas beaucoup à la rencontre de Térence et du vieux Cécile applaudissant *l'Andrienne*. Il était visible que le conflit ne serait pas seulement entre deux auteurs, mais entre deux générations : l'une plus fière, plus libre, plus émue par les grands sentiments, mieux faite pour comprendre le poëte qui lui parlait, avec l'accent de l'ancienne Rome, la langue de la politique, prête d'ailleurs à se roidir contre tout ce qui venait dérouter ses vieilles admirations ; l'autre, dans une langue si correcte, si sage, si élégante, si harmonieuse, dans une poésie d'un si doux éclat, d'une si pompeuse majesté, reconnaissant mieux ses nouvelles mœurs, sa politesse raffinée, sa société paisiblement ordonnée et toute monarchique, sa dignité sereine, sa galanterie, sa cour et son roi. Il y a dans tout cela une explication suffisante de la rivalité qui commençait, et que rendait inévitable la force même des choses.

Nous ne connaissons pas toutes les critiques auxquelles l'*Alexandre* fut en butte dès son apparition, et que Racine repoussa si vivement dans sa première préface. Cette préface ayant été imprimée quelques semaines après la première représentation, il est probable que la plupart de ces critiques n'avaient pas encore été écrites, mais s'étaient seulement répandues dans les entretiens. Nous ne pouvons citer de cette

NOTICE.

date que les *Lettres en vers* de Robinet[1], où se trouvent quelques épigrammes contre la galanterie déplacée d'Alexandre[2], et contre le rôle de Porus[3], qui, aux yeux du rimeur, a le tort d'éclipser de sa grandeur celle du héros de la pièce. Mais un tel censeur, s'il n'eût été l'écho d'un parti nombreux, n'était pas digne de la colère de Racine.

Les partisans de Corneille trouvèrent bientôt un plus redoutable interprète; mais ce fut seulement après l'impression de l'*Alexandre*. Saint-Évremond, dans son exil, s'était fait envoyer la nouvelle tragédie. Il la critiqua dans une dissertation adressée à une dame[4], mais destinée à passer de main en main. Cet écrit, d'un ton modéré et courtois, souvent juste, quoique sévère, dans ses observations, dut frapper Racine; il s'en souvenait sans doute en composant sa seconde préface, où il répond, avec calme cette fois, aux objections qui lui ont été faites. La *Dissertation sur l'Alexandre*, sous la forme où nous l'avons aujourd'hui, dut être envoyée par Saint-Évremond au comte de Lionne vers le mois de février 1668; mais elle avait circulé plus tôt que cela; et très-probablement elle était d'abord d'une sévérité beaucoup moins atténuée. Dans sa lettre au comte de Lionne[5], qui paraît être de la date que nous venons d'indiquer, Saint-Évremond dit : « Je vous envoyerai aussi la *Dissertation sur l'Alexandre*, à mon avis beaucoup plus raison-

---

1. Robinet était grand partisan de Corneille, et fut plus tard l'un des suppôts du *Mercure galant*. Voir, à ce sujet, le livre de M. Deltour, intitulé : *les Ennemis de Racine* (p. 59-61).

2.   D'ailleurs il me parut plus tendre
    Que ne fut l'ancien Alexandre.

3.   Là Porus fait aussi son rôle,
    Et généreusement contrôle
    Le grand vainqueur de l'univers.

4. A Mme Bourneau, femme d'un président en la sénéchaussée de Saumur. — La *Dissertation sur le Grand Alexandre* se trouve dans le Ier volume, p. 112-152, des *OEuvres meslées* par M. de S. E. (Paris, chez Claude Barbin, M.DC.LXX).

5. *OEuvres mêlées de M. de Saint-Évremond* (Amsterdam, 1706), tome II, p. 280. Les lettres à M. de Lionne ne sont pas dans l'édition de 1670. — Le comte de Lionne, premier écuyer du Roi, était neveu du marquis de Lionne, le célèbre secrétaire d'État.

nable que vous ne l'avez. » Dans une autre lettre au même correspondant[1], il s'était plaint de l'indiscrétion de Mme Bourneau, qui lui avait fait « un très-méchant tour de montrer un sentiment confus qu'il lui avoit envoyé sur l'*Alexandre* » en lui recommandant de ne le faire voir à personne, et avant de s'être donné le loisir de bien lire cette tragédie. « Elle m'attire aujourd'hui, ajoutait-il, l'embarras que vous me mandez.... Je ne connois point Racine; c'est un fort bel esprit, que je voudrois servir; et ses plus grands ennemis ne pourroient pas faire autre chose que ce que j'ai fait sans y penser. » Nous n'avons donc, ce semble, de cette fameuse *Dissertation* qu'une édition fort mitigée. Elle commence par des compliments, ajoutés peut-être après coup, pour sortir de l'embarras où l'on avait mis l'auteur, mais qui n'en étaient pas moins très-mérités. En dépit de l'injuste arrêt prononcé par Corneille, Saint-Évremond reconnaissait Racine pour le véritable héritier du grand poëte vieillissant : « Depuis que j'ai lu le *Grand Alexandre*, la vieillesse de Corneille me donne bien moins d'alarmes, et je n'appréhende plus tant de voir finir avec lui la tragédie; mais je voudrois qu'avant sa mort il adoptât l'auteur de cette pièce, pour former, avec la tendresse d'un père, son vrai successeur. »

L'éloge ne tarde pas à glisser doucement sur une pente qui finit par devenir assez rude : « Je voudrois qu'il (*Corneille*) lui donnât le bon goût de cette antiquité qu'il possède si avantageusement, qu'il le fît entrer dans le génie de ces nations mortes, et connoître sainement le caractère des héros qui ne sont plus. C'est, à mon avis, la seule chose qui manque à un si bel esprit. Il a des pensées fortes et hardies, des expressions qui égalent la force de ses pensées; mais vous me permettrez de vous dire après cela qu'il n'a pas connu Alexandre ni Porus. » Racine dit dans sa seconde préface : « Des personnes m'ont reproché que je faisois ce prince (*Porus*) plus grand qu'Alexandre. » Saint-Évremond est de l'avis de ces critiques. « Il paroît, dit-il, que l'auteur a voulu donner une plus grande idée de Porus que d'Alexandre, en quoi il étoit impossible de réussir. » Ce n'est pas le seul reproche qu'il fasse au personnage de Porus; il lui trouve le défaut signalé tant de fois par la critique

---

1. *OEuvres mêlées de M. de Saint-Évremond* (1706), tome II, p. 322.

dans les héros de Racine, et qu'il eût été plus juste peut-être de ne point paraître imputer à lui seul, je veux dire ce déguisement qui les transforme en personnages français : « Le héros des Indes devoit avoir un caractère différent de celui des nôtres. Un autre ciel, pour ainsi parler, un autre soleil, une autre terre y produisent d'autres animaux et d'autres fruits ; les hommes y paroissent tous autres par la différence des visages, et plus encore, si j'ose le dire, par une diversité de raison : une morale, une sagesse singulière à la région y semble régler et conduire d'autres esprits dans un autre monde. Porus cependant, que Quinte-Curce dépeint tout étranger aux Grecs et aux Perses, est ici purement françois. Au lieu de nous transporter aux Indes, on l'amène en France. » Le caractère d'Alexandre ne trouve pas grâce non plus aux yeux du critique : « Il a fait de son Alexandre un prince si médiocre que cent autres le pourroient emporter sur lui comme Porus. Ce n'est pas qu'Éphestion n'en donne une belle idée; que Taxile, que Porus même ne parlent avantageusement de sa grandeur; mais quand il paroît lui-même, il n'a pas la force de la soutenir.... Je ne connois ici d'Alexandre que le seul nom : son génie, son humeur, ses qualités ne me paroissent en aucun endroit. »

Saint-Évremond ne reprochait pas seulement à Racine d'avoir défiguré les héros de l'histoire. Ce critique du dix-septième siècle, devançant la révolution du goût moderne, dont nous avons été témoins, regrettait, comme pourrait le faire un critique de nos jours, ce que nous appellerions l'*absence de couleur locale*, l'oubli de ce qu'on nommait alors le *costumé*. « J'aurois voulu, disait-il, que l'auteur nous eût donné une plus grande idée de cette guerre. En effet, ce passage de l'Hydaspe, si étrange qu'il se laisse à peine concevoir, une grande armée de l'autre côté avec des chariots terribles et des éléphants alors effroyables, des éclairs, des foudres, des tempêtes qui mettoient la confusion partout, quand il fallut passer un fleuve si large sur de simples peaux, cent choses étonnantes,... tout cela devoit fort élever l'imagination du poëte et dans la peinture de l'appareil et dans le récit de la bataille. » N'est-ce pas ainsi qu'un de nos contemporains, un éminent critique, qui depuis s'est rétracté, se plaignait de chercher vainement dans *Athalie* « ce temple merveilleux bâti par Salomon, tout en marbre, en cèdre, revêtu de lames d'or ; » et de n'y pas voir les deux fameuses colonnes de bronze, ni la mer d'airain, ni les douze bœufs d'airain[1] ? Mais il faut dire que s'il a reconnu l'injustice de sa plainte, c'est que dans le chef-d'œuvre biblique de Racine il y a une vérité très-supérieure à celle du décor et du costume. Dans l'*Alexandre* cette vérité intime manque aussi bien que l'exactitude extérieure et superficielle. Si les chariots et les éléphants de Porus n'étaient pas absolument nécessaires, il eût fallu du moins ne pas faire soupirer les héros de ces temps antiques comme des bergers de l'*Astrée* : c'est là que Saint-Évremond triomphe facilement. « Gardons-nous, dit-il, de faire un Antoine d'un Alexandre.... Qu'on ne croye pas que le premier but de la tragédie soit d'exciter des tendresses dans nos cœurs. Aux sujets véritablement héroïques la grandeur d'âme doit être ménagée devant toutes choses.... Il est ridicule d'occuper Porus de son seul amour sur le point d'un grand combat qui alloit décider pour lui de toutes choses ; il ne l'est pas moins d'en faire sortir Alexandre, quand les ennemis se rallient. On pourroit l'y faire entrer avec empressement pour chercher Porus, non pas l'en tirer avec précipitation pour aller revoir Cléophile ; lui qui n'eut jamais ces impatiences amoureuses, et à qui la victoire ne paroissoit assez pleine que lorsqu'il avoit ou détruit ou pardonné. Ce que je trouve pour lui de plus pitoyable, c'est qu'on lui fait perdre beaucoup d'un côté, sans lui faire rien gagner de l'autre. L'histoire se trouve défigurée, sans que le roman soit embelli : guerrier dont la gloire n'a rien d'animé qui excite notre ardeur ; amant dont la passion ne produit rien qui touche notre tendresse. » Voilà comme avec un peu de partialité sans doute pour Corneille et contre Racine, mais en même temps avec beaucoup de sens et de bon jugement, parlait le spirituel écrivain. Louis Racine lui-même, dans l'introduction qui précède son *Examen d'Alexandre*, reconnaît que cette dissertation de Saint-Évremond « contient plusieurs

---

1. M. Sainte-Beuve, *Portraits littéraires* (édition de 1852), p. 86. C'est dans son *Port-Royal* (tome V, p. 500 et 501) qu'il a fait amende honorable.

réflexions très-solides[1]. » Au milieu de tant de critiques si peu dignes de Racine, et qui le chagrinaient sans l'éclairer, nous croyons que celle-ci dut être mise à profit par lui. Il ne pouvait guère manquer d'en sentir l'utile amertume. Corneille n'avait à en sentir que la douceur. Il en fut charmé. Il y était loué comme « ayant eu presque seul le bon goût de l'antiquité. » Le remercîment qu'il adressa à Saint-Évremond trahit toutes les inquiétudes que lui causait la renommée croissante de son jeune rival; et par là ce serait un bien grand témoignage du succès de l'*Alexandre*, s'il ne semblait probable que Corneille ne l'écrivit qu'après le succès bien autrement éclatant d'*Andromaque*. En tout cas, sa lettre se rattache à l'histoire de l'*Alexandre*, puisque ce fut cette tragédie qui souleva toute cette polémique. Citons-la comme un curieux monument de la faveur publique conquise par Racine, et de la crainte qu'inspirait à Corneille cette menace d'un changement de règne.

« Vous m'honorez de votre estime, disait-il à Saint-Évremond, en un temps où il semble qu'il y ait un parti fait pour ne m'en laisser aucune. Vous me soutenez quand on se persuade qu'on m'a abattu.... Je vous avoue que je pense avoir quelque droit de traiter de ridicules ces vains trophées qu'on établit sur le débris imaginaire des miens, et de regarder avec pitié ces entêtements qu'on avoit pour les anciens héros refondus à notre mode.... Vous flattez agréablement mes sentiments, quand vous confirmez ce que j'ai avancé touchant la part que l'amour doit avoir dans les belles tragédies, et la fidélité avec laquelle nous devons conserver à ces vieux illustres, ces caractères de leur temps, de leur nation, et de leur humeur. J'ai cru jusqu'ici que l'amour étoit une passion trop chargée de foiblesse, pour être la dominante dans une pièce héroïque; j'aime qu'elle y serve d'ornement, et non pas de corps; et que les grandes âmes ne la laissent agir qu'autant qu'elle est compatible avec de plus nobles impressions. Nos doucereux et nos enjoués sont de contraire avis, mais vous vous déclarez du mien[2]. »

---

1. *Remarques sur les tragédies de Jean Racine...*, par Louis Racine (Amsterdam et Paris, 1752), tome I, p. 70.

2. *OEuvres mêlées de M. de Saint-Évremond* (1706), tome II, p. 346 et 347.

Décidément Corneille *n'adoptait* pas Racine *avec la tendresse d'un père*. Et cependant Racine, dans son *Alexandre*, s'était efforcé d'être cornélien, et jusqu'à un certain point l'avait été. Il le fut beaucoup moins désormais. Désavoué si durement par son maître, il n'en comprit que mieux et plus vite qu'il était fait pour marcher dans une route nouvelle, et il écouta davantage son propre génie.

Le sentiment dont Corneille aimait à faire l'âme de ses tragédies, était celui de l'admiration. Pour suivre ses traces, le sujet d'*Alexandre le Grand* était fort bien choisi. Il était analogue à celui de la clémence d'Auguste dans *Cinna*, de la générosité de César dans *Pompée*. Axiane est une héroïne de la famille des Émilie, des Cornélie. De très-belles scènes, comme la seconde de l'acte II entre Éphestion, Taxile et Porus, et la dernière de la pièce entre Porus et Alexandre, ont la forme et souvent l'accent des grandes scènes de Corneille. Cet accent se reconnaît dans bien des vers énergiques, quelquefois sublimes, ou d'une mâle ironie. Et même, il est bon de le remarquer, ces froides galanteries de Porus et d'Alexandre, qui avilissent et dégradent leurs caractères, pouvaient bien paraître des fautes apprises à la même école. Là même cependant il ne faut pas fermer les yeux à une grande différence entre le modèle et son imitateur. Dans *Cinna*, dans *Pompée*, dans *Sertorius* l'amour est un hors-d'œuvre; dans *Alexandre* il est beaucoup trop le ressort principal de l'action, quoiqu'il n'y soit pas non plus le grand intérêt de la pièce. Louis Racine l'a bien vu. « Le grand défaut qui y règne, dit-il, est un amour qui en paroît faire tout le nœud, tandis qu'un des plus glorieux exploits d'Alexandre n'en paroît que l'épisode[1]. » C'est pour cela que Corneille a pu sans injustice faire entendre que dans l'*Alexandre* l'amour est, selon son heureuse expression, *la dominante*. Ce vice capital de la pièce de Racine frappa beaucoup de ses contemporains, quelque habitués qu'ils fussent aux tendresses romanesques dans les tragédies. Un d'eux s'en moqua avec esprit; et sa raillerie, qui blessa, dit-on, Racine et Boileau[2], n'avait pas moins de force que les reproches auxquels

---

1. *Remarques sur les tragédies de Jean Racine*, tome I, p. 68.
2. C'est ce qu'affirment les éditeurs de 1807 dans leurs *Additions* sur l'*Alexandre* (tome III des *OEuvres* de Racine, p. 361).

Corneille et Saint-Évremond avaient donné une forme plus sérieuse. Dans le courant de l'année même à la fin de laquelle parut l'*Alexandre*, Boileau, comme on sait, avait composé son charmant *Dialogue des héros de roman*. Il le récitait partout; et quoique cette ingénieuse satire n'ait été que beaucoup plus tard publiée par son auteur, il en circulait plusieurs copies faites de mémoire. Ce fut dans une de ces copies qu'on intercala une scène où est critiqué l'*Alexandre*. La malice était de bonne guerre. Boileau en avait involontairement suggéré l'idée, lorsqu'il mettait ces paroles dans la bouche de son Pluton : « J'ai bien de la peine à m'imaginer que les Cyrus et les Alexandre soient devenus tout à coup, comme on me le veut faire entendre, des Thyrsis et des Céladon[1]. » Il était piquant de frapper Racine avec les verges de son ami, et légitime de rattacher une grande erreur de notre théâtre à ces extravagantes fadaises, à cette « pestilente galanterie » de nos romans, qui en étaient la véritable source. La manière de Boileau est heureusement imitée dans cette petite pièce, qui fut attribuée à Charles de Sévigné [2]. La voici :

PLUTON.

Mais qui est ce jeune étourdi qui s'avance d'un air moitié sérieux et moitié badin? Le voilà bien échauffé.

1. *OEuvres de Boileau*, édition de M. Berriat-Saint-Prix, tome III, p. 40 et 41.

2. Geoffroy le dit dans son *Jugement sur Alexandre* (*OEuvres* de Racine, édition de 1808, tome I, p. 324). Il serait difficile cependant de penser à Charles de Sévigné, si le dialogue que nous allons citer, et que nous avons trouvé pour la première fois dans l'édition de 1722 des *OEuvres* de Racine, était de l'année où fut imprimé l'*Alexandre*. Sévigné, né en 1648, était encore bien jeune en 1666. Mais il faut remarquer que ce dialogue fait une allusion aux vers 109 et 110 de la VIIIe satire de Boileau, qui ne fut imprimée qu'en 1668, quoique composée, il est vrai, et peut-être connue dès l'année précédente. Ce fut Charles de Sévigné (Boileau lui-même le disait dans sa conversation avec Mathieu Marais) qui ayant retenu de mémoire une partie du *Dialogue des héros de roman*, fournit aux éditeurs hollandais des *OEuvres* de Saint-Évremond le moyen de l'imprimer pour la première fois. Peut-être alors seulement eut-il l'idée d'y faire la malicieuse addition qu'on lui attribue. Sans pouvoir en fixer la date, il est vraisemblable qu'elle fut faite quand l'opuscule de Boileau

DIOGÈNE.

Je crois que c'est Alexandre. Qu'il est changé! J'ai peine à le reconnoître. Sa physionomie n'est ni grecque ni barbare. C'est un guerrier petit-maître. Apparemment que ses longs voyages l'ont un peu gâté. C'est pourtant Alexandre : je le reconnois encore.

PLUTON.

Oh! pour le coup nous avons un véritable héros, et non pas un fade doucereux. Il n'a jamais soupiré que pour la gloire. Il s'est même si peu piqué de galanterie, que dans sept ans il n'a visité qu'une fois la femme et les filles de Darius, bien qu'elles fussent les plus belles personnes du monde et ses prisonnières. Je jurerois qu'il s'est garanti du mauvais air que ces autres ont respiré.... Approchez, généreux vainqueur de l'Asie, approchez. Il s'agit de combattre. Le roi des enfers a besoin de votre bras.

ALEXANDRE.

Je suis venu : l'amour a combattu pour moi..., etc.[1].

DIOGÈNE.

Ne l'avois-je pas bien dit qu'il s'étoit gâté dans ses voyages? Alexandre le Grand est devenu conteur de fleurettes.

PLUTON.

Quel diable de jargon nous vient-il parler? Quoi? Alexandre qui ne respiroit que les combats, s'oublie auprès d'une maîtresse?

ALEXANDRE.

Que vous connoissez mal les violents desirs
D'un amour qui vers vous porte tous mes soupirs!... etc.[2].

DIOGÈNE.

Il faut l'envoyer auprès du grand Cyrus....

ALEXANDRE.

Hé quoi? vous croyez donc qu'à moi-même barbare
J'abandonne en ces lieux une beauté si rare[3]?

---

et la tragédie d'*Alexandre* n'étaient plus dans leur nouveauté. Nous avons vu aussi que la dissertation de Saint-Évremond, au moins sous la forme avouée par l'auteur, ne fut publiée qu'un peu tard. Le succès de l'*Alexandre* fut durable, puisque la guerre qu'on lui fit se prolongea si longtemps.

1. Vers 859-864. — 2. Vers 883-886, et 895-897.
3. Vers 925 et 926.

PLUTON.

Peste soit de l'extravagant et de sa tendresse mal imaginée ! Il est ma foi aussi fou que les autres. On avoit bien raison là-haut de plaindre la Macédoine de n'avoir pas de petites-maisons pour le renfermer....

Ainsi aurait pu parler Boileau lui-même : peut-être l'aurait-il dû, pour être conséquent, quoiqu'il eût été bien dur de mettre l'*Alexandre* sur la même ligne que l'*Astrate* et l'*Ostorius*. Mais frappé des grandes beautés de la pièce de Racine, le satirique, en face des censeurs injustes qu'elle avait trouvés, crut avoir le droit de jeter un voile sur les défauts qui la déparaient. L'amitié put même lui ôter un peu de sa clairvoyance. Des deux sortes d'adversaires que Racine, dans sa préface, nous montre si peu d'accord, les uns soutenant qu'Alexandre n'est pas assez amoureux, les autres qu'il ne vient sur le théâtre que pour parler d'amour[1], Boileau feignait de n'avoir entendu que le singulier reproche des premiers. Dans sa satire III, celle du *Festin*, composée l'année même où l'*Alexandre* parut, il fait dire au sot campagnard :

> Je ne sais pas pourquoi l'on vante l'*Alexandre*;
> Ce n'est qu'un glorieux qui ne dit rien de tendre.
> Les héros chez Quinault parlent bien autrement[2].

Se railler de ceux au gré de qui Alexandre n'était pas assez galant, la tactique était habile, et c'était se donner beau jeu; mais tout le monde ne put pas prendre le change. Pradon saisit l'occasion de trouver le critique en faute. Dans son examen de la satire III, rencontrant le vers 185, il fait cette remarque[3] : « Cette tragédie (d'*Alexandre*) ne s'est pas acquis une réputation si générale que l'auteur le veut faire penser. Jamais Quinault n'a tant répandu de sucre et de miel dans ses opéras que le grand Racine en a mis dans son *Alexandre*, nous faisant du plus grand héros de l'antiquité un ferluquet (*sic*) amoureux. Je m'étonne que Despréaux ait touché cette ma-

1. Voyez ci-après, p. 519 et 520.
2. Vers 185-187.
3. Voir à la page 84 du *Triomphe de Pradon*, un volume in-12, à Lyon, 1684.

tière, et l'ironie est fort dangereuse. » On aimerait à croire qu'en tête-à-tête avec Racine, Boileau fut plus sévère. L'abbé Dubos raconte[1] que Racine, parlant à Boileau de son *Alexandre*, lui dit qu'il trouvait à faire ses vers une facilité surprenante; et que le critique lui répondit: « Je veux vous apprendre à faire des vers avec peine; vous avez assez de talent pour le savoir bientôt. » Grand service sans doute rendu à Racine, mais qui ne suffisait pas. Dans une tragédie les vers ne sont pas tout, et Racine les faisait déjà si bien, qu'il lui restait peu à apprendre, même à l'école de Boileau. L'avertir qu'il faut se garder de donner à l'antiquité

L'air ni l'esprit français, ainsi que dans Clélie,

était un conseil plus nécessaire encore. Comment donc se fait-il que Boileau n'ait pas à temps signalé à son jeune ami la fausse voie où il s'engageait? Ne fut-il consulté que sur les détails lorsque déjà la tragédie était faite? Cette communication tardive est peu vraisemblable. Brossette est si loin de l'admettre que, selon lui, le rôle de premier inventeur, prêté à Molière dans le choix du sujet de *la Thébaïde*, fut réellement, pour l'*Alexandre*, celui du nouvel ami de Racine. « M. Despréaux, dit-il, invita M. Racine à suivre une autre route que Corneille, qui n'avoit mis sur le théâtre que des héros romains. « Prenez, « lui dit M. Despréaux, les héros de la Grèce. » Il lui indiqua Alexandre le Grand, qui fut le sujet de sa seconde tragédie[2]. » On n'est pas toujours assuré de l'exactitude des anecdotes de Brossette. Nous donnons celle-ci pour ce qu'elle peut valoir.

Quelle qu'ait été la complaisance ou l'aveuglement de Boileau lorsqu'il écrivit les vers où il louait l'*Alexandre* à contresens, l'auteur lui-même ne put se faire longtemps illusion. Si Brossette a été bien informé, dans la révision que Racine avait faite du premier volume de ses pièces c'était surtout l'*Alexandre* qui avait reçu de grands changements[3]. Malheureusement Ra-

---

1. *Réflexions critiques*, tome II, p. 200. Dubos, dans ce même passage, dit que Racine « venoit de donner sa tragédie d'*Alexandre* lorsqu'il se lia d'amitié avec Boileau. » C'est un petit anachronisme.

2. *Recueil* manuscrit de la Bibliothèque impériale, p. 43.

3. *Recueil des mémoires touchant la vie et les ouvrages de Boileau Despréaux*, p. 501. (Manuscrit appartenant à M. Feuillet de Conches.)

cine, devenu, dans ses scrupules, ennemi de sa gloire profane, détruisit ces corrections. Elles ne peuvent donc être qu'un sujet de conjectures; mais il est vraisemblable que, sans pouvoir entièrement bannir de sa pièce un amour que, par la conception du plan, il y avait fait trop essentiel, il avait du moins sévèrement corrigé l'expression de cet amour si peu héroïque.

Si le plan de *la Thébaïde* est moins défectueux que celui de l'*Alexandre*, d'un autre côté il y a, de la première tragédie à la seconde, un grand progrès de style. La langue est plus correcte et plus ferme; et l'*Alexandre* a tels vers plus beaux encore que les plus beaux vers de *la Thébaïde*.

Il faut ajouter que cette fois Racine avait choisi un sujet qui lui appartenait plus entièrement. Alexandre avait déjà paru sur la scène française : Hardy, ce facile improvisateur, avait pris le conquérant macédonien pour héros de deux de ses tragédies dont il avait découpé les scènes dans Quinte-Curce et dans Plutarque; mais sa *Mort de Daire* (1619) et sa *Mort d'Alexandre* (1621) laissaient intact l'épisode de la vie d'Alexandre que Racine a mis au théâtre. Quant à Boyer, c'était bien ce même épisode dont il avait fait une tragédie jouée en 1647; mais Boyer n'était pas Rotrou, et ne pouvait servir de modèle à Racine. Le titre de sa tragédie est *Porus ou la Générosité d'Alexandre*[1]. Nous avons vu, par la lettre de Pompone, que Racine avait peut-être hésité entre le titre sous lequel sa pièce fut jouée et celui de *Porus*; s'il avait décidément fait à Boyer cet emprunt du titre de sa tragédie, n'aurait-il pas échappé à quelques critiques, qui furent beaucoup répétées, sur la supériorité, dans son *Alexandre*, du rôle du roi indien? Ce qu'il n'eut certes pas envie d'emprunter à Boyer, c'est l'intrigue de sa tragédie, qui est le roman le plus enchevêtré. Tout ce qu'on peut y louer, c'est qu'au milieu de tous ces amours des princes de Macédoine et des princes des Indes, Alexandre n'y est amoureux de personne; et que si Porus s'y montre amant fort jaloux, c'est du moins de sa femme. Avec tout cela, il faut

---

1. A Paris, chez Toussainct Quinet, M.DC.XLVIII. — L'Achevé d'imprimer pour la première fois est du 28 février 1648. — Métastase, dans son opéra d'*Alexandre*, a fait à Boyer l'honneur de lui emprunter son sujet.

reconnaître que dans les scènes où Boyer s'est trouvé en face du véritable sujet historique, il n'a pas toujours été mal inspiré par le souvenir de Corneille, et a rencontré quelques vers qui ne sont pas sans grandeur. Nous citons dans nos notes sur *Alexandre le Grand* ces rares passages où Boyer s'est surpassé lui-même; mais on ne peut dire qu'ils aient eu l'honneur de rien suggérer à Racine, quelle que fût la similitude des situations et de la donnée première.

Alexandre le Grand, malgré ses incontestables beautés, n'était pas une tragédie faite pour se soutenir longtemps au théâtre. Louis Racine, dans l'*examen* qu'il en a fait, a constaté en ces termes sa disparition, à peu près complète, de la scène : « Le bruit qu'elle fit à sa naissance est depuis longtemps oublié; elle ne rappelle plus de spectateurs, quoiqu'elle puisse toujours mériter des lecteurs[1]. »

1. *Remarques sur les tragédies de J. Racine*, tome I, p. 79.

Le texte que nous avons suivi pour *Alexandre le Grand* est celui de 1697.

Les éditions auxquelles nous renvoyons pour les variantes sont :

ÉDITIONS SÉPARÉES.

1666, à Paris, chez Pierre Trabouillet et chez Théodore Girard, in-12.

1672, à Paris, chez Théodore Girard, in-12.

ÉDITIONS COLLECTIVES.

1676, à Paris, chez Claude Barbin et Jean Ribou.

1687, à Paris, chez Pierre Trabouillet.

En outre, comme nous l'avons dit dans l'*Avertissement*, p. ix et x, l'édition de 1681, *sur l'imprimé*, à Paris, chez Claude Barbin, in-12, bien qu'elle ne s'annonce que pour une réimpression, nous a fourni, pour la seconde préface, des variantes importantes, que nous n'avons trouvées que là.

AU ROI[1].

Sire,

Voici une seconde entreprise qui n'est pas moins hardie que la première. Je ne me contente pas d'avoir mis à la tête de mon ouvrage le nom d'ALEXANDRE, j'y ajoute encore celui de VOTRE MAJESTÉ, c'est-à-dire[2] que j'assemble tout ce que le siècle présent et les siècles passés nous peuvent fournir de plus grand. Mais, SIRE, j'espère que VOTRE MAJESTÉ ne condamnera pas cette seconde hardiesse, comme Elle n'a pas désapprouvé la première. Quelques efforts que l'on eût faits pour lui défigurer mon héros[3], il n'a pas plus tôt paru devant Elle, qu'Elle l'a reconnu pour Alexandre. Et à qui s'en rapportera-t-on, qu'à un roi dont la gloire est répandue aussi loin que celle de ce conquérant, et devant qui l'on peut dire que tous les peuples du monde se taisent, comme l'Écriture l'a dit d'Alexandre[4]? Je sais bien que ce silence est un silence d'étonnement et d'admiration, que jusques ici la force de vos armes ne leur a pas tant imposé que celle de vos vertus. Mais, SIRE, votre réputation n'en est pas moins éclatante, pour n'être point établie sur les embrasements et sur les ruines; et déjà VOTRE MAJESTÉ est arrivée au comble de la gloire par un chemin plus nouveau

---

1. Cette épître au Roi n'a été imprimée du vivant de Racine que dans les éditions détachées de 1666 et de 1672.
2. Comparez la ponctuation à celle de la *Préface de la Thébaïde* (ci-dessus, p. 394, note 4).
3. Voyez ce qui est dit dans les deux préfaces des critiques qu'on avait faites du personnage d'Alexandre.
4. Racine a traduit en vers, dans un passage de sa tragédie (voyez ci-après, p. 565 et note 2), la phrase sublime du Ier livre des *Macchabées*, qu'il rappelle ici.

et plus difficile que celui par où Alexandre y est monté. Il n'est pas extraordinaire de voir un jeune homme gagner des batailles, de le voir mettre le feu par toute la terre. Il n'est pas impossible que la jeunesse et la fortune l'emportent victorieux jusqu'au fond des Indes. L'histoire est pleine de jeunes conquérants. Et l'on sait avec quelle ardeur Votre Majesté Elle-même a cherché les occasions de se signaler dans un âge où Alexandre ne faisoit encore que pleurer pour[1] les victoires de son père. Mais Elle me permettra de lui dire que devant Elle, on n'a point vu de roi qui à l'âge d'Alexandre ait fait paroître la conduite d'Auguste, qui sans s'éloigner presque du centre de son royaume, ait répandu sa lumière jusqu'au bout du monde, et qui ait commencé sa carrière par où les plus grands princes ont tâché d'achever la leur. On a disputé chez les anciens si la fortune n'avoit point eu plus de part que la vertu dans les conquêtes d'Alexandre[2]. Mais quelle part la fortune peut-elle prétendre aux actions d'un roi qui ne doit qu'à ses seuls conseils l'état florissant de son royaume[3], et qui n'a besoin que de Lui-même pour se rendre redoutable à toute l'Europe? Mais, SIRE, je ne songe pas qu'en voulant louer Votre Majesté, je m'engage dans une carrière trop vaste et trop difficile. Il faut auparavant m'essayer encore sur quelques autres héros de l'antiquité; et je prévois qu'à mesure que je prendrai de nouvelles forces, Votre Majesté se couvrira Elle-

---

1. M. Aimé-Martin a substitué *sur* à *pour*, qui est la leçon de 1666 et de 1672.

2. Voyez dans les *OEuvres morales* de Plutarque le petit traité en deux livres qui a pour titre : *Sur la fortune ou la vertu d'Alexandre*.

3. Dès le lendemain de la mort de Mazarin, Louis XIV avait déclaré qu'il serait à l'avenir son premier ministre. Le flatter dans l'ambition, qui depuis fut toujours la sienne, de gouverner l'État *par ses seuls conseils*, c'était lui bien faire sa cour.

ÉPÎTRE.

même d'une gloire toute nouvelle; que nous La reverrons peut-être, à la tête d'une armée[1], achever la comparaison qu'on peut faire d'Elle et d'Alexandre, et ajouter le titre de conquérant à celui du plus sage roi de la terre. Ce sera alors que vos sujets devront consacrer toutes leurs veilles au récit de tant de grandes actions, et ne pas souffrir que Votre Majesté ait lieu de se plaindre, comme Alexandre, qu'Elle n'a eu personne de son temps qui pût laisser à la postérité la mémoire de ses vertus[2]. Je n'espère pas être assez heureux pour me distinguer par le mérite de mes ouvrages; mais je sais bien que je me signalerai au moins par le zèle et la profonde vénération avec laquelle je suis,

SIRE,

De Votre Majesté,
Le très-humble, très-obéissant
et très-fidèle serviteur et sujet,

RACINE.

1. On n'avait pas encore vu Louis XIV *à la tête d'une armée;* mais il avait déjà paru aux armées et assisté à la prise de plusieurs villes, au temps de la lutte de Turenne contre Condé et contre l'Espagne (1654-1658).

2. Allusion au passage de Plutarque où il est dit qu'Alexandre porta envie au bonheur d'Achille, qui, après sa mort, avait trouvé un grand héraut de ses hauts faits. (*Vie d'Alexandre*, chapitre xv.)

PREMIÈRE PRÉFACE[1].

Je ne rapporterai point ici ce que l'histoire dit de Porus, il faudroit copier tout le huitième livre de Quinte-Curse[2]; et je m'engagerai moins encore à faire une exacte apologie de tous les endroits qu'on a voulu combattre dans ma pièce. Je n'ai pas prétendu donner au public un ouvrage parfait : je me fais trop de justice pour avoir osé me flatter de cette espérance. Avec quelque succès que l'on ait représenté mon *Alexandre*, et quoique les premières personnes de la terre et les Alexandres de notre siècle se soient hautement déclarés pour lui, je ne me laisse point éblouir par ces illustres approbations. Je veux croire qu'ils ont voulu encourager un jeune homme et m'exciter à faire encore mieux dans la suite. Mais j'avoue que quelque défiance que j'eusse de moi-même, je n'ai pu m'empêcher de concevoir quelque opinion de ma tragédie, quand j'ai vu la peine que se sont donnée de certaines gens pour la décrier. On ne fait point tant de brigues contre un ouvrage qu'on n'estime pas. On se contente de ne le plus voir quand on l'a vu une fois,

---

1. Cette préface est celle de la première édition (1666). Elle est reproduite dans l'édition de 1672, mais avec des retranchements assez nombreux, que nous indiquons.

2. Les anciennes éditions des OEuvres de Racine ont toutes *Quintc-Curse* (et non *Quinte-Curce*). Quoique ce ne fût pas l'orthographe constante de ce temps, on la trouve dans d'autres livres de même date. — L'histoire de l'expédition d'Alexandre dans l'Inde est renfermée dans six chapitres du huitième livre de Quinte-Curce (chapitres ix-xiv). C'est seulement dans le xiiie et le xive chapitre qu'il est question de Porus.

PREMIÈRE PRÉFACE.

et on le laisse tomber de lui-même, sans daigner seulement contribuer à sa chute. Cependant j'ai eu le plaisir de voir plus de six fois de suite à ma pièce le visage de ces censeurs. Ils n'ont pas craint de s'exposer si souvent à entendre une chose qui leur déplaisoit. Ils ont prodigué libéralement leur temps et leurs peines pour la venir critiquer, sans compter les chagrins que leur ont peut-être coûtés les applaudissements que leur présence n'a pas empêché le public de me donner [1]. Ce n'est pas, comme j'ai déjà dit, que je croye ma pièce sans défauts. On sait avec quelle déférence j'ai écouté les avis sincères de mes véritables amis, et l'on verra même que j'ai profité en quelques endroits des conseils que j'en ai reçus. Mais je n'aurois jamais fait si je m'arrêtois aux subtilités de quelques critiques, qui prétendent assujettir le goût du public aux dégoûts d'un esprit malade, qui vont au théâtre avec un ferme dessein de n'y point prendre de plaisir, et qui croient prouver à tous les spectateurs, par un branlement de tête et par des grimaces affectées, qu'ils ont étudié à fond la *Poétique* d'Aristote.

En effet, que répondrois-je à ces critiques qui condamnent jusques au titre de ma tragédie, et qui ne veulent pas que je l'appelle *Alexandre*, quoique Alexandre en fasse la principale action, et que le véritable sujet de la pièce ne soit autre chose que la générosité de ce conquérant? Ils disent que je fais Porus plus grand qu'Alexandre. Et en quoi paroît-il plus grand? Alexandre n'est-il pas toujours le vainqueur? Il ne se contente pas de vaincre Porus par la force de ses armes, il triomphe de sa fierté même par la générosité qu'il fait paroître en lui rendant ses États. Ils trouvent étrange

---

1. Ce qui précède, depuis : « Cependant j'ai eu le plaisir, » est omis dans l'édition de 1672.

qu'Alexandre, après avoir gagné la bataille, ne retourne pas à la tête de son armée, et qu'il s'entretienne avec sa maîtresse, au lieu d'aller combattre un petit nombre de désespérés qui ne cherchent qu'à périr. Cependant, si l'on en croit un des plus grands capitaines de ce temps [1], Éphestion n'a pas dû s'y trouver lui-même. Ils ne peuvent souffrir qu'Éphestion fasse le récit de la mort de Taxile en présence de Porus, parce que ce récit est trop à l'avantage de ce prince. Mais ils ne considèrent pas que l'on ne blâme les louanges que l'on donne à une personne en sa présence, que quand elles peuvent être suspectes de flatterie, et qu'elles font un effet tout contraire quand elles partent de la bouche d'un ennemi et que celui qu'on loue est dans le malheur. Cela s'appelle rendre justice à la vertu, et la respecter même dans les fers. Il me semble que cette conduite répond assez bien à l'idée que les historiens nous donnent du favori d'Alexandre. Mais au moins, disent-ils, il devroit épargner la patience de son maître, et ne pas tant vanter devant lui la valeur de son ennemi. Ceux qui tiennent ce langage ont sans doute oublié que Porus vient d'être défait par Alexandre, et que les louanges qu'on donne au vaincu retournent à la gloire du vainqueur [2]. Je ne réponds rien à ceux qui blâment Alexandre de rétablir Porus en présence de

---

1. Nous ne trouvons nulle part qu'aucun des généraux d'Alexandre ait raconté qu'Éphestion n'assista pas au dernier combat contre Porus. La phrase ne doit donc pas avoir ce sens. Racine n'a-t-il pas voulu dire : « un des plus grands capitaines *de ce temps-ci, de notre temps*, » le prince de Condé par exemple, qui aurait exprimé l'opinion que la tâche d'achever la défaite d'un petit nombre de désespérés n'exigeait pas même la présence d'Éphestion, à plus forte raison celle d'Alexandre? Nous avouons d'ailleurs que la phrase ne nous paraît pas très-claire, ni l'apologie très-concluante.

2. Ce qui précède, depuis : « Ils ne peuvent souffrir qu'Éphestion, » est omis dans l'édition de 1672.

PREMIÈRE PRÉFACE.

Cléophile[1]. C'est assez pour moi que ce qui passe pour une faute auprès de ces esprits qui n'ont lu l'histoire que dans les romans, et qui croient qu'un héros ne doit jamais faire un pas sans la permission de sa maîtresse, a reçu des louanges de ceux qui étant eux-mêmes de grands héros, ont droit de juger de la vertu de leurs pareils. Enfin la plus importante objection que l'on me fasse, c'est que mon sujet est trop simple et trop stérile [2]. Je ne représente point à ces critiques le goût de l'antiquité. Je vois bien qu'ils le connoissent médiocrement [3]. Mais de quoi se plaignent-ils, si toutes mes scènes sont bien remplies, si elles sont liées nécessairement[4] les unes avec les autres, si tous mes acteurs ne viennent point sur le théâtre, que l'on ne sache la raison qui les y fait venir, et si, avec peu d'incidents et peu de matière, j'ai été assez heureux pour faire une pièce qui les a peut-être attachés malgré eux, depuis le commencement jusqu'à la fin? Mais ce qui me console, c'est de voir mes censeurs s'accorder si mal ensemble. Les uns disent que Taxile n'est pas assez honnête homme; les autres, qu'il ne mérite point sa perte. Les uns soutiennent qu'Alexandre n'est pas assez amoureux; les autres me reprochent [5] qu'il ne vient sur le théâtre que

---

1. Pour l'orthographe de ce nom, voyez ci-après la note 3 de la page 522, et la note 3 de la page 524.
2. L'édition de 1768 (Luneau de Boisjermain), et, à son exemple, les éditions de 1807 et de 1808, ainsi que celle de M. Aimé-Martin, ont retranché tout le long passage qui précède, depuis ces mots : « Ce n'est pas, comme j'ai déjà dit » (p. 517), jusqu'à ceux-ci : « trop simple et trop stérile. »
3. Cette phrase est omise dans l'édition de 1672.
4. Les éditions de 1768, de 1807 et de 1808, et celle de M. Aimé-Martin, modifient ainsi cette phrase : « si elles sont bien liées nécessairement les unes aux autres. »
5. Les mêmes éditions ont omis les mots : « me reprochent. »

pour parler d'amour. Ainsi je n'ai pas besoin que mes amis se mettent en peine de me justifier. Je n'ai qu'à renvoyer mes ennemis à mes ennemis, et je me repose sur eux de la défense d'une pièce qu'ils attaquent en si mauvaise intelligence, et avec des sentiments si opposés.

SECONDE PRÉFACE[1].

Il n'y a guère de tragédie où l'histoire soit plus fidèlement suivie que dans celle-ci. Le sujet en est tiré de plusieurs auteurs, mais surtout du huitième livre de Quinte-Curse. C'est là qu'on peut voir tout ce qu'Alexandre fit lorsqu'il entra dans les Indes, les ambassades qu'il envoya aux rois de ce pays-là, les différentes réceptions qu'ils firent à ses envoyés, l'alliance que Taxile fit avec lui, la fierté avec laquelle Porus refusa les conditions qu'on lui présentoit, l'inimitié qui étoit entre Porus et Taxile, et enfin la victoire qu'Alexandre remporta sur Porus, la réponse généreuse que ce brave Indien fit au vainqueur, qui lui demandoit comment il vouloit qu'on le traitât, et la générosité avec laquelle Alexandre lui rendit tous ses États, et en ajouta[2] beaucoup d'autres.

Cette action d'Alexandre a passé pour une des plus belles que ce prince ait faites en sa vie, et le danger que Porus lui fit courir dans la bataille lui parut le plus grand où il se fût jamais trouvé. Il le confessa lui-même, en disant qu'il avoit trouvé enfin un péril digne de son courage. Et ce fut en cette même occasion qu'il s'écria : « O Athéniens, combien de travaux j'endure pour me faire louer de vous ! » J'ai tâché de représenter en Porus un ennemi digne d'Alexandre, et je puis dire que son caractère a plu extrêmement sur notre théâtre, jusque-là que des personnes m'ont reproché que je faisois ce prince plus grand

---

1. Cette seconde préface a paru pour la première fois dans l'édition collective de 1676.
2. Var. (édit. de 1676 et de 1681) : et y en ajouta.

qu'Alexandre. Mais ces personnes ne considèrent pas que dans la bataille et dans la victoire Alexandre est en effet plus grand que Porus[1] ; qu'il n'y a pas un vers dans la tragédie qui ne soit à la louange d'Alexandre, que les invectives même de Porus et d'Axiane sont autant d'éloges de la valeur de ce conquérant. Porus a peut-être quelque chose qui intéresse davantage, parce qu'il est dans le malheur; car, comme dit Sénèque : « Nous sommes de telle nature, qu'il n'y a rien au monde qui se fasse tant admirer qu'un homme qui sait être malheureux avec courage. » *Ita affecti sumus, ut nihil æque magnam apud nos admirationem occupet, quam homo fortiter miser*[2].

Les amours d'Alexandre et de Cléofile ne sont pas de mon invention : Justin en parle, aussi bien que Quinte-Curse. Ces deux historiens rapportent qu'une reine dans les Indes, nommée Cléofile[3], se rendit à ce prince avec la ville où il la tenoit assiégée, et qu'il la rétablit dans son royaume, en considération de sa beauté. Elle en eut un fils, et elle l'appela Alexandre. Voici les paroles de Justin : *Regna Cleofidis*[4] *reginæ petit, quæ, cum se dedisset ei,* [5]*regnum ab Alexandro recepit, illecebris consecuta quod*

1. VAR. (édit. de 1681) : Alexandre se montre plus grand que Porus.
2. Sénèque, *Consolatio ad Helviam*, chapitre XIII.
3. VAR. (édit. de 1681) : Cléofide ou Cléofile. — Justin donne à cette reine le nom de *Cléophis* (livre XII, chapitre VII), et Quinte-Curse (livre VIII, chapitre X) celui de *Cléophès*. Ce dernier raconte, au même endroit, le siége de sa ville de Mazages, où Alexandre fut blessé. Cléophès, lorsqu'il fut devenu impossible de prolonger la résistance, implora la clémence du roi vainqueur : « Ipsa, genibus regis parvo
« filio admoto, non veniam modo, sed etiam pristinæ fortunæ impe-
« travit decus : quippe appellata regina est ; et credidere quidam plus
« formæ quam miserationi datum. Puero quoque, certe postea ex ea
« utcumque genito, Alexandro fuit nomen. »
4. VAR. (édit. de 1687) : *Cleofilis*.
5. Racine a retranché les mots : *concubitu redemptum*, qui sont dans

virtute non potuerat; filiumque, ab eo genitum, Alexandrum nominavit, qui postea regnum Indorum potitus est[1].

le texte de Justin, et que plusieurs éditeurs ont eu le tort de rétablir ici, contrairement à l'intention de l'auteur.

1. « Il marche vers les États de la reine Cléofide. Celle-ci ayant fait sa soumission, fut rétablie par Alexandre dans sa royauté; et ses charmes firent pour elle ce que son courage n'avait pu faire. Elle eut de son vainqueur un fils qu'elle nomma Alexandre, et qui dans la suite devint roi des Indes. »

La préface ne s'arrête pas là dans l'édition de 1681, que reproduit exactement celle de 1689. Après les mots : *regnum Indorum potitus est*, on y lit encore : « Il paroit par la suite de ce passage que les Indiens regardoient cette Cléofile comme les Romains depuis regardèrent Cléopatre. Aussi y a-t-il quelque conformité entre les aventures de ces deux reines; et Cléofile en usa envers Alexandre à peu près comme Cléopatre en a usé depuis envers César. L'une eut un fils, qu'elle appeloit Alexandre; et l'autre eut un fils, qu'elle appeloit Césarion. On pouvoit ajouter cette ressemblance au parallèle que l'on a fait de ces deux conquérants, d'autant plus qu'ils se ressemblent beaucoup dans la manière dont ils ont été amoureux. Cette passion ne les a jamais tourmentés plus que de raison. Et quand Cléofile auroit été sœur de Taxile, comme elle l'est dans ma tragédie, je suis persuadé que l'amour qu'Alexandre avoit pour elle ne l'auroit pas empêché de rétablir Porus en présence de cette princesse. »

ACTEURS.

ALEXANDRE.
PORUS, }
TAXILE [1], } rois dans les Indes.
AXIANE, reine d'une autre partie des Indes [2].
CLÉOFILE, sœur de Taxile [3].
ÉPHESTION.
SUITE D'ALEXANDRE [4].

La scène est sur le bord de l'Hydaspe [5], dans le camp de Taxile.

---

1. Arrien et Plutarque donnent le nom de *Taxile* au prince indien qui fit sa soumission à Alexandre. Plutarque le représente comme régnant, dans l'Inde, sur une étendue de pays égale à celle de l'Égypte.(*Vie d'Alexandre*, chapitre LIX.) Suivant Quinte-Curce, le nom de ce prince était *Omphis*; et quant à *Taxile*, c'était un surnom royal que ces princes indiens se transmettaient : « Omphis, permittente « Alexandro, et regium insigne sumpsit; et, more gentis suæ, nomen, « quod patris fuerat, *Taxilen* appellavere populares, sequente nomine « imperium, in quemcumque transiret. » (Livre VIII, chapitre XII.) *Taxile* n'était pas seulement le nom du père de cet Omphis, mais celui des rois ses prédécesseurs. Suivant la coutume indienne, ce nom des rois était tiré de celui de leur ville principale, *Taxiles* (*Taxila*, en sanscrit *Takshaçilâ*), située dans le Penjab, entre l'Indus et l'Hydaspe.

2. Le personnage d'Axiane n'est pas historique.

3. La parenté de Cléofile et de Taxile est également de l'invention de Racine : voyez à la page 503 la fin de la note 1. — Ce nom est écrit *Cléophile* dans les éditions de 1666 et de 1672.

4. L'indication SUITE D'ALEXANDRE manque dans les éditions de 1666 et de 1672.

5. L'Hydaspe, un des fleuves du Penjab, traversait le royaume de Porus. Il est célèbre par la victoire qu'Alexandre remporta sur ses bords.

ALEXANDRE LE GRAND.

TRAGÉDIE.

ACTE I.

SCÈNE PREMIÈRE.
TAXILE, CLÉOFILE.

CLÉOFILE.

Quoi? vous allez combattre un roi dont la puissance
Semble forcer le ciel à prendre sa défense,
Sous qui toute l'Asie a vu tomber ses rois,
Et qui tient la fortune attachée à ses lois?
Mon frère, ouvrez les yeux pour connoître Alexandre : 5
Voyez de toutes parts les trônes mis en cendre,
Les peuples asservis, et les rois enchaînés;
Et prévenez les maux qui les ont entraînés.

TAXILE.

Voulez-vous que frappé d'une crainte si basse,
Je présente la tête au joug qui nous menace, 10
Et que j'entende dire aux peuples indiens
Que j'ai forgé moi-même et leurs fers et les miens?
Quitterai-je Porus? Trahirai-je ces princes
Que rassemble le soin d'affranchir nos provinces,
Et qui, sans balancer sur un si noble choix, 15
Sauront également vivre ou mourir en rois?

En voyez-vous un seul qui sans rien entreprendre
Se laisse terrasser au seul nom d'Alexandre,
Et le croyant déjà maître de l'univers,
Aille, esclave empressé, lui demander des fers[1] ?
Loin de s'épouvanter à l'aspect de sa gloire,
Ils l'attaqueront même au sein de la victoire ;
Et vous voulez, ma sœur, que Taxile aujourd'hui,
Tout prêt à le combattre, implore son appui !

CLÉOFILE.

Aussi n'est-ce qu'à vous que ce prince s'adresse ;
Pour votre amitié seule Alexandre s'empresse :
Quand la foudre s'allume et s'apprête à partir,
Il s'efforce en secret de vous en garantir.

TAXILE.

Pourquoi suis-je le seul que son courroux ménage ?
De tous ceux que l'Hydaspe oppose à son courage,
Ai-je mérité seul son indigne pitié ?
Ne peut-il à Porus offrir son amitié ?
Ah ! sans doute il lui croit l'âme trop généreuse
Pour écouter jamais une offre si honteuse :
Il cherche une vertu qui lui résiste moins,
Et peut-être il me croit plus digne de ses soins.

CLÉOFILE.

Dites, sans l'accuser de chercher un esclave,
Que de ses ennemis il vous croit le plus brave ;
Et qu'en vous arrachant les armes de la main,
Il se promet du reste un triomphe certain.
Son choix à votre nom n'imprime point de taches ;
Son amitié n'est point le partage des lâches :
Quoiqu'il brûle de voir tout l'univers soumis,
On ne voit point d'esclave au rang de ses amis.
Ah ! si son amitié peut souiller votre gloire,

---

1. *Var.* Aille jusqu'en son camp lui demander des fers? (1666-87)

Que ne m'épargniez-vous une tache si noire?
Vous connoissez les soins qu'il me rend tous les jours :
Il ne tenoit qu'à vous d'en arrêter le cours.
Vous me voyez ici maîtresse de son âme;
Cent messages secrets m'assurent de sa flamme¹ ;   50
Pour venir jusqu'à moi ses soupirs embrasés
Se font jour au travers de deux camps opposés².
Au lieu de le haïr, au lieu de m'y contraindre,
De mon trop de rigueur je vous ai vu vous plaindre :
Vous m'avez engagée à souffrir son amour,   55
Et peut-être, mon frère, à l'aimer à mon tour.

TAXILE.

Vous pouvez, sans rougir du pouvoir de vos charmes,
Forcer ce grand guerrier à vous rendre les armes ;
Et sans que votre cœur doive s'en alarmer,
Le vainqueur de l'Euphrate a pu vous désarmer³;   60

1. Luneau de Boisjermain fait remarquer ici que Racine a pris Corneille pour modèle. Dans *Pompée* (acte II, scène I, vers 391-400), Cléopatre parle des messages amoureux (Louis Racine dit : *des billets doux*) de César, comme Cléofile de ceux d'Alexandre :

> . . . . Chaque jour ses courriers
> M'apportent en tribut ses vœux et ses lauriers....
> Et de la même main dont il quitte l'épée,
> Fumante encor du sang des amis de Pompée,
> Il trace des soupirs, et d'un style plaintif
> Dans son champ de victoire il se dit mon captif.

2. Nous suivons ici la leçon des premières impressions (1666-1687); l'édition de 1697, et à son exemple celle de 1736, donnent : *à travers de ;* celles de 1702, 1713, 1722 et 1728 : *à travers des;* celle de 1750 : *au travers des.*

Var. [Se font jour au travers de deux camps opposés.]
Mes yeux de leur conquête ont-ils fait un mystère?
Vîtes-vous ses soupirs d'un regard de colère?
Et lorsque devant vous ils se sont présentés,
Jamais comme ennemis les avez-vous traités ?
[Au lieu de le haïr, au lieu de m'y contraindre.] (1666)

3. *Var.* Le vainqueur de l'Asie a pu vous désarmer. (1666-76)
— Alexandre, dans la dernière leçon adoptée par Racine, à partir de 1687, est appelé « le vainqueur de l'Euphrate, » c'est-à-dire le vainqueur d'Arbèles. Arbèles, il est vrai, est au delà du Tigre. Mais le Tigre et l'Euphrate ne sont pas fort éloignés; et la bataille d'Arbèles suivit d'assez près le passage de l'Euphrate.

Mais l'État aujourd'hui suivra ma destinée :
Je tiens avec mon sort sa fortune enchaînée ;
Et quoique vos conseils tâchent de me fléchir,
Je dois demeurer libre, afin de l'affranchir.
Je sais l'inquiétude où ce dessein vous livre ; 65
Mais comme vous, ma sœur, j'ai mon amour à suivre.
Les beaux yeux d'Axiane, ennemis de la paix,
Contre votre Alexandre arment tous leurs attraits.
Reine de tous les cœurs, elle met tout en armes
Pour cette liberté que détruisent ses charmes : 70
Elle rougit des fers qu'on apporte en ces lieux,
Et n'y sauroit souffrir de tyrans que ses yeux.
Il faut servir, ma sœur, son illustre colère[1] ;
Il faut aller....

CLÉOFILE.

Hé bien ! perdez-vous pour lui plaire[2] :
De ces tyrans si chers suivez l'arrêt fatal ; 75
Servez-les, ou plutôt servez votre rival.
De vos propres lauriers souffrez qu'on le couronne :
Combattez pour Porus, Axiane l'ordonne ;
Et par de beaux exploits appuyant sa rigueur,
Assurez à Porus l'empire de son cœur. 80

TAXILE.

Ah ! ma sœur, croyez-vous que Porus....

CLÉOFILE.

Mais vous-même
Doutez-vous en effet qu'Axiane ne l'aime ?
Quoi ? ne voyez-vous pas avec quelle chaleur
L'ingrate à vos yeux même étale sa valeur ?
Quelque brave qu'on soit, si nous la voulons croire, 85
Ce n'est qu'autour de lui que vole la Victoire ;

---

1. *Var.* Il faut servir, ma sœur, leur illustre colère. (1666 et 72)
2. *Var.* .... Hé bien ! perdez-vous pour leur plaire. (1666 et 72)

ACTE I, SCÈNE I.

Vous formeriez sans lui d'inutiles desseins :
La liberté de l'Inde est toute entre ses mains;
Sans lui déjà nos murs seroient réduits en cendre;
Lui seul peut arrêter les progrès d'Alexandre[1].   90
Elle se fait un dieu de ce prince charmant,
Et vous doutez encor qu'elle en fasse un amant?

TAXILE.

Je tâchois d'en douter, cruelle Cléofile.
Hélas! dans son erreur affermissez Taxile.
Pourquoi lui peignez-vous cet objet odieux?   95
Aidez-le bien plutôt à démentir ses yeux[2].
Dites-lui qu'Axiane est une beauté fière,
Telle à tous les mortels qu'elle est à votre frère;
Flattez de quelque espoir....

CLÉOFILE.

     Espérez, j'y consens;
Mais n'espérez plus rien de vos soins impuissants.   100
Pourquoi dans les combats chercher une conquête
Qu'à vous livrer lui-même Alexandre s'apprête?
Ce n'est pas contre lui qu'il la faut disputer :
Porus est l'ennemi qui prétend vous l'ôter.
Pour ne vanter que lui, l'injuste Renommée   105
Semble oublier les noms du reste de l'armée.
Quoi qu'on fasse, lui seul en ravit tout l'éclat,
Et comme ses sujets il vous mène au combat.
Ah! si ce nom vous plaît, si vous cherchez à l'être,
Les Grecs et les Persans vous enseignent un maître :   110
Vous trouverez cent rois compagnons de vos fers;
Porus y viendra même avec tout l'univers.
Mais Alexandre enfin ne vous tend point de chaînes :
Il laisse à votre front ces marques souveraines

---

1. *Var.* D'un seul de ses regards il peut vaincre Alexandre. (1666-87)
2. *Var.* Si vous l'aimez, aidez-le à démentir ses yeux. (1666)

Qu'un orgueilleux rival ose ici dédaigner. 115
Porus vous fait servir, il vous fera régner.
Au lieu que de Porus vous êtes la victime,
Vous serez.... Mais voici ce rival magnanime.

TAXILE.

Ah! ma sœur, je me trouble; et mon cœur alarmé,
En voyant mon rival, me dit qu'il est aimé. 120

CLÉOFILE.

Le temps vous presse. Adieu. C'est à vous de vous rendre
L'esclave de Porus ou l'ami d'Alexandre.

SCÈNE II.

PORUS, TAXILE.

PORUS.

Seigneur, ou je me trompe, ou nos fiers ennemis
Feront moins de progrès qu'ils ne s'étoient promis.
Nos chefs et nos soldats, brûlants d'impatience, 125
Font lire sur leur front une mâle assurance;
Ils s'animent l'un l'autre; et nos moindres guerriers
Se promettent déjà des moissons de lauriers.
J'ai vu de rang en rang cette ardeur répandue
Par des cris généreux éclater à ma vue : 130
Ils se plaignent qu'au lieu d'éprouver leur grand cœur,
L'oisiveté d'un camp consume leur vigueur.
Laisserons-nous languir tant d'illustres courages?
Notre ennemi, Seigneur, cherche ses avantages :
Il se sent foible encore; et pour nous retenir, 135
Éphestion demande à nous entretenir,
Et par de vains discours....

TAXILE.

Seigneur, il faut l'entendre;

Nous ignorons encor ce que veut Alexandre.
Peut-être est-ce la paix qu'il nous veut présenter.

PORUS.

La paix ! Ah ! de sa main pourriez-vous l'accepter ? 140
Hé quoi ? nous l'aurons vu, par tant d'horribles guerres,
Troubler le calme heureux dont jouissoient nos terres,
Et le fer à la main entrer dans nos États
Pour attaquer des rois qui ne l'offensoient pas ;
Nous l'aurons vu piller des provinces entières, 145
Du sang de nos sujets faire enfler nos rivières,
Et quand le ciel s'apprête à nous l'abandonner,
J'attendrai qu'un tyran daigne nous pardonner ?

TAXILE.

Ne dites point, Seigneur, que le ciel l'abandonne :
D'un soin toujours égal sa faveur l'environne. 150
Un roi qui fait trembler tant d'États sous ses lois
N'est pas un ennemi que méprisent les rois.

PORUS.

Loin de le mépriser, j'admire son courage ;
Je rends à sa valeur un légitime hommage ;
Mais je veux, à mon tour, mériter les tributs[1] 155
Que je me sens forcé de rendre à ses vertus.
Oui, je consens qu'au ciel on élève Alexandre ;
Mais si je puis, Seigneur, je l'en ferai descendre,
Et j'irai l'attaquer jusque sur les autels
Que lui dresse en tremblant le reste des mortels. 160
C'est ainsi qu'Alexandre estima tous ces princes
Dont sa valeur pourtant a conquis les provinces.
Si son cœur dans l'Asie eût montré quelque effroi,
Darius en mourant l'auroit-il vu son roi ?

TAXILE.

Seigneur, si Darius avoit su se connaître[2], 165

---

1. Ce mot est écrit *tribus* dans les trois premières éditions. (1666-76)
2. « L'attention du poëte à rimer aux yeux, autant qu'il est possible, étoit

Il régneroit encore où règne un autre maître.
Cependant cet orgueil qui causa son trépas
Avoit un fondement que vos mépris n'ont pas :
La valeur d'Alexandre à peine étoit connue ;
Ce foudre étoit encore enfermé dans la nue.   170
Dans un calme profond Darius endormi
Ignoroit jusqu'au nom d'un si foible ennemi¹.
Il le connut bientôt ; et son âme étonnée
De tout ce grand pouvoir se vit abandonnée.
Il se vit terrassé d'un bras victorieux ;   175
Et la foudre en tombant lui fit ouvrir les yeux.

PORUS.

Mais encore à quel prix croyez-vous qu'Alexandre
Mette l'indigne paix dont il veut vous surprendre?
Demandez-le, Seigneur, à cent peuples divers,
Que cette paix trompeuse a jetés dans les fers².   180
Non, ne nous flattons point : sa douceur nous outrage ;
Toujours son amitié traîne un long esclavage.
En vain on prétendroit n'obéir qu'à demi :
Si l'on n'est son esclave, on est son ennemi.

TAXILE.

Seigneur, sans se montrer lâche ni téméraire,   185
Par quelque vain hommage on peut le satisfaire³.
Flattons par des respects ce prince ambitieux,
Que son bouillant orgueil appelle en d'autres lieux.
C'est un torrent qui passe, et dont la violence
Sur tout ce qui l'arrête exerce sa puissance ;   190

cause qu'il faisoit imprimer *connaître, paraître* (*connaistre, paraistre*), quand
ces mots rimoient avec *maître*. » (*Remarques de Louis Racine*, tome I, p. 85.) —
On lit en effet ici *connaistre* dans l'impression de 1666 et dans celles de 1676-97 ;
la seconde édition (1672) a seule *connoistre*. Voyez dans *la Thébaïde* les notes
des vers 159 et 1127 ; et ci-après les vers 265, 554 et 681 d'*Alexandre*.

1. *Var.* A peine connoissoit un si foible ennemi. (1666-87)
2. *Var.* Que cette paix trompeuse a jetés dans ses fers. (1666 et 72)
3. *Var.* De quelque vain hommage on peut le satisfaire. (1666-76)

Qui grossi du débris de cent peuples divers,
Veut du bruit de son cours remplir tout l'univers.
Que sert de l'irriter par un orgueil sauvage¹?
D'un favorable accueil honorons son passage;
Et lui cédant des droits que nous reprendrons bien,   195
Rendons-lui des devoirs qui ne nous coûtent rien.

PORUS.

Qui ne nous coûtent rien, Seigneur! L'osez-vous croire?
Compterai-je pour rien la perte de ma gloire?
Votre empire et le mien seroient trop achetés,
S'ils coûtoient à Porus les moindres lâchetés².   200
Mais croyez-vous qu'un prince enflé de tant d'audace
De son passage ici ne laissât point de trace?
Combien de rois, brisés à ce funeste écueil,
Ne règnent plus qu'autant qu'il plaît à son orgueil!
Nos couronnes, d'abord devenant ses conquêtes,   205
Tant que nous régnerions flotteroient sur nos têtes;
Et nos sceptres, en proie à ses moindres dédains,
Dès qu'il auroit parlé tomberoient de nos mains.
Ne dites point qu'il court de province en province:
Jamais de ses liens il ne dégage un prince;   210
Et pour mieux asservir les peuples sous ses lois,
Souvent dans la poussière il leur cherche des rois³.
Mais ces indignes soins touchent peu mon courage:
Votre seul intérêt m'inspire ce langage.

1. *Var.* N'attirons point sur nous les effets de sa rage. (1666-87)
2. Deux vers de *Bajazet* (acte II, scène III) sont une réminiscence de ceux-ci :

   Ce reste malheureux seroit trop acheté,
   S'il faut le conserver par une lâcheté.

3. Ces vers renferment une allusion à Abdalonyme, qu'Alexandre avait fait monter sur le trône de Tyr. Abdalonyme avait été contraint par la pauvreté de tirer sa subsistance d'un petit jardin qu'il cultivait moyennant un faible salaire. Il faut remarquer cependant qu'il n'était pas né dans cette *poussière* où Alexandre alla le *chercher* pour le faire roi : il descendait des rois de Tyr. Voyez Quinte-Curce, livre IV, chapitre 1.

Porus n'a point de part dans tout cet entretien ; 215
Et quand la gloire parle, il n'écoute plus rien.

TAXILE.

J'écoute, comme vous, ce que l'honneur m'inspire,
Seigneur ; mais il m'engage à sauver mon empire.

PORUS.

Si vous voulez sauver l'un et l'autre aujourd'hui[1],
Prévenons Alexandre, et marchons contre lui. 220

TAXILE.

L'audace et le mépris sont d'infidèles guides.

PORUS.

La honte suit de près les courages timides.

TAXILE.

Le peuple aime les rois qui savent l'épargner.

PORUS.

Il estime encor plus ceux qui savent régner[2].

TAXILE.

Ces conseils ne plairont qu'à des âmes hautaines. 225

PORUS.

Ils plairont à des rois, et peut-être à des reines.

TAXILE.

La Reine, à vous ouïr, n'a des yeux que pour vous.

PORUS.

Un esclave est pour elle un objet de courroux[3].

---

1. Dans les éditions de 1702, 1713, 1722, 1728, 1736, 1750, et dans celle de M. Aimé-Martin, on lit :

Si vous voulez sauver l'un ou l'autre aujourd'hui.

Mais cette variante n'est dans aucune des éditions imprimées du vivant de Racine.

2. Ces deux vers si fermes, et tout à fait cornéliens, ont comme leur contrepartie dans *Esther* (vers 988-993) :

J'admire un roi victorieux....
Mais un roi sage et qui craint l'injustice, etc.

3 *Var.* [POR. Un esclave est pour elle un objet de courroux.]
TAX. Votre fierté, Seigneur, s'accorde avec la sienne.

ACTE I, SCÈNE II.

TAXILE.

Mais croyez-vous, Seigneur, que l'amour vous ordonne
D'exposer avec vous son peuple et sa personne? 230
Non, non, sans vous flatter, avouez qu'en ce jour
Vous suivez votre haine, et non pas votre amour.

PORUS.

Hé bien! je l'avoûrai, que ma juste colère
Aime la guerre autant que la paix vous est chère;
J'avoûrai que brûlant d'une noble chaleur, 235
Je vais contre Alexandre éprouver ma valeur.
Du bruit de ses exploits mon âme importunée
Attend depuis longtemps cette heureuse journée.
Avant qu'il me cherchât, un orgueil inquiet [1]
M'avoit déjà rendu son ennemi secret. 240
Dans le noble transport de cette jalousie [2],
Je le trouvois trop lent à traverser l'Asie;
Je l'attirois ici par des vœux si puissants
Que je portois envie au bonheur des Persans [3];
Et maintenant encor, s'il trompoit mon courage, 245

    POR. J'aime la gloire, et c'est tout ce qu'aime la Reine.
    TAX. Son cœur vous est acquis. POR. J'empêcherai du moins
Qu'aucun maître étranger ne l'enlève à mes soins.
    TAX. Mais enfin croyez-vous que l'amour vous ordonne
    [D'exposer avec vous son peuple et sa personne?] (1666-76)

1. *Var.* La jalouse fierté que son nom m'inspiroit. (1666 et 72)
2. *Var.* Mon cœur dans les transports de cette jalousie
Le voyoit à regret occupé dans l'Asie. (1666-76)
3. Dans le *Porus* de Boyer, il y a une tirade de ce roi, qui rappelle celle-ci, au moins pour le fond des idées :

> Autrefois au seul bruit de ses grandes merveilles,
> Quand le nom d'Alexandre eut frappé mes oreilles,
> Avec le même effet je sentis dans mon cœur
> Allumer le desir d'attaquer ce vainqueur.
> Quand j'appris qu'il venoit fondre sur cette terre,
> Mon âme avecque joie embrassa cette guerre,
> Et me voir prévenu par ce fameux vainqueur
> Est le seul déplaisir qui troubla ce bonheur.

    (*Porus ou la Générosité d'Alexandre*, acte III, scène I.)

Pour sortir de ces lieux s'il cherchoit un passage,
Vous me verriez moi-même, armé pour l'arrêter,
Lui refuser la paix qu'il nous veut présenter[1].

TAXILE.

Oui, sans doute, une ardeur si haute et si constante
Vous promet dans l'histoire une place éclatante ; 250
Et sous ce grand dessein dussiez-vous succomber,
Au moins c'est avec bruit qu'on vous verra tomber.
La Reine vient. Adieu. Vantez-lui votre zèle ;
Découvrez cet orgueil qui vous rend digne d'elle.
Pour moi, je troublerois un si noble entretien, 255
Et vos cœurs rougiroient des foiblesses du mien.

SCÈNE III.

PORUS, AXIANE.

AXIANE.

Quoi? Taxile me fuit! Quelle cause inconnue[2]....

PORUS.

Il fait bien de cacher sa honte à votre vue ;
Et puisqu'il n'ose plus s'exposer aux hasards,
De quel front pourroit-il soutenir vos regards ? 260
Mais laissons-le, Madame ; et puisqu'il veut se rendre[3],
Qu'il aille avec sa sœur adorer Alexandre[4].
Retirons-nous d'un camp où, l'encens à la main,
Le fidèle Taxile attend son souverain.

AXIANE.

Mais, Seigneur, que dit-il ?

---

1. *Var.* Lui refuser la paix qu'il vous veut présenter. (1676-87)
2. *Var.* Quoi? Taxile me fuit ! Quelle cause imprévue.... (1666 et 72)
3. *Var.* Mais quittons-le, Madame, et puisqu'il veut se rendre. (1666-87)
4. *Var.* Laissons-le avec sa sœur adorer Alexandre. (1666)

ACTE I, SCÈNE III.

PORUS.

Il en fait trop paraître[1].
Cet esclave déjà m'ose vanter son maître ;
Il veut que je le serve....

AXIANE.

Ah! sans vous emporter,
Souffrez que mes efforts tâchent de l'arrêter :
Ses soupirs, malgré moi, m'assurent qu'il m'adore.
Quoi qu'il en soit, souffrez que je lui parle encore ;
Et ne le forçons point, par ce cruel mépris,
D'achever un dessein qu'il peut n'avoir pas pris.

PORUS.

Hé quoi? vous en doutez? et votre âme s'assure
Sur la foi d'un amant infidèle et parjure,
Qui veut à son tyran vous livrer aujourd'hui,
Et croit, en vous donnant, vous obtenir de lui?
Hé bien! aidez-le donc à vous trahir vous-même[2].
Il vous peut arracher à mon amour extrême ;
Mais il ne peut m'ôter, par ses efforts jaloux,
La gloire de combattre et de mourir pour vous.

AXIANE.

Et vous croyez qu'après une telle insolence
Mon amitié, Seigneur, seroit sa récompense?
Vous croyez que mon cœur s'engageant sous sa loi,
Je souscrirois au don qu'on lui feroit de moi?
Pouvez-vous, sans rougir, m'accuser d'un tel crime?
Ai-je fait pour ce prince éclater tant d'estime?
Entre Taxile et vous s'il falloit prononcer,
Seigneur, le croyez-vous, qu'on me vît balancer?
Sais-je pas que Taxile est une âme incertaine,
Que l'amour le retient quand la crainte l'entraîne?

---

1. Voyez ci-dessus la note du vers 165, et ci-après les vers 554 et 681. Ici c'est l'édition de 1687 qui seule donne *paroistre*.

2. *Var.* Hé bien! Madame, aidez-le à vous trahir vous-même. (1666)

Sais-je pas que sans moi sa timide valeur
Succomberoit bientôt aux ruses de sa sœur?
Vous savez qu'Alexandre en fit sa prisonnière,
Et qu'enfin cette sœur retourna vers son frère;
Mais je connus bientôt qu'elle avoit entrepris   295
De l'arrêter au piége où son cœur étoit pris.

PORUS.

Et vous pouvez encor demeurer auprès d'elle!
Que n'abandonnez-vous cette sœur criminelle?
Pourquoi par tant de soins voulez-vous épargner
Un prince....

AXIANE.

C'est pour vous que je le veux gagner.   300
Vous verrai-je, accablé du soin de nos provinces,
Attaquer seul un roi vainqueur de tant de princes?
Je vous veux dans Taxile offrir un défenseur[1]
Qui combatte Alexandre en dépit de sa sœur.
Que n'avez-vous pour moi cette ardeur empressée?   305
Mais d'un soin si commun votre âme est peu blessée :
Pourvu que ce grand cœur périsse noblement,
Ce qui suivra sa mort le touche foiblement.
Vous me voulez livrer, sans secours, sans asile,
Au courroux d'Alexandre, à l'amour de Taxile,   310
Qui me traitant bientôt en superbe vainqueur,
Pour prix de votre mort demandera mon cœur.
Hé bien! Seigneur, allez : contentez votre envie;
Combattez; oubliez le soin de votre vie;
Oubliez que le ciel, favorable à vos vœux[2],   315
Vous préparoit peut-être un sort assez heureux.

1. *Var.* Mon cœur dans un rival vous cherche un défenseur. (1666 et 72)
2. Dans ce vers :
     Oubliez que le ciel, favorable à vos vœux,
d'Olivet indique le mot *vœux* comme une variante, *yeux* comme le texte. L'édition de 1713, sur laquelle il a travaillé, donne en effet *yeux*, au lieu de *vœux*; c'est aussi le texte de l'édition de 1702 : ce ne peut être qu'une faute d'impression.

Peut-être qu'à son tour Axiane charmée
Alloit.... Mais non, Seigneur, courez vers votre armée :
Un si long entretien vous seroit ennuyeux ;
Et c'est vous retenir trop longtemps en ces lieux.   320

PORUS.

Ah ! Madame, arrêtez, et connoissez ma flamme.
Ordonnez de mes jours ; disposez de mon âme.
La gloire y peut beaucoup, je ne m'en cache pas ;
Mais que n'y peuvent point tant de divins appas?
Je ne vous dirai point que pour vaincre Alexandre   325
Vos soldats et les miens alloient tout entreprendre ;
Que c'étoit pour Porus un bonheur sans égal
De triompher tout seul aux yeux de son rival[1].
Je ne vous dis plus rien. Parlez en souveraine :
Mon cœur met à vos pieds et sa gloire et sa haine.   330

AXIANE.

Ne craignez rien : ce cœur, qui veut bien m'obéir,
N'est pas entre des mains qui le puissent trahir.
Non, je ne prétends pas, jalouse de sa gloire,
Arrêter un héros qui court à la victoire.
Contre un fier ennemi précipitez vos pas ;   335
Mais de vos alliés ne vous séparez pas.
Ménagez-les, Seigneur ; et d'une âme tranquille
Laissez agir mes soins sur l'esprit de Taxile ;
Montrez en sa faveur des sentiments plus doux.
Je le vais engager à combattre pour vous.   340

PORUS.

Hé bien ! Madame, allez, j'y consens avec joie.
Voyons Éphestion, puisqu'il faut qu'on le voie ;
Mais sans perdre l'espoir de le suivre de près,
J'attends Éphestion, et le combat après.

1. *Var.* D'en triompher tout seul aux yeux de son rival. (1666 et 72)

FIN DU PREMIER ACTE.

ACTE II.

SCÈNE PREMIÈRE.
CLÉOFILE, ÉPHESTION.

ÉPHESTION.

Oui, tandis que vos rois délibèrent ensemble, 345
Et que tout se prépare au conseil qui s'assemble,
Madame, permettez que je vous parle aussi
Des secrètes raisons qui m'amènent ici.
Fidèle confident du beau feu de mon maître,
Souffrez que je l'explique aux yeux qui l'ont fait naître;
Et que pour ce héros j'ose vous demander
Le repos qu'à vos rois il veut bien accorder.
Après tant de soupirs, que faut-il qu'il espère?
Attendez-vous encore après l'aveu d'un frère?
Voulez-vous que son cœur, incertain et confus, 355
Ne se donne jamais sans craindre vos refus?
Faut-il mettre à vos pieds le reste de la terre?
Faut-il donner la paix? faut-il faire la guerre?
Prononcez : Alexandre est tout prêt d'y courir,
Ou pour vous mériter, ou pour vous conquérir. 360

CLÉOFILE.

Puis-je croire qu'un prince au comble de la gloire[1]
De mes foibles attraits garde encor la mémoire;
Que traînant après lui la victoire et l'effroi,
Il se puisse abaisser à soupirer pour moi?

---

1. *Var.* Puis-je croire qu'un prince au comble de sa gloire. (1666 et 72)

Des captifs comme lui brisent bientôt leur chaîne : 365
A de plus hauts desseins la gloire les entraîne ;
Et l'amour dans leurs cœurs, interrompu, troublé,
Sous le faix des lauriers est bientôt accablé.
Tandis que ce héros me tint sa prisonnière,
J'ai pu toucher son cœur d'une atteinte légère ; 370
Mais je pense, Seigneur, qu'en rompant mes liens,
Alexandre à son tour brisa bientôt les siens.

ÉPHESTION.

Ah ! si vous l'aviez vu, brûlant d'impatience,
Compter les tristes jours d'une si longue absence,
Vous sauriez que l'amour précipitant ses pas, 375
Il ne cherchoit que vous en courant aux combats.
C'est pour vous qu'on l'a vu, vainqueur de tant de princes,
D'un cours impétueux traverser vos provinces,
Et briser en passant, sous l'effort de ses coups,
Tout ce qui l'empêchoit de s'approcher de vous. 380
On voit en même champ vos drapeaux et les nôtres ;
De ses retranchements il découvre les vôtres ;
Mais après tant d'exploits, ce timide vainqueur
Craint qu'il ne soit encor bien loin de votre cœur.
Que lui sert de courir de contrée en contrée, 385
S'il faut que de ce cœur vous lui fermiez l'entrée ?
Si pour ne point répondre à de sincères vœux,
Vous cherchez chaque jour à douter de ses feux ?
Si votre esprit, armé de mille défiances....

CLÉOFILE.

Hélas ! de tels soupçons sont de foibles défenses ; 390
Et nos cœurs, se formant mille soins superflus,
Doutent toujours du bien qu'ils souhaitent le plus.
Oui, puisque ce héros veut que j'ouvre mon âme,
J'écoute avec plaisir le récit de sa flamme.
Je craignois que le temps n'en eût borné le cours ; 395
Je souhaite qu'il m'aime, et qu'il m'aime toujours.

Je dis plus : quand son bras força notre frontière,
Et dans les murs d'Omphis m'arrêta prisonnière¹,
Mon cœur, qui le voyoit maître de l'univers,
Se consoloit déjà de languir dans ses fers; 400
Et loin de murmurer contre un destin si rude,
Il s'en fit, je l'avoue, une douce habitude;
Et de sa liberté perdant le souvenir,
Même en la demandant, craignoit de l'obtenir.
Jugez si son retour me doit combler de joie². 405
Mais tout couvert de sang, veut-il que je le voie?
Est-ce comme ennemi qu'il se vient présenter?
Et ne me cherche-t-il que pour me tourmenter?

ÉPHESTION.

Non, Madame : vaincu du pouvoir de vos charmes,
Il suspend aujourd'hui la terreur de ses armes; 410
Il présente la paix à des rois aveuglés,
Et retire la main qui les eût accablés.
Il craint que la victoire, à ses vœux trop facile,
Ne conduise ses coups dans le sein de Taxile.
Son courage, sensible à vos justes douleurs, 415
Ne veut point de lauriers arrosés de vos pleurs.
Favorisez les soins où son amour l'engage;
Exemptez sa valeur d'un si triste avantage;
Et disposez des rois qu'épargne son courroux
A recevoir un bien qu'ils ne doivent qu'à vous. 420

CLÉOFILE.

N'en doutez point, Seigneur, mon âme inquiétée
D'une crainte si juste est sans cesse agitée :

---

1. Nous avons dit plus haut (p. 524, note 1) qu'*Omphis* était, d'après Quinte-Curce, le nom de Taxile. Nous ne trouvons pas la ville d'Omphis dans les historiens et géographes anciens. Il paraît bien que Racine l'a imaginée, quoique les princes indiens prissent, comme nous l'avons fait remarquer, les noms de leurs villes principales.

2. *Var.* Jugez si mon retour me doit combler de joie. (1666 et 72) Ce ne peut être qu'une faute d'impression.

ACTE II, SCÈNE I.

Je tremble pour mon frère, et crains que son trépas
D'un ennemi si cher n'ensanglante le bras.
Mais en vain je m'oppose à l'ardeur qui l'enflamme, 425
Axiane et Porus tyrannisent son âme :
Les charmes d'une reine et l'exemple d'un roi,
Dès que je veux parler, s'élèvent contre moi.
Que n'ai-je point à craindre en ce désordre extrême ?
Je crains pour lui, je crains pour Alexandre même. 430
Je sais qu'en l'attaquant cent rois se sont perdus ;
Je sais tous ses exploits ; mais je connois Porus.
Nos peuples, qu'on a vus, triomphants à sa suite,
Repousser les efforts du Persan et du Scythe,
Et tout fiers[1] des lauriers dont il les a chargés, 435
Vaincront à son exemple, ou périront vengés ;
Et je crains....

ÉPHESTION.

Ah ! quittez une crainte si vaine :
Laissez courir Porus où son malheur l'entraîne ;
Que l'Inde en sa faveur arme tous ses États,
Et que le seul Taxile en détourne ses pas. 440
Mais les voici....

CLÉOFILE.

Seigneur, achevez votre ouvrage :
Par vos sages conseils dissipez cet orage ;
Ou s'il faut qu'il éclate, au moins souvenez-vous
De le faire tomber sur d'autres que sur nous.

---

1. Ici, et plus loin au vers 905, il y a bien *tout*, sans accord, dans toutes les anciennes éditions. Voyez le *Lexique*, et ci-après, p. 594, note 1.

SCÈNE II.

PORUS, TAXILE, EPHESTION.

ÉPHESTION.

Avant que le combat qui menace vos têtes 445
Mette tous vos États au rang de nos conquêtes,
Alexandre veut bien différer ses exploits,
Et vous offrir la paix pour la dernière fois.
Vos peuples, prévenus de l'espoir qui vous flatte,
Prétendoient arrêter le vainqueur de l'Euphrate; 450
Mais l'Hydaspe, malgré tant d'escadrons épars,
Voit enfin sur ses bords flotter nos étendards[1].
Vous les verriez plantés jusque sur vos tranchées,
Et de sang et de morts vos campagnes jonchées,
Si ce héros, couvert de tant d'autres lauriers, 455
N'eût lui-même arrêté l'ardeur de nos guerriers.
Il ne vient point ici, souillé du sang des princes,
D'un triomphe barbare effrayer vos provinces[2],
Et cherchant à briller d'une triste splendeur,
Sur le tombeau des rois élever sa grandeur. 460
Mais vous-mêmes, trompés d'un vain espoir de gloire,
N'allez point dans ses bras irriter la Victoire[3];
Et lorsque son courroux demeure suspendu,
Princes, contentez-vous de l'avoir attendu.
Ne différez point tant à lui rendre l'hommage 465
Que vos cœurs, malgré vous, rendent à son courage;

---

1. *Étendars*, dans les quatre premières éditions (1666 à 1687).
2. Racine s'est inspiré sans doute de ces paroles d'Alexandre dans Quinte-Curce (livre VIII, chapitre VIII) : « Veni.... in Asiam, non ut funditus everterem « gentes, nec ut dimidiam partem terrarum solitudinem facerem. »
3. On retrouve ce beau vers dans l'*Idylle sur la Paix* :

> Ses ennemis, offensés de sa gloire,...
> Ont osé dans ses bras irriter la Victoire.

Et recevant l'appui que vous offre son bras,
D'un si grand défenseur honorez vos États.
Voilà ce qu'un grand roi veut bien vous faire entendre,
Prêt à quitter le fer, et prêt à le reprendre. 470
Vous savez son dessein : choisissez aujourd'hui,
Si vous voulez tout perdre ou tenir tout de lui.

TAXILE.

Seigneur, ne croyez point qu'une fierté barbare[1]
Nous fasse méconnoître une vertu si rare,
Et que dans leur orgueil nos peuples affermis 475
Prétendent, malgré vous, être vos ennemis[2].
Nous rendons ce qu'on doit aux illustres exemples :
Vous adorez des Dieux qui nous doivent leurs temples ;
Des héros qui chez vous passoient pour des mortels[3],
En venant parmi nous ont trouvé des autels ; 480
Mais en vain l'on prétend, chez des peuples si braves,
Au lieu d'adorateurs se faire des esclaves[4] :
Croyez-moi, quelque éclat qui les puisse toucher,
Ils refusent l'encens qu'on leur veut arracher.
Assez d'autres États, devenus vos conquêtes, 485
De leurs rois, sous le joug, ont vu ployer les têtes[5].
Après tous ces États qu'Alexandre a soumis,
N'est-il pas temps, Seigneur, qu'il cherche des amis ?
Tout ce peuple captif, qui tremble au nom d'un maître,

---

1. *Var.* Seigneur, ne croyez point qu'une haine barbare. (1666-87)
2. *Var.* Veuillent, malgré vous-même, être vos ennemis. (1666 et 72)
3. Ce souvenir d'Hercule et de Bacchus est aussi rappelé à Alexandre par les petits rois de ce pays, dans Quinte-Curce (livre VIII, chapitre x) : « Alexan-
« dro, fines Indiæ ingresso, gentium suarum reguli occurrerunt, imperata fac-
« turi : illum tertium Jove genitum ad ipsos pervenisse memorantes ; Patrem
« Liberum atque Herculem fama cognitos esse. »
4. Les mêmes idées sont exprimées dans le discours à Alexandre, que Quinte-Curce (livre VII, chapitre VIII) prête aux Scythes : « Quibus bellum non
« intuleris, bonis amicis poteris uti.... Quos viceris, amicos tibi esse cave
« credas : inter dominum et servum nulla amicitia est. »
5. *Var.* Sous le joug d'Alexandre ont vu ployer leurs têtes.
Après tant de sujets à ses armes soumis. (1666 et 72)

Soutient mal un pouvoir qui ne fait que de naître. 490
Ils ont, pour s'affranchir, les yeux toujours ouverts[1];
Votre empire n'est plein que d'ennemis couverts.
Ils pleurent en secret leurs rois sans diadèmes[2];
Vos fers trop étendus se relâchent d'eux-mêmes;
Et déjà dans leur cœur les Scythes mutinés 495
Vont sortir de la chaîne où vous nous destinez.
Essayez, en prenant notre amitié pour gage,
Ce que peut une foi qu'aucun serment n'engage :
Laissez un peuple au moins qui puisse quelquefois
Applaudir sans contrainte au bruit de vos exploits. 500
Je reçois à ce prix l'amitié d'Alexandre;
Et je l'attends déjà comme un roi doit attendre
Un héros dont la gloire accompagne les pas,
Qui peut tout sur mon cœur, et rien sur mes États.

PORUS.

Je croyois, quand l'Hydaspe, assemblant ses provinces,
Au secours de ses bords fit voler tous ses princes,
Qu'il n'avoit avec moi, dans des desseins si grands,
Engagé que des rois ennemis des tyrans.
Mais puisqu'un roi, flattant la main qui nous menace,
Parmi ses alliés brigue une indigne place, 510
C'est à moi de répondre aux vœux de mon pays[3],

1. *Var.* Pour secouer le joug, les yeux toujours ouverts. (1666 et 72)
2. *Var.* Le Bactrien conquis reprend son diadème;
   Vos fers trop étendus se relâchent d'eux-même. (1666)
   Var. Quelques rois ont déjà repris leurs diadèmes;
   [Vos fers trop étendus se relâchent d'eux-mêmes.] (1672)
— On reconnaît dans ces vers une imitation d'un passage de Quinte-Curce (livre IV, chapitre xi) : « Periculosum est praegrave imperium : difficile est « continere quod capere non possis. »
3. *Var.* Je soutiendrai ma gloire, et répondant en roi,
   Je vais parler ici pour la Reine et pour moi (a). (1666 et 72)

(a) Il est à remarquer que dans le troisième volume du *Recueil de poésies diverses dédié à Monseigneur le prince de Conty par M. de la Fontaine* (Paris, 1671), où une partie de cette scène est citée (p. 224-228), cette variante ne se trouve pas. Le volume a bien, comme les deux premiers, la date de 1671; mais n'a-t-il pas été imprimé plus tard?

Et de parler pour ceux que Taxile a trahis.
Que vient chercher ici le roi qui vous envoie?
Quel est ce grand secours que son bras nous octroie?
De quel front ose-t-il prendre sous son appui   515
Des peuples qui n'ont point d'autre ennemi que lui?
Avant que sa fureur ravageât tout le monde,
L'Inde se reposoit dans une paix profonde;
Et si quelques voisins en troubloient les douceurs,
Il¹ portoit dans son sein d'assez bons défenseurs.   520
Pourquoi nous attaquer? Par quelle barbarie
A-t-on de votre maître excité la furie?
Vit-on jamais chez lui nos peuples en courroux
Désoler un pays inconnu parmi nous?
Faut-il que tant d'États, de déserts, de rivières   525
Soient entre nous et lui d'impuissantes barrières?
Et ne sauroit-on vivre au bout de l'univers
Sans connoître son nom et le poids de ses fers?
Quelle étrange valeur, qui ne cherchant qu'à nuire,
Embrase tout, sitôt qu'elle commence à luire;   530
Qui n'a que son orgueil pour règle et pour raison;
Qui veut que l'univers ne soit qu'une prison,
Et que maître absolu de tous tant que nous sommes³,
Ses esclaves en nombre égalent tous les hommes!
Plus d'Etats, plus de rois. Ses sacriléges mains   535
Dessous un même joug rangent tous les humains.
Dans son avide orgueil je sais qu'il nous dévore;

1. Ce pronom masculin nous montre que *l'Inde*, au vers 518, est pour *l'Indus*.

2. Racine a emprunté ici plusieurs traits au discours des envoyés scythes : « Quid nobis tecum est? Nunquam terram tuam attigimus. Qui sis, unde venias, licetne ignorare in vastis silvis viventibus? » (*Quinte-Curce*, livre VII, chapitre VIII.) (*Remarques*, tome I, p. 89.)

3. Louis Racine veut qu'il y ait dans ce vers une faute d'impression, et que, suivant la décision de Vaugelas, on lise : « de *tout* tant que nous sommes. » Mais la règle nous paraît plus que douteuse; il faut conserver la leçon de toutes les anciennes éditions.

De tant de souverains nous seuls régnons encore.
Mais que dis-je, nous seuls? Il ne reste que moi
Où l'on découvre encor les vestiges d'un roi.   540
Mais c'est pour mon courage une illustre matière.
Je vois d'un œil content trembler la terre entière,
Afin que par moi seul les mortels secourus,
S'ils sont libres, le soient de la main de Porus,
Et qu'on dise partout, dans une paix profonde :   545
« Alexandre vainqueur eût dompté tout le monde ;
Mais un roi l'attendoit au bout de l'univers,
Par qui le monde entier a vu briser ses fers. »

ÉPHESTION.

Votre projet du moins nous marque un grand courage.
Mais, Seigneur, c'est bien tard s'opposer à l'orage.   550
Si le monde penchant n'a plus que cet appui,
Je le plains, et vous plains vous-même autant que lui[1].
Je ne vous retiens point : marchez contre mon maître.
Je voudrois seulement qu'on vous l'eût fait connaître[2],
Et que la renommée eût voulu, par pitié,   555
De ses exploits au moins vous conter la moitié ;
Vous verriez....

PORUS.

Que verrois-je? et que pourrois-je apprendre

---

1. On a cru remarquer ici une imitation de ces vers de Corneille dans *Cinna* acte V, scène I, vers 1510-1516) :

> D'un étrange malheur son destin le menace,
> Si pour monter au trône et lui donner la loi,
> Tu ne trouves dans Rome autre obstacle que moi,...
> Et que ce grand fardeau de l'empire romain
> Ne puisse après ma mort tomber mieux qu'en ta main.

Les deux passages ne peuvent se comparer que pour le mouvement. L'image du vers 551 est la même que celle de ce vers de Corneille :

> Pourra prêter l'épaule au monde chancelant.
> (*Pompée*, acte I, scène I, vers 28.)

2. Voyez ci-dessus la note du vers 165. Ici, et plus loin au vers 681, toutes les anciennes éditions ont *connaître* par un *a*.

ACTE II, SCÈNE II.

Qui m'abaisse si fort au-dessous d'Alexandre?
Seroit-ce sans efforts les Persans subjugués[1],
Et vos bras tant de fois de meurtres fatigués? 560
Quelle gloire en effet d'accabler la foiblesse
D'un roi déjà vaincu par sa propre mollesse,
D'un peuple sans vigueur et presque inanimé,
Qui gémissoit sous l'or dont il étoit armé,
Et qui tombant en foule, au lieu de se défendre, 565
N'opposoit que des morts au grand cœur d'Alexandre?
Les autres, éblouis de ses moindres exploits[2],
Sont venus à genoux lui demander des lois;
Et leur crainte écoutant je ne sais quels oracles,
Ils n'ont pas cru qu'un Dieu pût trouver des obstacles.
Mais nous, qui d'un autre œil jugeons des conquérants,
Nous savons que les Dieux ne sont pas des tyrans;
Et de quelque façon qu'un esclave le nomme,
Le fils de Jupiter passe ici pour un homme.
Nous n'allons point de fleurs parfumer son chemin; 575
Il nous trouve partout les armes à la main;
Il voit à chaque pas arrêter ses conquêtes;
Un seul rocher ici lui coûte plus de têtes[3],
Plus de soins, plus d'assauts et presque plus de temps
Que n'en coûte à son bras l'empire des Persans. 580
Ennemis du repos qui perdit ces infâmes,
L'or qui naît sous nos pas ne corrompt point nos âmes.
La gloire est le seul bien qui nous puisse tenter,
Et le seul que mon cœur cherche à lui disputer;
C'est elle....

  ÉPHESTION, *en se levant.*
  Et c'est aussi ce que cherche Alexandre. 585

1. *Var.* Seroit-ce sans effort les Persans subjugués. (1666-76)
2. *Var.* Tout le reste, ébloui de ses moindres exploits. (1666 et 72)
3. Alexandre fut longtemps arrêté par une énergique résistance devant le rocher d'Aorne, au pied duquel coule l'Indus. Voyez Quinte-Curce, livre VIII, chapitre XI.

A de moindres objets son cœur ne peut descendre.
C'est ce qui l'arrachant du sein de ses États,
Au trône de Cyrus lui fit porter ses pas,
Et du plus ferme empire ébranlant les colonnes,
Attaquer, conquérir, et donner les couronnes¹; 590
Et puisque votre orgueil ose lui disputer
La gloire du pardon qu'il vous fait présenter,
Vos yeux, dès aujourd'hui témoins de sa victoire,
Verront de quelle ardeur il combat pour la gloire.
Bientôt le fer en main vous le verrez marcher. 595

PORUS.

Allez donc : je l'attends, ou je le vais chercher.

SCÈNE III.

PORUS, TAXILE.

TAXILE.

Quoi? vous voulez, au gré de votre impatience²....

PORUS.

Non, je ne prétends point troubler votre alliance :
Éphestion, aigri seulement contre moi,
De vos soumissions rendra compte à son roi. 600
Les troupes d'Axiane, à me suivre engagées,
Attendent le combat, sous mes drapeaux rangées;
De son trône et du mien je soutiendrai l'éclat,
Et vous serez, Seigneur, le juge du combat :
A moins que votre cœur, animé d'un beau zèle, 605
De vos nouveaux amis n'embrasse la querelle³.

---

1. *Var.* Attaquer, conquérir, et rendre les couronnes. (1666-87)
2. *Var.* Quoi? voulez-vous, au gré de votre impatience.... (1666 et 72)
3. *Var.* De ses nouveaux amis n'embrasse la querelle. (1666 et 72)

SCÈNE IV.

AXIANE, PORUS, TAXILE.

AXIANE, à Taxile.

Ah! que dit-on de vous, Seigneur? Nos ennemis
Se vantent que Taxile est à moitié soumis¹;
Qu'il ne marchera point contre un roi qu'il respecte.

TAXILE.

La foi d'un ennemi doit être un peu suspecte, 610
Madame; avec le temps ils me connoîtront mieux.

AXIANE.

Démentez donc, Seigneur, ce bruit injurieux :
De ceux qui l'ont semé confondez l'insolence;
Allez, comme Porus, les forcer au silence,
Et leur faire sentir, par un juste courroux, 615
Qu'ils n'ont point d'ennemi plus funeste que vous.

TAXILE.

Madame, je m'en vais disposer mon armée.
Écoutez moins ce bruit qui vous tient alarmée.
Porus fait son devoir, et je ferai le mien.

SCÈNE V.

AXIANE, PORUS.

AXIANE.

Cette sombre froideur ne m'en dit pourtant rien, 620
Lâche; et ce n'est point là, pour me le faire croire,
La démarche d'un roi qui court à la victoire.

---

1. *Var.* Vous comptent hautement au rang de leurs amis.
Ils se vantent déjà qu'un roi qui les respecte.... (1666-87)

Il n'en faut plus douter, et nous sommes trahis :
Il immole à sa sœur sa gloire et son pays;
Et sa haine, Seigneur, qui cherche à vous abattre, 625
Attend pour éclater que vous alliez combattre.

PORUS.

Madame, en le perdant, je perds un foible appui [1];
Je le connoissois trop pour m'assurer sur lui.
Mes yeux sans se troubler ont vu son inconstance;
Je craignois beaucoup plus sa molle résistance. 630
Un traître, en nous quittant pour complaire à sa sœur,
Nous affoiblit bien moins qu'un lâche défenseur.

AXIANE.

Et cependant, Seigneur, qu'allez-vous entreprendre?
Vous marchez sans compter les forces d'Alexandre;
Et courant presque seul au-devant de leurs coups, 635
Contre tant d'ennemis vous n'opposez que vous.

PORUS.

Hé quoi? voudriez-vous qu'à l'exemple d'un traître
Ma frayeur conspirât à vous donner un maître?
Que Porus, dans un camp se laissant arrêter,
Refusât le combat qu'il vient de présenter? 640
Non, non, je n'en crois rien. Je connois mieux, Madame,
Le beau feu que la gloire allume dans votre âme.
C'est vous, je m'en souviens, dont les puissants appas
Excitoient tous nos rois, les traînoient aux combats,
Et de qui la fierté, refusant de se rendre, 645
Ne vouloit pour amant qu'un vainqueur d'Alexandre.
Il faut vaincre, et j'y cours, bien moins pour éviter
Le titre de captif que pour le mériter.
Oui, Madame, je vais, dans l'ardeur qui m'entraîne,
Victorieux ou mort, mériter votre chaîne; 650

1. *Var.* O Dieux ! POR. Son changement me dérobe un appui
Que je connoissois trop pour m'assurer sur lui. (1666-76)

ACTE II, SCENE V.

Et puisque mes soupirs s'expliquoient vainement
A ce cœur que la gloire occupe seulement,
Je m'en vais, par l'éclat qu'une victoire donne,
Attacher de si près la gloire à ma personne,
Que je pourrai peut-être amener votre cœur   655
De l'amour de la gloire à l'amour du vainqueur.

AXIANE.

Hé bien! Seigneur, allez. Taxile aura peut-être
Des sujets dans son camp plus braves que leur maître;
Je vais les exciter par un dernier effort.
Après, dans votre camp j'attendrai votre sort.   660
Ne vous informez point de l'état de mon âme:
Triomphez et vivez.

PORUS.

        Qu'attendez-vous, Madame?
Pourquoi, dès ce moment, ne puis-je pas savoir
Si mes tristes soupirs ont pu vous émouvoir?
Voulez-vous, car le sort, adorable Axiane,   665
A ne vous plus revoir peut-être me condamne,
Voulez-vous qu'en mourant un prince infortuné[1]
Ignore à quelle gloire il étoit destiné?
Parlez.

AXIANE.

    Que vous dirai-je?

PORUS.

              Ah! divine Princesse,
Si vous sentiez pour moi quelque heureuse foiblesse,   670
Ce cœur, qui me promet tant d'estime en ce jour,
Me pourroit bien encor promettre un peu d'amour.
Contre tant de soupirs peut-il bien se défendre?
Peut-il....

---

1. *Var.* Voulez-vous qu'en mourant ce cœur infortuné. (1666 et 72)

AXIANE.

Allez, Seigneur, marchez contre Alexandre.
La victoire est à vous, si ce fameux vainqueur 675
Ne se défend pas mieux contre vous que mon cœur.

FIN DU SECOND ACTE.

ACTE III.

SCÈNE PREMIÈRE.
AXIANE, CLÉOFILE.

AXIANE.
Quoi? Madame, en ces lieux on me tient enfermée?
Je ne puis au combat voir marcher mon armée?
Et commençant par moi sa noire trahison[1],
Taxile de son camp me fait une prison? 680
C'est donc là cette ardeur qu'il me faisoit paraître?
Cet humble adorateur se déclare mon maître!
Et déjà son amour, lassé de ma rigueur,
Captive ma personne au défaut de mon cœur!

CLÉOFILE.
Expliquez mieux les soins et les justes alarmes 685
D'un roi qui pour vainqueur ne connoît que vos charmes[2];
Et regardez, Madame, avec plus de bonté
L'ardeur qui l'intéresse à votre sûreté.
Tandis qu'autour de nous deux puissantes armées,
D'une égale chaleur au combat animées[3], 690
De leur fureur partout font voler les éclats,
De quel autre côté conduiriez-vous vos pas?
Où pourriez-vous ailleurs éviter la tempête?
Un plein calme en ces lieux assure votre tête:
Tout est tranquille....

---

1. *Var.* Et commençant sur moi sa noire trahison. (1666 et 72)
2. *Var.* D'un roi qui pour vainqueurs ne connoît que vos charmes. (1666-76)
3. *Var.* D'une égale fierté l'une et l'autre animées. (1666-76)

AXIANE.

     Et c'est cette tranquillité
Dont je ne puis souffrir l'indigne sûreté.
Quoi? lorsque mes sujets, mourant dans une plaine,
Sur les pas de Porus combattent pour leur reine,
Qu'au prix de tout leur sang ils signalent leur foi,
Que le cri des mourants vient presque jusqu'à moi,
On me parle de paix? et le camp de Taxile
Garde dans ce désordre une assiette tranquille?
On flatte ma douleur d'un calme injurieux!
Sur des objets de joie on arrête mes yeux!

CLÉOFILE.

Madame, voulez-vous que l'amour de mon frère
Abandonne aux périls une tête si chère?
Il sait trop les hasards....

AXIANE.

     Et pour m'en détourner
Ce généreux amant me fait emprisonner!
Et tandis que pour moi son rival se hasarde,
Sa paisible valeur me sert ici de garde¹!

---

1. *Var.* [Sa paisible valeur me sert ici de garde!]
 Ah! Madame, s'il m'aime, il le témoigne mal.
 Ses lâches soins ne font qu'avancer son rival.
 Il devoit dans un champ, plein d'une noble envie,
 Lui disputer mon cœur et le soin de ma vie,
 Balancer mon estime, et comme lui courir
 Bien moins pour me sauver que pour me conquérir.
 CLÉOF. D'un refus si honteux il craint peu les reproches :
 Il n'a point du combat évité les approches;
 Il en eût partagé la gloire et le danger;
 Mais Porus avec lui ne veut rien partager :
 Il auroit cru trahir son illustre colère,
 Que d'attendre un moment le secours de mon frère.
 AXIANE. Un si lent défenseur, quel que soit son amour,
 Se seroit fait, Madame, attendre plus d'un jour.
 Non, non, vous jouissez d'une pleine assurance :
 Votre amant, votre frère étoient d'intelligence.
 Le lâche, qui dans l'âme étoit déjà rendu,

CLÉOFILE.

Que Porus est heureux! Le moindre éloignement
A votre impatience est un cruel tourment;
Et si l'on vous croyoit, le soin qui vous travaille
Vous le feroit chercher jusqu'au champ de bataille.

AXIANE.

Je ferois plus, Madame : un mouvement si beau   715
Me le feroit chercher jusque dans le tombeau,
Perdre tous mes États, et voir d'un œil tranquille
Alexandre en payer le cœur de Cléofile.

CLÉOFILE.

Si vous cherchez Porus, pourquoi m'abandonner[1]?
Alexandre en ces lieux pourra le ramener.   720
Permettez que veillant au soin de votre tête,
A cet heureux amant l'on garde sa conquête.

AXIANE.

Vous triomphez, Madame; et déjà votre cœur
Vole vers Alexandre, et le nomme vainqueur;
Mais sur la seule foi d'un amour qui vous flatte,   725
Peut-être avant le temps ce grand orgueil éclate :
Vous poussez un peu loin vos vœux précipités,
Et vous croyez trop tôt ce que vous souhaitez.
Oui, oui....

CLÉOFILE.

Mon frère vient; et nous allons apprendre
Qui de nous deux, Madame, aura pu se méprendre.   730

AXIANE.

Ah! je n'en doute plus; et ce front satisfait
Dit assez à mes yeux que Porus est défait.

Ne cherchoit qu'à nous vendre après s'être vendu.
Et vous m'osez encor parler de votre frère?
Ah! de ce camp, Madame, ouvrez-moi la barrière!
[CLÉOF. Que Porus est heureux! Le moindre éloignement.] (1666)
Var. Si vous cherchez Porus, sans nous abandonner. (1666 et 72)

SCÈNE II.

TAXILE, AXIANE, CLÉOFILE.

TAXILE.

Madame, si Porus, avec moins de colère,
Eût suivi les conseils d'une amitié sincère,
Il m'auroit en effet épargné la douleur   735
De vous venir moi-même annoncer son malheur.

AXIANE.

Quoi? Porus....

TAXILE.

C'en est fait ; et sa valeur trompée
Des maux que j'ai prévus se voit enveloppée.
Ce n'est pas (car mon cœur, respectant sa vertu,
N'accable point encore un rival abattu),   740
Ce n'est point que son bras, disputant la victoire,
N'en ait aux ennemis ensanglanté la gloire ;
Qu'elle-même, attachée à ses faits éclatants,
Entre Alexandre et lui n'ait douté quelque temps ;
Mais enfin contre moi sa vaillance irritée   745
Avec trop de chaleur s'étoit précipitée.
J'ai vu ses bataillons rompus et renversés,
Vos soldats en désordre, et les siens dispersés ;
Et lui-même à la fin entraîné dans leur fuite,
Malgré lui du vainqueur éviter la poursuite ;   750
Et de son vain courroux trop tard désabusé,
Souhaiter le secours qu'il avoit refusé.

AXIANE.

Qu'il avoit refusé ! Quoi donc? pour ta patrie
Ton indigne courage attend que l'on te prie[1]?

---

1. *Var.* Qu'il avoit refusé, lâche! Pour ta patrie
   Ton infâme courage attend donc qu'on le prie? (1666)

Il faut donc, malgré toi, te traîner aux combats, 755
Et te forcer toi-même à sauver tes États ?
L'exemple de Porus, puisqu'il faut qu'on t'y porte,
Dis-moi, n'étoit-ce pas une voix assez forte ?
Ce héros en péril, ta maîtresse en danger,
Tout l'État périssant n'a pu t'encourager ! 760
Va, tu sers bien le maître à qui ta sœur te donne.
Achève, et fais de moi ce que sa haine ordonne.
Garde à tous les vaincus un traitement égal,
Enchaîne ta maîtresse en livrant ton rival¹.
Aussi bien c'en est fait : sa disgrâce et ton crime 765
Ont placé dans mon cœur ce héros magnanime.
Je l'adore, et je veux avant la fin du jour
Déclarer à la fois ma haine et mon amour ;
Lui vouer à tes yeux une amitié fidèle,
Et te jurer aux siens une haine immortelle. 770
Adieu : tu me connois. Aime-moi, si tu veux.

TAXILE.

Ah ! n'espérez de moi que de sincères vœux,
Madame ; n'attendez ni menaces ni chaînes :
Alexandre sait mieux ce qu'on doit à des reines.
Souffrez que sa douceur vous oblige à garder 775
Un trône que Porus devoit moins hasarder² ;
Et moi-même en aveugle on me verroit combattre
La sacrilége main qui le voudroit abattre.

AXIANE.

Quoi ? par l'un de vous deux mon sceptre raffermi
Deviendroit dans mes mains le don d'un ennemi ? 780
Et sur mon propre trône on me verroit placée
Par le même tyran qui m'en auroit chassée ?

TAXILE.

Des reines et des rois vaincus par sa valeur

---

1. *Var.* Enchaîne ta maîtresse avecque ton rival. (1666-87)
2. *Var.* Un sceptre que Porus devoit moins hasarder. (1666-87)

Ont laissé par ses soins adoucir leur malheur.
Voyez de Darius et la femme et la mère[1] : 785
L'une le traite en fils, l'autre le traite en frère.

AXIANE.

Non, non, je ne sais point vendre mon amitié,
Caresser un tyran, et régner par pitié.
Penses-tu que j'imite une foible Persane?
Qu'à la cour d'Alexandre on retienne Axiane? 790
Et qu'avec mon vainqueur courant tout l'univers,
J'aille vanter partout la douceur de ses fers?
S'il donne les États, qu'il te donne les nôtres;
Qu'il te pare, s'il veut, des dépouilles des autres.
Règne : Porus ni moi n'en serons point jaloux, 795
Et tu seras encor plus esclave que nous.
J'espère qu'Alexandre, amoureux de sa gloire,
Et fâché que ton crime ait souillé sa victoire,
S'en lavera bientôt par ton propre trépas.
Des traîtres comme toi font souvent des ingrats; 800
Et de quelques faveurs que sa main t'éblouisse,
Du perfide Bessus regarde le supplice[2].
Adieu.

SCÈNE III.

TAXILE, CLÉOFILE.

CLÉOFILE.

Cédez, mon frère, à ce bouillant transport :
Alexandre et le temps vous rendront le plus fort;
Et cet âpre courroux, quoi qu'elle en puisse dire, 805

---

1. Quinte-Curce donne à la femme de Darius le nom de *Statira* (livre IV, chapitre v); à sa mère, celui de *Sisygambis* (livre III, chapitre III.)
2. Bessus, satrape de Bactriane, avait chargé de chaînes, puis assassiné Darius. Alexandre fit battre de verges le perfide satrape, puis l'envoya à Ecbatane, où il subit le supplice de l'écartèlement.

ACTE III, SCÈNE III.

Ne s'obstinera point au refus d'un empire.
Maître de ses destins, vous l'êtes de son cœur.
Mais, dites-moi, vos yeux ont-ils vu le vainqueur[1] ?
Quel traitement, mon frère, en devons-nous attendre ?
Qu'a-t-il dit ?

TAXILE.

Oui, ma sœur, j'ai vu votre Alexandre.
D'abord ce jeune éclat qu'on remarque en ses traits
M'a semblé démentir le nombre de ses faits[2].
Mon cœur, plein de son nom, n'osoit, je le confesse,
Accorder tant de gloire avec tant de jeunesse ;
Mais de ce même front l'héroïque fierté, 815
Le feu de ses regards, sa haute majesté,
Font connoître Alexandre. Et certes son visage[3]
Porte de sa grandeur l'infaillible présage ;
Et sa présence auguste appuyant ses projets,
Ses yeux comme son bras font partout des sujets. 820
Il sortoit du combat. Ébloui de sa gloire[4],
Je croyois dans ses yeux voir briller la victoire.
Toutefois à ma vue oubliant sa fierté,
Il a fait à son tour éclater sa bonté.
Ses transports ne m'ont point déguisé sa tendresse : 825
« Retournez, m'a-t-il dit, auprès de la princesse ;
Disposez ses beaux yeux à revoir un vainqueur
Qui va mettre à ses pieds sa victoire et son cœur. »
Il marche sur mes pas. Je n'ai rien à vous dire,

---

1. *Var.* Mais vous venez de voir Alexandre vainqueur. (1672)
2. Quoique Racine ne parle pas de la petite taille d'Alexandre, mais du *jeune éclat de ses traits*, il a eu très-probablement en vue ce passage de Quinte-Curce, où il est parlé de l'effet que la vue du héros macédonien fit d'abord sur les envoyés des Scythes : « In vultu regis defixerant oculos; credo, « quia magnitudine corporis animum æstimantibus modicus habitus handqua- « quam famæ par videbatur. » (Livre VII, chapitre VIII.)
3. *Var.* Le font bientôt connoître. Et certes son visage. (1666)
4. *Var.* Il sortoit du combat; et tout couvert de gloire. (1666 et 72)

J. RACINE. I

Ma sœur : de votre sort je vous laisse l'empire ; 830
Je vous confie encor la conduite du mien.

CLÉOFILE.

Vous aurez tout pouvoir, ou je ne pourrai rien.
Tout va vous obéir, si le vainqueur m'écoute.

TAXILE.

Je vais donc.... Mais on vient. C'est lui-même sans doute.

SCÈNE IV.

ALEXANDRE, TAXILE, CLÉOFILE, ÉPHESTION ; SUITE D'ALEXANDRE.

ALEXANDRE.

Allez, Éphestion. Que l'on cherche Porus ; 835
Qu'on épargne sa vie, et le sang des vaincus.

SCÈNE V.

ALEXANDRE, TAXILE, CLÉOFILE.

ALEXANDRE, à Taxile.

Seigneur, est-il donc vrai qu'une reine aveuglée
Vous préfère d'un roi la valeur déréglée ?
Mais ne le craignez point : son empire est à vous ;
D'une ingrate à ce prix fléchissez le courroux. 840
Maître de deux États, arbitre des siens mêmes,
Allez avec vos vœux offrir trois diadèmes.

TAXILE.

Ah ! c'en est trop, Seigneur : prodiguez un peu moins....

ALEXANDRE.

Vous pourrez à loisir reconnoître mes soins.
Ne tardez point : allez où l'amour vous appelle ; 845
Et couronnez vos feux d'une palme si belle.

SCÈNE VI.

ALEXANDRE, CLÉOFILE.

ALEXANDRE.

Madame, à son amour je promets mon appui :
Ne puis-je rien pour moi quand je puis tout pour lui?
Si prodigue envers lui des fruits de la victoire,
N'en aurai-je pour moi qu'une stérile gloire? 850
Les sceptres devant vous ou rendus ou donnés,
De mes propres lauriers mes amis couronnés,
Les biens que j'ai conquis répandus sur leurs têtes,
Font voir que je soupire après d'autres conquêtes.
Je vous avois promis que l'effort de mon bras 855
M'approcheroit bientôt de vos divins appas;
Mais dans ce même temps souvenez-vous, Madame,
Que vous me promettiez quelque place en votre âme.
Je suis venu : l'amour a combattu pour moi;
La Victoire elle-même a dégagé ma foi; 860
Tout cède autour de vous : c'est à vous de vous rendre;
Votre cœur l'a promis : voudra-t-il s'en défendre?
Et lui seul pourroit-il échapper aujourd'hui
A l'ardeur d'un vainqueur qui ne cherche que lui?

CLÉOFILE.

Non, je ne prétends pas que ce cœur inflexible 865
Garde seul contre vous le titre d'invincible[1];
Je rends ce que je dois à l'éclat des vertus
Qui tiennent sous vos pieds cent peuples abattus.

---

1. Le souvenir des vers de Rotrou, qu'il avait imités dans sa première tragédie, a poursuivi Racine, peut-être sans qu'il en eût conscience :

> Et vous, plus inhumain et plus inaccessible,
> Conservez contre moi le titre d'invincible.
> (*Antigone*, acte II, scène III.)

Les Indiens domptés sont vos moindres ouvrages :
Vous inspirez la crainte aux plus fermes courages ; 870
Et quand vous le voudrez, vos bontés à leur tour
Dans les cœurs les plus durs inspireront l'amour.
Mais, Seigneur, cet éclat, ces victoires, ces charmes
Me troublent bien souvent par de justes alarmes.
Je crains que satisfait d'avoir conquis un cœur, 875
Vous ne l'abandonniez à sa triste langueur ;
Qu'insensible à l'ardeur que vous aurez causée,
Votre âme ne dédaigne une conquête aisée.
On attend peu d'amour d'un héros tel que vous :
La gloire fit toujours vos transports les plus doux[1] ; 880
Et peut-être, au moment que ce grand cœur soupire,
La gloire de me vaincre est tout ce qu'il desire.

ALEXANDRE.

Que vous connoissez mal les violents desirs
D'un amour qui vers vous porte tous mes soupirs !
J'avoûrai qu'autrefois, au milieu d'une armée, 885
Mon cœur ne soupiroit que pour la renommée ;
Les peuples et les rois, devenus mes sujets,
Étoient seuls à mes vœux d'assez dignes objets.
Les beautés de la Perse à mes yeux présentées[2],
Aussi bien que ses rois ont paru surmontées. 890
Mon cœur, d'un fier mépris armé contre leurs traits,
N'a pas du moindre hommage honoré leurs attraits ;
Amoureux de la gloire, et partout invincible,
Il mettoit son bonheur à paroître insensible.
Mais, hélas ! que vos yeux, ces aimables tyrans, 895
Ont produit sur mon cœur des effets différents !

---

1. Photin, parlant de César, exprime la même pensée (*Pompée*, acte II, scène IV, vers 683 et 684) :

> L'amour à ses pareils ne donne point d'ardeur
> Qui ne cède aisément aux soins de leur grandeur.

2. *Var.* Les beautés de l'Asie a mes yeux présentées. (1666-76)

Ce grand nom de vainqueur n'est plus ce qu'il souhaite;
Il vient avec plaisir avouer sa défaite :
Heureux si votre cœur se laissant émouvoir,
Vos beaux yeux à leur tour avouoient leur pouvoir ! 900
Voulez-vous donc toujours douter de leur victoire¹?
Toujours de mes exploits me reprocher la gloire,
Comme si les beaux nœuds où vous me tenez pris
Ne devoient arrêter que de foibles esprits?
Par des faits tout nouveaux je m'en vais vous apprendre
Tout ce que peut l'amour sur le cœur d'Alexandre.
Maintenant que mon bras, engagé sous vos lois,
Doit soutenir mon nom et le vôtre à la fois,
J'irai rendre fameux, par l'éclat de la guerre,
Des peuples inconnus au reste de la terre, 910
Et vous faire dresser des autels en des lieux
Où leurs sauvages mains en refusent aux Dieux.

CLÉOFILE.

Oui, vous y traînerez la victoire captive;
Mais je doute, Seigneur, que l'amour vous y suive.
Tant d'États, tant de mers qui vont nous désunir 915
M'effaceront bientôt de votre souvenir.
Quand l'Océan troublé vous verra sur son onde
Achever quelque jour la conquête du monde;
Quand vous verrez les rois tomber à vos genoux,
Et la terre en tremblant se taire devant vous², 920
Songerez-vous, Seigneur, qu'une jeune princesse,
Au fond de ses États vous regrette sans cesse,
Et rappelle en son cœur les moments bienheureux
Où ce grand conquérant l'assuroit de ses feux?

---

1. *Var.* Veulent-ils donc toujours douter de leur victoire? (1666 et 72)
2. « *Siluit terra in conspectu ejus.* C'est l'expression de l'Écriture sainte sur Alexandre. » (*Louis Racine, Remarques*, tome I, p. 100.) Elle est dans le livre Ier des *Macchabées*, chapitre Ier, verset 3.

ALEXANDRE.

Hé quoi? vous croyez donc qu'à moi-même barbare 925
J'abandonne en ces lieux une beauté si rare?
Mais vous-même plutôt voulez-vous renoncer
Au trône de l'Asie où je vous veux placer?

CLÉOFILE.

Seigneur, vous le savez, je dépends de mon frère.

ALEXANDRE.

Ah! s'il disposoit seul du bonheur que j'espère, 930
Tout l'empire de l'Inde, asservi sous ses lois,
Bientôt en ma faveur iroit briguer son choix.

CLÉOFILE.

Mon amitié pour lui n'est point intéressée.
Apaisez seulement une reine offensée;
Et ne permettez pas qu'un rival aujourd'hui, 935
Pour vous avoir bravé, soit plus heureux que lui.

ALEXANDRE.

Porus étoit sans doute un rival magnanime:
Jamais tant de valeur n'attira mon estime.
Dans l'ardeur du combat je l'ai vu, je l'ai joint;
Et je puis dire encor qu'il ne m'évitoit point: 940
Nous nous cherchions l'un l'autre. Une fierté si belle
Alloit entre nous deux finir notre querelle,
Lorsqu'un gros de soldats, se jetant entre nous,
Nous a fait dans la foule ensevelir nos coups.

SCÈNE VII.

ALEXANDRE, CLÉOFILE, ÉPHESTION.

ALEXANDRE.

Hé bien! ramène-t-on ce prince téméraire? 945

ÉPHESTION.

On le cherche partout; mais quoi qu'on puisse faire,

Seigneur, jusques ici sa fuite ou son trépas
Dérobe ce captif au soin de vos soldats.
Mais un reste des siens entourés dans leur fuite¹,
Et du soldat vainqueur arrêtant la poursuite,   950
A nous vendre leur mort semblent se préparer².

ALEXANDRE.

Désarmez les vaincus sans les désespérer³.
Madame, allons fléchir une fière princesse,
Afin qu'à mon amour Taxile s'intéresse;
Et puisque mon repos doit dépendre du sien,   955
Achevons son bonheur pour établir le mien.

1. *Var.* Mais un reste des siens, ralliés de leur fuite,
A du soldat vainqueur arrêté la poursuite. (1666 et 72)
2. *Var.* Leurs bras à quelque effort semblent se préparer.
ALEX. Observez leur dessein sans les désespérer. (1666)
Var. Leur bras à quelque effort semble se préparer.
ALEX. Qu'on ne leur laisse point le temps de respirer. (1672)
Var. A lui vendre leur mort semblent se préparer.
[ALEX. Désarmez les vaincus sans les désespérer.] (1676)

FIN DU TROISIÈME ACTE.

ACTE IV.

SCÈNE PREMIÈRE.

AXIANE, seule.

N'entendrons-nous jamais que des cris de victoire
Qui de mes ennemis me reprochent la gloire?
Et ne pourrai-je au moins, en de si grands malheurs,
M'entretenir moi seule avecque¹ mes douleurs?   960
D'un odieux amant sans cesse poursuivie,
On prétend malgré moi m'attacher à la vie :
On m'observe, on me suit. Mais, Porus, ne crois pas
Qu'on me puisse empêcher de courir sur tes pas.
Sans doute à nos malheurs ton cœur n'a pu survivre. 965
En vain tant de soldats s'arment pour te poursuivre :
On te découvriroit au bruit de tes efforts;
Et s'il te faut chercher, ce n'est qu'entre les morts.
Hélas! en me quittant, ton ardeur redoublée
Sembloit prévoir les maux dont je suis accablée,   970
Lorsque tes yeux, aux miens découvrant ta langueur,
Me demandoient quel rang tu tenois dans mon cœur;
Que sans t'inquiéter du succès de tes armes,
Le soin de ton amour te causoit tant d'alarmes.
Et pourquoi te cachois-je avec tant de détours   975
Un secret si fatal au repos de tes jours?
Combien de fois, tes yeux forçant ma résistance,

---

1. « *Avecque*, de trois syllabes, n'est plus que dans ce seul endroit de Racine; car il l'a corrigé partout ailleurs où ses premières éditions nous apprennent qu'il l'avait employé. » (*D'Olivet*.)

Mon cœur s'est-il vu prêt¹ de rompre le silence !
Combien de fois, sensible à tes ardents desirs,
M'est-il en ta présence échappé des soupirs ! 980
Mais je voulois encor douter de ta victoire ;
J'expliquois mes soupirs en faveur de la gloire :
Je croyois n'aimer qu'elle. Ah ! pardonne, grand Roi,
Je sens bien aujourd'hui que je n'aimois que toi.
J'avoûrai que la gloire eut sur moi quelque empire : 985
Je te l'ai dit cent fois ; mais je devois te dire
Que toi seul en effet m'engageas sous ses lois.
J'appris à la connoître en voyant tes exploits ;
Et de quelque beau feu qu'elle m'eût enflammée,
En un autre que toi je l'aurois moins aimée. 990
Mais que sert de pousser des soupirs superflus,
Qui se perdent en l'air, et que tu n'entends plus ?
Il est temps que mon âme, au tombeau descendue,
Te jure une amitié si longtemps attendue ;
Il est temps que mon cœur, pour gage de sa foi, 995
Montre qu'il n'a pu vivre un moment après toi.
Aussi bien penses-tu que je voulusse vivre
Sous les lois d'un vainqueur à qui ta mort nous livre ?
Je sais qu'il se dispose à me venir parler,
Qu'en me rendant mon sceptre il veut me consoler. 1000
Il croit peut-être, il croit que ma haine étouffée
A sa fausse douceur servira de trophée.
Qu'il vienne : il me verra, toujours digne de toi,
Mourir en reine, ainsi que tu mourus en roi.

1. Toutes les anciennes éditions ont : *prêt de* (comparez plus haut, vers 359),
et non : *près de*, comme écrivent plusieurs éditions modernes.

SCÈNE II.
ALEXANDRE, AXIANE.

AXIANE.

Hé bien, Seigneur, hé bien! trouvez-vous quelques charmes
A voir couler des pleurs que font verser vos armes?
Ou si vous m'enviez, en l'état où je suis,
La triste liberté de pleurer mes ennuis?

ALEXANDRE.

Votre douleur est libre autant que légitime.
Vous regrettez, Madame, un prince magnanime. 1010
Je fus son ennemi; mais je ne l'étois pas
Jusqu'à blâmer les pleurs qu'on donne à son trépas.
Avant que sur ses bords l'Inde me vît paroître [1],
L'éclat de sa vertu me l'avoit fait connoître;
Entre les plus grands rois il se fit remarquer. 1015
Je savois....

AXIANE.

Pourquoi donc le venir attaquer?
Par quelle loi faut-il qu'aux deux bouts de la terre
Vous cherchiez la vertu pour lui faire la guerre?
Le mérite à vos yeux ne peut-il éclater
Sans pousser votre orgueil à le persécuter? 1020

ALEXANDRE.

Oui, j'ai cherché Porus; mais quoi qu'on puisse dire,
Je ne le cherchois pas afin de le détruire [2].
J'avoûrai que brûlant de signaler mon bras,

---

1. Voyez ci-dessus, vers 518-520.
2. L'expression que l'on remarque à peine dans ce vers se retrouve, mais avec un bien autre relief, dans cet autre vers de Racine :

Montrer aux nations Mithridate détruit.
(*Mithridate*, acte III, scène I, vers 921.)

Je me laissai conduire au bruit de ses combats,
Et qu'au seul nom d'un roi jusqu'alors invincible,   1025
A de nouveaux exploits mon cœur devint sensible.
Tandis que je croyois, par mes combats divers,
Attacher sur moi seul les yeux de l'univers,
J'ai vu de ce guerrier la valeur répandue
Tenir la Renommée entre nous suspendue;   1030
Et voyant de son bras voler partout l'effroi,
L'Inde sembla m'ouvrir un champ digne de moi¹.
Lassé de voir des rois vaincus sans résistance,
J'appris avec plaisir le bruit² de sa vaillance.
Un ennemi si noble a su m'encourager;   1035
Je suis venu chercher la gloire et le danger.
Son courage, Madame, a passé mon attente.
La victoire, à me suivre autrefois si constante,
M'a presque abandonné pour suivre vos guerriers.
Porus m'a disputé jusqu'aux moindres lauriers.   1040
Et j'ose dire encor qu'en perdant la victoire,
Mon ennemi lui-même a vu croître sa gloire,
Qu'une chute si belle élève sa vertu,
Et qu'il ne voudroit pas n'avoir point combattu³.

---

1. « Tandem par animo meo periculum video, » s'écrie Alexandre, dans Quinte-Curce, quand il voit en face de lui Porus et ses Indiens. (Livre VIII, chapitre XIV.)

2. *Le bruit*, la renommée. Voyez le *Lexique*.

3. C'est ainsi que dans Quinte-Curce (livre VIII, chapitre XIV) Porus se félicite jusque dans sa défaite : « Sed ne sic quidem parum felix sum, secun-« dus tibi. » — Boyer aussi a mis à profit ce passage de Quinte-Curce, et ses vers, au moins pour le sens, ne sont pas sans quelque ressemblance avec ceux de Racine. C'est Porus qui parle :

> Ma perte en cet état vaut mieux qu'une victoire.
> De ce dernier combat naîtra toute ma gloire,
> Et bien que je me voie à tes pieds abattu,
> Je suis trop glorieux de t'avoir combattu.
> Alexandre, dont l'âme est toute généreuse,
> A rendu par son bras ma défaite orgueilleuse.
>   (*Porus*, acte V, scène IV.)

AXIANE.

Hélas! il falloit bien qu'une si noble envie 1045
Lui fît abandonner tout le soin de sa vie,
Puisque de toutes parts trahi, persécuté,
Contre tant d'ennemis il s'est précipité.
Mais vous, s'il étoit vrai que son ardeur guerrière
Eût ouvert à la vôtre une illustre carrière, 1050
Que n'avez-vous, Seigneur, dignement combattu?
Falloit-il par la ruse attaquer sa vertu,
Et loin de remporter une gloire parfaite,
D'un autre que de vous attendre sa défaite?
Triomphez; mais sachez que Taxile en son cœur 1055
Vous dispute déjà ce beau nom de vainqueur,
Que le traître se flatte, avec quelque justice,
Que vous n'avez vaincu que par son artifice;
Et c'est à ma douleur un spectacle assez doux
De le voir partager cette gloire avec vous. 1060

ALEXANDRE.

En vain votre douleur s'arme contre ma gloire:
Jamais on ne m'a vu dérober la victoire[1],
Et par ces lâches soins, qu'on ne peut m'imputer,
Tromper mes ennemis, au lieu de les dompter.
Quoique partout, ce semble, accablé sous le nombre,
Je n'ai pu me résoudre à me cacher dans l'ombre:
Ils n'ont de leur défaite accusé que mon bras;
Et le jour a partout éclairé mes combats.
Il est vrai que je plains le sort de vos provinces[2]:

---

1. « Je ne dérobe pas la victoire, » οὐ κλέπτω τὴν νίκην. C'est le mot célèbre d'Alexandre, lorsque Parménion et ses autres amis lui conseillaient, à Arbèles, d'attaquer les Perses pendant la nuit. (Plutarque, *Vie d'Alexandre*, chapitre XXXI.) — Dans sa tragédie intitulée : *la Mort de Daire* (acte I, scène II), Hardy a mis en scène cette délibération de Parménion et d'Alexandre. Il fait dire à celui-ci :

> N'advienne que jamais Alexandre vainqueur
> Dérobe la victoire, acte d'un lâche cœur.

2. *Var.* Il est vrai que j'ai plaint le sort de vos provinces. (1666-76)

ACTE IV, SCÈNE II.

J'ai voulu prévenir la perte de vos princes ; 1070
Mais s'ils avoient suivi mes conseils et mes vœux,
Je les aurois sauvés ou combattus tous deux.
Oui, croyez....

AXIANE.

      Je crois tout. Je vous crois invincible[1].
Mais, Seigneur, suffit-il que tout vous soit possible ?
Ne tient-il qu'à jeter tant de rois dans les fers, 1075
Qu'à faire impunément gémir tout l'univers ?
Et que vous avoient fait tant de villes captives,
Tant de morts dont l'Hydaspe a vu couvrir ses rives ?
Qu'ai-je fait, pour venir accabler en ces lieux
Un héros sur qui seul j'ai pu tourner les yeux ? 1080
A-t-il de votre Grèce inondé les frontières ?
Avons-nous soulevé des nations entières,
Et contre votre gloire excité leur courroux ?
Hélas ! nous l'admirions sans en être jaloux.
Contents de nos États, et charmés l'un de l'autre, 1085
Nous attendions un sort plus heureux que le vôtre.
Porus bornoit ses vœux à conquérir un cœur
Qui peut-être aujourd'hui l'eût nommé son vainqueur.
Ah ! n'eussiez-vous versé qu'un sang si magnanime,
Quand on ne vous pourroit reprocher que ce crime, 1090
Ne vous sentez-vous pas, Seigneur, bien malheureux
D'être venu si loin rompre de si beaux nœuds ?
Non, de quelque douceur que se flatte votre âme,
Vous n'êtes qu'un tyran.

ALEXANDRE.

      Je le vois bien, Madame,
Vous voulez que saisi d'un indigne courroux, 1095

---

1. Dans les deux premières éditions (1666 et 1672) cette fin de vers est écrite ainsi : « Je croy tout. Je vous crois invincible. » Si l'une des deux manières d'écrire paraissait alors une licence de versification, c'était la seconde.

En reproches honteux j'éclate contre vous[1].
Peut-être espérez-vous que ma douceur lassée
Donnera quelque atteinte à sa gloire passée;
Mais quand votre vertu ne m'auroit point charmé,
Vous attaquez, Madame, un vainqueur désarmé.   1100
Mon âme, malgré vous à vous plaindre engagée,
Respecte le malheur où vous êtes plongée.
C'est ce trouble fatal qui vous ferme les yeux,
Qui ne regarde en moi qu'un tyran odieux.
Sans lui vous avoûriez que le sang et les larmes   1105
N'ont pas toujours souillé la gloire de mes armes :
Vous verriez.....

AXIANE.

Ah! Seigneur, puis-je ne les point voir,
Ces vertus dont l'éclat aigrit mon désespoir?
N'ai-je pas vu partout la victoire modeste
Perdre avec vous l'orgueil qui la rend si funeste?   1110
Ne vois-je pas le Scythe et le Perse abattus
Se plaire sous le joug et vanter vos vertus,
Et disputer enfin, par une aveugle envie,
A vos propres sujets le soin de votre vie?
Mais que sert à ce cœur que vous persécutez   1115
De voir partout ailleurs adorer vos bontés?
Pensez-vous que ma haine en soit moins violente,
Pour voir baiser partout la main qui me tourmente?
Tant de rois par vos soins vengés ou secourus,
Tant de peuples contents me rendent-ils Porus?   1120
Non, Seigneur : je vous hais d'autant plus qu'on vous aime[2],

---

1. Voltaire, dans *Zaïre* (acte IV, scène II), a emprunté ce vers à Racine :

> Vous ne m'entendrez point, amant faible et jaloux,
> En reproches honteux éclater contre vous.

2. Luneau de Boisjermain a signalé dans *Sertorius* des vers de Corneille que rappellent ceux de Racine. C'est Pompée qui parle ainsi à Sertorius :

> Et votre empire en est d'autant plus dangereux,

D'autant plus qu'il me faut vous admirer moi-même,
Que l'univers entier m'en impose la loi,
Et que personne enfin ne vous hait avec moi.

ALEXANDRE.

J'excuse les transports d'une amitié si tendre ; 1125
Mais, Madame, après tout, ils doivent me surprendre.
Si la commune voix ne m'a point abusé,
Porus d'aucun regard ne fut favorisé.
Entre Taxile et lui votre cœur en balance
Tant qu'ont duré ses jours a gardé le silence ; 1130
Et lorsqu'il ne peut plus vous entendre aujourd'hui,
Vous commencez, Madame, à prononcer pour lui ?
Pensez-vous que sensible à cette ardeur nouvelle,
Sa cendre exige encor que vous brûliez pour elle ?
Ne vous accablez point d'inutiles douleurs : 1135
Des soins plus importants vous appellent ailleurs.
Vos larmes ont assez honoré sa mémoire.
Régnez, et de ce rang soutenez mieux la gloire ;
Et redonnant le calme à vos sens désolés,
Rassurez vos États par sa chute ébranlés. 1140
Parmi tant de grands rois choisissez-leur un maître.
Plus ardent que jamais, Taxile....

AXIANE.

Quoi ? le traître !

> Qu'il rend de vos vertus les peuples amoureux,
> Qu'en assujettissant vous avez l'art de plaire,
> Qu'on croit n'être en vos fers qu'esclave volontaire,
> Et que la liberté trouvera peu de jour
> A détruire un pouvoir que fait régner l'amour.
> (*Sertorius*, acte III, scène I, vers 911-916.)

L'idée de se plaindre d'une vertu dangereuse, à qui l'on ne peut refuser son admiration, est à peu près la même dans les deux poëtes ; mais la ressemblance ne va pas plus loin. Cornélie, dans *Pompée* (acte V, scène IV, vers 1731 et 1732), parle aussi à Pompée à peu près de la même manière :

> Tu vois que ta vertu, qu'en vain on veut trahir,
> Me force de priser ce que je dois haïr.

ALEXANDRE.

Hé! de grâce, prenez des sentiments plus doux :
Aucune trahison ne le souille envers vous.
Maître de ses États, il a pu se résoudre   1145
A se mettre avec eux à couvert de la foudre.
Ni serment ni devoir ne l'avoient engagé
A courir dans l'abîme où Porus s'est plongé.
Enfin souvenez-vous qu'Alexandre lui-même
S'intéresse au bonheur d'un prince qui vous aime. 1150
Songez que réunis par un si juste choix,
L'Inde et l'Hydaspe entiers couleront sous vos lois ;
Que pour vos intérêts tout me sera facile,
Quand je les verrai joints avec ceux de Taxile.
Il vient. Je ne veux point contraindre ses soupirs ; 1155
Je le laisse lui-même expliquer ses desirs.
Ma présence à vos yeux n'est déjà que trop rude.
L'entretien des amants cherche la solitude :
Je ne vous trouble point.

SCÈNE III.

AXIANE, TAXILE.

AXIANE.

Approche, puissant roi,
Grand monarque de l'Inde, on parle ici de toi.   1160
On veut en ta faveur combattre ma colère ;
On dit que tes desirs n'aspirent qu'à me plaire[1],

---

1. C'est encore Luneau de Boisjermain qui nous avertit d'un rapprochement entre ce passage et la scène IV de l'acte II de *Sertorius*, vers 679-684. Viriate tient à Perpenna à peu près le même langage qu'Axiane à Taxile :

> Vous m'aimez, Perpenna ; Sertorius le dit....
> Par où prétendez-vous mériter une reine?
> A quel titre lui plaire, et par quel charme un jour
> Obliger sa couronne à payer votre amour?

Que mes rigueurs ne font qu'affermir ton amour.
On fait plus, et l'on veut que je t'aime à mon tour.
Mais sais-tu l'entreprise où s'engage ta flamme ? 1165
Sais-tu par quels secrets on peut toucher mon âme ?
Es-tu prêt... ?

TAXILE.

Ah ! Madame, éprouvez seulement
Ce que peut sur mon cœur un espoir si charmant.
Que faut-il faire ?

AXIANE.

Il faut, s'il est vrai que l'on m'aime,
Aimer la gloire autant que je l'aime moi-même, 1170
Ne m'expliquer ses vœux que par mille beaux faits,
Et haïr Alexandre autant que je le hais ;
Il faut marcher sans crainte au milieu des alarmes ;
Il faut combattre, vaincre, ou périr sous les armes.
Jette, jette les yeux sur Porus et sur toi, 1175
Et juge qui des deux étoit digne de moi.
Oui, Taxile, mon cœur, douteux en apparence,
D'un esclave et d'un roi faisoit la différence¹.
Je l'aimai, je l'adore ; et puisqu'un sort jaloux
Lui défend de jouir d'un spectacle si doux, 1180
C'est toi que je choisis pour témoin de sa gloire :
Mes pleurs feront toujours revivre sa mémoire ;
Toujours tu me verras, au fort de mon ennui,
Mettre tout mon plaisir à te parler de lui.

TAXILE.

Ainsi je brûle en vain pour une âme glacée ? 1185
L'image de Porus n'en peut être effacée².

1. *Var.* D'un lâche et d'un héros faisoit la différence. (1666)
2. Après ce vers, comme après le vers 1188, les éditions de 1666 et de 1672 ont un point d'interrogation. Celles de 1676 et de 1687 en ont seulement un après le vers 1188 ; celle de 1697, que nous suivons, n'en a ni après l'un ni après l'autre.

Quand j'irois, pour vous plaire, affronter le trépas,
Je me perdrois, Madame, et ne vous plairois pas.
Je ne puis donc....

AXIANE.

Tu peux recouvrer mon estime :
Dans le sang ennemi tu peux laver ton crime.   1190
L'occasion te rit : Porus dans le tombeau
Rassemble ses soldats autour de son drapeau ;
Son ombre seule encor semble arrêter leur fuite.
Les tiens même, les tiens, honteux de ta conduite,
Font lire sur leurs fronts justement courroucés   1195
Le repentir du crime où tu les as forcés.
Va seconder l'ardeur du feu qui les dévore ;
Venge nos libertés qui respirent encore ;
De mon trône et du tien deviens le défenseur ;
Cours, et donne à Porus un digne successeur.   1200
Tu ne me réponds rien. Je vois sur ton visage
Qu'un si noble dessein étonne ton courage.
Je te propose en vain l'exemple d'un héros :
Tu veux servir. Va, sers, et me laisse en repos[1].

TAXILE.

Madame, c'en est trop. Vous oubliez peut-être[2]   1205
Que si vous m'y forcez, je puis parler en maître,
Que je puis me lasser de souffrir vos dédains,
Que vous et vos États, tout est entre mes mains ;
Qu'après tant de respects, qui vous rendent plus fière,
Je pourrai....

---

1. Comparez le vers 1002 de *la Thebaïde* (ci-dessus, p. 453) :

    Qu'il parle, qu'il s'explique, et nous laisse en repos.

2. *Var.* TAX. Hé bien! n'en parlons plus. Les soupirs et les larmes
    Contre tant de mépris sont d'impuissantes armes;
    Mais c'est user, Madame, avec trop de rigueur
    Du pouvoir que vos yeux vous donnent sur mon cœur.
    Tout amant que je suis, vous oubliez peut-être. (1666 et 72)

ACTE IV, SCÈNE III.

AXIANE.

Je t'entends. Je suis ta prisonnière : 1210
Tu veux peut-être encor captiver mes desirs ;
Que mon cœur en tremblant réponde à tes soupirs.
Hé bien ! dépouille enfin cette douceur contrainte ;
Appelle à ton secours la terreur et la crainte ;
Parle en tyran tout prêt à me persécuter : 1215
Ma haine ne peut croître, et tu peux tout tenter.
Surtout ne me fais point d'inutiles menaces.
Ta sœur vient t'inspirer ce qu'il faut que tu fasses.
Adieu. Si ses conseils et mes vœux en sont crus,
Tu m'aideras bientôt à rejoindre Porus. 1220

TAXILE.

Ah ! plutôt....

SCENE IV.

TAXILE, CLÉOFILE.

CLÉOFILE.

Ah ! quittez cette ingrate princesse,
Dont la haine a juré de nous troubler sans cesse,
Qui met tout son plaisir à vous désespérer.
Oubliez....

TAXILE.

Non, ma sœur, je la veux adorer.
Je l'aime ; et quand les vœux que je pousse pour elle
N'en obtiendroient jamais qu'une haine immortelle,
Malgré tous ses mépris, malgré tous vos discours,
Malgré moi-même, il faut que je l'aime toujours.
Sa colère après tout n'a rien qui me surprenne :
C'est à vous, c'est à moi qu'il faut que je m'en prenne.
Sans vous, sans vos conseils, ma sœur, qui m'ont trahi,
Si je n'étois aimé, je serois moins haï.
Je la verrois, sans vous, par mes soins défendue,

Entre Porus et moi demeurer suspendue ;
Et ne seroit-ce pas un bonheur trop charmant　　　1235
Que de l'avoir réduite à douter un moment ?
Non, je ne puis plus vivre accablé de sa haine :
Il faut que je me jette aux pieds de l'inhumaine.
J'y cours : je vais m'offrir à servir son courroux,
Même contre Alexandre, et même contre vous.　　　1240
Je sais de quelle ardeur vous brûlez l'un pour l'autre ;
Mais c'est trop oublier mon repos pour le vôtre ;
Et sans m'inquiéter du succès de vos feux,
Il faut que tout périsse, ou que je sois heureux.

CLÉOFILE.

Allez donc, retournez sur le champ de bataille ;　　　1245
Ne laissez point languir l'ardeur qui vous travaille.
A quoi s'arrête ici ce courage inconstant ?
Courez : on est au mains, et Porus vous attend.

TAXILE.

Quoi ? Porus n'est point mort ? Porus vient de paroître[1] ?

CLÉOFILE.

C'est lui : de si grands coups le font trop reconnoître.
Il l'avoit bien prévu : le bruit de son trépas
D'un vainqueur trop crédule a retenu le bras.
Il vient surprendre ici leur valeur endormie,
Troubler une victoire encor mal affermie ;
Il vient, n'en doutez point, en amant furieux,　　　1255
Enlever sa maîtresse, ou périr à ses yeux.
Que dis-je ? Votre camp, séduit par cette ingrate,
Prêt à suivre Porus, en murmures éclate.
Allez vous-même, allez, en généreux amant,
Au secours d'un rival aimé si tendrement.　　　1260
Adieu.

1. *Var.* Quoi ? ma sœur, on se bat ? Porus vient de paroître ? (1666-87)

SCÈNE V.

TAXILE, seul.

Quoi? la fortune, obstinée à me nuire,
Ressuscite un rival armé pour me détruire?
Cet amant reverra les yeux qui l'ont pleuré,
Qui, tout mort qu'il étoit, me l'avoient préféré?
Ah! c'en est trop. Voyons ce que le sort m'apprête,
A qui doit demeurer cette noble conquête.
Allons : n'attendons pas dans un lâche courroux
Qu'un si grand différend se termine sans nous.

FIN DU QUATRIÈME ACTE.

ACTE V.

SCÈNE PREMIÈRE.

ALEXANDRE, CLÉOFILE.

ALEXANDRE.

Quoi? vous craigniez Porus même après sa défaite[1]?
Ma victoire à vos yeux sembloit-elle imparfaite ?   1270
Non, non, c'est un captif qui n'a pu m'échapper,
Que mes ordres partout ont fait envelopper.
Loin de le craindre encor, ne songez qu'à le plaindre.

CLÉOFILE.

Et c'est en cet état que Porus est à craindre.
Quelque brave qu'il fût, le bruit de sa valeur   1275
M'inquiétoit bien moins que ne fait son malheur.
Tant qu'on l'a vu suivi d'une puissante armée,
Ses forces, ses exploits ne m'ont point alarmée ;
Mais, Seigneur, c'est un roi malheureux et soumis,
Et dès lors je le compte au rang de vos amis.   1280

ALEXANDRE.

C'est un rang où Porus n'a plus droit de prétendre :
Il a trop recherché la haine d'Alexandre.
Il sait bien qu'à regret je m'y suis résolu ;

---

1. *Var.* Quoi? vous craignez Porus même après sa défaite?
   Ma victoire à vos yeux semble-t-elle imparfaite?
   Non, non, c'est un captif qui n'a pu m'éviter.
   Lui-même à son vainqueur il se vient présenter (*a*).

(*a*) Les éditions de 1702, 1713, 1722, 1728, 1736, 1750 et celle de M. Aimé-Martin ont conservé le premier vers de cette variante : « Quoi? vous *craignez*..., » au lieu de : « Quoi? vous *craigniez*.... »

Mais enfin je le hais autant qu'il l'a voulu.
Je dois même un exemple au reste de la terre : 1285
Je dois venger sur lui tous les maux de la guerre,
Le punir des malheurs qu'il a pu prévenir,
Et de m'avoir forcé moi-même à le punir.
Vaincu deux fois, haï de ma belle princesse....

CLÉOFILE.

Je ne hais point Porus, Seigneur, je le confesse. 1290
Et s'il m'étoit permis d'écouter aujourd'hui
La voix de ses malheurs qui me parle pour lui,
Je vous dirois qu'il fut le plus grand de nos princes,
Que son bras fut longtemps l'appui de nos provinces,
Qu'il a voulu peut-être en marchant contre vous 1295
Qu'on le crût digne au moins de tomber sous vos coups,
Et qu'un même combat signalant l'un et l'autre,
Son nom volât partout à la suite du vôtre.
Mais si je le défends, des soins si généreux
Retombent sur mon frère et détruisent ses vœux. 1300
Tant que Porus vivra, que faut-il qu'il devienne?
Sa perte est infaillible, et peut-être la mienne.
Oui, oui, si son amour ne peut rien obtenir,
Il m'en rendra coupable et m'en voudra punir.
Et maintenant encor que votre cœur s'apprête 1305
A voler de nouveau de conquête en conquête,
Quand je verrai le Gange entre mon frère et vous,
Qui retiendra, Seigneur, son injuste courroux?
Mon âme loin de vous languira solitaire.
Hélas! s'il condamnoit mes soupirs à se taire, 1310
Que deviendroit alors ce cœur infortuné?
Où sera le vainqueur à qui je l'ai donné?

ALEXANDRE.

Ah! c'en est trop, Madame; et si ce cœur se donne,
Je saurai le garder, quoi que Taxile ordonne,
Bien mieux que tant d'États qu'on m'a vu conquérir,

Et que je n'ai gardés que pour vous les offrir.
Encore une victoire, et je reviens, Madame,
Borner toute ma gloire à régner sur votre âme,
Vous obéir moi-même, et mettre entre vos mains
Le destin d'Alexandre et celui des humains.   1320
Le Mallien m'attend, prêt à me rendre hommage[1].
Si près de l'Océan[2], que faut-il davantage
Que d'aller me montrer à ce fier élément
Comme vainqueur du monde et comme votre amant?
Alors....

CLÉOFILE.

Mais quoi, Seigneur? toujours guerre sur guerre?
Cherchez-vous des sujets au delà de la terre?
Voulez-vous pour témoins de vos faits éclatants
Des pays inconnus même à leurs habitants[3]?
Qu'espérez-vous combattre en des climats si rudes?
Ils vous opposeront de vastes solitudes,   1330
Des déserts que le ciel refuse d'éclairer,
Où la nature semble elle-même expirer[4];
Et peut-être le sort, dont la secrète envie
N'a pu cacher le cours d'une si belle vie,
Vous attend dans ces lieux, et veut que dans l'oubli[5] 1335
Votre tombeau du moins demeure enseveli.

---

1. Les *Malliens* ou *Malles* habitaient entre l'Acésine, déjà grossi de l'Hydaspe, et l'Hydraote, jusqu'au confluent de l'Hydraote et de l'Acésine, et aussi au delà de l'Hydraote jusqu'à l'Indus.

2. « Jam prospicere se Oceanum. » (*Quinte-Curce*, livre IX, chapitre IV.)

3. Cœnus dit semblablement à Alexandre : « Emensis maria terrasque, melius « nobis quam incolis omnia nota sunt. Pœne in ultimo mundi fine consistimus. « In alium orbem paras ire, et Indiam quæris Indis quoque ignotam. » (*Quinte-Curce*, livre IX, chapitre III.)

4. « Macedones.... seditiosis vocibus regem increpare cœperunt : ...[se] trahi « extra sidera et solem, cogique adire, quæ mortalium oculis natura subduxe-« rit... Quod præmium ipsos manere? Caliginem ac tenebras et perpetuam « noctem profundo incubantem;... immobiles undas in quibus immoriens na-« tura defecerit. » (*Quinte-Curce*, livre IX, chapitre IV.)

5. *Var.* Vous attend en ces lieux, et veut que dans l'oubli. (1666 et 72)

Pensez-vous y traîner les restes d'une armée
Vingt fois renouvelée et vingt fois consumée?
Vos soldats, dont la vue excite la pitié [1],
D'eux-mêmes en cent lieux ont laissé la moitié [2],   1340
Et leurs gémissements vous font assez connoître....

ALEXANDRE.

Ils marcheront, Madame, et je n'ai qu'à paroître.
Ces cœurs qui dans un camp, d'un vain loisir déçus,
Comptent en murmurant les coups qu'ils ont reçus,
Revivront pour me suivre, et blâmant leurs murmures,
Brigueront à mes yeux de nouvelles blessures [3].
Cependant de Taxile appuyons les soupirs :
Son rival ne peut plus traverser ses desirs,
Je vous l'ai dit, Madame, et j'ose encor vous dire....

CLÉOFILE.

Seigneur, voici la Reine.

SCÈNE II.

ALEXANDRE, AXIANE, CLÉOFILE.

ALEXANDRE.

     Hé bien! Porus respire.   1350
Le ciel semble, Madame, écouter vos souhaits;
Il vous le rend....

---

1. « Nostra vis in fine jam est. Intuere corpora exsanguia, tot perfossa vul-
« neribus. » (*Quinte-Curce*, livre IX, chapitre III.)

2. *Var.* [Vos soldats, dont la vue excite la pitié,]
 Qui d'eux-même en cent lieux ont laissé la moitié,
 Par leurs gémissements vous font assez connoître.... (1666)
Var. Vos soldats, qui tout blancs, excitant la pitié,
[D'eux-mêmes en cent lieux ont laissé la moitié,]
Par leurs gémissements vous font assez connoître.... (1672)

3. « Omnis multitudo, et maxime militaris, mobili impetu fertur.... Non
« alias tam alacer clamor ab exercitu est redditus, jubentium duceret, Diis
« secundis. » (*Quinte-Curce*, livre IX, chapitre IV.)

AXIANE.

Hélas! il me l'ôte à jamais!
Aucun reste d'espoir ne peut flatter ma peine;
Sa mort étoit douteuse, elle devient certaine :
Il y court; et peut-être il ne s'y vient offrir 1355
Que pour me voir encore et pour me secourir.
Mais que feroit-il seul contre toute une armée?
En vain ses grands efforts l'ont d'abord alarmée;
En vain quelques guerriers, qu'anime son grand cœur,
Ont ramené l'effroi dans le camp du vainqueur : 1360
Il faut bien qu'il succombe, et qu'enfin son courage
Tombe sur tant de morts qui ferment son passage.
  Encor si je pouvois, en sortant de ces lieux,
Lui montrer Axiane, et mourir à ses yeux!
Mais Taxile m'enferme; et cependant le traître 1365
Du sang de ce héros est allé se repaître :
Dans les bras de la mort il le va regarder,
Si toutefois encore il ose l'aborder.

ALEXANDRE.

Non, Madame, mes soins ont assuré sa vie[1].
Son retour va bientôt contenter votre envie. 1370
Vous le verrez.

AXIANE.

Vos soins s'étendroient jusqu'à lui?
Le bras qui l'accabloit deviendroit son appui?
J'attendrois son salut de la main d'Alexandre?
Mais quel miracle enfin n'en dois-je point attendre?
Je m'en souviens, Seigneur, vous me l'avez promis, 1375
Qu'Alexandre vainqueur n'avoit plus d'ennemis.
Ou plutôt ce guerrier ne fut jamais le vôtre :
La gloire également vous arma l'un et l'autre;

---

1. Quinte-Curce parle des soins qu'Alexandre donna à la vie de Porus : « Ægrum « curavit haud secus quam si pro ipso pugnasset. » (Livre VIII, chapitre XIV.)

Contre un si grand courage il voulut s'éprouver,
Et vous ne l'attaquiez qu'afin de le sauver. 1380
ALEXANDRE.
Ses mépris redoublés, qui bravent ma colère,
Mériteroient sans doute un vainqueur plus sévère.
Son orgueil en tombant semble s'être affermi;
Mais je veux bien cesser d'être son ennemi.
J'en dépouille, Madame, et la haine et le titre; 1385
De mes ressentiments je fais Taxile arbitre :
Seul il peut, à son choix, le perdre ou l'épargner;
Et c'est lui seul enfin que vous devez gagner.
AXIANE.
Moi, j'irois à ses pieds mendier un asile?
Et vous me renvoyez aux bontés de Taxile? 1390
Vous voulez que Porus cherche un appui si bas?
Ah! Seigneur, votre haine a juré son trépas.
Non, vous ne le cherchiez qu'afin de le détruire.
Qu'une âme généreuse est facile à séduire!
Déjà mon cœur crédule, oubliant son courroux, 1395
Admiroit des vertus qui ne sont point en vous[1].

---

1. Ce vers et les trois précédents manquent dans l'édition de 1672. Dans celle de 1666, entre le vers 1396 et le vers 1397, on lit :

> Je croyois que touché de mes justes alarmes,
> Vous sauveriez Porus.... ALEX. Que j'écoute vos larmes,
> Tandis que votre cœur, au lieu de s'émouvoir,
> Désespère Taxile et brave mon pouvoir!
> Pensez-vous, après tout, que j'ignore son crime?
> C'est moi dont la faveur le noircit et l'opprime :
> Vous le verriez sans moi d'un œil moins irrité.
> Mais on n'en croira pas votre injuste fierté.
> Porus est son captif. Avant qu'on le ramène,
> Consultez votre amour, consultez votre haine.
> Vous le pouvez d'un mot ou sauver ou punir :
> Madame, prononcez ce qu'il doit devenir.
> AXIANE. Hélas! que voulez-vous que ma douleur prononce?
> Pour sauver mon amant, faut-il que j'y renonce?
> Faut-il, pour obéir aux ordres du vainqueur,
> Que je livre à Taxile ou Porus ou mon cœur?

Armez-vous donc, Seigneur, d'une valeur cruelle :
Ensanglantez la fin d'une course si belle.
Après tant d'ennemis qu'on vous vit relever,
Perdez le seul enfin que vous deviez sauver.   1400

ALEXANDRE.

Hé bien ! aimez Porus sans détourner sa perte ;
Refusez la faveur qui vous étoit offerte ;
Soupçonnez ma pitié d'un sentiment jaloux ;
Mais enfin, s'il périt, n'en accusez que vous.
Le voici. Je veux bien le consulter lui-même[1] :   1405
Que Porus de son sort soit l'arbitre suprême[2].

> Pourquoi m'ordonnez-vous un choix si difficile ?
> Abandonnez mes jours au pouvoir de Taxile,
> J'y consens. Ne peut-il se venger à son tour ?
> Qu'il contente sa haine, et non pas son amour.
> Punissez les mépris d'une fière princesse,
> Qui d'un cœur endurci le haïra sans cesse.
> CLÉOF. Et pourquoi ces mépris qu'il n'a pas mérités,
> Lui qui semble adorer jusqu'à vos cruautés ?
> Pourquoi garder toujours cette haine enflammée ?
> AXIANE. C'est pour vous avoir crue et pour m'avoir aimée.
> Je connois vos desseins. Votre esprit alarmé
> Veut éteindre un courroux par vous-même allumé.
> Vous me craignez enfin. Mais qu'il vienne, ce frère,
> Il saura quelle main l'expose à ma colère :
> Heureuse si je puis lui donner aujourd'hui
> Plus de haine pour vous que je n'en ai pour lui ! (1666)

1. *Var.* Le voici. Consultons-le en ce péril extrême. (1666)
   Var. Il vient. Il faut l'entendre en ce péril extrême. (1672)
2. *Var.* Je veux à son secours n'appeler que lui-même. (1666 et 72)

SCÈNE III.

ALEXANDRE, PORUS, AXIANE, CLÉOFILE, ÉPHESTION, Gardes d'Alexandre.

ALEXANDRE.

Hé bien ! de votre orgueil, Porus, voilà le fruit.
Où sont ces beaux succès qui vous avoient séduit?
Cette fierté si haute est enfin abaissée.
Je dois une victime à ma gloire offensée :   1410
Rien ne vous peut sauver. Je veux bien toutefois
Vous offrir un pardon refusé tant de fois.
Cette reine, elle seule à mes bontés rebelle[1],
Aux dépens de vos jours veut vous être fidèle,
Et que sans balancer vous mouriez, seulement   1415
Pour porter au tombeau le nom de son amant.
N'achetez point si cher une gloire inutile :
Vivez ; mais consentez au bonheur de Taxile.

PORUS.

Taxile?

ALEXANDRE.

Oui.

PORUS.

Tu fais bien, et j'approuve tes soins :
Ce qu'il a fait pour toi ne mérite pas moins.   1420
C'est lui qui m'a des mains arraché la victoire;
Il t'a donné sa sœur; il t'a vendu sa gloire;
Il t'a livré Porus. Que feras-tu jamais
Qui te puisse acquitter d'un seul de ses bienfaits?
Mais j'ai su prévenir le soin qui te travaille :   1425
Va le voir expirer sur le champ de bataille.

---

1. *Var.* Axiane, elle seule à mes bontés rebelle. (1666-76)

ALEXANDRE.

Quoi? Taxile[1]?

CLÉOFILE.

Qu'entends-je?

ÉPHESTION.

Oui, Seigneur, il est mort :
Il s'est livré lui-même aux rigueurs de son sort.
Porus étoit vaincu ; mais au lieu de se rendre,
Il sembloit attaquer, et non pas se défendre.   1430
Ses soldats, à ses pieds étendus et mourants,
Le mettoient à l'abri de leurs corps expirants.
Là, comme dans un fort, son audace enfermée
Se soutenoit encor contre toute une armée,
Et d'un bras qui portoit la terreur et la mort,   1435
Aux plus hardis guerriers en défendoit l'abord.
Je l'épargnois toujours. Sa vigueur affoiblie
Bientôt en mon pouvoir auroit laissé sa vie,
Quand sur ce champ fatal Taxile descendu[2] :
« Arrêtez, c'est à moi que ce captif est dû.   1440
C'en est fait, a-t-il dit, et ta perte est certaine,
Porus ; il faut périr, ou me céder la Reine. »
Porus, à cette voix ranimant son courroux,
A relevé ce bras lassé de tant de coups ;
Et cherchant son rival d'un œil fier et tranquille :   1445
« N'entends-je pas, dit-il, l'infidèle Taxile,
Ce traître à sa patrie, à sa maîtresse, à moi ?
Viens, lâche, poursuit-il, Axiane est à toi :
Je veux bien te céder cette illustre conquête ;
Mais il faut que ton bras l'emporte avec ma tête.   1450
Approche. » A ce discours, ces rivaux irrités

---

1. Les éditions de 1666 et de 1672 ponctuent ainsi le commencement de ce vers : « Quoi Taxile.... »

2. M. Aimé-Martin donne ce vers ainsi :

Quand sur ce champ fatal Taxile est descendu.

L'un sur l'autre à la fois se sont précipités.
Nous nous sommes en foule opposés à leur rage;
Mais Porus parmi nous court et s'ouvre un passage,
Joint Taxile, le frappe¹; et lui perçant le cœur,   1455
Content de sa victoire, il se rend au vainqueur.

CLÉOFILE.

Seigneur, c'est donc à moi de répandre des larmes :
C'est sur moi qu'est tombé tout le faix de vos armes.
Mon frère a vainement recherché votre appui,
Et votre gloire, hélas! n'est funeste qu'à lui.   1460
Que lui sert au tombeau l'amitié d'Alexandre?
Sans le venger, Seigneur, l'y verrez-vous descendre?
Souffrirez-vous qu'après l'avoir percé de coups,
On en triomphe aux yeux de sa sœur et de vous?

AXIANE.

Oui, Seigneur, écoutez les pleurs de Cléofile.   1465
Je la plains. Elle a droit de regretter Taxile :
Tous ses efforts en vain l'ont voulu conserver;
Elle en a fait un lâche, et ne l'a pu sauver.
Ce n'est point que Porus ait attaqué son frère;
Il s'est offert lui-même à sa juste colère.   1470
Au milieu du combat que venoit-il chercher?
Au courroux du vainqueur venoit-il l'arracher?
Il venoit accabler, dans son malheur extrême,
Un roi que respectoit la Victoire elle-même.
Mais pourquoi vous ôter un prétexte si beau?   1475

1. Les principaux traits de ce récit sont empruntés à Quinte-Curce. Mais dans cet historien ce n'est point Taxile, c'est son frère qui vient exhorter Porus à se rendre, et que le roi indien perce d'un trait : « Frater Taxilis.... « monere cœpit Porum ne ultima experiri perseveraret, dederetque se victori. « At ille, quanquam exhaustæ erant vires, deficiebatque sanguis, tamen ad no- « tam vocem excitatus : *Agnosco*, inquit, *Taxilis fratrem, imperii regnique* « *sui proditoris*; et telum.... contorsit in eum. » (Livre VIII, chapitre XIV.) Dans Arrien (livre V, chapitre XVIII), c'est Taxile lui-même qui s'approche de Porus, pour lui conseiller de se soumettre au vainqueur. Porus veut le percer de son javelot, et l'eût tué, si Taxile ne se fût hâté de fuir.

Que voulez-vous de plus? Taxile est au tombeau.
Immolez-lui, Seigneur, cette grande victime;
Vengez-vous; mais songez que j'ai part à son crime.
Oui, oui, Porus, mon cœur n'aime point à demi;
Alexandre le sait, Taxile en a gémi. 1480
Vous seul vous l'ignoriez; mais ma joie est extrême[1]
De pouvoir en mourant vous le dire à vous-même.

PORUS.

Alexandre, il est temps que tu sois satisfait[2].
Tout vaincu que j'étois, tu vois ce que j'ai fait.
Crains Porus; crains encor cette main désarmée 1485
Qui venge sa défaite au milieu d'une armée.
Mon nom peut soulever de nouveaux ennemis,
Et réveiller cent rois dans leurs fers endormis.
Étouffe dans mon sang ces semences de guerre[3];
Va vaincre en sûreté le reste de la terre. 1490
Aussi bien n'attends pas qu'un cœur comme le mien
Reconnoisse un vainqueur, et te demande rien[4].

1. *Var.* Vous seul vous l'ignorez; mais ma joie est extrême. (1672)
2. *Var.* Ah! Madame, sur moi laissez tomber leurs coups.
   Ne troublez point un sort que vous rendez si doux.
   Vous m'allez regretter. Quelle plus grande gloire
   Pouvoit à mes soupirs accorder la victoire?
   [Alexandre, il est temps que tu sois satisfait.] (1666-76)

3. Le *Porus* de Boyer (acte IV, scène VI) parle à peu près dans le même sens :

   Venge-toi, sauve-toi des efforts de ma haine.
   Si je suis dans tes fers, je puis rompre ma chaîne;
   Crois-moi, n'épargne point un puissant ennemi:
   Tu n'en as jusqu'ici triomphé qu'à demi.
   Achève, et par ma mort assure ta victoire.

4. Ces vers ressemblent beaucoup à ceux que Corneille met dans la bouche de Cornélie (*Pompée*, acte III, scène IV, vers 1022-1025). La réminiscence va même (ce qui n'est pas ordinaire chez Racine) jusqu'à la reproduction presque textuelle de deux hémistiches :

   Et quoique ta captive, un cœur comme le mien,
   De peur de s'oublier, ne te demande rien.
   Ordonne, etc....

Parle ; et sans espérer que je blesse ma gloire,
Voyons comme tu sais user de la victoire.
ALEXANDRE.
Votre fierté, Porus, ne se peut abaisser :   1495
Jusqu'au dernier soupir vous m'osez menacer.
En effet, ma victoire en doit être alarmée,
Votre nom peut encor plus que toute une armée.
Je m'en dois garantir. Parlez donc. Dites-moi,
Comment prétendez-vous que je vous traite?
PORUS.
En roi[1].
ALEXANDRE.
Hé bien ! c'est donc en roi qu'il faut que je vous traite.
Je ne laisserai point ma victoire imparfaite.
Vous l'avez souhaité, vous ne vous plaindrez pas.
Régnez toujours, Porus : je vous rends vos États.
Avec mon amitié recevez Axiane :   1505
A des liens si doux tous deux je vous condamne.
Vivez, régnez tous deux ; et seuls de tant de rois
Jusques aux bords du Gange allez donner vos lois.
(A Cléofile[2].)
Ce traitement, Madame, a droit de vous surprendre ;

---

1. « Porus ayant été pris, Alexandre lui demanda comment il vouloit être traité : « En roi, » dit Porus. Et comme Alexandre le pressoit de s'expliquer davantage : « Ce mot *en roi* dit tout, » répondit Porus. » (Plutarque, *Vie d'Alexandre*, chapitre LX.) Le récit d'Arrien (livre V, chapitre XIX) est à peu près semblable. — Boyer n'a pas entièrement négligé de tirer parti de l'héroïque réponse de Porus ; mais il ne l'a pas, comme Racine, conservée dans son énergique précision ; et, en la délayant, il l'a mise dans une autre bouche, dans celle d'Argire, femme de Porus :

> Porus est en tes mains, et le sort a voulu
> Que d'Argire et de lui tu sois maître absolu.
> Mais lorsque sa rigueur insolemment nous brave,
> Souviens-toi qu'il est roi, plutôt que ton esclave ;
> Et ne prétendant pas de lui donner la loi,
> Songe à le moins traiter en esclave qu'en roi.
> (*Porus*, acte IV, scène VI.)

2. Ces mots : « A Cléofile, » sont à la marge dans les éditions de 1666 et de 1672.

Mais enfin c'est ainsi que se venge Alexandre. 1510
Je vous aime ; et mon cœur, touché de vos soupirs,
Voudroit par mille morts venger vos déplaisirs.
Mais vous-même pourriez prendre pour une offense
La mort d'un ennemi qui n'est plus en défense :
Il en triompheroit ; et bravant ma rigueur, 1515
Porus dans le tombeau descendroit en vainqueur.
Souffrez que jusqu'au bout achevant ma carrière,
J'apporte à vos beaux yeux ma vertu toute entière[1].
Laissez régner Porus couronné par mes mains,
Et commandez vous-même au reste des humains. 1520
Prenez les sentiments que ce rang vous inspire[2] ;
Faites dans sa naissance admirer votre empire,
Et regardant l'éclat qui se répand sur vous,
De la sœur de Taxile oubliez le courroux.

AXIANE.

Oui, Madame, régnez ; et souffrez que moi-même 1525
J'admire le grand cœur d'un héros qui vous aime.
Aimez ; et possédez l'avantage charmant
De voir toute la terre adorer votre amant.

PORUS.

Seigneur, jusqu'à ce jour l'univers en alarmes
Me forçoit d'admirer le bonheur de vos armes ; 1530
Mais rien ne me forçoit, en ce commun effroi,
De reconnoître en vous plus de vertus qu'en moi[3] :
Je me rends ; je vous cède une pleine victoire.
Vos vertus, je l'avoue, égalent votre gloire.
Allez, Seigneur : rangez l'univers sous vos lois ; 1535

---

1. Ainsi dans toutes les éditions publiées du vivant de Racine. Voyez les vers 563, 659 et 908 de *la Thébaïde ;* et comparez, dans les vers 435 et 905 d'*Alexandre, tout* sans accord devant un mot commençant par une consonne.

2. Les éditions de 1702, 1713, 1722, 1728 et 1750 portent :

    Prenez les sentiments que ce roi vous inspire.

3. L'édition de 1728 et celle de M. Aimé-Martin ont *vertu*, au lieu de *vertus*.

Il me verra moi-même appuyer vos exploits.
Je vous suis; et je crois devoir tout entreprendre
Pour lui donner un maître aussi grand qu'Alexandre.

CLÉOFILE.

Seigneur, que vous peut dire un cœur triste, abattu ?
Je ne murmure point contre votre vertu. 1540
Vous rendez à Porus la vie et la couronne :
Je veux croire qu'ainsi votre gloire l'ordonne ;
Mais ne me pressez point : en l'état où je suis,
Je ne puis que me taire, et pleurer mes ennuis.

ALEXANDRE.

Oui, Madame, pleurons un ami si fidèle ; 1545
Faisons en soupirant éclater notre zèle,
Et qu'un tombeau superbe instruise l'avenir
Et de votre douleur et de mon souvenir.

Les traits les plus marquants de cette scène dernière se reconnaissent dans la pièce de Boyer, mais dispersés dans plusieurs scènes, usés avant le dénoûment, et comme perdus au milieu d'une intrigue mal imaginée. Cependant il faut rendre justice même à Boyer. Cette clémence généreuse du vainqueur, et cette admiration qui soumet jusqu'à la haine du vaincu, lui ont inspiré quelques vers dont l'accent n'est pas sans fierté ni sans vigueur, et qu'on ne nous blâmera peut-être pas de citer ici. Quelque supérieur que soit Racine, ils pourront servir de point de comparaison. Voici d'abord un passage de la scène VII de l'acte IV.

ALEXANDRE.

.. J'ajoute aux États qui sont sous ta couronne
Ceux que sur tes voisins ta conquête me donne.
J'aurai beaucoup gagné si je puis à ce prix
Compter le grand Porus au rang de mes amis.

ARGIRE.

O générosités à qui tout se doit rendre !
O cœur vraiment royal !

PORUS.

Tu sais vaincre, Alexandre ;
Et le ciel rassemblant tant de vertus en toi
Sans doute à l'univers ne veut donner qu'un roi.
A cette auguste loi j'obéis sans contrainte.

Règne : porte partout ou l'amour ou la crainte.
Rien ne puisse arrêter ton destin glorieux !

Nous retrouvons l'expression des mêmes sentiments dans la scène IV de l'acte V :

PORUS.

Princesses, ce vainqueur vous rend la liberté.
Il fait plus, il me rend la puissance royale,
Mais avec tant d'excès que sa main libérale
Joint ce que l'Inde enferme à mes anciens États....
(*A Alexandre.*)
Je haïrois le sceptre et le titre de roi,
S'il falloit les tenir d'un autre que de toi.
Mais pour me consoler du sort de cette guerre,
Je n'ai qu'à regarder tous les rois de la terre :
Ils ont tous mérité ta haine ou ta pitié,
Et j'ose me vanter d'avoir ton amitié.

Enfin, dans la scène dernière de la pièce :

PORUS.

Rendons grâce aux bontés d'un vainqueur généreux.
Puisse-t-il à jamais, plus craint que le tonnerre,
Faire à tout l'univers une aussi douce guerre !
Et puissent par son bras cent princes étonnés
Se voir à même temps captifs et couronnés !

ALEXANDRE.

Puisse-t-il en tous lieux et dans chaque victoire
Combattre et triompher avecque tant de gloire,
Aimer si justement ceux qu'il aura soumis,
Et rencontrer partout de pareils ennemis !

FIN DU CINQUIÈME ET DERNIER ACTE.

Il me verra moi-même appuyer vos exploits.
Je vous suis; et je crois devoir tout entreprendre
Pour lui donner un maître aussi grand qu'Alexandre.
CLÉOFILE.
Seigneur, que vous peut dire un cœur triste, abattu?
Je ne murmure point contre votre vertu.   1540
Vous rendez à Porus la vie et la couronne :
Je veux croire qu'ainsi votre gloire l'ordonne;
Mais ne me pressez point : en l'état où je suis,
Je ne puis que me taire, et pleurer mes ennuis.
ALEXANDRE.
Oui, Madame, pleurons un ami si fidèle;   1545
Faisons en soupirant éclater notre zèle,
Et qu'un tombeau superbe instruise l'avenir
Et de votre douleur et de mon souvenir.

Les traits les plus marquants de cette scène dernière se reconnaissent dans la pièce de Boyer, mais dispersés dans plusieurs scènes, usés avant le dénoûment, et comme perdus au milieu d'une intrigue mal imaginée. Cependant il faut rendre justice même à Boyer. Cette clémence généreuse du vainqueur, et cette admiration qui soumet jusqu'à la haine du vaincu, lui ont inspiré quelques vers dont l'accent n'est pas sans fierté ni sans vigueur, et qu'on ne nous blâmera peut-être pas de citer ici. Quelque supérieur que soit Racine, ils pourront servir de point de comparaison. Voici d'abord un passage de la scène vii de l'acte IV.
ALEXANDRE.
.. J'ajoute aux États qui sont sous ta couronne
Ceux que sur tes voisins ta conquête me donne.
J'aurai beaucoup gagné si je puis à ce prix
Compter le grand Porus au rang de mes amis.
ARGIRE.
O générosités à qui tout se doit rendre !
O cœur vraiment royal !
PORUS.
Tu sais vaincre, Alexandre;
Et le ciel rassemblant tant de vertus en toi
Sans doute à l'univers ne veut donner qu'un roi.
A cette auguste loi j'obéis sans contrainte.

Règne : porte partout ou l'amour ou la crainte.
Rien ne puisse arrêter ton destin glorieux !

Nous retrouvons l'expression des mêmes sentiments dans la scène IV de l'acte V :

PORUS.

Princesses, ce vainqueur vous rend la liberté.
Il fait plus, il me rend la puissance royale,
Mais avec tant d'excès que sa main libérale
Joint ce que l'Inde enferme à mes anciens États....

(A Alexandre.)

Je haïrois le sceptre et le titre de roi,
S'il falloit les tenir d'un autre que de toi.
Mais pour me consoler du sort de cette guerre,
Je n'ai qu'à regarder tous les rois de la terre :
Ils ont tous mérité ta haine ou ta pitié,
Et j'ose me vanter d'avoir ton amitié.

Enfin, dans la scène dernière de la pièce :

PORUS.

Rendons grâce aux bontés d'un vainqueur généreux.
Puisse-t-il à jamais, plus craint que le tonnerre,
Faire à tout l'univers une aussi douce guerre !
Et puissent par son bras cent princes étonnés
Se voir à même temps captifs et couronnés !

ALEXANDRE.

Puisse-t-il en tous lieux et dans chaque victoire
Combattre et triompher avecque tant de gloire,
Aimer si justement ceux qu'il aura soumis,
Et rencontrer partout de pareils ennemis !

FIN DU CINQUIÈME ET DERNIER ACTE.

TABLE DES MATIÈRES

CONTENUES DANS LE PREMIER VOLUME.

Avertissement...	i
Notice biographique sur Jean Racine.....................	1
Pièces justificatives de la Notice biographique............	173
Mémoires contenant quelques particularités sur la vie et les ouvrages de Jean Racine [par Louis Racine].............	197
Note sur l'épitaphe française et sur l'épitaphe latine de Jean Racine..	357
LA THÉBAÏDE ou LES FRÈRES ENNEMIS, tragédie.....	365
Notice..	367
A Monseigneur le duc de Saint-Aignan, pair de France.	389
Préface...	393
La Thébaïde ou les Frères ennemis................	397
ALEXANDRE LE GRAND, tragédie.....................	485
Notice..	487
Au Roi..	513
Première préface.......................................	516
Seconde préface.......................................	521
Alexandre le Grand................................	525

FIN DE LA TABLE DES MATIÈRES.

IMPRIMERIE GENÉRALE DE CH. LAHURE
Rue de Fleurus, 9, à Paris

www.ingramcontent.com/pod-product-compliance
Lightning Source LLC
Chambersburg PA
CBHW051318230426
43668CB00010B/1067